Les grandes décisions annotées de la juridiction administrative du Cameroun

Sous la direction de
Célestin KEUTCHA TCHAPNGA

Les grandes décisions annotées de la juridiction administrative du Cameroun

1re édition (2017)

Préface de Léopold Donfack Sokeng

L'Harmattan

Du même directeur de publication

1.- *Le régime juridique des associations en droit public camerounais*, Paris, L'Harmattan, 2013.
2.- *Précis de Contentieux administratif au Cameroun. Aspects de l'évolution récente*, Paris, L'Harmattan, 2013.

À paraître
1.- *Les Grandes Décisions Annotées des Juridictions Constitutionnelle et Administrative du Cameroun en matière électorale*, Paris, L'Harmattan, 2017.
2.- *Les Grandes Décisions Annotées de la Cour de Justice de la CEMAC*, Paris, L'Harmattan, 2018.

Ouvrage publié avec le soutien de l'Agence Universitaire de la Francophonie

5-7, rue de l'École-Polytechnique, 75005 Paris
http://www.editions-harmattan.fr
ISBN : 978-2-343-12227-4
EAN : 9782343122274

LISTE DES AUTEURS ET CONTRIBUTEURS

(*Les numéros renvoient à la cinquantaine des décisions annotées*)

1. Célestin KEUTCHA TCHAPNGA

<u>Décisions annotées</u> :

– SEUL : 33

Numéros 1, 2, 3, 4, 5, 6, 7, 8, 9, 10, 11, 12, 13, 14, 15, 16, 17, 18, 19, 21, 22, 23, 25, 26, 27, 32, 33, 35, 36, 37, 39, 40, 42

– EN COLLABORATION : 4

Numéros

* **24.** Note rédigée en collaboration avec le Dr. Christelle C. KAMGANG SIMEU, Assistante au Département de Droit Public de l'Université de Dschang.

***30.** Note rédigée en collaboration avec M. Axel WANDJI KEMAJOU, Doctorant en Droit Public aux Universités de Dschang et de Poitiers

***34.** Note rédigée en collaboration avec le Dr J. BIPELE KEMFOUEDIO.

* **43.** Note rédigée en collaboration avec le Pr E. GNIMPIEBA TONNANG.

2. Edouard GNIMPIEBA TONNANG

Docteur en Droit N.R. de l'Université de Nice-Sofia Antipolis. Habilité à Diriger les Recherches dans les Facultés de Droit. Maître de Conférence au Département de Droit Public de l'Université de Dschang. F.S.J.P.

<u>Décisions annotées</u> :

– SEUL : 4. Numéros 45, 46, 47, 48.

– EN COLLABORATION : 1. Numéro 44

3. Jacques BIPELE KEMFOUEDIO

Docteur/PHD en Droit Public. Chargé de Cours au Département de Droit Public de l'Université de Dschang. F.S.J.P.

<u>Décisions annotées</u> :

– SEUL : 4. Numéros 20, 28, 29, 31

– EN COLLABORATION : 1. Numéro 34.

4. Jean ESSOMBA NTSAMA

Assistant au Département de Droit public de l'Université de Dschang. F.S.J.P.

Décision annotée seul : numéro 44

5. Théophile NGUIMFACK VOUFFO

Docteur en Droit Public et ATER à l'Université de Dschang. F.S.J.P.

Décision annotée seul : numéro 38

6. Thierry SOH MBOGNE

Docteur en Droit Public et ATER à l'Université de Dschang. F.S.J.P.

Décision annotée seul : numéro 41

« … *Si l'on peut toujours s'interroger sur la légitimité de la création du droit par le juge, on ne saurait, dans le domaine de l'action administrative, où tout était à faire, reprocher au juge d'avoir pris la place du législateur défaillant. Même si, aujourd'hui, les textes servant de support aux règles du droit administratif sont plus nombreux que par le passé, ils sont loin de couvrir l'ensemble du champ d'application de ce droit et, de toute façon, l'imprécision de certains de ces textes, les multiples situations auxquelles l'administration est confrontée empêchent que, même là où le texte existe, l'œuvre créatrice du juge soit tarie* ».

LACHAUME Jean-François, PAULIAT Hélène, BRACONNIER Stéphane et DEFFIGIER Clotilde, « Introduction », in *Droit administratif. Les grandes décisions de la jurisprudence*, 16ème édition mise à jour, PUF, collection Thémis droit, novembre 2014, page 1.

REMERCIEMENTS

Cet ouvrage a bénéficié du soutien de l'Agence universitaire de la Francophonie

Au nom de l'équipe, je voudrais remercier tous ceux qui m'ont soutenu et encouragé pour la réalisation de cette première édition du Recueil des Grandes Décisions Annotées de la Juridiction Administrative du Cameroun.

A ce titre, je pense tout d'abord à l'Agence universitaire de la Francophonie qui a bien voulu honorer cet ouvrage en subventionnant en partie son impression.

Je tiens ensuite à remercier :

– Le Doyen Henri Désiré MODI KOKO qui l'a inspiré.

– Le Doyen Maurice KAMTO qui, informé du projet, a sans cesse pris des nouvelles et m'a encouragé à aller jusqu'au bout.

– Le Professeur Alain ONDOUA avec qui j'ai eu plusieurs discussions fructueuses sur l'orientation que j'avais choisie et qui, généreusement, met constamment à ma disposition une bibliographie dense, laquelle me permet d'actualiser mes connaissances ainsi que celles de nos « ***jeunes chercheurs*** ».

– Mme le Professeur Yvette KALIEU ELONGO qui a gracieusement mis à ma disposition deux ***Grandes Décisions*** rendues par le Tribunal Administratif du Littoral à Douala.

– M. le Professeur Léopold DONFACK SOKENG, alors Vice-recteur à l'Université de Dschang et désormais Conseiller Technique au Secrétariat Général des Services du Premier Ministre, qui, en dépit de son agenda très chargé, a pris le temps de lire le manuscrit et de préfacer ce Recueil.

Je témoigne enfin ma gratitude, j'aurais dû commencer par-là, aux Professeurs Paul-Gérard POUGOUE et François ANOUKAHA, le premier pour m'avoir bien accueilli, les deux pour m'avoir bien encadré quand ils étaient Doyen de la Faculté des Sciences Juridiques et Politiques de l'Université de Dschang.

PREFACE

La découverte et la lecture des ***Grandes Décisions Annotées de la Juridiction Administrative du Cameroun*** – ouvrage initié et coordonné par le Professeur Célestin KEUTCHA TCHAPNGA – ont été pour le préfacier un motif de vive et stimulante satisfaction. Cette satisfaction n'est aucunement de convenance, tant un projet éditorial de cette envergure était attendu à la fois par les universitaires, mais également et surtout par les praticiens du contentieux administratif, de plus en plus nombreux à la faveur de la mise en place effective des Tribunaux Administratifs. À cet égard, les ***Grandes Décisions*** se situent dans le prolongement d'une grande tradition, longtemps éprouvée en France[1], et non moins usitée dans certains pays d'Afrique francophones[2]. La satisfaction susmentionnée est suscitée en outre par la dimension – encore peu présente dans nos universités – « ouvrage collectif », coordonné par un Maître et associant de jeunes et brillants collègues, et donnant *in fine* à voir l'éclosion de « ***l'École de Dschang*** » de droit et contentieux administratifs.

---

[1] Voir pour les principaux : Lachaume (J.-F.), Pauliat (H.), Braconnier (S.) et Deffigier (C.), *Droit administratif : les grandes décisions de la jurisprudence*, 16e édition mise à jour, Paris, PUF, coll. Les grandes décisions de la jurisprudence, 2014, 962p ; Long (M.), Weil (P.), Braibant (G.), Delvolvé (P.) et Genevois (B.), *Les grands arrêts de la jurisprudence administrative*, 20e éd., Paris, Dalloz, coll. Grands arrêts, 2015, 996p ; Bonichot (J.-C.), Cassia (P.) et Poujade (B.), *Les grands arrêts du contentieux administratif*, 5e éd., Paris, Dalloz, coll. Grands arrêts, 2016, 1466p ; Gaudemet (Y.), Stirn (B.), Dal Farra (Th.) et Rolin (F.), *Les grands avis du Conseil d'Etat*, 3e éd., Paris, Dalloz, coll. Grands avis, 2008, 582p.

[2] On pense notamment à : Wodié (F.) et Bléou (D. M.), *La chambre administrative de la Cour suprême et sa jurisprudence : commentaires d'arrêts*, Paris, Economica, coll. Annales de l'Université d'Abidjan. Série A, Droit, 1981, 174p ; Nzounakeu (J.-M.), *Les grandes décisions de la Chambre Administrative sénégalaise*, tome 1, 2e éd., Publications de la RIPAS, 1984 ; Pambou Tchivounda (G.), *Les grandes décisions de la jurisprudence administrative du Gabon*, Paris, A. Pedone, 1994, 646p ; Yonaba (S.), *Les grandes décisions de la jurisprudence burkinabè : droit administratif*, 2e éd., Ouagadougou, Presses africaines, coll. Précis de droit burkinabè, 2013, 473p.

Soulignons d'emblée que ce bel ouvrage est le fruit de plusieurs années d'un travail imposant, nourries par la lecture, l'analyse systématique et la restitution critique de plus d'une cinquantaine de ***Grandes Décisions*** (*arrêts, jugements, ordonnances)*, afin de pouvoir rendre compte, en 706 pages, de la trajectoire de la production jurisprudentielle administrative au Cameroun.

L'expérience éprouvée du Professeur Célestin KEUTCHA TCHAPNGA en droit et contentieux administratifs l'autorisait à s'engager dans cette entreprise à n'en point douter ambitieuse. En effet, son ***Précis de Contentieux administratif au Cameroun. Aspects de l'évolution récente***, dont la première édition a été publiée en 2013 à L'Harmattan (*et la seconde en cours de parution*), avait notamment mis au grand jour sa passion prononcée pour l'étude du droit processuel administratif.

Il s'agit d'un ouvrage à envergure doctrinale, dans la mesure où ce Recueil est adossé à un impressionnant volume « *de notes de bas de page, comprenant la référence aux ouvrages, aux articles, aux textes et documents utilisés pour la rédaction de la Note, les références jurisprudentielles les plus importantes des juridictions constitutionnelles, administratives ou judiciaires nationales ou de droit comparé* ». S'agissant par ailleurs de la démarche utilisée, l'initiateur de ce projet éditorial précise que : « *l'approche thématique, consistant à procéder à un regroupement des Grandes Décisions par centres d'intérêt, suivie d'une table chronologique des décisions annotées, (leur) a paru pédagogiquement opportune dans le présent Recueil* ».

La démarche ainsi empruntée s'avère confortable pour le lecteur et pertinente du point de vue scientifique. Ces considérations justifient, à notre sens, le grand intérêt de l'ouvrage et son ambition qui est « *de mettre à la disposition du grand public, (Magistrats, Avocats, Administrations publiques, Organismes privés, Justiciables, Etudiants, Chercheurs, Investisseurs), un Recueil clair et précis, facile à lire, facile à exploiter, facile à comprendre, extrêmement riche sur les plans théorique et pratique, qui revisite plusieurs concepts fondamentaux du droit public national* ».

En proposant une lecture renouvelée de l'état de la jurisprudence administrative d'une soixantaine d'années environ et de son mode de production, la première édition du ***Recueil des Grandes Décisions Annotées de la Juridiction Administrative du Cameroun*** apporte une précieuse contribution à la compréhension du droit administratif national. Ce qui est fort considérable et salutaire.

Il me reste à former amicalement le souhait que ce travail collectif marque le point de départ du réinvestissement, par la recherche universitaire camerounaise, d'un territoire jusque-là dominé, très largement, par des discours sectoriels et purement positivistes sur la justice administrative.

En tout état de cause, il est à parier que le présent ouvrage réconciliera, avec bonheur, doctrine universitaire et magistrats administratifs, permettant ainsi d'inverser le récit récemment présenté « *d'un divorce aux torts partagés* »[3].

Professeur Léopold DONFACK SOKENG

Agrégé de Droit Public et de Science Politique

Doyen honoraire de la Faculté des Sciences Juridiques et Politiques de l'Université de Douala.

Ancien Vice-recteur à l'Université de Dschang

3Ateba Eyong R., « La doctrine administrative camerounaise et « son juge » : chronique d'un divorce aux torts partagés », in *Regards sur le droit public en Afrique : Mélanges en l'honneur du Doyen Joseph-Marie Bipoun Woum*, Paris, L'Harmattan, coll. Etudes africaines. Série Droit, 2016, p. 297.

PRINCIPAUX ABREVIATIONS ET SIGLES

ADD :	Avant-Dire-Droit
AEAP :	Annuaire Européen d'Administration Publique
AFD :	Alliance des Forces Démocratiques
AFP :	Alliance des Forces Progressives
AJDA :	Actualité Juridique, Droit Administratif
AFSJP/UDs :	Annales de la Faculté des Sciences Juridiques et Politiques de l'Université de Dschang
ANDP :	Alliance Nationale pour la Démocratie et le Progrès
Art :	Article
Ass. :	Assemblée du contentieux du Conseil d'Etat (français)
ATER :	Attaché Temporaire d'Enseignement et de Recherche
BIP :	Budget d'Investissement Public
c/ :	Contre
CA :	Cour d'Appel
Cass. Crim :	Cour de Cassation. Chambre Criminelle (France)
Cass. Civ :	Cour de Cassation. Chambre Civile (France)
Civ/TGI :	Formation Civile du Tribunal de Grande Instance
CCA :	Conseil du Contentieux Administratif (Cameroun)
CC. :	Conseil Constitutionnel
CEEAC :	Communauté Economique des Etats de l'Afrique Centrale
CEMAC :	Communauté Economique et Monétaire de l'Afrique Centrale
CE :	Conseil d'Etat (France)
Cf. :	Confère (se référer à)
CFJ/CAY :	Cour Fédérale de Justice. Chambre Administrative de Yaoundé
CFJ/SCAY :	Cour Fédérale de Justice. Section du Contentieux Administratif de Yaoundé
CS :	Cour Suprême
CS/AP :	Cour Suprême (Cameroun), Assemblée plénière
CS/CA :	Cour Suprême (Cameroun), Chambre administrative
CNDHL :	Commission Nationale des Droits de l'Homme et des Libertés
CNPS :	Caisse Nationale de Prévoyance Sociale
CONAC :	Commission Nationale Anti-corruption
CP :	Code Pénal
CPP :	Code de Procédure Pénale
CUY :	Communauté urbaine de Yaoundé

CUD :	Communauté urbaine de Douala
D :	Dalloz
DA. :	Droit Administratif
DC :	Décision Constitutionnelle
DGSN :	Délégation Générale à la Sûreté Nationale
Dir :	Sous la direction de
Ed :	Édition
EJA :	Éditions Juridiques Associées
EDCE :	Études et Documents du Conseil d'État français
ELECAM :	Elections Cameroon
ENAM :	École Nationale d'Administration et de Magistrature (Yaoundé)
FCFA :	Franc de la Communauté Financière africaine
FSJP :	Faculté des Sciences Juridiques et Politiques
GAJA :	Grands Arrêts de la Jurisprudence administrative (française)
Gaz. Pal. :	Gazette du Palais
GD :	Les Grandes Décisions Annotées de la Juridiction administrative du Cameroun
HCB :	High Court of Bamenda. Il s'agit du Tribunal de Grande Instance de Bamenda
Ibid :	Ibidem. Dans le même texte, au même endroit
Infra :	En dessous. Dans les développements qui suivent
J.C.J.A. :	Juris-Classeur Justice administrative
J.C.P. :	La semaine juridique
LF :	Loi Fédérale
LGDJ :	Librairie Générale de Droit et de Jurisprudence
LMD :	Licence-Master-Doctorat
L.P.A. :	Les petites affiches
MAGZI :	Mission d'Aménagement et de Gestion des Zones Industrielles
MANIDEM :	Mouvement Africain pour la Nouvelle Indépendance et la Démocratie
MDP :	Mouvement pour la Démocratie et le Progrès
MINAS :	ministère des Affaires Sociales
MINAT :	ministère de l'Administration Territoriale
MINATD :	ministère de l'Administration Territoriale et de la Décentralisation
MINCOM :	ministère de la Communication
MINCOMMERCE :	ministère du Commerce
MINDAF :	ministère des Domaines et des Affaires Foncières
MINDUH :	ministère du Développement Urbain et de l'Habitat
MINEDUB :	ministère de l'Éducation de Base

MINEE :	ministère de l'Eau et de l'Énergie
MINEFI :	ministère de l'Économie et des Finances
MINEFOP :	ministère de l'Emploi et de la Formation Professionnelle
MINEP :	ministère de l'Environnement et de la Protection de la Nature
MINEPIA :	ministère de l'Élevage, des Pêches et des Industries Animales
MINESEC :	ministère des Enseignements Secondaires
MINESUP :	ministère de l'Enseignement Supérieur
MINFOPRA :	ministère de la Fonction publique et de la Réforme Administrative
MINJEUN :	ministère de la Jeunesse
MINJUSTICE :	ministère de la Justice
MINPLAPDAT :	ministère de la Planification, de la Programmation, du Développement et de l'Aménagement du Territoire
MINPROFF :	ministère de la Promotion de la Femme et de la Famille
MINRESI :	ministère de la Recherche Scientifique et de l'Innovation
MINREX :	ministère des Relations Extérieures
MINSANTE :	ministère de la Santé publique
MP :	Ministère public
MP :	Mouvement Progressiste
n° :	Numéro
O :	Ordonnance
Obs. :	Observations
OF :	Ordonnance Fédérale
ONEL :	Observatoire National des Élections
ONG :	Organisation Non Gouvernementale
Op. cit. :	Opere citato. Utilisé pour un document déjà cité
OSE :	Ordonnance de Sursis à Exécution
OR :	Ordonnance de Référé
p. :	Page **pp. :** Pages
PCA :	Président de la Chambre administrative
PCS :	Président de la Cour Suprême
PIDCP :	Pacte International relatif aux Droits Civils et Politiques
PIDESC :	Pacte International relatif aux Droits économiques, Sociaux et Culturels
PTPI :	Président du Tribunal de Première Instance
PTGI :	Président du Tribunal de Grande Instance
PUA :	Presses Universitaires d'Afrique
PUF :	Presses Universitaires de France
RCD :	Revue Camerounaise de Droit

R.D.C.A :	Répertoire Dalloz Contentieux Administratif
R.D.P :	Revue de Droit Public et de la Science Politique en France et à l'étranger
RDPC :	Rassemblement Démocratique du Peuple Camerounais
Rec. :	Recueil des décisions du Conseil d'État
Rev. Adm. :	Revue administrative
RFAP :	Revue Française d'Administration publique
RFDA :	Revue Française de Droit Administratif
RFDC :	Revue Française de Droit Constitutionnel
RISA :	Revue Internationale de Science administrative
RJPIC :	Revue Juridique et Politique, Indépendance et Coopération (devenue Revue juridique et politique des États francophones)
S. :	Section de la Chambre administrative de la Cour Suprême du Cameroun
SDF :	Social Democratic Front
SESI :	Secrétariat d'État à la Sécurité Intérieure
SGBC :	Société Générale des Banques du Cameroun
S.R. :	Sections Réunies de la Chambre administrative de la Cour Suprême du Cameroun
ss :	Suivantes
T. :	Tome
T.A. :	Tribunal Administratif
TGI :	Tribunal de Grande Instance
TPI :	Tribunal de Première Instance
UDC :	Union Démocratique du Cameroun
UNDP :	Union Nationale pour la Démocratie et le Progrès
UPC :	Union des Populations du Cameroun
UPR :	Union Pour la République
Vol. :	Volume

PLAN DU RECUEIL

N°6.

CS. CA, jugement n°05 du 14 janvier 2009, BANA François d'Assise contre État du Cameroun (MINDAF) (Extraits)

C. Conditions relatives aux délais

N°7.

CS.CA, jugement n°59 du 24 avril 1986, MATIP II Jean Baudelaire contre État du Cameroun (MINAT)

D. Conditions relatives au requérant

N°8.

T.A. Ouest à Bafoussam, jugement n°05 du 24 novembre 2014, NOUSSI TENE Armand contre Etat du Cameroun (ministère des Domaines, du Cadastre et des Affaires Foncières (MINDCAF) et BOGNE

Paragraphe II. L'INTERRUPTION DE L'INSTANCE EN JUSTICE

N°9.

CS. C À, jugement n°56 du 28 février 2007, GALLO Gilbert contre État du Cameroun (MINDEF)

Paragraphe III. L'ÉTENDUE DE LA COMPÉTENCE DE LA JURIDICTION ADMINISTRATIVE

N°4.

CS. CA, jugement n°84 du 30 juin 1984, ATANGANA MBARGA Adalbert contre État du Cameroun (ministère de la Justice)

N°10.

CS. CA, jugement n°4 du 31 octobre 1985, ONAMBELE ELA Raphaël contre Université de Yaoundé

N°11.

CS. CA, jugement n°13 du 23 novembre 1989, ENYENGUE DIPOKO Bernard contre État du Cameroun (ministère des Postes)

N°22.

CS. CA, jugement n°09 du 23 septembre 1989, NGATCHEU Adolphe contre Délégation Générale à la Sûreté Nationale

Paragraphe IV. LA PROTECTION DU DROIT DE PROPRIÉTÉ

N°12.

CS. CA, Section, jugement n°153 du 15 juin 2011, Dame Veuve FOKOUA née MEIDE Augustine contre Commune de Dschang

N°13.

CS.AP, arrêt du 16 août 1990, A.ONONGAFOR contre État du Cameroun,

N°23.

CS. CA, jugement n°76 du 27 avril 2005, YONGO Marc contre État du Cameroun (MINUH) & DELANGUE KOLOKO Michel (Intervenant volontaire)

N°24.

CS. S.R., arrêt n°02 du 09 mars 2011, État du Cameroun (MINDAF) & WABO FOTSO Jean Jacques (Appelants) contre FOIDING Michel (Intimé)

Paragraphe V. LA PROTECTION DES DROITS DU CITOYEN, NOTAMMENT DE L'ÉTUDIANT

N°14.

CS. CA, jugement n°38 du 30 mars 1995, NYAM Charles contre État du Cameroun (MINESUP)

Paragraphe VI. LA PROTECTION DES DROITS DU FONCTIONNAIRE

N°15.

CS. CA, jugement n°10 du 27 octobre 1994, LIBAM Michelin

N°16.

1ère espèce

CS. CA, jugement n°55 du 27 décembre 1990, ETCHONA MONKAMA Florent contre État du Cameroun (MINFOPRA)

2e espèce

CS. CA, jugement n°50/ADD du 27 avril 1995, NGUENANG Jean-Pierre contre État du Cameroun (MINFOPRA)

N°17.

CS. CA, jugement n°81 du 30 juin 1983, METOU Josué contre État du Cameroun (ministère des Forces Armées)

N°18.

CFJ. SCAY, arrêt n°62 du 15 mars 1969, Sieur BAKALAG Joseph Emile contre Etat du Cameroun Oriental

N° 19.

CS. SR, arrêt n°8, 12 juin 2013, POTGA Il ELKANA (Appelant) contre État du Cameroun (MINFOPRA) (Intimé)

N° 20.

CS. CA, jugement n°47 du 25 mai 2000, ZOBA AYISSI Dieudonné contre État du Cameroun (MINFOPRA)

N° 25.

CS. CA, jugement n°88 du 30 juin 2004, AMENCHI Martin contre État du Cameroun (Secrétariat d'État à la Sécurité Intérieure)

N° 26.

CCA, arrêt n°661 du 25 octobre 1957, BIDZANGA contre Commune de Yaoundé,

Paragraphe VI. LA PROTECTION DES DROITS DE L'EMPLOYEUR ET DE L'EMPLOYÉ

N° 21.

CS. CA, jugement n°11 du 18 janvier 2008, Maître BOUOBDA contre Caisse Nationale de Prévoyance Sociale

Paragraphe VII. L'AUTORITÉ DE LA CHOSE JUGEE

N°25.

CS. CA, jugement n°88 du 30 juin 2004, AMENCHI Martin contre État du Cameroun (Secrétariat d'État à la Sécurité Intérieure)

N°26.

CCA, arrêt n° 661 du 25 octobre 1957, BIDZANGA Joseph contre Commune de Yaoundé

Section II. L'ACTE ADMINISTRATIF DENATURE SOUS LE REGARD DE LA JURIDICTION JUDICIAIRE : LA VOIE DE FAIT ADMINISTRATIVE

N°27.

CS.AP, arrêt n°3 du 29 décembre 1994, ministère public et OKALA EMANA Benjamin
contre NDONGO Simon, NDJANA FOUDA et MEVOBIYO'O

N°28.

CS. AP, arrêt n°102 du 13 décembre 2007, ministère public contre FOTSA Patrice Désiré et État du Cameroun

N°29.

CS. AP, arrêt n°18 du 27 mai 2010, KITIMBI Pierre contre Communauté Urbaine de Yaoundé

N°30.

CS. AP, arrêt n°16 du 19 juillet 1990, ATEBA NOMO Albert contre État du Cameroun (ministère des Mines et de l'Énergie)

N°31.

Président du Tribunal de Première Instance de Dschang, ordonnance de référé n°21 du 14 décembre 2011, KENGMO Etienne, JIOFACK Jacques, NGASSA Edouard contre M. le Sous-préfet de l'arrondissement de Nkong-Ni

Chapitre II. DANS LE CADRE DU CONTENTIEUX DE L'URGENCE

Section I. L'URGENCE ACCESSOIRE

Paragraphe I. SURSIS DE PAIEMENT

N°32.

La protection des droits des contribuables

Président du Tribunal Administratif du Littoral à Douala, ordonnance n°50 du 18 décembre 2014, Société de Services et d'Installations et Télématiques (SERVITEL) S.A. contre État du Cameroun (ministère des Finances)

Paragraphe II. SURSIS A EXÉCUTION

N°33.

Les sanctions prononcées par la Commission des Marchés Financiers

Président du Tribunal Administratif du Littoral à Douala, ordonnance n°17 du 26 juin 2014, Société Citibank Cameroon S.A contre la CMF

N°34.

L'interprétation erronée par le juge de l'urgence des textes sur les Collectivités territoriales décentralisées

Cour Suprême. Conseiller à la Chambre administrative chargé de statuer sur le référé et le sursis à exécution, ordonnance du 16 janvier 2012 déclarant une demande de sursis irrecevable, Maître NGANKAM Gaston contre Communauté urbaine de Douala,

N°35.

La nomination des membres du Conseil électoral d'Elections Cameroon

Cour Suprême. Conseiller à la Chambre administrative chargé de statuer sur le référé et le sursis à exécution, ordonnance n°01 du 23 janvier 2009, Social Democratic Front (SDF) contre État du Cameroun (MINADT)

N°38.

Exemple d'application du contrôle de caducité des lois contraires à la Constitution

Cour Suprême. Président de la Chambre administrative, ordonnance n°31–98/99 portant sursis à exécution, Société ELF SEREPCA contre Etat du Cameroun (METPS).

N°37.

L'évolution récente des contours de la notion d'ordre public

Cour Suprême. Président de la Chambre administrative, ordonnance n°33 95-96 portant rejet d'une demande de sursis à exécution, Société MONDIANA SARL contre État du Cameroun (MINDIC) et (MSP)

N°38.

L'irrecevabilité contestable du sursis à exécution de l'arrêté portant publication de la liste des candidats admis à l'examen d'aptitude au stage d'Avocat, session 2014

Président du Tribunal Administratif du Centre à Yaoundé, ordonnance n°48 du 22 avril 2015, ATANGANA Henry Thierry contre État du Cameroun (MINJUSTICE)

N°39.

La sanction du non-respect d'une ordonnance accordant le sursis à exécution

Cour Suprême. Chambre administrative, Section, jugement n°63 du 11 mars 2009, ATANGANA NTONGA Sylvestre contre État du Cameroun (MINDAF)

Paragraphe III. REFERE ADMINISTRATIF

N°40.

Les limites des pouvoirs du juge administratif des référés

Cour Suprême. Président de la Chambre administrative, ordonnance de référé n°14 du 25 juin 1987, FOUDA ETAMA contre État du Cameroun (MTPS)

N°41.

La confusion opérée sur l'objet du référé administratif et du sursis à exécution

Cour Suprême. Conseiller à la Chambre administrative chargé des actions en référé et des demandes de sursis à exécution, ordonnance de référé n°03 du 29 janvier 2010, Association des Commerçants du Marché Central de Douala contre État du Cameroun (Préfecture du département du Wouri)

TABLE CHRONOLOGIQUE DES DÉCISIONS ANNOTÉES

2--CS.CA, jugement n°50 du 26 juillet 1990, ESSAMA Joachim Michel contre État du Cameroun (ministère des Affaires Etrangères), **GD N°2.**

3--CS.AP, arrêt du 16 août 1990, A. ONONGAFOR contre État du Cameroun, **GD N°13**

4--CS.CA, jugement n°55 du 27 décembre 1990, ETCHONA MONKAMA Florent contre État du Cameroun (MINFOPRA), **GD N°16**

1992

1--CS.PCA, ordonnance n°26 du 23 septembre 1992, Programme Social pour la Liberté et la Démocratie contre État du Cameroun (MINAT), **GD N°42**

2--CS.PCA, ordonnance n°05 du 05 octobre 1992 portant sursis à exécution, SIGHOKO Abraham contre État du Cameroun (MINSANTE), **GD N°43**

1994

1--CS.CA, jugement n°10 du 27 octobre 1994, LIBAM Michelin contre État du Cameroun. **GD N°15**

2--CS.PCA, ordonnance n°06 du 30 novembre 1994, Église Presbytérienne Camerounaise contre État du Cameroun (MINAT), **GD N°44**

3--CS.AP, arrêt n°3 du 29 décembre 1994, ministère public et OKALA EMANA Benjamin contre NDONGO Simon, NDJANA FOUDA et MEVOBIYO'O, **GD N°28**

1995

1-- CS.CA, jugement n°38 du 30 mars 1995, NYAM Charles contre État du Cameroun (MINESUP), **GD N°14**

2--CS.CA, jugement n°50/ADD du 27 avril 1995, NGUENANG Jean-Pierre contre État du Cameroun (MINFOPRA), **GD N°16**

1996

1--CS.PCA, ordonnance n°33/95-96 portant rejet d'une demande de sursis à exécution, Société MONDIANA SARL contre État du Cameroun (MINDIC) et (MSP). **GD N°37**

2--CS.CA, jugement n°96-97 du 05 décembre 1996, DZONGANG Albert contre État du Cameroun (MTPT**), GD N°47**

1999

1--CS.PCA, ordonnance n°31–98/99 portant sursis à exécution, Société ELF SEREPCA contre État du Cameroun (METPS), **GD N°36**

2000

1-- CS.CA, jugement n°47 du 25 mai 2000, ZOBA AYISSI Dieudonné contre État du Cameroun (MINFOPRA), **GD N° 20**

2-- CS.CA, jugement ADD n°63 du 27 juillet 2000, Établissement le Paysan contre État du Cameroun (MINEDUC), **GD N°46**

2002

1--CS.CA, jugement n°55 du 29 août 2002, Établissement le Paysan contre État du Cameroun (MINEDUC), **GD N°45**

2004

1--CS.CA, jugement n°88 du 30 juin 2004, AMENCHI Martin contre État du Cameroun (Secrétariat d'État à la Sécurité Intérieure), **GD N°25**

2005

1--CS.CA, jugement n°76 du 27 avril 2005, YONGO Marc contre État du Cameroun (MINUH) & DELANGUE KOLOKO Michel (Intervenant volontaire), **GD N°23**

2--CS.CA, jugement n°147 ADD du 31 août 2005, UM NTJAM François Désiré et Fils contre État du Cameroun (MINEF*)*. **GD N°45**

2007

1--CS.C.A, jugement n°56 du 28 février 2007, GALLO Gilbert contre État du Cameroun (MINDEF), **GD N°9**

2-- CS.AP, arrêt n°102 du 13 décembre 2007, ministère public contre FOTSA Patrice Désiré et État du Cameroun, **GD N°29**

2008

1--CS.CA, jugement n°11 du 18 janvier 2008, Maître BOUOBDA contre Caisse Nationale de Prévoyance Sociale, **GD N° 21**

2--CS.CA, jugement n°80 du 18 juin 2008, UM NTJAM François Désiré et Fils contre État du Cameroun (MINEF*)*, **GD N°45**

2009

1--CS.CA, jugement n°05 du 14 janvier 2009, BANA François d'Assise contre État du Cameroun (MINDAF) (Extraits), **GD N°6**

2--CS. Conseiller à la Chambre administrative chargé de statuer sur le référé et le sursis à exécution, ordonnance n°01 du 23 janvier 2009, Social Democratic Front (SDF) contre État du Cameroun (MINADT), **GD N°35**

3--CS.CA, S, jugement n°63 du 11 mars 2009, ATANGANA NTONGA Sylvestre contre État du Cameroun (MINDAF), **GD N°39**

.**4**--CS.PCA, ordonnance n°45 du 19 août 2009, Association des Commerçants du Marché Central de Douala contre État du Cameroun, **GD N°5**

2010

1--CS. Conseiller à la Chambre administrative chargé des actions en référé et des demandes de sursis à exécution, ordonnance de référé n°03 du 29 janvier 2010, Association des Commerçants du Marché Central de Douala contre État du Cameroun (Préfecture du département du Wouri), **GD N°41**

2-- CS.CA, S, jugement n°144 du 05 mai 2010, PEMBATOUO Sacarie contre État du Cameroun (MINFOPRA), **GD N°5**

3-- CS.AP, arrêt n°18 du 27 mai 2010, KITIMBI Pierre contre Communauté Urbaine de Yaoundé, **GD N°29**

2011

1-- CS. Sections Réunies, arrêt n°02 du 09 mars 2011, Etat du Cameroun (MINDAF) & WABO FOTSO Jean Jacques (Appelants) contre FOIDING Michel (Intimé). **GD N°23**

2-- Cour Suprême. Chambre administrative. Section, jugement n°153 du 15 juin 2011, Dame Veuve FOKOUA née MEIDE Augustine contre Commune de Dschang, **GD N°12**

3-- Président du Tribunal de Première Instance de Dschang, ordonnance de référé n°21 du 14 décembre 2011, KENGMO Etienne, JIOFACK Jacques, NGASSA Edouard contre M. le Sous-préfet de l'arrondissement de Nkong-Ni, **GD N°31**

2012

1—CS. Conseiller à la Chambre administrative chargé de statuer sur le référé et le sursis à exécution, ordonnance du 16 janvier 2012 déclarant une demande de sursis irrecevable, Maître NGANKAM Gaston contre Communauté urbaine de Douala, **GD N°34**

2013

1—CS.SR, arrêt n°8, 12 juin 2013, POTGA Il ELKANA (Appelant) contre État du Cameroun (MINFOPRA) (Intimé), **GD N°19**

1--Président du Tribunal Administratif du Littoral à Douala, ordonnance n°17 du 26 juin 2014, Société Citibank Cameroon S.A contre la CMF.**GD N°33**

2--Tribunal Administratif de l'Ouest à Bafoussam, jugement n°05 du 24 novembre 2014, NOUSSI TENE Armand contre État du Cameroun (ministère des Domaines, du Cadastre et des Affaires Foncières (MINDCAF) et BOGNE, **GD N°8**

3--Président du Tribunal Administratif du Littoral à Douala, ordonnance n°50 du 18 décembre 2014, Société de Services et d'Installations et Télématiques (SERVITEL) S.A. contre État du Cameroun (ministère des Finances), **GD N°32**

2015

1-- Président du Tribunal Administratif du Centre à Yaoundé, ordonnance n°48 du 22 avril 2015, ATANGANA Henry Thierry contre État du Cameroun (MINJUSTICE), **GD N°38**

INTRODUCTION

Avec la Loi constitutionnelle du 18 janvier 1996, une page de l'histoire du droit du Contentieux administratif camerounais a été tournée. Cette loi fondamentale avait ouvert de nouvelles perspectives à la juridiction administrative[1], en supprimant l'Assemblée plénière, juge d'appel ; fonction qui est désormais exercée par la nouvelle Chambre administrative instituée par l'article 38[2] et qui est, en outre, là est la nouveauté, juge de cassation ; puis en posant à l'article 40 les bases d'une déconcentration territoriale de l'institution. Cette déconcentration de la juridiction administrative qui, à l'instar des juridictions inférieures des comptes[3], est désormais intégrée explicitement dans l'organisation judiciaire[4], était fortement souhaitée des justiciables et unanimement préconisée par la doctrine. Elle constituait sans doute l'un des aspects symboliques réellement novateurs de la réforme constitutionnelle.

Par conséquent, l'innovation législative substantielle de 2006, moins qu'une révolution, s'était inscrite dans une évolution antérieure, de manière assez consensuelle. Cette évolution, attendue et espérée de longue date par la doctrine[5], venait couronner un phénomène souterrain

---

[1] Voir SIETCHOUA DJUITCHOKO Célestin, « Perspectives ouvertes à la juridiction administrative du Cameroun par la loi n°96/06 du 18 janvier 1996 portant révision de la Constitution du 02 juin 1972 », Annales de la Faculté des Sciences Juridiques et Politiques de l'Université de Dschang, Tome 1, Volume 1, 1997, pp. 162-175.

[2] On se souvient que ce même article 38 de la Constitution avait institué, à côté de la Chambre Administrative, une Chambre Judiciaire et une Chambre des Comptes.

[3] V. la loi n°2003/005 du 21 avril 2003 fixant les attributions, l'organisation et le fonctionnement de la Chambre des Comptes, publiée dans Juridis Périodique n°55, 2003, pp. 27 et suivantes et SIETCHOUA DJUITCHOKO C, « La réforme inachevée du contrôle juridictionnel des comptes au Cameroun », Juridis Périodique n°56, 2003, pp. 75 et suivantes.

[4] On consultera la loi n°2006/015 du 29 décembre 2006 portant organisation judiciaire dans Juridis Périodique n°68, octobre-novembre-décembre 2006, pp. 34-45 et, surtout, ANOUKAHA François, « La réforme de l'organisation judiciaire au Cameroun », même Revue, pp. 45-56

[5] V. KEUTCHA TCHAPNGA Célestin, « La réforme attendue du Contentieux administratif au Cameroun : à propos de la loi n°2006/022 du 29 décembre 2006 fixant l'organisation et le fonctionnement des Tribunaux Administratifs », Juridis Périodique n°70, juin 2007, pp. 24-29.

de maturation dans le sillage de quelques lois libérales de 1990 à 1997, qui avaient enrichi le dispositif législatif sur la procédure administrative contentieuse, demeuré inchangé depuis 1975.

Ces différentes lois des années 90 avaient apporté d'importantes modifications dans le sens de l'ouverture de nouvelles voies de recours aux requérants, de la réduction des délais pour statuer en première instance ainsi que de l'allègement des formalités précontentieuses[6].

Il aura fallu attendre un peu plus de dix ans pour qu'enfin la loi n°2006/022 du 29 décembre 2006 fixant l'organisation et le fonctionnement des Tribunaux Administratifs soit adoptée et promulguée, en application des dispositions de l'article 40 de la Constitution.

Cette nouvelle loi se présente sous la forme d'un dispositif assez complexe de 121 articles qui a progressivement abrogé les textes antérieurs préexistant en la matière, notamment l'ordonnance n°72/6 du 26 août 1972 qui fixait l'organisation de la Cour Suprême et la loi n°75/17 du 8 décembre 1975 qui régissait alors la procédure devant cette Cour statuant en matière administrative. Elle apparaît comme un assemblage de mesures ponctuelles, extrêmement diverses par leur objet. Elle comporte bien d'éléments de continuité et est appelée à susciter des appréciations divergentes. On peut tout aussi bien déplorer l'absence de perspectives d'ensemble qu'y voir un signe de réalisme et de pragmatisme d'un législateur préférant procéder par voie d'ajustements. On peut également constater que le caractère réellement novateur du nouveau texte sur certains points contraste avec sa valeur ajoutée modeste et ses insuffisances dans d'autres domaines.

En tout état de cause, la nouvelle loi a réalisé l'œuvre la plus originale en créant au Chef-lieu de chacune des 10 régions du pays[7]un Tribunal

---

[6] Voir en ce sens, KEUTCHA TCHAPNGA C et TEUBOU Barthélemy, « Réflexions sur l'apport du législateur camerounais à l'évolution de la procédure administrative contentieuse de 1990 à 1997 », Revue Internationale de Droit Africain, EDJA, Dakar, n°45, juin 2000, pages 61-75.

[7] Toutefois, comme le précise l'article 5 alinéa 2 de la loi n°2006/022, suivant les nécessités de service, le ressort d'un Tribunal Administratif peut être, par décret du Président de la République, étendu à plusieurs régions. Le décret n°2012/119 du 15 mars 2012 avait officiellement ouvert les 10 Tribunaux Administratifs précités et celui n°2012/194 du 18 avril 2012 avait nommé les Magistrats du Siège dans lesdits Tribunaux (Un Président et deux juges, aujourd'hui 3 juges), tandis que le même jour étaient nommés les Attachés aux Parquets Généraux près les Cours d'Appel chargés du

Administratif compétent pour connaître « *en premier ressort, du Contentieux des élections régionales et municipales et, en dernier ressort, de l'ensemble du Contentieux administratif concernant l'État, les collectivités publiques territoriales décentralisées et les établissements publics administratifs* »[8].

En consacrant dans les faits la régionalisation de la juridiction administrative, les auteurs de la loi n°2006/022 ont choisi d'écarter la solution jadis utilisée que l'on pouvait qualifier de « *productiviste* ». Elle consistait essentiellement à donner aux deux anciennes formations administratives de la Cour Suprême, à savoir la Chambre administrative et l'Assemblée plénière, les moyens de juger plus rapidement les affaires dont elles étaient saisies. Cela impliquait à la fois une augmentation des effectifs, une réduction des délais pour statuer en première instance *et non en appel* ainsi qu'un allègement de la procédure.

Le législateur a manifestement eu l'ambition d'aller loin, en rapprochant la juridiction administrative des justiciables. Désormais, le juge administratif territorial est un juge régional mieux à même, que ne le serait le juge départemental, d'affirmer son indépendance et son autorité vis-à-vis des administrations de l'État et des collectivités publiques décentralisées.

Du Conseil du Contentieux Administratif (CCA), institué par un décret du 14 avril 1920[9], à son architecture actuelle, en passant par le Tribunal d'État (TE)[10], la Cour Suprême[11], la Cour Fédérale de Justice[12]

Contentieux administratif. Les Greffes des dits Tribunaux étaient constitués en 2013 et ils sont effectivement entrés en fonctionnement en février-mars 2014. Il en était de même de la nouvelle Chambre Administrative de la Cour Suprême, comme juge de cassation et juge d'appel. Elle comprend, en fait, cinq Sections : une Section du Contentieux de la Fonction Publique, une Section du Contentieux des Affaires Foncières et Domaniales, une Section du Contentieux Fiscal et Financier, une Section du Contentieux des Contrats Administratifs et enfin une Section du Contentieux de l'Annulation et des Questions Diverses. Chaque Section connaît des appels et des pourvois en cassation relatifs aux matières qui relèvent de sa compétence. **Dans la période transitoire qui a durée de 2006 à 2013, la Chambre Administrative de la Cour Suprême exerçait provisoirement les attributions des Tribunaux Administratifs. A cet effet, les Sections de la Chambre statuaient par jugement, en premier ressort et à charge d'appel ou de pourvoi devant les Sections Réunies.**

8 Article 2, alinéa 2 de la loi n°2006/022.

9 Qui prenait des décisions susceptibles d'appel au Conseil d'Etat siégeant à Paris.

10 Créé par le décret n°83 du 4 juin 1959.

11 Instituée par la loi du 30 juin 1960.

et la Cour Suprême créée par l'article 32 de la Constitution de 1972, composée, entre autres, d'une Chambre administrative unique, juge de premier ressort qui remplaçait les anciennes formations administratives siégeant à Yaoundé et à Buea et d'une Assemblée plénière jugeant en appel[13], la juridiction administrative du Cameroun a incontestablement connu ces vingt dernières années *des éclats de lumière* aux niveaux structurel, procédural puis de la protection des droits et libertés fondamentaux, même s'il reste vrai que ce tableau un peu flatteur demeure encore obscurci par un *tissu d'ombres* qui continuent de l'entourer[14].

Elle a toujours été, contrairement à une idée souvent véhiculée, juge de droit commun, et non juge d'exception de l'administration, mais aussi et surtout, *arbitre*. Ses décisions, constituées des jugements, des arrêts et des ordonnances, sont les expressions concrètes des problèmes qui se posent dans la société sur les plans juridique, politique, économique, financier, culturel et social.

Le foisonnement des solutions qu'elle a eu à apporter aux nombreuses demandes désormais pressantes des requérants a rendu indispensable la réalisation du présent Recueil, qui a pour objectif de présenter la jurisprudence administrative nationale à travers une cinquantaine de *ses Grandes Décisions*. Celles-ci sont ici entendues comme étant, soit celles qui posent une règle fondamentale du droit administratif, opèrent un revirement de jurisprudence, achèvent une évolution hésitante, mettent fin à des contradictions, mettent en relief les lentes conquêtes de la justice administrative relativement à l'extension du domaine du contrôle

---

[12] Dont la création résultait de l'article 33 de la Constitution de 1961. Sa conception initiale était bouleversée par les lois du 29 novembre 1967 et du 4 juin 1969 qui l'avait transformée en une juridiction administrative de compétence véritablement nationale.

[13] Pour une étude détaillée de l'évolution historique de la juridiction administrative au Cameroun, du Conseil du Contentieux Administratif à la Cour Fédérale de Justice, voir OWONA Joseph, Le Contentieux administratif de la République du Cameroun, Paris, L'Harmattan, 2011, 230 pages, pp. 20-27. NGOLE NGWESE P. et BINYOUM Joseph, Eléments de Contentieux administratif camerounais, Paris, l'Harmattan, 2010, 264 pages pp. 21-33.

[14] En ce sens, V. KEUTCHA TCHAPNGA C, « Les rayons et les ombres de la garantie des droits et libertés fondamentaux par la justice administrative au Cameroun », Communication lors de la Conférence sur le Thème « L'émergence par le Droit », organisée le 20 novembre 2015 à l'Hôtel Mont Febé de Yaoundé (Cameroun)par l'Association des Juristes Camerounais de France (AJCF) en collaboration avec l'Ordre des Avocats au Barreau du Cameroun, 26 pages, www.barreaucameroun.org/.

juridictionnel et à la réduction corrélative des zones de « *non-droit* », soit celles où apparaissent des incohérences ou des *légèretés* par rapport aux règles classiques en matière de légalité externe et interne.

L'étude des Grandes Décisions annotées de la Juridiction administrative du Cameroun (G.D.) permet de vérifier les orientations significatives des réformes du Contentieux administratif précitées, de débusquer les dysfonctionnements éventuels, de prévoir les correctifs utiles. Elle permet également d'apprécier l'évolution significative réalisée au niveau de la protection des droits et libertés fondamentaux par une jurisprudence administrative jadis très prudente. Elle permet, en outre, de mieux saisir les subtilités du travail du juge administratif national, qui est désormais mieux imprégné du constant souci de maintenir un équilibre délicat entre l'exercice des droits et libertés et la défense de l'ordre public, mieux encore, de l'intérêt général.

Fruit d'une œuvre collective toujours perfectible, le présent Recueil, nourri de nombreux travaux réalisés en droit du Contentieux administratif depuis plus de 20 ans aujourd'hui[15], notamment aux Universités de Dschang (Cameroun) et d'Omar Bongo de Libreville (Gabon) et, de 2011 à 2013, en qualité d'Expert, puis de Coordonnateur Pédagogique de la formation aux rudiments du procès administratif des Magistrats, Avocats et Greffiers ; formation organisée par l'Union européenne, en coopération avec la République du Cameroun, dans le cadre du Programme d'Appui au Secteur de la Justice, ainsi que, depuis quelques années, par mes *jeunes* Collègues[16] du Département de Droit public[17] de l'Université de Dschang, rend compte de la continuité entre le passé, le présent et l'avenir de cette juridiction. Cette dernière a été conçue comme devant être la manifestation concrète de la protection des citoyens contre les risques d'arbitraire de l'administration ; mieux encore, comme devant permettre aux administrés de paralyser une activité administrative irrégulière et/ou d'obtenir une certaine compensation pour les préjudices qu'elle a pu leur causer.

---

[15] En ce sens, V. par exemple, KEUTCHA TCHAPNGA C, Précis de Contentieux administratif au Cameroun. Aspects de l'évolution récente, Paris, L'Harmattan, 2013, 324 pages.

[16] V. supra la liste des auteurs et contributeurs du présent Recueil.

[17] Tous Membres du Laboratoire D'Etudes, de Recherches et de Promotion des Droits de L'homme, LABERPDHOM, que je dirige avec plaisir depuis le départ de l'Université de Dschang du Doyen ANOUKAHA François, initiateur et fondateur de cette structure de recherche opérationnelle en droits humains.

Comme l'avait si bien souligné l'ancien Premier Président de la Cour Suprême : « ... *le contrôle du juge administratif est bien plus audacieux que celui des autres juges. Plus conscient des nécessités de l'action administrative, il est également habilité à prendre la mesure exacte de ce qu'il convient de ne pas tolérer* »[18].

Les auteurs et contributeurs ont pour ambition de mettre à la disposition du grand public, (*Magistrats, Avocats, Administrations publiques, Organismes privés, Justiciables, étudiants, chercheurs, Investisseurs*), un Recueil clair et précis, facile à lire, facile à exploiter, facile à comprendre, extrêmement riche sur les plans théorique et pratique, qui revisite plusieurs concepts fondamentaux du droit public national.

Ils ont également tenu à exposer et à faire connaître leur propre conception de la Note de jurisprudence, tout en sachant qu'elle peut ne pas rallier tous les suffrages. Suivant en cela l'observation faite par le Professeur Anne-Marie COHENDET selon laquelle, « *il est bien plus dangereux de remettre en cause les idées reçues que de suivre les sentiers battus. Cependant, le risque « vaut la chandelle », car c'est seulement grâce à leur imagination et à leur audace que certains chercheurs ont pu faire progresser la réflexion juridique* »[19].

Par exemple, chaque *Grande Décision* est reproduite, soit dans son entièreté, soit dans ses données essentielles. Et, contrairement aux usages en la matière, elle est immédiatement suivie des Notes de bas de page, comprenant la référence aux ouvrages, aux articles, aux textes et aux documents utilisés pour la rédaction de la Note, les références jurisprudentielles les plus importantes des juridictions constitutionnelles, administratives ou judiciaires nationales ou de droit comparé.

En outre, chaque Note de jurisprudence comprend le rappel des faits (*à l'exception d'un cas où la Décision en cause ne s'explique pas suffisamment à ce sujet)*, l'indication de l'état de la question à la date de la *Décision*, les problèmes juridiques soulevés, la solution donnée par le

---

[18] Extraits du discours de M. DIPANDA MOUELLE A, ancien Premier Président de la Cour Suprême, in « Justice, procédures juridictionnelles et protection des droits de l'homme en Afrique », Actes de l'Audience Solennelle de Rentrée et Journée Scientifique de la Cour Suprême du 23 février 2012, pp. 4-9.

[19] COHENDET A-M, Méthodes de travail en droit public, Paris, Montchrestien, 1994, 200 pages, p. 35, réimpression en 1995, 3e édition 1998.

juge et sa portée, la référence aux décisions antérieures ou postérieures qui illustrent et précisent l'espèce annotée.

Dans les Notes de jurisprudence, les *Décisions* sont mentionnées sous leur numérotation (*exemples :* ***G.D n°3. G.D. n°40***). Quelques décisions ont fait l'objet des annotations groupées, lorsque la nécessité se faisait sentir.

De même, l'approche thématique, consistant à procéder à un regroupement des *Grandes Décisions* par centres d'intérêt, suivie d'une table chronologique des décisions annotées, nous a paru pédagogiquement opportune dans le présent Recueil qui s'ouvre, de la sorte, par des considérations essentielles sur la procédure administrative contentieuse[20].

Cette procédure doit être conçue comme une garantie pour les requérants en ce sens qu'elle constitue le moyen de faire valoir leurs droits en justice. Les droits de l'action servent ainsi les droits substantiels ; ils en sont les vecteurs indispensables. C'est exactement cette idée qu'exprimait MONTESQUIEU dans l' « *Esprit des lois* » lorsqu'il écrivait que « *les formalités de la justice sont nécessaires aux libertés* ».

C'est, en tout état de cause, une des exigences fondamentales d'une bonne justice dans la mesure où elles donnent des garanties sérieuses au justiciable. Cette idée s'est imposée dans le droit contemporain sous la forme du *droit à un procès équitable*[21] qui inclut à la fois *le droit d'accès au juge*[22] *et le droit à une bonne justice* lorsque cet accès est réalisé.

Le droit à un procès équitable, qui vise à insuffler une valeur de justice dans le procès et à améliorer la qualité des décisions de justice, a désormais acquis la dimension d'un principe transcendant les frontières.

---

[20] Que le juge de l'espèce EKINDI Joël définit simplement comme désignant « *les modalités par lesquelles les juges peuvent être saisis, les modalités selon lesquelles les décisions juridictionnelles doivent intervenir et, surtout, les modalités selon lesquelles les affaires sont instruites* », CFJ. CAY, arrêt n°31 du 15 novembre 1966.

[21] Sur ce point, on consultera avec grand profit NGUELE ABADA Marcelin, « La réception des règles du procès équitable dans le Contentieux de droit public », Juridis Périodique n°63, juillet-août-septembre 2005, pp. 19-33.

[22] Sur la question, on se reportera avec grand intérêt à GUIMDO DONGMO Bernard. R., « Le droit d'accès à la justice administrative au Cameroun. Contribution à l'étude d'un droit fondamental », Revue de la Recherche Juridique. Droit Prospectif, n°121, 2008-1, pp. 453-498.

On le retrouve ainsi exprimé dans la Déclaration Universelle des Droits de l'Homme de 1948 et dans la Charte africaine des Droits de l'Homme et des Peuples de 1986 qui font désormais partie du droit positif camerounais en raison de la constitutionnalisation du Préambule en 1996.

La tendance de ce mouvement, somme toute, limité de libéralisation procédurale est facile à cerner : l'objectif recherché par les plaideurs en ces temps de démocratisation n'est plus d'obtenir avant tout une justice réfléchie, mais de gagner du temps. On imagine que de prime abord tout le monde y trouve son compte, à commencer par l'État qui fait rendre la Justice à moindre coût. Ce n'est qu'au bout d'un certain temps que l'on s'aperçoit qu'une réflexion approfondie pour des affaires complexes est une nécessité qu'il faut savoir accepter.

Viennent ensuite presque tous les grands domaines du droit administratif général et spécial, vus sous l'angle processuel ; domaines de nos jours progressivement influencés par les décisions émanant du Conseil constitutionnel ou de la juridiction judiciaire, c'est-à-dire, *l'introduction de la demande en justice*, *l'étendue de la compétence de la juridiction administrative, la protection du droit de propriété, la protection des droits du citoyen, notamment de l'étudiant, la protection des droits du fonctionnaire, la protection des droits de l'employeur et de l'employé, l'autorité de la chose jugée, l'urgence accessoire (sursis de paiement, sursis à exécution et référé administratif), l'urgence spéciale (libertés individuelles ou collectives),les actes administratifs dénaturés sous le regard de la juridiction judiciaire (voie de fait administrative) et, enfin, les contrats administratifs*.

Étant entendu que l'idée dominante était de faire une part plus grande aux *Grandes Décisions* relativement récentes de la Cour Suprême statuant en matière administrative et des Tribunaux Administratifs (notamment du Centre, du Littoral et de l'Ouest) qu'aux anciennes.

Après la présente introduction, le Recueil est, pour des raisons pédagogiques évidentes, divisé en deux grandes parties d'inégales importances :

Première Partie. Les *Grandes Décisions* relatives aux actes administratifs unilatéraux

Seconde Partie. Les *Grandes Décisions* relatives aux contrats administratifs

Parce qu'elle est plus consistante, la première partie seulement est subdivisée en Chapitre, Sections et, s'agissant notamment du plan du Recueil, en paragraphes A. B. C. D.

En réalité, il ne s'agit que de la première édition de ce Recueil. Les lecteurs que nous souhaitons très nombreux voudront bien le prendre avec quelques indulgences, conscients de ce que la prochaine édition sera davantage meilleure.

Célestin KEUTCHA TCHAPNGA
Professeur titulaire des Universités
Chef du Département de Droit public à l'Université de Dschang
Coordonnateur du Master professionnel en Droit et Pratique
des Contentieux administratif, financier et douanier
experts et Coordonnateur de la formation des Magistrats et Avocats aux
rudiments du procès administratif près de l'Union européenne
dans le cadre du Programme d'Appui au Secteur de la Justice
Responsable du Laboratoire des Droits de l Homme
B.P. 66. Université de Dschang. F.S.J.P. Cameroun.
(00237) 6.77.72.08.26 / 6. 93.91.58.72./233.45.15.23
keutchatchapnga@yahoo.fr

PREMIÈRE PARTIE

LES *GRANDES DÉCISIONS* RELATIVES AUX ACTES ADMINISTRATIFS UNILATÉRAUX

Il est nécessaire que les litiges soient jugés dans un délai raisonnable, tant pour une bonne administration de la justice que dans l'intérêt des justiciables ; c'est d'autant plus vrai devant les juridictions administratives en raison de la qualité d'une des parties au procès, puissance publique et usagers.

L'importance des dommages que l'administration peut causer aux usagers et l'étendue de ses pouvoirs justifient que certains litiges soient rapidement résolus. L'écoulement du temps peut priver l'usager de ses droits essentiels si la décision administrative contestée **(Chapitre I)** produit tous ses effets avant d'être annulée **(Chapitre II)**.

Chapitre I. DANS LE CADRE DU CONTENTIEUX ORDINAIRE

Chapitre II. DANS LE CADRE DU CONTENTIEUX DE L'URGENCE

CHAPITRE I

LES *GRANDES DÉCISIONS* RELATIVES AUX ACTES ADMINISTRATIFS UNILATÉRAUX DANS LE CADRE DU CONTENTIEUX ORDINAIRE

L'administration, dans l'exercice de ses prérogatives, peut porter gravement atteinte aux libertés et aux propriétés ; les particuliers disposent, dans ce cas, des recours en annulation et/ou en indemnité portés devant le juge administratif **(Section I)**.

Mais, au-delà d'un certain degré dans l'irrégularité, l'administration est considérée comme s'écartant de l'accomplissement de sa fonction. Son agissement n'apparait plus comme l'exercice irrégulier d'une de ses attributions, mais comme un pur fait matériel, dénué de toute justification juridique. Elle ne peut plus dès lors se prévaloir du principe de la séparation et de la compétence administrative : l'acte a perdu tout caractère administratif, il est dénaturé et c'est au juge judiciaire qu'il appartient par conséquent d'assurer la protection du particulier[1] **(Section II)**.

Section I. L'ACTE ADMINISTRATIF DÉCISOIRE SOUS LE REGARD DE LA JURIDICTION ADMINISTRATIVE

Section II. L'ACTE ADMINISTRATIF DÉNATURE SOUS LE REGARD DE LA JURIDICTION JUDICIAIRE

[1] RIVERO Jean, Droit administratif, Paris, Dalloz, 13e éd, 1990, p. 219.

Section I.

L'ACTE ADMINISTRATIF DÉCISOIRE SOUS LE REGARD DE LA JURIDICTION ADMINISTRATIVE

1.
Acte administratif unilatéral
– Identification de l'acte administratif décisoire – Définition.

Cour Fédérale de Justice. Assemblée plénière, arrêt n°20 du 20 mars 1968
NGONGANG NJANKE Martin contre État du Cameroun

Sur la requête intentée par le sieur NGONGANG NJANKE Martin contre l'État du Cameroun, requête en date du 14 janvier 1966 et enregistrée au greffe de la Cour Fédérale de Justice sous le n°888 tendant à obtenir la condamnation de l'État du Cameroun à lui rembourser la somme de 622.000 francs CFA qui lui est due au titre de sa pension d'ancien combattant et qui a été versée à un autre que lui.

L'Assemblée plénière de la Cour Fédérale de Justice …attendu que depuis la loi fédérale n°20 du 19 novembre 1965, promulguée au Journal officiel du 1er décembre 1965, qui a modifié l'ordonnance fédérale n°6 du 4 octobre 1961 fixant la composition, les conditions de saisine et la procédure de la Cour Fédérale de Justice, celle-ci, au terme de l'article 14(I) (nouveau), connaît de l'ensemble du Contentieux administratif à l'encontre :

-- De la République fédérale,

-- Des États fédérés,

-- Des collectivités publiques,

-- Et des établissements publics :

Attendu que cet article en son paragraphe (2) a, b, c, d, et e énumère ce que comprend le contentieux administratif et dispose en son paragraphe 3 : « *Les tribunaux de droit commun connaissent, conformément au droit privé, de tout autre action ou litige, même s'il met en cause les personnes morales énumérées au paragraphe 1er, la responsabilité de ladite personne morale étant, à l'égard des tiers substituée de plein droit à celle de son agent auteur des dommages causés même dans l'exercice de ses fonctions* ».

Attendu que l'action de NGONGANG NJANKE Martin ne rentre pas dans le contentieux administratif de la compétence de la Cour Fédérale ; qu'en effet, elle vise à obtenir la condamnation de l'État du Cameroun à lui payer la somme de 622. 000 francs, due au titre de rappel de pension, laquelle, à la suite d'une erreur ou d'une négligence de l'agent de Bangangté, a été versée à une tierce personne ; que son action en indemnisation n'est pas basée sur un « *préjudice causé par un acte administratif* », *l'acte administratif étant un acte juridique unilatéral, pris par une autorité administrative, dans l'exercice d'un pouvoir administratif et créant des droits et des obligations pour les particuliers.*

Attendu que le versement par un Agent Spécial d'une somme d'argent à un particulier ne saurait constituer un tel acte. Attendu, dès lors, que l'action de NGONGANG NJANKE Martin est de la compétence des tribunaux de droit commun.

Par ces motifs, décide : Article Ier. La Cour Fédérale de Justice est incompétente.

NOTE

Il est des décisions juridictionnelles qui apportent plus de satisfaction au juriste spécialisé qu'au justiciable. Il n'est pas rare en effet qu'un progrès de la jurisprudence souligné par la doctrine résulte d'une décision qui rejette au bout du compte les prétentions du demandeur. L'arrêt n°20 du 20 mars 1968 rendu par l'Assemblée plénière de la Cour Fédérale de Justice dans l'affaire NGONGANG NJANKE Martin contre État du Cameroun, ci-dessus reproduit, se situe dans cette perspective.

Des données de fait du litige telles qu'elles sont résumées dans le troisième considérant, on retiendra que le requérant était un ancien combattant qui percevait, à ce titre, une pension de la part de l'État. Dans l'impossibilité de recouvrer son droit à l'occasion de l'une des opérations de paiement, il a introduit un recours contentieux en date du 14 janvier 1966 aux fins d'obtenir la condamnation de l'État au remboursement de la somme de 622.000 francs CFA qui lui était due et qui, à ses dires, avait été versée à un tiers.

La défunte Cour Fédérale de Justice se déclara incompétente à connaître d'un tel litige qui, du reste, a donné lieu à d'amples commentaires[1], au motif que « *l'action en indemnisation n'est pas basée sur un préjudice causé par un acte administratif* ». Pour la Haute Juridiction, « *l'acte administratif est un acte juridique unilatéral, pris par une autorité administrative, dans l'exercice d'un pouvoir administratif et créant des droits et des obligations pour les particuliers* ». Aussi, a-t-elle invité le plaignant à se pouvoir devant le juge judiciaire, puisque « *le versement par un agent spécial d'une somme d'argent à un particulier ne saurait constituer un tel acte* ».

En l'absence de définition textuelle de l'acte administratif unilatéral, il revenait ainsi au juge administratif de combler le vide. Dans la délicate mission de définition de cette notion, qui sert par ailleurs de critère à sa compétence, il a, inévitablement, été confronté à un dilemme : opté pour une conception extensive ou restrictive aurait, selon le cas, contribué à élargir son domaine d'intervention ou à restreindre sa sphère de compétence. Qu'est-il advenu réellement ? A-t-on pu s'interroger[2].

---

[1] Par exemple, BILONG Salomon, Mémento de la jurisprudence administrative du Cameroun, Presses Universitaires de Dschang, août 2014, 576 pages, pp. 85-95.

[2] ABA'A OYONO Jean-Calvin, La compétence de la juridiction administrative en droit camerounais, Thèse de Doctorat en Droit, N. R, Université de Nantes, 1994, 510 pages, p. 35.

Deux éléments ont été pris en considération par la Cour Fédérale de Justice pour déterminer le critère de la décision administrative contre laquelle les administrés peuvent former des recours en annulation et/ou en indemnisation devant le juge administratif. D'abord, la décision doit émaner d'une autorité administrative **(1)**, ensuite, elle doit faire grief **(II)**.

I. L'acte administratif unilatéral est défini par le juge de l'espèce comme un acte dont l'auteur a agi en qualité d'autorité administrative

Dans l'affaire NKONG Emmanuel contre Etat du Cameroun, objet du jugement n°1 du 19 décembre 1975, le juge administratif a fait sien le principe selon lequel « *la définition des actes administratifs unilatéraux contre lesquels une action peut être intentée écarte les actes, décisions et mesures du corps du pouvoir législatif ou judiciaire sur la base du principe de la séparation des pouvoirs* ».

En application de ce principe, les actes des autorités législatives et judiciaires que l'on peut qualifier d'autorités publiques non administratives sont, en principe, exclus du champ de la décision administrative unilatérale **(B)**. Il en est de même, en principe, des actes des personnes privées **(A)**.

A. Le principe d'exclusion des actes des personnes privées

Affirmer que l'acte administratif unilatéral est « *un acte pris par une autorité administrative dans l'exercice d'un pouvoir administratif* » revient, pour le juge de l'espèce, à opter pour le critère organique de définition de la notion.

L'arrêt n°98 du 27 janvier 1970, OBAME ETEME Joseph contre État du Cameroun était venu confirmer cette prise de position. On se souvient que dans cette affaire, la Cour Fédérale de Justice avait rejeté les prétentions du requérant qui sollicitait la condamnation personnelle du Préfet, auteur d'un arrêté lui interdisant de paraître et de séjourner dans le Département du NTEM, au motif que « *sa compétence se limite à la connaissance des seules actions dirigées contre les actes des personnes morales de droit public* ».

Cette solution n'était pas restée isolée au regard de la jurisprudence postérieure de la Cour qui l'avait d'ailleurs rappelée à maintes reprises.

Dans le jugement n°23 du 3 février 1977, YEYAP NJOYA Joseph Marie contre État du Cameroun, par exemple, le juge de l'espèce, dans des termes presque similaires, avait affirmé que « *la décision administrative ou exécutoire est tout acte juridique unilatéral d'une administration qualifiée et agissant en tant que telle, susceptible de produire par lui-même des effets de droit* ».

La Chambre administrative de la Cour Suprême a adopté la même position dans le jugement du 19 décembre 1979, KONG Emmanuel et il est désormais fermement établi, en jurisprudence, qu'un « *acte décisoire est un acte de l'administration qui…a été conçu, élaboré et signé par une autorité compétente étatique, d'une collectivité publique ou d'un établissement public* »[3].

Cette solution pouvait paraître regrettable ; comme l'avait souligné le Dr BINYOUM, « *l'option pour le critère organique a comme inconvénient majeur de restreindre le domaine d'intervention du juge administratif camerounais, en réduisant sa compétence au contrôle des seuls services publics administratifs classiques* »[4].

Peut-être s'agissait-il d'un « *choix délibéré qui va dans le sens d'un amenuisement des dépenses de la puissance publique en vue d'un accroissement des moyens d'intervention de celle-ci pour assurer le développement économique et social* » ; car, comme l'avait écrit le Professeur NLEP préalablement, « *vouloir admettre que des actes administratifs puissent émaner d'organismes privés comporte des risques certains d'extension de la responsabilité de l'administration, puisqu'aux termes de l'article 9 de l'ordonnance n°72/6 du 26 août 1972, celle-ci résulte d'un préjudice causé par un acte administratif et ne peut que se solder par une hémorragie de deniers publics* »[5].

L'option pour le critère organique appelle néanmoins quelques observations qu'inspire cette question incidente : les décisions émanant des personnes morales de droit privé, lorsqu'elles sont liées à l'exécution d'un service public, sont-elles considérées, au Cameroun comme en France[6], du point de vue de leur contentieux,

---

[3] CS.CA, jugements numéros 19/ADD du 24 novembre 2004, Société ELF SEREPCA, 20, 21 … rendus par rapport à un procès-verbal de non-conciliation entre ladite entreprise et ses ex- employés.

[4] BINYOUM J, Droit administratif, Cours polycopié de 2éme année de Licence, Université de Yaoundé, FDSE, 127 pages, p. 92.

[5] NLEP Roger-Gabriel, L'administration publique camerounaise, Paris, LGDJ, 1986, p. 303.

[6] C.E, 13 janvier 1961, arrêt MAGNIER.

comme des actes administratifs unilatéraux susceptibles d'être tranchés par le juge administratif ?

Autrement dit, l'autorité administrative a-t-elle le monopole de production de la décision administrative unilatérale ?

La réponse à cette question essentielle, contrairement à une idée erronée largement reçue, ne relève pas de l'évidence.

La doctrine nationale, dans sa majorité, avait relevé avec intérêt l'immixtion des organismes privés dans le champ de la décision publique, noté avec satisfaction le déclin du critère organique de définition de l'acte administratif unilatéral et salué avec enthousiasme les progrès du processus de recul du critère organique. La plupart des Commentateurs des décisions juridictionnelles avaient approuvé, sans réserve, *l'interprétation de la jurisprudence allant dans le sens d'une conception fonctionnelle de la notion d'autorité administrative.*

Cette constatation doctrinale avait pris un relief particulier dans cette période où l'administration agit très souvent par personnes privées interposées.

Étaient significatifs à cet égard les propos de M. Philip NGUESE et du Dr Joseph BINYOUM selon lesquels :

« *En règle générale, le juge administratif camerounais ne confère pas la qualité d'actes administratifs aux décisions prises par les personnes morales de droit privé. Mais, ce principe supporte trois exceptions notables. En effet (il) reconnaît la nature d'actes administratifs :*

-- Aux décisions émanant des ordres professionnels d'une part, (CFJ/SCAY, arrêt n°50 du 27 janvier 1968, Bernard AUTEROCHE contre Ordre National des Médecins. CS/CA, jugement n°23 du 03 février 1972, YEYAP NJOYA contre Ordre National des Avocats) ;

-- À celles prises par les autorités des Chambres consulaires d'autre part. (CS/CA, jugement n°41 du 25 mai 1989, TCHATCHOUA Jean Pierre) ;

-- À celles des dirigeants des Fédérations sportives (CS/CA, jugement n°48 du 25 juin 1989, Aigle Royal de Dschang) »[7].

---

[7] NGOLE NGWESE P. et BINYOUM J., Eléments de Contentieux administratif camerounais, op.cit., p. 53.

C'est ce qu'avait réaffirmé, avec toute son autorité, le Professeur Joseph OWONA en ces termes : « *Le changement ou le renversement d'une jurisprudence ancienne illustre également la souveraineté d'interprétation et de règlement détenue par les juridictions administratives camerounaises. Il en a été ainsi de la jurisprudence relative aux ordres professionnels qui gèrent les carrières des Avocats, des Notaires des Médecins et des Pharmaciens. Le fait de reconnaître que ces ordres émettent des actes administratifs susceptibles de recours contentieux devant la juridiction administrative va à l'encontre de la jurisprudence NGONGANG NDJANKE Martin déniant cette qualité aux actes des personnes privées. Dans l'espèce TIAKO Félix contre le Conseil de l'ordre des Pharmaciens du Cameroun (jugement n°117 du 31 mai 1991), l'ordre des Pharmaciens a été assimilé à l'administration. « Les dépens ont été mis à la charge du Trésor public ». Il en a été de même dans l'espèce Aigle Royal de Dschang « El Pacha » contre État du Cameroun (jugement n°48 du 25 mai 1989) en ce qui concerne les actes d'une fédération sportive »*[8].

Dr ABA'A OYONO allait dans le même sens lorsqu'il soulignait que « *le fondement de l'acte administratif, clairement mis en évidence dans les décisions NGONGANG NJANKE Martin et YEYAP NJOYA Joseph Marie, est ébranlé du fait de l'immixtion d'organismes privés dans le champ de la décision publique. Et ce n'est nullement la rigoureuse restriction jurisprudentielle des catégories concernées qui empêchera de persister sur la fin du monopole de l'autorité administrative à poser des actes administratifs unilatéraux »*[9].

Pour davantage mieux préciser sa pensée, Dr ABA'A OYONO ajoutait que : « *les ordres professionnels, considérés comme générateurs d'actes normateurs unilatéraux susceptibles de recours contentieux, constituent une brèche considérable à la situation monopolistique tant affirmée de l'autorité administrative. Ce processus de déclin du critère organique semble par ailleurs bien amorcé avec le cas sans précédent, donc nouveau, des Fédérations sportives. En effet,* concluait-il, *le juge administratif camerounais, s'inspirant sûrement de la jurisprudence française PESCHAUD, dont le prolongement s'est traduit avec l'affaire des Girondins de Bordeaux, a retenu le principe de la déférabilité des*

---

[8] OWONA J. Le Contentieux administratif de la République du Cameroun, op.cit., pp. 44-45.

[9] ABA'A OYONO J. C., Thèse précitée, p. 48.

décisions prises par les Fédérations sportives. Une application significative de cette règle a vu le jour avec le jugement n°48 du 25 mai 1989, Association Sportive Aigle Royal de Dschang « El Pacha » contre État du Cameroun (ministère de la Jeunesse et des Sports) »[10].

Les faits de cette célèbre affaire étaient connus : la Commission d'homologation et de discipline de la Fédération Camerounaise de Football (FECAFOOT) avait retiré deux points à l'équipe demanderesse au profit de Diamant de Yaoundé, à la suite d'un incident survenu au cours d'une rencontre de football opposant les deux équipes ; décision confirmée en appel par le Bureau exécutif de la même institution.

Par requête en date du 16 décembre 1987 enregistrée au Greffe le 21 janvier 1988 sous le n°234, le requérant saisit la Chambre administrative de la Cour Suprême pour la voir annuler cette mesure qu'il contestait. En guise de réponse, le juge déclara la demande irrecevable parce que prématurée ; car elle avait été introduite dans les 2 mois seulement suivant la publication de l'acte litigieux par voie de radio le 22 novembre 1987.

Par ce jugement, notait à juste titre le Professeur NLEP : « *la Chambre administrative a implicitement affirmé sa compétence pour connaître des mesures disciplinaires prises par les Fédérations sportives à l'encontre des associations qui en sont membres. Il n'y a rien d'étonnant à cela, car la Haute Juridiction n'a fait que restituer l'état du droit en réitérant sa compétence pour connaître des actes des organismes privés qui se trouvent investis d'une mission de service public et qui jouissent des prérogatives de puissance publique* »[11].

De toute évidence, ces arguments en faveur du recul du critère organique de définition de la décision unilatérale ne résistent pas à l'analyse. L'examen attentif du droit positif montre que ces prises de position étaient, pour le moins, hâtives.

Avec le recul du temps, on s'est aperçu que l'affaire Bernard AUTOROCHE a été l'occasion pour le juge administratif de faire

---

[10] ABA'A OYONO J. C., Thèse précitée, pp. 51-52.

[11] NLEP R.G., Note sous CS.CA, jugement n°48 du 25 mai 1989, Aigle Royale de Dschang « El Pacha » contre Etat du Cameroun, Revue Juridique et Economique du Sport, n°21, 1992, p. 44. Pour le commentaire de cette affaire dans un sens un peu différent de celui du Professeur NLEP, voir BILONG S., « Le droit des fédérations sportives au Cameroun : Le cas de la FECAFOOT », Revue Juridique et Economique du Sport, n°45, 1997, pp. 91-103, notamment pp. 96-97.

une saine application des textes alors en vigueur, en statuant sur un litige qui lui avait été expressément et préalablement confié par une loi spécifique.

Ainsi qu'il est loisible de le constater, à la lecture de son principal considérant : « *...qu'en effet, si, d'une part, il peut sembler à première vue que le Conseil de l'ordre soit inhabile à prendre une mesure qui incombe normalement à l'autorité responsable de la Santé publique,* ***il résulte par ailleurs de l'article 40 de la loi n°66/LF/7 du 10 juin 1966 portant réglementation de l'exercice et de l'organisation des professions de médecins, de chirurgiens-dentistes et de sages-femmes que le Conseil National de l'ordre de Médecins est habilité à prendre des décisions de caractère administratif susceptibles de recours devant la Cour Fédérale de Justice****; que l'étendue de cette compétence administrative n'étant pas déterminée par la loi, il y a lieu de la préciser...* » (*Mais le principe l'est, souligné par nous*).

Cette solution n'est pas inconnue dans le Contentieux administratif national. On la retrouve encore avec l'application des lois de 1990 attributives de compétence à la juridiction administrative.

Par exemple, l'article 89 de la loi n°90/035 du 10 août 1990 relative à l'organisation et à l'exercice de la profession pharmacien habilite la Chambre administrative de la Cour Suprême à statuer sur les contestations électorales. Cet énoncé de la compétence juridictionnelle administrative est, à quelques nuances près, repris par les dispositions légales relatives au contentieux électoral de la majorité des ordres des professions libérales existants[12].

Dr BILONG rejoint à ce niveau notre propos lorsqu'il estime que « *la Cour Suprême semble l'avoir bien compris, puisqu'elle fait appel à ces*

[12] Par exemple, article 35 de la loi n°90/033 du 10 août 1990 relative à l'exercice et à l'organisation de la profession de vétérinaire ; article 27 de la loi n°90/034 du 10 août 1990 relative à l'exercice et à l'organisation de la profession de chirurgien-dentiste ; article. 27 de la loi n°90/036 du 10 août 1990 relative à l'exercice et à l'organisation de la profession de médecin ; article. 28 de la loi n°90/037 du 10 août 1990 relative à l'exercice et à l'organisation de la profession d'expert technique ; article. 24 de la loi n°90/038 du 10 août 1990 relative à l'exercice et à l'organisation de la profession d'expert-comptable ; article. 28 de la loi n°90/040 du 10 août 1990 relative à l'organisation de la profession d'urbaniste ; article. 28 de la loi n°90/041 du 10 août 1990 relative à l'exercice et à l'organisation de la profession d'architecte.

lois pour se déclarer compétente lorsqu'un litige mettant en cause l'ordre d'une profession libérale lui est soumis »[13].

Le jugement n°117 rendu le 31 mai 1991 par la Chambre administrative dans l'affaire TIAKO Félix contre Conseil de l'ordre des pharmaciens illustre parfaitement cette extension législative de la compétence du juge administratif dans le contentieux électoral issu de l'organisation des ordres des professions libérales.

On sait, en outre, que l'article 2 alinéa 3 de la loi n°2006/022 du 19 décembre 2006 fixant l'organisation et le fonctionnement des Tribunaux Administratifs énumère au titre du Contentieux administratif à l'encontre de l'État, des Collectivités publiques territoriales décentralisées et, surtout, **des Établissements Publics Administratifs** (…). Or, depuis la loi n°2001/016 du 23 juillet 2001, les Chambres consulaires ont un statut uniforme : « *ce sont des* ***Établissements publics****... chargés de représenter et de défendre les intérêts de leurs ressortissants auprès des pouvoirs publics »*.

Contrairement à ce qu'on a pu écrire[14], la compétence du juge administratif pour connaître du contentieux électoral dans lesdites Chambres n'est point un renversement de jurisprudence. Elle apparaît tout simplement comme étant logique, naturelle, ainsi qu'on peut le constater en lisant les jugements numéros 4 et 5 rendus respectivement les 26 octobre 1983, DJOMO David et 26 novembre 1982, ESSOME Jean.

De même, on se souvient que la computation des délais avait permis au juge de l'Association Sportive Aigle Royal de Dschang de constater, à juste raison d'ailleurs, que la requête introductive d'instance était prématurée, car elle avait été introduite dans les deux mois seulement suivant la publication de la décision de la Fédération de football.

Mais, soutenir, à la suite de ce jugement d'irrecevabilité, que « *le recours de l'Association Sportive Aigle Royal de Dschang aurait pu être déclaré recevable si les délais de procédure avaient été scrupuleusement respectés... que dans cette hypothèse, il en découlerait la compétence du juge administratif dans le contrôle de l'acte litigieux de la Fédération*

[13] BILONG S., « La crise du droit administratif au Cameroun », RJP n°1, 2011, pp. 45-75, p. 55.
[14] OWONA J, Le Contentieux administratif de la République du Cameroun, op.cit. pp. 44-45.

sportive »[15] **ne nous semble pas être conforme à la réalité et ne convainc guère**.

En effet, il est fermement établi, en droit positif, que **le juge ne peut statuer sur un recours sans avoir examiné le bien-fondé de tous les moyens d'ordre public**. Or, le recours gracieux préalable ou encore **le délai de recours, gracieux ou contentieux, constitue**, dans la procédure administrative contentieuse au Cameroun, **un moyen d'ordre public**, c'est-à-dire, expliquaient très justement les Professeurs AUBY et DRAGO, « *un moyen qui peut-être soulevé d'office par le juge, qui peut-être soulevé pour la première fois devant le juge alors qu'il ne l'a pas été à l'occasion du recours administratif préalable, qui peut être présenté hors du délai ou qui peut être, pour la première fois, présenté devant le juge d'appel ou de cassation* »[16].

Soulever les moyens d'ordre public revient pour le juge administratif à « *faire respecter certaines règles de technique juridique que la tradition conduit à considérer comme particulièrement importantes, parce qu'elles ne sont pas établies pour la protection des intérêts des particuliers, mais bien dans l'intérêt général* »[17].

À l'évidence, « *les moyens d'ordre public sont employés afin de protéger les règles fondamentales du droit administratif ; les règles fondamentales du droit administratif sont élaborées afin de protéger les droits des administrés ; par conséquent, les moyens d'ordre public ont pour objet de garantir les droits des administrés* »[18].

En ayant présent à l'esprit les observations faites précédemment, ***on retiendra de l'acte administratif unilatéral*, que le juge de l'espèce confond ici avec la décision administrative qui fait partie de l'acte administratif unilatéral** avec les autres actes unilatéraux qui ne font pas grief, ***qu'il est un acte édicté par une autorité administrative ou par une***

---

[15] ABA'A OYONO J. C., Thèse précitée, p. 53. Dans le même sens, V. NLEP R.G, Note précitée sous CS/CA jugement n°48 du 25 mai 1989, Aigle Royale de Dschang. Pour le commentaire de cette affaire dans un sens différent de celui de Feu le Professeur NLEP et qui partage notre opinion, voir BILONG S., « Le droit des fédérations sportives au Cameroun … », article précité.

[16] AUBY J. M. et DRAGO R., Traité des recours en matière administrative, Paris, L.G.D.J., 1984, 3éme éd. Tome II, 718 pages, p. 335.

[17] KORNPROBST Bruno, La notion de partie et le recours pour excès de pouvoir, Paris, LGDJ, 1959, T. 21, p. 358.

[18] CIAUDO Alexandre, « Moyens d'ordre public et garantie des droits des administrés », Petites Affiches, 2009, n°240, p. 2.

***personne non publique spécialement habilitée par le législateur* et destiné à produire des effets juridiques aux particuliers *sans leur consentement*.**

B. Le principe d'exclusion des actes des personnes publiques non administratives

Il s'agit d'abord des actes des autorités législatives **(1)**, ensuite des actes des autorités judiciaires **(2)** et enfin des actes de gouvernement **(3)**.

1) Le cas des actes des autorités législatives

Depuis l'arrêt de la Société des Grands Travaux de l'Est de 1970, il ne fait pas de doute que les lois régulièrement adoptées par le Parlement et promulguées par le Chef de l'État ne peuvent être déférées au juge administratif. Il en est de même des décisions prises par les organes de l'Assemblée Nationale comme le Bureau ou le Président, les Commissions lorsqu'elles concourent à l'élaboration de la loi.

Toutefois, en France depuis l'arrêt La Fleurette du 14 janvier 1938, le juge administratif a compétence pour connaître de la responsabilité sans faute de l'État du fait des lois fondées sur le principe de l'égalité de tous devant les charges publiques.

En revanche, les décisions des Services administratifs du Parlement peuvent être attaquées devant le juge administratif. C'est notamment le cas des actes d'organisation ou de fonctionnement de l'Assemblée Nationale[19]. Doivent être également considérées comme actes administratifs unilatéraux faisant grief, les ordonnances de l'article 38 de la Constitution, prises sur habilitation du Parlement, quand elles n'ont pas encore été ratifiées par une loi. Elles sont susceptibles de recours pour excès de pouvoir et l'annulation sera prononcée si et dans la mesure où elles ne sont pas conformes à la loi d'habilitation.

2) Le cas des actes des autorités judiciaires

Selon une jurisprudence traditionnelle en France, confirmée par le Tribunal des Conflits le 27 novembre 1952 dans une décision plus couramment appelée *Préfet de la Guyane*, les litiges intéressant le Service public de la Justice relèvent de la compétence de la juridiction

---

[19] CS.CA, jugement n°85 du 31 juillet 1997, Dame NGUEMA Marie contre Assemblée Nationale.

administrative ou de celle des tribunaux judiciaires lorsqu'ils se rattachent à l'exécution des fonctions juridictionnelles.

Ainsi, le juge administratif peut connaître des mesures prises par l'exécutif et qui sont relatives à la création ou à la suppression des juridictions, ainsi que des mesures concernant la carrière et la discipline des Magistrats qui sont des fonctionnaires[20].

En revanche, tout débat relatif à la réparation des dommages causés par le fonctionnement de la juridiction judiciaire relève, selon le juge administratif, du seul contrôle du juge judiciaire. La Chambre administrative a eu à consacrer ce principe dans le jugement n°213 du 18 août 1972, Dame AOUA Hadja. :

« *Considérant qu'il ressort du dossier que Dame AOUA ADJA se plaint de ce que les autorités judiciaires auraient catégoriquement refusé son action. Un tel grief... met en cause le fonctionnement du service judiciaire...* ***le principe de la séparation des pouvoirs interdit au juge administratif de statuer sur des actions qui mettent en cause le fonctionnement des services judiciaires*** »[21].

De même, « *tous les actes intervenus au cours d'une procédure judiciaire ne peuvent appréciés, soit en eux- mêmes, soit dans leurs conséquences dommageables que par l'autorité judiciaire* »[22].

3) Le cas particulier des actes de gouvernement.

Les actes de gouvernement sont explicitement exclus de la compétence de la juridiction administrative par l'article 4 de la loi n°2006/022 qui dispose : « *Aucune juridiction ne peut connaître des actes de gouvernement* ». Mais qu'est-ce donc qu'un acte de gouvernement ?

En France, on qualifie d'acte de gouvernement, qu'il faut différencier d'actes du gouvernement, les actes qui, bien que pris par le gouvernement dans son ensemble ou individuellement par un de ses

---

[20] En ce sens, voir notamment, CS.CA, jugement ADD du 28 janvier 1982, TATSINDA Maurice. CS.CA, jugements numéros 52 du 20 mai 1982, ATANGANA MBARGA Adalbert et 84 du 30 juin 1983, ATANGANA MBARGA Adalbert.

[21] Dans le même sens, voir CFJ.AP, arrêts numéros 17 du 16 mars 1967, MFOUMOU Jean-Baptiste ; 19 du 16 mars 1967, TAGNY Mathieu.

[22] CS.CA, jugements numéros 43 du 26 juin 1980, MONDOUBOU Théodore, 44 du même jour, YOMBI Alphonse Bernard, 45 du même jour, NGUIAMBA Daniel et 6 du 25 octobre 1984, MAMA MELANG.

membres, *bénéficient d'une immunité juridictionnelle générale et absolue*.

En réalité, cette qualification ne découle pas de la nature de l'acte en question. Comme l'avait fait observer le Doyen Louis FAVOREU :

« *Aucun acte de l'Exécutif ne peut logiquement se voir reconnaître le statut d'acte incontestable, car, quelle que soit l'activité qu'il exerce, l'Exécutif est soumis à la loi, du moins, à la Constitution. En conséquence, l'acte de gouvernement est justiciable par nature et injusticiable par accident* »[23].

L'injusticiabilité serait imputable aux lacunes de l'organisation juridictionnelle française, à savoir la compétence limitée du juge ordinaire et l'absence par le passé d'un juge constitutionnel.

En pratique, la peur des juges était mise en avant pour expliquer la réserve en matière d'acte de gouvernement. La juridiction administrative apparaissait alors dans une situation particulièrement précaire, du fait qu'elle ne constituait pendant longtemps qu'un démembrement du pouvoir exécutif ; d'où son souci de ne pas gêner l'action du gouvernement et bien davantage de ne pas engager une épreuve de force avec lui. Elle n'entendait pas exposer ses décisions à demeurer lettre morte ou encore œuvrer à sa propre disparition ou à des ajustements de son statut de nature réglementaire.

Dès 1990, le Conseil constitutionnel français a tendu un filet de sécurité à la justice administrative qui a vu son indépendance, son existence et sa compétence érigées en principe de valeur constitutionnelle. À partir de là, grâce au libéralisme croissant de la jurisprudence, la liste des actes de gouvernement s'est considérablement réduite. Cette liste comprend actuellement, d'une part, les actes relatifs aux rapports du gouvernement avec le Parlement, par exemple la promulgation de la loi par le Président de la République, d'autre part, les actes concernant les relations internationales de la France.

Cette définition stricte de l'acte de gouvernement a été consacrée de manière constante par la Chambre administrative de la Cour Suprême du Cameroun dans les jugements KOUANG Guillaume Charles du 31 mai 1979 et ESSOMBA Marc Antoine du 29 mars 1980.

---

[23] FAVOREU Louis, Du déni de justice en droit public français, Paris, LGDJ, 1964.

On croyait la jurisprudence camerounaise définitivement fixée sur la question ; on se sera trompé, car dans l'affaire ESSOUGOU Benoît, la Chambre administrative, en 1980, s'était écartée de sa jurisprudence antérieure en réintroduisant *le mobile politique* dans la définition de l'acte de gouvernement, notion pourtant abandonnée en France par le Conseil d'État dans un arrêt du 19 février 1975, Prince NAPOLEON.

En vertu de ce critère, n'importe quel acte administratif peut être considéré comme un acte de gouvernement dès lors que l'administration fait valoir qu'il a été inspiré par un mobile politique. Cette conception est très dangereuse pour les libertés, car elle donne à l'administration la faculté de déterminer elle-même les limites de sa soumission au droit.

On peut, par ailleurs, se poser la question de savoir si tous les actes bénéficiant d'une immunité juridictionnelle totale ou partielle, du fait des interventions du législateur dans le fonctionnement de la justice, constituent automatiquement des actes de gouvernement.

Avant de répondre à la question ainsi posée, il est important de noter que la portée de telles interventions est variable. **Certaines sont dites positives, car elles sont compatibles avec l'État de droit :** *c'est le cas des lois de validation et des lois interprétatives ;* alors que **d'autres sont estimées comme négatives, c'est-à-dire contraires à l'État de droit**.

Encore appelée **« validation législative »** ou **loi confirmative, la loi de validation** est une loi votée par le Parlement pour conforter *a posteriori* une situation juridiquement contestable de manière à la rendre définitive et insusceptible d'annulation. La pratique des validations législatives s'est accrue au fil des années et elles ne sont pas toujours répréhensibles, car elles sont des *« lois rétroactives par opportunité »*[24]qui permettent d'éviter des situations inextricables, par exemple, *en cas d'annulation d'un concours administratif dont les candidats avaient déjà fini leur formation au bout de quelques années.* **La loi interprétative** constitue une intervention du législateur dans le fonctionnement de la justice, car elle intervient généralement lors d'un procès en cours.

Par interventions contraires à l'État de droit, il faut entendre ici les ingérences du législateur qui ne sont pas motivées par des garanties constitutionnelles liées au respect du principe de la séparation des

[24] En ce sens, voir MOLFESSIS Nicolas, « La rétroactivité de la norme », article disponible sur le site http//fr.wikipedia.org/

pouvoirs et, par ricochet, à l'indépendance de la justice, au principe de la prééminence du droit, au droit à un procès équitable et à la sécurité juridique[25]. **Il s'agit notamment : – des lois d'immunité juridictionnelle totale** comme celles relatives aux actes portant désignation des chefs traditionnels qui ne peuvent faire l'objet d'un débat contentieux, en vertu des articles 1 et 2 de la loi n°80/3 du 25 novembre 1980. – **des lois d'immunité juridictionnelle partielle** comme la loi n°2003/016 du 22 décembre 2003 relative au règlement des litiges portant sur les limites des circonscriptions administratives et des unités de commandement traditionnel, dont l'article 2 précise : « *est irrecevable, nonobstant toutes dispositions législatives contraires, tout recours judiciaire en annulation d'un acte pris pour le règlement des litiges portant sur la limite des circonscriptions administratives* ».

Si on s'en tient au domaine des actes de gouvernement tel que fixé par la jurisprudence française et consacré dans le passé par la jurisprudence KOUANG, ESSOMBA et MONKAM TIENTCHEU, à savoir les actes relatifs aux rapports du gouvernement avec le Parlement et ceux concernant les relations internationales de l'État, on déduira logiquement qu'ils n'entrent pas dans la catégorie des actes de gouvernement, même si de tels actes de désignation de chefs traditionnels bénéficient d'une immunité totale et absolue.

De même, l'immunité juridictionnelle consacrée par la loi n°2003/016 du 26 décembre 2003 relative au règlement des litiges portant sur les limites des circonscriptions administratives et des unités de commandements traditionnelles est limitée au recours en annulation. En conséquence, le recours en responsabilité est concevable et on ne peut les ranger parmi les actes de gouvernement.

Il ne faut pas perdre de vue que dans ses ordonnances de référé n°01/OR/CE/PCA du 02 octobre 1990, UDC et n°03/OR/CS/92-93 du 02 octobre 1992, SDF et UFDC contre État du Cameroun, le juge unique avait décidé que « *la convocation du corps électoral est un acte de gouvernement qui échappe au contrôle du juge* »[26].

---

[25] Pour d'amples précisions sur ce point, lire la très intéressante Thèse de Master en Droit Public de M. FOPA TAPON Cyrille Arnaud (*rédigée sous notre direction*), intitulée Les interventions du législateur dans le fonctionnement de la justice administrative au Cameroun, Université de Dschang, octobre 2011. 154 pages.

[26] V, entre autres, KAMTO Maurice, « Actes de gouvernement et Droits de l'Homme au Cameroun », Cahier Africain des Droits de l'Homme n°4, juillet 2000, pp. 121-139.

Le juge administratif ne peut, en outre, être saisi par voie de recours qu'en cas de décision préjudiciant aux intérêts du requérant émanant d'une autorité administrative.

II. L'acte administratif unilatéral est défini par le juge de l'espèce comme un acte qui fait grief

La décision administrative attaquée ne peut lier le contentieux que si elle lèse le requérant dans ses droits ou dans ses intérêts, si elle est susceptible de lui faire grief, de lui porter préjudice. Comme l'a si bien souligné la Chambre administrative dans l'affaire Société ELF/SEREPCA, objet du jugement n°18/ADD du 24 novembre 2004 : « *le juge administratif n'est compétent pour statuer sur un acte déféré devant lui que si... celui-ci est décisoire, à savoir qu'il porte atteinte aux droits et intérêts légaux du recourant* ».

Par conséquent, « *l'acte sans conséquences juridiques, celui qui ne modifie pas l'ordonnancement juridique, n'entre pas dans la catégorie des actes faisant grief quels que soient les effets dommageables qu'il puisse comporter. Ce principe permet de déclarer insusceptible de recours un certain nombre d'actes administratifs qui n'entraînent pas d'effets juridiques* »[27].

C'est le cas des documents d'ordre intérieur, c'est-à-dire des circulaires interprétatives et instructions de service qui n'ont pas un caractère réglementaire, des expressions des souhaits ou des vœux de l'administration qui ne lient pas leurs destinataires et des actes préparatoires qui précèdent et annoncent la décision définitive à venir[28].

La Cour Suprême statuant en matière administrative a été très claire sur ce point dans le jugement n°50 du 26 juillet 1990 :

ATEMENGUE Jean de Noël, « Les actes de gouvernement sont-ils une catégorie juridique ? Discussion autour de leur origine française et de leur réception camerounaise », Juridis Périodique n°42, juin 2000, pp. 102-109 et BILONG S., « Le déclin de l'Etat de droit au Cameroun : le développement des immunités juridictionnelles », Juridis Périodique n°62, juin 2005, p. 52.

[27] AUBY J-M et DRAGO R, Traité de contentieux administratif, op.cit., p. 161.

[28] Pour d'utiles précisions à ce sujet, V. KEUTCHA TCHAPNGA C., « L'irrecevabilité du recours pour excès de pouvoir contre les actes préparatoires au Cameroun : à propos de quelques décisions jurisprudentielles », Revue Marocaine d'Administration Locale et de Développement (R.E.M.A.L.D) n°26, Rabat, janvier-février-mars 1999, pp. 65 -76.

*« **Attendu qu'il est de jurisprudence constante que soient irrecevables devant le juge administratif les recours dirigés contre les actes qui, tels les simples mesures d'instruction, les avis consultatifs, les ordres d'enquêtes, les projets, les vœux, les déclarations, ne font que prévoir ou préparer une décision.** Attendu qu'il échet dès lors de déclarer irrecevable, pour défaut d'acte administratif faisant grief, le recours introduit par M. Joachim Michel ESSAMA »*[29].

Pour autant, peut-on conclure que tous les actes préparatoires, c'est-à-dire des actes qui interviennent au cours de la procédure d'élaboration d'autres actes et qui ont pour seul objet de concourir à cette élaboration, **sont insusceptibles de recours pour excès de pouvoir ?**

Une étude détaillée de la jurisprudence administrative camerounaise oblige à nuancer la réponse à cette question essentielle.

En effet, la jurisprudence admet quelques exceptions de portée limitée à ce principe. Il s'agit de l'avis conforme, véritable co-consentement qui s'analyse comme un transfert de pouvoir de l'autorité investie du pouvoir de décision à l'organe consulté.

Le juge administratif, dans l'affaire AKOA Dominique contre Université de Yaoundé, objet du jugement n°50 du 7 avril 1983, s'est prononcé sans équivoque sur ce point :

*« Attendu ...avait-il dit en substance (que) dans son jugement n°40 du 30 avril 1981, **la Chambre administrative**, interprétant les dispositions de l'article 12 du décret n°69/DF/8 du 8 janvier 1969 portant statut particulier du corps des fonctionnaires de l'éducation, de la jeunesse et de la culture, **a admis que l'avis émis par le Conseil d'Administration de l'Université constituait en fait une décision faisant grief..Que cet avis s'impose au Chancelier et le lie,** la décision de ce dernier n'étant qu'une simple formalité »*[30].

Le principe de l'irrecevabilité des actes sans conséquences juridiques, aujourd'hui bien fixé et constant au Cameroun **a**, en revanche, **récemment connu une évolution remarquable en France**.

---

[29] Il en est de même de « *l'acte préparatoire* » de mise à la retraite (CS.CA, jugement n°73 du 31 janvier 1990, OTTO Simon PONDY). Dans le même sens, voir CS.CA, jugements numéros 116 du 28 juillet 2004, AYISSI ONOMO Martin, 149 du 23 juillet 2009, TCHEOU Lucas.

[30] Dans même, V. Jugement n°40 du 30 avril 1981, GUIFFO Jean Philippe contre Université de Yaoundé.

Par deux décisions d'Assemblée du 21 mars 2016, le Conseil d'État a ouvert son prétoire aux recours contre les actes de droit souple : *les avis, recommandations, mises en garde des autorités de régulation* peuvent désormais être déférés au juge de l'excès de pouvoir s'ils revêtent le caractère de dispositions générales et impératives ou s'ils énoncent des prescriptions individuelles dont ces autorités pourraient ultérieurement censurer la méconnaissance[31].

En fait, il s'agissait d'un communiqué de l'Autorité des Marchés Financiers (AMF) appelant les épargnants à la vigilance (n°368082 : JurisData n°2016-004898) et d'une prise de position de l'Autorité de la Concurrence quant à la portée d'une condition qu'elle avait posée au rachat de TPS et CANAL SATELLITE par VIVENDI et le Groupe CANAL PLUS (n°390023 : JurisData n°2016-004897).

Malgré la similitude des conséquences, les deux décisions présentent de notables différences. « *Elles répondent en effet à des problèmes différents. Dans le cas du communiqué de l'AMF, la situation est en effet particulière. L'AMF avait souhaité mettre en garde les investisseurs contre les procédés de commercialisation des produits d'une société allemande. Dans l'autre cas, le Groupe CANAL PLUS souhaitait interroger l'Autorité de la Concurrence sur la portée d'une condition posée au rachat à la suite d'une modification du cadre concurrentiel sur le marché. En d'autres termes, la société en question souhaitait être éclairée sur sa situation juridique et appelait l'Autorité à une prise de position quant à son futur.* ***Dans un cas, donc, l'Agence utilise le droit souple dans un but de vigilance,*** *qui se rattache à sa fonction de police,* ***dans l'autre, il s'agit de sécuriser la situation juridique de l'intéressé*** *– et elle s'apparente davantage dans ce cadre à un rescrit fiscal* »[32].

---

[31] **Il est à noter que le Conseil d'État porte une attention soutenue au *droit souple* au moins depuis le Rapport qu'il a élaboré sur ce sujet et qui appelait de ses vœux une utilisation plus soutenue de cette technique (EDCE, 2013).** Cette attention plus soutenue du juge rejoint une tendance de fond des régulateurs à utiliser les techniques du droit souple. Les régulateurs n'hésitent en effet pas à jouer sur la réputation des acteurs de marchés, qui semble des plus effectives, comme l'atteste le recours (*ci-après présenté*) contre la décision de l'Autorité des Marchés Financiers.

[32] Pour plus amples précisions sur ce point, lire avec intérêt PERROUD Thomas, « Le recours pour excès de pouvoir contre les actes de *soft law* des autorités de régulation. Note sous CE, ass., 21 mars 2016, n°368082, Sté Fairvesta International GmbH : JurisData n°2016-004898 et CE, ass., 21 mars 2016, n°390023, Sté NC Numéricable : JurisData n°2016-00489 », La Semaine Juridique, Edition Générale n°22, 30 mai 2016, 623.

Pourtant, le Conseil d'État va leur apporter un traitement contentieux identique, la question de sa compétence pour connaître de ces recours ayant été tranchée par le Tribunal des Conflits le 16 novembre 2015 (n°4026 : JurisData n°2015-025779 ; Banque et droit, janvier-février 2016, n°165, Commentaires. J.CHACORNAC).

La question qui se posait était la recevabilité du recours et les modalités du contrôle du juge. **La recevabilité n'était pas évidente au regard de la jurisprudence administrative qui tendait à n'ouvrir le prétoire qu'aux décisions, c'est-à-dire aux actes qui modifient l'ordonnancement juridique.** ***Ces deux arrêts consacrent certainement une nouvelle conception de l'acte juridique susceptible de faire l'objet d'un recours pour excès de pouvoir en France, plus réaliste, en ce sens que le juge administratif va s'attacher ici aux conséquences réelles de l'acte plutôt qu'à l'existence d'une sanction***[33].

En outre, au niveau national, **la forme de l'acte importe peu. L'essentiel est qu'il fasse grief.** À cet égard, le juge de l'espèce TCHUNGUI Charles contre État du Cameroun, objet du jugement n°5 rendu par la Chambre administrative le 29 novembre 1979, est particulièrement précis **:**

« *Attendu que* ***le contentieux administratif,*** *qu'il s'agisse du recours en annulation ou de plein contentieux, des litiges portant sur les contrats administratifs ou des recours en appréciation de légalité,* ***porte sur des actes administratifs unilatéraux qui peuvent être écrits ou verbaux ou constitués en de simples abstention ou retards, pourvu qu'ils portent préjudice*** ».

Ainsi, **le juge administratif a considéré comme un acte juridique valable une décision verbale prise par une autorité administrative compétente. Dès lors que cette décision cause un préjudice à un particulier,** elle peut donner lieu à une action en indemnité. C'est ce qui ressort d'un jugement de principe de la Chambre administrative du 19 décembre 1975, TONKAM Pierre contre Etat du Cameroun[34].

---

[33] PERROUD Th, Ibidem.

[34] Les faits de l'espèce sont connus : le Sieur TONKAM est propriétaire d'un terrain de neuf hectares à AMBAM et l'État décide d'y construire un aérodrome en 1957. Selon le requérant, un arrangement simplement verbal avait été conclu entre lui et l'administration en ce qui concerne les frais de dédommagement, allégation qui n'est pas du reste démentie par la partie adverse. Ce n'est qu'après plusieurs années d'illusions qu'il décide de saisir la juridiction administrative pour qu'elle condamne la

La jurisprudence SIMPEX était venue valider le cas des actes administratifs gestuels[35]. La Société SIMPEX-Cameroun avait en fait sollicité la condamnation de l'État à lui payer le somme de 30.003.754 Frs CFA en réparation de l'énorme manque à gagner que lui avait causé la saisie abusive de son bois par l'administration forestière. Le juge avait retenu sa compétence, motif pris de ce que la simple opération de saisie de bois était un acte administratif générateur de dommage.

Il en est de même des omissions ou inactions de l'administration qui causent un préjudice au requérant[36].

Enfin, dans certains cas précis, le silence gardé par l'administration peut être constitutif d'un acte normateur[37].

À cet égard, le considérant principal du jugement n°83 du 30 juin 1983, SIKAM Adolphe ne laisse aucune place au doute :

« ... *L'acte administratif peut être implicite ; ... c'est ainsi que le silence de l'administration, pendant un certain délai, à la réception d'une demande, est considéré comme une décision... susceptible de faire l'objet d'un recours contentieux* ».

Dire, comme l'avait fait le juge de l'espèce NGONGANG NJANKE Martin, que l'acte administratif unilatéral crée des droits et des obligations pour les particuliers n'est rien d'autre qu'une constatation, mais nullement un critère, dès lors qu'il est considéré comme un acte juridique, à l'instar du contrat administratif[38] d'ailleurs.

---

personne publique à lui verser une indemnité globale de 7.350.000 Frs CFA au double titre de dommage-intérêts et de préjudice subi. Croyant valablement s'opposer aux prétentions du requérant, l'administration soulève le problème de l'incompétence de la juridiction administrative à statuer sur un litige relatif « à un acte administratif non écrit ». Le juge soutient en retour « qu'une décision exécutoire en forme verbale susceptible de causer à autrui un préjudice est un acte qui peut donner lieu à une action devant la Cour Suprême... ; qu'il s'ensuit ensuite que (cette) Cour Suprême est compétente pour connaitre des actions en indemnisation intentées contre les décisions exécutoires verbales ».

[35] Jugement n°131 du 26 septembre 1991, Société SIMPEX-CAMEROUN c/E.C

[36] Jugement n°47 du 02 février 2005, MBACK Jean-Pierre contre Etat du Cameroun.

[37] Cf. KAMTO M et GUIMDO DONGMO Bernard-R, « Le silence de l'administration en droit administratif camerounais », Lex Lata n°006, 1994, pp. 10-14 et KEUTCHA TCHAPNGA C., « L'autorisation tacite, cinq ans après sa consécration en droit positif camerounais », Revue Juridique et Politique Indépendance et Coopération n°3, Paris, décembre 1997, pages 320-336.

[38] Personne ne conteste que la frontière entre l'acte unilatéral et le contrat est des plus ténue. Or, les risques de confusion entre les deux catégories traditionnelles se trouvent apparemment accrus du fait de l'apparition, un peu partout dans le monde, des **actes**

C'est à ce niveau qu'intervient la différence entre ces deux notions et le second caractère limitatif de l'arrêt NGONGANG NJANKE Martin, car le contrat est un échange de consentements tandis que l'acte unilatéral intervient sans le consentement de ceux auxquels il impose une règle de conduite.

La Chambre administrative de la Cour Suprême avait été plus explicite à cet égard dans son jugement n°38 ADD du 29 décembre 2004, Association « Le TABERNACLE DES AIGLES » contre État du Cameroun (MINATD)[39] :

« *Attendu, disait-elle alors, que pour qu'un acte soit susceptible d'être déféré devant le juge administratif, il faut satisfaire à deux catégories de conditions de forme et de fond. Attendu que s'agissant des conditions de forme, il faut notamment que l'acte soit pris unilatéralement par l'autorité habilitée à le faire. Qu'en ce qui concerne les conditions matérielles de fond, il faut que l'acte soit décisoire, à savoir qu'il porte atteinte aux droits et intérêts légaux du recourant* ».

Conclusion

La principale contribution de l'arrêt NGONGANG NJANKE Martin contre État du Cameroun est d'avoir posé l'essentiel des règles jurisprudentielles qui constituent le régime de l'acte administratif

---

unilatéraux dits négociés. S'agissant du droit français, comme l'a précisé M. DEAU Richard (in *Les actes administratifs unilatéraux négociés, Thèse de Doctorat en Droit Public, Université d'Angers, 2006, 585 pages)*, il semble difficile d'affirmer avec certitude quelles pourraient être, à plus ou moins long terme, les conséquences d'un développement exponentiel du nombre de ces actes. Le concept d'acte administratif unilatéral négocié est apparu, en fait, pour la première fois à la suite de la publication de différents arrêts rendus en matière de fixation négociée des prix, que ce soit en matière de production, de distribution ou de prestations de services (Thèse précitée, p. 55). Elle s'est renforcée avec l'octroi par voie d'actes unilatéraux d'avantages divers à certaines professions (Thèse précitée, p. 73), les actes relatifs à l'occupation et à la gestion du domaine public (Thèse précitée, p. 88) et les agréments fiscaux (autrement appelés contrats fiscaux). Ces derniers ne relèvent pas du droit fiscal mais du droit économique (par la conclusion de contrats fiscaux, l'Etat ne cherche pas à alimenter son budget mais à orienter l'économie nationale). Néanmoins, et malgré l'attachement du juge à la distinction traditionnelle entre l'acte unilatéral et le contrat, l'auteur se demander si une troisième catégorie d'actes n'est pas en train d'apparaître.

[39] Pour en savoir plus, V. MBALLA OWONA. Robert, La notion d'acte administratif unilatéral au Cameroun, Thèse de Doctorat/PHD en Droit Public, Université de Yaoundé II, 2010. 753 pages, p. 46.

décisoire. En cela, il reste un arrêt d'importance majeure dans l'ordre juridique national.

Célestin KEUTCHA TCHAPNGA

2.

Recours pour excès de pouvoir – Acte préparatoire – Absence de décision faisant grief – Oui – Irrecevabilité de la requête introductive d'instance – Oui.

Cour Suprême. Chambre administrative, jugement n°50 du 26 juillet 1990, ESSAMA Joachim Michel contre Etat du Cameroun (ministère des Affaires Etrangères)

Attendu que par requête enregistrée au greffe de la Chambre administrative de la Cour Suprême le 15 janvier 1987 sous n°256, ESSAMA Joachim-Michel, ayant élu domicile à l'étude de Maître MBALLA MBALLA, Avocat B.P. 1724, Yaoundé, demande à la Chambre administrative l'annulation de la décision de rejet n°05656/DAG/SAP du 25 juillet 1985 du Ministre des Affaires Etrangères pour violation de la loi et des textes réglementaires, ainsi que l'allocation d'une somme de cinquante millions de francs à titre de dommages-intérêts pour le préjudice subi....

... *SUR LA RECEVABILITÉ DU RECOURS*

Attendu que, si du point de vue des délais, le recours est recevable, les recours gracieux et contentieux ayant scrupuleusement respecté les prescriptions de la loi, *il convient d'examiner la recevabilité du recours eu égard à la nature de l'acte attaqué.*

Attendu que l'État du Cameroun, sous la plume du Ministre des Affaires Etrangères, estime ce recours irrecevable comme dirigé contre un acte exprimant non pas une décision administrative faisant grief, mais un simple avis à une autorité administrative compétente pour prendre une décision....Attendu qu'il échet dès lors de déclarer irrecevable, pour défaut d'acte administratif faisant grief, le recours introduit par Joachim Michel ESSAMA.

NOTE

On a souvent tendance à oublier qu'un acte unilatéral de l'administration ne peut faire l'objet d'un recours pour excès de pouvoir ou d'un recours en indemnisation devant le juge administratif que s'il lèse le requérant dans ses droits ou dans ses intérêts ; autrement dit, s'il est susceptible de lui faire grief. Pour qu'un acte soit considéré comme de nature à faire grief, « *il faut qu'il entraîne des conséquences juridiques auxquelles seules peut s'attacher le grief (...). L'acte sans conséquences juridiques, celui qui ne modifie pas l'ordonnancement juridique, n'entre pas dans la catégorie des actes faisant grief, quels que soient les effets dommageables qu'il puisse comporter* »[1].

En revanche, ne sont susceptibles de recours pour excès de pouvoir ni les actes dépourvus de tout effet juridique, tels les circulaires interprétatives, les actes inopérants, les manifestations des intentions,

---

[1] AUBY J-M et DRAGO R, Traité de Contentieux administratif, op.cit., p. 161.

opinions ou prétentions de l'administration, ni les actes préparatoires, « *c'est-à-dire ceux qui interviennent au cours de la procédure d'élaboration d'autres actes et ont pour seul objet de concourir à cette élaboration* »[2].

Pendant longtemps et jusqu'à une période relativement récente[3], la notion d'acte préparatoire ainsi consacrée en droit positif français n'avait pas fait l'objet d'une réflexion d'ensemble au Cameroun[4].

Pourtant, une telle réflexion était indispensable, car, **en pratique, cette notion soulève de multiples problèmes.** En effet, **il n'est pas toujours aisé pour le requérant de savoir si un acte est préparatoire ou non. Cette difficulté est d'autant plus accrue que «** *la mesure préparatoire peut se confondre avec un acte de caractère non décisoire ; mais, le plus souvent, la mesure préparatoire s'en distingue dans la mesure où elle comporte une véritable décision et constitue une catégorie spécifique de décisions administratives non susceptibles de recours juridictionnels* **»**[5].

Les faits ayant donné lieu au jugement n°50 ci-dessus reproduit, rendu par la Chambre administrative le 26 juillet 1990, en témoignent :

---

[2] Cf. STAHL Jacques-Henri et CHAUVAUX Didier, Chronique générale de jurisprudence administrative française, A.J.D.A. n°5, 20 mai 1996, p. 366.

[3] Pour d'utiles et amples précisions à ce sujet, V. KEUTCHA TCHAPNGA C, « L'irrecevabilité du recours pour excès de pouvoir contre les actes préparatoires au Cameroun : A propos de quelques décisions jurisprudentielles », article précité.

[4] En pratique, lorsque l'on se trouve confronté au problème des règles applicables aux actes préparatoires, on est amené à constater que les travaux disponibles se bornent à évoquer rapidement la question dans un paragraphe, plus ou moins long, le plus souvent inséré, soit dans l'exposé de la *procédure disciplinaire*, en ce sens voir BINYOUM J, « Les sanctions disciplinaires » *in* Encyclopédie juridique de l'Afrique, les Nouvelles Editions Africaines, Abidjan, Dakar, Lomé, 1982, Tome 8, chapitre 3, sections 2 et 4, notamment p. 480, soit dans l'étude de l'un des trois éléments de définition de l'acte administratif unilatéral (*acte faisant grief*). Voir NLEP R-G., L'administration publique camerounaise, op.cit., p. 308 et, du même auteur, Note sous C.S. C.A, jugement n°12 du 28 janvier 1982, Dame BINAM, née NGO NJOM Fidèle, Recueil Penant,1986, pp. 347-360, particulièrement p. 357 et Revue camerounaise de droit(R.C.D.), 2e série, n°28, 1984, pp. 95-107, notamment pp. 104-105, ainsi que ABA'A OYONO J.-C., La compétence de la juridiction administrative en droit camerounais, Thèse précitée, pp. 94-96.

[5] « *... D'ailleurs classée comme telle par le Recueil Lebon* ». Cf. COMBREXELLE Jean Denis, Conclusions sur Conseil d'Etat, Assemblée, 15 avril 1996, Syndicat C.G.T. des hospitaliers de Bédarieux *in Revue française de droit administratif (*R.F.D.A.) nov-déc. 1996, pp. 1169-1180, notamment p. 1170.

M. ESSAMA Joachim Michel, alors en service à l'Assemblée Nationale, avait obtenu une bourse de la mission française de coopération pour parfaire ses connaissances à l'Institut International d'Administration publique (IIAP) de Paris. Pendant qu'il y était, il en a profité pour préparer et soutenir une Thèse de Doctorat d'État en science politique en janvier 1984 à la Faculté de Droit de Sceaux (Paris Sud). À la session de juillet 1982, le requérant avait déjà obtenu son diplôme de sortie de l'IIAP, après avoir passé un stage de perfectionnement en relations politiques internationales, puis participé à un séminaire sur la pratique diplomatique organisé par l'Institut. Revenu au Cameroun avec ce parchemin, il sollicita son intégration au Ministère des Affaires Etrangères en qualité de Conseiller des Affaires Etrangères, par le biais du ministère de la Fonction publique, en se fondant sur l'article 10 du décret n°75/773 du 18 décembre 1975 portant statut particulier du corps des fonctionnaires de la diplomatie qui prévoyait que « *les Conseillers des Affaires Etrangères sont, compte tenu des besoins de service, recrutés sur titre parmi les candidats titulaires à la fois du Doctorat d'État en droit, ès sciences économiques ou d'un PHD en droit et sciences économiques ou en relations internationales ou d'un diplôme de sortie du cycle A de l'École Nationale d'Administration et de Magistrature (Section diplomatique) ou de l'une des écoles étrangères ou internationales, figurant sur une liste fixée par arrêté présidentiel. L'obtention du diplôme doit être concomitante ou postérieure à celle du Doctorat…* »

Par une correspondance n°05656/DAG/SP du 25 juillet 1985, le Ministre des Affaires Etrangères refusa cette intégration au motif que le requérant n'avait pas la qualification ni la formation requise. Selon lui « *l'Institut International d'Administration publique de Paris (...) n'assure plus la formation initiale des diplomates, mais organise des sessions de perfectionnement à l'intention des fonctionnaires ayant déjà acquis une certaine expérience professionnelle...* ».

Après un recours gracieux infructueux adressé le 3 août 1986 à M. le Ministre des Affaires Etrangères, le sieur ESSAMA Joachim-Michel, ayant élu domicile à l'étude de Maître MBALLA MBALLA, Avocat B.P. 1724, Yaoundé, avait, par une requête enregistrée sous n°256 au greffe de la Chambre administrative de la Cour Suprême le 15 janvier 1987, saisi ladite Chambre aux fins, d'une part d'annulation de la décision de rejet n°05656/DAG/SAP du 25 juillet 1985 du Ministre des Affaires Etrangères pour violation de la loi et des textes réglementaires, d'autre part d'allocation d'une somme de 50 millions de francs à titre de dommages-intérêts pour le préjudice moral qu'il estimait avoir subi.

Les textes législatifs et réglementaires étant muets sur cette question, c'est à l'examen de la façon dont le juge administratif national appréhende la notion d'acte préparatoire, à travers la présente espèce, que nous allons nous attacher d'abord **(I)**, avant d'essayer de rechercher les justifications des solutions jurisprudentielles consacrées **(II)**.

I. Le juge de l'espèce rappelle qu'une requête dirigée contre un acte préparatoire est en principe irrecevable

La permanence de la volonté du juge administratif camerounais de reconnaître le principe de l'irrecevabilité des recours contre les actes préparatoires traduit une politique jurisprudentielle constante **(A)**. Ce principe n'est limité que par une exception notable **(B)**.

A. Un principe consacré par une jurisprudence constante

La Chambre administrative de la Cour Suprême avait été amenée à donner explicitement des précisions sur la notion d'acte préparatoire dans le jugement n°49 du 24 juin 1993, rendu dans l'affaire MBALLA MBALLA Dieudonné contre État du Cameroun.

Après avoir rappelé que « *le recours pour excès de pouvoir est une véritable action dirigée contre un acte administratif exécutoire* », elle avait précisé « *qu'une mesure qui laisse entendre que l'administration se dispose à prendre un acte n'est pas dit un acte administratif exécutoire* » tout en ajoutant, notamment, « *que le recours pour excès de pouvoir dirigé contre une mesure faisant partie intégrante d'une procédure administrative aboutissant à une décision susceptible de faire grief n'est pas recevable, ladite mesure faisant partie de ce qui constitue les actes préparatoires* »[6].

On peut relever un exemple typique d'application du principe d'irrecevabilité des recours contre les actes préparatoires dans un jugement n°73 du 31 janvier 1991, OTTO PONDY Simon contre État du Cameroun.

[6] *« ... Tel le procès-verbal de la Commission Consultative statuant en matière d'octroi du titre foncier ».*

Le requérant, qui fut Président de la Chambre administrative pendant trois années judiciaires consécutives[7], contestait la lettre n°118/DAG/SPM/MJ signée le 3 novembre 1987 par le Ministre de la Justice, Garde des Sceaux, l'invitant à « *prendre toutes les dispositions nécessaires pour arrêter ses activités judiciaires dès le 3 décembre 1987* ». Cette correspondance ministérielle avait pourtant un objet très précis : « *pour permettre (au Ministre) de préparer le projet de décret l'admettant en retraite à partir du 1er janvier 1988* ».

Le juge de l'espèce estima, à bon droit, que la mesure contestée n'était qu'un acte préparatoire insusceptible de recours en annulation[8].

La jurisprudence administrative offre de nombreux exemples dans lesquels l'irrecevabilité a été opposée. Elle groupe, sous le nom d'actes préparatoires, des mesures qui revêtent des caractères divers, mais qui présentent un élément commun, celui d'appartenir à la procédure d'élaboration d'une décision faisant grief.

Comme l'avait si bien souligné la Chambre administrative dans l'espèce ESSAMA Joachim Michel ici annotée :

« ***Attendu qu'il résulte des termes mêmes de cette lettre****, adressée en réponse par le Ministre des Affaires Etrangères à l'Administration compétente pour statuer sur l'intégration de Joachim Michel ESSAMA,* ***qu'elle comporte simplement un avis, acte préparatoire à la décision attendue. Attendu qu'il est de jurisprudence constante que sont irrecevables devant le juge administratif les recours dirigés contre les actes qui, tels les simples mesures d'instruction, les avis consultatifs,***

---

[7] Le Magistrat OTTO PONDY Simon avait effectivement exercé les fonctions de Président de la Chambre Administrative de la Cour Suprême durant les années judiciaires 1983-1984, 1984-1985 et 1985-1986 ; ce qui aurait dû lui permettre logiquement de maîtriser au moins la règle de l'irrecevabilité du recours pour excès de pouvoir contre les actes préparatoires. Cette attitude ne saurait en fait étonner dès lors qu'en sait que les juges siégeant dans les formations administratives de la Cour sont des Magistrats « polyvalents », mais en fait de formation privatiste.

[8] Dans le cas d'espèce, n'était susceptible de recours en annulation que le décret de mise à la retraite de l'intéressé ; ledit texte relevant de la compétence, non du Ministre de la Justice mais du Président de la République ; ainsi que le précisait l'article 170 alinéa 2 du décret n°74/128 du 18 février 1974 portant Statut Général de la Fonction Publique, décret aujourd'hui abrogé et remplacé par celui n°94/199 du 6 octobre 1994. Pour plus de précisions sur ce Statut, on lira avec intérêt KAMTO M, « Regards sur le nouveau Statut Général de la Fonction Publique », Lex-lata n°002 du 28 octobre 1994, pp. 8-12. LEKENE DONFACK, « Réflexions sur le nouveau Statut Général de la Fonction Publique (A propos du décret n°94/199 du 07 octobre 1994) », Juridis Infos n°20, octobre-novembre-décembre 1994, pp. 22-62.

les ordres d'enquêtes, les projets, les vœux, les déclarations, ne font que prévoir ou préparer une décision. »

La jurisprudence administrative a, du reste, une conception extensive de la notion d'acte préparatoire. Elle a appliqué cette qualification à la suspension administrative dans la Fonction publique[9]. Elle a estimé que l'exigence de la production d'une copie certifiée conforme d'un diplôme est un acte préparatoire[10]. En outre, la jurisprudence a admis, sans difficulté, que le sursis à statuer sur une demande de permis de bâtir adressée au Service de l'Urbanisme n'était pas une décision. Il n'était que le report d'une décision à une date ultérieure[11].

Les exemples concrets d'actes préparatoires fournis par la jurisprudence administrative permettent-ils de dégager une formule générale ?

Pour résumer en une seule formule ces diverses hypothèses, on pourrait être tenté de conclure que tous les actes préparatoires sont insusceptibles de recours pour excès de pouvoir.

Une telle déduction serait pourtant fragile, puisque la jurisprudence admet quelques exceptions au principe ainsi consacré.

B. Un principe exceptionnellement limité

Le juge administratif admet de statuer sur des recours en annulation contre certains actes qualifiés d'avis par leurs auteurs. L'examen de quelques espèces montre que les avis en cause étaient en réalité de véritables décisions faisant grief, dont le juge a déterminé la qualification. C'est le cas des ***avis conformes***, dont la procédure

---

[9] Voir C.S.C.A. jugement n°12 du 28 janvier 1982, Dame BINAM, née NGO NJOM Fidèle, avec la Note précitée du Professeur NLEP R.-G.

[10] Voir C.S.C.A., jugement n°25 du 25 février 1982, Sieur GANG W.V. confirmé en appel par un arrêt n°13 de l'Assemblée Plénière en date du 28 mars 1985. Pour les faits ainsi que le commentaire détaillé de cette affaire, voir SIETCHOUA DJUITCHOKO C, « Souvenir de la common law et actualité du droit administratif dans les provinces anglophones du Cameroun » Revue Générale de Droit (Canada), n°27, 1996. pp. 372-373.

[11] C.S.A.P. , arrêt n°2 du 27 octobre 1972, POUKA MBAGUE Louis-Marie contre Etat fédéré du Cameroun oriental. Décision et conclusions du Rapporteur reproduits dans MBOUYOM François-Xavier. Recueil des grands arrêts de la jurisprudence administrative de la Cour Suprême du Cameroun, Tome 2, 1970-1975, Yaoundé, Kenkoson, 1975, pp. 75-81.

« *dépossède le titulaire légal de sa compétence et la transfère à l'organe consulté, ne laissant au premier qu'un pouvoir d'authentification* »[12].

Ainsi, lorsqu'on se trouve en face d'un avis conforme, le juge administratif estime qu'il y a là une décision susceptible de recours pour excès de pouvoir alors que l'acte qui vient tout simplement reprendre son contenu n'est qu'une simple formalité.

Par exemple, dans l'affaire GUIFFO Jean-Philippe, objet du jugement n°40 du 30 avril Î981, la Chambre administrative de la Cour Suprême avait considéré que le véritable acte faisant grief et auquel le requérant aurait dû s'attaquer était « *l'avis du Conseil d'Administration* » de l'Université de Yaoundé, avis émis en matière disciplinaire, que le Chancelier se borne à notifier aux intéressés. L'infirmation de ce jugement par l'Assemblée plénière de la Cour Suprême dans son arrêt n°16 du 13 juin 1985 n'avait pas remis en cause le problème de la qualification juridique des normes émises par ledit Conseil d'Administration en matière disciplinaire, puisque le juge avait maintenu que « *cet avis impératif... qui a par lui-même le caractère de décision faisant grief, est susceptible de faire l'objet d'un recours contentieux* ».

Le juge administratif, en la matière, avait fait prédominer autant que possible la réalité sur la terminologie employée.

En outre, comme l'avaient précisé AUBY et DRAGO[13], **certains actes préparatoires**, « ***qui permettent à l'autorité compétente de recueillir les éléments de sa décision, sont généralement de nature à faire grief. Pourtant, la jurisprudence considère qu'ils ne jouent pas un rôle essentiel dans la réalisation du grief et qu'ils ne peuvent, par conséquent, donner lieu au recours. D'autre part, il n'est pas certain que la décision finale sera prise et que le grief sera réalisé* »**.

Ainsi en est-il de la suspension dans le droit de la Fonction publique. Bien que souvent ressentie par les intéressés comme une sanction pouvant faire l'objet d'un recours pour excès de pouvoir et présentée comme telle à l'opinion publique par la presse, la suspension n'est pas juridiquement une sanction disciplinaire puisqu'elle n'est pas une mesure définitive, mais plutôt un acte conservatoire pris à l'occasion d'un comportement présumé fautif et ayant des incidences sur le traitement.

---

[12] En ce sens, CADOUX Charles, « La procédure consultative, essai de synthèse », Annales de l'Université de Lyon, 3e série, Droit, p. 107.

[13] Traité des recours en matière administrative, op.cit., pp. 197-193

Comme l'avait exposé le Commissaire du Gouvernement RIGAUD dans ses conclusions sur l'arrêt du Conseil d'État en date du 13 juillet 1966 : « *Il s'agit d'une mesure permettant d'écarter temporairement du service un agent se trouvant sous le coup de poursuites disciplinaires et éventuellement pénales. Elle a pour seul but d'éviter le scandale ou la gêne que peut causer la présence effective dans un emploi public d'un agent soupçonné de faute grave et de faciliter l'exercice des poursuites qui doivent être incessamment entreprises à son encontre* ».

La suspension ne préjuge donc pas de ce qui sera ultérieurement décidé sur le plan pénal ou disciplinaire. C'est pourquoi la doctrine est unanime à reconnaître que dans la Fonction publique, la suspension n'est pas, et ne peut pas être une sanction ; qu'elle a essentiellement, même exclusivement, un caractère provisoire·

Cette mesure conservatoire entraîne normalement des effets juridiques vis-à-vis des agents auxquels elle est destinée, en ce que son auteur, le Ministre utilisateur de l'agent public en cause lui prescrit une action ou une abstention. La suspension écarte provisoirement l'intéressé de son lieu de service et le prive de son salaire pour une durée n'excédant pas quatre (4) mois. L'irrecevabilité dans ce cas s'explique alors, non par l'absence de grief résultant de la mesure en cause, mais par le fait que la suspension apparaît comme un élément de la procédure d'élaboration d'une autre décision dont on ne sait pas, ou bien si elle sera prise, ou bien ce que sera exactement son contenu..

Cette construction logique de la doctrine a heureusement eu l'écho que l'on pouvait escompter, car il s'est établi en ce sens une jurisprudence inaugurée par l'affaire Dame BINAM, née NGO NJOM Fidèle[14] et confirmée par l'espèce AWANA Gilbert contre État du Cameroun[15].

II. Le juge de l'espèce met en relief un des fondements de l'irrecevabilité des recours dirigés contre les actes préparatoires

D'évidentes considérations juridiques et pratiques **(A)**, de bon sens et d'opportunité **(B)** fondent le principe de l'irrecevabilité des recours dirigés contre les mesures préparatoires.

---

[14] CS.CA, jugement n°12 du 28 janvier 1982

[15] CS.C.A, jugement n°12 du 13 janvier 1983.

A. Les fondements juridique et pratique du principe

Le refus du juge administratif de connaître du contentieux des mesures préparatoires est souvent justifié et motivé dans certaines de ses décisions.

La justification traditionnelle de la jurisprudence fonde la solution d'irrecevabilité sur le fait que les actes préparatoires ne sont pas des décisions de nature à faire grief. Cette interprétation a été exposée avec clarté dans le jugement ESSAMA Joachim Michel ici annoté :

« *Attendu qu'il échet dès lors de déclarer irrecevable,* ***pour défaut d'acte administratif faisant grief****, le recours introduit par Joachim Michel ESSAMA* ».

Cette explication n'est valable qu'à la condition d'en préciser et d'en limiter la portée. C'est seulement lorsque l'acte en cause n'est pas de nature à faire grief par lui-même qu'il ne peut donner lieu à un recours. Il en va ainsi des propositions ou des vœux qui s'insèrent dans une procédure administrative et constituent les préliminaires d'une décision faisant grief[16] ou encore des invitations faites aux intéressés à fournir une pièce[17].

Ce qui n'est pas le cas pour tous les actes préparatoires.

Dans l'affaire Dame BINAM, par exemple, la requérante, Médecin en service à la Protection Maternelle et Infantile (P.M.I.) de Yaoundé, était accusée par ses supérieurs hiérarchiques de « *corruption active* ». En conséquence, le Ministre de la Santé publique avait prononcé à son encontre une suspension d'activité de trois mois, assortie de la perte de sa rémunération durant cette même période, par décision n°1023/D/MSP/DAC/SCY du 6 avril 1978.

Suite à la procédure disciplinaire intervenue après, le Ministre de la Fonction publique avait pris un arrêté n°024/A/MFP/DR/SDAG en date du 13 février 1979 infligeant à l'intéressé « *la sanction de retard à l'avancement pour une période d'un an* ». C'est aussi *bien* l'annulation de cette dernière mesure que celle de l'acte du Ministre de la Santé

[16] Il en irait autrement si l'acte dénommé proposition était en réalité une décision faisant grief.

[17] Voir C.F J.C.A., jugement précité n°25 du 25 février 1982, Sieur GANG W.V. confirmé en appel par un arrêt n°13 de l'Assemblée Plénière en date du 28 mars 1985.

prononçant sa suspension que la requérante demandait au juge administratif.

Répliquant à cette dernière demande, le représentant de l'État arguait qu'elle devait être déclarée irrecevable pour la simple raison que ladite décision était « *un acte préparatoire qui ne saurait être attaqué devant le juge administratif* ».

Faisant siennes les conclusions du représentant de l'État, le juge avait conclu, à juste raison, à l'irrecevabilité de la requête de Dame BINAM, en ce qui concerne la décision du Ministre de la Santé publique[18].

Pour le Docteur Jean-Calvin ABA'A OYONO[19], « ***l'affaire Dame BINAM traduit une certaine myopie du juge qui refuse de regarder cette suspension administrative comme une décision faisant grief. Ne crée-t-elle pas l'obligation de cesser temporairement le service ? Ne génère-t-elle pas l'obligation de ne point percevoir de rémunération ? Il y a incontestablement acte faisant grief***... ».

Mais, faut-il préciser, cet acte est insusceptible de recours pour excès de pouvoir, justement parce qu'il est un acte préparatoire qui précède et annonce la sanction disciplinaire. L'irrecevabilité s'explique donc ici par le fait que le grief n'est pas définitivement réalisé. Contrairement à ce que ce Commentateur autorisé a pu écrire à propos de ce passage du jugement BINAM, la doctrine et la jurisprudence administrative camerounaise s'accordent pour voir dans la suspension une mesure non disciplinaire ayant un caractère préparatoire et, en conséquence, ne pouvant faire l'objet d'un recours pour excès de pouvoir, en dépit de la gravité qu'elle a pu présenter.

Le décret n°94/199du 7 octobre1994 portant Statut général de la Fonction publique donne d'ailleurs un véritable support réglementaire au caractère préparatoire de la suspension. Son article108, alinéa 2 est explicite en ce sens : **« *La suspension de fonction est une mesure conservatoire qui* ne *produit d'effet définitif qu'à la suite d'une sanction prononcée par l'autorité compétente* ».**

---

[18] « *Attendu, disait le juge de l'espèce BINAM que la mesure de suspension n'était pas une sanction disciplinaire mais plutôt une mesure préparatoire, annonciatrice ; qu'une telle mesure ne peut donner lieu à un recours pour excès de pouvoir* »

[19] ABA'A OYONO, Thèse précitée, p. 96.

Pour un motif évidemment d'ordre pratique, on veut aussi éviter un recours qui se révélerait inutile, la décision finale pouvant ne pas être prise[20]. Mais, il y a plus.

B. Les autres fondements du principe

Une autre explication des cas dans lesquels la jurisprudence oppose l'irrecevabilité allègue qu'en permettant aux requérants de contester les actes préparatoires, sans qu'il soit besoin même d'attendre et de connaître la décision finale, on multiplie inutilement les occasions de litiges sans pour autant « *garantir efficacement les droits des justiciables ni contribuer à un rétablissement rapide de la légalité* »[21].

Ce point de vue, partagé par divers auteurs[22], relève, à l'analyse, du bon sens et de l'opportunité et on ne peut que l'approuver pleinement.

En effet, on perçoit sans peine qu'avec un nombre croissant de recours, provoqué par la possibilité d'attaquer directement les mesures préparatoires, le juge administratif ne pourrait que rarement statuer en temps utile. « *Point n'est besoin, a-t-on précisément fait remarquer, d'encombrer les rôles des juridictions administratives de contestations dirigées contre des mesures dont on n'est pas certain, à la date à laquelle elles sont prises, qu'elles conduiront à une décision ultérieure affectant les droits et les obligations des tiers* »[23].

Bien plus, les demandes de sursis à exécution seront vouées au rejet, un acte préparatoire n'étant pas de nature à entraîner des conséquences irréparables[24].

À cette raison s'ajoute le fait que la solution consacrée ne nuit pas fondamentalement aux intérêts du justiciable, puisque le requérant qui

---

[20] AUBY J.-M. et DRAGO R., Traité des recours en matière administrative, op.cit., p. 187.

[21] Cf. STAHL Jacques-Henri et CHAUVAUX Didier, « Chronique générale de jurisprudence administrative française », A.J.D.A. *n °5,* 20 mai 1996, p. 367.

[22] Cf. STAHL Jacques-Henri et CHAUVAUX Didier, ibidem et COMBREXELLE Jean Denis, Conclusions sur Conseil d'Etat, Assemblée, 15 avril 1996, Syndicat C.G.T. des hospitaliers de Bédarieux, R.F.D.A., nov-déc 1996, p. 1171.

[23] Voir cependant les critiques de M. CHARLIER (J.C.P. 54, 1, n°86) qui estime qu'il y aurait avantage à saisir l'illégalité à sa source, cité par AUBY J.-M. et DRAGO R., op.cit. p. 187, n°47.

[24] Pour d'amples précisions sur ce point, voir KEUTCHA TCHAPNGA C, « Le régime juridique du sursis à exécution dans la jurisprudence administrative camerounaise », Juridis périodique n°35. juillet-août-septembre 1998.

forme un recours contre la décision clôturant la procédure peut, dans l'éventualité où elle lui est défavorable, exciper à l'appui de son recours de l'illégalité des mesures préparatoires antérieures[25].

Conclusion

L'étude des actes préparatoires, à la lumière de la jurisprudence administrative camerounaise, notamment du jugement Joachim ESSAMA, nous a permis de mesurer combien certains requérants étaient mal informés du problème de qualification de cette notion, dont le maintien correspond à de nécessités pratiques très fortes. Ces actes sont en fait couverts par une immunité juridictionnelle à la fois sur le terrain du contentieux de l'annulation et sur celui de plein contentieux, laquelle n'est toutefois pas semblable à celle qui existe pour les actes de gouvernement[26].

En effet, le souci du juge administratif, d'une part, de ne pas statuer sur les recours dirigés contre les actes qui précèdent et annoncent la décision définitive ou certains actes dont le grief n'est pas définitivement réalisé, d'autre part, d'éviter un afflux de recours inutiles, n'a pas abouti à supprimer tout contentieux ; car la procédure de *l'avis conforme* constitue une exception notable au principe de l'irrecevabilité des recours contre les actes préparatoires. La jurisprudence administrative française lui a servi utilement de garde-fou dans sa démarche.

Célestin KEUTCHA TCHAPNGA

---

[25] C.E. 9 janvier 1952. VIDAL. Rec. p. 22, arrêt cité par COMBREXELLE J.-D.. Conclusions précitées, p. 11171. Dans le même sens, voir AUBY J.-M. et DRAGO R., op.cit.. p. 198

[26] Cf. KAMTO M, Actes de gouvernement et droits de l'Homme au Cameroun, article précité.

3.

Circulaire interprétative insusceptible de recours contentieux – Non – Circulaire réglementaire constituant une véritable décision faisant grief – Oui –Annulation pour excès de pouvoir – Oui – Publicité de l'acte administratif – Formalité substantielle – Oui – Omission – Vice de procédure – Oui – Rejet en l'espèce de la théorie de la connaissance acquise – Oui – Actualité de la théorie.

Cour Suprême. Chambre administrative, jugement n°27 du 28 septembre 1983, NDJOUMI Maurice contre Etat du Cameroun (ministère de la Justice).

Sur la question de savoir si NDJOUMI Maurice avait qualité pour attaquer le décret de nomination de EBEN MOUSSI Séverin.

Attendu que trois conditions sont exigées pour exercer le recours en annulation : la capacité, la qualité, l'intérêt. Ces conditions sont cumulatives et non exclusives. Mais c'est l'intérêt pour agir qui détermine la qualité de l'auteur d'un recours en annulation. Ce dernier doit justifier d'un intérêt direct et personnel en l'annulation demandée, intérêt qui peut être simplement moral, et qui s'apprécie à la date d'introduction du recours et au regard de ses conclusions. La condition d'un intérêt direct et personnel, pour être nécessaire, n'est pas suffisante. Il faut encore avoir un titre à agir, c'est-à-dire se trouver dans une situation telle à l'égard de l'Administration qu'elle justifie une protection particulière. Ainsi, on peut agir en tant que candidat ayant vocation à l'emploi dans lequel a été nommé le candidat dont la nomination est attaquée.

Attendu qu'en l'espèce, il est incontestable que NDJOUMI Maurice, fonctionnaire de greffe en exercice, avait la qualité d'*ester* en justice dans les conditions du droit commun, qu'il n'est pas contesté que le susnommé avait constitué le dossier de candidature à la quatrième charge de Notaire de Yaoundé, que ledit dossier avait été enregistré au ministère de la Justice ; qu'en tant que candidat confirmé, il avait qualité pour attaquer le décret n°80/023 du 17 janvier 1980 lui portant grief.

Sur la violation de l'article 41 du décret n°60/172 du 20 septembre 1960 réglementant le statut des Notaires...

Attendu qu'il convient de relever de prime abord que, contrairement à ce qui est soutenu par le représentant de l'État, NDJOUMI Maurice a déposé une seule candidature, datée du 04 août 1979 ; sa lettre du 23 mai 1979 adressée au Ministre de la Justice constituait une demande de renseignements ainsi que cela résulte des termes même de cette correspondance.

Qu'il convient de mentionner ensuite que l'article 38 du décret visé énumère les conditions que doit remplir un candidat pour être nommé Notaire, qu'au regard de ce texte, le dossier de candidature introduit par NDJOUMI Maurice le 04 août 1979 et qui renfermait à l'appui : un certificat de nationalité camerounaise, un extrait de casier judiciaire (B3), une copie d'acte de naissance, une attestation de réussite à l'examen de 1er Clerc, une photocopie du diplôme de Capacité en droit, une attestation de réussite au Probatoire du DECS, une autorisation du Garde de Sceaux, était complet ; *qu'aussi, en exigeant aux fonctionnaires candidats à des charges de Notaire le désengagement préalable de la fonction publique par la mise en disponibilité, démission ou mise à la retraite, condition qui ne figure pas dans l'énumération de l'article 38 précité, le Ministre de la Justice ajoute au texte et viole par conséquent celui-ci.*

Attendu qu'aux termes de l'article 41 « *toute vacance à une charge de Notaire est portée à la connaissance des candidats éventuels par une insertion au Journal officiel et par tous les moyens de publicité appropriée, à la diligence du Garde des Sceaux, Ministre de la Justice. Par ces avis les intéressés sont invités à adresser leur requête avec pièces à l'appui au Garde des Sceaux, Ministre de la justice, dans les deux mois de l'insertion au Journal officiel. Le Garde des Sceaux, Ministre de la Justice fait procéder à une enquête et transmet, à l'expiration du délai ci-dessus, le ou les dossiers au Président de la Cour d'Appel qui en saisit la Cour en Assemblée Générale. La Cour d'Appel, sur rapport d'un Conseiller et conclusions du Procureur général, donne son avis sur chaque candidat réunissant les conditions requises et dresse, par ordre de mérite, s'il y a lieu, la liste de ceux-ci pour toute charge vacante* ».

Attendu qu'on constatera que le législateur a pris soin de mettre en relief le mot Journal officiel, ce qui signifie que, indépendamment des autres moyens de publicité appropriés, tels que le communiqué à la radio ou au quotidien national « *Cameroon Tribune* » qui doivent être eux aussi accomplis, l'insertion au Journal officiel est nécessaire et obligatoire.

Attendu que l'argument du représentant de l'État selon lequel le Ministre de la Justice n'était pas lié par les dispositions de l'article 41 précité à partir du moment où le dossier de NDJOUMI Maurice était incomplet ne saurait être pris au sérieux, car, d'une part le dossier du recourant était complet, d'autre part, les formalités de publicité prescrites doivent impérativement être accomplies dès l'ouverture de la vacance et avant l'introduction des requêtes ou candidatures.

Attendu que la formalité de publicité de vacance prescrite a pour but de susciter des candidatures et d'assurer la protection des citoyens contre les inégalités et que la connaissance personnelle qu'un éventuel candidat peut avoir de telle ou telle vacance de la charge ne suffit pour dispenser le Ministre de la Justice de l'obligation qui lui est faite de publier la vacance d'une charge.

Attendu qu'il ressort des pièces de la procédure que le dossier de candidature de EBEN MOUSSI Séverin, nommé Notaire à la quatrième charge de Yaoundé, a été instruit et transmis à la Cour d'Appel de Yaoundé qui a émis son avis en Assemblée Générale le 3 mai 1979 avant la formalité qui n'a été réalisée que le 26 juin 1979 au moyen d'un communiqué du Ministre de la Justice publié dans le quotidien national « *Cameroon Tribune* » n°1507.

Attendu que la publicité de vacance d'une charge de Notaire étant une formalité substantielle, son omission dans le cas d'espèce a violé toute la procédure ayant abouti à la nomination de EBEN MOUSSI Séverin.

Qu'il y a lieu de déclarer fonder le recours de NDJOUMI Maurice et d'annuler en conséquence le décret déféré.

NOTE

Sur le plan juridique, l'affaire opposant le Sieur NDJOUMI Maurice à l'État du Cameroun, objet du jugement n°27 rendu le 28 septembre 1983 ci-dessus reproduit, n'était pas aisée à comprendre ; mais les questions traitées étaient fort riches et le raisonnement suivi par la Chambre administrative de la Cour Suprême en l'espèce était très intéressant. Nous en donnerons une vue aussi simple que possible en exposant au préalable les faits très singuliers ayant justifié la saisine du juge de l'excès de pouvoir :

Par suite de vacance de la 4e charge de Notaire à Yaoundé, les formalités prescrites par le décret n°60/172 du 20 septembre 1960 portant réglementation de la profession notariale furent opérées de manière irrégulière par le Ministre de la Justice, Garde des Sceaux. Le requérant, fonctionnaire de greffe en exercice, déposa un dossier de candidature à cette charge, conformément aux dispositions de l'article 38 du décret susvisé. Mais le Ministre de la Justice, sous prétexte de rendre intelligible, compréhensible le texte régissant la profession notariale, notamment les dispositions de ce dernier qui régissent la publicité des candidatures, prit une circulaire aux termes de laquelle tout fonctionnaire en activité, candidat à une charge de Notaire, devait au préalable obtenir un désengagement de la Fonction publique par la mise en disponibilité, démission ou mise à la retraite, conditions qui ne figuraient pas dans l'énumération de l'article 38 du texte. Ce faisant, le Ministre avait ainsi violé le texte, car sa circulaire perdait son caractère interprétatif pour revêtir la nature d'une circulaire réglementaire et, par voie de conséquence, susceptible d'être sanctionnée par le juge administratif.

L'intérêt majeur du présent jugement, qui était passé quasiment inaperçu en doctrine, provient moins du problème de recevabilité de la demande, qui se résumait au simple rappel que le requérant, en tant que candidat confirmé à la charge de Notaire, avait qualité pour attaquer le décret n°80/023 du 17 janvier 1980 lui faisant grief, que de précieuses précisions apportées par le juge de l'espèce sur deux points de droit qui vont particulièrement retenir notre attention, à savoir l'annulation pour excès de pouvoir d'une circulaire ayant un caractère réglementaire et non interprétatif **(I)** et la sanction du non-respect par l'administration de la formalité substantielle que constitue la publicité de l'acte administratif **(II)**.

I. Le juge de l'espèce annule pour excès de pouvoir une circulaire ayant un caractère règlementaire

Si un très grand nombre d'actes administratifs unilatéraux produisent des effets de droit et sont en conséquence susceptibles d'être soumis au contrôle du juge administratif en cas de violation de la règle de droit, il existe des catégories d'actes unilatéraux pour lesquels cette soumission est écartée.

On ne saurait utilement, par exemple, demander au juge administratif de sanctionner, pour une prétendue violation de la juridicité, les actes unilatéraux édictés par une autorité administrative sous forme de circulaires, notamment à l'égard de ses services ou de ses subordonnés, mais qui ne véhiculent aucune règle juridique et se contentent de donner un éclairage ou une interprétation du droit positif, sans rien y ajouter et sans rien y retrancher, et ce à destination des différentes autorités investies de la mission d'appliquer directement les textes en vigueur.

Mais, dans la pratique, il arrive que l'auteur de la circulaire, le plus souvent le Ministre ou le Chef de Service, sous prétexte d'interprétation des lois et règlements, crée à son tour de nouvelles règles, édicte de nouvelles conditions, en un mot ajoute aux textes à interpréter, et ce en violation des textes qui s'imposent à lui[1].

Afin de *traquer* ces règles illégalement posées par voie de circulaire, le juge administratif français avait établi une distinction entre les circulaires purement interprétatives, c'est-à-dire qui n'ajoutent rien aux textes commentés et n'influencent donc pas l'ordonnancement juridique et les circulaires contenant, sous prétexte d'interprétation, de véritables règles de droit. Les secondes, qualifiées de réglementaires par le juge, pouvaient, à la différence des premières, être contestées, au titre de leur légalité devant le juge administratif, pour violation de la règle de droit[2].

---

[1] En ce sens, voir LACHAUME Jean-François, Violation de la règle de droit, Répertoire de Contentieux administratif, juin 2013 (dernière mise à jour : janvier 2014).

[2] CE, Assemblée, 29 janvier 1954, Institution NOTRE-DAME DU KREISKER, Lebon 64. **Cette jurisprudence présentait cependant des lacunes** car, par exemple, une circulaire se bornant à interpréter des dispositions illégales ne pouvait pas être contestée devant le juge administratif tout en participant à la diffusion d'une illégalité. **Ceci explique l'adaptation jurisprudentielle réalisée par l'arrêt DUVIGNERES (CE, sect., 18 déc. 2002,** req. n° 233618, Lebon 463, concl. FOMBEUR ; AJDA 2003. 487, chron. DONNAT et CASAS ; GAJA, n°110, GDJDA, p. 226. Lorsque la circulaire se limite à interpréter et ne contient aucune disposition impérative pour ses destinataires, elle est réputée ne pas faire grief et ne peut donc être déférée au juge

Cette distinction avait été consacrée au Cameroun par la Chambre administrative de la Cour Suprême dans un jugement n°29 du 27 décembre 1979, HAYATOU SOUAIBOU en des termes si significatifs qu'il importe de les rappeler : « *Attendu...qu'en effet, dans l'activité administrative, il est important de distinguer, du point de vue de l'étendue des effets, les actes qui intéressent directement les particuliers et ceux dont les effets juridiques se limitent à l'intérieur de l'institution administrative ; que ces derniers constituent une catégorie à part à laquelle on donne le nom de mesure d'ordre intérieur ; que* ***l'exemple typique est celui des circulaires par lesquelles le supérieur hiérarchique donne des directives aux subordonnés, en ce qui concerne l'interprétation des lois et règlements qu'ils ont à appliquer ; ces directives ne constituent pas un acte administratif s'imposant aux administrés, elles ne sont pas elles-mêmes susceptibles d'être attaquées par voie de recours pour excès de pouvoir*** ».

De même, dans le jugement n°43 du 7 avril 1983, KOUOH Emmanuel Christian, elle avait clairement décidé « *qu'il appert que* ***pareille circulaire, qui fait manifestement grief, est susceptible de recours pour excès de pouvoir*** *; qu'il s'ensuit que le recours de KOUOH Emmanuel Christian est recevable en la forme* ».

Dans l'affaire présentement annotée, il n'y avait donc, du reste, aucune innovation lorsque le juge affirmait explicitement qu' « ...***en exigeant aux fonctionnaires, candidats à des charges de Notaire, le désengagement préalable de la Fonction publique par la mise en disponibilité, démission ou mise à la retraite, conditions qui ne figurent***

---

administratif. **En revanche, si la circulaire contient des dispositions impératives, celles-ci sont réputées faire grief, tout comme le refus de les abroger et leur légalité peut donc être contestée devant le juge administratif par toute personne possédant, eu égard aux dispositions en cause, un intérêt à agir. Compte tenu du critère de distinction entre les circulaires issu de la jurisprudence DUVIGNERES, et qui s'attache essentiellement au contenu et à la portée des énonciations dont elles sont le support,** il est bien évident qu'une même circulaire peut contenir des dispositions non impératives et impératives et seules ces dernières relèvent du contrôle du juge de l'excès de pouvoir, notamment au titre de la violation de la loi (CE 26 avr. 2006, Synd. des avocats de France, req. n° 273757, Lebon 201). Enfin, **dans un souci de réalisme, le juge n'attache pas d'importance à la qualification donnée à l'acte s'apparentant à une circulaire et il recherche si cet acte contient ou non des dispositions impératives de nature à violer éventuellement la règle de droit, peu importe alors que l'acte soit qualifié d'instruction, de note de service, de lettre, de fiche, de protocole, sans compter les actes qualifiés de circulaires qui, par leur objet, s'apparentent à une mesure d'ordre intérieur**.

pas dans l'énumération de l'article 38 précité, le Ministre de la Justice ajoute au texte et viole par conséquent celui-ci ».

En sanctionnant ainsi la légèreté ou l'indifférence dont a fait preuve en l'espèce le Ministre de la Justice, le requérant acquiert la conviction que l'on peut avoir raison contre l'Administration, qu'elle n'est pas ce bastion inattaquable dont elle s'évertue bien souvent à afficher l'image. Dès lors, aux yeux des administrés, l'Administration cesse de paraître cette puissance souveraine et intangible bien distante et de loin plus forte que le simple administré dont elle devrait pourtant n'être que le serviteur.

La jurisprudence postérieure a d'ailleurs confirmé cette solution dans l'espèce PANKA Paul et ZEBAZE Simon du 15 novembre 1984.

L'autre apport essentiel du jugement annoté est d'avoir précisé, dans un souci pédagogique, les conséquences que doit tirer l'Administration de l'absence de publicité d'un acte administratif.

II. Le juge de l'espèce a apporté d'utiles précisions sur les conséquences de la non-publicité des actes administratifs

Tout acte administratif unilatéral faisant grief entre en vigueur du fait et à partir de son émission par l'autorité administrative. Mais, ledit acte ne devient opposable aux administrés qu'à partir du jour où il a été porté à leur connaissance par un procédé de publicité, à savoir la publication s'agissant des décisions réglementaires et la notification pour les décisions individuelles.

Ce principe a été clairement consacré dans l'arrêt n°90 du 30 septembre 1969, MESSOMO ATENEN Pierre : « *considérant qu'il échet de distinguer entre la validité de l'acte administratif et son opposabilité aux tiers ; que l'acte administratif entre en vigueur du fait de son émission par l'autorité administrative, même s'il ne devient opposable aux administrés que du jour où il a été porté à leur connaissance par un procédé de publicité ; qu'en d'autres termes,* ***l'acte administratif est exécutoire et opposable à l'administration elle-même dès sa signature, indépendamment de toute publication, dont l'objet est, en effet, non pas de rendre la loi ou le décret exécutoire, mais seulement opposable aux tiers****. Considérant qu'****il serait dangereux de poser en principe que l'administration est en droit de méconnaître, voire de violer le nouvel ordre juridique établi par elle-même, au seul motif qu'elle ne l'a pas encore officiellement porté à la connaissance du public*** *; que l'administration pourrait, en effet, si tel était son intérêt, retarder* *indéfiniment la publication de sa décision et, partant, son entrée en vigueur* ».

Dans le présent jugement, la publication de la vacance de la charge de Notaire qui, précise la Chambre administrative, « *a pour but de susciter des candidatures et d'assurer la protection des citoyens contre les inégalités* » aurait dû être faite impérativement au journal officiel.

Mais, en tenant compte des réalités économiques et socioculturelles du pays (*Voies de communication insuffisantes pour couvrir tout le territoire national, Journal parlé de la CRTV inaudible dans certaines parties du pays, inculture d'une masse importante de la population pour comprendre, assimiler les deux langues officielles*), elle a *implicitement* admis que les messages ou communiqués radios ainsi que l'insertion au quotidien national « *Cameroon Tribune* » pouvaient également tenir lieu de publicité et, de ce fait, prospérer devant elle, à condition que « *les formalités de publicité prescrites (soient) impérativement (...) accomplies dès l'ouverture de la vacance et avant l'introduction des requêtes ou candidatures* ».

Il s'agissait là d'une véritable innovation jurisprudentielle, déjà perceptible dans l'affaire WAMBE SANGO Choake, révélée par le jugement de la Chambre administrative de la Cour Suprême en date du 27 janvier1983. Sans se prononcer explicitement sur le moyen soulevé par le requérant suivant lequel « *le message radio n'est pas un acte administratif* », le juge de l'espèce avait admis la recevabilité du recours du Sieur WAMBE SANGO Choake, en service à la Sous-préfecture de Mélong, contre le message radio n°340/MR/PLI/SG/DAJ/PASD du 26 septembre 1979 du Gouverneur de la Province du Littoral, répercutant un autre message radio du Ministre de l'Administration Territoriale n°11272/MINAT/D.G./S/P/ du 11 septembre 1979 portant révocation de l'intéressé. Ce faisant, il avait décidé implicitement que le message radio avait valeur d'acte administratif décisoire et qu'il pouvait, logiquement, être considéré comme un moyen de publicité des actes administratifs.

Longtemps considérée comme un cas isolé, la jurisprudence WAMBE SANGO Choake avait été explicitement confirmée par le juge de l'espèce et, ultérieurement, par l'affaire Organisation Camerounaise des Droits de l'Homme (O.C.D.H.) contre État du Cameroun, objet de l'ordonnance n°19 rendue par le Président de la Chambre administrative le 26 septembre 1991. Une brève indication des faits n'est pas inutile à la bonne compréhension de cette célèbre affaire.

Conformément à l'article 13 de la loi n°90/53 du 19 décembre 1990 relative à la liberté d'association, l'O.C.D.H. avait saisi la juridiction administrative d'un recours tendant à ce que son Président annule l'arrêté n°201/A/MINAT/DAP/SDLP du 13 juillet 1991 pris par le Ministre de l'Administration Territoriale et portant dissolution de certaines associations, parmi lesquelles elle figurait. L'O.C.D.H. arguait, entre autres, que l'arrêté ministériel ne lui avait jamais été notifié et que si elle avait été mise au courant de son contenu, c'était à la suite de démarches déplorables effectuées dans des conditions obscures et par la lecture de ladite décision par voie des ondes.

Pour toute réponse, le Président de la Chambre administrative, juge unique en pareille circonstance[3], précisa que « *nonobstant la manière de connaissance effective de la décision (...) une jurisprudence française (la considère) comme valable lorsque l'intéressé en a simplement entendu la lecture (C.E., 02 mai 1945 (BEAUVALLET)* ».

Il est important de souligner que le juge administratif camerounais ne rate pas très souvent l'occasion de se souvenir de ses origines. Ce qui explique cette tendance à se référer à la jurisprudence du prestigieux Conseil d'État français dans le corps même de ses décisions.

Sans doute n'y avait-il pas de raison de s'émouvoir parce que le juge national cherchait son inspiration dans le droit comparé.

Ainsi que l'avait, à juste titre, souligné le Professeur CONAC, « *comme il est loisible qu'un ingénieur ne refuse pas de faire bénéficier ses compatriotes des technologies qu'il a apprises à l'étranger, on attend d'un juge professionnel qu'il sache exploiter sa culture juridique pour faire progresser le droit de son propre pays. À lui d'être sélectif pour ne pas introduire ainsi dans sa jurisprudence des éléments exogènes inassimilables. À lui d'interpréter les principes importés de façon qu'ils soient adaptés au contexte culturel et au niveau de développement économique des sociétés locales* »[4].

---

[3] Sur le juge unique dans le contentieux des libertés, voir KEUTCHA TCHAPNGA C. et TEUBOU Barthélémy, « Réflexions sur l'apport du législateur camerounais à l'évolution de la procédure administrative contentieuse de 1990 à 1997 », Revue Internationale de Droit Africain, EDJA, Dakar, n°45, avril-mai-juin 2000, pages 61-75.

[4] CONAC Gérard, « Le juge et la construction de l'Etat de droit en Afrique francophone », Mélanges G. BRAIBANT, Paris, Dalloz, 1997, pp. 105-119, notamment p. 113.

Le problème était donc de savoir si cette norme importée fournissait, en l'espèce, la solution adéquate au système juridique local.

Certes, à l'époque des faits, des raisons de nature à trouver la solution dégagée par le juge de l'affaire O.C.D.H. nécessaire existaient. Elles étaient notamment dictées par un certain réalisme.

Comme l'avait excellemment exposé le Professeur GONIDEC, « *...il est (...) nécessaire de pallier les insuffisances de la publication des textes en utilisant les moyens de communication modernes, en particulier la radiodiffusion qui possède cet avantage de communiquer avec l'analphabète comme avec l'homme instruit. Même si l'Afrique ne possède encore que deux postes de radio pour cent habitants, le moindre village a au moins un poste à transistors dont l'efficacité est d'autant plus grande qu'il fait appel aux vieilles traditions africaines d'oralité* »[5].

Ces arguments avaient leur force. Mais ils n'étaient pas décisifs et des considérations plus déterminantes militaient de façon opposée. Celles-ci avaient été mises en relief, de manière pertinente, par le Doyen Maurice KAMTO, qui soulignait qu'une telle solution « *comporte un inconvénient de taille : l'incertitude quant à la réception du message par son destinataire. Rien ne permet en effet de croire que le fonctionnaire intéressé sera à l'écoute de la radio au moment de la diffusion du message, dès lors qu'il n'y est tenu par aucune obligation juridique. Et même lorsqu'il aurait été à l'écoute, rien ne permet de le vérifier matériellement. "La parole s'envole et l'écrit reste" : voilà un truisme qui vaut en l'occurrence son pesant juridique* ». « *Par la reconnaissance (...) de la valeur d'acte administratif au communiqué radiodiffusé, ajoutait l'illustre Professeur, l'administration tend à consacrer la résurgence de l'oralité dans notre système de droit moderne. Tendance regrettable, car si l'oralité est un héritage millénaire de notre culture, elle a pour conséquence d'introduire l'incertitude dans notre système juridique et d'accroître le laxisme dans la pratique administrative. Par là même, elle accroît le sous- développement de notre droit autant que de notre administration* »[6].

Il est indispensable de rappeler le contexte très particulier dans lequel s'était déroulée l'affaire O.C.D.H contre État du Cameroun pour mieux

---

[5] GONIDEC Pierre-François, « L'Etat de droit en Afrique. Le sens des mots », R.J.P. I.C., n°1, janvier- avril 1998, pp. 3-32, notamment p. 14.

[6] KAMTO M., « Note sous Cour Suprême, Assemblée Plénière, arrêt du 24 mars 1983, NJIKIAKAM TOWA Maurice », Recueil PENANT 1985, pp. 347-361.

comprendre la position du juge de l'espèce. Cette affaire avait eu lieu en 1991, c'est-à-dire au moment où le Cameroun venait à peine d'être entraîné dans le cours de l'extraordinaire révolution démocratique qui avait marqué la fin du XXe siècle[7]. Les passions politiques s'exacerbaient, l'ordre public était sans cesse plus menacé et les libertés publiques davantage limitées. Pendant cette période, le juge administratif ne s'était pas toujours comporté comme un protecteur des citoyens contre l'arbitraire. Il était souvent apparu comme le défenseur des prérogatives de l'administration, n'hésitant pas à faire prévaloir l'intérêt public, la sécurité de l'État et même celle du régime politique en place lorsque les particuliers risquaient de faire un usage inconsidéré de leurs libertés.

En tout état de cause, la Chambre administrative s'était clairement et fermement opposée à l'application, dans l'espèce ici annotée, de la *théorie de la connaissance acquise* qui désigne la conception selon laquelle, en l'absence d'une publicité régulière, le délai peut être considéré comme commençant à courir s'il s'avère d'une manière quelconque que l'intéressé avait connaissance de l'acte.

Comme on le sait, un des postulants à cette charge avait eu connaissance de cette vacance puis présenté son dossier non seulement avant les autres, mais également avant que les formalités de publicité ne soient réalisées. Bien plus, le représentant de l'État avait invoqué cet argument pour demander aux juges de céans de déclarer irrecevable le recours du requérant :

« Attendu….disait la Chambre administrative dans un ton pédagogique, que la connaissance personnelle qu'un éventuel candidat peut avoir de telle ou telle vacance de la charge ne suffit pour dispenser le Ministre de la Justice de l'obligation qui lui est faite de publier la vacance d'une charge ».

On pouvait croire que cette prise de position était restée constante dans la jurisprudence.

On se souvient, par exemple, que dans l'arrêt n°14 du 24 mars 1983, ATANGANA ESSOMBA Protais contre État du Cameroun, l'Assemblée plénière de la Cour Suprême avait tenu à souligner que l'impératif de la notification officielle de l'acte individuel à l'intéressé « *ne saurait être*

---

[7] En ce sens, V. KAMTO M., « Quelques réflexions sur la transition vers le pluralisme politique au Cameroun », in CONAC G. (Sous la direction de), L'Afrique en transition vers le pluralisme politique, Paris, Economica, 1993, pages 209 et suivantes.

remplacé par le fait que celui-ci ait eu connaissance en fait de la décision ».

Le raisonnement était identique dans un arrêt NJIKIAKAM TOWA Maurice[8], rendu le même jour que l'espèce ATANGANA ESSOMBA Protais. En réponse à l'argumentation de l'État suivant laquelle « *bien que la recherche d'une trace écrite de cette notification soit demeurée infructueuse jusqu'à ce jour, il y a tout lieu de considérer que M. NJIKIAKAM a bien eu connaissance officieusement de sa nomination à Bertoua et que cette connaissance (...) vaut notification* », la Haute Assemblée avait décidé que « *l'acte d'affectation devait être officiellement porté (...) à la connaissance de NJIKIAKAM TOWA* ».

Annotant cet arrêt, le Doyen Maurice KAMTO, sur le dernier point du raisonnement de la Cour, avait alors pu en déduire que « *cette précision est précieuse dans un système juridique qui, comme le nôtre, reste marqué par l'oralité, survivance d'une tradition séculaire, mais aussi indice du sous-développement de notre droit autant que notre administration* »[9].

En tenant compte du fait que les formalités substantielles sont obligatoires et que leur violation est susceptible d'entraîner l'annulation de l'acte administratif[10], **le juge de céans, en toute logique, avait décidé « *que la publicité de la vacance d'une charge de Notaire étant une formalité substantielle, son omission dans le cas d'espèce a violé toute la procédure ayant abouti à la nomination de EBEN MOUSSI Séverin. Qu'il y a lieu de déclarer fonder le recours de NDJOUMI Maurice et d'annuler en conséquence le décret déféré* ».**

L'on notera quand même, non sans intérêt, que la présente solution n'aurait pas été rigoureusement identique si la Chambre administrative de la Cour Suprême avait eu à statuer sur le même problème dans une période relativement récente. Car, à l'évidence, elle a dû faire évoluer sa jurisprudence traditionnelle sur la théorie de la connaissance acquise

---

[8] V. KAMTO M., Note précitée.

[9] KAMTO M., Note précitée, p. 355.

[10] En ce sens, voir CS. CA, jugement n°71 du 14 mai 1976, BENE BELLA Lambert contre Etat du Cameroun. En revanche, les formalités non substantielles sont facultatives et leur violation est sans effet sur la validité de l'acte administratif. (*La distinction formalités substantielles et non substantielles a clairement été précisée dans deux arrêts de la Cour Fédérale de Justice, respectivement le 03 septembre 1969, EVINA/ADA et le 09 décembre 1970, SITAMZE Urbain*)

puisqu'elle a, de plus en plus, tendance à la considérer comme étant équivalente à la notification.

C'est d'ailleurs ce que met en lumière très clairement l'affaire MBIDA EWONGO Martin contre État du Cameroun (MINDAF) et Dame EMBOLO AKAMA Elisabeth (Intervenante volontaire),qui a donné lieu au jugement n°35, rendu le 16 janvier 2008 par la Chambre administrative de la Cour Suprême[11], dans un long et intéressant *attendus* qu'il convient de citer, tant les termes sont dénués d'ambiguïté :

*« **Attendu par ailleurs qu'en vertu de la théorie de la connaissance acquise, la prise de connaissance de l'acte attaqué équivaut à la notification et déclenche le calcul du délai...Attendu que le requérant ayant pris connaissance de l'existence du titre foncier à la date du 11 octobre 1996, il lui appartenait d'introduire son recours dans les deux mois de cette prise de connaissance soit au plus tard le 11 décembre 1996. Qu'ainsi, le recours gracieux en date du 29 janvier 1997, déposé le 17 février 1997 et enregistré dans les services du Ministre de l'Urbanisme et de l'Habitat sous le numéro 0443 était forclos, le délai imparti ayant expiré le 11 décembre 1996.** Qu'il s'ensuit que le recours contentieux déposé le 27 juin 1997 est irrecevable comme fondé sur un recours gracieux forclos ».*

Pour le juge de l'affaire TCHAMBA Jean-Claude, objet du jugement n°33 du 29 décembre 2004, *« s'il est vrai qu'il est de principe que s'agissant des décisions administratives réglementaires et d'espèce, le délai à l'égard de toute personne concernée est déclenché par la publication ou l'affichage, **il est tout aussi de jurisprudence établie qu'en cas de décisions individuelles, le délais est déclenché également par la publication et l'affichage à l'égard des tiers et à l'égard du destinataire, non seulement par la notification qui lui est faite, mais aussi pas la connaissance de fait de l'existence de telles décisions** ».*

De même, dans l'affaire NGOUOKAM Augustin contre Etat du Cameroun et LONGUE André, mise en relief par le jugement n°16 du 26 novembre 2003, la Chambre administrative avait décidé que « ***la simple connaissance de fait*** » de la décision déclenche les délais.

Elle était allée un peu plus loin le 29 août 2002 dans l'affaire MFOMBANG Jérémie et autres contre Etat du Cameroun et FOTSO

[11] V. OWONA OMGBA Bernard J, Note sous ce jugement, Revue de Droit Administratif n°4.

Victor, en reconnaissant que la connaissance de la décision peut même être fortuite : « ***la moindre suspicion, affirmait-elle alors, ou la raison de croire ou de laisser croire*** »que le requérant connaissait l'existence de l'acte entraîne l'application de la théorie de la connaissance acquise.

Célestin KEUTCHA TCHAPNGA

4.

Acte administratif décisoire – Manifestation des effets – Non-respect par le requérant du privilège du préalable de la décision administrative – Oui – Pouvoir discrétionnaire de l'autorité disciplinaire – Non-respect par le requérant de l'étendue de ce pouvoir – Oui – Sanction – Rejet des prétentions du requérant.

Cour Suprême. Chambre administrative, jugement n°84 du 30 juin 1984, ATANGANA MBARGA Adalbert

Attendu que par requête en date du 23 août 1982, enregistré le 25 suivant au greffe de la Chambre administrative de la Cour Suprême sous le numéro 908, le sieur ATANGANA MBARGA Adalbert, domicilié à Douala, a intenté un recours tendant à l'annulation du décret présidentiel n°82/011 du 8 janvier 1982 portant sa révocation de ses fonctions de Magistrat...

... Attendu que l'État, représenté par le sieur MBAYA Rémy, Conseiller technique au Ministère de la Justice, a conclu au rejet du recours, l'estimant non fondé. Attendu que le représentant de l'État fait d'abord remarquer que la demande du sieur ATANGANA MBARGA Adalbert n'est articulée que sur un seul et unique chef, l'annulation pour violation de la loi. Que cependant, il ne lui apparaît pas que le requérant en a rapporté la preuve, alors et surtout qu'il se garde bien de préciser quelle loi a été violée et en quoi elle a été violée. Attendu que pour le représentant de l'État, cette carence essentielle et radicale constitue une objection dirimante. Qu'il accepte cependant de discuter les deux moyens avancés par ATANGANA MBARGA Adalbert.

Que s'agissant de l'incompétence de la Commission Permanente de Discipline, le défenseur des intérêts de l'État fait valoir qu'à la différence des décrets actuels fixant la date de leur prise d'effet à la date de prise de service, le décret n°80/298 du 26 juillet 1980 prévoit en son article 1er ..."Sont nommés pour compter de la date de signature du présent décret...". Qu'ainsi, à compter du 26 juillet 1980, ATANGANA MBARGA cessait d'être Vice-président de la Cour d'Appel de Douala, c'est-à-dire Magistrat du siège, pour devenir Substitut général, c'est-à-dire Magistrat du Parquet. Qu'en conséquence, la Commission Permanente de Discipline était compétente pour connaître de son cas.

Qu'au surplus, selon la jurisprudence constante du Conseil d'État, mais aussi de la Cour Suprême, le moyen tiré de l'irrégularité de la procédure disciplinaire ne peut être valablement invoqué devant le juge de l'excès de pouvoir que s'il a été au préalable soulevé par le fonctionnaire lors de sa comparution devant le Conseil de Discipline.

Que non seulement le requérant ne rapporte pas la preuve et n'offre même pas de rapporter la preuve qu'il a soulevé devant la Commission Permanente de Discipline un quelconque moyen tiré de l'irrégularité de la procédure disciplinaire, mais il résulte de procès-verbal de la séance du 28 février "ce qui suit : "le Président demande au Magistrat ATANGANA MBARGA s'il a des observations préalables relatives à la procédure jusque-là engagée. Celui-ci déclare qu'il n'a aucune observation à faire".

Qu'ainsi, le moyen pris de l'incompétence de la Commission Permanente de Discipline apparaît comme mal fondé et doit être rejeté.

Qu'en ce qui concerne le moyen tiré de la "fragilité" du décret n°82/011 du 8 janvier 1982, cette fragilité n'est pas démontrée par le requérant. Que la série des questions prétendument "préjudicielles" de l'intéressé part d'une confusion regrettable entre répression disciplinaire et répression pénale. Qu'en l'absence d'énumération légale des fautes professionnelles, c'est l'autorité chargée du pouvoir disciplinaire qui apprécie si un fait présente un caractère suffisamment répréhensible pour justifier une sanction disciplinaire.

Que si le requérant ne voit pas ou feint de ne pas voir la faute qu'il a commise en refusant de rejoindre son poste d'affectation, son attitude résulte tout simplement d'une myopie volontaire. Que la question de savoir si la faute professionnelle retenue contre M. ATANGANA MBARGA était de nature à entraîner sa révocation échappe à l'appréciation du juge de l'excès de pouvoir, le contrôle juridictionnel de la décision ne portant exclusivement que sur sa légalité et non sur son opportunité.

Que si le juge administratif a le droit et même le devoir de vérifier si le fait reproché a matériellement existé et constitue juridiquement une faute disciplinaire, en revanche il n'est pas en son pouvoir d'apprécier si la sanction prononcée n'était pas excessive par rapport à la faute commise, dès lors que cette sanction figure dans l'échelle des peines disciplinaires. Qu'ainsi le moyen tiré de la "fragilité" du décret du 8 janvier 1982 est aussi peu fondé que le premier...

... *Sur le fond. Sur l'incompétente de la Commission Permanente de Discipline* attendu que l'argumentation développée sur ce point par le défenseur des intérêts de l'État est très pertinente. Qu'il importe néanmoins de relever que le décret n°80/298 du 25 juillet 1980 est un acte individuel à l'égard de chaque Magistrat concerné. Que par conséquent, logiquement, il ne pouvait prendre effet pour chacun d'eux à compter de sa signature, mais plutôt à compter de sa notification. Qu'en effet, l'administration ne peut opposer aux administrés un acte réglementaire avant d'avoir accompli les mesures de notification appropriées. Que s'agissant d'un acte individuel son entrée en vigueur est subordonnée à sa notification. Attendu qu'en l'espèce, le décret n°80/298 du 26 juillet 1980 nommant le requérant Substitut général près la Cour d'Appel de Bertoua lui a été notifié le 26 septembre 1980. Attendu que dès cet instant, ATANGANA MBARGA était tenu de prendre ses dispositions pour gagner son nouveau poste d'affectation ; car dès cette notification, le statut de Magistrat du Parquet pouvait lui être appliqué.

Attendu qu'il ne faut pas confondre un acte administratif et une décision rendue par une juridiction. Qu'en effet, si un recours contre une décision judiciaire fait que celle-ci ne soit pas définitive et partant ne puisse recevoir exécution, il n'en est pas de même de l'acte administratif. Attendu qu'aux termes de l'article 16 (1) de la loi n°75/17 du 8 décembre 1975, "Le recours contentieux contre une décision administrative n'en suspend pas l'exécution". Qu'ainsi, malgré le recours intenté par ATANGANA MBARGA contre le décret n°80/296 du 26 juillet 1980, il était tenu de rejoindre Bertoua. Qu'il suit de ce qui précède que le premier moyen n'est pas fondé, qu'il est à rejeter.

Sur l'absence de base juridique de l'acte attaqué. Attendu qu'il est constant que tout acte administratif unilatéral repose sur une "base juridique". Que s'il s'agit d'une décision individuelle, elle se fonde sur une norme générale. Attendu que le requérant se borne à parler de la violation de la loi, mais, comme le fait remarquer le représentant de l'État, il se garde de dire quelle loi a été violée, ce qui met la Cour dans l'impossibilité de vérifier l'irrégularité de l'acte attaqué.

Attendu dès lors que le second moyen doit être aussi rejeté comme non fondé ; attendu que, bien que régulièrement convoqué, par lettre n°1452/L/G/CS/CAY du 7 juin 1983 reçue le 8 suivant au vu de l'accusé de réception versée au dossier, l'Etat n'a pas été représenté à l'audience.

Par ces motifs, statuant publiquement, contradictoirement en matière administrative, à la majorité des voix et en premier ressort. **Décide : Article 1er.** Le recours est régulier en la forme **Article 2.** Il n'est pas fondé. Il est par conséquent rejeté.

NOTE

A l'occasion d'une décision de rejet, la Chambre administrative a adopté, dans son jugement n°84 du 30 juin 1984 ci-dessus rapporté, une solution susceptible d'avoir une grande portée en ce qui concerne les conditions de mise en cause juridictionnelle de la révocation, sanction disciplinaire d'une extrême gravité et lourde de conséquences puisqu'elle emporte exclusion définitive de la Fonction publique.

L'ensemble des sentiments que la révocation suscite chez celui qui en est frappé ont été bien mis en relief par CASAMAYOR, dans son roman « *Le Prince* » (Paris, le Seuil, 1966, p.129) : « *l'acte d'autrui l'avait exclu. À partir de cet instant où cette exclusion était accomplie, il avait cessé d'exister. Le passage sans transition de la puissance au néant tenait de la magie. Comment quelque chose peut-elle être réduite à rien ? Comment le néant peut-il se substituer au tout ? Comment deux hommes apparemment identiques pouvaient-ils différer de cet infini qui sépare la présence de la disparition ?* »

On ne peut que difficilement résister à la tentation de transposer cette appréciation au Magistrat ATANGANA MBARGA Adalbert, domicilié à Douala, qui en était victime, mais qui n'avait pas pu faire valablement entendre sa cause devant le juge administratif parce que, formé uniquement en vue de sa mission principale et ayant consacré l'essentiel de son temps à l'activité des juridictions judiciaires, il n'avait vraisemblablement pas eu des connaissances suffisantes et la tournure d'esprit nécessaire pour bien manier certaines notions du droit administratif général comme les effets de la décision administrative ainsi que l'étendue du pouvoir discrétionnaire de l'autorité détentrice du pouvoir de sanction. À sa décharge, une excuse : nul n'est bon juge que de ce qu'il connaît et pour attraire l'administration en justice, il vaut mieux connaître le droit qui la régit.

Or, il est impossible sinon extrêmement difficile de demander aux mêmes hommes d'avoir à la fois des connaissances approfondies en droit privé et en droit public.

La grande portée du jugement à annoter contraste avec la simplicité des faits : le sieur ATANGANA MBARGA Adalbert, Magistrat de son état, était nommé par décret présidentiel n°80/298 du 26 juillet 1980 Substitut Général près la Cour d'Appel de Bertoua, alors qu'il était précédemment Vice-président de la Cour d'Appel de Douala, fonctions qui l'assimilaient aux Directeurs adjoints de l'administration centrale sur le plan des avantages matériels. En considérant que cet acte équivalait à une rétrogradation ou plus précisément à un retrait de fonction, alors qu'il ne lui était reproché aucune faute professionnelle et qu'il était en conséquence entaché d'excès de pouvoir, il saisit le juge administratif aux fins de le voir l'annuler. Pendant que ce procès suivait son cours normal, il refusa de rejoindre son nouveau poste. C'est pourquoi il avait été traduit devant la Commission Permanente de Discipline qui examine les dossiers disciplinaires des Magistrats du Parquet et qui a eu à émettre un avis sur son cas. Par décret n°82/011 du 8 janvier 1982, il a été révoqué de ses fonctions de Magistrat. Aussi avait-il intenté un nouveau recours tendant à l'annulation dudit décret.

Au soutien de son recours, le requérant soulevait deux moyens :

Premièrement, l'incompétence de la Commission Permanente de Discipline. Il estimait que n'ayant pas rejoint son nouveau poste pour effectivement prendre service, alors que l'annulation du décret n°80/298 du 26 juillet 1980 le nommant Substitut général près la Cour d'Appel de Bertoua qu'il sollicitait était toujours en cours, décret qui lui avait été notifié le 26 septembre 1980, il ne pouvait pas être considéré comme Magistrat de Parquet ; selon lui, il restait encore Magistrat de siège, en attendant l'issue de son premier procès ; dès lors, il revenait plutôt au Conseil Supérieur de la Magistrature d'émettre un avis sur son cas.

Deuxièmement, il faisait valoir que l'acte attaqué n'avait pas de "base juridique", puisqu'aucune faute ne lui était reprochée et, aussi, en raison de l'inadéquation de la sanction encourue à la faute invoquée, surtout que le décret n°80/298 du 26 juillet 1980 ne pouvait servir de "support" à celui n°82/011 du 8 janvier 1982 ayant prononcé sa révocation.

Dans ses conclusions, le représentant de l'État faisait remarquer :

– *Sur la question de l'incompétence de la Commission Permanente de Discipline,* que le décret n°80/298 du 26 juillet 1980 prévoyait bien en son article 1er que « *Sont nommés pour compter de la date de signature du présent décret...* ».

Ce qui signifie qu'à compter de cette date, ATANGANA MBARGA cessait d'être Vice-président de la Cour d'Appel de Douala, c'est-à-dire Magistrat du Siège, pour devenir Substitut général, c'est-à-dire Magistrat du Parquet, donc soumis à la Commission Permanente de Discipline. Étant entendu, soit dit en passant, que l'intéressé n'avait pas invoqué ce moyen lors de sa comparution devant ce Conseil de Discipline.

– *Sur la sanction proprement dite,* que l'autorité disciplinaire qualifie discrétionnairement les actes de faute disciplinaire et leur applique une sanction réglementaire, alors que l'appréciation de l'adéquation entre la faute et la sanction échappe à la connaissance du juge.

En opposant une fin de non-recevoir aux prétentions du Magistrat ATANGANA MBARGA et en reconnaissant la pertinence de l'argumentation du défenseur des intérêts de l'État, le juge de l'espèce avait très clairement mis en évidence son souci d'assurer le respect de l'étendue du pouvoir discrétionnaire de l'autorité disciplinaire **(II)**, tout en tenant à rappeler fermement les manifestations des effets des actes administratifs unilatéraux faisant grief **(I)**.

I. Le juge de l'espèce sanctionne le non-respect par le requérant des effets de la décision administrative

Le fait pour l'administration de prendre un acte administratif unilatéral lui confère des prérogatives tout à fait particulières, lesquelles ne se rencontrent pas en droit privé. Ces prérogatives prennent 3 formes : l'exécution forcée[1], les sanctions administratives[2] et **le privilège du préalable** qui, seul, a retenu l'attention du juge de l'espèce.

---

[1] **Le caractère exécutoire de l'acte administratif unilatéral : l'exécution forcée ou d'office**. Pour entrer dans les faits, une décision administrative doit être exécutée. Dans la plupart des cas, cette exécution ne pose pas de problèmes, soit que la décision s'applique instantanément, soit que l'administré l'applique spontanément. Mais parfois, le citoyen refuse d'appliquer la décision et la question se pose alors de savoir comment l'administration peut imposer sa décision et notamment si elle peut faire usage de la force publique sans un accord préalable du juge. La réponse est claire : l'exécution des décisions administratives est normalement juridictionnelle. Pour vaincre la résistance de l'administré, l'administration doit d'abord recourir au juge et ne pas exécuter de force ses propres décisions, et c'est l'emploi de sanctions pénales, prononcée par le juge

L'administration prend des décisions unilatérales produisant des effets de droit d'office et sans le consentement de leurs destinataires. À l'image de la décision juridictionnelle, la décision administrative se trouve pourvue d'une autorité spécifique, comportant force obligatoire. ***C'est cette force juridique que traduit l'expression « privilège du préalable »***. Le droit public repose sur la présomption de régularité de l'administration qui est le principal fondement du privilège du préalable :

---

répressif, avec toutes les garanties que comporte la procédure juridictionnelle, qui doit assurer normalement l'exécution des actes administratifs.
Cependant, il peut arriver que certaines décisions ne soient pas assorties de sanctions pénales. Il parait alors anormal que l'administration qui, par ses décisions, exécute les lois, assiste impuissante à la désobéissance des administrés. L'exécution forcée par voie administrative est alors la seule voie résiduelle permettant que « **force reste à la loi ».**
L'exécution forcée est donc un moyen exceptionnel, justifié légalement et à défaut d'autre procédé, d'appliquer la réglementation (**l'administration se fait justice elle-même**). Son fondement a été bien mis en évidence par ROMIEU : ***« quand la maison brûle, on ne va pas demander au juge l'autorisation d'y envoyer les pompiers ».*** Les conditions d'emploi de ce moyen restent cependant strictement définies par le juge et assorties de règles qui ont étés précisées dans l'arrêt du Tribunal des Conflits de 1902, Société immobilière de Saint-Just. L'exécution forcée est possible dans 3 cas :
– Lorsque la loi l'autorise expressément, l'administration peut exécuter ses décisions par la force ;
– L'exécution forcée est également possible lorsqu'il y a urgence, c'est-à-dire lorsque l'intérêt public l'exige et qu'une intervention immédiate est nécessaire (danger grave et imminent) ;
– Enfin, l'exécution forcée peut être utilisée chaque fois que l'administration ne dispose pas d'une autre sanction légale pour se faire obéir (pénale, civile, administrative).
Quel que soit le cas de recours à l'exécution forcée, l'usage de cette procédure est assortie de trois conditions : l'exécution n'est possible que s'il y a refus ou résistance de l'intéressé qui doit donc être averti par une mise en demeure préalable restée sans effet ; l'exécution forcée doit avoir sa source dans un texte de loi précis (*ce point est important, car l'administration ne peut utiliser la procédure de l'exécution forcée que pour l'exécution d'une obligation trouvant son fondement dans un texte de loi et non simplement pour son propre fonctionnement*) ; enfin l'exécution forcée doit être conforme à l'esprit de la loi et doit tendre uniquement à la réalisation de l'opération prescrite par la loi en étant adaptée au but qu'elle poursuit.

[2] Dans certains cas précis, le législateur permet à l'administration d'infliger elle-même aux citoyens des sanctions pour mauvaise exécution de la réglementation. Il s'agit de sanctions spécifiques, différentes des sanctions pénales, intervenant dans les domaines les plus variés (économie, sécurité, hygiène, circulation…) et prenant les formes les plus diverses (fermeture d'établissement, confiscation, amendes, refus d'autorisation). Dans tous les cas, ces sanctions ne peuvent reposer que sur des bases légales et constituent des actes administratifs soumis en tant que tels à la procédure et au contrôle du juge administratif. On reconnaît cependant que certains actes administratifs ne sont pas exécutoires, c'est le cas, par exemple, d'une décision de refus.

c'est parce que l'acte administratif est présumé régulier qu'il s'impose à l'administré.

En effet, le fonctionnement de l'administration deviendrait impossible si les particuliers pouvaient refuser d'obéir aux actes administratifs. En gênant l'exécution de ces actes, l'activité administrative serait vite paralysée. Priorité est donc accordée à la continuité et à l'efficacité de l'action administrative. Ce privilège du préalable comporte quatre caractéristiques principales :

1. La décision administrative est exécutoire par elle-même, puisqu'elle est immédiatement intégrée à l'ordre juridique ; dès son émission, elle a plein et entier effet. Pour faire constater son droit, l'administration n'a donc pas à recourir au juge administratif. C'est un privilège qui lui est réservé ; un particulier qui se prétend titulaire d'un droit vis-à-vis d'un autre doit le faire reconnaître par le juge, alors que l'administration agit d'office et n'utilise aucune médiation.

2. La décision administrative comporte un caractère obligatoire pour l'administré qui doit appliquer l'acte administratif, même si celui-ci lui parait illégal.

3. La décision administrative dispose d'une autorité absolue. Ce qui est public doit être opposable à tous et le devient grâce à la décision exécutoire. En ce sens, une nomination de fonctionnaire, une concession sur le domaine public deviennent opposables *erga omnes* et créent des situations qui s'imposent à tous les citoyens.

Ainsi, la décision exécutoire se distingue de la décision juridictionnelle : pour cette dernière, c'est la règle de la relativité qui domine et le jugement ne concerne que les parties en cause, l'autorité de chose jugée n'étant qu'exceptionnellement absolue, notamment en matière pénale et des décisions d'annulation rendues par le juge de l'excès de pouvoir.

4. La décision administrative s'impose d'elle-même, parce qu'elle jouit d'une présomption de légalité. Mais cette présomption ne peut pas et ne doit pas être définitive. C'est pourquoi la théorie de la décision exécutoire comporte un élément fondamental à son équilibre : le recours au juge par l'administré pour contester et pour renverser cette présomption de régularité. **L'acte administratif unilatéral jouit ainsi du privilège du préalable jusqu'à son annulation ou sa suspension éventuelle. Il revient à l'administré d'apporter la preuve que la**

décision qu'il critique est illégale et, tant que le juge ne lui aura pas donné raison, la décision restera applicable.

Cette application n'est pas suspendue par la simple saisine du juge administratif ; ainsi que l'avait si bien rappelé le juge de l'espèce :

« *Attendu que* ***le décret n°80/298 du 26 juillet 1980 nommant le requérant Substitut général près la Cour d'Appel de Bertoua lui a été notifié le 26 septembre 1980. Que dès cet instant, ATANGANA MBARGA était tenu de prendre ses dispositions pour gagner son nouveau poste d'affectation ; car dès cette notification, le statut de Magistrat du Parquet pouvait lui être appliqué. Qu'il ne faut pas confondre un acte administratif et une décision rendue par une juridiction.Qu'en effet, si un recours contre une décision judiciaire fait que celle-ci ne soit pas définitive et partant ne puisse recevoir exécution, il n'en est pas de même de l'acte administratif.*** *Attendu qu'aux termes de l'article 16 (1) de la loi n°75/17 du 8 décembre 1975, "Le recours contentieux contre une décision administrative n'en suspend pas l'exécution".* ***Qu'ainsi, malgré le recours intenté par ATANGANA MBARGA contre le décret n°80/296 du 26 juillet 1980, il était tenu de rejoindre Bertoua. Qu'il suit de ce qui précède que le premier moyen n'est pas fondé, qu'il est à rejeter »***.

Mais, si une annulation intervient, il est évident que l'acte administratif perd sa force exécutoire et n'est plus applicable. Il en est de même lorsque le juge accorde le sursis à exécution de l'acte administratif soumis à son appréciation, avant même de l'avoir jugé au fond, lorsqu'il considère que les conséquences de l'acte en cause seraient irréversibles ou irréparables.

Corollaire du pouvoir hiérarchique, le pouvoir disciplinaire est un pouvoir discrétionnaire.

II. Le juge de l'espèce sanctionne le non-respect par le requérant de l'étendue du pouvoir discrétionnaire de l'administration en matière disciplinaire

Le concept théorique de pouvoir discrétionnaire a fait l'objet de multiples analyses[3]. Selon le Professeur Alain BOCKEL, le champ du pouvoir discrétionnaire correspond à la part de l'exercice des

[3] Voir, parmi beaucoup d'autres, BONNARD R., « Le pouvoir discrétionnaire des autorités administratives et le recours pour excès de pouvoir », RDP, 1923, p. 363.

compétences administratives non déterminées par le droit ; c'est donc une limite posée au principe de la soumission de l'administration au droit : l'autorité administrative dispose alors de la possibilité de choisir entre plusieurs décisions également légales. Le droit lui reconnaît la liberté d'apprécier et de décider en toute opportunité[4].

Pour certains auteurs, comme MICHAUD, « *il y a pouvoir discrétionnaire toutes les fois qu'une autorité agit librement sans que la conduite à tenir lui soit dictée à l'avance par une règle de droit* »[5].

Ces définitions sont intéressantes en ce qu'elles précisent en quoi consiste, d'une manière générale, le pouvoir discrétionnaire. On peut cependant se demander quelles en sont les modalités en matière disciplinaire. En fait, le pouvoir discrétionnaire de l'autorité répressive peut s'exprimer à deux stades du processus de décision : lorsqu'elle apprécie l'opportunité de prendre une sanction **(A)** et quand elle choisit la sanction à appliquer **(B)**.

A. Le pouvoir discrétionnaire de l'administration dans l'appréciation de l'opportunité de la sanction

Le prononcé d'une sanction est subordonné à la réalisation effective d'une faute disciplinaire. Autrement dit, une faute doit être commise pour que l'exercice du pouvoir disciplinaire soit possible. Mais, la commission de cette faute n'entraine pas automatiquement la prise de sanction. Il revient à l'autorité hiérarchique de se décider souverainement. Elle peut librement choisir d'agir ou de ne pas agir, c'est-à-dire d'engager ou de ne pas engager la procédure disciplinaire aboutissant à la prise de la sanction. En bref, elle apprécie l'opportunité d'opter pour l'une ou l'autre de ces deux positions.

Cette liberté laissée au Chef hiérarchique est matérialisée dans divers textes portant Statut général de la Fonction publique ou Statut particulier d'un corps de fonctionnaires par l'utilisation du verbe « *pouvoir* », « *… la faute professionnelle ou extra-professionnelle peut entrainer des sanctions disciplinaires à l'encontre du fonctionnaire en cause* ». La rédaction formelle d'une telle disposition laisse bien apparaître le pouvoir discrétionnaire de l'autorité administrative dans l'opportunité du prononcé de la sanction. Elle confère aux décisions qu'il lui appartient de

---

[4] Cf. BOCKEL Alain, « Contribution à l'étude du pouvoir discrétionnaire de l'administration », A.J.D.A, 1978, p. 355

[5] MICHAUD cité par BOCKEL, article précité p. 356

prendre en la matière un caractère facultatif. À cet égard d'ailleurs, le Professeur VENEZIA relevait que « *toute règle en ''peut'' ou ''pourra'', et non en ''doit'' ou ''devra'', incluse le pouvoir discrétionnaire* »[6].

Ainsi, la responsabilité de l'administration ne saurait être engagée lorsqu'elle choisit l'inaction puisqu'elle n'est pas liée, sur ce point, par la règle de droit.

Le principe de la souveraineté de l'administration dans l'appréciation de l'opportunité de la sanction qu'il convient d'infliger à un fonctionnaire qui fait l'objet de poursuite disciplinaire, dès lors que ladite sanction figure bel et bien dans l'échelle des peines prévues par la réglementation en vigueur, avait été consacré par le Conseil du Contentieux Administratif dans un arrêt n°243 du 10 juillet 1953, NKONGO MAYO Charles contre Administration du Territoire : « …***Il n'appartient pas aux Tribunaux Administratifs d'apprécier l'opportunité de la sanction prise par l'autorité compétente ni son importance par rapport aux faits qui l'ont provoqué*** »[7].

Mais, le pouvoir discrétionnaire de l'administration en la matière n'est point un pouvoir arbitraire. Le juge administratif l'a fermement et solennellement rappelé dans l'arrêt n°44 du 30 avril 1968, ESSIANE AKA'A Jean contre Etat du Cameroun : « *Considérant, d'une part, qu'**il n'est pas exact, comme l'affirme l'Etat, que le pouvoir discrétionnaire échappe à tout contrôle juridictionnel ;** qu'**il est désormais acquis que celui qui est investi d'un pouvoir même prétendument discrétionnaire a le devoir de l'exercer en vue de l'intérêt du service et dans les limites fixées par la loi elle-même ;** d'autre part que le juge doit vérifier si l'acte de l'administration est fondé sur un motif de droit erroné ou sur des faits matériellement inexacts ou s'il est entaché de détournement de pouvoir* ».

Il en est de même lorsqu'elle a à choisir la peine disciplinaire.

---

[6] VENEZIA Jean Claude, Le pouvoir discrétionnaire, Paris, L.G.D.J, 1959, p. 46.

[7] V. dans le même sens, CCA, arrêt n°583 du 27 janvier 1954, NGUELE Paul Firmin contre Administration du Territoire : « *Considérant (…)* ***qu'il n'appartient pas aux Tribunaux Administratifs d'apprécier l'opportunité de la sanction prise par l'autorité compétente, ni son importance par rapport au fait qui l'a provoqué*** »

B. Le pouvoir discrétionnaire de l'administration dans le choix de la sanction disciplinaire

Le choix de la sanction ressortit au pouvoir discrétionnaire de l'autorité investie du pouvoir disciplinaire. Cette compétence constitue une prérogative d'autant plus redoutable que le juge administratif camerounais se refuse toujours à examiner la proportionnalité de la sanction aux manquements reprochés. Il se borne à constater cette liberté sans en poser les limites. Il a d'ailleurs donné de sa position une formulation particulièrement nette dans l'arrêt n°14 du 19 mars 1969, MOUKOKO James Emmanuel contre État du Cameroun : « ***Attendu que l'administration apprécie souverainement la sanction à prendre dans le cadre de l'échelle des peines prévues par les textes… qu'en l'espèce, elle pouvait légalement prononcer la révocation, cette sanction figurant à l'échelle des peines fixées par le Statut de la Fonction publique*** ».

L'Assemblée plénière de la défunte Cour Fédérale de Justice avait eu l'occasion de préciser davantage encore sa pensée dans un arrêt n°72 du 30 septembre 1969, ZOA OLINGA Joseph : « ***Considérant que la sanction…peut certes paraître trop lourde par rapport à la faute ; mais que l'appréciation du degré de gravité de la faute et par suite de la mesure de la sanction qu'elle mérite échappe à tout contrôle juridictionnel*** ».

Ce principe avait été exposé, en l'espèce, avec plus de clarté par la Chambre administrative de la Cour Suprême : « *Attendu que* ***si le juge administratif a le droit et même le devoir de vérifier si le fait reproché a matériellement existé et constitue juridiquement une faute disciplinaire, en revanche il n'est pas en son pouvoir d'apprécier si la sanction prononcée n'était pas excessive par rapport à la faute commise, dès lors que cette sanction figure dans l'échelle des peines disciplinaires.*** *Qu'ainsi le moyen tiré de la "fragilité" du décret du 8 janvier 1982 est aussi peu fondé que le premier* ».

L'administration joue donc librement sur l'échelle des sanctions fixées par le Statut. Ni les textes ni la jurisprudence ne l'empêchent d'utiliser constamment la sanction la plus forte. Le fonctionnaire reconnu fautif est ainsi livré au bon plaisir du chef hiérarchique qui peut impunément lui appliquer n'importe quelle sanction – voire la plus lourde – pour justifier n'importe quelle faute – voire la plus légère.

Conclusion

En somme, il revient à l'autorité disciplinaire de déterminer, dans les circonstances de chaque affaire, quelle est la teneur ou l'importance de la faute, étant entendue qu'elle n'est pas liée par l'avis du Conseil de Discipline. Elle détermine à sa guise la sanction qu'elle va appliquer, sous le contrôle du juge administratif.

Célestin KEUTCHA TCHAPNGA

5.

Absence de saisine préalable de l'administration – Irrecevabilité de la requête – Oui –Caractère impératif et d'ordre public du recours gracieux – Oui – Erreur sur l'autorité habilitée à recevoir le recours gracieux – Sanction – Irrecevabilité de la demande de sursis à exécution – Oui.

1ère espèce.

Cour Suprême. Chambre administrative. Section, jugement n°144 du 05 mai 2010, PEMBATOUO Sacarie contre État du Cameroun (MFPRA)

Attendu que par requête introductive d'instance en date du 20 décembre 2008, déposée au Greffe de la Chambre administrative le 06 février 2009 sous le numéro 130, Sieur PEMBATOUO a saisi la juridiction de céans d'un recours aux fins d'ordonner son reclassement au grade de Technicien Supérieur des Télécommunications.

SUR LA RECEVABILITÉ DE CE RECOURS. Attendu qu'aux termes de l'article 17 alinéa 1 de la loi n°2006/022 du 29 décembre 2006 fixant l'organisation et le fonctionnement des Tribunaux Administratifs, « *le recours devant le Tribunal Administratif n'est recevable qu'après rejet d'un recours gracieux adressé à l'autorité auteur de l'acte attaqué ou à celle statutairement habilitée à représenter la collectivité publique ou l'établissement public en cause ».*En l'espèce, *le requérant n'a introduit aucun recours gracieux comme l'exige la loi. Il s'ensuit que son recours est irrecevable pour défaut de recours gracieux.*

Par ces motifs, statuant publiquement, en matière administrative, à l'unanimité des membres et en premier ressort. **Décide : Article 1er.** Le recours de Sieur PEMBATOUO Sacarie est irrecevable pour défaut de recours gracieux.

2e espèce.

Cour Suprême. Conseiller à la Chambre administrative chargé de statuer sur les actions en référé et les demandes de sursis à exécution, ordonnance n°45 du 19 août 2009, Association des Commerçants du Marché Central de Douala contre Etat du Cameroun (MINATD)

Attendu que par requête en date du 13 décembre 2008, déposée le 15 suivant au Greffe de la Chambre administrative de la Cour Suprême sous le numéro 1127, Maître TAGNE KOM Sébastien, Avocat à Douala, agissant au nom et pour le compte de l'Association de Commerçants du Marché Central de Douala (ASCOMCED), représentée par son Président le Sieur NOUBISSI Daniel, a saisi le Président de la Chambre administrative de la Cour Suprême aux fins de suspension des effets de l'arrêté n°191/AP/C/19/SP du 19 décembre 2008 du Préfet du département du Wouri portant dissolution de toutes les Associations de gestion et de contrôle du Marché Central de Douala et interdiction de toutes les activités associatives audit Marché.

Attendu que cette requête a été communiquée à l'État du Cameroun qui a réagi par ses observations en date du 02 mars 2009.

Attendu qu'aux termes de l'article 30 de la loi n°2006/022 du 29 décembre 2006 suscitée : « **(1) :** *Le recours gracieux contre un acte administratif n'en suspend pas l'exécution.* (2). *Toutefois, lorsque l'exécution est de nature à causer un préjudice* *irréparable et que la décision attaquée n'intéresse ni l'ordre public, ni la sécurité ou la tranquillité publique, le Président du Tribunal Administratif peut, saisi d'une requête, après communication à la partie adverse et conclusions du Ministère public, ordonner le sursis à exécution …* ». Attendu, par ailleurs, que l'article 17 alinéa 1 de la même loi dispose : « *Le recours devant le Tribunal Administratif n'est recevable qu'après rejet d'un recours gracieux adressé à l'autorité auteur de l'acte attaqué…* ».

Attendu en l'espèce que le recours gracieux de l'Association des Commerçants du Marché Central de Douala contre l'arrêté préfectoral sus indiqué a été adressé au Ministre de l'Administration Territoriale et de la Décentralisation qui n'en était pas l'auteur. Qu'ainsi, ledit recours gracieux n'a pas été dirigé conformément au texte précité. Qu'il s'ensuit que la demande de sursis à exécution consécutive à un tel recours gracieux est irrecevable.

Par ces motifs, ordonnons. Article 1er. La demande de sursis à exécution introduite par l'Association des Commerçants du Marché Central de Douala (ASCOMCED) est irrecevable.

NOTE

« *Rendre justice n'est que la seconde dette de la société ; empêcher les procès est la première. Il faut que la société dise aux parties que, pour arriver au temple de la justice, il faut passer celui de la concorde (…)* ».

Ainsi s'exprimait l'un des constituants français au cours des débats préparatoires à la très célèbre loi des 16-24 août 1970[1]. C'est sans doute la preuve que la justice administrative en ces temps-là était déjà confrontée à la problématique des modes alternatifs de règlement des conflits administratifs[2].

Au cours du XVIIIe siècle, l'opinion semblait déjà bien renseignée sur les bienfaits d'une justice en dehors des sentiers des tribunaux. Un des principes communément admis était l'existence d'un droit naturel où le droit se confond avec l'équité et qui doit régir aussi bien le droit public que les relations entre les individus. VOLTAIRE en avait donné la formulation la plus claire lorsqu'il affirmait qu'on ne devait permettre aux parties de plaider qu'après avoir cherché à apaiser leur esprit de chicane. Et ce n'est que si « *leur folie est incurable* » qu'on devait les

---

[1] Extrait d'un discours du député Louis PRUGNON à la Tribune de l'Assemblée Nationale française le 7 juillet 1790, in Archives parlementaires, Tome XVI, p. 739.

[2] SIETCHOUA DJUITCHOKOC, Cours polycopié de Modes alternatifs de règlements des litiges administratifs, Master II en Droit Privé et Carrières Judicaires, FSJP de l'Uds,, 2011, p. 2.

autoriser à « *plaider comme on abandonne à l'amputation des Chirurgiens un membre gangrené ; alors, la justice fait sa main* »[3].

Au Cameroun, le recours gracieux préalable constitue l'un des principaux modes alternatifs de règlement des litiges administratifs. Il permet à l'usager d'obtenir le réexamen, par l'administration, au vu de considérations relevant aussi bien du droit que de l'opportunité, d'une décision administrative lui faisant grief ; ce qui permet, dans bon nombre de cas, de trouver une issue au litige né de l'adoption de cette décision sans avoir à saisir le juge administratif.

La formulation de la règle du recours gracieux préalable est simple : *on ne surprend pas l'administration en justice*. Constante depuis 1961, cette règle avait été rappelée par l'article 12 de l'ordonnance n°72/6 du 26 août 1972[4] qui disposait que « *le recours devant la Cour Suprême n'est valable qu'après rejet d'un recours gracieux adressé au Ministre compétent ou à l'autorité statutairement habilitée à représenter la collectivité publique ou l'établissement public en cause* »[5] ; et, en dernier lieu, par l'article 17 alinéa 1 de la loi n°2006/022 qui prévoit désormais que « *le recours devant le Tribunal Administratif n'est recevable qu'après rejet d'un recours gracieux adressé à l'autorité auteur de l'acte attaqué ou à celle statutairement habilitée à représenter la collectivité publique ou l'établissement public en cause* ».

De manière générale, à l'instar de la « *fiat justicia* » de l'ancien Cameroun anglophone[6], le recours gracieux préalable au contentieux,

---

[3] PRUGNON L, Archives parlementaires, Document précité, p. 739.

[4] Fixant l'organisation et le fonctionnement de la Cour Suprême, modifiée par les lois n°75/16 du 8 décembre 1975 et n°76/28 du 14 décembre 1976.

[5] Pour le Professeur Alain-Serge MESCHERIAKOFF, « *ce recours, improprement appelé gracieux, peut être en fait hiérarchique puisqu'il doit obligatoirement être porté non pas devant l'auteur de la décision contestée, mais devant certaines autorités habilitées à le recevoir : la plupart du temps, les Ministres* » in « Le régime juridique du recours gracieux dans la jurisprudence administrative camerounaise », R.C.D numéros 15 et 16, 1978, pp. 42-55. Mais, comme le souligne si bien M.DOUNGUÉ KAMO Grégoire Yves, le problème ne se pose plus aujourd'hui en ces termes parce que le RGP est désormais adressé, entre autres, à l'auteur de l'acte attaqué' in Le recours gracieux préalable au Cameroun, trente ans après, Thèse en vue de l'obtention du Master en Droit public, Université de Dschang, F.S.J.P. 2011.

[6] En ce sens, V. NKONGHO E, « The francophone « recours gracieux » and the Common law « fiat justicia » of the former Federal Republic of Cameroon », Juridis info n°22, juin 1995, 87-90.

qu'on ne saurait confondre avec la décision préalable[7] ou le recours hiérarchique[8], apparaît ainsi comme un mécanisme de déclenchement du procès administratif, un impératif à la saisine du juge. Il constitue une sorte de préalable conciliation qui permettra peut-être aux particuliers d'éviter le recours au juge. Il apparaît, à la limite, comme le premier degré de règlement des conflits administratifs. Cette exigence illustre bien l'hypothèse d'une « *justice avant le juge* » dans laquelle l'autorité habilitée à recevoir le recours est amenée à arrêter définitivement la position de l'administration sur la question litigieuse.

Cette exigence procédurale a pour objet de servir trois intérêts :

– ***L'intérêt de l'usager,*** qui bénéficie ainsi de l'opportunité de voir l'administration revenir d'elle-même sur la décision défavorable qu'elle a prise à son encontre dans le cadre d'une procédure plus souple et bien plus brève que celle de l'action contentieuse.

– ***L'intérêt de l'administration,*** qui y trouve l'occasion de « purger », le cas échéant, ses décisions de leurs vices originels, de clarifier le sens

[7] Au Gabon, par exemple, l'article 42 de la loi n°17/84 du 29 décembre 1984 portant Code des juridictions administratives dispose : « *En matière d'excès de pouvoir, toute requête n'est recevable que si elle a été précédée d'un recours administratif gracieux adressé à l'autorité qui a pris la décision attaquée ou d'un recours administratif hiérarchique porté devant l'autorité administrative immédiatement supérieure, dans un délai de trois mois à compter de la notification ou de la publication de cette décision* ». Cette règle de la décision préalable consiste à obliger les justiciables à soumettre d'abord leur réclamation à l'autorité administrative au lieu de saisir *de plano* la juridiction administrative. C'est précisément la décision préalable prise sur cette réclamation par l'autorité compétente qui, ensuite, va seule pouvoir être déférée au juge et opérer ainsi, selon l'expression consacrée, la liaison du contentieux. Toute requête introductive d'instance doit en comporter la justification. Parce qu'elle constitue une pièce maîtresse du dossier, l'omission de joindre cette décision à la requête prive celle-ci de tout objet ; elle la frappe d'irrecevabilité. Toutefois, les recours en matière de travaux publics, de responsabilité administrative et en matière électorale ne sont pas soumis à cette obligation. Ce qui facilite l'accès à la justice administrative. En ce sens, V. PAMBOU TCHIVOUNDA G, Les grandes décisions de la jurisprudence administrative du Gabon, Paris, Pedone, 1994, pp. 11-18 et KEUTCHA TCHAPNGA C., Aspects de l'évolution récente du Contentieux administratif au Gabon, Cours polycopié, Master pratique des Contentieux, Université Omar Bongo, 2015, 62 p.

[8] **Une exception toutefois,** V. CS. CA, jugement n°36 du 29 décembre 2004, Crédit Foncier contre État du Cameroun (MTPS) et MISSOKA Antoine Marie : « ***attendu qu'en droit camerounais, le recours hiérarchique s'identifie au recours gracieux en ce qui concerne la décision de l'Inspecteur Provincial du Travail*** ».

de son action auprès de ses usagers et, dans certains cas, d'harmoniser ses pratiques.

– ***L'intérêt de la juridiction administrative*** qui a, bien entendu, tout à gagner d'un désengorgement par un règlement des litiges au stade précontentieux et qui, même dans l'hypothèse où les parties en présence maintiennent leur désaccord, voit son travail facilité, le plus souvent, par la clarification des termes du débat contentieux à venir qu'aura permise cette procédure préalable.

Pour apprécier à leur juste valeur les solutions consacrées par les décisions ci-dessus reproduites, il paraît nécessaire, à ce stade, de rappeler brièvement les circonstances simples des deux affaires :

Agent technicien des Télécommunications, en service au Ministère de la Communication, le Sieur LEMBATOUO Sacarie avait été, par arrêté n°003 du 07 juin 2004 du Ministre de la Fonction publique, mis en stage. Après deux années de formation et l'obtention du Diplôme de Technicien Supérieur, il a repris effectivement son service. Estimant avoir rempli un dossier complet pour son reclassement, il saisit régulièrement, à cette fin, le Ministre de la Fonction publique qui, quatre ans après, ne semblait pas réserver une suite favorable à sa demande. Pourtant, des dizaines d'autres candidats, estimait-il, sortant de la même école, ont été soit intégrés, soit reclassés sans aucune complication. Le juge de l'espèce avait déclaré son recours aux fins d'ordonner son reclassement irrecevable parce qu'il n'était pas précédé d'un recours gracieux exigé par la loi de 2006/022.

Le juge de l'urgence, dans son ordonnance n°45 du 19 août 2009, Association des Commerçants du Marché Central de Douala, avait déclaré irrecevable la demande de sursis à exécution en estimant qu'en l'espèce, le recours gracieux de l'Association contre l'arrêté préfectoral avait été adressé au Ministre de l'Administration Territoriale qui n'en était pas l'auteur. Il avait considéré que son recours gracieux n'avait pas été dirigé au préfet, conformément à la loi de 2006/022.

Pour l'essentiel, les deux affaires présentaient à juger deux points qui retiendront notre attention. En premier lieu, le principe est connu. Il n'admet que très peu d'exceptions : l'absence de saisine préalable de l'administration entraîne l'irrecevabilité de la requête **(I)**. En second lieu, la saisine d'une autorité administrative incompétente à se prononcer sur le recours gracieux équivaut à l'absence de celui-ci, entraînant l'irrecevabilité de la demande de sursis à exécution subséquente **(II)**.

I. Le juge réaffirme les caractères impératifs et d'ordre public du recours gracieux préalable (RGP) au contentieux

Le recours gracieux est un impératif à la saisine du juge administratif, quel que soit le contentieux en cause (annulation et/ou indemnisation). Cet impératif, prescrit par la loi, est régulièrement rappelé par la doctrine[9] et fermement entériné par la jurisprudence. Son inobservation entraîne l'irrecevabilité du recours contentieux.

Cette solution n'est pas sans précédent. Dans l'affaire Société des Fournitures Industrielles du Cameroun (SFIC), objet du jugement n°007 du 14 janvier 2009, par exemple, le juge administratif avait déclaré irrecevable la demande de dommages-intérêts de la SFIC pour absence ou défaut de RGP. Il avait eu la même position dans le jugement n°129 du 25 août 2004, DIAB FC de Bandja et Panthère de Bangangté contre Fédération Camerounaise de Football (FECAFOOT).Il était d'ailleurs très explicite dans le jugement n°138 du25 août 2004, ANONG MACHIA ABDOULAYE contre État du Cameroun (MFPCE) :

« *Attendu qu'en l'espèce, sieur ANONG MACHIA Abdoulaye n'a pas adressé un recours gracieux au Ministre chargé de l'Inspection Générale de l'État avant la saisine de la juridiction administrative. Attendu que ce manquement constitue une violation de l'article 1er de l'ordonnance 72/6 du 26 août 1972 et de l'article 42 du décret 78/470 du 03 novembre 1978. Attendu qu'il échet dès lors de déclarer le recours contentieux de sieur ANONG MACHIA Abdoulaye irrecevable* ».

La Chambre administrative de la Cour Suprême l'avait, par le passé, maintes fois retenue : (CS/CA, jugement n°49 du 28 janvier 2009, Société Cameroun Plaques Internationales, CPI contre État du Cameroun (MINTRANSPORTS) : « *la demande de dommages-intérêts de la CPI est irrecevable comme n'ayant pas fait l'objet d'un recours gracieux* ». CS/CA, jugement n°106 du 10 juillet 2007, Mouvement pour le Développement Intégral de la République contre État du Cameroun (MINATD) : « *le recours du MDIR est irrecevable pour défaut du*

---

[9] Voir, dans ce sens, notamment KAMTO M., Le droit administratif processuel du Cameroun, op.cit. Du même auteur, « La fonction administrative contentieuse de la Cour Suprême du Cameroun », Les Cours Suprêmes en Afrique, Paris, Economica, 1988, pp. 31-67. NLEP R.G., L'administration publique camerounaise, op.cit. JACQUOT H, « Le Contentieux administratif au Cameroun », article précité. MESCHERIAKOFF Alain Serge, « Le régime juridique du recours gracieux dans la jurisprudence administrative camerounaise », article précité.

recours gracieux ». CS/CA, jugement n°107 du 10 juillet 2007, ENOH Dieudonné (Parti de la Renaissance Nationale) contre État du Cameroun (MINATD). CS/CA, jugement n°56 du 27 mars 2003, TITA FONGOH Gregory contre État du Cameroun (MINUH). *Recours contentieux irrecevable pour défaut de recours gracieux.* CS/CA, jugement n°106 du 27 août 2003, SOBGNI Gabriel contre État du Cameroun (MESIRES et Université de Yaoundé). *Recours contentieux irrecevable pour défaut de recours gracieux.* CS/CA, jugement n°35 du 27 février 2003, NGAPETH Jean Claude contre État du Cameroun (MINUH). *Recours en indemnisation irrecevable pour défaut de recours gracieux.*

Le recours gracieux est, en outre, un moyen d'ordre public, c'est-à-dire, « *un moyen qui peut-être soulevé d'office par le juge, qui peut-être soulevé pour la première fois devant le juge ... ou qui peut, pour la première fois, être présenté devant le juge d'appel ou de cassation* »[10].

En conséquence, l'inobservation des dispositions de la loi qui l'institut peut être soulevée d'office par le juge sans qu'aucune des parties à l'instance ne l'ait invoquée. Soulever les moyens d'ordre public, comme il l'a fait dans l'espèce PEMBATOUO Sacarie contre État du Cameroun (MFPRA), ci-dessus rapporté, revient pour le juge administratif à « *faire respecter certaines règles de technique juridique que la tradition conduit à considérer comme particulièrement importantes, parce qu'elles ne sont pas établies pour la protection des intérêts des particuliers, mais bien dans l'intérêt général* »[11].

La Chambre administrative de la Cour Suprême l'avait affirmé explicitement dans un jugement n°12 du 27 avril 1972, ITEM Dieudonné contre État du Cameroun. Ce principe avait été rappelé en des termes aussi explicites dans un jugement n°4 du 25 mai 1989, ZENGUE NGOUNOU Dagobert : « ***attendu que le moyen tiré de l'inobservation de la règle du recours gracieux préalable est d'ordre public et peut être soulevé d'office par le juge administratif*** »[12].

---

[10] AUBY J. M. et DRAGO R., Traité des recours en matière administrative, op.cit. p. 335.

[11] KORNPROBST Bruno, La notion de partie et le recours pour excès de pouvoir, op.cit. p. 358.

[12] Voir, dans ce sens, jugement ADD n°39 du 30 mars 1995, NVENG ELA Francis contre Conseil de l'ordre des Pharmaciens : « ***attendu que si le recours gracieux préalable est une règle d'ordre public, il peut cependant y être dérogé expressément par un texte législatif spécial*** ».

Il s'agit désormais d'une règle fondamentale de procédure, comportant des exceptions notables[13], que confirme et actualise de manière fort intéressante l'affaire PEMBATOUO Sacarie en ces termes, « ***en l'espèce, le requérant n'a introduit aucun recours gracieux comme l'exige la loi. Il s'ensuit que son recours est irrecevable pour défaut de recours gracieux*** ».

En principe, il en est ainsi dans tous les cas où la règle du recours gracieux a été violée. Il faut tout de suite préciser qu'il y a des hypothèses où le juge administratif statue sur les recours contentieux sans exiger le recours gracieux préalable qui est pourtant une règle d'ordre public en matière processuelle.

Par exemple, dans l'affaire DJAMBOU Maurice contre SOCADIC, objet de l'ordonnance n°38 du 27 juin 1997 portant sursis à exécution, le Président de la Chambre administrative aurait dû invoquer le caractère d'ordre public du recours gracieux pour prononcer l'irrecevabilité de la requête. En ne le faisant pas, il avait admis *implicitement* que la demande de sursis du message porté était recevable en l'absence du recours gracieux. L'on peut imaginer sans peine que cette ordonnance, qui est restée très isolée au regard de la jurisprudence postérieure de la Cour en la matière, aurait été annulée par l'Assemblée plénière si elle avait été saisie en appel.

Une telle omission est souvent corrigée en appel. Dans l'arrêt n°54 du 23 août 2001, ATANGANA MBARGA Adalbert, par exemple, l'Assemblée plénière de la Cour Suprême avait infirmé le jugement de la Chambre administrative qui avait statué sans tenir compte de l'exigence du recours gracieux préalable.

Par ailleurs, il n'est pas sans intérêt de noter que le recours contentieux est également déclaré irrecevable lorsqu'il est fondé sur un recours gracieux collectif, sauf s'il s'agit d'un recours contre un acte indivisible.

Par exemple, dans le jugement n°102 du 25 mars 2009, ABANA Jean Paul et 75 autres contre État du Cameroun (SG/PR), la Chambre administrative avait déclaré irrecevable le recours contentieux en cause

---

[13] Ces dernières années ont vu se développer de nombreuses exceptions textuelles au caractère impératif du recours gracieux. Sur l'ensemble de ces exceptions, voir KEUTCHA TCHAPNGA C, Précis de contentieux administratif au Cameroun, ouvrage précité.

parce qu'il était fondé sur un recours gracieux collectif formé le 23 août 2003 par 60 Commissaires et 16 officiers de police et adressé au Ministre d'État Secrétaire général de la Présidence de la République pour solliciter une reconstitution de carrière.

De même, dans le jugement n°85 du 25 mars 2009, ABANCHIME LIMANGANA, le recours contentieux du requérant tendant à solliciter du Premier Ministre son reclassement au grade de Conseiller des Affaires Etrangères avait été déclaré irrecevable, car il avait pour fondement un recours gracieux signé par 73 autres collègues.

En revanche, sont déclarés recevables les recours gracieux et contentieux dirigés contre un titre foncier établi au nom de leur auteur commun ; un tel titre étant indivisible à l'égard d'ayants droit, veuves et filles du défunt, elles ont intérêt à agir collectivement pour préserver et faire valoir leurs droits.

En outre, la méconnaissance de l'autorité adressataire du recours gracieux est sanctionnée par l'irrecevabilité de la demande de sursis à exécution et même du recours contentieux.

II. Le juge du sursis à exécution sanctionne l'erreur opérée par le requérant sur l'autorité adressataire du recours gracieux

En reformulant la première condition relative à l'autorité *adressataire* du recours gracieux préalable au contentieux, l'article 17 alinéa 1 de la loi n°2006/022 du 29 décembre 2006 fixant l'organisation et le fonctionnement des Tribunaux Administratifs a répondu aux attentes des justiciables, jadis déroutés par l'imprécision et les difficultés d'interprétations jurisprudentielles, maintes fois dénoncées par la doctrine[14], du terme « *Ministre compétent* » contenu alors dans l'article 12 paragraphe 1 de l'ordonnance n°72/6 du 26 août 1972 abrogée.

Cette notion était source de confusions et d'incertitudes de nature à favoriser l'abdication du justiciable potentiel, notamment lorsque la décision émanait du Président de la République ou du Premier Ministre et même de certains ministres.

Comme l'illustrait, de manière éclatante, le jugement n°24 du 13 juillet 1978, ESSOMBA NTONGA Gabriel. Le requérant, candidat malheureux au concours d'Inspecteur de la Jeunesse et des Sports,

---

[14] Voir, en ce sens, KAMTO M., ouvrage précité et NLEP R-G, op.cit. pp. 259 et 377.

insatisfait des résultats, saisit le Ministre de la Jeunesse et des Sports d'un recours gracieux tendant à l'annulation des épreuves dudit concours. Le Ministre lui ayant opposé une réponse négative, Sieur ESSOMBA saisit la Chambre administrative de la Cour Suprême qui déclara son recours irrecevable au motif que le requérant devait adresser son recours gracieux au Ministre de la Fonction Publique et à lui seul puisque l'organisation du concours lui incombe.

La sévérité de cette position avait été vivement critiquée par la doctrine. En effet, il paraissait bien excessif de reprocher à un requérant de saisir le Ministre de la Jeunesse et des Sports alors qu'il s'agissait précisément d'annuler un concours d'Inspecteur de la Jeunesse et des Sports. Il allait sans dire qu'un tel requérant était de bonne foi. La théorie de la compétence plausible, suggérée par le Professeur MESCHERIAKOFF, aurait pourtant pu trouver bonne application en l'espèce. Cette théorie s'exprime ainsi : « *lorsqu'il peut y avoir doute dans l'esprit d'un non spécialiste sur la personne du Ministre compétent, ce doute doit profiter au requérant* ». Cette incertitude de la jurisprudence ne pouvait que renforcer l'inquiétude des justiciables.

Désormais, « *le recours devant le Tribunal Administratif n'est recevable qu'après rejet d'un recours gracieux adressé à l'autorité auteur de l'acte attaqué ou à celle statutairement habilitée à représenter la Collectivité publique ou l'Établissement public en cause* ». Cette disposition remarquable, dont les termes « *autorité auteur de l'acte attaqué* » ont reçu un écho favorable en doctrine[15], en raison de leur précision, traduit l'intention du législateur de faciliter dorénavant l'accès des justiciables au prétoire du juge administratif. Elle doit être interprétée comme offrant une large possibilité de choix au requérant.

Si, par exemple, ce dernier estime qu'il a subi un préjudice du fait d'une décision du Doyen d'une Faculté, il peut, soit adresser son recours gracieux au Doyen – *dans ce cas le recours gracieux préalable au contentieux se confond avec le recours gracieux administratif* – soit au

[15] En ce sens, voir notamment MPESSA Aloys, « Une avancée dans l'accès à la justice administrative au Cameroun : la nouvelle formulation de la règle du recours gracieux, d'après l'article 17 de la loi n°2006/022 du 29 décembre 2006 », Revue Juridique et Politique n°1, pp. 43-71 : « *(...) la précédente formulation de la règle du recours gracieux préalable issue de l'article 12 de l'ordonnance n°72/6 (...) était une source de difficulté pour les justiciables. (bon nombre) de recours juridictionnels étaient déclarés irrecevables, pour (....) absence de recours gracieux, recours mal dirigé, recours gracieux introduit prématurément, recours gracieux forclos (...)* ».

Recteur de l'Université qui, dans le droit antérieur, était la seule autorité *adressataire* du recours gracieux en pareille hypothèse.

En conséquence, la sanction de la méconnaissance de l'autorité adressataire du recours gracieux est l'irrecevabilité du recours contentieux ou de la demande de sursis à exécution.

Dès lors s'explique et se comprend mieux la formule utilisée par le juge de l'espèce, dans son ordonnance n°45 du 19 août 2009, Association des Commerçants du Marché Central de Douala contre État du Cameroun (MINATD), selon laquelle, « ...***le recours gracieux de l'Association des Commerçants du Marché Central de Douala contre l'arrêté préfectoral sus indiqué a été adressé au Ministre de l'Administration Territoriale et de la Décentralisation qui n'en était pas l'auteur. Qu'ainsi, ledit recours gracieux n'a pas été dirigé conformément au texte précité. Qu'il s'ensuit que la demande de sursis à exécution consécutive à un tel recours gracieux est irrecevable*** ».

Cette position n'était pas isolée. La Chambre administrative l'avait, par exemple, déjà consacré dans le jugement n°47 du 25 mai 1989, TCHINDA Maurice Marcellin contre État du Cameroun (MINFOP et MINAB) en ces termes : « ***Attendu que, de jurisprudence constante, le recours gracieux n'est pas valable s'il n'a pas été adressé à l'autorité compétente et la saisine d'une autorité administrative inhabile à se prononcer sur le recours gracieux équivaut à l'absence de celui-ci, entraînant l'irrecevabilité du recours contentieux subséquent*** ».

Elle l'a retenu, une vingtaine d'années plus tard, dans l'affaire BIKAY Bernard contre État du Cameroun (MINATD), objet du jugement n°367 du 27 octobre 2010. Les faits de l'espèce étaient simples : par requête introductive d'instance en date du 10 juillet 2009 M. BIKAY Bernard, concessionnaire de la Communauté urbaine de Douala, avait formé ce recours aux fins d'annulation de l'arrêté préfectoral n°100/AP/ du 14 mai 2009 portant création des comités de gestion des marchés commerciaux dans l'arrondissement de Douala 1er.

Le juge avait alors déclaré son recours irrecevable pour recours gracieux mal dirigé, car « ***le recourant (avait) adressé son recours gracieux au Ministre de l'Administration Territoriale et non au Préfet du département du Wouri, auteur de l'arrêté querellé, violant ainsi l'article 17 alinéa 1er de la loi n°2006***... ».

Les deux décisions ci-dessus reproduites mettent donc en évidence la volonté du juge de sanctionner le non-respect par les plaideurs du caractère impératif et d'ordre public du recours gracieux préalable ainsi que la méconnaissance de l'autorité adressataire du recours gracieux.

On comprend aisément, de ce point de vue, l'idée défendue par la doctrine publiciste à la fin du XXe siècle selon laquelle « ***bien de particuliers perdent leurs procès administratifs avant de les avoir commencés, alors même qu'ils ont des moyens juridiques sérieux quant au fond. La faute en revient en général aux requérants, mais elle est bien souvent aussi (hélas !) imputable aux Conseils des parties, certains Avocats et autres Juristes de fortune qui, par négligence ou par ignorance, se mettent en porte-à-faux par rapport à tel aspect de la procédure devant les juridictions administratives*** »[16].

Célestin KEUTCHA TCHAPNGA

---

[16] V. KAMTO M., Droit administratif processuel du Cameroun, op.cit. p. 3.

6.

Exigence de l'identité d'objet entre le recours gracieux préalable et le recours contentieux – Sanction du non-respect de cette exigence – Irrecevabilité de la requête introductive d'instance – Oui.

Cour Suprême. Chambre administrative, jugement n°05 du 14 janvier 2009, BANA François d'Assise contre Etat du Cameroun (MINDAF)

Sur la recevabilité du recours. Attendu que l'article 12 de l'ordonnance n°72/6 du 26 août 1972 suscitée dispose : « *Le recours devant la Cour Suprême n'est recevable qu'après rejet d'un recours gracieux adressé au Ministre compétent ou à l'autorité statutairement habilitée à représenter la collectivité publique ou l'établissement public en cause* ». Qu'il en résulte que le recours contentieux doit être précédé d'un recours gracieux portant sur le même objet.

Attendu, en l'espèce, que le recourant a produit au dossier la photocopie de son recours gracieux adressé le 21 octobre 2004 au Ministre de l'Urbanisme et de l'Habitat, lequel il formule la demande suivante : « *Aussi, ai-je l'honneur de vous prier de bien vouloir reconsidérer ce dossier dans le sens d'une réparation de tout le préjudice que nous avons subi, ce dans le respect de la réglementation en vigueur* ». « *Dans le cas où vous estimerez ne pas faire droit à la présente demande, je vous prie de bien vouloir considérer celle-ci comme le premier acte de la procédure qui serait éventuellement intentée devant la juridiction compétente …* ».

Attendu que la requête contentieuse consécutive à ce recours gracieux est ainsi conçue en son dispositif : « *Par conséquent : ordonner l'annulation des titres fonciers numéros 26909/MFOUNDI et 30543/MFOUNDI établis respectivement au profit de l'État du Cameroun (MINUD) et la MAETUR avec toutes les conséquences de droit. Ordonner la restitution immédiate par le MINUH et la MAETUR des 20721 m² dans le titre foncier n°10262/MFOUNDI aux familles EKOUDI et BINDZI représentées par BANA François d'Assise. Ordonner le déguerpissement immédiat des personnes et des biens installés du chef de la MAETUR et/ou de l'État du Cameroun sur la parcelle litigieuse appartenant au requérant. Ordonner l'exécution provisoire de la décision à intervenir nonobstant toutes les voies de recours. Condamner les requis au paiement des dommages-intérêts pour le préjudice subi et aux entiers dépens* ».

Attendu que les demandes formulées dans ces deux requêtes ne sont pas identiques. Que par conséquent son recours contentieux encourt l'irrecevabilité.

Par ces motifs, statuant publiquement, contradictoirement à l'égard des parties, en matière administrative, à l'unanimité des membres et en premier ressort. **Décide : Article 1er** : Le recours de BANA François d'Assise est irrecevable pour défaut d'identité d'objet entre le recours gracieux et le recours contentieux.

NOTE

Un requérant peut-il, dans sa requête introductive d'instance, soulever des problèmes qui n'étaient pas contenus dans le recours gracieux qu'il avait préalablement adressé à l'administration ?

À cette question, la Cour Suprême statuant en matière administrative a, de manière constante, toujours répondu par la négative ; ainsi que permettent de le constater les extraits ci-dessus reproduits du jugement n°05 du 14 janvier 2009, BANA François d'Assise contre Etat du Cameroun (MINDAF).

Les objectifs assignés au recours gracieux préalable sont bien connus. Cette exigence procédurale a une triple finalité : elle permet à l'administration d'être informée sur les intentions de l'administré, tout en lui donnant l'occasion éventuellement de réformer sa décision litigieuse ; ensuite, elle permet un règlement à l'amiable du litige au niveau de l'administration afin d'éviter un procès ; enfin, elle lie le contentieux et éclaire le juge saisi sur le fait que l'administration et l'administré n'ont pas pu s'entendre.

Cette explication rejoint celle des Commentateurs particulièrement autorisés[1]. Selon le Professeur Henri JACQUOT : « *la règle du recours gracieux préalable serait effectivement tournée si le requérant pouvait présenter au contentieux des demandes nouvelles, différentes de celles sur lesquelles l'administration s'est prononcée* »[2].

Le principe de l'irrecevabilité du recours contentieux pour défaut d'identité d'objet entre le recours gracieux et la demande introductive d'instance est d'origine jurisprudentielle dans le Contentieux administratif ordinaire, mais textuelle dans les Contentieux administratifs spécifiques. Il ressort, par exemple, des dispositions de l'article 18 de l'arrêté conjoint n°049/METPS/MINEFI du 12 juillet 2002 fixant les modalités d'application de la loi n°2001/017 du 18 décembre 2001 portant réaménagement des procédures de recouvrement des cotisations sociales que « *la requête de l'employeur ne peut porter que sur le même objet que celui soumis à l'examen du Comité de Recours Gracieux...* ».

En effet, la requête introductive d'instance doit, entre autres conditions[3], contenir *l'exposé des faits qui servent de base à la demande,*

---

[1] Voir, dans ce sens, notamment KAMTO M., « La fonction administrative contentieuse de la Cour Suprême du Cameroun », article précité. MESCHERIAKOFF A. S, « Le régime juridique du recours gracieux dans la jurisprudence administrative camerounaise », article précité.

[2] In Le Contentieux administratif, article précité, p. 115.

[3] Elle doit contenir en outre les noms, prénoms, profession et domicile du demandeur, la désignation du défendeur éventuel. Elle est libellée sur papier timbré et signée par le requérant ou son mandataire. Le requérant illettré qui n'a pas de mandataire y appose son empreinte digitale. Si le recours est dirigé contre un acte d'une autorité

les moyens et l'énumération des pièces produites à l'appui de la demande. L'objet de la demande est le résultat concret que l'auteur d'une prétention demande au juge administratif de lui reconnaître ou de lui attribuer. Il est « *ce que le justiciable désire obtenir, ce à quoi il sera fait droit dans le dispositif de la décision juridictionnelle* »[4]. La cause de la demande est constituée des faits allégués par le requérant et propres à fonder ses prétentions.

L'objet et la cause du recours gracieux préalable ne peuvent être modifiés dans la demande contentieuse. Ils doivent donc être les mêmes dans le recours gracieux et dans le recours contentieux.

L'exigence d'une identité d'objet et de cause dans les recours gracieux et contentieux traduit le fait qu'on ne peut pas demander à l'administration une chose et devant son juge une autre. « *De jure, le recours contentieux doit être le prolongement du recours gracieux dans ses termes. Tout comme l'appel doit être la continuation du recours formé en première instance* »[5] : **c'est la règle dite de l'immutabilité de la demande en justice.**

En pratique, la demande adressée par le requérant à l'administration, dans le cadre du recours gracieux, délimite l'étendue du litige ; c'est pour cette raison que le juge administratif exige *surtout que l'objet* du recours contentieux soit identique à celui du recours gracieux devant l'administration. Dans le cas contraire, il considérera qu'il y a défaut de recours gracieux et il va déclarer le recours contentieux irrecevable.

On comprend mieux, dès lors, pourquoi le juge de l'espèce avait logiquement conclut : « ***Qu'il en résulte que le recours contentieux doit être précédé d'un recours gracieux portant sur le même objet.** (...). **Que***

---

administrative, il doit impérativement être accompagné d'une copie de cet acte. En outre, toute requête introductive d'instance donne lieu à la consignation d'une provision de vingt mille francs (20.000FCFA). Une consignation supplémentaire peut être ordonnée par le président de la juridiction en cas de nécessité. Les personnes morales de droit public sont dispensées de la consignation.

[4] MOREAU J, « La cause de la demande en justice dans le contentieux de la responsabilité extra contractuelle », Mélanges STASSINOPOULOS, Paris, LGDJ, 1974 p. 77. Cité par GUIMDO DONGMO B-R, « Le droit d'accès à la juridiction administrative au Cameroun. Contribution à l'étude d'un droit fondamental », Revue de la Recherche Juridique, article précité, p. 473.

[5] NGUEKAM T. D, Le principe de l'immutabilité de la demande en justice, étude comparée droit public-droit privé, Mémoire de Maîtrise en Droit public, Université de Yaoundé, 1985, pp. 26-48. Cité par GUIMDO DONGMO B-R, article précité, p. 472.

***le recourant a produit au dossier la photocopie de son recours gracieux adressé le 21 octobre 2004 au Ministre de l'Urbanisme et de l'Habitat, lequel il formule la demande suivante** : « Aussi, ai-je l'honneur de vous prier de bien vouloir reconsidérer ce dossier dans le sens d'une réparation de tout le préjudice que nous avons subi, ce dans le respect de la réglementation en vigueur* ». « *Dans le cas où vous estimerez ne pas faire droit à la présente demande, je vous prie de bien vouloir considérer celle-ci comme le premier acte de la procédure qui serait éventuellement intentée devant la juridiction compétente ... ».*

***« Que la requête contentieuse consécutive à ce recours gracieux est ainsi conçue en son dispositif** : « par conséquent : ordonner l'annulation des titres fonciers n°s 26909/MFOUNDI et 30543/MFOUNDI établis respectivement au profit de l'État du Cameroun (MINUD) et la MAETUR avec toutes les conséquences de droit. Ordonner la restitution immédiate par le MINUH et la MAETUR des 20721 m² dans le titre foncier n°10262/MFOUNDI aux familles EKOUDI et BINDZI représentées par BANA François d'Assise. Ordonner le déguerpissement immédiat des personnes et des biens installés du chef de la MAETUR et/ou de l'État du Cameroun sur la parcelle litigieuse appartenant au requérant. Ordonner l'exécution provisoire de la décision à intervenir nonobstant toutes les voies de recours. Condamner les requis au paiement des dommages-intérêts pour le préjudice subi et aux entiers dépens ».*

« Que les demandes formulées dans ces deux requêtes ne sont pas identiques. Que par conséquent son recours contentieux encourt l'irrecevabilité ».

La jurisprudence administrative a toujours appliqué ce principe avec fermeté :

Dans le jugement n°14 du 27 avril 1978, ATANGANA ESSOMBA Protais contre État du Cameroun, relatif à une expropriation pour cause d'utilité publique, le requérant avait soumis à l'administration un recours gracieux préalable visant à obtenir une indemnisation juste et adéquate. À la suite de son rejet par l'autorité compétente, le sieur ATANGANA ESSOMBA demanda au juge d'annuler le décret d'expropriation, au motif que l'utilité publique ne lui paraissait pas évidente.

Dans le jugement n°22, NDJANA Pascal BERTHER, rendu le même jour, le requérant, fonctionnaire de son état, avait sollicité du Ministre des Finances la rectification d'un arrêté pris par ce dernier pour le remboursement de ses frais médicaux. Devant le refus de ce dernier, il saisit la Chambre administrative d'un recours de pleine juridiction dans lequel il sollicitait, non seulement le versement par l'État d'une somme de 1.578.650 FCFA au titre du remboursement intégral de ses frais médicaux, mais également une indemnité du fait du préjudice que lui avait causé le retard de l'administration.

La Chambre administrative avait été plus explicite dans le jugement n°110 du 07 juillet 2004, TONYE BILONG Gilbert : « ***Il est de jurisprudence constante que le recours contentieux doit être identique au recours gracieux préalable. Attendu que le recours contentieux du 23 avril 1992 étant distinct du recours gracieux préalable du 30 octobre 1991, il doit être déclaré irrecevable*** ».

Elle avait adopté le même raisonnement dans le jugement n°125 en date du 27 juillet 2005, NOUMEN NTCHAO Justin : « *…Que s'il ressort du recours gracieux préalable qu'il a été introduit dans les formes et délais prescrits ci-dessus, ledit préalable ne comporte que la demande d'annulation de l'ordre de recette incriminé, à l'exclusivité de sa demande de dommages-intérêts (...). Qu'il y a lieu, en conséquence, de déclarer la seconde demande irrecevable et la première recevable* ».

Dans le jugement n°45 du 1er février 2006, FOGANG Moïse contre État du Cameroun, le juge avait strictement appliqué la même règle : « ***Attendu qu'en réservant le droit de demander les dommages-intérêts sans expressément formuler une demande à cet égard dans ledit recours gracieux, l'intéressé n'a pas satisfait le vœu du texte susvisé*** ».

La jurisprudence est restée sur ce point très bien fixée[6]

Célestin KEUTCHA TCHAPNGA

[6] On retrouve cette exigence dans plusieurs autres décisions : – CS-CA, jugement n°29 du 02 avril 2008, ZONG OKOMO contre État du Cameroun (SESI) : « ***Les demandes de reconstitution de carrière et de paiement en dommages-intérêts sont irrecevables comme n'ayant pas figuré sur le recours gracieux préalable*** ». – CS-CA, jugement n°45 du 05 février 2005, Société NKUITE et Compagnie contre État du Cameroun, (MINEFI) : « ***Or attendu non seulement que les requérants n'ont pas établi la cessation de leurs activités en 1988 pour prétendre à l'exonération d'impôts correspondant à la période de ladite cessation, mais le défaut d'identité d'objet du recours gracieux et du recours contentieux et l'absence des paiements affirmés par les intéressés ne permettent pas à cette juridiction de déterminer les impôts dus ou non*** ».
Voir également le jugement n°40 du 30 avril 1992, WABOUDOU Hubert.

7.

Procédure devant la Cour Suprême statuant en matière administrative – Non-respect des délais de saisine du juge administratif – Caractère d'ordre public des délais – Oui – Irrecevabilité de la requête – Oui.

Cour Suprême. Chambre administrative, jugement n°59 du 24 avril 1986, MATIP II Jean Baudelaire contre Etat du Cameroun (MINAT)

Attendu que par requête en date du 28 août 1985, enregistrée le même jour au Greffe de la Chambre administrative de la Cour Suprême, sous numéro 1121, le sieur MATIP II Jean Baudelaire a intenté devant la juridiction de céans un recours tendant à l'annulation de l'arrêté n°00330/A/MINAT/DAG/SP du 3 décembre 1984 l'ayant révoqué de l'emploi de Gardien des Prisons.

SUR LA RECEVABILITÉ DU RECOURS. Attendu que le recours devant la Chambre administrative doit, à peine de forclusion, être formé avant l'expiration d'un délai de 60 jours suivant le rejet explicite ou implicite du recours gracieux (article 7 de la loi n°75/17 du 8 décembre 1975). Attendu que le demandeur ayant, le 28 février 1985, adressé au Ministre de l'Administration Territoriale, une requête tendant à l'annulation de l'arrêté en cause, devait tenir son recours gracieux pour rejeté à la date du 29 mai 198 ; qu'il ne pouvait, ensuite, se pourvoir devant le juge administratif que jusqu'au 28 juillet inclus.

Attendu que le droit de recours s'éteint avec l'expiration des délais légaux qui n'ont pu, en l'espèce, être prorogés par le rejet tardif du recours gracieux de l'intéressé suivant lettre n°5064/L/MINAT/SG/SEAC du Ministre de l'Administration Territoriale en date du 21 juin 1985. Attendu qu'il suit de ce qui précède que le recours contentieux formé le 28 août 1985, par le susnommé, ne satisfait pas au vœu de la loi ; qu'il mérite dès lors d'être rejeté, sans qu'il y ait lieu d'examiner le fond du litige.

NOTE

Les décisions des juridictions administratives du Cameroun sont généralement très longues[1]. Celle que la Chambre administrative de la Cour Suprême a rendue le 24 avril 1986, dans l'affaire ci-dessus rapportée opposant M. MATIP II Jean Baudelaire à l'État du Cameroun (MINAT), est une des rares exceptions à la règle : cinq brefs attendus. Le premier relate succinctement les circonstances de l'espèce. Les quatre autres qui suivent reproduisent les textes de la réaction du juge. Il est superflu d'en rappeler les faits. Il paraît capital, en revanche, de noter que

---

[1] Pour ne citer que deux exemples, parmi tant d'autres : le jugement n°254 rendu le 12 novembre 2011 par la Chambre Administrative dans l'affaire opposant le Professeur KAMTO Maurice à l'Université de Yaoundé comporte **59 rôles.** L'ordonnance n°74 du 05 octobre 2009 portant rejet d'une demande de sursis à exécution dans l'affaire Gervais MENDO ZE contre Etat du Cameroun comporte **60 rôles**.

la réponse du juge, livrée en deux temps, porte sur une même question : le respect des délais prescrits qui constituent un impératif dans la procédure administrative contentieuse. Les délais conditionnent le déroulement du procès, car un acte administratif non contesté devant le juge dans les délais ne peut plus être attaqué par voie contentieuse. Il devient définitif et produit ses effets, quelles que soient les illégalités qui l'affectent.

Prise en elle-même, au-delà de la confusion opérée par le juge de l'espèce entre le rejet et la recevabilité de la requête introductive d'instance, la décision MATIP II Jean Baudelaire appelle au moins deux séries de remarques. Ce qui suffit à en souligner son grand intérêt. En premier lieu, elle fait apparaître le caractère d'ordre public des délais de saisine du juge administratif **(I)**. En second lieu, elle donne d'utiles précisions sur la computation desdits délais **(II)**.

I. La sanction du non-respect des délais de saisine du juge administratif

La règle du délai présente un caractère d'ordre public. En conséquence, l'inobservation ou la violation des dispositions des textes qui l'instituent peut être soulevée d'office par le juge sans qu'aucune des parties à l'instance ne l'ait invoquée. Le non-respect des délais éteint l'action en justice. On dit que le requérant est forclos. La forclusion étant définie comme la déchéance d'un droit non exercé dans le délai prescrit.

En fait, pour être recevable devant le juge administratif, toute requête introductive d'instance doit être présentée dans les délais prescrits. Ces derniers varient, s'agissant du recours contentieux, en fonction de l'attitude de l'administration devant le recours gracieux.

En général, on ne peut attaquer les décisions de l'administration qu'à l'intérieur d'un délai de 60 jours à compter de la décision de rejet explicite ou implicite du recours gracieux, sinon le recours contentieux sera déclaré irrecevable pour forclusion.

Si l'administration ne répond pas au bout de 03 mois, son silence est considéré comme un refus : c'est une décision implicite de rejet qui doit être attaquée dans les 60 jours qui suivent.

Mais qu'adviendrait-il si une décision explicite de rejet de l'administration intervient, comme en l'espèce, plus de trois mois après l'introduction du recours gracieux, c'est-à-dire après la décision implicite de rejet du recours gracieux ?

Peut-elle rouvrir le délai de 60 jours prévu pour l'introduction du recours contentieux ?

À cette question, la Chambre administrative avait répondu très clairement par la négative dans une espèce AKA'A Jules contre État du Cameroun, objet du jugement n°30 du 13 juillet 1978[2].

La Chambre administrative, fidèle à cette jurisprudence antérieure, avait conclu en l'espèce « *...que le droit de recours s'éteint avec l'expiration des délais légaux qui n'ont pu, en l'espèce, être prorogés par le rejet tardif du recours gracieux de l'intéressé suivant lettre n°5064/L/MINAT/SG/SEAC du Ministre de l'Administration Territoriale en date du 21 juin1985* ».

Aucun allongement du délai d'introduction de la demande ou aucune suspension dudit délai ne pourra résulter de l'existence des poursuites pénales intentées par le Ministère public antérieurement à l'acte attaqué[3].

Toutefois, **le délai est prorogé si le requérant a, en temps utile**, c'est-à-dire dans les délais prévus pour chacune de ces opérations de procédure :

- Déposer une demande d'assistance judiciaire[4] : cette condition a été instituée dans le but de protéger les requérants illettrés et indigents. Elle vise à établir une certaine justice sociale, une sorte d'égalité devant la justice.

---

[2] Pour le texte de ce jugement, voir KAMTO M, Droit administratif processuel du Cameroun, op.cit., pp. 150-151 et le commentaire qu'il en fait aux pages 160-161.

[3] Voir dans ce sens l'arrêt n°2 du 26 octobre 1978, EBENGA Jean René.

[4] Aux termes de l'article 19 (1) de la loi n°2009/004 du 14 avril 2009 portant organisation de l'assistance judiciaire, ***« toute personne qui sollicite l'assistance judiciaire doit joindre à sa demande, pour établir son état indigent, un extrait du rôle pour ses impositions ou un certificat de non-imposition ou encore un certificat du Chef de la circonscription administrative précisant, le cas échéant, si elle est soumise à l'impôt libératoire ».*** Sous réserve des dispositions du droit communautaire, l'assistance judiciaire peut être accordée sur demande aux catégories de personnes ci-après en raison de l'insuffisance de leurs ressources pour faire valoir leurs droits en justice ou pour poursuivre l'exécution de tout acte et procédure d'exécution antérieurement obtenus sans le bénéfice de cette assistance judiciaire. **Sont réputées personnes à ressources insuffisantes au sens de l'article 5 de la loi n°2009/004, « *les indigents, les hommes de rang de toutes armes pendant la durée de leur service. - Les personnes assujetties à l'impôt libératoire. - Les personnes non visées par les alinéas a et b ci-dessus, lorsque les frais à exposer ne peuvent être par leurs produits ressources initialement réputées insuffisantes. - Le conjoint en charge d'enfants mineurs, en instance de divorce qui ne dispose d'aucun revenu propre* ».**

- **Saisie une juridiction incompétente**. Par exemple, le juge judiciaire au lieu du juge administratif.

Dans ces deux hypothèses, le recours reste valable et la durée de prorogation est variable. Elle est de 02 mois au cas où la demande d'assistance judiciaire a été acceptée. En cas de rejet de l'assistance judiciaire, notification est faite au demandeur par le Greffier en Chef qui lui impartit alors un délai de quinze (15) jours à l'expiration duquel le requérant défaillant est déchu de son recours.

La durée de prorogation est indéterminée dans le cas où une juridiction incompétente a été saisie. En effet, en raison de la lenteur traditionnelle de la justice, il est possible que la juridiction saisie par erreur ne se prononce que plusieurs années après, auquel cas le recours contentieux du requérant reste valable[5] ; étant entendu que la prorogation n'est valable que pour autant qu'elle est accompagnée du jugement d'incompétence de la juridiction saisie par erreur.

La décision MATIP II Jean Baudelaire était ainsi venue confirmer une abondante jurisprudence antérieure sur le caractère impératif et d'ordre public des délais de saisine du juge administratif, tels qu'ils avaient été fixés par l'article 12 l'ordonnance n°72/6 du 29 août 1972[6], repris, à peu d'exceptions près, en des termes presque identiques, par l'article 17 alinéa 3 de la loi n°2006/022[7].

---

[5] Voir jugement n°47 du 25 mai 1982, Docteur NDZIETAM Pierre contre Etat du Cameroun.

[6] L'article 12 de l'ordonnance n°72/6 du 26 août 1972 fixant l'organisation de la Cour Suprême disposait que *le recours gracieux devant l'administration doit, à peine de forclusion, être formé :*
*- Dans les **02 mois** de publication ou de notification de la décision attaquée. - En cas de demande d'indemnisation, dans les **06 mois** suivant la réalisation du dommage ou sa connaissance. - En cas d'abstention d'une autorité ayant une compétence liée, c'est-à-dire tenue par un texte de prendre une décision, dans les **04 ans** à partir de la date à laquelle ladite autorité était défaillante. Constitue un rejet de recours gracieux le **silence gardé par l'autorité pendant un délai de trois mois** sur une demande ou réclamation qui lui est adressée.*

[7] Aux termes de l'article 17 alinéa 3 de la loi n°2006/022, les délais diffèrent selon la nature de la demande. En effet, le recours gracieux devant l'administration doit, à peine de forclusion, être formé : *- En cas de demande d'annulation, dans les **03 mois** suivant la publication pour les actes réglementaires ou la notification pour les actes individuels. - En cas de demande d'indemnisation, dans les **06 mois** suivant la réalisation du dommage ou sa connaissance. - En cas d'abstention d'une autorité ayant une compétence liée, c'est-à-dire tenue par un texte de prendre une décision, dans les **04 ans** à partir de la date à laquelle ladite autorité était défaillante.* Un prolongement

En ce sens, voir CS.CA, jugements numéros 24 du 13 juillet 1978, ESSOMBA NTONGA Gabriel ; 42 du 04 mars1976, BETEKE Daniel ; 61 du 22 avril 1976, MENDE Henri ; et 18 du 03 février 1977, TEGUIA Gabriel.

D'autres décisions, rendues ultérieurement, ont confirmé cette jurisprudence. Il en est ainsi, notamment, des jugements numéros n°6 du 22 mars 1984, NDONGO EKASSI Dieudonné ; 15 du 26 janvier 1995, MANDENG Alexandre ; 66 du 24 avril 2003, KOUANG Guillaume Charles contre Etat du Cameroun (MINAT) ; 110 du 03 septembre 2003, YIMGA Mathieu Champion contre Communauté urbaine de Douala.

Dans son jugement n°61 du 18 juin 2008, KUISSU Martin contre État du Cameroun (MINDAF) $ ELAME, la Chambre administrative avait été, à cet égard, très précise : « *Attendu que, contrairement aux prétentions du recourant, il ressort des pièces du dossier qu'il lui a été donné assignation en expulsion le 20 novembre 1991 d'avoir à libérer l'immeuble qu'il occupait, objet du titre foncier n°9757/WOURI établi au nom de YOUTA et issu du morcellement du titre foncier n°8213/WOURI. Qu'il s'ensuit que* ***c'est le 20 novembre 1991 qu'il a eu connaissance de l'existence du titre foncier attaqué et qu'il devait dès lors introduire son recours gracieux dans les deux mois, soit le 20 janvier 1992 au plus tard. Que ne l'ayant fait que le 04 février 1997, il était hors délai. Qu'il y a lieu de déclarer son recours irrecevable*** ».

Elle avait été encore plus explicite dans son jugement n°41 du 25 février 2004, NJITACK NGOMPE contre État du Cameroun (MINUH) et FOTSO Victor : « ***Attendu qu'en saisissant le Ministre le 21 juin 2000 tel que précisé plus haut, soit plus de quatre ans, NJITACK NGOMPE était forclos. Qu'il s'ensuit que la forclusion du recours gracieux entraîne celle du recours contentieux*** ».

Le juge avait profité de l'occasion qui lui était ainsi offerte pour rappeler ce qu'exigeait la méthode assez particulière de calcul des délais.

II. La précision apportée sur la méthode particulière de calcul des délais de saisine du juge administratif

Le délai de saisine du juge administratif court dès que la formalité relative à la publicité est accomplie. Cette formalité est indispensable, car

---

systématique des délais est offert aux requérants établis à l'étranger. A eux s'applique le délai de distance. Il est de 01 mois si le requérant réside en Afrique, de 02 mois pour le reste du monde.

s'il est vrai que l'acte administratif est exécutoire et opposable à l'administration dès sa signature, force est de reconnaître qu'il ne devient opposable aux administrés qu'à partir du jour où il a été porté à leur connaissance par un des moyens de publicité, c'est-à-dire par la publication pour les actes réglementaires ou la notification pour les actes individuels.

***Le délai court à partir du lendemain du jour de la notification ou de la publication de la décision administrative. C'est donc un délai franc*[8]. *Il s'agissait là d'un revirement de jurisprudence*.** En effet, jusqu'à un passé relativement récent, le délai n'était pas franc puisque le juge comptait le jour de la publication ou de la notification de la décision attaquée et le jour de l'échéance du délai.

Par exemple, si la publication de la décision administrative a été faite le 17 juillet 2016, le délai du recours gracieux préalable à l'annulation va courir à partir du 18 juillet 2016 et va expirer le 18 octobre 2016. On aura alors, sous peine de forclusion, 60 jours pour saisir le juge administratif, à partir du 19 décembre 2006. Si le dernier jour est un samedi, un dimanche ou un jour férié, le recours gracieux est encore recevable jusqu'à la fin du premier jour ouvrable.

C'est donc très logiquement que le juge de l'espèce a déduit « ***que le demandeur ayant, le 28 février 1985, adressé au Ministre de l'Administration Territoriale, une requête tendant à l'annulation de l'arrêté en cause, devait tenir son recours gracieux pour rejeté à la date du 29 mai 1985 ; qu'il ne pouvait, ensuite, se pourvoir devant le juge administratif que jusqu'au 28 juillet inclus*** ».

On peut relever un autre exemple typique d'application de cette computation de délais dans l'affaire Dame veuve EMBOLO Marguerite contre État du Cameroun, objet du jugement n°157 du 31 août 2005 :

« *Des pièces du dossier, il ressort que le recours gracieux sans date, adressé à Monsieur le Vice Premier Ministre chargé de l'Urbanisme et de l'Habitat a été expédié par courrier recommandé déposé à la poste le 21 avril 1993 et reçu le 23 avril de la même année.* ***La recourante devait considérer ledit recours comme implicitement rejeté à la date du 21 juillet 1993, c'est-à-dire après trois mois de silence gardé par son haut destinataire. Dès lors, il appartenait à la recourante d'introduire son***

---

[8] Voir jugement n°24 du 13 juillet 1978, ESSOMBA NTONGA Gabriel contre Etat du Cameroun.

recours contentieux au plus tard le 21 septembre 1993, à savoir dans les soixante (60) jours à compter du 21 juillet 1993, date du rejet implicite de son recours gracieux. Il s'ensuit que le recours contentieux introduit le 16 décembre 1993 est forclos, le délai légal ayant expiré le 21 septembre 1993 ».

De toute évidence, il n'est pas sans intérêt de rappeler que dans l'affaire Association Sportive Aigle Royal de Dschang « *El Pacha* » contre État du Cameroun précitée, la computation des délais avait permis au juge de constater, à juste raison d'ailleurs, que la ***requête introductive d'instance était prématurée,*** car elle avait été introduite dans les deux mois seulement suivant la publication de la décision de la Fédération Camerounaise de Football portant retrait de points à la susdite équipe de football au profit de Diamant de Yaoundé.

Exceptionnellement, le délai court à partir de la théorie de la connaissance acquise. Cette théorie désigne la conception selon laquelle « *le fait pour un intéressé d'avoir eu « incontestablement, mais officieusement connaissance »*[9] *d'une décision administrative peut suppléer à l'absence de publication régulière et faire courir le délai de recours à l'encontre de cette décision* »[10]. La seule connaissance des faits ne suffit pas. La connaissance doit porter sur l'existence et le contenu de la décision.

Cette théorie est traditionnellement retenue en cas de recours formé par un membre d'une assemblée délibérante contre un acte à l'élaboration duquel il a pris part. Les membres des organes délibérants, écrivait Raymond ODENT « *ont toujours été réputés connaitre les décisions prisées au cours d'une séance à laquelle ils ont participé* »[11]. Le délai va ainsi courir à partir de la séance d'adoption de l'acte.

Dans l'affaire Dame NGUE André contre Commune de Plein Exercice de Mbalmayo[12], par exemple, le juge de l'espèce a déclaré que « ***le Sieur NGUE André, époux de la requérante, en sa qualité de Conseiller municipal, participe à l'élaboration du plan d'urbanisme de la ville de Mbalmayo. Que la dame NGUE devait donc savoir par lui***

[9] CE, 20 février 1932, CORDIERE.
[10] MOLINIE Jacques, La publication en droit public français, Thèse, Paris II, 1976, p. 146.
[11] Cité par MOLINIE J, La publication en droit public français op.cit., p. 151.
[12] CFJ. SY, arrêt n°51 du 25 mars 1969, affaire Dame NGUE André c/ CPE de Mbalmayo.

qu'une rue allait passer à l'endroit où elle fit creuser sa fosse et planter du maïs ; *que le tracé de la rue étant par ailleurs irréprochable, contrairement aux allégations de la requérante, la faute d'imprudence commise par celle-ci apparait entière ».* La seule présence au sein de l'Assemblée emporte donc publicité. « ***Attendre une éventuelle notification serait trop sacrifier au formalisme*** *»,* disait à ce sujet Jean-Marie AUBY[13].

Cette théorie a été étendue au cas où l'intéressé a formé un recours administratif contre la décision, manifestant ainsi qu'il en avait connaissance. Il en était ainsi dans l'affaire ATANGANA Adalbert contre Administration du Territoire rendue le 25 février 1956[14].

C'était également le cas dans l'affaire MBIDA EWONGO Martin contre État du Cameroun du 16 janvier 2008 (précitée). Les faits de l'espèce sont connus : le 11 octobre 1996, le Sieur MBIDA EWONGO Martin est sommé par un Huissier de Justice d'arrêter ses travaux et de déguerpir de la parcelle de terrain occupée. Par la même occasion, il apprendra que ledit terrain était l'objet d'un titre foncier établi au nom de Dame EMBOLO AKAMA Élisabeth. Il introduit un recours gracieux préalable auprès du Vice-Premier Ministre chargé de l'Urbanisme et de l'Habitat le 29 janvier 1997. Face au silence de l'administration, il va saisir la Chambre administrative de la Cour Suprême. Ce recours sera déclaré irrecevable pour forclusion.

Pour le juge de l'espèce, « ***en vertu de la théorie de la connaissance acquise, la prise de connaissance de l'acte attaqué équivaut à la notification*** »[15]. En d'autres termes, la sommation avait fait courir les délais de recours gracieux, malgré l'absence de notification régulière :

---

[13] Cité par MOLINIE J, La publication en droit public français, op.cit., p. 149.

[14] Le requérant alléguait que l'acte administratif le licenciant ne lui avait pas été notifié. Au regard des pièces du dossier et de l'attitude du requérant, le juge présuma que le requérant avait eu connaissance de l'existence et du contenu de l'acte de licenciement. Plusieurs manifestations d'une connaissance révélée par une exécution volontaire et par une obéissance sans réserve apparaissaient dans l'espèce. Le juge estima « ***que de l'ensemble des présomptions concordantes, il y a eu lieu de déduire que la formalité de la notification à l'intéressé de la décision qui lui fait grief a bien été accomplie par l'administration le 1er novembre 1951*** ».

[15] Cette expression était également utilisée par la Chambre Administrative dans l'affaire Maitre BONNARD Etienne du 14 juin 2006 : la prise de connaissance « **équivaut à la notification** ». La seule différence se trouve sur la non-évocation explicite de la théorie de la connaissance acquise. CS.CA, jugement n°81 du 14 juin 2006, Maitre BONNARD Etienne contre Etat du Cameroun.

« Attendu que le requérant ayant pris connaissance de l'existence du titre foncier à la date du 11 octobre 1996, il lui appartenait d'introduire son recours dans les deux mois de cette prise de connaissance soit au plus tard le 11 décembre 1996. Qu'ainsi, le recours gracieux en date du 29 janvier 1997, déposé le 17 février 1997 et enregistré dans les services du Ministre de l'Urbanisme et de l'Habitat sous le numéro 0443 était forclos, le délai imparti ayant expiré le 11 décembre 1996.Qu'il s'ensuit que le recours contentieux déposé le 27 juin 1997 est irrecevable comme fondé sur un recours gracieux forclos »

Cette position semble être désormais une constante dans la jurisprudence administrative au Cameroun[16].

Exceptionnellement, enfin, le délai court lorsque le préjudice est tardif, c'est-à-dire lorsque c'est seulement après coup, bien des années après, qu'apparaissent les éléments constitutifs du préjudice dont on demande la réparation.

C'est cette tardivité dans l'apparition du préjudice qui fonde et ouvre en droit la procédure de rétrocession consacrée enfin par la Chambre administrative de la Cour Suprême le 30 novembre 1995 dans l'affaire Société Renault Cameroun[17].

Désormais, lorsque l'immeuble exproprié n'a pas reçu la destination prévue après un certain délai, le propriétaire peut en revendiquer la restitution sans que la *forclusion* lui soit immédiatement opposée.

***Il s'agissait là d'un véritable revirement de jurisprudence.* Car, par le passé, par exemple dans l'affaire veuve Dame ONGONO Régine rendue le 26 mai 1984, *la Chambre administrative faisait la confusion entre deux situations juridiques absolument distinctes* :** d'une part, celle où un acte juridique génère un préjudice immédiat et appelle de ce fait une prompte réaction du justiciable dans les délais prévus par les textes en vigueur, d'autre part, celle où le préjudice résultant de l'acte administratif ne peut, comme en l'espèce, apparaître qu'à l'avenir.

---

[16] CCA, arrêt n°291v du 27 mars 1954, Affaire MANGA Gallus c/Administration du territoire. CFJ. CAY, jugement n°196 du 25 mai 1972, Affaire Dame ELIMBI LOTTIN née HOUNGLO confort c/Etat du Cameroun. CA.CS, jugement n°22 du 12 janvier 2011, Affaire succession KAMINY Anatole c/Etat du Cameroun.

[17] En ce sens, voir ABA'A OYONO J-C, « Note sous Chambre Administrative de la Cour Suprême, jugement du 30 novembre 1995, affaire Société Renault Cameroun », in Les Petites Affiches n°155 du 26 décembre 1997, pages 9 et suivantes

En appréciant les délais de recours à partir de l'époque de la réalisation des faits préjudiciables, comme l'avait fait observer le Doyen Maurice KAMTO, elle en arrivait curieusement à reprocher à la requérante de n'avoir pas engagé les recours gracieux et contentieux à un moment où rien ne justifiait qu'une telle démarche fut entreprise, parce que le préjudice n'était pas encore constitué et donc perceptible[18].

Célestin KEUTCHA TCHAPNGA

[18] M. KAMTO, « Note sous CS.CA, jugement du 26 mai 1984, affaire Veuve Dame ONGONO Régine », Recueil Penant n°801, août-décembre 1989, pp. 517-527.

8.

Règles de recevabilité de la demande relatives à la qualité pour agir – Sanction de leur méconnaissance – Irrecevabilité de la requête introductive d'instance – Oui.

Tribunal Administratif de l'Ouest à Bafoussam, jugement n°05 du 24 novembre 2014, NOUSSI TENE Armand contre État du Cameroun (ministère des Domaines, du Cadastre et des Affaires Foncières (MINDCAF) et BOGNE

Vu la requête datée du 25 novembre 2013, enregistrée au greffe du Tribunal Administratif de l'Ouest à Bafoussam le 25 novembre 2013 sous le numéro 17, NOUSSI TENE Armand, technicien, domicilié à Yaoundé, ayant pour conseil la KKADJITT LAW FIRM, société d'Avocats, B.P. 174 Bafoussam, a saisi le Tribunal Administratif de l'Ouest à Bafoussam aux fins d'annulation du titre foncier n°9812/Mifi du 12 décembre 2012 délivré au nom de BOGNE, sculpteur à Bafoussam.

SUR LA RECEVABILITÉ DU RECOURS. Attendu qu'aux termes de l'article 21 de la loi n°2006/022 du 29 décembre 2006 fixant l'organisation et le fonctionnement des Tribunaux Administratifs, « *le mandataire doit justifier de son mandat par la production d'un acte authentique ou d'un acte sous seing privé légalisé par l'autorité compétente* ». Attendu que dans le cas d'espèce, s'il est établi que NOUSSI TENE Armand jouit de la capacité nécessaire pour ester en justice, il ne jouit guère de la qualité pour saisir le Tribunal en lieu et place de KONGNE Zacharie décédé ; que de simples déclarations du requérant sans pièces justificatives ne confèrent pas à ce dernier le mandat valable pour exercer un recours.

Attendu que le jugement d'hérédité sus évoqué consacrait le titre juridique de NOUSSI TENE Armand et permettait d'apprécier sa qualité dans la présente procédure ; que malheureusement, ledit jugement n'a pas été produit ; qu'il s'ensuit que son recours est irrecevable. Attendu que ce qui précède établit le défaut de qualité de NOUSSI TENE Armand pour saisir le Tribunal Administratif de céans en annulation du titre foncier n°9812/MIFI du 12 décembre 2012.

Attendu que le Ministère public a conclu à l'irrecevabilité de cette requête pour défaut de qualité.

Par ces motifs, statuant publiquement, contradictoirement à l'égard des parties, en matière de contentieux foncier et domanial, en dernier ressort, à l'unanimité des membres de la collégialité.

Décide : Article 1er. *Le recours de NOUSSI TENE Armand est irrecevable pour défaut de qualité.*

NOTE

Quelles conditions faut-il remplir pour saisir valablement le juge administratif d'un litige né d'une décision, d'une action ou d'une inaction de l'administration ?

La réponse à la question ainsi posée ne relève point de l'évidence. En fait, le jugement d'une demande au fond ne peut avoir lieu que si le juge administratif a préalablement et positivement résolu le problème de sa recevabilité. Celle-ci est subordonnée à trois catégories de conditions : les unes sont relatives à la nature de l'acte incriminé qui doit être susceptible de faire grief. Les autres sont relatives aux formes et délais dans lesquels doit être présentée la demande ainsi qu'à la personne du requérant qui doit satisfaire à certaines exigences pour pouvoir intenter le recours contentieux.

Les conditions relatives à la personne du requérant ont été exposées avec clarté par la Chambre administrative de la Cour Suprême dans l'affaire NDJOUMI Maurice contre État du Cameroun, objet du jugement n°27 du 28 septembre 1983 ci-avant annotée (***GD. n°3***). Réagissant sur le point de savoir si le requérant avait qualité pour attaquer le décret de nomination de M. EBEN MOUSSI Séverin, elle avait été amenée à apporter les précisions suivantes :

« *Attendu que trois conditions sont exigées pour exercer le recours en annulation : la capacité, la qualité, l'intérêt. Ces conditions sont cumulatives et non exclusives. Mais, c'est l'intérêt pour agir qui détermine la qualité de l'auteur d'un recours en annulation. Ce dernier doit justifier d'un intérêt direct et personnel en l'annulation demandée, intérêt qui peut être simplement moral et qui s'apprécie à la date d'introduction du recours et au regard de ses conclusions. La condition d'un intérêt direct et personnel, pour être nécessaire, n'est pas suffisante. Il faut encore avoir un titre à agir, c'est-à-dire se trouver dans une situation telle à l'égard de l'administration qu'elle justifie une protection particulière. Ainsi, on peut agir en tant que candidat ayant vocation à l'emploi dans lequel a été nommé le candidat dont la nomination est attaquée* ».

Le principal intérêt de l'affaire NOUSSI TENE Armand contre État du Cameroun (MINDCAF) et BOGNE, ci-dessus rapportée, rendue le 24 novembre 2014 par le Tribunal Administratif de l'Ouest à Bafoussam, est de rappeler fermement que le défaut de qualité pour agir en justice constitue un motif d'irrecevabilité du recours pour excès de pouvoir, laquelle doit être soulevée d'office, comme en l'espèce, par le juge.

À l'origine de cette affaire, un contentieux foncier : le sieur NOUSSI TENE Armand, technicien domicilié à Yaoundé, estimait qu'il était propriétaire d'un terrain d'environ 2 hectares à Tyo-Lagoueng par

Baleng, arrondissement de Bafoussam, terrain reçu en héritage de feu son oncle KONGNE Zacharie. Au courant des mois de mai-juin 2013, il a découvert que M. BOGNE avait obtenu un titre foncier sur une superficie de 2383 m^2 dudit terrain alors que la mise en valeur du terrain litigieux, constituée des cultures vivrières, d'arbres fruitiers ainsi que d'une maison d'habitation était l'œuvre de feu son oncle KONGNE Zacharie. Selon lui, le titre foncier n°9812/MIFI du 12 décembre 2012 avait été établi en violation de la loi, notamment des règles de publicité et de l'exigence de la mise en valeur. Il faisait valoir en outre que M. BOGNE avait sans nul doute fait des déclarations mensongères pour tromper la vigilance des agents du cadastre de la MIFI, lesquels devaient normalement convoquer et entendre les riverains de ce terrain.

Le 26 mai 2013, il saisit Madame la Ministre des Domaines, du Cadastre et des Affaires Foncières d'un recours gracieux aux fins d'annulation du titre foncier litigieux. N'ayant pas eu satisfaction devant cette haute autorité, il a sollicité qu'il plaise au Tribunal Administratif de déclarer son recours contentieux recevable, de l'y dire fondé et de procéder à l'annulation du titre foncier n°9812/MIFI du 12 décembre 2012 établi au profit de BOGNE ainsi qu'à sa mutation à son bénéfice, en application de l'article 2 alinéa 4 du décret n°76/165 du 27 avril 1976, modifié par celui n°2005/481 du 16 décembre 2005.

Par correspondance du 5 mars 2014, notifiée par exploit d'huissier le 14 du même mois, le juge rapporteur avait demandé au requérant de produire une expédition du jugement d'hérédité de feu KONGNE Zacharie, décédé le 23 septembre 2012, lequel aurait justifié sa qualité d'ayant droit du défunt. Malheureusement, cet important document n'avait pas été produit par le requérant.

En se fondant sur les dispositions de l'article 21 de la loi n°2006/022 du 29 décembre 2006 fixant l'organisation et le fonctionnement des Tribunaux Administratifs, qui prévoient que « *le mandataire doit justifier de son mandat par la production d'un acte authentique ou d'un acte sous seing privé légalisé par l'autorité compétente* », le Tribunal de céans a, à juste raison, considéré *d'office* que le recours de NOUSSI TENE Armand était irrecevable pour défaut de qualité **(II)**, sans toutefois donner des précisions sur les contours de cette notion de qualité, dont le maniement nécessite un peu plus de dextérité qu'il n'y paraît au premier abord **(I)**.

I. Le juge de l'espèce fait appel à la notion de qualité pour agir sans toutefois apporter des précisions sur ses contours

Un animal ne peut pas saisir le juge administratif. Pour le faire valablement, il faut non seulement être un Homme (*entendu au sens étymologique du latin Homo, espèce humaine, et non physique à savoir Vir, le mâle*), mais en plus, remplir trois conditions cumulatives : avoir la capacité, justifier d'un intérêt pour agir et posséder la qualité requise.

La compréhension de la notion de capacité d'une personne physique ne pose pas de problème en théorie comme en pratique. Elle s'apprécie à un triple point de vue, à savoir physique, juridique et moral.

Posséder la capacité physique signifie pour le requérant qu'il doit exister, c'est-à-dire être né et demeuré en vie au moment même où la demande est faite. Par exemple, une requête présentée au nom d'une personne décédée est en principe irrecevable, à moins que l'action ait été intentée avant la mort de ce dernier.

Pour ce qui est de la capacité juridique, le requérant doit avoir 21 ans révolus à la date de l'action. Bien plus, il doit être en possession de tous ses droits, doit pouvoir en jouir, c'est-à-dire n'en avoir pas été déchu.

Le requérant doit être en possession de toutes ses facultés, donc capable de discerner. Ainsi, un malade mental ou un fou est incapable de conduire une instance. Il peut être représenté. Cette représentation est la règle quand le requérant est une personne morale. Le juge administratif exige en principe que la personne morale existe juridiquement, c'est-à-dire qu'elle ait une personnalité juridique. Toutefois, en pratique, il se montre réaliste en ne déclarant pas irrecevable une demande introduite par une personne morale de fait puisqu'il admet que les associations non déclarées, donc sans capacité juridique[1], et même les associations dissoutes[2] sont recevables à former des recours pour excès de pouvoir contre les décisions ou les actions de l'administration.

En revanche, la notion de qualité pour agir doit être clairement distinguée de l'autre condition relative au requérant, l'intérêt pour agir.

---

[1] Jugement n°29 du 29 novembre 1979, Elites BANKA représentées par MBOUENDEU Jean de Dieu.

[2] Jugement n°73 du 20 mars 1972, MOUELLE KOULA Eitel.

La polysémie du terme qualité, qui signifie à la fois faculté et pouvoir, explique les formules qui reviennent constamment dans les décisions de justice, à savoir celle d'« *intérêt donnant qualité* » ou de « *qualité donnant intérêt pour agir* »[3].

En principe, l'intérêt et la qualité constituent deux notions autonomes qui se complètent pour fonder l'action en justice.

Tout requérant doit justifier d'un intérêt à la solution du litige dont il saisit le juge administratif. C'est en réalité le profit escompté qui justifie l'intérêt du requérant. Autrement dit, si l'exercice du recours contentieux n'est pas susceptible d'offrir un certain avantage pécuniaire, matériel ou moral à celui qui en prend l'initiative, la demande doit être déclarée irrecevable. C'est ce qu'explique la maxime « *pas d'intérêt, pas d'action* » qui a pour objet d'éviter des contestations inutiles de nature à encombrer inutilement le prétoire.

L'intérêt invoqué peut revêtir plusieurs formes :

Il est en principe ***direct et personnel***, ainsi que l'a précisé la Chambre administrative dans son jugement n°51 du 29 mars 1969, BABA YOUSSOUFA contre État du Cameroun.

Il peut aussi être ***collectif*** lorsque l'acte litigieux concerne les entités juridiques comme les associations ou les syndicats.

L'intérêt est ***matériel*** si la décision de l'administration porte atteinte au patrimoine du requérant, comme l'illustre le jugement n°30 du 31 mars 1977, MBOCKA NTONGO MPONDO Guillaume.

Enfin, si la décision administrative affecte la réputation ou l'honneur du requérant, ***l'intérêt sera moral***, comme l'a décidé la Chambre administrative dans le jugement n°96 du 7 août 1986, NJOCK Georges Edward contre Université de Yaoundé :

« *Attendu que le requérant* ***estime, en conclusion, qu'en le traînant dans la boue (sic), son honorabilité et sa responsabilité ont subi un préjudice ayant irréversiblement entamé et confondu son moral. Attendu… que l'atteinte à l'honneur et à la réputation, les troubles professionnels et la perturbation du mode de vie constituent, en l'espèce, autant de dommages moraux qui méritent d'être indemnisés.***

---

[3] PELLISSIER Gilles, Qualité pour agir, Répertoire de contentieux administratif, avril 2009 (dernière mise à jour : octobre 2013.

Que compte tenu des circonstances de l'affaire, il sera fait une appréciation suffisante de la réparation à laquelle le requérant peut prétendre, en lui allouant la somme de un franc »[4].

La qualité pour agir en justice, quant à elle, est le titre juridique qui sert à engager le procès. En vertu de ce titre, le demandeur a le droit d'agir en justice, de solliciter du juge l'examen au fond de sa prétention.

Par exemple, seuls les époux peuvent demander le divorce. Ils ont qualité pour le faire. De même, l'action en recherche de paternité naturelle est réservée à l'enfant qui a qualité pour l'intenter. S'il est mineur, la mère a qualité pour agir à sa place.

On peut relever un exemple typique d'application de cette règle en droit public dans le jugement MINYEM Jean Flaubert contre État du Cameroun du 27 avril 1978. À cette occasion, la Chambre administrative de la Cour Suprême avait invoqué l'absence de qualité pour déclarer irrecevable un recours contentieux dirigé contre une mesure d'expropriation, le requérant n'étant ni propriétaire du terrain exproprié ni propriétaire des maisons détruites à cette fin.

Toutefois, de manière exceptionnelle, la qualité peut se confondre à l'intérêt.

---

[4] Dans le même sens, V. CS.CA, jugement n°76 du 31 janvier 1991,Mlle EWONO FOUDA Joséphine : « ***attendu, cependant, qu'il est incontestable que du seul fait d'avoir été exclue brutalement et intempestivement de la salle d'examen a causé à la requérante un grand choc moral (une vive émotion) en brisant ses espoirs de réussite et d'amélioration de sa condition sociale qu'il convient de réparer. Attendu qu'il est équitable de lui allouer sur ce chapitre une somme de six millions de francs*** » ; ou encore jugement n°36 du 26 mai 1977, TEUGUIA Gabriel : « ***considérant que TEUGUIA Gabriel a été incontestablement victime d'une mesure illégale et qu'il a droit à réparation du préjudice moral subi.*** ». De la même manière, l'affaire NJIKIAKAM TOWA Maurice, relevée à propos de l'illégalité fautive, a permis, parallèlement à la réparation du préjudice matériel né de la perte irrégulière du salaire de fonctionnaire, l'indemnisation du préjudice moral causé par le néfaste impact psychologique de l'exécution de la sanction irrégulière. Le juge administratif avait alors alloué des dommages-intérêts en réparation du préjudice moral au moment où « ***l'intéressé vit une vie d'angoisse, ignorant la suite qui sera réservée à sa requête*** **(contentieuse)** ***ainsi que son avenir et celui de sa famille*** ».
Les dommages moraux qui nécessitent réparation se traduisent, dans multiples autres décisions de justice qu'il est fastidieux de citer ici (Voir par exemple CS.CA, jugements numéros 41 du 02 février 2005, Mme EBENGUE ESSOMBA née AVA Rose, 99 du 27 avril 2005, SADOU YAYA c./ Etat du Cameroun et 183 du 23 juin 2010, WAFFO WOKAM Lucie.), par des formules telles que « ***atteinte à l'honneur ou à la réputation*** » voire « ***la perturbation du mode de vie*** ».

En fait, certaines qualités du requérant, au sens commun de caractéristiques ou positions sociales, confèrent par elles-mêmes un intérêt à contester certaines décisions, car elles constituent des données objectives correspondant à un type d'intérêt : la qualité d'électeur, par exemple, donne intérêt à contester les résultats des opérations électorales[5].

C'est ce qu'avait rappelé la Chambre administrative dans le jugement n°59 du 18 juillet 1996. Elle avait déclaré recevable le recours de M. EPALE Roger Delore alors que l'intéressé se prévalait de sa seule qualité d'électeur de la Commune rurale de Baré.

Le raisonnement était identique dans le jugement n°56 du 18 juillet 1996, Parti de l'Action Paysanne (PAP) et Commune rurale de Ngambe. Le juge de l'espèce avait considéré qu'un parti politique légalisé avait qualité, en tant que tel et indépendamment de ses dirigeants, pour déférer au juge le résultat des élections.

Cette solution avait déjà été formulée dans plusieurs décisions antérieures. Dès 1952, en effet, le Conseil du Contentieux administratif, dans l'espèce UM NYOBE contre Abbé MELONE[6], exigeait que le requérant, candidat malheureux à une consultation électorale, justifia de la qualité pour être recevable :

« ***Considérant que le sieur UM NYOBE, candidat à l'Assemblée Territoriale dans la région de la Sanaga Maritime, a qualité pour se pourvoir devant le Conseil du Contentieux en vue d'obtenir l'annulation des élections dans cette région*** ».

Dans l'arrêt n°123 rendu quelques jours après, le Conseil du Contentieux Administratif avait réitéré cette règle de la qualité donnant

---

[5] En ce sens, voir s'agissant de la France, CE, 18 déc. 1998, Élections à l'Assemblée de Corse, Lebon 505. Dans le même sens, la qualité de contribuable d'une collectivité territoriale infra-étatique donne intérêt à en contester les décisions ayant des répercussions financières (CE 29 mars 1901, CASANOVA, S. 1901. III. 3) ; la qualité d'usager d'un service public donne intérêt à demander l'annulation des décisions portant atteinte à la mission du service ou en modifiant les conditions d'accès (CE 21 déc. 1906, Syndicat. des propriétaires et contribuables du quartier Croix-de-Seguey-Tivoli, Lebon 962, conclusions ROMIEU) ; la qualité de membre d'une assemblée délibérante donne toujours intérêt à en contester les délibérations (CE, sect., 22 mars 1996, Mmes Paris et Roignot, Lebon 99).

[6] CCA, arrêt n°115 du 16 août 1952 cité par BINYOUM J, Droit administratif, Cours polycopié précité, p. 227.

intérêt à agir en matière électorale dans l'affaire opposant BEBEY EYIDI à Paul SOPPO PRISO.

La notion de qualité n'est ici qu'une généralisation d'un intérêt à agir reconnu à toutes les personnes appartenant à une même catégorie, en fonction de caractéristiques propres à cette dernière.

Par cette solution, contrairement à certaines opinions doctrinales, le juge administratif national a fait preuve de réalisme jurisprudentiel, en donnant plein effet aux dispositions pertinentes des lois électorales en vigueur à l'époque où il statuait, à l'instar de celles contenues actuellement dans l'article 194 (1) du Code électoral de 2012, aux termes desquelles « *tout électeur, tout candidat ou toute personne ayant la qualité d'agent du Gouvernement pour l'élection, peut réclamer l'annulation des opérations électorales de la commune concernée, devant la juridiction administrative compétente* »**.**

La méconnaissance des règles relatives à la qualité pour agir strictement comprise conduit au prononcé d'office de la sanction d'irrecevabilité de la requête par le juge administratif.

II. Le juge de l'espèce fait une application remarquable du caractère d'ordre public de la qualité pour agir en justice

Comme toutes les règles concernant la recevabilité de la requête, celles relatives à la qualité pour agir sont d'ordre public. Le juge doit soulever d'office le défaut de qualité pour agir des parties, à condition qu'il ressorte, comme en l'espèce, des pièces du dossier.

En effet, la personne physique qui agit pour son propre compte n'a pas à justifier d'une qualité distincte de sa capacité d'agir en justice. Cette obligation pèse en revanche sur celle qui agit pour le compte d'autrui qui doit avoir qualité pour agir, c'est-à-dire justifier d'un titre l'habilitant *à ester* en justice. Cette exigence est clairement posée par l'article 21 de la loi n°2006/022 du 29 décembre 2006 précitée : **« *Le mandataire doit justifier de son mandat par la production d'un acte authentique ou d'un acte sous seing privé légalisé par l'autorité compétente* ».**

La doctrine s'accorde à reconnaître qu'en droit public, si le terme mandat est assez souvent employé, il a généralement un sens spécifique. C'est ainsi qu'il est utilisé comme synonyme de fonction élective : on parle alors de mandat présidentiel, parlementaire ou de mandat municipal dont les problèmes ne sont nullement résolus par les règles civiles du mandat, l'élu étant dans une position statutaire et non contractuelle[7].

Comme l'a souligné, à juste titre, le Professeur Joseph-Marie BIPOUN WOUM, « *les mandats électifs sont dépourvus de lien de subordination entre le mandant, le peuple et le mandataire qui est l'élu. Autrement dit, c'est un mandat indépendant qui ne peut être sanctionné qu'à la faveur de la prochaine élection. Les règles de droit constitutionnel propres au mécanisme de la représentation politique s'avèrent immédiatement d'une utilité très secondaire dans le cas présent : l'exercice de la souveraineté au nom du peuple et la gestion administrative de l'État ne se rencontrent pratiquement guère et on conçoit difficilement un député ou le Président de la République dans l'habit d'un défenseur de la cause de l'État devant les Tribunaux* »[8].

Le mandat proprement dit, c'est-à-dire le contrat par lequel une personne donne à autrui le pouvoir de faire quelque chose en son nom et pour son compte, ne semble donner lieu qu'à de rares applications en droit administratif[9]. Sans doute, comme l'avait souligné M. SABIANI, « *le mandat contrat administratif est-il une entité aux frontières mal définies* »[10]. Mais la majorité des auteurs ne voient *a priori* aucune raison de retenir en droit administratif une notion qui s'écarterait des règles du droit civil.

Par exemple, pour le Professeur NEGRIN, « *la définition du mandat en droit administratif n'a pas été affectée par sa transposition du droit privé en droit administratif* »[11]. De la même manière, M. MAZERES

---

[7] Cf. SABIANI François, « L'habilitation des personnes privées à gérer un service public », AJDA, 1977, pp. 4-25.p. 13 : « ***en droit public, le mandat électif n'est pas un acte contractuel ; il est indéniable que l'utilisation du terme "mandat" s'explique par la puissance du mythe du contrat dans la société libérale, mais l'élu se trouve dans une situation statutaire*** ». et COUDEVYLLE A, « La notion de mandat en droit administratif », AJDA 1979, pp. 9 et 10.

[8] BIPOUN WOUM J-M, « La représentation de l'État en justice au Cameroun », R.C.D, Série II, 1984, pp. 17-57, notamment, p. 22.

[9] L'article 3 de la loi du 8 décembre 1975 fixant la procédure devant la Cour Suprême statuant en matière administrative était ainsi rédigé : « *la partie qui ne comparaît pas en personne peut se faire représenter par un mandataire ou un avocat* ».

[10] SABIANI F, Article précité, p. 13 : « *L'accord... ne s'est pas fait sur une définition unique....* ».

[11] NEGRIN J. P, L'intervention des personnes morales de droit privé dans l'action administrative, Paris, L.G.D.J., 1971, p. 74.

estime que « *....l'économie générale du mandat en droit administratif reste celle que consacre le droit privé* »[12].

Il en résulte que le mandataire ne peut rien faire au-delà de ce qui est porté dans son mandat ; qu'il a l'obligation de rendre compte de sa gestion au mandant qui doit, en revanche, lui rembourser toutes les dépenses engagées dans l'exécution du mandat ; que ce contrat est révocable, lorsqu'il est arrivé à son terme ou encore lorsque l'une des parties ou les deux ont décidé d'y mettre fin.

Ainsi comprise la représentation devant la justice administrative, considérée comme un mandat, est un contrat en vertu duquel une personne, le mandataire, agit au nom et pour le compte d'une autre, le mandant, en vue d'un objectif déterminé.

En conséquence, « *le mandataire a le pouvoir de signer les requêtes et mémoires en lieu et place de son mandant, de recevoir les convocations adressées à son mandant et les notifications qui lui sont faites* »[13].

Deux formes de représentation étaient prévues par la loi du 8 décembre 1975 **:** la représentation en justice des personnes morales de droit public et la représentation des personnes physiques ou morales de droit privé. De la combinaison des articles 14 nouveaux (1) de l'ordonnance du 26 août 1972 et 52 (1) de la loi du 98 décembre 1975, il résultait que les personnes morales de droit public – État, Communes et Établissements publics – étaient représentées devant la Chambre administrative ou l'Assemblée plénière par l'autorité habilitée à recevoir le recours gracieux, laquelle pouvait s'y faire représenter à son tour par un de ses agents ou par un avocat. Les personnes physiques ou morales de droit privé étaient, quant à elles, soumises aux dispositions de l'article 49 de la loi de 1975 qui ouvrait le choix à la représentation par un mandataire ou un avocat, avec la possibilité pour les personnes physiques d'être admises au bénéfice de l'assistance judiciaire[14].

Cette assimilation avait normalement pour effet d'opérer la confusion entre la représentation en justice et la qualité pour agir en justice des personnes physiques.

---

[12] MAZERESJ. A., « Que reste-t-il de la jurisprudence Société Entreprise Peyrot ? », Mélanges Paul COUZINET, 1975, p. 502.

[13] Selon l'expression employée par l'Assemblée Plénière de la Cour Fédérale de Justice le 18 octobre 1967 dans son arrêt MPESSA Stanislas contre EC, Recueil MBOUYOM, Tome 1, p. 38.

[14] V. SIETCHOUA DJUITCHOKO C, Thèse précitée, pp. 171-172.

Or, en réponse à la correspondance du juge rapporteur en date du 5 mars 2014, notifiée par exploit d'Huissier le 14, lui demandant de produire l'expédition du jugement d'hérédité de feu KONGNE Zacharie, décédé le 23 septembre 2012, lequel aurait justifié sa qualité d'ayant droit du défunt, sieur NOUSSI TENE Armand n'avait pas produit cet important document.

C'est donc très logiquement que le Tribunal Administratif de céans avait été amené à conclure « ***que dans le cas d'espèce, s'il est établi que NOUSSI TENE Armand jouit de la capacité nécessaire pour ester en justice, il ne jouit guère de la qualité pour saisir le Tribunal en lieu et place de KONGNE Zacharie décédé ; que de simples déclarations du requérant sans pièces justificatives ne confèrent pas à ce dernier le mandat valable pour exercer un recours (...) Qu'il s'ensuit que son recours (en annulation du titre foncier n°9812/MIFI du 12 décembre 2012) est irrecevable*** »pour défaut de qualité.

Le juge administratif de la Région de l'Ouest à Bafoussam avait ainsi confirmé une tendance jurisprudentielle amorcée dans l'affaire WAMBO Télesphore, objet du jugement n°188 du 28 mars 1972.

Sieur WAMBO Télesphore avait en fait déféré devant la Chambre administrative de la Cour Fédérale de Justice un arrêté ministériel portant déchéance des droits de Dame MANDONG MADEU sur un immeuble non bâti situé dans la ville de Mbouda. Dame MANDONG s'était en effet vu attribuer un lot domanial qu'elle n'avait pas pu mettre en valeur durant la période prévue par l'arrêté de cession. Entre temps, elle avait fait une promesse de vente de cet immeuble au Sieur WAMBO qui lui avait versé une somme correspondant à la valeur de l'immeuble.

Le juge de l'espèce avait déclaré irrecevable le recours du Sieur WAMBO au motif que si le requérant pouvait effectivement avoir un intérêt dans l'annulation de l'arrêté prononçant la déchéance des droits de Dame MANDONG, en revanche, il lui manquait la qualité de propriétaire ou, à tout le moins, celle de possesseur légal de l'immeuble.

La Chambre administrative, dans son jugement n°47 du 29 mars 1979, Veuve NKILI ABESSOLO née NDZIE AHANDA Balbine, avait retenu la même solution à travers une solide argumentation fondée sur des principes simples désormais établis en la matière :

« *Considérant que ...* ***pour exercer une action en justice, il faut avoir qualité*** *à cet effet* ***; que cette qualité appartient au titulaire du droit ou à*** *ses représentants soit légaux, soit conventionnels ; que de plus, l'action faisant partie du patrimoine est transmissible aux héritiers de son titulaire. Que l'action étant par ailleurs divisible dans la même mesure que le droit qu'elle sanctionne, elle ne peut donc être exercée par ou contre chacun des héritiers que pour sa part. Considérant qu'en l'espèce, Dame NDZIE AHANDA Balbine, veuve NKILI ABESSOLO ne rapporte pas la preuve de sa qualité d'héritière de NKILI ABESSOLO Martin. Qu'elle n'a donc aucune qualité pour intenter la reprise d'instance* ».

Célestin KEUTCHA TCHAPNGA

9.
Les demandes incidentes : le désistement

Cour Suprême. Chambre administrative, jugement n°56 du 28 février 2007, GALLO Gilbert contre État du Cameroun (MINDEF)

Attendu que par requête introductive d'instance en date du 1er mars 2005 enregistrée le même jour au greffe de la Chambre administrative de la Cour Suprême sous le n°610, Maître NLOCKA Paul Bernard, Avocat à Yaoundé, agissant au nom et pour le compte du sieur GALLO Gilbert, a saisi la susdite Chambre d'un recours contentieux aux fins de constater l'illégalité de la décision n°040919/DM/MINDEF/02411 du 21 septembre 2004 du Ministre Délégué à la Présidence chargé de la Défense omettant le nom de son client de la liste des Gendarmes promus à des grades supérieurs et d'ordonner la reconstitution de sa carrière.

Attendu que par correspondance en date du 11 mai 2005 enregistrée le 12 mai de la même année au même greffe sous le n°1037, le même Conseil écrit :

« Monsieur le Président, je viens par la présente et au nom de mon client le sieur GALLO Gilbert me désister du recours contentieux que j'ai introduit dans votre juridiction. En effet, en date du 1er avril 2005, le Ministre Délégué en charge de la Défense, faisant suite au recours gracieux adressé au Président de la République en date du 25 novembre 2004, a pris une décision par laquelle mon client était promu au grade de Maréchal des Logis vidant mon recours de tout intérêt… »

Attendu que ladite lettre a été notifiée le 3 août 2005 à l'État du Cameroun (MINDEF) qui à ce jour n'y a pas donné de suite. Qu'il convient de conclure que l'État du Cameroun (MINDEF) a accepté le désistement du recourant. Attendu que ledit désistement étant ainsi régulier, il y a lieu d'en donner acte à l'intéressé et de le condamner aux dépens.

Par ces motifs, statuant publiquement, contradictoirement, en matière administrative, à l'unanimité des Membres et en premier ressort. **Décide : Article 1er :** Il est donné acte à GALLO Gilbert de son désistement.

NOTE

Le jugement n°56 du 28 février 2007, GALLO Gilbert contre État du Cameroun illustre un nouveau cas de demande incidente dans le contentieux administratif, à savoir le désistement, consacré actuellement par les articles 98 et 99 de la loi n°2006/022 du 29 décembre 2006 fixant l'organisation et le fonctionnement des Tribunaux Administratifs.

En fait, lorsqu'une partie a mis en œuvre son droit d'agir en justice en introduisant une instance, elle conserve, pour de multiples raisons, la liberté d'y mettre fin par anticipation, « *avant qu'elle ne s'éteigne par l'effet du jugement ou en vertu de la loi »*[1]. Il peut en être ainsi lorsqu'elle estime qu'elle n'a aucune chance d'obtenir, même partiellement, gain de cause au terme du procès, lorsque les frais du procès lui paraissent excessifs par rapport au but recherché ou si elle se contente d'une satisfaction seulement partielle de la part de l'administration, par exemple, désistement pour décharge partielle de l'imposition[2] ou encore, comme en l'espèce, lorsqu'elle a obtenu satisfaction de l'administration avant que le jugement n'intervienne[3].

Par requête introductive d'instance en date du 1er mars 2005 enregistrée le même jour au greffe de la Chambre administrative de la Cour Suprême sous le n° 610, Maître NLOCKA Paul Bernard, Avocat à Yaoundé, agissant au nom et pour le compte du sieur GALLO Gilbert, a saisi la susdite Chambre d'un recours contentieux aux fins de constater l'illégalité de la décision n°040919/DM/MINDEF/02411 du 21 septembre 2004 du Ministre Délégué à la Présidence chargé de la Défense omettant le nom de son client de la liste des Gendarmes promus à des grades supérieurs et d'ordonner la reconstitution de sa carrière.

Le 1er avril 2005, ledit Ministre, faisant suite au recours gracieux adressé au Président de la République en date du 25 novembre 2004, a pris une autre décision portant promotion du requérant au grade de Maréchal des Logis, vidant ainsi son recours de tout intérêt. C'est pourquoi, par correspondance en date du 11 mai 2005 enregistré le 12 mai de la même année au même greffe sous le n°1037, son Conseil a écrit au Président de la Chambre administrative pour se désister du recours contentieux qu'il avait introduit dans sa juridiction.

En donnant acte à M. GALLO Gilbert de son désistement, considéré en l'espèce comme étant régulier et en le condamnant aux dépens liquidés à la somme de vingt-sept mille cinq cents francs CFA, conformément à l'article 99 (2) de la loi n°2006/022 qui prévoit que « *le désistement emporte obligation de payer les frais* », la Chambre

---

[1] Article 1er du nouveau Code de Procédure Civile. Cité par M. NDE TAWEMBE Daniel Duplex, L'extinction de l'instance en justice, Mémoire de DEA, Université de Yaoundé II-Soa, 2005, n°90.

[2] CS.CA, jugement n°11 du 27 octobre 1988, Société HOECHST Cameroun contre Etat du Cameroun (MINFI). CS.CA, jugement n°16 du 23 février 1989, G.T.M. (Grands Travaux de Marseille)-Cameroun contre Etat du Cameroun (MINFI).

[3] CS.CA, jugement n°13 du 29 décembre 1979, TEYEM Pierre contre Etat du Cameroun (MINFI). CS.CA, jugement n°02 du 27 octobre 1988, MONGO MBOCK Philipe contre EC

administrative a offert à la doctrine l'opportunité de revisiter une notion juridique essentielle aux contours non encore bien explicités en droit du contentieux administratif national : celle de désistement **(I)**, qui est généralement la conséquence d'un accord mettant fin à l'objet du litige, à la suite du recours gracieux préalable **(II)**.

I. Le juge fait une application remarquable du désistement sans toutefois apporter des précisions sur les contours de la notion

D'une manière générale, « *se désister* » signifie abandonner, se départir, renoncer. Ainsi, dans son sens large, le désistement consiste dans le fait de renoncer à un avantage. Appliqué à la procédure administrative contentieuse, le désistement peut être défini comme la volonté du demandeur de mettre fin à l'instance qu'il a préalablement introduite. Il résulte, lorsque la procédure est orale, d'une déclaration verbale, et dans la procédure écrite, d'une correspondance envoyée au Tribunal ou de conclusions déposées au greffe par l'Avocat ou le Mandataire de la personne qui a pris l'initiative d'introduire le procès et par lesquelles elle renonce à la demande qu'elle a engagée. Il varie en fonction de l'objet de la renonciation. La doctrine distingue ainsi le désistement d'instance du désistement d'action.

Le désistement d'instance n'emporte pas renonciation à l'action, mais seulement extinction de l'instance. Le demandeur peut éventuellement réintroduire ultérieurement une autre instance.

S'agissant du second type de désistement, le désistement d'action, il s'agit d'une renonciation définitive aux demandes. Comme son nom l'indique, ce désistement emporte extinction de l'action et alors aucune reprise d'action n'est plus possible. Autrement dit, la renonciation est définitive et toute nouvelle demande dirigée contre la même personne assignée en la même qualité, ayant le même objet et qui serait fondée sur les mêmes faits serait jugée irrecevable. Le désistement d'action produit, en effet, les mêmes conséquences juridiques que si un jugement définitif était intervenu entre les parties. Il produit les effets attachés à l'autorité de la chose jugée.

En France, le Conseil d'État a récemment considéré que le désistement avait le caractère d'un désistement d'instance, sauf s'il résulte sans ambiguïté des écritures du requérant qu'il a entendu renoncer à toute action[4]. Un requérant peut donc revenir sur sa décision si et seulement si le défendeur n'a pas encore accepté le désistement.

Au Cameroun, en revanche, il résulte de la jurisprudence administrative, sauf disposition contraire de la loi, que le désistement est un désistement d'action ; ce qui signifie que le requérant qui s'est désisté n'est plus recevable à former un nouveau recours contre la même décision[5].

Le désistement peut être total[6]. Il peut également porter sur une partie seulement du jugement litigieux, de sorte que le juge statuera sur les autres demandes[7].

L'instance étant liée, en principe, la régularité du désistement reste subordonnée à l'accord du défendeur. Comme le précise clairement l'article 98 de la loi n°2006/022 : « (2) ***il est soumis à l'acceptation de la partie adverse*** ».

Cette acceptation peut être explicite. Deux « *attendus* » du jugement n°33 du 26 décembre 2002, Établissements TONY, sont, à cet égard, très significatifs : « ***Attendu qu'aux termes de l'article 92 alinéa 2 de la loi***

---

[4] Conseil d'Etat, 1er octobre 2010, n°314297.

[5] En ce sens, voir CS.AP, arrêt n°10 du 18 décembre 1980, Société TERAPLIX contre Etat du Cameroun. CS.CA, jugement n°32 du 18 septembre 1978, KOTOM Félix contre Commune de Plein Exercice de Nkongsamba.

[6] Le désistement total rend la requête désormais sans objet et clos définitivement la procédure. En ce sens, V. CS.CA, jugement n°33 du 26 décembre 2002, Etablissements TONY contre Etat du Cameroun précité. CS.CA, jugement n°13 du 29 Décembre 1979, TEYEM Pierre précité.
Si l'administration a retiré entre temps l'acte que vous avez attaqué ou si elle a réparé les dommages pour lesquels vous souhaitiez obtenir réparation devant le juge et que vous ne désistez pas, la juridiction saisie constatera que la contestation a disparu et que votre demande est devenu sans objet ; il devrait rendre alors une décision de non-lieu. Il n'y a pas non-lieu si l'acte incriminé est simplement *abrogé*, car au contraire du retrait qui a un effet rétroactif et qui annihile les effets de l'acte retiré depuis son émission, l'abrogation annule les effets de l'acte seulement pour le futur ; ses effets antérieurs à *l'abrogation* subsistent et peuvent être source de contestation, explique le Doyen Maurice KAMTO, in Droit administratif processuel du Cameroun, op.cit., pp. 90-91. Cependant, poursuit-il, si l'acte incriminé est *abrogé rétroactivement* en cours de procès par l'autorité compétente, votre intérêt à demander l'annulation de l'acte disparait ; si malgré tout vous poursuivez le procès, le juge déclarera votre recours irrecevable. (CS.AP, arrêt n°4 du 18 décembre 1980, ATANGANA NGUINI Jean Marie contre Etat Cameroun), Ibidem.

[7] CS.AP, arrêt n°3 du 26/11/ 1981, Procureur Général/Etat du Cameroun contre LELE Gustave.

n°75/17 du 8 décembre 1975 fixant la procédure devant la Cour Suprême statuant en matière administrative, le désistement est soumis à l'acceptation de la partie adverse. Attendu que cette acceptation découle expressément de la position exprimée par le Ministre des Travaux Publics dans sa lettre n°2324/MINTP du 12 juillet 2001 ainsi libellée : *j'ai l'honneur de vous faire connaître que le protocole d'accord n°4093 du 22 décembre 2000 signé entre les parties a mis fin à ce litige devant les instances judiciaires* **».**

Toutefois, l'acceptation n'est pas nécessaire si le défendeur n'a présenté aucune défense au fond ou fin de non-recevoir au moment où le demandeur se désiste. C'est le cas de l'espèce ici annotée :

« *Attendu que ladite lettre a été notifiée le 3 août 2005 à l'Etat du Cameroun (MINDEF) qui, à ce jour n'y a pas donné de suite. Qu'il convient de conclure que l'État du Cameroun (MINDEF) a accepté le désistement du recourant* ».

En conséquence, si l'acceptation expresse ne pose pas de difficulté en tant que telle, il en va différemment de l'acceptation implicite qui suppose alors une appréciation de la part du juge, comme il l'a fait en l'espèce. Or, comme toute appréciation, celle-ci est subjective et peut souvent être contraire à la volonté du défendeur.

Le défendeur peut-il s'opposer au désistement ?

Assurément oui. La non-acceptation du désistement par le défendeur, en occurrence l'Etat, entraine la poursuite du procès et donne droit au juge de statuer sur le fond[8].

Mais, l'opposition au désistement ne doit pas se trouver motivée par une volonté de nuire. Il est exigé de celui qui s'oppose au désistement qu'il justifie son attitude par des motifs légitimes dont le juge a le pouvoir d'apprécier souverainement le bien fondé[9].

Lorsque le désistement est régulièrement formé, et non retiré, le juge administratif a l'obligation d'en donner acte. En termes techniques, « *le Tribunal Administratif rend une décision de donner acte du désistement* » (article 98 alinéa 1 de la loi n°2006/022). La formule qui revient le plus souvent dans les décisions du juge administratif est la suivante : « *Il est donné acte (au requérant) de son désistement* ».

---

[8] CS.CA, jugement n°08 du 27 octobre 1988, BIBI Joseph contre Etat du Cameroun.

[9] Cass. 2e civ, 3 juillet 2008, BICC n°692 du 1er décembre 2008

Le désistement de l'appel ou du pouvoir en cassation emporte ***acquiescement*** au jugement rendu en premier ou en dernier ressort.

L'acquiescement met fin à l'instance qui devient sans objet. Il peut intervenir à n'importe quel stade de la procédure et même en cours d'exécution. L'acquiescement peut cependant être tacite lorsqu'il résulte clairement d'un acte ou d'une abstention qui ne saurait logiquement avoir un autre motif que celui tiré de l'acceptation. Ainsi, constitue un acquiescement à la décision rendue, le fait par le défendeur d'exécuter volontairement ce jugement, ou encore, le fait de laisser passer les délais de recours après qu'un jugement ait été signifié[10].

Le désistement est constaté par un jugement qui condamne le désistant aux dépens[11]. Un tel jugement n'est pas une décision de justice. Par conséquent, elle n'a pas l'autorité de la chose jugée et ne peut être l'objet d'une voie de recours. Il est la conséquence d'un accord entre les parties mettant fin à l'objet du litige à la suite du recours gracieux préalable.

II. Le désistement comme conséquence d'un accord entre les parties au procès à la suite du recours gracieux

Lorsqu'une action contentieuse a été engagée, le désistement ne met fin au procès qu'à la suite du caractère définitif du règlement amiable du conflit administratif, obtenu généralement en réaction au recours gracieux préalablement adressé par le requérant à l'autorité compétente.

Les avantages du recours gracieux préalable sont nombreux et trop connus pour que l'on y revienne encore. Pour aller à l'essentiel, on dira que le « rituel judiciaire » apparaît peu adapté à l'apaisement des relations entre un agent public et son service ou entre un usager et son administration. C'est en particulier le cas lorsque des personnes entrées en conflit sont appelées à se côtoyer durablement. La résolution des conflits administratifs à travers le recours gracieux préalable permet alors de ménager l'avenir et, en particulier, de pacifier les rapports entre les acteurs de la vie administrative. Ce recours concourt ainsi à la régulation d'une demande de justice administrative de plus en plus forte et diverse.

Mais, s'il est vrai que le recours gracieux préalable a été conçu principalement comme une alternative à la solution du litige par la juridiction administrative, force est toutefois de constater qu'il a fini par

---

[10] LESCAILLON, L'acquiescement à un jugement, Revue Huissiers, 1985, 1248.

[11] CS.CA, jugement n°3 du 31 décembre 1985, EDOU André contre Etat du Cameroun

se développer devant le juge lui-même en se présentant également comme une manière amiable de résoudre les conflits administratifs.

Le traitement de la *litigiosité* par le juge administratif n'est pas d'une pièce. Le juge ne fait pas que juger et le droit au juge n'est pas nécessairement le droit à un jugement. Le juge doit aussi favoriser la conciliation des parties en prenant acte au désistement d'une parmi elles. Ce qui n'a rien de surprenant, car le sort bienveillant réservé par l'administration au recours gracieux du requérant intervient très souvent après sa demande introductive d'instance et justifie, dans de nos nombreux cas, son désistement.

Contrairement à certaines opinions largement véhiculées, l'efficacité de ce mode amiable de règlement des conflits administratifs, qui repose sur l'accord des parties au procès, ne s'arrête pas aux portes du palais de justice. Elle se manifeste également dans les prétoires. Une étude même rapide de la jurisprudence administrative relative au désistement permet de percevoir à quel point le recours gracieux, qui constitue un moyen peu coûteux, rapide et souple de règlement des conflits, offre des chances raisonnables et remarquables de succès en cours d'instance.

En l'espèce, la correspondance du Conseil du requérant en date du 11 mai 2005, enregistrée le 12 mai au greffe sous le n°1037, est très éclairante : « *M. le Président, je viens par la présente et au nom de mon client le sieur GALLO Gilbert me désister du recours contentieux que j'ai introduit dans votre juridiction. En effet,* ***en date du 1er avril 2005, le Ministre Délégué en charge de la Défense, faisant suite au recours gracieux adressé au Président de la République en date du 25 novembre 2004, a pris une décision par laquelle mon client était promu au grade de Maréchal des Logis vidant mon recours de tout intérêt****…* »

Dans l'affaire Établissements TONY, objet du jugement n°33 du 26 décembre 2002, la Chambre administrative avait été moins explicite :

« *Mais attendu que par une requête ultérieure datée du 15 mai 2001 et enregistrée au même Greffe le 16 du même mois sous le numéro 706,* ***les établissements TONY, par l'organe de leur Conseil, déclarent se désister purement et simplement de son recours, faisant valoir que, par protocole d'accord postérieur à la demande contentieuse, il a été donné une suite favorable à leur réclamation*** *»*.

La tendance du droit administratif processuel national est donc, incontestablement et prioritairement, de favoriser la conciliation des parties à travers le recours gracieux préalable.

Célestin KEUTCHA TCHAPNGA

10.

Recours principal en interprétation d'une disposition réglementaire, en l'absence d'un jugement de renvoi du juge judiciaire – Incompétence de la juridiction administrative – Oui – Interprétation restrictive de sa compétence par le juge – Oui – Évolution actuelle de la question sous l'empire de la loi n°2006/022 fixant l'organisation et le fonctionnement des Tribunaux Administratifs.

Cour Suprême. Chambre administrative, jugement n°4 du 31 octobre 1985, ONAMBELE ELA Raphaël contre Université de Yaoundé

Attendu que par requête en date du 10 octobre 1983, enregistrée le 12 du même mois au Greffe de la Chambre administrative de la Cour Suprême sous le numéro 32, le sieur ONAMBELE Raphaël, Chargé de Cours alors en service au Ministère de l'Éducation Nationale, ayant pour conseil Maître Georges SO'O, Avocat à Douala, a intenté devant la Cour de céans un recours par lequel il sollicite de cette juridiction qu'elle « dise le sens à donner à la portée des dispositions du décret n°62/DF/289 du 26 juillet 1962 et aux articles 12 et 13 du décret n° 74/472 du 18 octobre 1976 ».

Attendu que le représentant de l'État soulève, pour sa part, l'incompétence de la juridiction administrative ; qu'il fait valoir, à cet égard, que la compétence de la Cour Suprême statuant en matière administrative est définie par l'article 9 alinéa 2 de l'ordonnance n°72/6 du 26 août 1972 ; texte qui ne prévoit pas de recours principal en interprétation d'une disposition législative ou réglementaire. *Attendu qu'il n'y a pas de doute qu'il s'agit, en l'espèce, de recours direct en interprétation des textes réglementaires suscités.*

Attendu que l'on ne saurait, sans ajouter à la loi, adopter la thèse du requérant dont la puérilité et la fragilité de l'argumentation s'appuient sur de simples affirmations telles que « *La loi n'interdit pas le recours direct en interprétation bien que ne le prévoyant pas. Ce qui n'est pas prévu n'est pas interdit. L'énumération faite par le texte de l'article 9 susvisé est purement indicative. Aucune loi positive ne fait obstacle à l'action du requérant à qui on ne peut opposer le silence de la loi* », etc. *Attendu qu'il découle du texte de l'article 9 de l'ordonnance n°72/6 que le contentieux administratif camerounais ne prévoit pas de recours principal en interprétation d'une disposition législative ou réglementaire ; que même le recours en appréciation de légalité n'est qu'incident.*

Attendu qu'il y a lieu, conformément à une jurisprudence établie (confer Assemblée plénière – Arrêt n° 35/A du 23 juin 1983 Recours MBOMA Richard) de déclarer la Chambre administrative incompétente pour connaître du présent recours.

NOTE

Prudence et audace : presque toutes les décisions rendues par les juridictions administratives camerounaises oscillent entre ces deux pôles. Dans l'espèce ONAMBELE ELA Raphaël contre Université de Yaoundé, objet du jugement n°4 du 31 octobre 1985 ci-dessus reproduit, la prudence a prévalu sur la hardiesse. Il n'est pas interdit de le regretter.

Mais il est plus utile de tenter de comprendre cette attitude et d'en tirer les enseignements, à la lumière des droits comparé et positif. La prudence s'est notamment affirmée dans le refus de la Chambre administrative de la Cour Suprême d'étendre son contrôle à l'interprétation directe des actes législatifs ou réglementaires. Les données du problème étaient pourtant très simples :

Par décision n°5/UY/CH du 10 octobre 1974, le sieur ONAMBELE Raphaël, Chargé de Cours alors en service au Ministère de l'Éducation Nationale fut, comme deux de ses collègues, suspendu de ses fonctions de Chargé d'enseignement à l'Université de Yaoundé. Huit années plus tard, l'administration, par décision n°426/UY/AF du 16 janvier 1982, rapportait la décision de suspension précitée. Entre-temps intervint le décret n°76/472 du 18 octobre 1976 dont les articles 9, 12 et 13 traitent de la rémunération des Enseignants du Corps de l'Enseignement Supérieur et déterminent, entre autres, les cas où l'Enseignant peut perdre le bénéfice de ladite rémunération. L'intéressé estime qu'ayant été ainsi rétabli dans ses fonctions, cette décision devait produire les mêmes effets que les annulations contentieuses, avec un total rétablissement dans ses droits, la reconstitution de sa carrière et son rétablissement au poste qu'il occupait au moment de l'intervention de la décision rapportée. Il pense, par ailleurs, être demeuré membre à part entière du Corps de l'Enseignement Supérieur et qu'il devait conserver le bénéfice de la rémunération statutaire définie à l'article 9 du décret n°76/472 susvisé.

Ayant en vain sollicité le mandatement de la prime de l'Enseignement Supérieur pour la période de sa suspension, il s'est trouvé obligé de soumettre le problème au Chancelier de l'Université qui, par lettre n°1192/UY/PEC du 11 septembre 1981, lui fit part de la fin de non-recevoir opposée par le Ministre des Finances, pour qui « la prime de l'Enseignement Supérieur n'est payée que lorsque le professeur rempli les conditions des articles 7 (alinéas 4 et 5) et 8 (alinéa 1) du décret n°76/472 du 18 octobre 1976, conditions qui sont également statutaires (sic) ».

C'est pourquoi, par requête en date du 10 octobre 1983, enregistrée le 12 du même mois au Greffe de la Chambre administrative de la Cour Suprême sous le numéro 32, il a, à travers son Conseil, Maître Georges SO'O, Avocat à Douala, intenté devant la Cour de céans un recours par lequel il sollicitait de cette juridiction qu'elle « *dise le sens à donner à la portée des dispositions du décret n°62/DF/289 du 26 juillet 1962 et aux articles 12 et 13 du décret n°74/472 du 18 octobre 1976 ».* Le problème qu'il posait à la Chambre administrative était précisément de savoir si les articles 7 (alinéas 4 et 5) et 8 (alinéa1) du décret n°76/472 précité pouvaient lui être opposables, dès lors qu'il se trouvait désormais dans la situation juridique d'un agent n'ayant jamais fait l'objet d'une sanction.

Pour le représentant de l'État, la compétence de la Cour Suprême statuant en matière administrative était définie par l'article 9 alinéa 2 de l'ordonnance n°72/6 du 26 août 1972 ; texte qui ne prévoyait pas de recours principal en interprétation d'une loi ou d'un règlement.

En faisant siennes les conclusions du représentant de l'Université de Yaoundé, la Chambre administrative avait conclu à son incompétente pour connaître du présent recours. Cette position, qui correspondait à la jurisprudence constante de la Cour en la matière[1], résultait d'une lecture particulièrement restrictive de sa compétence **(I)**.

Fort heureusement, la loi n°2006/022 précitée est venue restituer explicitement au juge administratif ce qui relevait naturellement de sa compétence **(II)**.

I. Le juge avait adopté une conception très restrictive de sa compétence pour interpréter à titre principal une disposition législative ou réglementaire

En énonçant, comme l'a rappelé le juge de l'espèce, que le contentieux administratif comprend, entre autres, « *les recours incidents en appréciation de la légalité* »[2], le législateur camerounais s'était fortement inspiré de l'arrêt SEPTFONDS[3], rendu le 6 juin 1923 par le Tribunal des Conflits (France), qui reconnaissait déjà que les juges judiciaires non répressifs sont incompétents pour statuer sur les exceptions d'illégalité des actes administratifs, individuels ou réglementaires, qui sont invoquées devant eux. Dès lors qu'une telle exception d'illégalité est sérieuse et que son examen est nécessaire à l'issue du litige soumis au juge judiciaire non répressif, celui-ci doit surseoir à statuer sur ce qui constitue pour lui une question préjudicielle.

---

[1] CS.CA, jugement n°39 du 29 mai 1980, MBOMA Richard, confirmé en appel par un arrêt de l'Assemblée Plénière n°35 en date du 25 juin 1983. La jurisprudence était demeurée constante à ce propos, comme en témoignent les jugements numéros 119 du 12 septembre 1985, FODIC et 75 du 26 juin 1986, ZANGA ZAMBO Ernest.

[2] Voir actuellement article 2 al 3 (a) de la loi n°2006/022 précitée.

[3] T. C, SEPTFONDS, op.cit.

Cette compétence de la juridiction administrative en matière d'appréciation de la légalité des actes administratifs sur renvoi du juge civil a, récemment, été explicitement consacrée par la Cour d'Appel du Littoral à Douala, dans son arrêt n°038/C du 16 mars 2012, M. EBWEA DIWOTO Joël contre dame MINYEM MATONGO Jeannette, dans des termes dénués de toute ambiguïté : « *...il ressort du bordereau analytique du titre foncier délivré à dame MINYEM sur la parcelle de terrain litigieuse que celle-ci lui a été attribuée par acte n°1054/CF/MINUH/A du 10 avril 1996 du Ministre de l'Urbanisme et de l'Habitat ;* ***qu'un tel acte étant à l'évidence administratif, son appréciation*** *ou annulation* ***ne relève que de la compétence du juge administratif*** ».

La Cour d'Appel du Littoral à Douala a réitéré la même solution dans son arrêt n°134 du 20 juillet 2012, La Communauté urbaine de Douala contre Famille YAMILO, représentée par son Chef EBONGUE DOUMBE Albert[4], en des termes encore plus explicites : « *que bien plus,* ***l'appréciation de la légalité d'un acte administratif****, en l'espèce le décret d'incorporation du terrain litigieux dans le domaine privé de l'État et son attribution à la Communauté urbaine de Douala d'après l'article 2 de la loi n°2006/022 du 29 décembre fixant l'organisation et le fonctionnement des Tribunaux Administratifs,* ***rentre dans le Contentieux administratif*** ».

Il résulte, en outre, de la nature de la mission assignée au juge pénal que c'est lui qui a, en principe, plénitude de juridiction sur tous les points d'où dépend l'application ou non des peines ; il lui appartient à cet effet non seulement d'interpréter, outre les lois, les règlements administratifs, mais aussi d'apprécier la légalité de ceux-ci ; qu'ils servent de fondement à la poursuite ou qu'ils soient invoqués comme moyens de défense. La compétence de la juridiction pénale ne connait de limite, en ce domaine, que quant à l'appréciation de la légalité des actes administratifs non réglementaires, cette appréciation étant, sauf dans le cas de la prescription législative contraire, réservée à la juridiction administrative en vertu de la séparation des pouvoirs[5].

Il n'est pas sans intérêt, toutefois, de noter que l'acquis posé par la jurisprudence SEPTFONDS, selon lequel seul le juge administratif est

---

[4] Sur les faits et la procédure de cette célèbre affaire, on lira avec intérêt les Observations du Dr Robert ASSONTIA, in Juridis Périodique n°102, avril-mai-juin 2015, pp. 57-67.

[5] T C, 5 juillet 1951, AVRANCHES ET DESMARETS.

compétent pour apprécier la légalité des actes administratifs sur renvoi du juge civil a connu un tournant décisif en France en 2011 avec la décision du Tribunal des Conflits SCEA du CHENEAU. Plus qu'une évolution, elle apparaît manifestement comme une révolution, en reconnaissant, à côté du juge administratif, la compétence du juge civil pour apprécier la légalité des actes administratifs, à une double condition : *celle d'une jurisprudence établie et celle du respect du droit de l'Union*[6].

En revanche, « *lorsque le juge doit statuer sur le sens obscur, contesté d'un texte, il (s'agit) d'interprétation* »[7]. Perçue comme une opération suspecte dans la mesure où elle ébranle la toute-puissance de la vertu du texte frappé d'incertitude[8], l'interprétation se présente aussi comme une opération d'autorité en ce qu'elle tente de dissiper « *l'obscurité que les textes recèlent, en tranchant entre les différentes lectures possibles, en fixant le sens du texte, en arrêtant la dérive des significations* »[9].

L'interprétation est ainsi une opération qui consiste à discerner le véritable sens d'un texte obscur ; elle désigne aussi bien les éclaircissements donnés par l'auteur même de l'acte que le travail d'un interprète étranger à l'acte[10].

Interpréter donc un acte administratif ou une loi, c'est rechercher son sens véritable dès lors que celui-ci parait obscur, ne s'impose pas à la seule lecture de l'acte du fait d'une mauvaise rédaction de l'acte, de l'emploi des termes imprécis ou de la difficulté à déterminer ce qu'a vraiment voulu faire ou dire l'auteur de l'acte. L'interprétation étant sans objet lorsque l'acte est clair.

En pratique, l'interprétation des actes administratifs, ainsi comprise, constitue également une question préjudicielle devant le juge judiciaire. En présence d'une telle question, la juridiction judiciaire doit en principe

---

[6] T.C, 17 octobre 2011, n°3828 et 3829 Société Civile d'Exploitation Agricole (SCEA) du Chéneau et autres c/ l'Interprofession Nationale Porcine (INAPORC) et autres, AJDA 2011. V. PLESSIX Benoît, « Compétence incidente du juge judiciaire en matière d'appréciation de la légalité des actes administratifs », Note sous T.C, n°3828, SCEA du CHENEAU, La Semaine Juridique, Edition Générale n°51, 19 décembre 2011.

[7] THERON Sophie, « Les questions d'appréciation de la régularité d'un acte et d'interprétation devant le juge », AJDA, 2012., p. 2037.

[8] COMBEAU Pascal, « Réflexions sur les fonctions juridiques de l'interprétation administrative », RFDA, 2004, p. 1069.

[9] CHEVALLIER Jacques, « Les interprètes du droit », in Paul AMSELEK (dir.), Interprétation et droit, Bruxelles Bruylant, 1995, p. 115.

[10] CORNU Gérard., Vocabulaire juridique, Paris, PUF, 10e éd. 2014, p. 567.

surseoir à statuer et renvoyer les parties devant le juge administratif qui se doit de se prononcer sur la question préjudicielle.

Ce principe, variable, appelle toutefois quelques précisions :

D'abord, il convient de rappeler que le juge pénal est toujours compétent pour interpréter les actes administratifs, lorsque de cet examen dépend la solution du procès pénal qui lui est soumis.

Ensuite, il importe aussi et surtout de préciser que l'incompétence reconnue au juge civil en matière d'interprétation des actes administratifs varie selon qu'est en cause un acte réglementaire ou un acte individuel.

En fait, le juge civil ne peut en aucun cas interpréter les actes individuels, la difficulté sérieuse étant pour lui toujours constitutive d'une question préjudicielle. Le problème d'interprétation d'une réglementation n'est jamais une question préjudicielle pour lui[11].

Mais quelle devait être l'attitude du juge administratif s'il était invité, comme en l'espèce, à statuer sur un recours principal, et non plus incident, en interprétation d'une disposition législative ou réglementaire ?

La question ainsi posée était d'autant plus importante que les parties étaient en désaccord sur le sens de deux textes réglementaires, à savoir le décret n°62/DF/289 du 26 juillet 1962 portant création et organisation de l'Université du Cameroun et celui n°76/472 du 18 octobre 1976 portant certaines dispositions applicables aux personnels du cadre de l'Enseignement Supérieur.

De manière précise, le requérant souhaitait notamment voir la Chambre administrative interpréter directement les articles 7 (alinéa 4 et 5) et 8 (alinéa1) du décret n°76/472 précité, afin de savoir s'ils pouvaient lui être opposables, dès lors qu'il se trouvait désormais dans la situation juridique d'un agent n'ayant jamais fait l'objet d'une sanction.

Posée en ces termes, la réponse que le juge de l'espèce avait apportée à cette question était décevante. Après avoir souligné que « *l'on ne saurait, sans ajouter à la loi, adopter la thèse du requérant dont la puérilité et la fragilité de l'argumentation s'appuient sur de simples affirmations telles que « la loi n'interdit pas le recours direct en*

[11] V. KEUTCHA TCHAPNGA C, Précis de contentieux administratif, op.cit., pp- 88-91.

interprétation bien que ne le prévoyant pas. Ce qui n'est pas prévu n'est pas interdit. L'énumération faite par le texte de l'article 9 susvisé est purement indicative. Aucune loi positive ne fait obstacle à l'action du requérant à qui on ne peut opposer le silence de la loi », **le juge en était arrivé à conclure, en l'espèce**, « *qu'il découle du texte de l'article 9 de l'ordonnance n°72/6 que le contentieux administratif camerounais ne prévoit pas de recours principal en interprétation d'une disposition législative ou réglementaire ; que même le recours en appréciation de légalité n'est qu'incident* » et qu'il y avait lieu, « *conformément à une jurisprudence établie, de déclarer la Chambre administrative incompétente pour connaître du présent recours* ».

La doctrine est pourtant unanime à reconnaître que l'interprétation est aussi et surtout « *un processus de formation du droit positif* »[12].

Comme l'avait si bien souligné Hans KELSEN, « *le Tribunal qui doit statuer sur un cas qui se présente de cette façon devrait nécessairement combler la lacune en créant une norme juridique qui y commande* »[13].

Cette position de la Chambre administrative était d'autant plus surprenante qu'elle était en contradiction totale avec la solution que l'Assemblée plénière de la Cour Suprême avait adoptée, trois ans plutôt, dans un cas presque similaire (arrêt n°8 du 13 mai 1982).

Les données du problème étaient simples : par lettre n°3641/DI en date du 1er novembre 1981, enregistrée à la Présidence de la Cour Suprême le 13 novembre 1981 sous le n°143, le Ministre des Finances, s'adressant à Messieurs les Présidents et Honorables Membres de la Cour Suprême à Yaoundé, après avoir exposé dans sa requête que « *par arrêt n°15 rendu le 19 juin 1980 dans l'affaire n°215/A du 11 juillet 1977 opposant le sieur NJOUKWE Moïse à l'État du Cameroun, (la) Cour (avait) cassé le jugement n°37 de la Chambre administrative du 26 mai 1977 qui avait initialement maintenu les impositions réclamées à Monsieur NJOUKWE Moïse, commerçant à Yaoundé, en même temps qu'elle fixait les nouvelles bases d'impositions de ce Contribuable pour la*

---

[12] Lire dans ce sens, BIENVENU J. J., L'interprétation juridictionnelle des actes administratifs et des lois. Sa nature et sa fonction dans l'élaboration du droit administratif, Thèse précitée

[13] KELSEN Hans, Théorie pure du droit, Traduction française de la 2ème édition par Charles EISENMANN, Dalloz, Paris, 1962, p. 245.

période de 1969 à 1973/1974 », leur faisait part des difficultés (*qu'il avait si bien mises en relief*) que rencontraient ses Services administratifs compétents pour l'exécution dudit arrêt.

Devant cette impasse, le Ministre des Finances sollicitait que les Hauts Magistrats de l'Assemblée plénière interprètent l'arrêt n°15 par eux rendu le 19 juin 1980afin de lui permettre de mieux connaître dans quelle mesure les anomalies signalées « (*pouvaient) être réparées pour permettre à l'État, tout en accordant à ce Contribuable les dégrèvements qu'il mérite, de recouvrer les impôts régulièrement laissés à sa charge* ».

En l'espèce, la Cour avait rendu une décision audacieuse, en statuant sur un chef de compétente qui ne lui avait pas été expressément attribué par l'article 9 alinéa 2 de l'ordonnance n°72/6 du 26 août 1972 ; texte qui ne prévoyait pas également de recours direct en interprétation d'une décision de justice.

On pouvait croire que cette décision devait constituer le point de départ d'une évolution jurisprudentielle sur l'interprétation directe des lois, des actes administratifs et des décisions juridictionnelles. On se sera trompé, comme l'a illustré le présent jugement annoté où la Chambre administrative avait adopté une position singulièrement très restrictive de sa compétence.

C'est pourquoi certaines inspirations seront peut-être à puiser dans le droit français qui va ainsi constituer une aide précieuse pour penser l'évolution jurisprudentielle souhaitée.

En France, à la fin du XIXe siècle, le recours direct en interprétation, qui consiste à demander au juge administratif, en l'absence d'un jugement de renvoi du juge civil, d'interpréter un acte législatif ou réglementaire, était encore considéré au Conseil d'État comme inacceptable. L'admettre, indiquait le Commissaire du Gouvernement De BELBOEUF[14], serait faire descendre le juge « *au rôle de Comité Consultatif* » et irait à l'encontre du principe que le juge ne peut être saisi qu'en présence d'un litige[15]. C'est dans les dernières années du XIXe siècle que le Conseil d'État finit par admettre ce recours[16].

---

[14] Concl sur CE, 17 janvier 1867, Compagnie des Chemins de Fer de Paris à Lyon, Rec. CE, 87.

[15] Conclusions GAUMAIN sur CE, 7 juin 1889, Compagnie PLM, Rec. CE, p. 747.

[16] LAINE, Le recours en interprétation devant les Tribunaux Administratifs, Thèse, Paris, 1930.

Désormais, il n'est recevable que s'il existe un litige sur le sens de l'acte déféré au juge administratif. Il suffit d'une situation de nature à susciter au sujet de l'acte un litige au sens strict du terme, c'est-à-dire un différend entre deux ou plusieurs personnes, les uns contestant aux autres d'être titulaires d'un droit à l'exercice duquel ils prétendent. Autrement dit, c'est un désaccord entre des personnes (physiques ou morales) concernant l'exercice d'un droit. Il en va ainsi, comme en l'espèce, lorsque se sont élevées au sujet de l'interprétation de l'acte des « *difficultés sérieuses* ». Mais la jurisprudence se contente également de simples « *difficultés administratives* »[17].

II. La loi N°2006/022 du 29 décembre 2006 est venue restituer explicitement au juge administratif ce qui relevait naturellement de sa compétence

La Chambre administrative de la Cour Suprême du Cameroun, dans son jugement du 27 octobre 1988, Compagnie forestière SANGHA OUBANGUI, avait implicitement admis le principe du recours direct en interprétation des stipulations contractuelles[18].

Ce cas était toutefois resté isolé au regard de la jurisprudence postérieure de la Cour qui, de manière constante, avait souvent tranché pour l'incompétence du juge administratif en la matière, motif pris de ce que « *le contentieux administratif camerounais ne prévoit pas de recours principal en interprétation d'une disposition législative ou réglementaire, même le recours en appréciation de légalité n'étant qu'incident* ».

La loi n°2006/022 du 29 décembre 2006 précitée a innové en consacrant désormais, en la matière, la compétence incidente du Tribunaux Administratif et celle de la Chambre administrative de la Cour Suprême statuant, selon les cas, comme juge d'appel ou de cassation, dans ses articles 14 et 15 ainsi conçus :

Article 14. « *(1) Les Tribunaux Administratifs sont, sauf dispositions contraires de la loi, juges de droit commun du Contentieux administratif en premier ressort. (2) Nonobstant les dispositions de l'alinéa 1 ci-*

[17] AUBY J. M. et DRAGO R., Traité des recours en matière administrative, op.cit. p. 82.

[18] En ce sens, V. Roger-Gabriel NLEP, « Note sous CS.CA, jugement du 27 octobre 1988, Compagnie forestière SANGHA OUBANGUI », Recueil PENANT n°806, juin-octobre 1991, pp. 276-286.

dessus, les Tribunaux Administratifs doivent, ***lorsqu'ils se trouvent devant une difficulté d'interprétation ou d'appréciation de la légalité d'un texte législatif ou réglementaire****, surseoir à statuer et renvoyer la question devant la Chambre administrative de la Cour Suprême ».*

Article 15 alinéa 2. « *Le Tribunal Administratif du siège de la décision attaquée est compétent sur les recours en interprétation et en appréciation de la légalité de l'acte litigieux intervenant sur renvoi de l'autorité judiciaire* ».

En réinsérant clairement dans la loi la compétence incidente du juge administratif en matière d'interprétation des actes administratifs, le législateur de 2006 n'a fait que ressusciter ce qui apparaissait explicitement à l'article 1er du décret du 04 juin 1959 portant création du défunt Tribunal d'État, au titre de recours principal : « ***Le contentieux administratif comprend… les recours en interprétation et les recours en appréciation de légalité*** **».**

Cette compétence est fondée sur de fortes motivations théoriques, mises en lumière à l'époque par Édouard LAFERRIERE qui faisait observer que « *l'interprétation litigieuse des actes administratifs rentre dans le contentieux de ces actes ; par suite, elle est réservée à la juridiction administrative alors même qu'elle se discute entre parties privées, au cours d'une contestation relevant des tribunaux judiciaires* »[19].

En outre, poursuivait-il à juste titre, « *le débat qui s'élève sur l'interprétation de l'acte administratif invoqué dans le litige judiciaire se distingue et se détache du fond même de ce litige ; il le tient en suspens jusqu'à ce que la question préjudicielle d'interprétation ait été résolue par le juge compétent. Il en est de même si la contestation engagée devant les tribunaux judiciaires, au lieu de porter sur l'interprétation de l'acte administratif, porte sur sa validité. Dans un cas comme dans l'autre, l'acte administratif est en cause : de là l'intervention du juge administratif* »[20].

À travers cette pensée, le célèbre auteur procédait à une interprétation par déduction pour justifier ainsi la compétence du juge administratif : tout litige touchant aux actes administratifs appelle logiquement la

---

[19] É. LAFERIERE, Traité de la juridiction administrative et des recours contentieux, op.cit., p. 19.
[20] Ibidem

compétence de la juridiction administrative ; par conséquent, l'interprétation rentrant dans le champ du contentieux des actes administratifs, il est évident que ce soit lui qui en connaisse.

Célestin KEUTCHA TCHAPNGA

11.

Responsabilité administrative – Action en indemnisation du préjudice causé par un acte administratif – Non – Extension prétorienne de sa propre compétence par le juge administratif aux actions en indemnisation des préjudices causés par les fautes des services publics ne résultant pas d'un acte administratif – Oui.

Cour Suprême. Chambre administrative, jugement n°13 du 23 novembre 1989, ENYENGUE DIPOKO Bernard contre État du Cameroun

attendu que par requête introductive d'instance postée à Douala-Akwa le 20 octobre 1987, reçue au Greffe de la Chambre administrative de la Cour Suprême et y enregistrée le 23 novembre de la même année sous le n°156, M. ENYENGUE DIPOKO Bernard, ayant pour Conseil Me. Laurent TAFFOU DJIMOUN, Avocat BP. 2049 Douala, a intenté devant cette juridiction un recours tendant à condamner l'État du Cameroun à lui payer une somme de un million neuf cent mille (1 900 000) francs, somme portée ultérieurement à deux millions deux cent mille (2 200 000) francs, en réparation du préjudice subi du fait que ses 12 mandats ont été détournés avec la complicité des agents du bureau des postes de Douala-Bassa.

(...) Attendu que sans nous attarder sur le montant des mandats reçus, il nous importe de constater que le paiement de ces titres à une personne autre que le véritable bénéficiaire caractérise indubitablement un fonctionnement défectueux des services postaux, lequel mauvais fonctionnement constitue une faute engageant la responsabilité de l'État. Attendu qu'il est établi qu'il y a eu perte de douze mandats de 100 000 francs chacun. Que des recherches laborieuses ont été entreprises occasionnant de nombreux déplacements de Douala à Yaoundé.

Qu'il y a donc lieu de faire droit à la demande du sieur ENYENGUE DIPOKO Bernard en lui allouant une somme de un million cinq cent mille (1 500 000) francs en réparation du préjudice subi.

Par ces motifs, statuant publiquement, contradictoirement en matière administrative, à l'unanimité des membres et en premier ressort, **décide :**

Article 1er. Déclarons le recours de M. ENYENGUE DIPOKO Bernard recevable.

Article 2. Ledit recours est fondé. Allouons la somme de un million cinq cent mille (1.500.000) francs à ENYENGUE DIPOKO Bernard à titre de dommages-intérêts.

NOTE

En décidant *sèchement*, sans vouloir y apporter la moindre nuance, que « *le paiement (des mandats reçus) à une personne autre que le véritable bénéficiaire caractérise indubitablement un fonctionnement défectueux des services postaux, lequel mauvais fonctionnement constitue une faute engageant la responsabilité de l'État* », la Chambre administrative, dans le jugement n°13 du 23 novembre 1989,

ENYENGUE DIPOKO Bernard, avait-elle rendu l'une de ses « *grandes décisions* » qui feront date dans les annales judiciaires du Cameroun ?

Posée en ces termes, la question appelle sans grande hésitation une réponse affirmative, car, en l'espèce, contrairement à une opinion avancée[1], le juge administratif avait davantage élargi son champ de compétence aux actions en indemnisation des préjudices causés par les fautes des services publics ne résultant pas d'un acte administratif.

Certes, les prémisses de cette jurisprudence d'importance majeure étaient déjà perceptibles, notamment dans les arrêts des 16 mars 1967, ATANGANA Adalbert et 25 mars 1971, NGIJOL NGIJOL, rendus par l'Assemblée plénière de la défunte Cour Fédérale de Justice.

Mais, l'affaire ci-dessus reproduite constituait, à notre connaissance, la première d'une série de décisions dans lesquelles la Chambre administrative reconnaissait explicitement que la responsabilité de la puissance publique pouvait désormais résulter non seulement d'actes juridiques comme prévue par les textes, mais aussi des faits juridiques.

De toute évidence, il n'est pas inopportun de rappeler que dans son arrêt de principe n°20 du 20 mars 1968, NGONGANG NJANKE Martin contre État du Cameroun, le requérant, ancien combattant, avait introduit un recours contentieux en date du 14 janvier 1966 aux fins d'obtenir la condamnation de l'État au remboursement de la somme de 622.000 francs CFA qui lui était due au titre de rappel de pension, laquelle, à la suite d'une erreur ou d'une négligence de l'agent des Postes de Bangangté, avait été versée à une tierce personne. La défunte Cour Fédérale de Justice s'était déclarée, à cette occasion, incompétente à connaître d'un tel litige, au motif que « *l'action en indemnisation n'est pas basée sur un préjudice causé par un acte administratif* ».

En application de cette jurisprudence qui était devenue alors constante et conformément à l'article 9 de l'ordonnance n°72/6, repris aujourd'hui par l'article 2 alinéa 3 de la loi n°2006/022[2], qui

---

[1] V. MBOUENDEU Jean de Dieu, Observations sur l'affaire ENYENGUE DIPOKO, Juridis Info n°07, septembre 1991, pp. 33-34, p. 34 : ***« la solution qui a été apportée par le juge administratif camerounais (dans cette espèce) n'a rien de spécifique ». « Elle est un classique du genre ».***

[2] L'article 2 alinéa 3 de la loi n°2006/022 précitée énumère ainsi au titre du Contentieux administratif à l'encontre de l'Etat, des Etablissements publics administratifs et des Collectivités publiques territoriales décentralisées, entre autres : **a)** les recours en annulation pour excès de pouvoir et, en matière non répressive, les recours incidents en

donnait compétence au juge administratif pour connaître, entre autres, ***des actions en indemnisation du préjudice causé par un acte administratif*, le Tribunal de Grande Instance de Yaoundé s'était déclaré compétent dans une affaire où le frère du requérant (M. TCHAMMAGE Joseph), avait émis à Paris à l'adresse de ce dernier , deux mandats, n°183 d'un montant de 7.000 francs français et n°184 d'une valeur de 3.950 francs français, lesquels, reçus aux colis postaux puis transmis et enregistrés à la Poste centrale de Yaoundé le 21 novembre 1986, furent payés à un tiers inconnu**[3]

À l'origine du jugement ENYENGUE DIPOKO Bernard contre Etat du Cameroun : le requérant avait affranchi de Paris 12 mandats de cent mille francs CFA chacun (100.000 frs), à ses noms et adresses propres. Ces mandats avaient été touchés par quelqu'un d'autre et non par lui qui en était l'expéditeur et le destinataire. Il avait demandé en conséquence que l'État soit condamné à lui payer la somme de 1.900.000 francs, somme portée ultérieurement à 2.200.000 francs CFA, en réparation du préjudice subi du fait du détournement de ses 12 mandats.

Dans son mémoire en défense, le représentant de l'État ne niait pas la réception de 12 mandats, mais soutenait que 11 mandats seulement étaient de 100.000 francs et un de 50.000 francs.

En faisant droit à la requête du sieur ENYENGUE DIPOKO Bernard, la juridiction administrative, sans l'aide d'un texte précis, avait étendu de manière *prétorienne* sa compétence aux actions en indemnisation des préjudices causés par les fautes des services publics ne résultant pas d'un acte administratif **(I)**. L'analyse de cette décision serait insuffisante si elle ne dépassait pas cet aspect visible des choses pour mettre en évidence la richesse du silence dont le juge de l'espèce s'était volontairement entouré **(II)**.

I. Le dit : la reconnaissance par le juge de sa compétence en matière d'indemnisation des préjudices causés par les fautes des services publics ne résultant pas d'un acte administratif

MONTESQUIEU, il y a près de 264 ans, soulignait : « ***Les juges de la Nation ne sont que la bouche qui prononce les paroles de la loi, des***

---

appréciation de légalité ; ***b) les actions en indemnisation du préjudice causé par un acte administratif….***

[3] Jugement civil n°30 du 19 octobre 1988, TCHAMMAGE Joseph

êtres inanimés, qui n'en peuvent modérer ni la force ni la rigueur »[4]. Cette réflexion mettait particulièrement en relief la place des juges dans l'ordre juridique dit « *officiel* ». Ils ne devaient statuer que pour interpréter les textes et non pour créer des règles de droit.

En réalité, on ne peut bien comprendre l'élaboration des normes jurisprudentielles que si on n'oublie pas que, dans chaque cas d'espèce, le juge doit rechercher la règle de droit applicable pour apporter une solution à la situation litigieuse. Or, il peut ne pas trouver cette règle parmi celles qui existent. Comme il est obligé de statuer lorsqu'il est saisi, sous peine de commettre un déni de justice, il n'a d'autres ressources que de créer lui-même la règle qu'il appliquera à l'espèce.

À cet égard, PORTALIS constatait déjà que « *c'est une sage prévoyance de penser qu'on ne peut tout prévoir (...) il est donc nécessairement une foule de circonstances dans lesquelles un juge se trouve sans loi. Il faut alors laisser la faculté au juge de suppléer à la loi par les lumières de la droiture et du bon sens* »[5].

Bien plus, contrairement à une idée parfois entendue, « *en pure logique, l'interprétation d'une norme est une opération qui relève, tout comme la création du droit, de la volonté et non de la connaissance. Interpréter un texte écrit, c'est finalement en extraire la norme applicable, dégager un signifié du signifiant. La similitude des deux démarches apparaît particulièrement bien lorsque le juge interprétant très librement un texte lui fait dire le contraire de ce qu'apparemment il disait (...). Ces deux démarches peuvent se combiner lorsque le juge, ayant écarté l'application de la règle écrite, en vient à poser une norme jurisprudentielle* »[6].

C'est le cas de l'espèce ici annotée. Au-delà de la faute de service résultant de l'illégalité d'un acte administratif, **le juge administratif a souverainement étendu son office à la réparation des préjudices découlant du fonctionnement défectueux des services publics de**

---

[4] MONTESQUIEU Ch. L. de, De l'esprit des lois, cité par LEFEBVRE Christian et MARIN Jean Claude, « Le juge est-il toujours la bouche de la loi ? » La Semaine juridique, Edition Générale, n°51, 2001, pp. 1-9.

[5] PORTALIS Jean Etienne Marie, Recueil complet des travaux préparatoires du Code civil, Tome VI, pp. 358-361. Cité par HAUSER Jean, « Le juge et la loi », Pouvoirs n°114, 2005, p. 139.

[6] MESCHERIAKOFF Alain-Serge, « La notion de principes généraux du droit dans la jurisprudence récente », A.J.D.A., 1976, p. 599.

l'administration postale. Ses deux derniers *attendus* sont particulièrement éclairants sur ce point :

« ***Le paiement de ces titres à une personne autre que le véritable bénéficiaire caractérise indubitablement un fonctionnement défectueux des services postaux, lequel mauvais fonctionnement constitue une faute engageant la responsabilité de l'État du Cameroun.*** *Attendu qu'il est établi qu'il y a eu perte de douze mandats de 100 000francs chacun. Que des recherches laborieuses ont été entreprises occasionnant de nombreux déplacements de Douala à Yaoundé. Qu'il y a donc lieu de faire droit à la demande du sieur ENYENGUE DIPOKO Bernard en lui allouant une somme de un million cinq cent mille (1 500 000) francs en réparation du préjudice subi* »[7].

Dans l'affaire MBIRVI DJOUMBAI Amadou contre État du Cameroun (ministère des Postes et Télécommunications), objet du jugement rendu le 24 avril 2003, la Chambre administrative avait appliqué la même règle dans des termes plus expressifs :

« ***Attendu qu'en conséquence, la faute de négligence établie du Centre Télégraphique de Kousseri engage nécessairement la responsabilité de l'administration des Postes et naturellement celle de l'État du Cameroun dans cet acheminement défectueux et hautement préjudiciable du télégramme litigieux et fonde la condamnation de ce dernier à la réparation*** ».

L'on ne doit pas perdre de vue que le juge administratif s'était déjà déclaré compétent, sans l'aide d'un texte précis, en matière de responsabilité de l'État fondée sur le fonctionnement défectueux des services publics des douanes dans l'arrêt n°145 du 25 mars 1971, NGIJOL NGIJOL contre État du Cameroun et sur le retard administratif.

En effet, l'administration des douanes avait accordé l'exonération définitive des droits et taxes douanières au sieur NGIJOL NGIJOL pour son véhicule. Mais, par la suite, elle a décerné des contraintes contre celui-ci en vue du recouvrement des mêmes droits et taxes. Statuant sur le recours en indemnisation des différents préjudices prétendument subis par le requérant, le juge avait relevé un manque flagrant de coordination entre les services de la douane traduisant son fonctionnement défectueux et décidé d'engager la responsabilité de l'État en ces termes :

---

[7] V. sur cette affaire BILONG S, Responsabilité de la puissance publique et compétence du juge en droit camerounais, Thèse Droit, Université de Yaoundé II, 1998, pp. 220-221.

« *Considérant qu'un tel manque de coordination caractérise incontestablement un fonctionnement défectueux du service public intéressé, lequel mauvais fonctionnement constitue une faute engageant la responsabilité de l'État* ».

Le principe de la responsabilité de l'administration fondée sur le retard de l'administration avait également été consacré sans texte par l'Assemblée plénière de la Cour Fédérale de Justice le 16 mars 1967 dans l'affaire ATANGANA Adalbert contre État du Cameroun. Les faits de cette espèce étaient les suivants :

Par arrêté n°63572 du 22 septembre 1956 réglementant l'organisation et le fonctionnement du service des Huissiers, une deuxième charge d'Huissier fut créée à Yaoundé et confiée au Sieur ATANGANA Adalbert par arrêté du Premier Ministre n°659 du 12 février 1958.

Cette nomination fut rapportée sans aucun motif le 08 avril 1958 par arrêté, lequel fut attaqué par M. ATANGANA et annulé par le Conseil du Contentieux Administratif le 25 mai 1959. Mais M. ATANGANA n'avait pas pu prêter serment jusqu'au 19 août 1959, date à laquelle l'arrêté n°2743 supprima sa charge.

Il saisit le Tribunal d'État d'un recours tendant à l'annulation de l'arrêté du 19 août 1959 et à la condamnation de l'État à lui payer 4.800.000 francs à titre de dommages-intérêts pour s'être opposé à sa prestation de serment et à son installation. Le Tribunal d'État rejeta sa demande d'annulation, mais lui reconnut le droit à une réparation parce que l'administration ne lui a pas permis de prêter serment, alors que toutes les conditions étaient réunies. Ce qui était constitutif d'une faute de service. L'État attaqua ce jugement en estimant qu'il manquait de base légale. Les Hauts Magistrats de l'Assemblée plénière décidèrent que :

« *...c'est à bon droit que le Tribunal d'État a retenu comme constituant une faute de service le retard anormal apporté par l'administration, en 1958 et en 1959, à faire requérir le serment d'ATANGANA, formalité indispensable pour lui permettre d'exercer ses fonctions, alors que toutes les conditions légales étaient réunies. Qu'en statuant ainsi, le Tribunal d'État a donné une base légale à sa décision* ».

Pour l'Assemblée plénière donc, il était clair qu'un retard anormal imputable à l'administration est constitutif d'une faute de service. Elle a d'ailleurs confirmé cette position dans l'affaire SO'O Georges contre État du Cameroun, objet de l'arrêt n°268 du 23 juillet 1981[8].

---

[8] Pour d'utiles précisions sur cette affaire V. BILONG S, Thèse précitée, pp. 216-217.

L'affaire ENYENGUE DIPOKO Bernard, présentement annotée, apparaît ainsi comme un modèle du genre par la synthèse qu'elle réalise entre ***le dit*** qu'on vient de mettre en relief et ***le non-dit*** qui se résume aux autres cas d'autodétermination contentieuse par le juge administratif national de sa propre compétence.

II. Le non-dit : les autres cas de reconnaissance par le juge de sa compétence en matière de responsabilité sans faute de l'administration du fait des dommages des travaux publics

Les autres cas de compétence matérielle que la juridiction administrative s'est elle-même explicitement octroyée, en dehors du cadre normatif préétabli, sont relatifs à la responsabilité sans faute de l'administration du fait des dommages des travaux publics. Quelques décisions célèbres en témoignent. Sa position avait été clairement exprimée dans l'affaire ONDOUA ATANGANA Paul, objet du jugement du 28 février 1992. Mais bien avant, les prémisses étaient déjà posées dans les arrêts Dame NGUE Andrée contre Commune de plein exercice de Mbalmayo du 25 mars 1969 ; MORTANT Théophile contre Commune de plein exercice de Douala et NGOMHA Salomon contre Commune de plein exercice de Douala, rendus le même jour.

A. L'affaire ONDOUA ATANGANA : jugement du 28 février 1992

Le sieur ONDOUA ATANGANA Paul, Inspecteur d'État en service au Ministère de la Fonction publique, avait une propriété qui était contiguë au lycée d'Anguissa. Suite à la pluie torrentielle qui s'était abattue dans la ville de Yaoundé le 11 octobre 1989, le mur du lycée s'était écroulé sur sa propriété. Cet écroulement avait eu pour conséquence de faire converger toutes les eaux de pluie en provenance du lycée dans sa propriété, rendant celle-ci inhabitable. La concentration de ces eaux avait également détruit un véhicule "Peugeot 504" appartenant à un de ses parents.

Le requérant, après avoir adressé au Ministre de l'Éducation Nationale un recours gracieux resté sans suite, avait saisi la juridiction administrative d'une requête tendant à la condamnation de l'État à lui payer la somme de 15.000.000 FCFA à titre de dommages-intérêts du fait que le lycée d'Anguissa s'était affaissé sur sa propriété.

Pour le représentant de l'État du Cameroun, le mur mitoyen appartenait "aux deux propriétaires", à savoir le lycée d'Anguissa et le sieur ONDOUA ATANGANA qui devait par conséquent participer à sa construction. Il ajoutait également qu'il n'y avait pas de lien de causalité entre la destruction de la "Peugeot 504" par le propre mur d'ONDOUA et le lycée. Il invoquait enfin, à l'appui de sa défense, la force majeure ou le cas fortuit, puisque, selon lui, les inondations sont imprévisibles.

La Cour n'avait pas suivi, à juste raison, le représentant de l'État dans ses conclusions. En l'espèce, elle avait reconnu « **...** *que l'argumentation de l'Etat du Cameroun ne saurait prospérer, qu'en effet, et contrairement aux assertions du représentant de l'État, le mur de soutènement n'est pas un mur de clôture et, par conséquent, ne peut être considéré comme un mur mitoyen ; d'autre part, les murs de soutènement doivent être présumés appartenir à celui dont ils soutiennent les terres et qui en profite, encore qu'en l'espèce, il n'est nullement contesté que le Ministère de l'Éducation Nationale a fait édifier le mur en question pour empêcher l'érosion de son terrain. Que malheureusement, ledit mur de soutènement n'a pas été construit suivant les règles de l'art, notamment en évitant que les eaux d'érosion n'envahissent les terrains avoisinants et surtout que ledit mur, sous les effets des eaux de pluie, a fini par céder pour s'effondrer dans la propriété de ONDOUA ATANGANA Paul en y occasionnant des dégâts* ».

L'innovation viendra des termes qui serviront à fonder la compétence de la juridiction administrative : « *...il s'agit bel et bien,* dit la Cour, *de l'exécution des travaux publics dont la connaissance relève de la compétence du juge administratif* ».

En conséquence, « *la responsabilité de l'État du Cameroun tombe ainsi sous le coup de l'article 1384 du Code civil qui dispose "qu'on est responsable non seulement du dommage que l'on cause de son propre fait, mais encore de celui qui est causé par le fait des personnes dont on doit répondre, ou des choses que l'on a sous sa garde* ; *(...) étant entendu que cette disposition est d'une généralité absolue et que le texte ne distingue pas les choses mobilières des choses immobilières* ».

En appliquant l'article 1384 du Code Civil, le juge de l'espèce avait transposé une solution civiliste en droit public. Sur ce point, il avait sans doute choisi la voie de l'originalité en raison de sa formation privatiste dont on connaît à l'envi les inconvénients. Il l'avait déjà fait dans la jurisprudence antérieure.

B. Les arrêts dame NGUE ANDRÉ et NGOMHA du 25 mars 1969

L'affirmation du principe de la responsabilité sans faute de l'administration en cas de rupture de l'égalité devant les charges publiques ressort de la lecture du principal considérant de l'affaire Dame NGUE André contre Commune de plein exercice de Mbalmayo, objet de l'arrêt n°51 du 25 mars 1969 :

« *Considérant qu'un préjudice souffert par un particulier à raison de l'exécution des travaux d'intérêt général n'ouvre droit à réparation que s'il est exceptionnel, c'est-à-dire revêt une particulière gravité ; qu'en ce cas en effet, il y a atteinte au principe de l'égalité de tous les citoyens devant les charges publiques, ce qui suffit à engager la responsabilité de la puissance publique en dehors de toute idée de faute* ».

En l'espèce, la requérante estimait qu'une rue urbaine était passée sur sa propriété, lui détruisant une plantation de maïs et une fosse septique, préjudices dont elle demandait la réparation à la Cour Fédérale de Justice. Cette dernière avait admis le principe de la réparation, tout en l'assortissant d'une condition, à savoir que le préjudice soit exceptionnel, c'est-à-dire qu'il revêt une particulière gravité. C'était la raison pour laquelle Dame NGUE André n'avait pas eu droit à une réparation.

La rupture de l'égalité devant les charges publiques était explicitement consacrée, comme fondement de la responsabilité sans faute de la puissance publique du fait des travaux publics, dans l'affaire NGOMHA Salomon, rendue le même jour. Les faits de l'espèce sont connus :

À la suite de la destruction de ses case et cuisine sises au quartier New Bell à Douala, le sieur NGOMBA a introduit contre la Commune de plein exercice de Douala une action aux fins de voir celle-ci condamnée à lui payer la somme de 730.250 FCFA à titre de dommage-intérêts en réparation du préjudice qu'il prétend avoir subi. La Commune, qui s'opposait à cette demande, soutenait que cette destruction avait été opérée dans le cadre de l'application du plan d'urbanisme, c'est-à-dire à raison de l'exécution des travaux d'intérêt général.

La Chambre administrative avait reconnu certes que la destruction de la case du requérant avait été effectuée à raison de l'exécution des travaux d'intérêt général, mais, à cette occasion, elle avait consacré le droit à réparation du préjudice subi par le requérant fondé sur la rupture de l'égalité devant les charges publiques en ces termes :

« ***Considérant que le principe de l'égalité devant les charges publiques emporte que la responsabilité de la puissance publique est engagée en dehors de toute idée de faute, à raison de l'exécution des travaux d'intérêt général, lorsqu'il en résulte pour un particulier un***

préjudice exceptionnel. *Considérant qu'il est constant que l'application du plan d'urbanisme ait, dans l'intérêt général, porté gravement atteinte au droit de propriété du sieur NGOMBA Salomon ; qu'il a été ainsi imposé à ce dernier un sacrifice qui excède sa participation normale aux charges publiques et lui ouvre de ce fait droit à une compensation pécuniaire* ».

En se déclarant compétente pour connaître de la responsabilité de la puissance publique pour rupture de l'égalité devant les charges publiques, et ce sans texte, le préjudice n'étant de surcroit pas causé par un acte administratif, la juridiction administrative camerounaise avait consacré par là même ce principe, étendant ainsi de façon prétorienne sa propre compétence.

Conclusion

À la vérité, en analysant les textes et la jurisprudence, on se rend compte qu'en fait le juge judiciaire n'a que *rarement* une compétence totale en matière de litiges administratifs. Sa compétence est partielle, donc limitée. On peut à titre d'exemple citer le cas de la responsabilité, de l'emprise, de la voie de fait et des théories des questions préjudicielles. En revanche, la compétence du juge administratif est potentiellement extensive. À côté des textes qui lui confient constamment de nouveaux champs de compétence, le juge administratif s'est lui-même octroyé de manière souveraine de nouveaux litiges administratifs.

Dès lors, on peut en déduire que la responsabilité administrative, sous le regard du juge administratif camerounais est désormais devenue non seulement « *sanctionnatrice, en ce qu'elle censure les actes illégaux et les actions fautives dommageables des personnes publiques* », mais aussi « *restitutive, en ce qu'elle rétablit l'égalité devant les charges publiques, rompue au détriment d'un citoyen par un risque créé, un acte ou une action légale dommageable de l'administration* »[9].

Célestin KEUTCHA TCHAPNGA

[9] DEGUERGUE Marlyse, « Le contentieux de la responsabilité : politique jurisprudentielle et jurisprudence politique », A.J.D.A. 1995, Chroniques, p. 212.

12.

Décision du Maire de la Commune de Dschang portant refus de délivrance d'un permis de construire – Méconnaissance du titre foncier comme certification officielle de la propriété immobilière – Oui – Annulation de la décision en cause pour violation de la règle de droit s'imposant à son auteur – Oui – Soumission du recours contentieux à un double recours précontentieux adressé à la fois au Maire ou au Délégué du Gouvernement, puis au Préfet – Non – Exacte application par le juge des nouveaux textes sur les collectivités territoriales décentralisées – Oui.

Cour Suprême. Chambre administrative. Section, jugement n°153 du 15 juin 2011, Dame veuve FOKOUA née MEIDE Augustine contre Commune urbaine de Dschang

attendu que par requête du 30 mai 2008 enregistrée le 4 juin 2008 au greffe de la Chambre administrative de la Cour Suprême sous le numéro 399, Maitre MONG Antoine Marcel, Avocat, BP 5359 Yaoundé, agissant au nom et pour le compte de Dame veuve FOKOUA née MEIDE Augustine, Administratrice de la succession FOKOUA Pierre, a saisi la juridiction de céans pour voir annuler la décision n°204/L/C/DSC du 11 décembre 2007 du Maire de la Commune urbaine de Dschang ;

SUR LA RECEVABILITÉ DU RECOURS. Attendu que le recours est recevable pour avoir été introduit dans les forme et délai légaux.

AU FOND. Attendu qu'aux termes de l'article 1er alinéa 1 du décret n°76/165 du 27 avril 1976 fixant les conditions d'obtention du titre foncier : Article 1er (1) : Le titre foncier est la certification officielle de la propriété immobilière. Attendu qu'en l'espèce il ressort des pièces du dossier, notamment du Certificat de propriété n°193/4 du 17 novembre 2007, que l'immeuble litigieux sis à Dschang au lieu-dit centre administratif d'une superficie de 1767 m2, immatriculé le 14 juillet 1984 au livre foncier du département de la Menoua, volume 2 folio 112, n°310, appartient en toute propriété à M. FOKOUA Pierre pour l'avoir acquis par vente de gré à gré suivant acte du 8 novembre 1983 approuvé par Arrêté n°145/MINUH/DO/AD/DO1 du 12 mars 1984 et que ledit immeuble n'est pas grevé d'aucune charge ;

Attendu qu'en dépit de cette qualité de propriétaire non contesté reconnu à FOKOUA Pierre et du certificat d'urbanisme n°89/U.2.5.6/MINDUH/39 en date du 17 novembre 2007 versé au dossier et attestant également que le terrain en question n'est grevé d'aucune charge pouvant empêcher la délivrance du permis de bâtir sollicité, le Maire de la Commune urbaine de Dschang a refusé de s'exécuter, motif pris du ''statut du terrain en question (route) et ceci conformément au plan d'urbanisme directeur de la ville de Dschang et à la législation en matière domaniale''. *Mais attendu qu'en refusant de tirer les conséquences juridiques attachées au droit que confère le titre foncier et sans prouver que le titre dont il s'agit a fait l'objet d'une expropriation pour cause d'utilité publique, le Maire de la Commune urbaine de Dschang a violé le texte susvisé, commettant ainsi un excès de pouvoir* ;

Qu'il s'ensuit que le recours de dame veuve FOKOUA née MEIDIE Augustine agissant en qualité d'usufruitière de la succession FOKOUA Pierre est justifié et que la lettre n°204/L/C/DSC du 11 décembre 2007 du Maire de la Commune urbaine de Dschang doit être annulée ;

Par ces motifs, statuant publiquement contradictoirement à l'égard de la demanderesse et par défaut à l'égard de l'État, en matière administrative, à l'unanimité des membres et en premier ressort. **Décide : Article 1er.** Le recours est recevable en la forme. **Article 2.** Au fond, il est justifié. Par conséquent, la lettre n°204/L/C/DSC du 11 décembre 2007 du Maire de la Commune urbaine de Dschang est annulée.

NOTE

En reconnaissant implicitement, dans l'affaire Dame veuve FOKOUA née MEIDE Augustine contre Commune urbaine de Dschang, ci-dessus rapportée, qu'en présence d'un recours gracieux préalable adressé au Maire (*ou au Délégué du gouvernement*), la recevabilité du recours contentieux n'était plus, depuis l'entrée en vigueur des lois de décentralisation de 2004, impérativement soumise à l'exercice d'un recours de tutelle préalablement adressé au Préfet et en annulant fermement, pour méconnaissance de la règle de droit s'imposant à lui, la lettre n°204/L/C/DSC du 11 décembre 2007 du Maire de ladite Commune, le juge avait-il fait une exacte application des textes en vigueur en l'espèce ?

Tel est le problème que la Chambre administrative de la Cour Suprême statuant en Section avait eu à résoudre dans son jugement n°153 du 15 juin 2011, qui avait apporté une précision précieuse sur la portée de la formule selon laquelle le juge administratif camerounais est le gardien de la légalité administrative.

Rappelons les faits assez singuliers qui étaient à l'origine de cette affaire : à la demande du permis de bâtir par la requérante, titulaire d'un titre foncier et usufruitière de la succession FOKOUA Pierre, tendant à la mise en valeur de la parcelle restante du terrain jadis obtenue par son défunt mari à Dschang, celle-ci s'était vue opposée, contre toute attente, le refus du Maire, « *motif pris du statut du terrain en question qui (...) serait traversé par une route et ceci conformément au plan d'urbanisme directeur de la ville de Dschang (lotissement urbain) et à la législation en matière domaniale* ». C'est ce refus que la requérante a déféré à la censure du juge de l'excès de pouvoir en estimant qu'il s'assimilait à un détournement de pouvoir.

L'intérêt majeur de ce jugement résulte de la réponse originale donnée implicitement par le juge de l'espèce à la question capitale suivante que se posent en pratique les justiciables : la recevabilité du recours contentieux intenté contre les décisions illégales d'une autorité décentralisée est-elle encore subordonnée, comme sous l'empire du droit antérieur, à un double recours précontentieux adressé à la fois au Maire ou au Délégué du Gouvernement, puis au Préfet ? **(I)**. Mais cette décision doit retenir également l'attention pour la stricte application qu'elle a eu à faire de la violation, par une autorité administrative, d'une disposition légale ou réglementaire s'imposant à elle **(II)**.

I. Le juge de l'espèce fait une exacte application des textes actuellement en vigueur sur la recevabilité du recours contentieux lorsqu'une collectivité territoriale décentralisée est mise en cause

On sait, en effet, que sous l'empire du droit antérieur, en application des dispositions de l'article 12 de l'ordonnance n°72/06 du 26 août 1972 fixant l'organisation de la Cour Suprême, le recours gracieux était d'abord adressé, en présence d'un contentieux dans lequel une collectivité territoriale décentralisée était mise en cause, à l'autorité statutairement habilitée à représenter ladite collectivité publique, notamment au Maire ou au Délégué du gouvernement.

Le décret n°77/01 du 25 mars 1977 déterminant les pouvoirs de tutelle sur les Communes, Syndicats de Communes et Établissements Communaux, modifié par le décret n°90/1464 du 09 novembre 1990, prévoyait, en outre, en son article 31 que « *les actes du Délégué du Gouvernement, du Maire ou de l'Administrateur Municipal peuvent faire l'objet d'un recours gracieux auprès de leur auteur. En cas d'insuccès ou si le magistrat municipal garde silence pendant un mois, ils sont soumis à l'appréciation du Préfet qui dispose de deux mois pour y donner avis. Le silence gardé par le Préfet vaut décision implicite de rejet. En cas de recours contentieux, les délais courent à partir de la date de notification du rejet explicite ou à partir du rejet implicite* ».

Dans le même sens, l'article 56 de la loi n°87/15 du 15 juillet 1987 portant création des Communautés urbaines disposait qu'« *aucune action contre la Communauté urbaine n'est recevable si le demandeur n'a pas préalablement adressé à l'autorité de tutelle une requête exposant l'objet et les motifs de sa réclamation dans les délais prévus par la législation en matière de contentieux administratif* ».

Il résultait de la lecture combinée des textes susvisés que seuls le Délégué du Gouvernement auprès de la Communauté urbaine ou le Maire en premier lieu et le Préfet du Département où se situe la Communauté urbaine ou la Mairie en second lieu, étaient habilités à recevoir les recours gracieux dirigés contre les actes du Délégué du Gouvernement ou du Maire concerné.

En conséquence, tout recours gracieux dirigé contre un acte du Délégué du Gouvernement ou du Maire qui était adressé à une autorité autre que ledit Maire ou Délégué en premier lieu puis au Préfet compétent, en cas d'insuccès, était mal dirigé et entraînait l'irrecevabilité du recours contentieux dont il servait de support.

La jurisprudence semblait être fixée sur cette règle qui régissait alors la recevabilité des recours contentieux dirigés contre les actes des autorités sous tutelle. Ainsi qu'il était loisible de le constater, à la lecture des faits ayant donné lieu à l'affaire KWANYA NGANGWA André Richard contre État du Cameroun (Communauté urbaine de Douala), objet du jugement n°90 du 13 août 2008 **:**

Sieur KWANYA NGANGWA André Richard avait introduit une requête à la Chambre administrative dans laquelle il demandait la condamnation de la Communauté urbaine de Douala (CUD) à lui allouer 12. 662. 180 F CFA en réparation du préjudice subi suite à la démolition de ses maisons, sises à Ndokotti à Douala. Cette requête avait été jugée irrecevable au motif que le requérant, qui avait bien adressé un recours gracieux infructueux au Délégué du gouvernement de la CUD, s'était abstenu par la suite de saisir le préfet compétent comme l'exigeait l'article 31 du décret n°77/91 du 25 mars 1977 déterminant les pouvoirs de tutelle sur les Communes, les Syndicats de Communes et les Établissements publics communaux :

« *Attendu, disait en substance le juge de l'espèce, qu'aux termes de l'article 12 de l'ordonnance n°72/6 du 26 août 1972 fixant l'organisation de la Cour Suprême modifiée par les lois n°75/17 du 8 décembre 1975 et 76/28 du 14 décembre 1976 : le recours devant la Cour Suprême n'est recevable qu'après rejet d'un recours gracieux adressé au Ministre compétent ou à l'autorité statutairement habilitée à représenter la collectivité publique ou l'établissement public en cause. Attendu par ailleurs qu'aux termes de l'article 31 du décret n°77/91 du 25 mars 1977 déterminant les pouvoirs de tutelle sur les Communes, Syndicats des Communes et Établissements communaux, modifié par le décret n° 90/1464 du 09 novembre 1999 : les actes du Délégué du gouvernement, du Maire ou de l'Administrateur municipal peuvent faire l'objet d'un recours gracieux auprès de leur auteur. En cas d'insuccès ou si le Magistrat municipal garde silence pendant un mois, ils sont soumis à l'appréciation du préfet qui dispose de deux mois pour y donner son avis. Le silence gardé par le préfet vaut décision implicite de rejet.* ***Attendu en l'espèce que si le requérant a adressé un recours gracieux au Délégué du gouvernement de la Communauté urbaine de Douala conformément à la loi, aucune requête n'a été adressée à l'autorité de tutelle de ladite Communauté urbaine, en l'occurrence le préfet. Qu'il s'ensuit que ce recours est irrecevable pour vice de forme*** ».

Une solution analogue avait été retenue, quelques mois avant, dans l'affaire Entreprise de Travaux d'Hydraulique et de Génie Civil (ETHYGEC) contre Communauté urbaine de Yaoundé, révélée par le jugement n°66 du 18 juin 2008[1] :

« *Qu'en l'espèce, il ressort des pièces du dossier de procédure que le recours gracieux en date du 15 juin 1990 sollicitant la condamnation de la Communauté Urbaine de Yaoundé au paiement de la somme de 5.300.000 francs CFA à titre de préjudice subi du fait de la démolition irrégulière des bureaux sur lequel s'appuie le présent recours contentieux était adressé uniquement au Délégué du Gouvernement. Qu'il s'en suit que ledit recours gracieux est irrecevable tout comme le recours contentieux subséquent* ».

L'on ne doit pas perdre de vue, cependant, que les textes sur lesquels s'appuyait le juge administratif pour conditionner la recevabilité du recours contentieux, d'abord à un recours gracieux préalable adressé à l'autorité statutairement habilitée à représenter la collectivité territoriale décentralisée en cause, notamment le Maire ou le Délégué du gouvernement, ensuite, en cas d'un rejet, à l'autorité de tutelle sont aujourd'hui abrogés.

L'abrogation consiste en la suppression d'une règle normative (loi, décret, convention internationale...) qui cesse ainsi d'être applicable pour l'avenir[2].

L'abrogation, ainsi comprise, *peut être expresse,* c'est-à-dire explicitement énoncée par un texte nouveau. Par exemple, selon l'article

---

[1] Pour d'amples précisions sur cette affaire, lire la Note du Docteur BIPELE Jacques sous cette ordonnance, publiée dans la Revue Camerounaise de Droit Administratif n°3.

[2] L'abrogation ne peut avoir d'effet rétroactif comme c'est le cas pour le retrait. Elle ne peut porter que sur des droits à naître. Elle se distingue de la caducité d'un acte qui est la sanction que la loi attache à la négligence dont peut faire preuve la personne qui a pris l'initiative d'engager un procès ou qui a négligé d'exercer un droit ou y a renoncé.

88 de la loi n°2004/017 du 22 juillet 2004 portant orientation de la décentralisation « *sont abrogées et remplacées par celles de la présente loi, les dispositions correspondantes de la loi n°74/23 du 5 décembre 1974 portant organisation communale, ensemble ses modificatifs subséquents et de la loi n°87/015 du 15 juillet 1987 portant création des Communautés Urbaines* ». L'article 156 de la loi n°2004/018 du 22 juillet 2004 fixant les règles applicables aux Communes est encore plus explicite, à cet égard, lorsqu'il énonce que « *sont abrogées les dispositions des lois n°74/23 du 5 décembre 1974 et n°87/015 du 15 juillet 1978portant respectivement organisation communale, ensemble ses modificatifs subséquents, et création des Communautés Urbaines* ».

L'abrogation *peut aussi être tacite ou implicite*, consistant alors en l'introduction, dans un nouveau texte, de dispositions incompatibles avec la disposition antérieure. Dans cette hypothèse, les lois et les règlements administratifs (décrets, arrêtés) ne peuvent être implicitement abrogés que par un texte ayant même valeur, une loi par une autre loi, un décret par un autre décret ou par l'adoption d'une norme de rang supérieur.

Tel est notamment le cas du titre IV de la loi portant orientation de la décentralisation qui organise désormais la tutelle sur les collectivités territoriales décentralisées dans ses articles 66 à 77 en lieu et place du décret n°77/91 du 25 Mars 1977 déterminant les pouvoirs de tutelle sur les communes, les syndicats de communes et établissements communaux ; décret jadis pris sur la base de la loi n°74/23 du 5 décembre 1974 portant organisation communale, aujourd'hui explicitement abrogée.

En déclarant recevable, sans équivoque possible, le recours contentieux intenté par Dame veuve FOKOUA née MEIDIE Augustine, en l'absence d'une requête préalablement adressée à l'autorité de tutelle et exposant l'objet ainsi que les motifs de sa réclamation, le juge de l'espèce avait fait une saine application de l'article 17 alinéa 1 de la loi n°2006/022 du 29 décembre 2006, précitée, qui prévoit désormais que « *le recours devant le Tribunal Administratif n'est recevable qu'après rejet d'un recours gracieux adressé à l'autorité auteur de l'acte attaqué ou à celle statutairement habilitée à représenter la collectivité publique ou l'établissement public en cause* ».

Les Tribunaux Administratifs n'étant pas encore mis en place à cette époque, la Chambre administrative de la Cour Suprême exerçait alors provisoirement leurs attributions, conformément à l'article 119 alinéa 2 de la loi n°2006/022, en statuant, comme dans le cas d'espèce, en Section par jugement en premier ressort et à charge d'appel ou de pourvoi devant les Sections Réunies.

Dès lors s'expliquent et se comprennent mieux les formules utilisées dans la décision annotée selon lesquelles « *le recours gracieux adressé le 16 janvier 2008 à M. le Maire de la Commune de Dschang contre sa décision susvisée a fait l'objet d'un rejet implicite, d'où le présent recours contentieux qui est introduit dans les formes et délais de la loi* » et « ***le recours est recevable pour avoir été introduit dans les forme et délai légaux*** **».**

Les prémisses de cette jurisprudence innovatrice étaient déjà perceptibles dans l'affaire succession TCHANDJA contre Commune Rurale de Bassamba, mise en relief par le jugement n°35 du 28/1/2009.

Cette affaire a été également l'occasion pour la Section de la Chambre administrative de la Cour Suprême de sanctionner la violation, par une autorité administrative, d'une disposition textuelle s'imposant à elle.

II. Le juge sanctionne la méconnaissance par le maire de la commune de Dschang d'une règle juridique s'imposant a lui

L'administration d'État ou locale, quelle que soit la forme qu'elle revêt, (*police administrative, services publics*), est soumise à la règle de droit. Cette soumission, qui constitue la concrétisation du principe de légalité, contraint les différents acteurs intervenant à divers titres dans l'action administrative, en vue de la satisfaction de l'intérêt général, à respecter dans leurs actes juridiques et dans leurs activités matérielles les règles de droit s'imposant à eux, que les supports de ces règles leur soient totalement extérieurs (Constitution, engagements internationaux, droit communautaire, lois, principes généraux du droit) ou qu'ils les aient secrétés eux-mêmes eu égard, ici, à la hiérarchie des actes administratifs.

L'expression « *violation d'une disposition législative ou réglementaire* », utilisée par l'article 2 alinéa 3a de la loi n°2006/022 fixant l'organisation et le fonctionnement des Tribunaux Administratifs pour caractériser l'un des quatre (4) cas d'ouverture du recours pour excès de pouvoir[3], **ne signifie pas que seule la loi au sens**

[3] L'excès de pouvoir résulte des irrégularités susceptibles d'entacher la décision administrative et d'entrainer son annulation devant le juge. La doctrine les qualifie de « *cas d'ouverture du recours pour excès de pouvoir* » ou de « *moyens d'annulation* ».

d'acte voté par le Parlement suivant les procédures constitutionnelles soit concernée, en étant ainsi érigée en norme suprême en matière administrative, à laquelle doivent se conformer les actes réglementaires.

La Chambre administrative de la Cour Suprême, dans son jugement n°62 rendu le 25 septembre 1980 dans l'affaire Société Assureurs Conseils Franco-Africains contre État du Cameroun **avait, initialement, adopté cette conception restrictive de la légalité** en ces termes :

« ***Attendu que…les actes administratifs sont soumis au principe de la légalité… Que ce principe signifie que l'acte administratif doit respecter les lois formelles et cela, du reste, en deux points de vue : d'une part, il ne doit pas enfreindre une disposition de la loi, d'autre part, il doit s'appuyer sur la loi, c'est-à-dire que l'autorité administrative qui l'édicte doit en avoir reçu de la loi compétence…*** »[4].

Or, il est désormais acquis que la légalité est une simple composante de la constitutionnalité et, de ce fait, comme la constitutionnalité, elle a fondamentalement changé de sens. Cette transformation est due, dans les pays comme le Cameroun où elle s'est produite, à la prise en considération du déplacement du centre de gravité de l'ordre juridique : jadis on parlait de principe de légalité ; aujourd'hui du principe de constitutionnalité. La volonté générale n'est plus logée dans la loi qui peut mal faire comme elle peut être mal faite. Elle l'est désormais dans la Constitution qui a cessé d'être de nos jours un document décoratif ou

---

Au sens de l'article 9, alinéa 2(a) de l'ordonnance n°72/6, repris actuellement par l'article 2 alinéa 3a de la loi n°2006/022 précitée, « *est constitutif d'excès de pouvoir… le vice de forme, l'incompétence, **la violation d'une disposition législative ou réglementaire**, le détournement de pouvoir* ». Ces cas d'ouvertures du recours pour excès de pouvoir sont traditionnellement regroupés sous les termes d'illégalités externes, comprenant les illégalités relatives à la compétence de l'auteur de l'acte, à la forme et à la procédure de la décision et **d'illégalités internes** qui sont relatives aux illégalités relatives au détournement de pouvoir et à **la violation d'une disposition légale ou réglementaire**.

[4] CS.CA, jugement n°62 du 25 septembre 1980, Société Assureurs Conseils franco-africains contre Etat du Cameroun. Dans un jugement relativement récent n°75 rendu le 30 juin 2004, AMENCHI Martin contre Etat du Cameroun, elle a été très explicite sur la nécessité de respecter la légalité, en soulignant qu'« ***il appartient à l'autorité administrative de s'entourer de toutes les garanties légales à l'effet d'assurer à la décision qu'elle prend une espérance de la vie longue dans le paysage juridique. La violation de l'une quelconque de ces garanties ne pouvant… qu'entraîner la sanction du droit, que les juridictions ont principalement la lourde charge*** ».

fictif pour se transmuer en véritable règle de droit s'imposant au respect de toutes les autorités étatiques.

C'est dans un tel contexte que le juge administratif s'est reconnu le pouvoir de se saisir d'office de l'inconstitutionnalité d'un acte administratif, indépendamment des demandes formulées par les parties. Il a notamment estimé qu'il ne devait plus rester silencieux devant l'irrégularité grave et manifeste que constitue le vice d'inconstitutionnalité d'un acte administratif[5].

La Cour l'a d'ailleurs fermement rappelé le 30 août 2001, dans un jugement n°39, Organisation Nationale de l'Enseignement Privé Islamique du Cameroun (ONEPI) en des termes précis :

« ***Toute décision administrative doit avoir des empreintes de légalité (qui permettent) à la Chambre administrative d'exercer son contrôle sur la régularité de cette décision.*** *Qu'il en résulte qu'une décision administrative intervenue en violation des dispositions légales et réglementaires est entachée d'irrégularité et encourt annulation* ».

Le juge administratif est désormais chargé de limiter l'arbitraire administratif en soumettant les actes de l'exécutif au respect de la loi et, hormis l'hypothèse de l'écran législatif[6], de la Constitution, notamment du Préambule et du corps même du texte constitutionnel.

---

[5] C'est, en substance, ce qui ressort clairement du jugement NYA Clébert contre Etat du Cameroun (MINADT), rendu le 03 septembre 2002. A la suite de l'examen des faits de cette affaire, le juge a affirmé « *...que la non inclusion des autochtones dans la liste SDF gagnante équivaut à l'exclusion de ces populations de la vie politique de leur terre d'origine ... et constitue en même temps une violation flagrante des dispositions préambulaires de la Constitution du 18 janvier 1996 (...). ...que les dispositions constitutionnelles en la matière sont d'ordre public et priment sur celles de la loi sur les municipales... que le juge ne doit pas rester indifférent aux violations flagrantes des dispositions d'ordre public[5] de notre Constitution (...)... que le juge qui constate de telles violations doit les évoquer d'office (...) afin de garantir le respect de nos lois par tous et assurer, par conséquent, le principe d'égalité de tous et de toutes devant la loi* ».
La sanction de la violation du préambule est ainsi un apport de la Cour Suprême dans la reformulation de la compétence du juge administratif en matière de contrôle de l'excès de pouvoir. Cf. Lionel Pierre GUESSELE ISSEME, L'apport de la Cour Suprême au droit administratif camerounais, Thèse de Doctorat/PHD en Droit Public, précitée, pp. 87-96

6 Il résulte de cette théorie de l'écran qu'un acte administratif peut être confronté à la Constitution s'il n'est pas pris sur la base d'une loi mais qu'en revanche il ne peut lui être opposé le respect de la Constitution dès lors qu'il s'appuie sur une loi. Celle-ci fait

Le requérant peut également invoquer la violation par l'administration d'une Convention internationale régulièrement incorporée dans l'ordre juridique interne, d'une norme du droit communautaire, la violation d'une ordonnance, d'un principe général de droit ou, encore, comme dans l'affaire ci-dessus rapportée, la violation d'un acte réglementaire.

En toute connaissance du texte applicable en matière foncière et domaniale, en l'occurrence le décret n°76/165 du 27 avril 1976 fixant les conditions d'obtention du titre foncier (*notamment de son article 1er alinéa 1 au terme duquel le titre foncier est la certification officielle de la propriété immobilière*), le Maire de la Commune Urbaine de Dschang en était venu à donner une interprétation jugée erronée en l'espèce. L'erreur sur le sens exact que contiennent les dispositions d'un texte de référence, loi ou acte réglementaire avait ainsi entaché la décision d'illégalité interne.

On comprend aisément, de ce point de vue, que le juge de l'espèce ait rejeté l'ensemble des motifs invoqués par le Maire de la Commune Urbaine de Dschang, dans des attendus bien argumentés :

« *Attendu qu' il ressort des pièces du dossier, notamment du certificat de propriété n°193/4 du 17 novembre 2007, que l'immeuble litigieux, sis à Dschang au lieu-dit centre administratif d'une superficie de 1767 m,² immatriculé le 4 juillet 1984 au livre foncier du Département de la Menoua, volume 2 Folio 112, n°310 appartient en toute propriété à Monsieur FOKOUA Pierre pour l'avoir acquis par vente de gré à gré suivant acte du 8 novembre 1983 approuvé par arrêté n⁰ 145/MINUH/DO/AD/Do1 du 12 mars 1984 et que ledit immeuble n'est grevé d'aucune charge. Attendu qu'en dépit de cette qualité de propriétaire non contestée reconnue à FOKOUA Pierre* ***(…)****, le Maire de la Commune de Dschang a refusé de s'exécuter.* ***Mais attendu qu'en refusant de tirer les conséquences juridiques attachées au droit que confère le titre foncier et sans prouver que le titre dont s'agit a fait l'objet d'une expropriation pour cause d'utilité publique, le Maire de la Commune de Dschanga violé le texte susvisé, commettant ainsi un excès de pouvoir.*** *Qu'il s'en suit que le recours de Dame Veuve FOKOUA agissant en qualité d'usufruitière de la succession FOKOUA est justifié et que la lettre n°204/L/C/DSC du 11 décembre 2007 du Maire de la Commune de Dschang est annulée* ».

écran, elle s'interpose entre la Constitution et l'acte administratif. Cf. DEBBASCH Charles, Droit administratif, 6éme édition, Paris, Economica, 2002, p. 86.

Cette solution n'était pas sans précédent. La Chambre administrative de la Cour Suprême l'avait retenue, par exemple, dans les jugements numéros 55 du 22 avril 1976, MBARGA Emile contre État du Cameroun, 24 du 14 janvier 2009, WAFO Philippe, 35 du 03 février 2010, Sœur Thérèse Michèle ESSOMBA et 185 du 23 juin 2010, Association des Compressés et Retraités des Brasseries du Cameroun.

Célestin KEUTCHA TCHAPNGA

13.

La protection par le juge administratif de la propriété privée face aux empiétements de l'administration

Droit de propriété – Arrêté préfectoral ordonnant la destruction d'une clôture – Acte pris et exécuté pour un motif déguisé visant à donner satisfaction à un tiers dans l'arbitrage d'un litige foncier– Oui – Détournement de pouvoir – Oui – Responsabilité de l'État pour illégalité fautive de l'acte – Oui – Réparation intégrale du préjudice – Oui.

Cour Suprême. Assemblée plénière, arrêt du 16 août 1990, Albert ONO NGAFOR contre État du Cameroun

Considérant que par déclaration faite le 14 août 1985 au Greffe du Tribunal de Première Instance de Ngaoundéré, le sieur Norbert N., représentant de l'État du Cameroun dans l'affaire opposant ce dernier à Albert ONO NGAFOR devant la Chambre administrative de la Cour Suprême, a interjeté appel contre le jugement n°24/83-84 rendu le 14 juin 1984 par cette dernière juridiction dans ladite affaire ; que par son mémoire en réponse déposé au Greffe de la Cour Suprême le 14 février 1986, Maître B.A. MUNA, conseil du sieur NGAFOR a relevé appel incident contre le jugement entrepris au nom et pour le compte de son client ;

Considérant que ces appels sont recevables pour avoir été relevés dans les forme et délai de la loi ; … Que l'affaire est en état.

(…) Attendu que les agissements incriminés sont constitutifs de faute qui engage la responsabilité de l'État. Que compte tenu des éléments de préjudice dont la justification est apportée par le requérant, il sera fait une juste appréciation des circonstances de la cause en condamnant l'Etat à lui payer la somme de douze millions de francs de dommages-intérêts.

Considérant qu'il s'en suit que c'est pour des motifs pertinents que le jugement entrepris a déclaré fondée l'action du sieur Albert ONO NGAFOR, a implicitement, mais nécessairement annulé l'arrêté préfectoral n°25/PO/E29/712/51 du 19 janvier 1981, a déclaré l'État du Cameroun responsable des agissements fautifs de ses agents et l'a condamné à payer des dommages intérêts au requérant.

Considérant qu'il y a lieu de noter que l'État du Cameroun n'a pas contesté les affirmations de Maître MUNA contenues dans son mémoire en réponse en date du 13 mars 1982, déposé au Greffe de la Chambre administrative le 18 mars 1982 et enregistré sous le n°453, selon lesquelles " *dans le cas d'espèce, l'action des autorités administratives de Mezam était encore manifestement illégale parce qu'il s'agissait d'une tenue de palabre pour l'établissement d'un titre foncier au profit de M. NGAFOR*". *Qu'il n'a davantage porté la moindre critique à l'encontre du rapport d'expertise établi par le "Buban Ngu Design Group*" déposé au Greffe de la Chambre administrative par le requérant le 10 novembre 1981 et enregistré sous le n°93 et qui évaluait le préjudice causé au sieur NGAFOR par la destruction de la clôture de son collège à 15.927.000 francs. Considérant qu'une telle attitude de l'État ne fait que confirmer son acquiescement des affirmations de Maître MUNA ainsi que les conclusions de l'expert sur la valeur du préjudice résultant de la destruction de la clôture du collège Macho.

Considérant qu'il en résulte de ce qui précède que l'appel de l'État du Cameroun n'est pas fondé. Considérant que c'était donc à bon droit que les premiers juges ont retenu le principe même de la réparation du préjudice subi par le sieur NGAFOR. Mais qu'il ne pouvait, sans la moindre critique de l'évaluation de l'expert, allouer une somme inférieure à celle retenue par ce dernier comme représentant la valeur du préjudice subi par la victime Albert ONO NGAFOR, sans violer le principe suivant lequel " un dommage n'est réparé parfaitement que par le rétablissement des choses dans l'état antérieur ou la fourniture des choses semblables à celles qui ont été détruites ou détournées ".

Considérant que suivant le même principe et "en ce qui concerne l'indemnité du dommage, c'est tout le dommage existant, mais seulement ce dommage, qui doit être couvert".

Qu'il en résulte que les dommages-intérêts ne doivent ni dépasser ni être inférieurs à la valeur du préjudice subi.

Qu'il est de jurisprudence constante que si l'évaluation des dommages-intérêts relève de l'appréciation souveraine des juges du fond, cela n'est vrai que dans les limites de la réparation intégrale du préjudice subi et que si la réparation du dommage résultant d'une infraction pénale ne peut procurer aucun profit à celui qui a été victime, cette réparation ne peut non plus lui occasionner une perte et doit être intégrale.

Considérant que c'est donc à tort que les premiers juges n'ont alloué que la somme de 12.000.000 de francs à Albert ONO NGAFOR à titre de dommages-intérêts, cette somme étant inférieure à la valeur du préjudice réellement subi par ce dernier ; que cette réparation dudit préjudice par les premiers juges n'est donc pas intégrale et occasionne une perte à la victime.

Considérant que le jugement entrepris n'a, en ce faisant, respecté les principes jurisprudentiels ci-dessus énoncés ; alors et surtout que les conclusions de l'expert sur l'évaluation du préjudice résultant de l'acte de destruction reproché à l'Etat n'ont jamais été mises en cause par aucune des parties au procès.

Considérant que ledit rapport d'expertise ne présentant aucune faille doit être accepté par la Cour de céans comme le reflet de la réalité ; qu'il y a donc lieu de réparer ce manquement de jugement entrepris en dédommageant intégralement le sieur Albert ONO NGAFOR du préjudice par lui subit en lui allouant la somme correspondante à celle fixée par l'expert comme étant la valeur réelle dudit préjudice.

Qu'il échet donc d'infirmer le jugement entrepris sur ce point et en évoquant et statuant à nouveau, porter les dommages-intérêts réparateurs du préjudice subi par le sieur Albert ONO NGAFOR du fait de la destruction de murs de la clôture du collège Macho à 15.927.000 francs CFA.

NOTE

En droit positif camerounais, le législateur[1] et la jurisprudence[2] admettent sans difficulté que les dommages causés par des décisions administratives, même qualifiées d'actes de police, peuvent engager la responsabilité de l'État et de ses démembrements lorsqu'elles sont entachées d'une illégalité[3]. Le droit à indemnité en cas de détournement de pouvoir s'impose donc avec énergie toutes les fois qu'un acte administratif illégal porte une atteinte directe aux droits des particuliers. Tel est le sens d'une jurisprudence bien établie[4] que confirme et actualise de manière fort intéressante l'affaire Albert ONO NGAFOR contre État du Cameroun, ci-dessus reproduite, révélée par l'arrêt de l'Assemblée plénière du 16 août 1990, dont il convient de rappeler les faits :

Par arrêté n°25/PO./E.29/712/S.1 du 19 janvier 1981, le Préfet du département du Mezam avait ordonné la destruction des clôture et portail du Collège " *Macho Comprehensive Hight School* " appartenant au sieur Albert ONO NGAFOR et situé à Atouakom, Mankon, en estimant qu'ils avaient été construits sur un terrain litigieux.

Le 21 janvier 1981, en exécution dudit arrêté, le sous-préfet de Bamenda, M. ENON ENON Samuel, avait réquisitionné les éléments des forces de l'ordre et quelques prisonniers qu'il avait conduits sur les lieux pour démolir entièrement la clôture du Collège Macho. Bien après, il

---

[1] Aux termes de l'article 9 alinéa 2 (b) de l'ordonnance n°72/6, modifiée par la loi n°76/28 du 14 décembre 1976 et par la loi n°2006/022 du 29 décembre 2006 précitée, article 3 (b), ***les actions en indemnisation doivent résulter d'un préjudice causé par un acte administratif***.

[2] Le principe de la réparation par l'administration du préjudice résultant de l'illégalité fautive de son acte est consacré par une jurisprudence constante. En ce sens, voir C.S.C.A., jugement du 19 décembre 1975, MENDOUGA Gérard c/ Etat du Cameroun ; C.S.C.A., jugement n°48 du 4 mars 1976, TAGNY KAMENI Joseph c/ EC ; C.S.A.P. , arrêt du 24 mars 1983, NJIKIAKAM TOWA Maurice c/ EC, Note du Doyen KAMTO M, in Recueil Penant 1985, pp. 347-361.

[3] L'illégalité d'une décision administrative peut parfois ne pas entraîner la responsabilité d'une collectivité publique lorsqu'elle n'a pas occasionné de préjudice indemnisable, soit qu'elle n'ait exercé aucune influence sur la situation de fait, soit surtout qu'il n'y ait pas lien de causalité entre l'illégalité commise et le dommage subi. Bien plus, cette responsabilité peut être atténuée ou exonérée en présence d'une faute de la victime de l'illégalité.

[4] C.F.J.S.C.A.Y, arrêt n°44 du 30 Avril 1968, ESSIANE AKA'A Jean contre Etat fédéré du Cameroun oriental.

avait laissé les prisonniers pénétrer dans les dortoirs du Collège et détruire de nombreux objets appartenant aux étudiants. Ce qui avait entraîné la fermeture de l'établissement pendant sept jours et, par la suite, une baisse de sa réputation.

Telles étaient les raisons qui avaient décidé le recourant, après avoir fait établir un rapport d'expertise qui évaluait le préjudice causé par cette destruction à la somme de 15.927.000. Fr. C.F.A., à solliciter de la Chambre administrative de la Cour Suprême l'annulation pour détournement de pouvoir de l'arrêté incriminé et l'allocation par l'État de 50.000.000. Fr. de dommages-intérêts.

L'État s'était opposé sans succès aux prétentions du sieur Albert ONO NGAFOR, car, estimait le Tribunal de céans, « ***la décision attaquée a été prise par ledit Préfet non pour des motifs de maintien de l'ordre ou de la sécurité publique, mais pour un motif déguisé visant à donner satisfaction à un tiers dans l'arbitrage d'un litige foncier, au détriment du requérant*** ». C'est donc en toute logique que la Chambre administrative avait condamné l'État du Cameroun à lui payer la somme de 12.000.000. Fr. C.F.A. à titre de dommages-intérêts, en réparation du préjudice subi.

Ayant ainsi perdu la cause, l'État avait interjeté appel contre le jugement du 14 juin 1984 ; lequel, par ailleurs, ne satisfaisait pas totalement le requérant. Certes, il avait obtenu l'annulation de l'arrêté lui faisant grief ; mais il avait demandé 50.000.000. Frs de dommages-intérêts, toutes causes de préjudice confondues, et il n'en avait reçu que 12.000.000. Fr. Ce motif était suffisant, à ses yeux, pour justifier qu'il soit fait appel incident du jugement susvisé. C'est sur ces deux recours joints en raison de leur connexité que l'Assemblée plénière de la Cour Suprême statuant en matière administrative avait eu à se prononcer.

Une question importante tranchée à l'époque par l'Assemblée plénière, mais que l'on ne pouvait que signaler brièvement dans le cadre limité de cette étude, était celle de la validité des appels formés, comme dans le cas d'espèce, au Greffe d'une juridiction autre que celui de la Cour Suprême. La question à résoudre était d'autant plus importante que l'article 28 alinéa 1 de la loi n°75/17 du 8 décembre 1975 fixant la procédure devant la Cour Suprême statuant en matière administrative précisait fermement que la déclaration d'appel devait être faite au Greffe de la Cour Suprême. Or, celle de l'État avait été relevée par l'intermédiaire de son représentant le 14 août 1985 au Greffe du Tribunal de Première Instance de Ngaoundéré.

Cette solution heureuse constituait un correctif à l'extrême centralisation de la juridiction administrative, car elle permettait au requérant qui résidait hors de Yaoundé, siège de la Cour Suprême, de pouvoir interjeter appel au lieu où il se trouve et de réaliser ainsi des économies de moyens financiers. Ce qui était salutaire dans un pays où la population était en majorité nécessiteuse, surtout en ces temps de récession économique.

Au-delà de cet effort louable d'adaptation par voie jurisprudentielle des règles de recevabilité du recours en appel au contexte national, cet arrêt était remarquable, au moins à deux titres :

Il était d'abord et surtout une des manifestations récentes du désir du juge administratif de venir au secours des justiciables. Jusqu'alors, en effet, le juge se montrait très restrictif dans l'admission du détournement de pouvoir, reconnu comme étant « *particulièrement difficile à prouver, puisque c'est une abstraction qu'il faut démontrer ( ) dans la réalisation effective des intentions présumées de l'auteur* »[5] de l'acte. Comme la preuve du détournement de pouvoir était rarement rapportée de façon directe par l'aveu de l'autorité administrative ou par la confidence qu'elle ferait de ses intentions, l'Assemblée plénière, conformément à la solution dégagée par la Chambre administrative, avait innové en admettant une preuve indirecte **(1)**.

Cet arrêt méritait ensuite de retenir l'attention en ce qu'il fournissait un cas typique d'application du principe de la réparation intégrale du préjudice causé par un acte entaché de détournement de pouvoir **(2)**.

I. L'élargissement des moyens de preuve retenus par le juge suprême pour établir le détournement de pouvoir

Le détournement du pouvoir n'est jamais soulevé d'office par le juge et il est très difficile de prouver cette illégalité, car elle est subjective. Il s'agit d'un contrôle de la moralité administrative. *Le juge vérifie les intentions de l'auteur de l'acte et le but en vue duquel l'autorité administrative a agi* ; autrement dit, ses mobiles. Étant entendu que « ***les motifs de l'acte concernent les éléments de droit et de fait sur lesquels***

[5] GROS Manuel, « Fonctions manifestes et latentes du détournement de pouvoir », R.D.P. , 1997 (2), pp. 1237-1253, spécialement p. 1244.

est fondé l'acte administratif, tandis que les mobiles sont relatifs aux intentions de l'administration. Les intentions sont, par définition, peu apparentes et l'on comprend que les problèmes de preuve prennent ici une grande importance »[6].

Ainsi compris, le détournement de pouvoir apparaissait, en fait, délicat à soulever pour être retenu expressément comme cause d'annulation d'une décision administrative au Cameroun. Le juge semblait exiger une administration de la preuve plus rigoureuse que celle des autres illégalités, puisque **le détournement de pouvoir, intrinsèquement, « *se situe non pas dans le domaine concret des faits, mais dans celui très abstrait des mobiles, des intentions, des buts* »**[7].

Or, la notion d'intention est par définition « *peu apparente* », empreinte de subjectivité et d'une dimension psychologique telle que le travail du juge devenait ici minutieux **(A)**.

En s'appuyant donc sur un ensemble de présomptions, et non plus seulement sur les pièces du dossier, pour établir le détournement de pouvoir, cet arrêt avait marqué une étape importante dans l'élargissement des moyens de preuve de ce cas d'ouverture du recours pour excès de pouvoir **(B)**.

A. Les allégations du requérant devaient impérativement trouver dans son dossier un commencement de preuve du détournement de pouvoir

L'analyse de la jurisprudence antérieure est révélatrice des réticences du juge à annuler une décision administrative pour détournement de pouvoir en présence d'une simple probabilité. Le requérant ne devait pas se borner à de simples prétentions. Il devait, en principe, apporter, dans les pièces de son dossier, des éléments de preuve du détournement de pouvoir, car celui-ci, selon le juge, ne se présumait pas.

La formule habituellement employée par la juridiction administrative était celle de l'arrêt n°120 du 8 décembre 1970, BILAE Jean contre État du Cameroun Oriental : ***« considérant que, dans le cas de l'espèce, le demandeur qui se borne à nier les faits qui lui sont reprochés ne***

---

[6] AUBY J. M et DRAGO R, Traité des recours en matière administrative, op.cit., p. 530.

[7] LEMASURIER Jeanne, « La preuve dans le détournement de pouvoir », R.D.P., 1959, janvier-février 1959, pp. 36-66,

***rapporte pas la preuve et n'offre pas de la rapporter du détournement de pouvoir commis par l'administration »*.**

Le juge avait rappelé avec vigueur cette formule dans l'arrêt n°5/A du 31 mars 1971, BABA YOUSSOUFA contre État fédéré du Cameroun Oriental :

« Que pas davantage BABA YOUSSOUFA n'a rapporté la preuve du but autre que les intérêts du service poursuivis par les arrêtés litigieux d'où serait résulté un détournement de pouvoir lui portant préjudice *»*.

L'expression « ***ne rapporte pas la preuve et n'offre pas de la rapporter*** **»** *était une formule de rejet par laquelle le juge refusait non seulement de reconnaître le détournement de pouvoir, mais encore d'examiner la prétention du recourant et de procéder à l'instruction de la requête qui lui semblait dénuée de tout fondement.*

Rares étaient en fait les décisions qui contenaient en elles-mêmes l'aveu du but illicite poursuivi, car, très souvent, celui-ci se trouve plus ou moins habilement dissimulé par l'autorité administrative.

Une décision comme celle n°160 rendue le 8 juin 1971 par la Chambre administrative de la Cour Suprême dans l'affaire FOUDA MBALLA Maurice contre État fédéré du Cameroun Oriental apparaissait ainsi comme une curiosité.

Le juge de l'espèce avait considéré comme entaché de détournement de pouvoir un décret du Premier Ministre portant expropriation, en raison du fait qu'il avait pour objet de permettre la réalisation des projets d'ouvrages au profit exclusif d'une fraction très restreinte des populations vivant dans la ville de Yaoundé : **«** *considérant que* ***sont d'utilité publique les opérations destinées à satisfaire les besoins de l'ensemble de la population d'une collectivité territoriale ou tendant à réaliser un objet d'utilité générale.*** *Mais considérant en l'espèce que* ***la cité, le club et le terrain des sports en projet de construction tendent à servir l'intérêt de quelques particuliers (le personnel de l'E.D.C en l'occurrence) à l'exclusion de l'ensemble de la population de Yaoundé ;*** *que* ***dès lors ces travaux ne présentent pas le caractère d'intérêt général pouvant justifier une déclaration d'utilité publique*** *»*.

Cette sévérité accrue conduisait le juge administratif à n'admettre le détournement de pouvoir qu'en matière d'expropriation pour cause d'utilité publique et dans le domaine financier.

Ainsi que l'illustrait l'arrêt n°40 rendu le 27 septembre 1950 par le Conseil du Contentieux Administratif dans l'affaire opposant le Sieur DECAUP au Territoire du Cameroun :

« *Considérant que, ayant un caractère réglementaire, la circulaire du 20 juin 1946 aurait dû, pour être opposable à toute personne, être publiée ; mais que le défaut de publication est sans effet sur la validité intrinsèque d'un acte qui est par ailleurs daté et signé ; considérant qu'ainsi* ***le département de la France d'outre-mer a détourné son pouvoir d'interpréter le silence étonnant et sans doute volontaire d'un décret en l'utilisant à des fins purement financières*** ».

En revanche, dans les autres cas, le moyen de détournement de pouvoir était paralysé, faute pour les requérants d'être à même d'en établir la preuve. *C'est sans doute pourquoi le juge de l'espèce, cédant à l'air du temps, n'avait pas voulu se figer dans une position intransigeante et absolutiste.* Aussi en était-il venu à déduire l'existence du but illégal de l'acte de tout un faisceau d'indices.

B. Le détournement de pouvoir peut désormais résulter d'allégations du requérant non contredites par l'administration

L'Assemblée plénière avait consacré, à côté de l'examen passif des pièces du dossier, la formule de la présomption de détournement de pouvoir dans laquelle la charge de la preuve était renversée. Elle avait admis que les faits allégués par l'auteur du pourvoi devaient être regardés comme établis lorsque l'administration oubliait ou négligeait de contredire le requérant. Ainsi, devant le silence de l'administration, le doute devait profiter désormais au requérant.

Dès lors, on comprend mieux pourquoi la Cour, après avoir « *noté que l'État du Cameroun n'a pas contesté les affirmations de Maître MUNA* *( ) selon lesquelles ( ) l'action des autorités administratives de Mankon était encore manifestement illégal parce qu'il s'agissait d'une tenue de palabre pour l'établissement d'un titre foncier au profit de M. NGAFOR* », **en était venue à conclure** qu' « ***une telle attitude de l'État du Cameroun ne fait que confirmer son acquiescement des affirmations de Maître MUNA*** **».**

En déduisant l'existence du but illégal de l'arrêté incriminé des suppositions vraisemblables ou encore d'un faisceau de présomptions, considérées à juste titre comme « *des actions volontaires* *de l'esprit qui tiennent pour assurer ce qui est tout au plus probable* »[8], **le juge de l'espèce avait innové, faisant ainsi montre d'une attitude très libérale dans l'élargissement des modes de preuve du détournement de pouvoir qui,** d'ordinaire, **a son pendant**, non identifié par l'ordonnance du 26 août 1972 et la loi n°2006/022, **qualifié de « *détournement de procédure* »,** *lorsque l'autorité administrative fait usage d'une procédure administrative contraire à celle prescrite par les textes en vigueur*[9]. C'est le cas, par exemple, de l'utilisation de la procédure de saisie judiciaire des journaux alors que les conditions de fond d'application en présence permettaient légalement de procéder à la saisie administrative[10].

Cette interprétation libérale du juge administratif avait été confirmée par la jurisprudence postérieure.

Dans l'affaire Mme POHOKAM Suzanne contre État du Cameroun, objet du jugement n°60 du 29 juin 2000, par exemple, il avait été très ferme et clair dans ses propos : ***« en décidant par faveur comme (elle) l'a fait au profit de NOUSSI Paul, cette autorité a commis un détournement de pouvoir constitutif d'excès de pouvoir*** ».

De même, dans le jugement n°85 du 14 juin 2006, EFFA Paul Marcel contre État du Cameroun (MINDAF), il avait annulé pour détournement de pouvoir l'arrêté déclarant d'utilité publique les travaux d'aménagement et de « *sécurisation de l'itinéraire présidentiel* », cette opération foncière ne visant nullement à satisfaire les besoins de l'ensemble de la population.

En outre, dans l'affaire KAMTO Maurice contre Université de Yaoundé, mise en lumière par le jugement n°254 du 12 novembre 2011, le juge de l'espèce avait, à juste raison, déduit que « …***la promotion de l'intéressé par voie d'avancement au choix, à un grade inférieur, notamment celui de Maître de Conférence, n'est pas conforme aux prescriptions légales et procède d'un détournement de pouvoir »***.

Si, sur ce point, l'Assemblée plénière de la Cour Suprême avait partagé l'appréciation de la Chambre administrative, elle raisonnait

---

[8] GENY F, Science et technique, Tome III, p. 265, cité par LEMASURIER J, « La preuve dans le détournement de pouvoir », article précité, p. 62.
[9] C.E. 19 janvier 1979, ville de Viry-Châtillon, rec. p. 613.
[10] C.E. 24 juin 1960, Sarl Le Monde, rec. p. 412.

différemment en ce qui concernait l'étendue de la réparation du préjudice causé par l'acte fautif de l'administration.

II. La réparation intégrale du préjudice causé par un acte entaché de détournement de pouvoir

Pour que soit engagée la responsabilité de l'administration, le requérant doit établir qu'il a subi un préjudice. Ce dernier est considéré comme étant « *la traduction individualisée du dommage* »[11] et« *la mesure de la réparation à assurer* »[12]. Le préjudice apparaît « *fondamentalement comme une injustice que le juge s'efforce de reconnaître et de corriger en accordant une réparation, destinée non à l'effacer, mais à en compenser les effets* »[13]. Son exigence est liée à ce qu'était jadis au niveau national la responsabilité administrative : une responsabilité réparatrice comme la responsabilité civile et non sanctionnatrice comme les responsabilités pénale et disciplinaire.

Cette exigence était satisfaite en l'espèce. L'Assemblée plénière de la Cour Suprême avait reconnu en effet que le sieur Albert ONO NGAFOR avait subi un préjudice du fait de la destruction de son Collège. Dès lors s'imposait à elle le principe de la réparation par l'administration du préjudice résultant de sa faute.

La Haute Assemblée, qui intervenait ici comme juge de plein contentieux et non plus comme juge de l'excès de pouvoir, avait reproché à la Chambre administrative de s'être montrée très parcimonieuse dans l'évaluation de l'indemnité. Aussi avait-elle reconnu que l'indemnité allouée devait couvrir l'intégralité du préjudice effectivement subi **(A)**, tout en apportant des limites à l'étendue de cette réparation **(B)**.

A. La réaffirmation du principe de la réparation intégrale du préjudice subi

La Chambre administrative avait fixé à 12.000.000. Frs le montant de la réparation due au requérant, alors que ce dernier le chiffrait à 50.000.000. Frs, toutes causes de préjudice confondues.

---

[11] POIROT-MAZERES Isabelle, « La notion de préjudice en droit administratif français », R.D.P. 1997 (1), mars-avril 1997, pp. 519-566, notamment p. 523.
[12] CHAPUS René, Droit administratif général, 12éme édition, Paris, Montchrestien, 1998, p. 1137.
[13] POIROT-MAZERES I, article précité, p. 522.

L'Assemblée plénière n'avait pas suivi sur ce point l'appréciation des premiers juges. Elle avait estimé que l'État pour n'avoir pas apporté la moindre critique à l'encontre du rapport d'expertise établi par le « *Buban Ngu Design Group* » qui évaluait le préjudice résultant de l'acte de destruction à 15.927.000. Frs l'avait implicitement accepté.

Appliquant sa doctrine selon laquelle, s'agissant de l'indemnité du dommage, « *c'est tout le dommage existant, mais seulement ce dommage, qui doit être couvert* », la Haute Assemblée avait considéré ledit rapport d'expertise comme étant le reflet de la réalité.

C'est pourquoi, elle avait infirmé partiellement le jugement en cause en dédommageant intégralement le sieur Albert ONO NGAFOR du préjudice matériel par lui subit et en lui allouant la somme correspondant à celle fixée par l'expert ; somme représentant, selon ses propres termes, « *la valeur réelle dudit préjudice* ».

On comprend alors qu'en l'espèce le requérant ait reproché à la Chambre administrative d'avoir statué « *infrapetita* ». D'autant que le montant de la réparation accordée par les premiers juges ne couvrait même pas la somme fixée par l'expert, celui-ci s'élevant à 12.000.000. Frs contre 15.927.000. Frs décidé par le juge administratif suprême.

Au demeurant, cette solution s'inscrivait dans le droit fil d'une jurisprudence constante qui reconnaît que l'indemnité accordée à la victime doit couvrir intégralement toutes les conséquences matérielles de l'acte administratif fautif (C.S.C.A., jugement du 31 mars 1979, ATANGANA ELOUNDOU Cyprien contre État du Cameroun).

Il est simplement regrettable que le juge de l'espèce n'ait pas admis le même principe, qu'il a assorti de limites, s'agissant du préjudice moral subi par le requérant, afin d'en tirer toutes les conséquences sur le plan du montant effectif et total de la réparation.

B. Les limites de l'étendue de la réparation

Le dernier grand intérêt de cet arrêt est d'avoir précisé les limites de l'étendue de la réparation du préjudice subi.

Le juge administratif ne peut en effet prononcer de condamnation supérieure à l'indemnité réclamée. Il y a là non seulement le souci d'économiser les deniers publics comme on a très souvent tendance à l'affirmer, mais aussi et surtout l'application du principe selon lequel le juge ne peut statuer « *ultra-petita* ».

Cette règle générale de procédure, qui s'impose au juge administratif, signifie simplement qu' « *aucune juridiction ne peut trancher des questions dont elle n'est pas saisie ou accordée à une partie plus que celle-ci ne demandait* »[14].

En outre, le juge ne doit pas réparer partiellement le préjudice. Comme l'avait souligné l'Assemblée plénière, la somme de 12.000.000 frs CFA allouée par les premiers juges à la victime était inférieure à la valeur du préjudice réellement subi par ce dernier. Elle n'était pas intégrale et lui occasionnait en conséquence une perte.

C'est pourquoi elle avait conclu à juste titre que « *les dommages-intérêts ne doivent ni dépasser ni être inférieurs à la valeur du préjudice subi par la victime* ».

Cette position n'était pas isolée.

La Chambre administrative de la Cour Suprême l'avait, par exemple, confirmée dans le jugement n°254 du 12 novembre 2011, KAMTO Maurice contre Université de Yaoundé dans des termes très significatifs :

« Attendu, disait-elle alors, que le recourant a sollicité la somme de 50.000.000 frs CFA à titre de dommages-intérêts pour la réparation des préjudices matériel et moral subis. Attendu que cette demande est fondée, compte tenu des diverses frustrations nées de la « situation d'infériorité académique injustifiée » dans laquelle les actes contestés ont placé le recourant. Que cependant il y a lieu de ramener le montant de la réparation desdits préjudices à une juste proportion en lui allouant la somme de vingt-cinq millions (25.000.000 frs CFA) ».

Conclusion

En déduisant l'existence du détournement de pouvoir des insinuations plausibles ou d'un faisceau de présomptions, cet arrêt s'inscrivait dans la ligne d'une série de décisions qui, depuis 1990, avaient pour objet de redonner au principe de la légalité et au contrôle juridictionnel qu'il implique un rôle essentiel dans la défense des droits des citoyens face à la puissance publique. En cela, il marquait une étape significative dans l'affirmation progressive de l'État de droit au Cameroun.

Célestin KEUTCHA TCHAPNGA

---

[14] AUBY J.M., « L'ultra-petita dans la procédure contentieuse administrative », Mélanges WALINE, Paris, L.G.D.J., 1974, p. 267.

14.

Sanction disciplinaire – Exclusion des étudiants des Institutions Universitaires Nationales – Faits matériellement inexacts – Oui – Renversement du fardeau de la preuve – Oui – Non-respect de la procédure du contradictoire – Violation des droits de la défense – Oui – Excès de pouvoir – Oui – Annulation de la décision ministérielle d'exclusion – Oui.

Cour Suprême. Chambre administrative, jugement n°38 du 30 mars 1995, NYAM Charles contre Etat du Cameroun (MINESUP)

Sur le droit.

Attendu que la décision n°0146 du 03 juin 1993 viole le droit en ce sens que le requérant, avant la sanction, n'a été ni informé des faits mis à sa charge ni entendu sur ces faits. Qu'il est constant qu'en procédant d'une telle manière, Monsieur le Ministre de l'Enseignement Supérieur a violé le principe du contradictoire qui est un principe général de droit garantissant les droits de la défense et qui s'impose à toute juridiction, même disciplinaire ; qu'il ne peut être contesté que la violation du principe du contradictoire constitue incontestablement une cause d'annulation de la sanction disciplinaire ; que la Cour Suprême du Cameroun a abondamment statué dans ce sens. Que c'est à bon droit que la Chambre administrative de la Cour Suprême annulera la décision n°0146 du 03 juin 1993 de Monsieur le Ministre de l'Enseignement Supérieur pour sa violation du principe contradictoire et des droits de la défense.

Sur le sursis à exécution

Attendu que le requérant entend solliciter par la même requête le sursis à exécution de la décision 0146 n°0146 du 03 juin 1993, en attendant l'issue de la procédure d'annulation, en application de l'article 16 de la loi n° 75/17 du 08 décembre 1975 fixant la procédure devant la Cour Suprême statuant en matière administrative ; qu'en effet, il ne peut être contesté que la décision querellée est de nature à causer au requérant un préjudice irréparable dans la mesure où celui-ci est mis dans l'impossibilité de poursuivre ses études et son avenir sérieusement hypothéqué ; qu'en outre, il est évident que la décision querellée n'intéresse ni l'ordre public, ni la tranquillité publique, ni la sécurité ; qu'il y a lieu d'ordonner qu'il soit sursis à l'exécution de la décision n°0146 du 03 juin 1993 pour ce qui concerne le requérant jusqu'à l'issue de la procédure d'annulation.

Attendu que le recours est recevable comme introduit dans les formes et délais légaux….

Attendu que contrairement aux assertions du représentant de l'État, c'est à l'auteur de sanction à savoir le Ministre de l'Enseignement Supérieur qu'il appartient d'établir la faute disciplinaire dont NYAM Charles s'est rendue coupable, en l'occurrence " sa participation à l'association dite " Parlement " et organisation d'activités susceptibles de compromettre le bon fonctionnement de l'institution universitaire ", car, c'est à l'accusation de rapporter la preuve de la culpabilité en raison de la présomption d'innocence.

Attendu que la décision incriminée, qui ne dit pas comment " NYAM Charles a participé au " Parlement " ou à une organisation d'activités de nature à compromettre le bon fonctionnement de l'Université, ne repose donc que sur des faits matériellement inexacts ou à tout le moins hypothétiques, alors surtout qu'il n'a même pas été donné à NYAM Charles l'occasion de s'expliquer pour établir son innocence.

Que cette violation du principe contradictoire, qu'avoue par ailleurs le représentant de l'état, n'est rien d'autre que l'arbitraire. D'où il suit que la décision attaquée encourt l'annulation pour excès de pourvoir. **Par ces motifs,** statuant publiquement, contradictoirement en matière administrative, à l'unanimité des membres et en premier ressort. **Décide : Article 1er**. Le recours est recevable. **Article 2.** Il est fondé et par conséquent la décision n°0146 du 03 juin 1993 du Ministre de l'Enseignement Supérieur est annulée.

NOTE

Le jugement n°38 rendu par la Chambre administrative de la Cour Suprême[1] le 30 mars 1995, dans l'espèce NYAM Charles contre État du Cameroun (MINESUP), a marqué une étape importante dans le développement de la protection des droits des étudiants par le juge administratif camerounais. Les faits très complexes qui étaient à l'originel de cette célèbre affaire en attestaient largement.

En effet, avait-on justement souligné, « *les différentes crises qui ont jalonné le développement et l'évolution de l'Institution Universitaire camerounaise ont donné lieu à certaines mesures pratiques : suppression des bourses d'études aux étudiants considérés comme meneurs lors de la première crise en 1968. Intervention des forces de l'ordre sur le campus lors des grèves de 1973-1974, 1980 et 1981. Suspension de facto de certains enseignements en 1981. Décisions graves par conséquent tant à l'égard du personnel enseignant qu'à l'encontre des étudiants* »[2].

Des textes étaient venus renforcer cette juridicité d'exception, au fur et à mesure que les troubles universitaires se multipliaient. C'était notamment le cas du décret n°93/027 du janvier 1993 portant dispositions

[1] II est important de préciser que le jugement ci-dessus rapporté était devenu définitif. L'Assemblée Plénière de la Cour Suprême, dans un arrêt n°18 du 18 avril 1996, avait déclaré la demande d'appel de l'Etat irrecevable comme formée hors délai. Le jugement en cause ayant été notifié à l'administration le 22 mai 1995, elle avait 2 mois francs, c'est-à-dire jusqu'au 23 juillet 1995, pour interjeter appel. En le faisant seulement le 18 octobre 1995, elle était largement forclose. En outre, le commentaire qu'avait suscité ce jugement n'avait mis l'accent que sur les multiples rebondissements de la procédure. En ce sens, voir les Observations de M. MBOUENDEU Jean-de-Dieu, in Juridis Périodique n°26, avril-mai-juin 1996, pp. 29-34. Autrement dit, la doctrine ne l'avait pas considéré sous l'angle que nous abordons.

[2] NLEP R-G, L'administration publique camerounaise, op.cit., p. 283

communes aux Universités[3], dont l'article 61 donne une définition très extensive de la notion d'infraction disciplinaire susceptible d'être commise par l'étudiant[4] et, surtout, de l'article 62 alinéa 3 qui supprime la garantie que constitue la consultation du Conseil de Discipline, préalablement à toute sanction disciplinaire prise à l'encontre de l'étudiant[5]. C'est sur la base de cette dernière disposition qu'avait été prise la sanction qui était à l'origine du jugement ci-dessus rapporté.

En fait, dès 1990[6], la communauté estudiantine n'avait cessé de revendiquer ses droits[7] que les autorités politiques et académiques

---

[3] Texte du décret reproduit dans Juridis Info n°14. avril-mai-juin 1993, pp. 7-17.

[4] Cet article 61 dispose : « tout manquement par un étudiant à la discipline, aux règlements régissant le régime des études, aux règles de bienséance universitaire, toute participation directe ou indirecte aux actes susceptibles de compromettre le bon fonctionnement de l'Institution Universitaire, tout comportement contraire à la dignité universitaire constituent une infraction disciplinaire ».

[5] L'article 62 alinéa 3 est ainsi rédigé : « en cas de participation d'un étudiant à des activités susceptibles de compromettre le bon fonctionnement de l'Institution Universitaire tels que les agressions et autres voies de fait contre les étudiants et les personnels de l'Université, la destruction des biens, l'organisation délibérée de la non-assiduité aux enseignements, la perturbation des activités d'enseignement, de recherche ou d'appui, les manifestations intempestives au sein des campus ou sur la voie publique, les sanctions citées ci-dessus sont prononcées par le Ministre chargé de l'Enseignement Supérieur sur proposition du chef de l'Institution Universitaire sans consultation du Conseil de Discipline ».

[6] Pour mieux comprendre le contexte très particulier dans lequel avait eu lieu cette affaire, une précision d'ordre historique s'impose. Cette précision porte sur l'année 1990, qui est la date à partir de laquelle le Cameroun avait été entraîné dans le cours de la révolution démocratique qui avait marqué la fin du XXe siècle. L'émergence d'une "société civile " dans le pays était concomitante au mouvement de revendication démocratique qui s'y était enclenché dès la fin l'année 1990. Ainsi, comme l'avait précisé de manière limpide le Professeur KAMTO, « *devant la surdité des pouvoirs post coloniaux aux demandes de liberté, le long et lent bouillonnement que couvaient la plupart des pays africains a fini par déborder, faisant le lit des revendications de toutes sortes. Des mouvements sociaux souvent mal identifiés ont investi la rue pour contester le statu quo et la société civile a émergé de la plaine uniforme de la société unanimitaire. Elle s'est reconstituée à la faveur des poussées contestataires qui se sont exprimées généralement sous la forme de révolte et de violence, de colère collective plus ou moins bien canalisée, plus ou moins canalisée, plus ou moins bien générés* » in « Les rapports Etat-Société civile en Afrique », R.J.P. IC. n°3, oct.-déc. 1994, pp. 285-291, not. p. 287 ; et, du même auteur, « Quelques réflexions sur la transition vers le pluralisme politique au Cameroun », in CONAC G., (dir.), L'Afrique en transition vers le pluralisme politique, Paris, Economica, 1993. p. 209.

7 Ainsi que le rapportait M. TCHOUTEZO Pierre, « *L'instauration des droits d'inscription à l'Université avait fait prendre conscience que le pouvoir en place ne*

semblaient bafouer. L'évolution de la situation avait donné lieu à la formation, au sein des campus universitaires de Yaoundé, de deux associations antagonistes qui s'affrontaient au jour le jour, à savoir : *la coordination nationale des Étudiants camerounais*, plus connue sous le nom de « *Parlement* » et considérée par le Gouvernement comme étant une association manipulée par l'aile radicale de l'opposition et *le groupe dit« Auto Défense* » constitué des étudiants qui supportaient de manière inconditionnelle le pouvoir en place. Cette ambiance surchauffée des troubles à l'Université de Yaoundé avait dégénéré en un scandale odieux lorsque, dans la nuit du 25 au 26 avril 1993, l'étudiant de deuxième année en droit KAMGA DJONGOUE Collins avait été brûlé dans sa chambre.

Aussitôt, les Recteurs des Universités de Yaoundé I, AGBOR TABI, et de Yaoundé II, Marcien TOWA, avaient indexé le « *Parlement* » comme principal responsable de cette horreur[8]. Ceci, avant même qu'une enquête ait pu déterminer les causes réelles de cet incendie, pour éventuellement identifier les présumés coupables.

Dans la même logique, le Ministre de l'Enseignement Supérieur avait pris une décision n°0146 en date du 03 juin 1993 excluant définitivement des établissements de toutes les Institutions Universitaires Nationales, pour « *participation à l'association dite "Parlement" et organisation d'activités susceptibles de compromettre le bon fonctionnement de l'Institution Universitaire* », 18 étudiants[9], dont le nommé NYAM Charles, en formation à l'École Normale Supérieure de Yaoundé.

Estimant que cette mesure lui faisait grief, l'étudiant NYAM Charles avait saisi la Chambre administrative de la Cour Suprême le 15 décembre 1993 d'une requête tendant à l'annulation de ladite décision, assortissant

---

voulait pas assurer le rôle qui est le sien à savoir l'éducation de la jeunesse. Cette mesure était venue brutalement alors que les étudiants réclamaient les arriérés de bourse d'au moins six mois en moyenne. Le Gouvernement, qui voulait à tout prix recouvrer les frais de scolarité pour faire face à la crise de trésorerie à laquelle il se trouvait confronté, avait trouvé une résistance farouche des " parlementaires »... in « Université : Pétition des étudiants », Challenge Nouveau du lundi 03 mai 1993, p. 7.,

[8] Cf. Cameroon Tribune n°5367 du Mardi 27 Avril 1993, p. 12.

[9] Les faits qui ont donné lieu à cette affaire avaient été minutieusement exposés par la Presse locale. Cf. par exemple, Challenge Nouveau, Spécial n°10, le dossier intitulé « Terrorisme aux Universités de Yaoundé : Les dessous du drame de Ngoa Ekelle », pp. 2-10.

son recours des conclusions aux fins de sursis à exécution[10], auxquelles le juge avait fait droit[11].

L'État s'était opposé sans succès aux prétentions du requérant, car, estimait le Tribunal de céans, d'une part, et c'était assez singulier, c'est à l'auteur de la sanction qu'il appartenait d'établir la faute disciplinaire dont le recourant s'était rendu coupable, d'autre part, il y avait eu violation du principe du contradictoire puisque l'exclusion avait été prononcée sans que l'intéressé ait eu l'occasion de s'expliquer pour établir son innocence.

Le très important apport de ce jugement se manifestait donc à la fois sur le plan du renversement du fardeau de la preuve **(I)**et sur celui du respect par l'administration des droits de la défense **(II)**.

I. L'originalité du régime de la preuve dans le contentieux administratif

La Chambre administrative, en admettant de contrôler la matérialité des faits qui avaient motivé la sanction disciplinaire qui lui était déférée, avait abordé expressément la question de ses moyens et, plus précisément, de la preuve. On sait, en effet, qu'en toute matière, il ne suffit pas d'être titulaire d'un droit ou de se trouver dans une situation juridique pour pouvoir se prévaloir de toutes les conséquences attachées à ce droit ou à cette situation, il est nécessaire d'apporter la preuve de son existence[12].

---

[10] Sur cette notion, voir KEUTCHA TCHAPNGA C., « Le régime juridique du sursis à exécution dans la jurisprudence administrative camerounaise », in Juridis Périodique n°35, Septembre 1998.

[11] A l'appui de sa requête de sursis à l'exécution, le sieur NYAM faisait valoir, d'une part que « *la décision querellée était de nature à (lui) causer un préjudice irréparable dans la mesure où il était mis dans l'impossibilité de poursuivre ses études et son avenir sérieusement hypothéqué* », d'autre part, que « *la décision n'intéressait ni l'ordre public, ni la tranquillité publique, ni la sécurité* ». Faisant siens les arguments du requérant, le Président de la Chambre Administrative avait prononcé la suspension de l'application de la mesure incriminée (ordonnance n°16/OSE/CS/PCA/93-94). L'appel formé le 21 Juin 1994 par le représentant de l'Etat avait été déclaré irrecevable par l'Assemblée Plénière pour défaut de mémoire et forclusion, dans un arrêt n°06 du 29 Décembre 1994.

[12] BERGERES M-C, « Le principe des droits de la défense en droit fiscal », Thèse, Bordeaux, 1975, 59.

En droit, et plus encore en droit du contentieux administratif, « *la preuve est la clé du succès, c'est en tout cas la clé du procès* »[13]. « *De ses rigueurs ou de ses souplesses dépendent les perspectives concrètes de l'action en justice* »[14]. N'a-t-on pas écrit qu'« *un droit ne présente pour son titulaire d'utilité véritable que pour autant qu'il peut être établi (que) un droit qui ne peut être prouvé est un droit pratiquement inexistant* »[15] ? Le système probatoire permet de délivrer au droit son « *certificat de vie juridique* »[16].

Mais, que faut-il entendre par le vocable preuve ?

« La preuve est un mécanisme destiné à établir une conviction sur un point incertain »[17]. Dans un sens large, la preuve en droit est la démonstration tendant à convaincre de la réalité d'une situation. Dans un sens plus restreint, c'est le procédé utilisé à cette fin. Toute étude sur la preuve pose des questions immédiates : qui doit prouver, que doit-on prouver et comment prouver ? Ainsi, trois questions principales animent traditionnellement le droit de la preuve : la charge (*qui retiendra seule l'attention ici*), l'objet et les moyens de preuve.

D'une façon générale, l'expression « *charge de la preuve* » est comprise comme recouvrant le point de savoir à qui incombe la tâche d'apporter les éléments probatoires nécessaires à la solution du litige.

A. En principe, devant le juge administratif, comme devant tout autre juge, la charge de la preuve incombe au demandeur, c'est-à-dire au requérant. En vertu des principes propres au droit administratif (*privilège de l'action d'office*), c'est l'adversaire de l'administration qui occupe la plupart de temps la position de demandeur et il lui revient en conséquence de rapporter la preuve des griefs qu'il invoque à l'encontre de l'administration.

Ce principe, qu'exprime l'adage « *actori incombit probatio* », avait déjà été consacré explicitement par le Conseil du Contentieux

[13] Encyclopédie Dalloz, Contentieux administratif II, « Preuve », p. 2.
[14] PACTEAU Bernard, Contentieux administratif, Paris, P. U.F, 1985 p. 202.
[15] PACTET P, Essai d'une théorie de la preuve devant la juridiction administrative, Thèse, Paris, 1952, 3.
[16] FORIERS Paul, « Introduction au droit de la preuve », in La preuve en droit, Etudes publiées par Ch. PERELMAN ET P. FORIERS, Etablissements Emile Bruylant, Bruxelles 1981, p. 13.
[17] LEVY-BRUHL Henri, « La preuve judiciaire », Paris, Edition Marcel Rivière et Cie. 1965, p. 15.

Administratif dans un arrêt n°101 du 28 juillet 1952, NININE contre Liste de défense des intérêts régionaux électoraux du Diamaré : « *considérant qu'il appartient au requérant de faire la preuve des griefs allégués (...) Que ne sauraient être retenues, à l'appui d'une requête, des réclamations fondées sur de simples témoignages, sans commencement de preuve...* » Il avait été rappelé en des termes aussi explicites dans un arrêt n°8 de l'Assemblée plénière de la défunte Cour Fédérale de Justice du 28 octobre 1970, ONANA Jean Pierre contre État du Cameroun Oriental.

Le jugé administratif avait appliqué la même règle à plusieurs reprises et il était permis d'y voir une jurisprudence constante et bien établie[18].

B. La nouveauté de la jurisprudence NYAM Charles tenait à ce que le juge de l'espèce, usant de ses pouvoirs inquisitoriaux, avait allégé de façon très sensible le fardeau de la preuve que devait normalement supporter le requérant.

Certes, dans des décisions antérieures, le juge administratif avait déjà, et à plusieurs reprises, affirmé son pouvoir de jouer un rôle actif dans la recherche de la preuve et dans la direction du procès, en sommant l'administration de lui fournir les pièces susceptibles d'établir sa conviction et de permettre la vérification des allégations du requérant.

Par exemple, dans un arrêt n°18 du 04 novembre 1966, DIWOUTA LOTH Pierre, il avait ordonné à l'État fédéré du Cameroun oriental « *de produire, dans les plus brefs délais, le dossier administratif du sieur DIWOUTA LOTH Pierre, document dont la production est nécessaire à la manifestation de la vérité ; dit que faute de cette production, il en sera tiré telle conséquence de droit* ».

De même, dans un arrêt n°55 du 25 mars 1969, EMINI TINA Etienne, il avait ordonné Avant-Dire-Droit « *un supplément d'information aux fins de production (par l'État du Cameroun Oriental) de l'ensemble des documents au vu desquels la décision incriminée a été prise* »[19].

[18] Cf. CFJ.CAY, arrêt n°120 du 8 décembre 1970, BILAE jean contre Etat du Cameroun : « *Considérant que, dans le cas d'espèce, le demandeur qui se borne à nier les faits qui lui sont reprochés ne rapporte pas la preuve et n'offre pas de la rapporter du détournement de pouvoir commis par l'administration* ».

[19] La communication du dossier doit être intégrale, c'est-à-dire porter sur les pièces liées au débat disciplinaire. Cf. arrêt DIWOUTAT LOTH précité. L'administration ne saurait même arguer de la perte du dossier réclamé par le juge. En fait, « *quand*

Mais, dans le cas d'espèce, le juge avait, pour la première fois à notre connaissance, fait explicitement passer de la théorie à la réalité le pouvoir qui lui était reconnu de renverser la charge de la preuve entre les parties. Il avait considéré qu'il revenait à l'administration d'établir la réalité matérielle des faits sur lesquels elle s'était fondée pour la sanction disciplinaire en cause. Dans le cas contraire, le doute ne pouvait profiter qu'au requérant.

On comprend dès lors pourquoi il avait affirmé que « ***La décision incriminée, qui ne dit même pas comment NYAM Charles a participé au "parlement" ou à une organisation d'activités de nature à compromettre le bon fonctionnement de l'Université, ne repose donc que sur des faits matériellement inexacts ou à tout le moins hypothétiques*** (...) ».

Bien plus, **le juge administratif avait solennellement admis, en des termes qu'il importe de citer, que la charge de la preuve était transférée du demandeur sur l'administration défenderesse** :

« *Attendu que, contrairement aux assertions du représentant de l'État, c'est à l'auteur de la sanction, à savoir le Ministre de l'Enseignement Supérieur, qu'il appartient d'établir la faute disciplinaire dont NYAM Charles s'est rendu coupable, en l'occurrence, "sa participation à l'association dite "Parlement" et organisation d'activités susceptibles de compromettre le bon fonctionnement de l'Institution Universitaire"* ***car c'est à l'accusation de rapporter la preuve de la culpabilité en raison de la présomption d'innocence*** ».

Cette solution heureuse, qui n'exige pas du requérant un commencement de preuve de l'illégalité de la sanction disciplinaire, mais plus simplement qu'il développe une argumentation à l'appui de l'illégalité de l'acte en cause, facilite grandement sa tâche.

Dans l'affaire MVENG ELLA Francis contre État du Cameroun (PR), objet du jugement n°103 du 25 mars 2009, le juge avait confirmé cette jurisprudence libérale en ces termes : « ***En s'abstenant de se défendre dans la présente cause, l'État du Cameroun a administré la preuve qu'il n'a aucun moyen à apposer à la réclamation de ses adversaires*** ».

---

l'Administration perd ses dossiers, elle perd aussi ses procès », Cf. WALINE, Chronique sous C.E., 11 mai 1973, 1747.

Une telle solution repose sur des fondements théoriques solides, magistralement résumés par le Professeur PACTEAU. En effet, « *le requérant est placé dans une situation d'infériorité vis-à-vis de l'administration qui, parfois, seule détient les éléments et informations susceptibles d'étayer sa plainte. Et, chaque fois que l'acte attaqué (sanction, sujétion...) provient d'initiative de l'administration, on devrait presque considérer que c'est elle qui a une prétention, tandis que le demandeur ne fait que se "défendre" ; dans le domaine des sanctions, la comparaison serait même à faire avec le procès pénal plutôt qu'avec le procès civil et la présomption de "légalité" des actes administratifs risque, si l'on n'y prend garde, de se muer en présomption de "culpabilité"* »[20].

L'originalité du régime de la preuve dans le contentieux administratif de la sanction disciplinaire, telle qu'elle ressort de cette jurisprudence, est donc d'être très favorable au requérant, assuré de ne pas rester seul face à ses prétentions et, surtout, de pouvoir s'expliquer sur les griefs qui lui sont reprochés avant le prononcé de la peine.

II. La sanction du non-respect par l'administration des droits de la défense

La doctrine est unanime à reconnaitre qu'en droit administratif français, « *...lorsqu'une décision administrative prend le caractère d'une sanction et qu'elle porte une atteinte assez grave à une situation individuelle, la jurisprudence exige que l'intéressé ait été mis en mesure de discuter les motifs de la mesure qui le frappe* »[21]. C'est la garantie que l'administration décidera en connaissant tous les éléments du problème et que l'administré pourra se défendre contre une mesure hâtive ou malveillante. Ainsi comprise, la censure de la violation des droits de la défense est pratiquement matérialisée par l'annulation de la sanction incriminée **(A)**.

Cette solution, consacrée clairement par une jurisprudence administrative bien établie, appelle néanmoins quelques observations qu'inspire cette question incidente non tranchée explicitement par le juge de l'espèce : ***quel est le domaine d'application du principe des droits de la défense en matière administrative ? Plus précisément,***

---

[20] PACTEAU B., Contentieux administratif, op.cit. p. 203.

[21] V. Conclusions CHENOT sur C.E., 5 mai 1944, Dame Veuve TROMPIER-GRAVIER, D. 1945, 110, Note De SOTO.

l'administration camerounaise est-elle tenue, comme en France, de respecter ce principe toutes les fois qu'elle prend une décision qui « *porte une atteinte assez grave à une situation individuelle* »[22] ?

Il semble bien qu'il faille désormais répondre par la positive **(B)**.

A. Question tranchée : l'annulation d'une sanction pour violation des droits de la défense

Les droits de la défense, au regard du droit moderne, intègrent :

– Le droit d'être informé, c'est-à-dire le droit d'être appelé, le droit d'être notifié des charges retenues contre soi et la prérogative d'être informé de ses droits.

– Le droit d'être entendu, lequel comprend, d'une part, le respect du principe de la liberté de la défense, à savoir le droit à l'assistance d'un conseil et le droit d'organiser librement sa défense, d'autre part, le respect du principe du contradictoire[23].

L'importance du principe des droits de la défense dans la protection des droits de l'homme et dans la consolidation de la démocratie a poussé le constituant camerounais à l'élever à la dignité constitutionnelle. Le Préambule de la Constitution de 1996 précise, par exemple, que « *tout prévenu est présumé innocent jusqu'à ce sa culpabilité soit établie au cours d'un procès conduit dans le strict respect des droits de la défense* ».

L'extension aux décisions administratives de cette règle de procédure fondamentale en matière juridictionnelle a été facilitée, à la fois, par les dispositions textuelles relatives à la procédure disciplinaire dans la Fonction publique et par la jurisprudence administrative qui, dès 1970, avait, dans une espèce OBAME ETEME[24], fait un pas décisif dans la protection des particuliers en érigeant le respect des droits de la défense en principe général de droit, applicable même en l'absence des textes.

---

[22] V. Conclusions CHENOT sur C.E., 5 mai 1944, Dame Veuve TROMPIER-GRAVIER, précitées.

[23] Sur le contenu des droits de la défense, lire MBUNJA Yohanes, « Les droits de la défense dans le nouveau code camerounais de procédure pénale », Annales de la FSJP, Université de Dschang, Edition spéciale sur le nouveau code de procédure pénale, Tome II, 2007, pp. 57 et ss.

[24] CFJ.CAY, jugement du 27 janvier 1970, OBAME ETEME Joseph contre Etat du Cameroun ; décision reproduite avec commentaire dans MBOME François., Grands Arrêts de la jurisprudence administrative du Cameroun, Yaoundé, 1990.

Par principes généraux du droit, il y a lieu d'entendre des principes qui ne figurent pas nécessairement dans des textes, mais que la jurisprudence administrative reconnaît comme devant être respectés par les autorités administratives. Quatre conséquences sont attachées par la jurisprudence à la notion de principe général du droit : il est un élément de la légalité. La référence aux principes généraux est un mode d'interprétation des textes ; la notion de principe général du droit permet d'étendre la compétence du législateur ; la violation d'un principe général du droit est constitutive non seulement d'une illégalité, mais également d'une faute de nature à engager la responsabilité de la puissance publique[25].

Il ressort de cette définition que la notion de principe général du droit est, dans la jurisprudence administrative, inséparable de celle de source non écrite de la légalité. C'est là que réside son originalité profonde. Ce caractère doit cependant se concilier avec le fait que le principe général du droit est déduit par le juge du droit existant.

Ainsi que l'avait relevé le Doyen VEDEL « *les principes généraux sont, dans une certaine mesure, l'œuvre du juge qui les dégage de la gangue du milieu juridique ; ils ne sont pas une œuvre arbitraire, car ils sont extraits du droit positif existant à un moment donné* »[26].

Or, depuis les affaires Assureurs Conseils Franco-Africains (ACFRA)[27] et NGON A RIKONG[28] contre Etat du Cameroun, il est désormais clairement établi que les principes généraux de droit ont, selon

---

[25] GENEVOIS Bruno, Principes généraux du droit, Répertoire de contentieux administratif, octobre 2010 (dernière mise à jour : janvier 2014).

[26] V. VEDEL G, Note sous CE, Ass., 4 avril 1952, Synd. Régional des quotidiens d'Algérie, JCP 1952. II. 7138.

[27] CS.CA, jugement n°62 du 25/9/1980, affaire Société Assureurs Conseils Franco-Africains (ACFRA) contre Etat du Cameroun ; décision reproduite dans la Revue Camerounaise de Droit, 2ème série, n°26, pp. 123-137 : « *Attendu, dit le juge de l'espèce, que le principe de la légalité implique aussi une soumission des autorités administratives au respect de tous les règlements qui ne sont pas seulement issus des lois formelles, mais aussi des sources telles ... les principes non écrits que la jurisprudence considère comme s'imposant à l'administration et que l'on appelle principes généraux de droit* ».

[28] CS.CA, jugement n°53 du 28 avril 1983, NGON A RIKONG contre Etat du Cameroun : « *Attendu (...) que la jurisprudence n'assigne pas une valeur absolue au principe de la non-rétroactivité qui peut être battue en brèche par diverses exceptions, à commencer par le législateur lui-même* ».

une expression consacrée sous d'autres cieux, « *une valeur juridique infra législative, mais supra décrétale* »[29].

Lorsqu'ils sont exercés devant l'administration active, les droits de la défense signifient que la personne visée par la décision doit être informée à l'avance et donc mise à même de faire valoir son point de vue avant la prise de la décision.

Tout manquement à ce principe est impitoyablement censuré par le juge administratif qui annule la sanction en cause comme étant intervenue sur une procédure irrégulière ; ainsi que le rappelle le juge de l'espèce dans des termes qui se veulent fermes et pédagogiques :

« Attendu qu'il n'a même pas été donné à NYAM CHARLES l'occasion de s'expliquer pour établir son innocence *;* ***que cette violation du principe du contradictoire, qu'avoue par ailleurs le représentant de l'Etat, n'est rien d'autre que l'arbitraire ; d'où il suit que la décision attaquée encourt l'annulation pour excès de pouvoir »***.

Cette solution avait été confirmée en des termes aussi explicites dans le jugement n°130 du 25 août 2004, IKAMOU à KOUNG Jean Paul contre État du Cameroun (MINFIB) : « *Attendu qu'il ressort des mentions ci-dessus que le Ministre des Finances ne s'est pas limité à prendre des mesures conservatoires à l'encontre du recourant, mais lui a infligé des sanctions définitives ; attendu cependant que suivant sa correspondance n°772/BC du 28 mai 1980,* ***le Ministre des Finances a infligé les sanctions sus évoquées sans donner la possibilité au recourant de s'expliquer devant le Conseil de Discipline Budgétaire et Comptable qu'il a lui-même saisi pour connaître du cas ; que ce faisant le Ministre n'a pas respecté les droits de la défense*** *; qu'il s'ensuit que l'arrêté attaqué encourt annulation pour excès de pourvoir* ».

Dans le jugement n°29 du 16 janvier 2008, ZANG OKOMO contre État du Cameroun (SESI), *la Chambre administrative de la Cour Suprême avait fait droit à la demande du requérant qui soutenait que la*

---

[29] V. CHAPUS R, « De la valeur juridique des principes généraux de droit », Dalloz, 1966, chron. XX.
Le raisonnement ayant conduit le Professeur CHAPUS à établir le caractère supra réglementaire et infra législatif des principes généraux du droit est le suivant : le rang de la norme dépend du rang de l'organe qui l'édicte. Le Conseil d'Etat, serviteur des lois et censeur des décrets, est donc situé entre le législateur et le pouvoir exécutif. Il en découle nécessairement que les normes jurisprudentielles qu'il édicte se situent à un niveau supra réglementaire et infra législatif.

sanction d'une extrême gravité qui lui avait été infligée, à savoir sa révocation des cadres de la Sûreté Nationale, avait été prise en violation flagrante du principe sacro-saint du respect des droits de la défense, puisqu'il n'avait jamais été cité à comparaître devant l'instance disciplinaire afin qu'il soit entendu sur les faits qui lui étaient reprochés[30].

Le même jour, elle avait, dans l'affaire KON ABONDO Gérard contre Etat du Cameroun, fait également une référence remarquée au principe général de droit que constitue le respect des droits de la défense : « *Attendu, en l'espèce, que le Secrétaire d'État à la Défense chargé de la Gendarmerie a infligé la sanction litigieuse sans que l'intéressé ait été entendu. Que ce faisant, il a violé les droits de la défense. Qu'il s'ensuit que le recours est justifié* ».

La catégorie que constituent ces principes n'a pas cessé d'évoluer et de s'enrichir[31]. Ils sont utilisés par le juge administratif camerounais dans le domaine des droits des citoyens et dans celui de l'organisation et du fonctionnement du service public.

Dans le domaine des droits des citoyens, il avait consacré les principes de fond suivants :

– **Le principe de l'égalité**, qui recouvre plusieurs domaines : l'égalité devant les charges publiques[32], l'égale admissibilité aux concours administratifs[33], l'égalité de chance d'accès aux emplois publics[34] et l'égal traitement[35].

---

[30] La Haute Juridiction a toujours sanctionné de manière rigoureuse et constante la violation de cette formalité substantielle protectrice des droits des individus. V. par exemple, Cour Fédérale de Justice, arrêt n°121 du 8 décembre 1970, SITAMZE Urbain. Cour Fédérale de Justice, arrêt n°121 du 8 décembre 1978, BISSIONGO Boniface.

[31] Sur ce point, on consultera avec grand profit FANMOGNE Esther Jocelyne, L'avenir des principes généraux du droit dégagés par la juridiction administrative camerounaise, Thèse de Master en Droit Public (*réalisée sous notre direction*), Université de Dschang, F.S.J.P, juin 2011.

[32] CFJ.CAY, arrêt n°8 du 26 mars 1969, Dame NGUE André contre CPE de Mbalmayo.

[33] CFJ.CAY, arrêt n°9 du 18 octobre 1967, PECK PEKE Joseph contre Etat du Cameroun oriental.

[34] CS.CA, jugement n°29 du 14 décembre 2005, MOUKON A EBONG Martin contre Etat du Cameroun

[35] CS.CA, jugement n°53 du 2 avril 2008, TCHOUPE Martin contre Etat du Cameroun.

– Le principe de l'intangibilité des droits acquis[36].

Le juge administratif camerounais avait aussi consacré quelques principes de procédure. En matière de procédure administrative contentieuse, il s'agit du principe « *audi alteram partem* » ou principe du contradictoire[37], de l'existence du recours pour excès de pouvoir[38], du principe « *non-bis in idem* »[39], du principe des droits de la défense[40] comme c'est le cas dans le jugement annoté.

Cet enrichissement du principe des droits de la défense au niveau national amène logiquement à se poser la question de savoir quel est son champ d'application.

B. Question alors en suspens : le domaine d'application du principe général des droits de la défense

En l'état actuel de la jurisprudence, pour que l'administration soit tenue au respect des droits de la défense, il faut et il suffit qu'elle inflige une sanction disciplinaire ou administrative, c'est-à-dire qu'elle exerce un pouvoir répressif qui s'apparente à celui que détiennent les tribunaux. Ces deux sanctions répressives, fondées sur des fautes reprochées, diffèrent quant à leur domaine d'application.

Ainsi, la sanction disciplinaire dans la Fonction publique, par exemple, ne frappe que les fonctionnaires soumis au Statut général et reconnus coupables d'avoir transgressé les règles de la discipline qui sont indispensables au bon fonctionnement de cette institution.

En revanche, la sanction administrative est relative à la société civile et punit les obligations communes à tous les citoyens.

On peut, à cet égard, admettre avec le Professeur Claude Albert COLLIARD que « *la sanction administrative joue dans un ordre*

---

[36] T.E arrêt n°282 du 11 mai 1963, DONFACK Etienne contre Etat du Cameroun et CS/CA, jugement n°87 du 14 juin 2006, NKOUTCHE Jean Claude contre Etat du Cameroun.

[37] CS.CA, jugement n°25 du 30 septembre 1999, NJOH Philibert, EKOKA KOUM contre EC.

[38] CS.CA, jugement n°7 du 29 novembre 1979, ESSOMBA Marc Antoine contre Etat du Cameroun.

[39] CFJ.CAY, arrêt n°120 du 8 décembre 1970, BILAE Jean contre Etat fédéré du Cameroun oriental.

[40] En ce sens, voir CCA, arrêt n°636 du 10 août 1957, NJOCK Jean contre Territoire du Cameroun.

juridique étatique général alors que la sanction disciplinaire joue dans des ordres juridiques particuliers »[41].

Dans la Fonction publique, l'application du principe des droits de la défense se présente comme une conséquence de la qualification disciplinaire d'une mesure[42]. Cette idée est parfaitement illustrée par l'arrêt NDZANA Gabriel Lavoisier[43] dans lequel le juge administratif s'est prononcé en des termes très clairs :

« *Considérant que le licenciement pour éthylisme chronique n'est pas une sanction disciplinaire, mais une mesure de dégagement des cadres ; qu'il s'ensuit que l'administration n'était pas tenue, avant de la prononcer, d'inviter NDZANA GABRIEL à présenter ses moyens de défense* ».

Ce principe oblige l'autorité répressive à instaurer un véritable débat contradictoire avant de prononcer une sanction disciplinaire. Il est assuré, notamment, par la communication des dossiers[44] et par l'intervention du Conseil de discipline[45].

En dehors de la Fonction publique, la jurisprudence impose le respect de ce principe dans le cas où l'autorité compétente prend une sanction administrative. Dans l'affaire OBAME ETEME Joseph précitée[46], par exemple, le juge avait annulé un arrêté préfectoral interdisant au requérant de paraitre et de séjourner dans l'étendue du département du NTEM, au motif qu'« ***une sanction telle que celle qui a frappé le requérant ne pouvait légalement intervenir sans que ce dernier eût été à même de discuter les griefs articulés contre lui*** *; qu'ainsi, le sieur*

COLLIARD[41] C-A, La sanction administrative, Annales de la Faculté de Droit d'Aix, nouvelle série n°36, 1943, p. 6.

[42] V. KEUTCHA TCHAPNGA C, La sanction disciplinaire du fonctionnaire en droit administratif camerounais, Mémoire de DEA Droit Public, Université d'Aix-Marseille III, 1988, pp. 11-13, pp. 55-61.

[43] CFJ. SCAY, arrêt du 23 mars 1971. Dans le même sens, voir C.F.J.S.C.A.Y., arrêt n°14 du 16 mars 1967, KOLLE MOUANGUE Louis : « ***attendu que cette décision, qui ne revêtait pas le caractère d'une sanction disciplinaire, n'avait pas à être précédée de la communication du dossier*** ».

[44] En ce sens, voir TATY TATY, La règle de la communication du dossier, Mémoire de DEA en Droit Public, Université d'Aix-Marseille III, 1989.

[45] Pour une vue d'ensemble et la jurisprudence récente sur la question, V. NYETAM TAMGA A, « Les droits de la défense dans la jurisprudence de la Cour Suprême du Cameroun statuant en matière administrative », article précité

[46] CFJ. CAY, jugement du 27 janvier 1970, OBAME ETEME Joseph contre Etat du Cameroun.

OBAME ETEME n'ayant pas été préalablement invité à présenter ses moyens de défense, l'arrêté attaqué a été pris en violation du principe des droits de la défense et qu'il est de ce point de vue entaché d'excès de pouvoir ».

En revanche, les mesures individuelles de police, dès lors qu'elles ne constituaient pas une sanction, n'avaient pas à être précédées de formalités mettant les intéressés à même de se défendre. La jurisprudence semblait être fixée sur ce point :

« *Considérant que la règle qui exige de l'autorité compétente de mettre l'intéressé à même de s'expliquer et de présenter sa défense avant toute mesure de sanction est inapplicable lorsque, comme dans le cas de l'espèce, il s'agit d'une décision de police* »[47].

Cette position du juge administratif camerounais rappelait la jurisprudence française d'avant 1983[48].

Il convient enfin d'observer que les décisions jurisprudentielles qui retenaient la violation de ce principe comme motif d'annulation des sanctions disciplinaires et administratives n'insistaient pas sur la gravité de leurs conséquences. De manière plus explicite, et contrairement à la France, le respect des droits de la défense ne s'imposait pas si la décision en cause, sans être une sanction disciplinaire ou administrative, était grave, même très grave ou encore très désavantageuse pour le particulier.

Cette position a connu une heureuse évolution.

Dans l'espèce MAMA BILOA Sandrine contre État du Cameroun, objet du jugement n°54 rendu le 29 août 2002 (*33e et 34e rôles*), **la Chambre administrative de la Cour Suprême avait étendu le domaine des droits de la défense à toute mesure qui «***porte une atteinte assez grave à une situation individuelle (...) même si ladite mesure ne constitue pas une mesure disciplinaire* ».

---

[47] C.C.A. arrêt n°208 du 30 janvier 1953, Jean BOONE contre Etat du Cameroun.

[48] En France, jusqu'en 1983, les décisions de police prises non en considération de la personne mais dans le souci de garantir l'ordre public n'impliquait pas l'obligation du principe du contradictoire. L'article 8 du décret du 27 novembre 1983 relatif aux relations entre l'administration et les usagers l'impose désormais : « sauf urgence ou circonstances exceptionnelles, sous réserve des nécessités de l'ordre public et de la conduite des relations, et exception faite du cas où il est statué sur une demande présentée par l'intéressé lui-même, les décisions qui doivent être motivées en vertu de la loi du 11 juillet 1979 susvisée ne peuvent légalement intervenir qu'après que l'intéressé ait été mis à même de présenter des observations écrites ».

Conclusion

On ne peut que se féliciter, à l'ère de la promotion des droits de l'homme, que la jurisprudence ait ainsi franchi le pas supplémentaire dans l'organisation des droits de la défense devant l'administration en étendant, comme en France, son champ d'application aux mesures prises en considération de la personne ou encore aux décisions défavorables aux particuliers[49].

Célestin KEUTCHA TCHAPNGA

[49] En ce sens, voir notamment LEPAGE-JESSVA, « Le décret du 28 novembre 1983 concernant les relations entre l'administration et les usagers : une mini révolution ? », Gazette du Palais du 27 mars 1984, pp. 145-153 et AUBY Jean-Marie, « Le décret du 28 novembre 1983 », AJDA, mars 1984, p. 124.

Conclusion

15.

Fonction publique – Intégration – Conditions – Principe général du droit – Égalité de tous les citoyens devant le service public – Rupture du principe – Oui – Excès de pouvoir – Oui – Annulation de la décision en cause – Oui.

Cour Suprême. Chambre administrative, jugement n°10 du 27 octobre 1994, LIBAM Michelin

(...) Attendu qu'il est ainsi évident que LIBAM Michelin remplissant toutes les conditions exigées par le décret n°74/611 du 1er juillet 1974 (Licence ès Sciences Economiques, diplôme d'une École Spécialisée Étrangère, prise de service au Ministère des Finances) l'autorité investie du pouvoir de nomination est tenue de l'intégrer conformément aux prescriptions de la susdite règle de droit.

D'où il s'ensuit que la décision refusant son intégration doit être annulée pour l'excès de pouvoir et qu'il y a lieu de dire que LIBAM Michelin a vocation à être intégré dans le cadre des Inspecteurs des Régies Financières de 2e classe, catégorie « A » premier degré de la Fonction publique (indice 430) à compter du 03 avril 1988, date de sa prise de service à la Direction du Trésor.

Attendu au surplus que l'argument tiré des circonstances exceptionnelles est tout simplement puéril puisqu'il a été démontré plus haut que par décret du 15 mai 1989, TENKU LEZUITIKONG Joseph a été reclassé dans les mêmes conditions et par application du même texte de loi. **Par ces motifs, décide** : **Article 1er.** Le recours de LIBAM Michelin est recevable en la forme. **Article 2.** Il est fondé et par conséquent la décision attaquée est annulée avec toutes les conséquences de droit. **Article 3.** Conformément à l'article 1er du décret n°74/611 du 1er juillet 1974, le requérant a droit d'être intégré au 1er échelon de la 2e classe catégorie « A » Premier grade de la Fonction publique (indice 430) à compter du 5 janvier 1988, date de prise de service à la Direction du Trésor.

NOTE

La sanction la plus radicale de la méconnaissance par une autorité administrative de la limite de ses pouvoirs, alors que cette dernière aurait dû la respecter, est l'annulation de la mesure administrative irrégulière, décidée par le juge administratif, à la suite d'un recours pour excès de pouvoir : tel est l'apport capital du jugement n°10 rendu par la Chambre administrative de la Cour Suprême le 27 octobre 1994 dans l'affaire LIBAM Michelin contre État du Cameroun et dont le fond de la contestation était relatif à l'automatisme de la compétence liée. Celle-ci représente une garantie maximale de sécurité, l'administration se comportant, dans ce cas, en simple exécutant qui se borne à édicter des actes à l'avance prescrits par la loi ou le règlement et qui en sont la simple matérialisation.

Les faits de l'espèce méritent d'être rapportés avec davantage de précisions : M. LIBAM Michelin, licencié ès sciences économique de la Faculté de Droit et Sciences économiques de l'Université de Yaoundé, recruté le 06 novembre 1984 en qualité de cadre contractuel au Ministère des Finances à Yaoundé (Direction du Trésor), a été admis à suivre un stage en France en 1987. À l'issue de celui-ci, il obtint un diplôme de fin de stage. Rentré au Cameroun, il sollicita, conformément aux dispositions de l'article 1er du décret n°74/611 du 1er juillet 1974, son intégration dans la Fonction publique en qualité d'Inspecteur des Régies Financières (Trésor), pour ainsi passer de contractuel soumis aux règles de droit privé au statut de fonctionnaire soumis aux règles de droit public.

Par décision sous bordereau n°0103 du 31 janvier 1991, il lui a été signifié que son « *intégration s'avère impossible au regard des textes en vigueur* ». Estimant que cette décision lui faisait grief, il a saisi la Chambre administrative de la Cour Suprême afin de la voir annuler pour excès de pouvoir, en faisant notamment valoir qu'il y avait eu rupture du principe d'égalité des citoyens devant le service public, dans la mesure où le sieur TENKU LEZUITIKONG Joseph, Adjudant principal des douanes de 2e classe 3e échelon (indice 420), ayant obtenu le 31 juillet 1987 le diplôme d'Études Supérieures délivré par l'École Nationale des Douanes de Paris, a été reclassé dans le cadre des officiers de Douanes en qualité d'officier de Douanes de 2e classe, 2e échelon (indice 480), catégorie « A » premier grade de la Fonction publique par application des dispositions du décret n°74/611 du 1er juillet 1974 fixant les conditions de recrutement des licenciés titulaires des diplômes de fin de stage des Écoles Financières Spécialisées.

La Chambre administrative, en estimant que l'argumentaire du représentant de l'État n'était pas pertinent et ne pouvait par conséquent pas prospérer, avait fait droit à la demande du requérant. En l'espèce, elle avait notamment sanctionné la méconnaissance par l'autorité administrative de sa compétence liée **(I)**, tout en faisant une référence remarquée au principe général du droit que constitue l'égalité de tous les citoyens devant le service public **(II)**.

I. Le juge avait sanctionné la méconnaissance par l'autorité administrative de sa compétence liée

La notion de compétence liée, telle qu'elle est utilisée en droit administratif, se rattache traditionnellement au principe de légalité. Elle en constitue même une application privilégiée puisque l'on est en présence d'une compétence liée lorsque l'administration prend des décisions dont le droit applicable prévoit tout à la fois la nécessité et le contenu. Autrement dit, lorsque, la règle de droit dictant sa conduite à l'administrateur, l'action de ce dernier a pour seul objet et pour résultat nécessaire d'appliquer à un cas particulier les dispositions préexistantes qui en règlent le sort, sans aucun pouvoir d'appréciation[1], comme dans l'hypothèse où il a un pouvoir discrétionnaire[2].

Les cas dans lesquels l'administration voit sa compétence totalement liée, que ce soit lors de l'édiction de l'acte ou que ce soit dans le contenu à donner à cet acte, correspondent souvent à des situations où l'autorité administrative se doit simplement de vérifier, pour des motifs techniques, si le postulant remplit les conditions requises, puisqu'il se présente devant elle dans une situation correspondant exactement à ce que le texte prévoit pour qu'il en soit ainsi.

Le rôle de l'autorité administrative se trouve ainsi très limité. En bonne logique, l'hypothèse de compétence liée ne devrait présenter aucune difficulté d'analyse juridique puisqu'il suffit de constater que le sens et les modalités de l'action administrative sont prévus par le droit en vigueur.

Comme l'avait écrit M. Bruno KORNPROBST, « *l'acte administratif accompli en vertu d'une compétence liée apparaît ainsi, d'une part, comme un acte se bornant à transposer sur la tête du ou des intéressés un statut légal ou réglementaire préétabli, c'est-à-dire, dans la terminologie Duguiste, comme un acte-condition, d'autre part, comme un acte dont l'administration n'est pas maître, pour lequel elle perd jusqu'à sa faculté d'agir ou de s'abstenir* »[3].

---

[1] KORNPROBST Bruno, « La compétence liée », R.D.P. 1961, pp. 935-936.

[2] Il y a pouvoir discrétionnaire toutes les fois qu'une autorité agit librement sans que la conduite à tenir lui soit dictée à l'avance par une règle de droit. Le pouvoir discrétionnaire, qui n'est pas un pouvoir arbitraire, n'est rien d'autre que le pouvoir reconnu à l'autorité administrative de choisir entre plusieurs solutions conformes à la légalité. Exerçant son pouvoir discrétionnaire, l'administration ne peut jamais faire que ce que le droit lui permet de faire. Le juge de l'espèce ESSIANE AKA'A Jean, objet de l'arrêt du 30 avril 1968, est très clair sur ce point.

[3] KORNPROBST B., article précité, p. 936.

Dans la présente espèce, l'intéressé sollicitait la simple application des dispositions de l'article 1er du décret n°74/611 du 1erjuillet 1974 fixant les conditions de recrutement des licenciés titulaires des diplômes des Écoles Financières Spécialisées Étrangères qui prévoyait que les titulaires d'une licence ou d'un diplôme académique équivalent du diplôme de fin de stage des Écoles Financières Spécialisées Étrangères bénéficient, à compter de la date de prise de service, d'une mesure d'intégration au 1eréchelon de la 2e classe catégorie « A », premier grade de la Fonction publique (indice 430).

Le refus opposé par le représentant de l'État à cette mesure d'intégration constituait une violation flagrante du droit. En effet, dans le cas d'espèce, il ne pouvait être question d'évoquer un quelconque pouvoir discrétionnaire de l'administration, c'est-à-dire, d'apprécier le bien-fondé d'une telle intégration eu égard au contexte de l'époque. Ici, le seul pouvoir de l'autorité administrative consistait en une vérification de la réelle existence des conditions objectives prévues par les textes.

On comprend aisément, de ce point de vue, que le juge de l'espèce ait rejeté l'ensemble des griefs du représentant de l'État dans un attendu longuement argumenté :

« ***...****qu'il est ainsi évident que LIBAM Michelin remplissant toutes les conditions exigées par le décret n°74/611 du 1er juillet 1974 (Licence ès Sciences Economiques, diplôme d'une École Spécialisée Étrangère, prise de service au Ministère des Finances),* ***l'autorité investie du pouvoir de nomination est tenue de l'intégrer*** *conformément aux prescriptions de la susdite règle de droit.* ***D'où il s'ensuit que la décision refusant son intégration doit être annulée pour l'excès de pouvoir et qu'il y a lieu de dire que LIBAM Michelin a vocation à être intégré dans le cadre des Inspecteurs des Régies Financières de 2e classe, catégorie « A » premier degré de la Fonction publique (indice 430) à compter du 03 avril 1988, date de sa prise de service à la Direction du Trésor*** ».

Le juge de l'espèce était allé plus loin en décidant que tous les fonctionnaires se trouvant dans des situations juridiques identiques avaient un droit à être traités de façon identique par l'administration. Cette jurisprudence de la Chambre administrative est solidement établie depuis le jugement LIBAM Michelin ici annoté.

II. Le juge avait fait une référence remarquée au principe général du droit que constitue l'égalité des citoyens devant le service public

Le principe d'égalité entre les citoyens devant le service public est un principe général du droit qui s'impose à toute autorité administrative. Il se décline en l'égalité de chance d'accès aux emplois publics[4] et en l'égal traitement une fois cet accès assuré[5]. Dans ce dernier cas, notamment, comme dans l'affaire présentement annotée, il signifie seulement que toutes les personnes se trouvant dans une même situation juridique identique à l'égard du service public doivent être régies par les mêmes règles ou encore doivent se trouver traitées sur un pied d'égalité.

Ce principe n'interdit cependant pas à l'administration de traiter différemment des personnes, à la condition que la différence de traitement soit en rapport avec la différence de situation ou qu'elle tienne à des considérations d'intérêt général liées au fonctionnement du service public[6]. Comme l'a souligné le Professeur TURPIN, le principe d' « *égalité ne conduit pas à l'uniformité* »[7].

L'administration peut donc, sans le méconnaître, moduler les conditions d'application de ses règlements et pratiquer des discriminations justifiées entre leurs destinataires lorsqu'ils ne sont pas objectivement en situations identiques

L'attitude de l'administration se comprenait d'autant moins qu'un autre agent public, le sieur TENKU LEZUITIKONG Joseph, contractuel comme LIBAM Michelin, avait, à l'issue d'un stage effectué à l'étranger dans des conditions similaires, été intégré dans la Fonction publique comme cadre des officiers de douanes en qualité d'officier de douanes, conformément aux prescriptions du même texte réglementaire.

C'est pourquoi, le juge de l'espèce avait estimé, dans un ton pédagogique bienvenu, que refuser l'intégration du Sieur LIBAM Michelin constituait une violation flagrante du principe d'égalité des citoyens devant le service public, notamment de celui d'égalité entre les fonctionnaires appartenant à un même corps (ici Régies financières) :

---

[4] CS.CA, jugement n°29 du 14 décembre 2005, MOUKON A EBONG Martin contre Etat du Cameroun.

[5] CS.CA, jugement n°53 du 2 avril 2008, TCHOUPE Martin contre Etat du Cameroun.

[6] RIVERO J, Note sous CE, Section, 9 mars 1951, Société des concerts du conservatoire, GAJA p. 433.

[7] TURPIN D, Les libertés publiques, 5e édition, Paris, Gualino, 2000, p. 345.

***« Attendu, au surplus, disait-il alors, que l'argument tiré des circonstances exceptionnelles est tout simplement puéril puisqu'il a été démontré plus haut que par décret du 15 mai 1989, TENKU LEZUITIKONG Joseph a été reclassé dans les mêmes conditions et par application du même texte »*.**

Le juge administratif avait eu l'occasion de se référer à ce principe et de l'appliquer dans des cas similaires rendus le même jour. En ce sens, voir, CS.CA, jugement n°08 du 27 octobre 1994, TCHAMBA Robert. CS.CA, jugement n°09 du 27 octobre 1994, WANDJI Emmanuel[8].

Cette solution avait été initialement consacrée dans l'affaire Dame NDONGO née MBONZI NGOMBO contre État du Cameroun, mise en lumière par le jugement n°07 du 27 octobre 1994. Pour mieux comprendre la grande portée de cette décision, il convient de rappeler les faits générateurs du litige :

La requérante, Mlle MBONZI NGOMBO, de nationalité zaïroise, était en 1988 admise à titre d'étranger à l'École Nationale d'Administration et de Magistrature de Yaoundé, conformément à la résolution n°016/88/CA/CENEM du 14 octobre 1988, sur simple recommandation de l'Ambassade du Zaïre au Cameroun. L'École avait rappelé alors à l'intéressée que n'étant pas boursière du gouvernement de son pays d'origine, les frais inhérents à sa scolarité devaient entièrement être supportés par elle et sa famille.

Le 02 juin 1989, elle épousa le Camerounais NDONGO et, en conséquence, le décret n°90/933 du 18 mai 1990 a constaté son acquisition de la nationalité camerounaise à compter de la date du mariage, en application de l'article 17 de la loi n°68 du 11 juin 1968 portant Code de la nationalité camerounaise qui prévoit que, « *sous réserve des dispositions des articles suivants, la femme étrangère qui épouse un Camerounais peut, sur sa demande expresse, acquérir la nationalité camerounaise au moment de la célébration du mariage* » ; alors que l'article 24 de cette loi ajoute que « *la nationalité camerounaise est accordée à la demande de l'étranger par décret* ».

Le 20 juillet 1990, Dame NDONGO née MBONZI NGOMBO a obtenu le diplôme de l'ENAM. Sur la base de sa nouvelle nationalité, elle

---

[8] Le Conseil d'Etat Français avait déjà eu à se prononcer sur des cas semblables. C.E. Ass, 21 juillet 1972, Union Interfédérale des Syndicats de la Préfecture de Police et de la Sûreté Nationale, A.J.1972, 456, Chr. LABETOULLE et CABANES.

sollicita son intégration dans la Fonction publique au grade d'Inspecteur des Douanes, après avoir été autorisée à prendre le service en cette qualité le 03 août 1990.

Saisie de cette demande d'intégration, la Présidence de la République a procédé à son rejet, par décision n°A23/SG/PR du 22 avril 1991. Contestant alors le rejet de sa demande, Dame NDONGO saisit le juge administratif aux fins d'annulation de ladite décision, à travers une requête timbrée en date du 21 juin 1991, enregistrée au greffe de la Chambre administrative de la Cour Suprême le 03 juillet 1991.

Pour le représentant de l'État, la requérante n'avait pas satisfait aux conditions d'admission à l'ENAM. Ce qu'elle contestait en faisant valoir de fortes argumentations qui ont convaincu le juge de l'espèce sur leur pertinence, l'amenant ainsi à affirmer, dans des propos longs, mais qu'il importe de rappeler, tant ils sont significatifs :

« *(…) Qu'en effet,* ***il est de principe que lorsque le recrutement dans un emploi de la Fonction publique est conditionné par le passage dans une École spéciale, seule est exigée le succès durant cette scolarité ou alors à un examen de fin de scolarité… que dans le cas d'espèce, Dame NDONGO née MBONZI NGOMBO a bien rempli les conditions d'admission à l'ENAM*** *; en effet et contrairement aux assertions du représentant de l'État, si les nationaux camerounais sont soumis aux conditions d'entrée, les étrangers, quant à eux, doivent remplir les conditions de niveau requis pour l'admission des nationaux et être recommandés par leur gouvernement(...).* ***Que le diplôme de l'ENAM est décerné, sans distinction de nationalité aux élèves ayant obtenu une moyenne globale de scolarité au moins égale à 12/20.*** *Attendu qu'il est loisible de lire dans l'arrêté n°011979/MFPCE/ CENAM/ENAM/SAF du 03 août 1990… portant attribution du diplôme de L'ENAM en 1990, que Dame MBONZI NGOMBO épouse NDONGO a obtenu 12,98 de moyenne ; encore qu'il n'est nullement mentionné, à l'instar des autres lauréats étrangers (tchadiens, béninois ou congolais) sa qualité d'étrangère pour la bonne raison qu'elle avait déjà acquis la nationalité camerounaise.* ***Que dès lors, lui refuser l'intégration dans la Fonction publique serait créer une discrimination entre les Camerounais devant un emploi public ; ce qui est une violation de la Constitution. Attendu qu'il s'ensuit que Dame MBONZI, épouse NDONGO, remplissant toutes les conditions exigées pour accéder à l'emploi d'Officier des Douanes, l'autorité investie du pouvoir de nomination a compétence***

liée et la décision lui refusant ce droit est donc entachée d'excès de pouvoir et encourt de ce fait annulation ».

Il s'ensuit désormais que le traitement des nationaux accédant à la Fonction publique doit être identique, indifféremment du mode d'acquisition de la nationalité.

Récemment, le juge administratif avait appliqué avec fermeté le même principe dans l'affaire KAMTO Maurice contre Université de Yaoundé, mise en relief par le jugement n°254 du 12 novembre 2011 :

« ***Attendu qu'en promouvant le recourant au grade de Maître de Conférences, l'Université de Yaoundé a dérogé à sa propre pratique fondée sur l'application des dispositions sus énumérées de l'article 10 du décret du 08 janvier 1969, portant ainsi atteinte au principe de l'égalité de traitement des fonctionnaires du même corps****, consacré par la jurisprudence française du Conseil d'État (C.E. Section, 26 octobre 1979, MILLAN, Rec. p. 396) et du Conseil Constitutionnel (CC, 15 juillet 1976, Statut général des fonctionnaires, Rec. p. 35).* ***Qu'il s'ensuit que le recours est justifié et qu'il y a lieu d'annuler les actes attaqués*** ».

Conclusion

Dans ces décisions, le juge administratif avait fait montre d'une remarquable hardiesse qui laissait envisager avec optimisme son rôle de garant des droits et libertés dans le contexte nouveau du pluralisme.

Célestin KEUTCHA TCHAPNGA

16.

1ère espèce

Fonction publique – Révocation d'un fonctionnaire à la suite d'une double sanction disciplinaire – Non-respect de la règle *non-bis in idem* – Oui – Excès de pouvoir – Oui.

Cour Suprême. Chambre administrative, jugement n°55 du 27 décembre 1990, ETCHONA MONKAMA Florent

Attendu qu'il ressort du dossier de procédure que le sieur ETCHONA MONKAMA Florent a été doublement sanctionné au plan disciplinaire pour les mêmes faits : d'abord par le Préfet suivant arrêté n°343/AP/A04/BASC du 10 mai 1983 lui infligeant huit jours de prison puis par le Ministre de l'Administration Territoriale, signataire de l'arrêté n° 00327/A/MINAT/DAG/SPI du 3 décembre 1984 portant sa révocation.

Attendu qu'il est de principe que nul ne peut, pour une même faute, être sanctionné plus d'une fois. Que ce principe ressort d'ailleurs des dispositions de l'article 131 alinéa 1 du statut général de la Fonction publique qui énonce :« une même faute disciplinaire ne peut être sanctionnée plus d'une fois ».

Attendu qu'il s'ensuit que la deuxième sanction, en l'occurrence l'arrêté de révocation du 10 mai 1984, mérite d'être annulée.

2e espèce

Fonction publique – Abaissement d'échelons à un fonctionnaire pour exercice d'activités privées lucratives – Méconnaissance par l'autorité disciplinaire de l'obligation de motiver la sanction – Excès de pouvoir – Oui – Annulation de la sanction – Oui.

Cour Suprême. Chambre administrative, jugement n°50/ADD du 27 avril 1995, NGUENANG Jean-Pierre contre Etat du Cameroun (MINFOPRA)

(…) Attendu qu'il est constant et avéré que M. NGUENANG Jean-Pierre, Ingénieur Statisticien en service au Ministère du Plan et de l'Aménagement du Territoire a, avec d'autres collègues, créé un Centre de Recherche et des Études en Économie et Sondages (CRETES) et publié sous le couvert dudit Centre certains sondages d'opinion, parus notamment dans la presse écrite privée. Attendu qu'il fut traduit devant le Conseil de Discipline pour exercice d'activités privées lucratives. Attendu que la suite de cette traduction, il sera, par décision attaquée, sanctionné d'abaissement de trois échelons et ramené ainsi de l'indice 630 à l'indice 480.

Que cependant ladite décision, pour tout fondement, se borne à mentionner qu'elle a été prise pour exercice d'activités à but lucratif en violation de l'article 48 du statut général de la Fonction publique, sans dire en quoi son action au sein du CRETES constitue une activité lucrative ; alors surtout que l'article 48 (b) susmentionné autorise que les fonctionnaires participent à la production d'œuvres scientifiques.

Or, attendu que toute décision administrative doit énoncer les motifs propres et suffisants qui justifient la mesure prise contre le fonctionnaire, et ce, conformément à l'article 133 (1) du statut général de la Fonction publique et l'article 25 (2) du décret n°75/577 du 12 août 1975 fixant les règles de la procédure disciplinaire dans la Fonction publique, qui exigent tous que la sanction disciplinaire doit toujours être motivée. Que selon la doctrine, cette motivation qui est placée sous le contrôle de la juridiction administrative, juge de la légalité, doit être écrite et comporter l'énoncé des considérations de droits et de fait qui constitue le fondement de la décision. Elle doit être aussi explicite et complète que possible. Que l'obligation où l'administration se trouve de motiver suffisamment la sanction disciplinaire qu'elle inflige à un fonctionnaire la contraint en même temps à réfléchir, à s'assurer d'une part que la loi ou la réglementation qu'elle se propose d'appliquer est bien celle qui convient à l'espèce. Aussi doit-elle être annulée, pour vice de forme, erreur de droit ou détournement de pouvoir, toute décision de l'autorité administrative non motivée ou comportant des motifs inexacts, erronés et indéterminants et qui inflige une sanction disciplinaire à un fonctionnaire.

Sur les dommages-intérêts

Attendu que NGUENANG Jean-Pierre réclame le rétablissement intégral de son salaire et le paiement de 7 000 000 de francs CFA de dommage-intérêts sans pour autant mettre la Chambre administrative en mesure d'apprécier le bien-fondé de ces demandes, notamment en produisant les bulletins de salaire antérieurs à la sanction et ceux postérieurs à cette mesure ainsi que toute justification idoine. Qu'il y a lieu par conséquent de l'inviter à le faire.

Par ces motifs, statuant publiquement, contradictoire en matière administrative, à l'unanimité des membres et en premier ressort : **décide :**

Article 1er. Le recours est recevable.

Article 2. Il est fondé et par conséquent l'arrêté n° 001799 du 20 Avril 1992 est annulé.

Article 3. Avant-dire-droit. Invite le requérant à produire les bulletins de salaire antérieurs à la sanction et ceux postérieurs à cette mesure ainsi que toute justification pouvant permettre à la Chambre de statuer sur la demande de dommages-intérêts.

NOTE

Dans un groupement, la discipline est, comme la définissait le Doyen NEZARD, « *l'ensemble des règles qui...assujettissent chacun de ses membres à des obligations spéciales, distinctes des obligations de tout citoyen, afin de maintenir la considération de ce corps et de lui assurer, dans l'intérêt social de sa fonction, la confiance publique* »[1]. La violation de ces règles par un des membres du groupement peut entraîner la mise en œuvre du pouvoir disciplinaire, c'est-à-dire du pouvoir que détient le Chef de cette institution de poursuivre et de sanctionner de tels manquements.

[1] NEZARD, Principes généraux du droit disciplinaire, Thèse, Paris, 1903, p. 7.

Très nombreux sont les corps ou professions qui ont leur propre discipline, régie par des règles particulières. On peut, par exemple, citer le cas de la Fonction publique. La répression disciplinaire y a été conçue, initialement, pour sanctionner les fonctionnaires gravement indociles, négligents ou inefficaces. Aujourd'hui, elle s'applique plus largement aux manquements à la déontologie et à des comportements qui nuisent à la réputation de l'administration.

Toutefois, cette extension du champ d'application de la sanction disciplinaire dans la Fonction publique s'est accompagnée d'une amélioration substantielle des garanties non juridictionnelle et juridictionnelle reconnues aux fonctionnaires sanctionnés. Ainsi qu'il est loisible de le constater à la lecture des deux jugements ci-dessus rapportés. Pour mieux comprendre leur grande portée, il est au préalable indispensable d'en rapporter les faits :

Le premier jugement tire son origine d'une évasion dans la prison de Bafia. À cette occasion, M. ETCHOMA MONKAMA Florent s'était vu infliger, par arrêté préfectoral n°343/AP/AO4/BASC du 10 mai 1983, une sanction de huit jours de consigne à l'intérieur de la prison. En même temps, il fut condamné à la peine de six mois d'emprisonnement avec sursis. Un an plus tard après ces sanctions, dont l'une disciplinaire et l'autre pénale, l'intéressé fut révoqué, par arrêté ministériel n°00327/A/MINAT/DAG/SPI du 3 décembre 1984, pour « *négligence de gardien ayant entraîné l'évasion d'un détenu* ». Devant cette avalanche de sanctions pour une seule et même faute, il sollicita de la Chambre administrative de la Cour Suprême l'annulation de l'arrêté de révocation en cause pour cause d'illégalité.

Pour le représentant de l'État, les sanctions pénales ne préjudicient pas aux sanctions disciplinaires. Il soutenait en outre que le Ministre pouvait atténuer, aggraver ou annuler une sanction ordonnée par le Préfet, d'autant plus que ces mesures avaient été prises le même jour et qu'il n'y avait pas lieu, par conséquent, de parler de la violation du principe « *non-bis in idem* ».

La Chambre administrative, à juste raison, n'avait pas fait droit aux prétentions du défenseur des intérêts de l'État. Il en était de même dans la seconde espèce.

M. NGUENANG Jean-Pierre, Ingénieur Statisticien en service au Ministère du Plan et de l'Aménagement du Territoire avait, avec d'autres collègues, créé le Centre de Recherche et des Études en Économie et Sondages (CRETES) et publié, sous le couvert dudit Centre, certains sondages d'opinion, parus notamment dans la presse écrite privée. Il fut en conséquence traduit devant le Conseil de Discipline pour exercice d'activités privées lucratives et sanctionné, par la suite, d'abaissement de trois échelons puis ramené ainsi de l'indice 630 à l'indice 480 par arrêté du Ministre de la Fonction publique n°001793 en date du 20 avril 1992.

Le 16 juin 1992, il saisit ledit Ministre d'un recours gracieux préalable lui demandant de bien vouloir rapporter cet arrêté, de le rétablir intégralement dans son salaire y compris tous les accessoires et de lui allouer 7000 000 de francs CFA à titre de dommages matériels et moraux. N'ayant reçu de ladite autorité aucune réponse, il saisit la Chambre administrative de la Cour Suprême aux mêmes fins. Pour obtenir satisfaction, il avança les motifs suivants : la décision attaquée n'était pas suffisamment motivée, puisqu'elle ne précisait pas en quoi l'activité concernée était lucrative ; la violation du principe *non bis in idem* ; la composition irrégulière du Conseil de Discipline et l'irrégularité dans la procédure de communication du dossier.

La Chambre administrative s'était attardée uniquement sur le premier moyen, à savoir le défaut de motivation de la sanction disciplinaire, pour annuler l'arrêté attaqué.

Sur la demande de rétablissement intégral du salaire et le paiement de dommages et intérêts, le requérant n'ayant pas fourni toutes les pièces nécessaires permettant au juge de les apprécier, ce dernier l'avait invité à le faire pour lui permettre de statuer plus tard sur cette demande.

Les décisions ci-dessus rapportées tirent leur importance du fait qu'elles sont révélatrices du souci constant du juge administratif de veiller, avec une attention particulière, au respect par l'autorité disciplinaire de l'obligation qui lui incombe de ne pas prononcer à l'encontre d'un fonctionnaire plusieurs sanctions, simultanées ou successives, à raison d'un même fait **(I)** et de motiver les sanctions **(II)**.

I. Le juge sanctionne la méconnaissance par l'administration de la règle de non-cumul des sanctions disciplinaires

Principe cardinal du droit processuel français, l'adage latin *non bis in idem,* (*qui se traduit littéralement par* **:** *pas deux fois pour la même chose*), connaît aujourd'hui un vif regain d'intérêt. Depuis que la Cour Européenne des Droits de l'Homme a, le 4 mars 2014, amplement modernisé l'application de la règle, la jurisprudence française a fait face à de nombreuses affaires financières – OBERTHUR[2], PECHINAY[3], EADS[4]ou encore ALTRAN[5]– qui entendaient obtenir du Conseil Constitutionnel la fin du cumul en matière d'infractions financières[6]. Deux d'entre elles, concernant le délit et le manquement d'initiés, ont abouti à 3 questions préjudicielles de constitutionnalité posées au juge constitutionnel qui, le 18 mars 2015[7], a répondu par une reprise classique de sa jurisprudence, tout en ouvrant la voie à un dialogue sur le cumul des poursuites[8].

Apparue sous la plume de CICÉRON, l'expression *non bis in idem* abrite en substance « *le principe selon lequel une personne déjà jugée pour un fait délictueux ne peut être poursuivie à nouveau pour le même fait* »[9]. La règle est donc tout à la fois un principe de procédure pénale qui interdit toute nouvelle poursuite et un principe de fond dans la mesure où elle garantit à tout individu de ne pas être puni deux fois pour un même fait[10].

Ces deux faces du principe ne conduisent pas aux mêmes conséquences et ne sont pas garanties de manière identique.

En tant que principe de procédure, la règle *non bis in idem* correspond à l'interdiction du cumul de poursuites à l'encontre d'une même personne à raison des mêmes faits. Ce *non-bis in idem* procédural correspond avant tout à une exigence de sécurité juridique pendant et après le procès grâce au rayonnement de la chose jugée.

---

[2] TGI Paris, 11e ch. corr., 20 nov. 2014, affaire dite OBERTHUR.

[3] TGI Paris, 11e ch. corr., 26 sept. 2014, Procureur de la République c/ al, affaire dite *PECHINEY bis*.

[4] TGI Paris, 11 e ch. corr., 3 oct. 2014, affaire dite EADS.

[5] TGI Paris, 11 e ch. corr., 4 juin 2014, affaire dite ALTRAN.

[6] Sur le sujet de la suppression des cumuls V. COULON J.-M., « La dépénalisation de la vie des affaires », La documentation française, 2008.

[7] Décisions n°2014-453/454 QPC et 2015-462 QPC du 18 mars 2015, M. John L. et autres.

[8] Voir dans ce sens, BEZZINA Anne-Charlène, « L'identité menacée de la règle *non bis in idem* en droit public français », R.D.P. , 01 juillet 2015 n°4, p. 945.

[9] HILAIRE J., Adages et maximes du droit français, Paris, Dalloz, 2013, p. 2

[10] C'est ce qui ressort d'une lecture attentive des manuels de procédure pénale et de droit pénal général qui ne consacrent pas les mêmes développements aux deux facettes. Cf. par ex. PRADEL J., Procédure pénale, 17e éd., Paris, Cujas, 2013, pp. 912-915 ; PRADEL J. et VARINARD A., Les grands arrêts du droit pénal général, 8e éd., Paris, Dalloz, 2012, pp. 690-725.

En tant que principe de fond, la règle que l'on pourrait qualifier de *non-bis poena in idem* est liée à la précédente. Elle propose que les sanctions ne soient pas cumulées dans une proportion déraisonnable, ce qui conduit à élever le niveau de garantie du justiciable. Le non-cumul des peines est associé à une exigence d'équité, voire aux droits de la défense et constitue un gage contre l'arbitraire. Ce volet est le plus ancien.

C'est sous ce deuxième angle que le principe avait été inscrit dans l'article 131 alinéa 1 du Statut général de la Fonction publique de 1974 qui, jadis, énonçait :

« *Une même faute disciplinaire ne peut être sanctionnée plus d'une* fois » ;disposition reprise intégralement par le décret n°94/199 du 07 octobre 1994 portant Statut général de la Fonction publique de l'État, modifié et complété par le décret n°2000/287 du 12 octobre 2000, en son article 95(2).

En d'autres termes, l'administration ne peut prononcer à l'encontre d'un fonctionnaire plusieurs sanctions, simultanées ou successives, à raison d'un même fait.

L'inobservation par l'autorité disciplinaire de l'obligation ainsi fixée est strictement sanctionnée par la Chambre administrative dans le premier jugement, en des termes très clairs et pédagogiques **:**

« ***Attendu qu'il ressort du dossier de procédure que le sieur ETCHONA MONKAMA Florent a été doublement sanctionné au plan disciplinaire pour les mêmes faits : d'abord par le Préfet suivant arrêté n°343/AP/A04/BASC du 10 mai 1983 lui infligeant huit jours de prison puis par le Ministre de l'Administration Territoriale, signataire de l'arrêté n° 00327/A/MINAT/DAG/SPI du 3 décembre 1984 portant sa révocation.*** **Qu'il est de principe que nul ne peut, pour une même faute, être sanctionné plus d'une fois. Que ce principe ressort d'ailleurs des dispositions de l'article 131 alinéa 1 du statut général de la Fonction publique** *qui énonce : une même faute disciplinaire ne peut être sanctionnée plus d'une fois.* ***Qu'il s'ensuit que la deuxième sanction, en l'occurrence l'arrêté de révocation du 10 mai 1984, mérite d'être annulée*** ».

Le juge administratif avait eu, plusieurs fois, l'occasion de rappeler ce qu'exigeait le respect de ce principe. Dans l'arrêt du 08 décembre1970, BILAE Jean, par exemple, il affirmait que :

« ... *En ce qui concerne le non-respect du principe 'non bis in idem' en matière de discipline des agents publics, une certaine procédure doit être suivie avant d'aboutir à la sanction ; que tel n'a pas été le cas de l'espèce presque codécision d'affectation litigieuse qui a été prise par les supérieurs hiérarchiques du sieur BILAE sans une quelconque procédure préalable ; considérant au surplus que celui-ci ne rapporte et n'offre pas de rapporter la preuve qu'il s'agissait d'un déplacement d'office déguisé ; que dès lors la décision d'affectation susvisée n'ayant aucun caractère disciplinaire, le principe non bis in idem n'a en conséquence pas pu être violé* ».

Le raisonnement était identique dans le jugement n°38 du 31 mai 1990, Sieur NDOUDOUMOU NKILLI Jean contre Etat du Cameroun (ministère de la Fonction publique et du Contrôle de l'Etat) (MFPCE)[11].

Inspecteur des Impôts, sieur NDOUDOUMOU avait été, à la suite d'inculpation pour trafic d'influence, doublement sanctionné : d'abord son Ministre utilisateur, en l'occurrence le Ministre des Finances, lui avait déjà infligé un blâme avec inscription au dossier par décision n°7449 du 31 janvier 1981. Ensuite, sur proposition du même Ministre utilisateur, il avait été relevé de ses fonctions par arrêté n°022/PM du 17 février 1981. Enfin, l'arrêté n°08106 du 26 septembre 1981 était venu lui infliger la sanction d'abaissement de classe avec interdiction d'avancer durant 4.

En réaction contre cette décision, sieur NDOUDOUMOU saisit l'autorité compétente d'un recours gracieux préalable le 26 novembre 1981, qui est rejeté explicitement par lettre n°03/9 du 26/01/1982, lequel rejet lui permit de saisir, par requête contentieuse datée du 23 avril 1982, le Président de la Chambre administrative de la Cour Suprême d'un recours tendant à l'annulation pure et simple de l'arrêté n°08106 du 26 septembre 1981 lui ayant infligé la sanction d'abaissement de classe avec interdiction d'avancer durant 4 ans pour « *trafic d'influence* » et à la condamnation de l'État à lui payer la somme de 50.000.000 FCFA, à titre de dommages-intérêts parce que, pour le même motif, il avait été doublement sanctionné.

La pertinence des moyens invoqués par le requérant à l'appui de son recours avait amené le juge de l'espèce à faire droit à sa demande :

---

[11] Voir les observations du Doyen KAMTO sur cette décision dans Juridis Info n°10, juin 1992, pp. 52-53.

« *Attendu, disait-il alors, qu'il résulte effectivement du dossier de la procédure que pour les mêmes faits décrits comme trafic d'influence, sieur NDOUDOUMOU NKILLI jean avait fait l'objet de 2 sanctions, l'une de blâme avec inscription au dossier, prononcée par décision n°07149, notifiée à l'intéressé le 05/03/1981, l'autre d'abaissement de classe contenue dans l'arrêté n°08106.Qu'il est patent qu'en infligeant la sanction contenue dans son arrêté attaqué et pour les mêmes faits, le Ministre de la Fonction publique a violé les dispositions de l'article 131 du décret n°74/138* ».

Toutefois, un même agent public peut se voir infliger une double sanction pour les mêmes faits, sans qu'il y ait violation de ce principe lorsque les sanctions ont été infligées au même agent alors que celui-ci se trouvait soumis à un double statut.

Ainsi en avait décidé le juge administratif dans une espèce DJOUM Léon, objet de l'arrêt n°656 du 25 octobre 1957 :

« *Considérant que* ***s'il est exact que, pour les mêmes faits, le requérant a été l'objet de deux sanctions successives,*** *à savoir, l'exclusion de l'école des infirmiers d'Ayos, puis la révocation,* ***la règle non-bis in idem ne s'opposait nullement à ce que ces deux sanctions puissent lui être infligées, la première d'entre elles ayant été prononcée uniquement contre l'élève, abstraction faite de sa qualité de fonctionnaire, tandis que la seconde s'appliquait au fonctionnaire qu'il était aussi avant même son entrée à l'école et qu'il est resté nonobstant son exclusion de l'école****. Qu'étant à la fois élève et fonctionnaire, il avait une double qualité et se trouvait soumis à un double statut ; qu'il pouvait dès lors être l'objet, le cas échéant, pour un même fait, des sanctions prévues par chacun de ces deux statuts (...) chacune le frappant à un titre différent* ».

En outre, ce principe ne s'oppose pas à ce qu'un fonctionnaire puisse être à la fois l'objet d'une poursuite pénale et d'une poursuite disciplinaire, car « *la sanction disciplinaire est indépendante de la sanction pénale* ».

Le principe de cette indépendance avait été exposé avec plus de clarté par le juge administratif dans l'arrêt n°265 du 27 novembre 1963, MVE Jean : « ***Considérant… que le pouvoir disciplinaire est indépendant des poursuites pénales*** *et consiste dans la possibilité accordée à l'autorité compétente de frapper un fonctionnaire d'une certaine répression pour* *les fautes qu'il a commises dans l'exercice de ses fonctions. Qu'ainsi,* ***un même fait peut faire l'objet de deux instructions, l'une pénale, l'autre disciplinaire*** ».

Le juge administratif avait fait application du même principe dans les arrêts numéros 489 du 28 juillet 1966, BOUNOU MESSY Raphaël, 68 du 31 mai 1979, BOUDOMBO Moudio, 54 du 26 avril 1979, KEYANFE Jean Robert et 49 du 26 juillet 1990, MAUGER Pierre contre État du Cameroun. Il signifie que les poursuites répressives administratives et les poursuites pénales peuvent être engagées en raison d'un même fait et que les deux types de sanctions peuvent se cumuler.

La juridiction administrative a ainsi contribué à faire émerger les droits fondamentaux des fonctionnaires en imposant le respect, par l'administration, non seulement du principe *non bis in indem*, mais aussi de celui de la motivation obligatoire des sanctions disciplinaires.

II. Le juge annule la sanction en cause pour non-respect par l'administration de la règle de motivation obligatoire

L'autorité administrative est-elle astreinte à l'obligation d'indiquer sur la décision qu'elle prend les motifs de son action ? À cette question, la jurisprudence administrative a progressivement apporté une réponse claire, mais souvent discutable.

Après avoir affirmé, de manière constante, que « *la motivation aussi explicite et complète que possible... doit être écrite et comporter des considérations de fait et de droit qui constituent le fondement de la décision* »[12], le juge administratif, dans un premier temps, n'a pas reconnu l'existence d'un principe général de motivation des actes administratifs[13], « *sauf exigence expresse par un texte* »[14]. Dans un second temps, après avoir précisé que « *doivent être obligatoirement motivées les décisions à portée individuelle qui infligent une sanction, retirent ou abrogent une décision créatrice de droit* »[15], il a, dans l'affaire ALOLA Dieudonné, objet du jugement n°04 du 16 janvier 2008,

[12] CS.CA, jugements numéros 31 du 25 février 1993, MOMO Pierre Marie et 35 du même 25 février 1993, NGAMBI TENE Ebenézer.

[13] CS.CA, jugement n°46 du 27 mai 1982, MIANDEU Jean.

[14] CS.CA, jugements n°s12 du 24 février 1994, Commissaire de Police EDZOA Georges Maurice et 46 du 30 janvier 1997, ABDOULAYE MAZOU.

[15] CS.CA, jugements n°63 du 27 juillet 2000, les Ets le Paysan et n°75 du 29 juin 1989, MBARGA Raphaël.

ajouté « …***que les actes administratifs de caractère individuel doivent être motivés*** *pour permettre à la personne intéressée de connaître les raisons qui les soutenaient et au juge administratif d'en apprécier la légalité.* ***Qu'il résulte qu'un acte administratif individuel dépourvu de motif est entaché d'excès de pouvoir…*** »

La Chambre administrative était allée très loin dans l'extension du champ d'application de la motivation obligatoire en affirmant, dans son jugement n°116 du 13 avril 2011, NGA Joséphine NDZANA, « ***qu'il est de principe que toute décision administrative doit être motivée.*** *Qu'il en résulte que l'insuffisance de motif équivaut au défaut de motif...* »

Elle confirmait ainsi une tendance déjà perceptible dans l'affaire MUMA ZOFUNYUI John contre Etat du Cameroun (MINCULT), objet du jugement n°55 du 11 mars 2009 où elle affirmait « *que* ***les actes administratifs doivent être motivés*** *pour permettre tant à la personne intéressée de connaitre les motifs qui soutiennent l'acte dont s'agit, qu'à la juridiction en cas de contentieux d'en apprécier la légalité* »[16].

On peut dès lors se demander s'il ne s'agissait pas là d'un simple débordement de langage ou alors s'il s'agissait d'un revirement de jurisprudence, à notre sens assez problématique.

Au demeurant, cette solution, animée sans doute par le souci manifeste de limiter l'arbitraire administratif, était d'autant plus discutable qu'elle était en totale contradiction avec certaines dispositions textuelles en vigueur. L'on ne peut manquer, par exemple, de se poser la question de savoir si le Président de la République peut raisonnablement être tenu de motiver ses décrets de nomination et de révocation des membres du Gouvernement, alors même que la nomination et la désinvestiture à pareil poste sont, par nature, discrétionnaires[17], ne

---

[16] Dans le même sens, voir CS.CA, jugement n°07 du 26 février 1998, Dame TAKOTE Madeleine, épouse TIGNOPKA, « *toute décision administrative doit être motivée* ».

[17] **Comme l'avait reconnu, à juste raison d'ailleurs mais de manière particulièrement éloquente et anecdotique, le Président de la République, Paul BIYA, lorsqu'il s'expliquait sur le limogeage survenu quelques mois plutôt du Ministre des Relations Extérieures,** dans une interview accordée le 19 février 1987 à l'ancien Rédacteur en Chef de la Télévision Nationale, Eric TCHINJE : « ***en ce qui concerne les emplois supérieurs (Ministres, Secrétaires Généraux, gouverneurs, Préfets, Ambassadeurs, etc.) ils sont essentiellement révocables ; c'est-à-dire que la révocabilité est inscrite dans leur essence. En termes plus clairs, le Chef de l'Etat peut révoquer les titulaires de ces fonctions, sans avoir d'explications à donner à qui que ce soit. Dans le jargon juridique de notre temps, on dirait que ce sont des fonctions***

requérant par conséquent, en vertu de la Constitution, aucune justification juridique de la part du décideur.

En tout état de cause, en droit disciplinaire de la Fonction publique, les textes font obligation à l'autorité détentrice du pouvoir disciplinaire de motiver la sanction qu'elle prend à l'encontre du fonctionnaire.

Par exemple, aux termes de l'article 95 (1) du décret n°94/199 du 07 octobre 1994 portant Statut général de la Fonction publique de l'État, modifié et complété par le décret n°2000/287 du 12 octobre 2000, « *toute sanction disciplinaire doit être motivée, à peine de nullité absolue* ».

Dans le même sens, l'article 92 du décret n°2012/539 du 19 novembre 2012 portant Statut Spécial du corps des fonctionnaires de la Sûreté Nationale dispose que « *la sanction administrative doit être motivée* ».

La juridiction administrative veille également au respect par l'administration de l'obligation ainsi fixée. Le jugement n°50/ADD du 27 avril 1995, NGUENANG Jean-Pierre contre État du Cameroun est, à cet égard, révélateur de son attitude :

« *Attendu que* ***toute décision administrative doit énoncer les motifs propres et suffisants qui justifient la mesure prise contre le fonctionnaire*** *et ce, conformément à l'article 133 (1) du Statut général de la Fonction publique et l'article 25 (2) du décret n°75/577 du 12 août 1975 fixant les règles de la procédure disciplinaire dans la Fonction publique, qui exigent tous que la sanction disciplinaire doit toujours être motivée. Que selon la doctrine, cette motivation qui est placée sous le contrôle de la juridiction administrative, juge de la légalité, doit être écrite et comporter l'énoncé des considérations de droits et de fait qui constitue le fondement de la décision. Elle doit être aussi explicite et complète que possible. Que l'obligation où l'administration se trouve de motiver suffisamment la sanction disciplinaire qu'elle inflige à un fonctionnaire la contraint en même temps à réfléchir, à s'assurer d'une part que la loi ou la réglementation qu'elle se propose d'appliquer est bien celle qui convient à l'espèce. Aussi doit-elle être annulée, pour vice de forme, erreur de droit ou détournement de pouvoir, toute décision de l'autorité administrative non motivée ou comportant des motifs inexacts,*

***révocables ad nutum, c'est-à-dire (…) je peux opiner de la tête et vous n'êtes plus rédacteur en Chef de la CTV, je n'ai pas à expliquer quoi que ce soit à qui que ce soit* ».**

erronés et indéterminants et qui inflige une sanction disciplinaire à un fonctionnaire ».

Une solution analogue avait été retenue le même jour et pour les mêmes faits par la Chambre administrative de la Cour Suprême dans son jugement n°48, ITAMBE HAKO Prosper contre Etat du Cameroun[18].

Elle a appliqué la même solution sous l'empire du Statut général de 1994. Comme en témoignent les extraits significatifs ci-dessous du jugement n°121 du 28 novembre 2007, WABO RIGOBERT contre État du Cameroun (MFPRA) :

« *Attendu que l'action tendant à l'annulation, pour excès de pouvoir, de l'arrêté n°6897 du 24 juillet 1998 se fonde sur deux moyens consistant en une double illégalité : une illégalité de forme et une illégalité de fond.* ***Que l'illégalité formelle ou vice de forme consiste en ce que l'arrêté n°6897 du 24 juillet 1998 qui rapporte celui n°8576 du 29 décembre 1994 n'est pas motivé.*** *Qu'en effet, conformément aux dispositions de l'article 95 alinéa 1-a du décret n°94/199 du 7 octobre 1994 portant Statut général de la Fonction publique de l'État : « toute sanction disciplinaire doit être motivée à peine de nullité absolue ». Qu'il résulte de ces dispositions que toute décision administrative infligeant une sanction disciplinaire à un fonctionnaire doit énoncer les motifs propres et suffisants justifiant la sanction prise contre ce fonctionnaire ;*

« Attendu que l'obligation faite à l'administration de motiver suffisamment le contraint à réfléchir et à s'assurer qu'elle a la preuve des faits et des circonstances de la cause d'une part, et à vérifier que la loi ou la réglementation qu'elle se propose d'appliquer est bien celle qui convient pour le cas d'espèce. Attendu que, par ailleurs, cette motivation, qui est placée sous le contrôle de la juridiction administrative, juge de la légalité, doit être écrite et comporte l'énoncé des considérations de fait et de droit qui constituent le fondement de la décision, elle doit être aussi explicite et complète que possible. *Qu'en conséquence, l'arrêté n°6897 du 24 juillet 1998 n'étant pas motivé en violation des dispositions de l'article 95 alinéa 1-a du décret n° 94/199 du 7 octobre 1994 portant Statut général de la Fonction publique de l'État doit être annulé pour vice de forme ».*

[18] Dans le même sens, voir CS.CA, jugement n°12 du 28 janvier 1982, Dame BINAM. CS AP, arrêt n°3 du 16 décembre 1982, ESSIMI Fabien. CS/CA, jugement n°75 du 29 juin 1989, MBARGA Raphaël.

Il en était de même dans le jugement n°63 du 27 juillet 2000, Établissement le Paysan contre État du Cameroun (MINEDUC) :

« *Attendu que (...) la décision du Ministre de l'Éducation Nationale de retirer les travaux confiés aux Établissements « Le paysan » par Fax numéros 417 et 418 du 17 mars 1997 est également entachée d'excès de pouvoir en ce qu'elle n'est pas motivée.* ***Attendu qu'en effet, doivent être obligatoirement motivées, les décisions à portée individuelle qui infligent une sanction, retirent ou abrogent une décision créatrice de droit comme dans le cas d'espèce.*** *Qu'il y a donc lieu de constater les fax n°417 et 418 du 17 mars 1997 du Ministre de l'Éducation Nationale qui constitue les décisions administratives sont entachées d'excès de pouvoir* ».

L'utilité d'obliger l'administration à motiver les sanctions disciplinaires, mise en relief de manière très significative par le juge de l'espèce NGUENANG Jean-Pierre, est constamment affirmée avec vigueur par la doctrine.

Pour Mme WIENER Céline, par exemple, imposer à l'administration de faire connaître le pourquoi de leurs décisions présente de très grands avantages, tant du point de vue de la protection des droits des citoyens que de celui d'une bonne administration.

Du point de vue des administrés, il est incontestable que la motivation des décisions prises à leur égard constitue une garantie des plus précieuses. Elle leur permet de connaître les considérations sur la base desquelles l'administration s'est décidée et, le cas échéant, d'en discuter le bien-fondé. Elle leur assure tout d'abord que l'administration a réellement étudié leur dossier : l'obligation de motiver les décisions à prendre est un moyen très sûr d'éviter que les fonctionnaires n'expédient les affaires de manière hâtive et superficielle, à l'unique fin d'en être au plus vite déchargés. Les seuls mots « *Non* » ou « *Demande rejetée* » inscrits au bas des formulaires qui leur sont soumis ne suffisent pas à donner la certitude que les agents ont véritablement statué avec tout le sérieux et la réflexion souhaitables.

La motivation est également un gage de l'examen impartial des circonstances de la cause, en ce sens qu'elle mine les possibilités d'arbitraire, voire d'illégalité. La nécessité d'expliquer en droit et en fait, les prémisses d'une décision a toutes les chances d'assurer la correction de celle-ci et, notamment, d'éviter les injustices et les passe-droits. Elle incite en effet l'administration à n'agir que pour des motifs avouables, c'est-à-dire, en dernière analyse, dans un cadre de légalité.

Enfin, et ce n'est pas son moindre mérite, l'indication des motifs d'une décision est seule de nature à toujours fournir aux intéressés la possibilité de contester efficacement la mesure prise à leur encontre. Pour discuter en toute connaissance de cause le bien-fondé d'une décision, il est indispensable de connaître les considérations sur lesquelles elle repose ; il faut pouvoir rapprocher sa teneur des règles juridiques applicables et des appréciations sur la base desquelles l'administration en a fait application.

Les chances de faire aboutir un recours, qu'il soit hiérarchique ou juridictionnel, dépendent en effet, dans une large mesure, du contenu du dossier et celui-ci, à son tour, est conditionné par ce que l'administration aura fait connaître du pourquoi de sa décision.

Garantie préventive contre les décisions injustes ou insuffisamment mûries, garantie a posteriori de l'effectivité des possibilités de recours, telle est donc l'utilité de la motivation pour les particuliers.

Mais elle comporte également des avantages du point de vue d'une bonne administration, c'est-à-dire en définitive de l'intérêt public. Elle permet tout d'abord un contrôle plus poussé de la légalité de l'action administrative et de sa conformité à l'intérêt général. Le contrôle pourra porter non seulement sur le dispositif de la décision, mais sur ses antécédents, sur la manière dont l'administration a fait usage de ses pouvoirs[19].

Une décision commentée et dûment justifiée a certainement de meilleures chances d'être comprise et acceptée par son destinataire, surtout si elle lui est défavorable, que la seule notification d'une mesure ne comportant pas d'explications[20].

---

[19] WIENER Céline, La motivation des décisions administratives en droit comparé, Revue Internationale de Droit Comparé, 1969, Volume 21, Numéro 4, pp. 779-795, notamment pp. 780-788.

[20] V. KEUTCHA TCHAPNGA C., « L'obligation de motiver certaines décisions administratives au Cameroun », Juridis Périodique, Yaoundé, juillet-août-septembre 1997, pages 60-66. Mais s'il présente effectivement d'immenses avantages, il comporte aussi certains inconvénients ; plus exactement, son application systématique dans tous les cas se heurterait à des obstacles d'ordre pratique, comme par exemple, le surcroît de travail qui en résulterait pour les autorités administratives. Ces différents arguments,

Dans tous les cas où la motivation est obligatoire, elle doit être suffisante. « *Pour qu'une décision soit suffisamment motivée, il faut (...) que ses mentions permettent de connaître ce qui l'a déterminée* »[21]. En conséquence, la motivation doit :

– *D'une part*, être directement incluse dans la décision. Elle ne peut consister en une simple référence à un avis. Il faut que la décision s'approprie cet avis et incorpore en conséquence son texte.

Cette exigence s'est trouvée particulièrement soulignée dans l'affaire Dame BINAM, née NGO NJOM Fidèle, objet du jugement n°12 du 28 janvier 1982 : « *attendu que (...) la motivation par référence, ce qui n'est pas le cas de l'espèce, est illégale* ».

La position du juge administratif sur ce point est désormais claire et bien établie. Ainsi, la décision MBARGA Raphaël[22] réaffirme que « *ni le simple rappel des termes de la loi sur la base de laquelle est pris l'acte, ni le renvoi à un avis, même conforme, ne sont suffisants pour le motiver* ».

– *D'autre part*, être précise et explicite.

La motivation doit ainsi être écrite et fournir les moyens au destinataire de l'acte de connaître et, éventuellement, de discuter les motifs de la sanction.

Conclusion

Avec constance, la juridiction administrative camerounaise est progressivement en train de contribuer à faire émerger et respecter les droits fondamentaux par l'administration. Les jugements ci-dessus rapportés en sont les parfaites illustrations.

Célestin KEUTCHA TCHAPNGA

---

pour pertinents qu'ils soient, ne nous semblent pas devoir porter atteinte au principe même de l'utilité de la motivation

[21] ODENT R., Conclusions sur C.E., 5 avril 1946, DAUPEYROUX et autres, S. 1946, III, 21.

[22] En ce sens, lire KEUTCHA TCHAPNGA C et SIETCHOUA C, « Aspects nouveaux de la notification des normes administratives individuelles :note sous Cour Suprême, Chambre Administrative, jugement n°29 du 3 mai 1990, MBARGA Symphorien contre Etat du Cameroun », Revue Electronique des Droits et des Institutions d'Afrique, Bordeaux, n°01, novembre 2000.

17.

Fonction publique – Révocation d'un gendarme à la suite des faits matériellement inexacts – Excès de pouvoir – Oui – Annulation de la sanction – Oui – Caractère certain du préjudice subi du fait d'une brusque révocation – Oui – Réparation du préjudice par l'allocation d'une indemnité équivalente au traitement – Oui.

Cour Suprême. Chambre administrative, jugement n°81 du 30 juin 1983, METOU Josué contre Etat du Cameroun (ministère des Forces Armées)

(...) Attendu que le recours gracieux de METOU adressé au Ministre d'État chargé des Forces Armées le 07 février 1979 est resté sans effet. *Qu'il y a donc lieu de déclarer son recours contentieux recevable comme introduit dans les formes et délai de la loi.*

Attendu que le représentant de l'État, pour justifier la révocation de METOU Josué, nonobstant l'ordonnance de non-lieu dont il a bénéficié, soutient que l'action pénale, que le refus d'ordre de poursuite, le non-lieu ou l'acquisition ne font "en aucun cas obstacle au pourvoir disciplinaire".

Attendu que certes si une faute professionnelle peut être distincte de la faute pénale, encore faut-il l'établir de façon nette et claire.

Que dans le cas de l'espèce, des poursuites pénales ont été engagées contre l'Adjudant-Chef METOU Josué pour "s'être à Abong-Mbang, arrondissement dudit département du Haut-Nyong, courant 1976, en tout cas depuis temps légal non prescrit et dans le ressort judiciaire militaire de Yaoundé, rendu coupable de délit de détournement d'effets militaires, notamment de 34 sacs de ciment".

Attendu qu'au terme de l'information judiciaire ouverte, METOU Josué a bénéficié d'une ordonnance de non-lieu rendue le 30 janvier 1979 par le Juge d'Instruction du Tribunal Militaire de Yaoundé, établissant ainsi l'inanité des faits à lui reprochés ; or, avant même la décision du Juge pénal saisi, METOU Josué a été traduit pour les mêmes faits devant une Commission de Discipline dont le résultat a été sa révocation au motif pris d'indiscipline notoire et comportement indigne d'un Sous-officier sans qu'il soit précisé en quoi ont consisté l'indiscipline notoire et le comportement indigne d'un Sous-officier alors et surtout que dans ses écritures, le représentant de l'État reconnaît en " à ce militaire expérimenté un très grand degré de confiance". Qu'il y a donc lieu de se demander si on peut accorder un très grand degré de confiance à un militaire « *notoirement indiscipliné* ».

Attendu que pouvait-on tout au plus reprocher à METOU Josué une certaine négligence parce qu'il a signé le bon de livraison alors que le ciment n'était pas encore livré ; mais quand on sait que les faits se déroulent dans une petite ville où tout le monde se connaît et où les rapports sont empreints de confiance, on ne peut même pas parler de négligence puisque le commerçant avait promis à METOU que le ciment serait livré au retour du camion de Yaoundé le soir même.

Attendu, par ailleurs, et contrairement aux assertions du représentant de l'État, que METOU, Chef Secrétaire de la Compagnie de Gendarmerie d'Abong-Mbang chargé du contrôle de la gestion du crédit casernement des Brigades n'est pas du tout sorti de ses fonctions en acceptant de jouer l'intermédiaire entre le commerçant KOUANGA et le

Commandant de Brigade de NGOYLA et à la demande de ce dernier ; avait-il refusé qu'il est fort à parier qu'il lui aurait été reproché le manque de collaboration.

Attendu que les 34 sacs de ciment ont fini par être livrés par le commerçant qui sans doute avait voulu profiter de la confiance qui régnait dans ses rapports avec METOU. Attendu qu'il en découle que l'arrêté incriminé est entaché d'excès de pouvoir pour s'être fondé sur des faits matériellement inexacts et comme tel il doit être annulé.

Sur les dommages-intérêts

Attendu qu'il est incontestable que METOU a subi un préjudicie certain du fait de son brusque licenciement alors et surtout qu'il était âgé de 45 ans donc pouvait encore travailler pendant 5 ans avant son admission à la retraite et qu'il est père de 24 enfants. *Qu'il y a par conséquent lieu de lui allouer, à titre des dommages-intérêts, la somme de 171 593 francs x 12 x 5 = 10. 295 580 francs CFA.*

Attendu qu'il convient de débouter METOU de sa demande de remboursement des crédits FONADER et SCB, demande sans aucune relation avec l'arrêté attaqué.

Par ces motifs, statuant publiquement, contradictoirement en matière administrative, à la majorité des voix, et en premier ressort : **décide : Article 1er.** Le recours est recevable en la forme. **Article 2.** Il est fondé par conséquent l'arrêté n°0677/AM/MINFA 312 du 20 novembre 1978 du Ministre d'État chargé des Forces Armées est annulé pour excès de pouvoir. **Article 3.** L'État du Cameroun est condamné à payer à METOU Josué la somme de 10 295 580 francs CFA de dommages- intérêts.

NOTE

On a longtemps considéré que les questions de fait devaient être appréciées de façon discrétionnaire par l'administration, sans que le juge pût vérifier l'existence matérielle des motifs de fait allégués par l'auteur de l'acte administratif, encore moins leur qualification juridique. Le contrôle du juge ne pouvait ainsi porter que sur le respect de la règle de droit par l'administration.

Une telle conception est, de nos jours, très loin d'être confirmée par le juge administratif camerounais qui, tout en refusant toujours de contrôler l'erreur manifeste d'appréciation ou encore l'opportunité de la prise d'une sanction disciplinaire, apparaît davantage comme un véritable juge de fait qui essaie progressivement de limiter au minimum le pouvoir discrétionnaire.

Comme en témoignent les circonstances du litige opposant le sieur METOU Josué à l'État du Cameroun, objet du jugement n°81 ci-dessus rapporté, rendu le 30 juin 1983 par la Chambre administrative de la Cour Suprême.

Les faits ne ressortent pas très nettement d'une simple lecture de ce jugement. Mais, il suffit de savoir qu'au cours de l'année 1973, un important crédit avait été mis à la disposition du Service de Casernement de la Brigade de Gendarmerie de Ngoyla, Compagnie d'Abong-Mbang dans le Département du Haut-Nyong. Pour les travaux envisagés, le Commandant de cette Brigade avait établi une liste des matériaux à commander aux Etablissements KOUANGA, son fournisseur habituel, parmi lesquelles 80 lattes. Tous les matériaux commandés avaient été livrés, à l'exception des 80 lattes qui, selon le fournisseur, devaient l'être ultérieurement, en l'absence de stocks au magasin.

En 1976, le Commandant de Brigade de Ngoyla demanda à l'Adjudant-chef METOU Josué, Chef Secrétaire de la Compagnie de Gendarmerie d'Abong-Mbang, chargé du contrôle de la gestion dudit crédit, de mener une transaction avec les Etablissements KOUANGA afin qu'au lieu des lattes, ils livrent plutôt du ciment en contre-valeur, ciment dont le casernement avait plutôt besoin. Il fut ainsi conclu entre METOU et KOUANGA qu'à la place de 80 lattes devaient être livrés à la Brigade de Ngoyla 34 sacs de ciment. À cette fin, KOUANGA faisait signer à METOU au préalable un bon de livraison en lui disant que le ciment sera livré dès que son camion l'aura ramené de Yaoundé dans la même soirée.

Pourtant, malgré les multiples démarches du sieur METOU, les 34 sacs de ciment n'avaient toujours pas été livrés au moment de son affectation de la Compagnie d'Abong-Mbang à celle de Bamenda ; ils l'avaient été finalement le 8 Mars 1979 ainsi que l'attestait le procès-verbal de restitution de la Compagnie de Gendarmerie d'Abong-Mbang.

À la suite de l'enquête menée par le Capitaine KOA ATANGANA, Commandant de la Compagnie de Gendarmerie d'Abong-Mbang, le Commandant de Brigade de Ngoyla avait reconnu avoir chargé METOU de la transaction. Malgré tout, une information judiciaire fut ouverte contre ce dernier ; information qui avait abouti à l'ordonnance de non-lieu en date du 30 janvier 1979. Entre-temps, le Capitaine KOA ATANGANA avait établi un dossier disciplinaire demandant la traduction de METOU devant une Commission de Discipline en vue de sa révocation ; celle-ci était intervenue à travers l'arrêté n°0677/AM/MINFA-312 en date du 20 novembre 1978, notifiée à l'intéressé le 26 janvier 1979 avec pour motif « *indiscipline notoire et comportement indigne d'un Sous-officier* ».

C'est cet arrêté de révocation que le sieur METOU avait attaqué devant le juge administratif en faisant valoir l'absence de preuve et les faits matériellement inexacts, l'enquête diligentée ayant abouti à une ordonnance de non-lieu. Il demandait en outre que l'Etat soit condamné à lui payer 25.000.000 frcs au titre des dommages-intérêts et 7.600.000 frcs au titre des dettes par lui contractées auprès du FONADER et à la SCB.

Le représentant de l'État avait conclu au rejet de ladite demande, motif pris de l'indépendance de l'action disciplinaire et de l'action pénale, l'autorité disciplinaire ayant, selon lui, la faculté d'apprécier de façon discrétionnaire la faute disciplinaire. Il demandait, en outre et reconventionnellement, que METOU et KOUANGA soient condamnés à payer à l'Etat 10.35.000 francs au titre des dommages-intérêts.

L'État s'était opposé sans succès aux prétentions du sieur METOU, car le Tribunal de céans avait estimé, à juste raison d'ailleurs, « *que l'arrêté incriminé (était) entaché d'excès de pouvoir pour s'être fondé sur des faits matériellement inexacts et, comme tel, il (devait) être annulé* ». C'est donc en toute logique que la Chambre administrative avait condamné l'État du Cameroun à payer au requérant la somme de 10 295 580 francs CFA à titre de dommages-intérêts, en réparation du préjudice certain qu'il avait subi du fait de cette brusque révocation.

D'apparence anodine, dépourvu de grandes affirmations de principe, le présent jugement, malgré la confusion malheureuse opérée en l'espèce entre la révocation et le licenciement, avait marqué une étape capitale dans l'évolution du contrôle opéré par le juge administratif sur l'exactitude matérielle des faits invoqués par l'administration pour justifier une sanction **(I)**. Cette décision constituait en outre un exemple d'application du principe selon lequel un fonctionnaire irrégulièrement révoqué et réintégré par la suite dans ses fonctions avait droit au rappel du traitement qu'il aurait perçu s'il était resté en activité **(II)**.

I. Le juge avait annulé une sanction disciplinaire fondée sur des faits matériellement inexacts

Chaque fois que l'autorité détentrice du pouvoir disciplinaire a allégué comme fondant une sanction un motif qui se révèle matériellement inexact, cette circonstance suffit à elle seule pour que la décision prise soit viciée et annulée par le juge de l'excès de pouvoir. *C'était le cas dans la présente affaire*.

Cette solution était d'autant plus remarquable qu'elle concernait une sanction prise dans l'exercice du pouvoir discrétionnaire du Ministre chargé des Forces Armées. Mais si, en cas du pouvoir discrétionnaire, l'administration est libre de prendre la sanction qui lui paraît convenable en face des circonstances de fait, elle n'est pas libre, même dans l'exercice d'un tel pouvoir, de se fonder sur des faits qui n'existent pas.

La Cour Fédérale de Justice, dans son arrêt n°44 du 30 avril 1968, ESSIANE AKA'A Jean, l'avait fort bien rappelé :

« *Considérant, d'une part, qu'* ***il n'est pas exact, comme l'affirme l'Etat, que le pouvoir discrétionnaire échappe à tout contrôle juridictionnel ; qu'il est désormais acquis que celui qui est investi d'un pouvoir même prétendument discrétionnaire a le devoir de l'exercer en vue de l'intérêt du service et dans les limites fixées par la loi elle-même*** *; d'autre part que* ***le juge doit vérifier si l'acte de l'administration est fondé sur un motif de droit erroné ou sur des faits matériellement inexacts ou s'il est entaché de détournement de pouvoir*** ».

Le jugement Adjudant-chef METOU Josué, en admettant le contrôle de l'exactitude matérielle des faits, avait abordé la question de ses moyens. Il a considéré : « *qu'au terme de l'information judiciaire ouverte, METOU Josué a bénéficié d'une ordonnance de non-lieu rendue le 30 janvier 1979 par le Juge d'Instruction du Tribunal Militaire de Yaoundé, établissant ainsi l'inanité des faits à lui reprochés ; or, avant même la décision du Juge pénal saisi, METOU Josué a été traduit pour les mêmes faits devant une Commission de Discipline dont le résultat a été sa révocation au motif pris d'indiscipline notoire et comportement indigne d'un Sous-officier sans qu'il soit précisé en quoi ont consisté l'indiscipline notoire et le comportement indigne d'un Sous-officier alors et surtout que dans ses écritures, le représentant de l'État reconnaît en " ce militaire expérimenté un très grand degré de confiance".* ***Qu'il y a donc lieu de se demander si on peut accorder un très grand degré de confiance à un militaire "notoirement indiscipliné"*** *»*.

Ainsi, le juge de l'espèce reconnaissait déjà, non seulement que la preuve devait ressortir des pièces du dossier, mais que la charge de la preuve pouvait être transférée du demandeur à l'administration défenderesse. On comprend mieux, dès lors, pourquoi il avait été amené à conclure : « *... que pouvait-on tout au plus reprocher à METOU Josué une certaine négligence parce qu'il a signé le bon de livraison alors que le ciment n'était pas encore livré ; mais quand on sait que les faits se déroulent dans une petite ville où tout le monde se connaît et où les* *rapports sont empreints de confiance, on ne peut même pas parler de négligence puisque le commerçant avait promis à METOU que le ciment serait livré au retour du camion de Yaoundé le soir même...Par ailleurs, et contrairement aux assertions du représentant de l'État ; que METOU, Chef Secrétaire de la Compagnie de Gendarmerie d'Abong-Mbang chargé du contrôle de la gestion du crédit casernement des Brigades, n'est pas du tout sorti de ses fonctions en acceptant de jouer l'intermédiaire entre le commerçant KOUANGA et le Commandant de Brigade de NGOYLA et à la demande de ce dernier ; avait-il refusé qu'il est fort à parier qu'il lui aurait été reproché le manque de collaboration... Que les 34 sacs de ciment ont fini par être livrés par le commerçant qui sans doute avait voulu profiter de la confiance qui régnait dans ses rapports avec METOU...* ***Qu'il en découle que l'arrêté incriminé est entaché d'excès de pouvoir pour s'être fondé sur des faits matériellement inexacts et comme tel il doit être annulé »***.

Ce jugement contenait déjà en germe toute la jurisprudence ultérieure favorisant la tâche du requérant dans l'établissement de la preuve et qui devait aboutir, notamment, à l'espèce NYAM Charles ci-avant annotée (*voir GD. n°14*).

Le juge de l'espèce avait ainsi confirmé une tendance jurisprudentielle amorcée dans l'arrêt n°4 du 22 mars 1966, MENGOUMOU Samuel contre État du Cameroun ; arrêt à l'occasion duquel l'Assemblée plénière de la Cour Fédérale de Justice avait annulé, pour faits non avérés, l'arrêté n°363 du 3 octobre 1957 du Premier Ministre révoquant le requérant de son emploi d'Adjoint Administratif des services civils et financiers pour vols et détournements de fonds.

Le raisonnement était identique dans le jugement n°56 du 22 avril 1976, BELINGA NDO Paul contre État du Cameroun.

En l'espèce, en annulant la décision du Ministre de la Fonction publique portant suspension du requérant de fonction pour refus de rejoindre un poste d'affectation, le juge avait précisé utilement :

«*(...) Qu'en fait, BELINGA NDO Paul ne pouvait pas rejoindre Bamenda le 23 Mars 1973 à l'expiration de son congé administratif puisqu'il se trouvait suspendu de ses fonctions par l'effet de la décision du 17 Mars 1973 et que, par conséquent, le Ministère des Finances n'aurait pas pu lui délivrer les réquisitions de transport. Que la décision critiquée repose donc ainsi sur des faits matériellement inexacts puisqu'il est établi qu'en aucun moment BELINGA NDO n'a refusé de rejoindre*

Bamenda, ne pouvant le faire le 14 Novembre 1972, puisque la note de service ne lui a été notifiée que le 20 Février 1973, ni le 23 Mars 1973 puisqu'il se trouvait déjà sous l'effet de la décision du 17 Mars 1973. ***Que constitue un excès de pouvoir et encourt, par conséquent, l'annulation tout acte administratif fondé sur des faits matériellement inexacts*** **».**

La Chambre administrative avait été davantage plus explicite dans son jugement n°33 du 31 mars 1977, KONEBA Samuel contre État du Cameroun. En annulant la décision du Ministre de la Jeunesse et de Sports portant suspension de fonction du requérant pour absence irrégulière, la fermeté du ton était à la mesure de la longueur des propos :

« *Considérant cependant que, des pièces versées au dossier, il ressort que le requérant, atteint d'une affection gastro-enterologique sévère, était suivi depuis le mois de mai 1975 par le Professeur René ESSOMBA, Chirurgien des hôpitaux en service à l'Hôpital Central de Yaoundé ; que le 9 juillet 1975, ce médecin a accordé 30 jours de repos au requérant malade ; qu'avant l'expiration le 9 août 1975 du mois de repos accordé, le recourant s'était présenté à la consultation les 1er, 15 et 25 août 1975 ; qu'à l'issue de la visite médicale du 25 août 1975, le Médecin traitant lui a délivré un autre certificat médical dans lequel il a certifié que l'état de santé du sieur KONEBA Samuel nécessitait une surveillance médicale régulière ; que par lettre datée du même jour, le requérant a demandé au Ministre de la Jeunesse et des Sports sa mutation à Yaoundé pour raison de santé ; Considérant que la circonstance qu'un fonctionnaire malade suivit régulièrement dans une formation hospitalière n'est pas hospitalisée n'implique nullement que l'état de santé dudit fonctionnaire n'est pas défaillant ; que la production par le requérant des certificats médicaux réguliers corroborés par les mentions portées dans la carte de traitement versé au dossier établit l'état maladif du recourant pendant la période à laquelle il a été absent de son lieu de service ; Considérant que la décision d'affectation du Ministre de la Jeunesse et des Sports prise le 2 avril 1976 à la suite d'un dossier de demande de mutation pour raison de santé constituée le 25 août 1975 confirme l'authenticité des certificats médicaux versés par le requérant dans son dossier de demande de mutation desquels il résulte que KONEBA était malade à Yaoundé et suivait un traitement régulier au Cabinet du Professeur René ESSOMBA, Médecin en service à l'Hôpital Central de Yaoundé.* ***Qu'en conséquence, c'est à tort que le Ministre de la Jeunesse et des Sports a, par décision n°70 du 16 mars 1976,***

rapporté partiellement pour compter du 13 février 1976 sa première décision n°222 du 1er novembre 1975 qui a été prise pour sanctionner les faits de cessation temporaire volontaire de service qui se sont révélés non juridiquement caractérisés ».

Quelques années plus tard, étonné par les moyens invoqués par l'administration, qui lui permettaient alors de mesurer combien elle avait une maîtrise insuffisante de l'étendue de ses pouvoirs dans le contrôle de l'exactitude matérielle des motifs par elle invoqués, le juge administratif, dans le jugement n°18 du 25 janvier 1990, NVONDO Daniel, réitéra avec vigueur ses anciens propos, dans des termes qui se voulaient cette fois didactiques : « ***Attendu que la Chambre administrative de la Cour Suprême, juge de l'excès de pouvoir, a le devoir de contrôler l'existence tant matérielle que juridique du motif allégué par l'auteur de l'acte administratif. Qu'ainsi, chaque fois que l'auteur de l'acte administratif a allégué comme fondant sa décision sur un motif qui se révèle matériellement inexact ou implique une erreur de droit, cette circonstance suffit à elle seule pour que la décision soit viciée et de ce fait sanctionnée pour excès de pouvoir****. Attendu que c'est l'Etat du Cameroun qui devait se garantir de toutes les dispositions réglementaires en notifiant à l'intéressé son congé ; qu'en mettant le demandeur en congé comme il l'a fait, l'État ne peut se prévaloir de sa propre turpitude. Attendu qu'il résulte de ce qui précède que le motif allégué comme fondant l'acte administratif attaqué est erroné et de ce fait entaché d'excès de pouvoir* ».

Cette position avait aussi été remarquablement exprimée dans le jugement n°14 du décembre 1991, Sieur MAIGARI ALHADJI HAMADJODA contre État du Cameroun (ministère de la Fonction Publique et du contrôle de l'État).

En effet, courant 1975, Sieur MAIGARI ALHADJI HAMADJODA, Adjoint Administratif en service au Ministère des Affaires Etrangères, qui avait manifesté d'une manière bruyante et tapageuse sa désapprobation à l'encontre du refus de l'administration de l'intégrer dans le cadre des Secrétaires des Affaires Etrangères, s'était vu arrêté et interné administrativement dans « *la prison coutumière* » du Lamido de Rey-Bouba. Pendant qu'il s'y trouvait est intervenu l'arrêté n°001657/A/MFP du 30 août 1976 portant sa révocation pour « *abandon prolongé de poste de service* ». Il ne sera libéré « *par mesure de clémence du Chef de l'État* », que par arrêté n°236/A/MINAT du 05 octobre 1982.

La Chambre administrative avait annulé l'arrêté de révocation litigieux en se fondant sur de fortes motivations juridiques et pratiques :

« ***Attendu que la décision incriminée constitue, sans le moindre doute, un excès de pouvoir comme étant fondée sur les faits matériellement inexacts ;*** *car si MAIGARI ALHADJI HAMADJODA a été absent de son lieu de travail, c'est du fait de l'administration* ». Pour le juge de l'espèce, « *il ne pouvait pas, étant embastillé à Tcholliré (Rey-Bouba), se présenter à son bureau à Yaoundé ; ce que l'administration n'ignorait pas* ».

Enfin, dans l'affaire ZANG OKOMO contre État du Cameroun, objet du jugement n°29 du 16 janvier 2008, le juge de l'espèce avait été très clair à cet égard : « *Attendu qu'il importe de préciser que la convocation ainsi prévue par la loi doit se faire par tout moyen laissant trace et doit être visée dans la décision infligeant la sanction disciplinaire pour permettre aux juges du fond d'exercer leur contrôle, toutes précisions qui n'apparaissent pas dans la décision querellée. Attendu, sur le manque de base légale, que le recourant soutient que l'arrêté litigieux....se fonde sur un motif erroné parce qu'il repose sur des faits matériellement inexacts.* ***Attendu sur ce point qu'il est également curieux de constater que l'arrêté litigieux n'indique pas dans ses visas le dossier disciplinaire constitué à l'encontre du fonctionnaire prétendument traduit devant la Commission Permanente de Discipline, ce qui permettait de croire que les preuves de la matérialité des faits avaient été rassemblées dans ce dossier. Qu'il s'ensuit que le recours est justifié et que la décision en cause encourt l'annulation*** ».

Le contrôle de l'exactitude matérielle des faits invoqués par l'administration avait alimenté une jurisprudence tout aussi abondante que celle relative au « *rappel intégral du traitement* »pour indemniser le fonctionnaire illégalement révoqué.

II. Le juge avait choisi le système dit du « rappel intégral du traitement » pour indemniser le fonctionnaire illégalement révoqué

Le fonctionnaire a droit à une rémunération comprenant *un traitement indiciaire*, des prestations familiales obligatoires et, éventuellement, des indemnités et primes diverses, dit l'article 27 du Statut général. C'est une obligation juridique de l'administration. Cette rémunération constitue un élément et un avantage statutaires. C'est une garantie fondamentale accordée au fonctionnaire par le Statut. La rémunération est due dès l'occupation effective de son poste de travail, à partir de sa nomination et de sa prise de service. Il peut perdre, dans certains cas, son traitement : mise en disponibilité, en placement sous les drapeaux[1].

La liquidation de la rémunération est faite après service fait. De ce principe statutaire découle la nécessité de prouver le service effectivement fait.

Mais, un fonctionnaire illégalement sanctionné, voire révoqué et réintégré par la suite dans ses fonctions, a-t-il droit au rappel du traitement qu'il aurait perçu s'il était resté en activité ou alors à une indemnité destinée à réparer le préjudice effectivement subi ?

Tel est le problème que la Chambre administrative avait, en outre, à résoudre dans le jugement METOU Josué ci-dessus rapporté.

La réponse à cette question ne relevait pas de l'évidence, car la jurisprudence camerounaise en la matière a été jadis très fluctuante.

Pendant longtemps, l'indemnité accordée au fonctionnaire illégalement sanctionné était égale au total du traitement qu'il aurait perçu s'il était resté en activité. Le Conseil du Contentieux Administratif était, sur ce point, très explicite :

« ***Considérant ... que lorsque le désinvestissement de la fonction provient du fait de l'administration, notamment au cas d'une suspension illégale ou d'un déplacement d'office irrégulier, l'agent a droit au traitement, bien qu'il n'ait pas exercé effectivement la fonction pendant tout le temps que subsiste l'empêchement*** »[2].

Pour le juge administratif national de l'époque, l'« *absence de service fait* »[3] ne justifiait pas le non-paiement du traitement d'un agent public, dès lors qu'il était démontré qu'une telle situation était imputable à l'administration.

Par la suite, cette jurisprudence favorable aux fonctionnaires illégalement sanctionnés fut abandonnée.

---

[1] OWONA Joseph, Droit de la Fonction Publique camerounaise, Paris, L'Harmattan, 2011, p. .104.

[2] CCA, arrêt n°192 du 05/12/1952, Dame REGNAULT veuve OLIVIER contre Administration du Territoire.

[3] Le principe du service fait interdit toutefois à l'agent public détenu ou incarcéré de toucher un traitement ; il peut, tout au plus, exiger une indemnité compensatrice, si sa détention était le fait de l'administration. En ce sens, V. CS.C.A, jugement du 28.09.1978, OWOUNDI Jean Louis.

Comme le précisait le Commissaire du Gouvernement PARODI dans ses conclusions sur l'affaire DEBERLES, (C.E.7 avril 1933, Rec. p. 439), « ***l'annulation de la mesure de désinvestiture ne supprime pas la réalité matérielle qu'est l'absence du service fait ; or, le droit au traitement est attaché non à la qualité d'agent public, mais au service fait*** **»**.

Faisant siennes ces conclusions, la Cour Fédérale de Justice, dans son arrêt du 8 décembre 1970, SITAMZE Urbain, en était venu à conclure :

«...***Qu'en l'absence de service fait, l'agent public privé irrégulièrement de ses fonctions n'a pas droit au traitement qu'il aurait perçu s'il était resté en fonction, mais ne peut prétendre qu'à une indemnité tenant compte de toutes les circonstances de l'espèce :*** *que compte tenu de l'illégalité qui entachait la mesure annulée, la Cour estime devoir allouer à SITAMZE la somme de 50.000 francs en réparation du préjudice subi du fait de la sanction prise à son égard dans des circonstances irrégulières ».*

Cette solution avait été réitérée dans un arrêt du 18 août 1972, Dame MACKONGO Agnès Flore contre État du Cameroun Oriental :

« ***Considérant (...) qu'il est de principe établi en jurisprudence administrative qu'en l'absence de service fait, l'agent privé irrégulièrement de ses fonctions n'a pas droit au traitement qu'il aurait pu recevoir s'il était resté en fonction, mais peut prétendre à une indemnité tenant compte de toutes les circonstances de l'espèce*** *(...). Que compte tenu de l'irrégularité qui entachait la décision attaquée...l'allocation de 25% par mois de la rémunération...pendant toute la période de la suspension de sa solde paraît pouvoir réparer suffisamment le préjudice* ».

Cette indemnité réparant le préjudice subi était calculée en tenant compte, d'une part des ressources que le fonctionnaire avait pu se procurer par son travail durant la période d'inactivité consécutive à la sanction encourue ; d'autre part, de l'importance respective des fautes commises par l'administration et son agent.

À un moment donné, on avait eu l'impression que le juge administratif camerounais avait abandonné le système de l'indemnité et qu'il était revenu à l'ancien système du rappel intégral de traitement.

Les exemples pour illustrer le propos ne manquaient pas :

Ainsi, dans l'affaire BELINGA ZE Thomas, objet du jugement n°4 du 23 février 1978, le juge de l'espèce avait condamné l'État à verser à l'intéressé « ***une indemnité équivalente à son traitement*** » ; car l'Etat était à l'origine du fait que le requérant n'avait pas exercé d'emploi correspondant à son grade :

« *Considérant, disait alors le juge de céans, qu'il est constant que seul le fonctionnaire titulaire d'un grade a droit au traitement affecté à l'emploi qu'il exerce ; qu'il n'est pas dénié par l'État que BELINGA ZE était titulaire d'un grade dans la Fonction publique ; qu'en ce qui concerne l'emploi afférant à ce grade, il y a lieu de rappeler que BELINGA ZE avait été mis à la disposition du Ministre de la Fonction Publique par arrêté présidentiel n°234/CAB/PR du 22 novembre 1973 ; qu'**il revenait donc au Ministère de la Fonction Publique de l'affecter dans un emploi de son grade ; que cette autorité ne l'ayant pas fait, a mis BELINGA ZE dans l'impossibilité d'exercer l'un des emplois de son grade. Considérant dès lors qu'il ne peut en être fait grief à l'intéressé qui avait par conséquent droit à sa rémunération.** (...). **Qu'il y a lieu de faire droit à ce second chef de la demande de BELINGA ZE et de condamner l'Etat à lui payer une indemnité équivalente à son traitement du 1er septembre au 31 décembre 1974, date de notification effective de l'arrêté n°002293/A/MFP/DP/SDPF/SCF/B2 du 3 décembre 1974 portant son admission à la retraite par anticipation*** ».

De même, dans l'espèce ATANGANA ELOUNDOU Cyprien, objet du jugement n°65 du 31 mai 1979, il était revenu sur la même position en déclarant :

« ***Que … la mise à la retraite de façon précipitée de l'intéressé lui a effectivement fait perdre neuf mois de son traitement net qui était de 76.178F.CFA par mois ; qu'il y a lieu de condamner l'État à verser à l'intéressé une indemnité équivalente à ces neuf mois de solde, soit le montant de 685.602F.CFA*** ».

Dans le jugement NJIKIAKAM TOWA précité, le juge s'était référé toujours à l'expression « ***indemnité compensatoire réparant la totalité du préjudice subi*** » :

« *Attendu que...le préjudice matériel subi par NJIKIAKAM TOWA Maurice s'analysait en la privation du traitement de l'intéressé par la faute de l'Administration qui l'a mis en état de ne pas exercer ses fonctions à la suite d'actes irréguliers.* ***Attendu qu'en exécution de la***

décision de la Chambre administrative, NJIKIAKAM TOWA Maurice a produit aux débats deux bulletins de solde, l'un de décembre 1977, l'autre de décembre 1978. Attendu qu'il résulte de ces pièces que le dernier traitement perçu par le requérant date de décembre 1978, ce qui, à ce jour, fait 31 mois que NJIKIAKAM TOWA Maurice a été rayé des contrôles sur le plan de solde. Que cette solde était en décembre 1978 de 178.779 F.CFA ; qu'ainsi, avec les réajustements des traitements intervenus en février 1981, la Cour estime la réparation due au requérant à la somme de 6.000.000 F.CFA. »

Cette tendance jurisprudentielle avait été confirmée de manière éclatante par le juge administratif dans l'espèce METOU Josué ici annotée : « *Attendu qu'il est incontestable que METOU a subi un préjudice certain du fait de son brusque licenciement alors et surtout qu'il était âgé de 45 ans donc pouvant encore travailler pendant 5 ans avant son admission à la retraite et qu'il est père de 24 enfants. Qu'il y a par conséquent lieu de lui allouer 171.593 F.CFA x12 x 5 soit 10.295.580 F.CFA »*.

On pouvait ainsi croire la jurisprudence définitivement fixée sur ce point. On se serait trompé, car, contre toute attente, la Chambre administrative, dans son jugement n°12 du 24 février 1994, EDZOA Georges Maurice contre État du Cameroun, **était revenue sur la jurisprudence MACKONGO Agnès** en affirmant :

«... ***Qu'en cas d'annulation de la révocation par la juridiction (cas d'espèce), il est reconnu au fonctionnaire un droit à indemnité correspondant au préjudice subi du fait de la mesure illégale*** *et qui tient compte, notamment, des revenus qu'a pu procurer au fonctionnaire l'exercice d'une activité privée durant la période d'éviction du service (24 mai 1933) ; qu'en l'espèce, cette indemnité s'analyse par l'ensemble des éléments de la rémunération qui était servie à EDZOA avant sa révocation* ».

Fort heureusement, le juge administratif a, à nouveau, renoué avec le fil de son ancienne jurisprudence sur le paiement intégral du traitement qui se fixait déjà et fixait les justiciables.

Il l'avait fait de manière fort significative dans le jugement n°96 du 13 août 2008, ITAMBE HAKO Prosper contre État du Cameroun.

Les circonstances de cette affaire étaient les suivantes : le 27 avril 1995,la Chambre administrative de la Cour Suprême avait rendu en audience publique ordinaire, conformément à la loi, le jugement ADD n°48/94-95, dont la teneur était la suivante : **Par ces motifs : « Décide :** « Article 1er : Le recours est recevable en la forme. « Article 2 : Il est fondé et par conséquent la décision n°219 /D / MINPAT /CAB 1 du 9 septembre 1991 et la lettre n°201/CE/MINPAT/CAB1 du 5 août 1991 sont annulées. « ***Article 3 : Le requérant est invité à produire des bulletins de salaire antérieurs à la sanction et ceux postérieurs à cette mesure ainsi que toute justification de la demande de dommages-intérêts ».***

À la suite de ce jugement, le requérant avait fait tenir les bulletins de solde en question qui faisait apparaître un manque à gagner de 828.116 (huit cent vingt-huit mille cent seize) de francs CFA. En outre, il réclamait 7 000 000 (sept millions) de francs CFA de dommages qui, d'après lui, devraient servir à réparer tous les autres dommages subis suite à la perturbation apportée dans ses salaires.

Le juge de l'espèce avait affirmé solennellement que « ***le requérant n'ayant commis aucun manquement à ses obligations professionnelles, il y a lieu de conclure qu'il a subi des dommages suite à la perturbation apportée sur son salaire et de condamner l'État à lui reverser le manque à gagner de 828.116 de francs sus invoqués et deux millions (2.000.000) de francs comme dommages-intérêts*** ».

L'arrêt n°8, rendu par les Sections Réunies de la Cour Suprême le 12 juin 2013 dans l'affaire opposant le sieur POTGA Il ELKANA à l'État du Cameroun (MINFOPRA) **était venu parachever cette évolution jurisprudentielle, tout en confortant les justiciables victimes de décisions administratives illégales :**

« ***Sur les dommages-intérêts – Attendu que durant la période de suspension, sieur POTGA II ELKANA a perdu son salaire pendant plusieurs mois. Qu'il convient de lui allouer à cet effet 18.000.000 francs, soit 83 mois de salaires suspendus***... ».

Célestin KEUTCHA TCHAPNGA

18.

Fonction publique – Fautes commises dans le service – Sanction disciplinaire – Oui – Confusion opérée entre licenciement et révocation – Oui –Candidat reçu à un concours – Fautes graves révélées après l'établissement de la liste d'admission – Refus de nommer à l'emploi sollicité – Oui – Excès de pouvoir – Non

CFJ/SCAY, arrêt n°62 du 15 mars 1969, Sieur BAKALAG Joseph Émile contre État du Cameroun Oriental

Considérant que par requête en date du 3 mai 1967, enregistrée le même jour au Greffe de la Section sous le n°422, le sieur BAKALAG a introduit contre l'État du Cameroun Oriental, un recours en appréciation de la légalité de refus de M. le Secrétaire d'État à la Fonction publique de le nommer, bien qu'il eût été admis au concours du 19 octobre 1965 pour le recrutement de 110 Maîtres de l'Enseignement général.

Considérant qu'il est constant que le requérant, engagé le 8 juillet 1961 en qualité de Maître d'Enseignement général Auxiliaire, *a été licencié le 9 décembre 1966, pour faute lourde*, pour avoir traité de « farceur » M. le Secrétaire d'État à l'Enseignement, dans une lettre qu'il avait écrite à un certain NYOBE Samuel, son collègue en poste à Dschang. Qu'en outre, fort de sa qualité de Directeur de l'École de Banwa-Centre, il fit acheminer sa lettre sous pli officiel, avec mention « service officiel » et cachet du Directeur.

Considérant que l'autorité administrative est en droit de refuser de procéder à la nomination d'un candidat reçu au concours, lorsque sont révélés, après l'établissement de la liste et les épreuves dudit concours, des faits qui sont par leur nature de la catégorie de ceux qui justifient l'exclusion d'un agent des cadres d'une administration. Or, attendu que tel est bien le cas des faits imputés au Sieur BAKALAG Émile Joseph ; qu'en effet, d'une part, en qualifiant son chef hiérarchique de « farceur », ce dernier a failli au devoir d'obéissance hiérarchique qui incombe à tout agent de l'État et l'oblige à une certaine retenue envers son supérieur, surtout lorsque celùi-ci se trouve, comme en l'espèce, être une autorité Gouvernementale ;

Que, d'autre part, en faisant acheminer une lettre personnelle sous le timbre de l'État, alors que ce timbre est ou doit être réservé à la correspondance officielle, le sieur BAKALAG a sans aucun doute commis une indélicatesse, qui, pour être légère, n'en constitue pas moins un manquement au devoir de moralité dont est tenu chaque fonctionnaire.

Considérant, par ailleurs, que doit être rejeté l'argument tiré par le sieur BAKALAG de la violation de la règle *non bis in idem* en ce que pour les mêmes faits, il aurait été d'abord licencié de son poste de Maître de l'Enseignement général Auxiliaire et ensuite « privé » de sa nomination ; qu'en effet *le refus de nommer ne constitue pas une sanction disciplinaire.*

Considérant enfin, en ce qui concerne la violation du secret de la correspondance alléguée par Monsieur BAKALAG Emile Joseph, qu'à supposer établie cette faute, elle n'apparaît pas de nature à atténuer ses propres manquements. Considérant que de tout ce qui précède, il suit que le refus de nommer le requérant n'a rien d'illégal.

NOTE

Entre le licenciement et la révocation, il règne une certaine confusion jusque dans la jurisprudence. Cette confusion, qui apparaît encore dans certains jugements de la Cour Suprême statuant en matière administrative[1], était déjà perceptible dans quelques décisions de la Cour Fédérale de Justice. Les faits ayant donné lieu à l'affaire Sieur BAKALAG Joseph Emile contre État du Cameroun Oriental, objet de l'arrêt n°62 du 15 mars 1969 ci-dessus rapporté, en attestent parfaitement.

Pourtant, le licenciement et la révocation sont deux notions bien distinctes tant dans leur fondement que dans leur régime juridique. S'il n'en était point ainsi, l'institution des deux mesures administratives serait injustifiée.

Certes, le licenciement et la révocation se rapprochent puisqu'ils constituent deux types de mesure de cessation d'activité entraînant radiation des cadres et perte de la qualité de fonctionnaire.

Mais, il ressort clairement des articles 118 et 119 (nouveaux) du décret n°94/199 du 07 octobre 1994 portant Statut général de la Fonction publique de l'État, modifié et complété par le décret n°2000/287 du 12 octobre 2000 que *le licenciement* est une mesure d'exclusion définitive du fonctionnaire de la Fonction publique (*comme la révocation*) pour des cas ne relevant pas d'une sanction disciplinaire (*à la différence de la révocation*). Le licenciement peut intervenir : **a)** pour inaptitude physique irréversible et incompatible avec le poste de travail occupé ; **b)** pour insuffisance professionnelle au vu des résultats de l'évaluation de l'agent public, notamment à la suite d'un retard à l'avancement d'échelon au terme d'une période de quatre (4) ans ; **c)** à la suite de textes spéciaux prévoyant une réorganisation des services et entraînant une suppression des postes de travail, sans possibilité de redéploiement des effectifs.

En fait, la base de la distinction entre ces deux décisions administratives doit être recherchée dans leurs buts. Si le but est répressif, il s'agit d'une sanction comme la révocation ; sinon, il s'agit d'une mesure administrative, à l'instar du licenciement.

---

[1] Dans ce sens, voir Cour Suprême. Chambre Administrative, jugement n°81 du 30 juin 1983, METOU Josué contre Etat du Cameroun ci-avant annoté ***(GD n°17)***.

Comme l'avait jadis exposé avec clarté M. BRAIBANT : « *les sanctions sont d'une nature essentiellement répressive. Elles procèdent d'une intention de punir des infractions, soit à une réglementation précise, soit à des principes de morale professionnelle. Elles sont fondées sur des griefs, sur des fautes reprochées. Elles revêtent, en principe, un caractère personnel* ».

Le caractère répressif de la révocation, comme en l'espèce, tenait à « *la volonté (de son auteur) de réagir contre un comportement estimé répréhensible au regard des exigences institutionnelles, par une mesure suffisamment préjudiciable au coupable* »[2]. Cette intention ne doit pas seulement être exprimée ; elle doit aussi résulter des circonstances de l'espèce et le juge administratif, sur ce point, recherche les indices pouvant faire apparaître la nature de l'intention de l'administration.

En outre, la révocation est soumise à un régime particulièrement protecteur et partiellement inspiré du droit pénal. L'existence de ce régime constitue un élément de sa validité même, **sauf dans l'hypothèse de la révocation d'office, comme ce fut le cas en l'espèce.**

En effet, il est de jurisprudence constante que la procédure du contradictoire doit être respectée s'agissant d'une sanction disciplinaire comme la révocation. En sens inverse, une mesure purement administrative, à l'instar du licenciement, peut intervenir, quelle que soit sa gravité ou l'atteinte qu'elle comporte pour les libertés publiques, sans que celui qui en est l'objet ait eu communication des griefs qui lui sont reprochés et sans qu'il ait été mis en mesure de présenter ses moyens de défense, à moins qu'un texte ne le prévoie expressément. De même, le contrôle des motifs se trouve lié à la qualification répressive de la mesure, puisque les sanctions administratives – comme les sanctions pénales d'ailleurs – sont soumises à la règle de la motivation obligatoire.

En l'espèce, le sieur BAKALAG Joseph Emile, engagé le 8 juillet 1961 en qualité de Maître d'Enseignement général Auxiliaire, ***avait été licencié le 9 décembre 1966, pour faute lourde***, pour avoir traité de « *farceur* » M. le Secrétaire d'État à l'Enseignement, dans une lettre qu'il avait écrite à un certain NYOBE Samuel, son collègue en poste à Dschang. Bien plus, fort de sa qualité de Directeur de l'École de Banwa-

---

[2] Concl. sur C.E. 8/1/1960, Ministre de l'Education Nationale contre ROHMER, R.D.P. 1960. p. 335.

Centre, il fit acheminer sa lettre sous pli officiel, avec mention « service officiel » et cachet du Directeur.

Par requête en date du 3 mai 1967, enregistrée le même jour au Greffe de la Section sous le n°422, le sieur BAKALAG avait introduit contre l'État du Cameroun Oriental un recours en appréciation de la légalité de refus de Monsieur le Secrétaire d'État à la Fonction publique de le nommer, bien qu'il eût été admis au concours du 19 octobre 1965 pour le recrutement de 110 Maîtres de l'Enseignement général.

***Les faits révélés après établissement de la liste d'admission et de nature à justifier une radiation des cadres pouvaient-ils fonder le refus de nomination du requérant-candidat reçu au concours** ?*

Tel est le problème que la Cour Fédérale de Justice avait eu à résoudre dans le présent arrêt, qui a apporté une précision supplémentaire sur les manquements professionnels imputés au sieur BAKALAG Joseph Emile **(II)**, lesquels avaient alors justifié le refus de l'administration de le nommer en qualité de Maître d'Enseignement général Auxiliaire **(I)**.

I. Le juge avait décidé qu'un candidat reçu a un concours n'a aucun droit à être nommé mais une simple aptitude légale à occuper l'emploi postulé

Le concours peut se définir comme « *l'organisation d'une compétition entre les candidats aux emplois à pourvoir dans un corps déterminé ou dans différents corps. Obtiendront ces emplois ceux des concurrents qui, au jugement d'une autorité indépendante et impartiale, le jury, se seront révélés les meilleurs, à l'issue des épreuves auxquelles ils auront été soumis (concours sur épreuve), ou bien après appréciation de leurs titres et travaux antérieurs (concours sur titre, plus rarement pratiqué)* »[3].

Les concours professionnels sont ouverts aux fonctionnaires titulaires, soit en vue d'un avancement de grade à l'intérieur d'un cadre, soit pour passer dans le cadre immédiatement supérieur. Les candidats déclarés définitivement admis à l'issue d'un concours professionnel sont, en principe, nommés pour compter de la date de publication des résultats dudit concours[4].

---

[3] CHAPUS R., Droit administratif général, 15e éd, Tome 2, Paris, Montchrestien, 2001, p. 184.

[4] Pour d'amples précisions sur ce point au plan national, V. notamment, TIDO BATIO René, La nomination des agents publics en droit positif camerounais, Thèse de Master en Droit Public, Université de Dschang, F.S.J.P, avril 2015.

Le succès au concours, ainsi défini, confère-t-il au candidat admis un véritable droit à la nomination à l'emploi postulé ?

C'est précisément l'argument qu'avait invoqué le recourant dans la présente cause.

Pour le Doyen DUGUIT, le succès à un concours, plus précisément à un concours de nomination, crée un droit de nomination aux emplois mis au concours : « *si le concours est ouvert pour un nombre de postes d'une fonction déterminée, par le fait même qu'il ait reçu le concours, le candidat se trouve investi de la fonction et le Ministre ne peut l'en écarter. Si, au contraire, comme il est le plus habituellement, le concours est seulement un concours d'aptitude à être nommé à une fonction, le Ministre n'est absolument pas obligé d'y nommer tous les candidats reçus, il ne peut nommer que les individus reçus au concours, mais il n'y est pas obligé d'y nommer tous ceux qui y sont admis* »[5].

L'existence d'un véritable droit de nomination au profit des candidats admis au concours était également soutenue par M. SADRAN, qui estimait que le candidat reçu au concours dispose d'un véritable droit à l'emploi, l'administration n'ayant que la liberté du choix du moment de la nomination. Selon lui, la jurisprudence qui reconnait à l'administration le droit de refuser, dans l'intérêt du service, de nommer un candidat reçu, ne permettait pas de déduire de façon absolue l'absence d'un droit de nomination, car « *le refus est fondé sur ''un fait nouveau'' qui est venu modifier cet intérêt, lequel peut s'opposer à ce que le succès au concours trouve pour issue normale dans la nomination ; et c'est à tort que l'on en déduit l'inexistence d'un droit de nomination qui existe et résulte de l'inscription sur la liste d'admission* »[6].

Mais qu'adviendrait-il si le candidat a été déclaré définitivement admis à un concours à la suite des manœuvres frauduleuses ? L'administration a- t-elle, dans ce cas, le droit de refuser, dans l'intérêt du service, de nommer un tel candidat à l'emploi postulé ?

La solution donnée par la Chambre administrative de la Cour Suprême, dans le jugement n°36 du 30 avril 1992, MVENG MBARGA Constantin contre État du Cameroun (MINFOPRA), ne laisse planer aucun doute sur la réponse à cette question :

---

[5] DUGUIT L, cité par THERESINE C, La nomination des agents publics en droit français, Thèse de doctorat d'Etat, Paris, 1981, p. 58.
[6] SADRAN, cité par THERESINE C, Thèse précitée, p. 59

« *...La décision illégale de nomination a été prise à la suite d'une fraude commise par MVENG MBARGA Constantin, qui a dissimulé sa qualité de Maître d'Enseignement général pour se présenter au concours direct pour le recrutement d'Élèves Inspecteurs de Police, sans en avoir l'autorisation préalable du Ministre de la Fonction Publique (...) Une telle décision, que la doctrine récente assimile à une décision juridiquement inexistante, est insusceptible de conférer des droits et peut, par conséquent, être rapportée à tout moment* »[7].

Il en allait de même de son homologue français[8].

En outre, les faits très graves, de nature de ceux qui peuvent justifier une radiation des cadres, peuvent-ils fonder un refus de nomination à la suite d'un succès à un concours ?

La réponse du juge de l'espèce sur ce point était lapidaire et sans nuance : « … *L'autorité administrative est en droit de refuser de procéder à la nomination d'un candidat reçu au concours, lorsque sont révélés, après l'établissement de la liste et les épreuves dudit concours, des faits qui sont par leur nature de la catégorie de ceux qui justifient l'exclusion d'un agent des cadres d'une administration* ».

On comprend dès lors pourquoi la Cour avait été amenée à conclure : « ***que le refus de nommer le requérant n'a rien d'illégal*** ».

On peut relever un exemple typique d'application de cette règle dans l'affaire AWODO Martin contre État du Cameroun, objet du jugement n°50 du 19 juillet 1984.

Il en résulte que les candidats reçus au concours n'ont aucun droit à être nommés. Ils n'ont qu'une simple vocation, qu'une simple aptitude légale à occuper les emplois postulés.

Ceci est d'autant plus logique que la nomination des agents publics est, en principe, discrétionnaire. La Chambre administrative de la Cour Suprême l'avait fort bien souligné dans son jugement n°23 du 28 novembre 2002, BEDE Collins CHONGWAIN NKUO contre État du Cameroun (MPT) : ***« attendu, disait-elle alors, qu'en tout cas, la nomination à un poste est un acte discrétionnaire et non un droit pour l'agent bénéficiaire ».***

---

[7] CS.CA, jugement n°36/91-92 du 30 Avril 1992, MVENG MBARGA Constantin contre Etat du Cameroun (MINFOPRA)

[8] C.E, 17 juin 1935, SILBERSTEIN

Mais, ce pouvoir discrétionnaire n'est cependant pas sans limites. La nomination des agents publics est en effet soumise, d'une part à un nombre de règles destinées à lutter contre le favoritisme, le népotisme et à assurer l'égalité d'accès des citoyens à la Fonction publique, d'autre part, à un contrôle juridictionnel très strict destiné à assurer l'observation par l'autorité de nomination de la réglementation établie[9].

Le juge administratif l'avait fermement rappelé dans l'arrêt n°44 du 30 avril 1968, ESSIANE AKA'A Jean contre Etat du Cameroun : « *Considérant…que* ***la notion de pouvoir discrétionnaire apparaît comme un tempérament nécessaire au principe de l'égalité d'accès de tous les citoyens à la Fonction publique*** *;* ***qu'il s'agit certes d'un plein pouvoir d'appréciation, mais qui n'est accordé à l'autorité administrative que dans l'intérêt du service public dont elle a la charge d'assurer le bon fonctionnement et qui lui permet d'écarter, de tel emploi public, un candidat même offrant toutes les garanties de capacité et de moralité, dès lors que ce candidat ne lui paraît pas pouvoir s'acquitter plus loyalement de la charge qu'il sollicite****. Considérant, d'une part, qu'il n'est pas exact, comme l'affirme l'État, que le pouvoir discrétionnaire échappe à tout contrôle juridictionnel ;* ***qu'il est désormais acquis que celui qui est investi d'un pouvoir même prétendument discrétionnaire a le devoir de l'exercer en vue de l'intérêt du service et dans les limites fixées par la loi elle-même ;*** *d'autre part* ***que le juge doit vérifier si l'acte de l'administration est fondé sur un motif de droit erroné ou sur des faits matériellement inexacts ou s'il est entaché de détournement de pouvoir*** ».

Le second apport essentiel du présent arrêt est d'avoir très clairement mis en lumière les fautes graves imputées au sieur BAKALAG Emile et qui avaient motivé le refus de sa nomination en qualité de Maître d'Enseignement général Auxiliaire.

II. Le juge avait mis en évidence les manquements graves imputés au sieur BAKALAG, lesquels ont motivé le refus de le nommer à l'emploi postulé

En tant qu'agent public, sieur BAKALAG Emile Joseph avait manqué au devoir d'obéissance, de réserve **(A)** ainsi que de bonne moralité **(B)**.

[9] THERESINE C., Thèse de doctorat d'Etat précitée, p. 6.

A. Le manquement aux devoirs d'obéissance hiérarchique et de réserve qui incombent à tout agent de L'État

Obéir, c'est se conformer aux ordres de ses chefs. Le refus d'obéissance est générateur d'une faute disciplinaire. Il est un manquement à une précieuse obligation du fonctionnaire, actuellement rappelée par l'article 39(nouveau) du Statut général de 1994 : « (1) *tout fonctionnaire est responsable de l'exécution des tâches qui lui sont confiées. À ce titre, il est tenu d'obéir aux instructions individuelles ou générales données par son supérieur hiérarchique dans le cadre du service, conformément aux lois et règlements en vigueur. Il n'est dégagé d'aucune des responsabilités qui lui incombent du fait de l'action de ceux qui sont placés sous ses ordres, son autorité ou son contrôle, sauf cas de faute personnelle commise par ces derniers* ».

La question essentielle que pose l'existence du devoir d'obéissance est celle de savoir si et dans quelle mesure il doit avoir des limites. Doit-on obéissance même aux ordres illégaux ? En cas de conflit entre l'ordre du supérieur et l'ordre de la loi, lequel doit prévaloir et à quelles conditions ?

Rompant avec le silence observé sur ce point par le Statut général de 1974, l'article 39 alinéa 2 du Statut de 1994 avait pris clairement position, en consacrant d'ailleurs la solution de la jurisprudence issue de l'arrêt LANGNEUR, rendu le 10 novembre 1944 par le Conseil d'État (*D. 1945, p. 87, Conclusions CHENOT*) :

« *(Le fonctionnaire) a le devoir de refuser d'exécuter un ordre manifestement illégal et de nature à compromettre gravement l'intérêt public, sauf réquisition de l'autorité compétente établie dans les formes et procédures légales. Dans ce cas, sa responsabilité se trouve dégagée. Il en est de même lorsqu'il a exécuté des instructions légales et/ou données sous la forme légale* ».

L'affaire NAMA Gallus[10] avait permis au juge d'appliquer avec rigueur cette obligation d'obéissance dans un considérant significatif qu'il importe de rappeler : « *considérant (...) que le requérant (...), en ne suivant pas les instructions de son chef hiérarchique, en tenant des propos insolents et même outrageants dans une lettre écrite par lui au Chef de Région, a manifestement commis une faute (...) qui pouvait être sanctionnée disciplinairement* ».

[10] CCA, arrêt n°269 du 27 novembre 1953.

La Cour Fédérale de Justice, en l'espèce, avait été encore plus explicite : « *attendu que tel est bien le cas des faits imputés au sieur BAKALAG Emile Joseph ; qu'en effet (...), en qualifiant son chef hiérarchique de « farceur », ce dernier a failli au devoir d'obéissance hiérarchique qui incombe à tout agent de l'État et l'oblige à une certaine retenue envers son supérieur, surtout lorsque celui-ci se trouve, comme en l'espèce, être une autorité Gouvernementale (...)* »**.**

En outre, la formule est toujours d'actualité : **tout fonctionnaire est tenu à l'obligation de réserve dans l'exercice de ses fonctions**. L'obligation de réserve « *tient à la préoccupation d'éviter que le comportement des membres de la Fonction publique, alors même qu'ils ne sont pas en service, porte atteinte à l'intérêt du service et crée des difficultés au sein même de l'administration, dans leurs rapports avec leurs collègues, leurs supérieurs ou leurs subordonnés. Aux agents qui s'en plaindraient, on pourrait dire, avec TALLEYRAND, que ce qui est exagéré est insignifiant et que l'expression des opinions gagne en force ce qu'elle perd en violence* »[11].

Le Statut général de la Fonction publique de 1994, en son article 40, se réfère à cette obligation lorsqu'il dispose que « **...***l'obligation de réserve consiste pour le fonctionnaire à s'abstenir d'exprimer publiquement ses opinions politiques, philosophiques, religieuses ou de servir en fonction de celles-ci* **»**.

Cette disposition se borne à dessiner les contours de l'obligation de réserve sans en dévoiler le contenu réel. Mais certains Statuts Spéciaux apportent plus de précisions sur les conditions dans lesquelles elle s'exerce.

Ainsi, par exemple, sans la mentionner de manière expresse, c'est de cette obligation qu'il s'agissait dans l'article 21, alinéa 4 du statut des fonctionnaires de la Sûreté Nationale qui disposait que « *les fonctionnaires de la Sûreté Nationale doivent en tout temps, qu'ils soient en service ou non, s'abstenir en public de tout acte, geste, parole ou manifestation de nature à porter le discrédit sur les institutions nationales, sur le corps auquel ils appartiennent ou à troubler l'ordre public* »[12].

---

[11] CHAPUS R, Droit administratif général, 2ème édition, Tome 2, Paris, Montchrestien, 1987, p. 206.

[12] Décret n°2001/065 du 12 mars 2001 portant statut spécial du corps des fonctionnaires de la Sûreté Nationale, modifié par le décret n°2012/539 du 19 novembre 2012.

Pour la Chambre administrative, dans l'affaire ATEBA Victor contre État du Cameroun, objet du jugement n°99 du 29 septembre 1983, ***« l'obligation de réserve, qui ne se confond pas avec l'obligation de discrétion professionnelle,*** *se confond avec l'exigence d'un comportement qui ne soit pas à même de jeter le discrédit sur la Fonction publique ; (...) ; de façon plus exigeante,* ***l'obligation de réserve vient sanctionner des attitudes ou des déclarations du fonctionnaire excessivement critiques à l'égard de lui-même ou du service »***.

La qualification d'un comportement au regard de l'obligation de réserve varie selon la nature des fonctions : un Magistrat, un Administrateur Civil, un Colonel de l'armée et un Commissaire de Police sont tenus à plus de réserve qu'un préposé des Douanes ou des Postes ou qu'un simple personnel administratif. Un Agent de police est tenu à plus de réserve qu'un Enseignant de Lycée ou d'Université.

L'appréciation des manquements au devoir de réserve varie également en fonction du rang dans la hiérarchie de la Fonction publique du fonctionnaire en cause.

Comme l'a souligné, à juste raison M. ZE Martin Paul, s'agissant notamment de l'armée où le non-respect de la réserve est fermement sanctionné : « *La publication d'un ouvrage sans autorisation, suivie des déclarations à la presse (Jeune Afrique Économie) ont valu au Général ASSO,O ÉMANE un rappel à l'ordre et la perte du poste stratégique et convoité de Commandant du Quartier Général. À l'opposé, l'ouvrage du Général de Gendarmerie OUMAROU DJAM YAYA, publié avec l'autorisation de l'autorité compétente, avait quasiment été parrainé par le Ministre de la Défense ; c'est aussi le cas des publications littéraires du Général NKOA ATANGA Camille* »[13].

L'obligation de réserve se prolonge en dehors même du service ; ainsi que l'a précisé le juge de l'affaire MAMA ELOUNDOU Engelberg, en soulignant que « *si les fonctionnaires sont en principe libres de manifester librement leurs opinions en dehors du service ; ce principe est tempéré tant par le devoir de réserve qui s'impose à eux en toutes*

---

[13] ZE M-P, Fonctionnaire et politique au Cameroun. Contribution à l'étude des systèmes politico-administratifs des Etats africains, Thèse de doctorat en Droit public, Université de Rennes, mai 2005, p. 93, cité par TIDO BATIO René, Thèse de Master précitée, p. 138.

circonstances que par le devoir de loyalisme dont ils doivent faire preuve envers l'administration »[14].

Toutefois, le juge administratif se montre un peu plus libéral en ce qui concerne l'obligation de réserve du fonctionnaire en position de détachement pour remplir un mandat parlementaire. Sa position a été clairement mise en relief dans l'arrêt TCHOUNGUI ZIBI Elie contre État du Cameroun, dont il importe d'exposer brièvement les faits[15] :

Le 18 décembre 1960, le député TCHOUNGUI tenait, sans autorisation aucune à NTOUESSONG III, arrondissement de DJOUNGOLO, une réunion pour créer dans ce village une cellule du Parti des Démocrates Camerounais, lorsque survint le sous-préfet qui voulait verbaliser les organisateurs de cette réunion. M. TCHOUNGUI l'apostropha en ces termes : « *Hé toi, valet du Gouvernement, que viens-tu faire ici ? Imbécile, valet de l'Haoussa, vaurien, idiot, traître,...* », tout en le bousculant pour le faire sortir du lieu de la réunion.

Pour le juge administratif de l'espèce, « *si de tels actes et de tels propos révèlent de la part de leur auteur un manque de civisme, une attitude hostile au Gouvernement et un certain mépris envers les autorités et les lois du pays, ils ne constituent pas, pour autant, des manquements contre l'honneur alors surtout que, d'une part, en raison des circonstances dans lesquelles le sieur TCHOUNGUI se trouvait au moment de la perpétration de ces faits dans la position hors cadre pour remplir un mandat parlementaire et qu'on ne saurait imposer aux fonctionnaires se trouvant dans cette position une obligation de loyalisme envers l'administration et de réserve dans ses actes et propos publics aussi stricts qu'aux fonctionnaires en activité de service ».*

B. Le manquement au devoir de moralité dont est tenu chaque agent public

La faute extra-professionnelle résulte notamment d'une attitude ou d'un comportement qui met en cause l'éthique et la déontologie professionnelle ou est de nature à porter atteinte à la moralité ou à l'honorabilité de la Fonction publique.

---

[14] CCA, arrêt n°674 du 13 décembre 1957, MAMA ELOUNDOU Engelberg C/Etat du Cameroun

[15] T.E, arrêt n°218 du 28 septembre 1962, TCHOUNGUI ZIBI Elie C/Etat du Cameroun.

En pratique, l'autorité du fonctionnaire dans son emploi dépend aussi de l'attitude qu'il observe en dehors de son service. Le fonctionnaire doit, dans sa vie extra-professionnelle, conserver une dignité lui permettant de remplir d'une manière satisfaisante son emploi public.

En effet, si la vie privée du fonctionnaire n'échappe pas au contrôle de l'autorité hiérarchique, c'est parce qu'on estime qu'il demeure de façon permanente le représentant de la puissance publique. Au nom de l'intérêt du service, on admet donc que l'administration puisse exiger de lui un certain comportement qui exclut tout acte, attitude ou prise de position susceptible de rejaillir sur la corporation dont il fait partie ou de porter préjudice à l'autorité de l'État.

Alors que l'éthique désigne l'ensemble de valeurs morales qui guident le comportement, les attitudes et les agissements des agents publics dans l'exercice de leurs fonctions et au sein de la société, la déontologie se définit comme « *l'ensemble des devoirs inhérents à l'exercice d'une activité professionnelle* »[16]. Dans le cadre de la Fonction publique, elle s'entend comme l'ensemble des comportements « *adaptés et imposés* »[17] aux agents de l'État pour être crédibles.

Le fait pour le requérant, fort de sa qualité de Directeur de l'École de Banwa-Centre, d'avoir écrit à un certain NYOBE Samuel, son collègue en poste à Dschang, *en faisant acheminer sa lettre sous pli officiel, avec mention « service officiel » et cachet du Directeur*, était un acte déshonorant ou indélicat, touchant certes à sa vie privée, mais qui était de nature à constituer une faute disciplinaire grave pour justifier une mesure de révocation d'office, dès lors qu'une telle pratique discréditait le corps.

Ce principe avait d'ailleurs été exposé avec plus de clarté par le CCA dans un arrêt n°263 du 27 novembre 1953, MIKOMA ALBERT contre Administration du Territoire :

« *Considérant qu'aux termes d'une jurisprudence constante et invariable du Conseil d'État, la dignité de la vie privée est une obligation fonctionnelle des agents publics et un fonctionnaire qui, en dehors de son activité professionnelle, porte atteinte à son honorabilité ou à sa dignité commet une faute de service légitimant l'exercice du pouvoir disciplinaire. Considérant que dans le cas de l'espèce, le sieur*

---

16 CORNU G., Vocabulaire juridique, Paris, PUF, 2011, p. 325.

17 VIGOUROUX C., Déontologie des fonctions publiques, "Dalloz Référence", 2013, p. 12.

MIKOMA, en frappant sur la voie publique un commandant de la Fonction publique, dans l'exercice de ses fonctions et en troublant ainsi l'ordre dans la rue, a commis une faute qui pouvait être sanctionnée disciplinairement. ***Qu'en effet, un fonctionnaire se doit de garder en toutes circonstances un comportement digne et honorable et être un exemple pour tous ses concitoyens. Qu'en se livrant sur la voie publique à des violences sur un officier de police judiciaire et en perdant le contrôle de ses actes, il a manifestement eu une attitude incompatible avec son état de fonctionnaire*** *».*

Célestin KEUTCHA TCHAPNGA

19.

Fonction publique – Suspension d'un fonctionnaire – Non-respect des procédures applicables en la matière – Sanction disciplinaire déguisée – Oui – Annulation de la mesure de suspension illégale – Oui – Allocation des dommages-intérêts pour le préjudice subi – Oui – Rappel intégral du traitement que le fonctionnaire illégalement suspendu aurait perçu s'il était resté en activité – Oui.

Cour Suprême. Chambre administrative, Sections Réunies, arrêt n°8, 12 juin 2013, POTGA II ELKANA contre État du Cameroun (MINFOPRA)

Attendu qu'aux termes de l'article 119 (2) de la loi n°2006/022 du 29 décembre 2006 fixant l'organisation et le fonctionnement des Tribunaux Administratifs : « *en attendant la mise en place des juridictions prévues par la présente loi, la Chambre administrative de la Cour Suprême exerce provisoirement leurs attributions. A cet effet, les Sections de ladite Chambre statuent par jugement, en premier ressort et à charge d'appel ou de pourvoi devant les Sections réunies* ››.

Attendu que par déclaration reçue sur procès-verbal du 22 juillet 2011 au Greffe de la Chambre administrative de la Cour Suprême, sieur POTGA II ELKANA a relevé appel du jugement n°142 rendu le 05 mai 2010 par la Chambre administrative de la Cour Suprême dans la cause qui l'oppose à l'État du Cameroun (ministère de la Fonction Publique et de la Réforme Administrative-MINFOPRA), appel suivi par le mémoire enregistré le 03 août 2011 sous le numéro 99 au même Greffe.

(.....) *SUR LA RECEVABILITÉ DE L'APPEL*

Attendu que l'appel est recevable pour avoir été fait dans les forme et délai de la loi.

AU FOND

Attendu que le jugement entrepris a décidé ce qui suit :

«Article 1''' : Le recours est irrecevable pour forclusion du recours gracieux ;

« Article 2 : Le recourant est condamné aux dépens ››.

Attendu cependant qu'il ne ressort pas du dossier que la décision n° 000018/D/MFPRA/SG/DEDC/CD du 11 juin 2003 du Ministre de la Fonction Publique et de la Réforme administrative attaquée, portant suspension des fonctions du sieur POTGA II ELKANA, ait été notifiée ou signifiée au concerné. Qu'il n'en a pris connaissance que par son bulletin de solde nul du mois de janvier 2004 alors qu'elle avait même été abrogée par celle n°000085/D/MFPRA/SG/DEDC/CD en date du 07 juillet 2003 du Ministre en question. *Que le recours gracieux introduit le 18 février 2004 est ainsi conforme au délai légal qui courait à compter de la réception de son bulletin de salaire nul de janvier 2004.*

Qu'il y a lieu d'infirmer le jugement entrepris et de déclarer le recours gracieux de l'intéressé recevable.

Attendu que la décision n°000018/D/MFPRA/SG/DEDC/CD du Ministre de la Fonction Publique et de la Réforme Administrative du 11 juin 2003 portant suspension de l'appelant de ses fonctions est ainsi libellée :

<< Article 1er : Monsieur POTGA II ELKANA, Technicien Principal des Techniques Industrielles, est suspendu de ses fonctions pour manquements graves aux obligations professionnelles, atteintes à l'éthique et à la déontologie professionnelle.
« Article 2 (a) Pendant la durée de cette suspension, le mis en cause cesse de se présenter à son lieu de service. « (b) : Il perd droit à la rémunération, mais conserve la totalité de ses allocations familiales.
« Article 3 : La présente décision, prise à titre conservatoire, est exécutoire pour compter de sa date de signature, sera publiée et communiquée partout où besoin sera » ;
Attendu qu'il ne ressort de cette décision aucun motif justifiant les faits reprochés au recourant.

Que d'autre part, le même Ministre a annulé la susdite décision par une autre du 07 juillet 2003 ainsi libellée :

« Décision n°000085/D/MFPRA/SG/DEDC/CD abrogeant la décision n° 000018/D/MFPRA/SG/ DEDC/CD du 11 juin 2003 portant suspension des fonctions de Monsieur POTGA II ELKANA, Technicien Principal des Techniques Industrielles en service à la Fonction publique et de la Réforme administrative :

<< Article 1er : Monsieur POTGA II ELKANA, Technicien Principal des Techniques Industrielles est autorisé à reprendre ses fonctions pour avoir brillamment passé le contrôle dont il a été soumis.

« Article 2 (a) : L'intéressé aura droit à sa solde et accessoires de solde.

« (b) : Il aura droit en outre au rappel afférent à la durée de sa suspension de solde.

« Article 3 : La présente décision abrogeant toute disposition antérieure sera enregistrée et communiquée partout où besoin sera.

« Yaoundé, le 07 juillet 2003 « Signé René ZE NGUELE ».

Attendu que par cette seconde décision dont la notification à l'intéressé n'a pas été établie, le Ministre a reconnu son erreur quant à la suspension de POTGA II ELKANA prononcée par l'acte attaqué et qui de ce fait, est entaché d'excès de pouvoir ;

Qu'il s'ensuit que ledit acte encourt l'annulation avec toutes les conséquences de droit

SUR LES DOMMAGES INTERETS –

Attendu que durant la période de suspension, sieur POTGA II ELKANA a perdu son salaire pendant plusieurs mois ;

Qu'il convient de lui allouer à cet effet 18.000.000 francs.

Attendu que l'appelant a également souffert d'un préjudice moral qu'il convient de réparer par l'allocation de 25.000.000 francs.

Par ces motifs

Statuant publiquement, contradictoirement à l'égard des parties, en matière administrative, en Sections Réunies, à l'unanimité des Membres et en dernier ressort :

Décide :

Article 1er. L'appel de POT GA II ELKANA est recevable en la forme.

Article 2. Au fond, il est justifié. Par conséquent le jugement entrepris est infirmé.

Article 3. Le recours contentieux est recevable.

Article 4. Au fond, il est justifié. Il est alloué à POTGA II ELKANA les sommes ci-après :

- 18.000.000 FCFA pour salaires échus.
- 25.000.000 FCFA à titre de dommages-intérêts
- Soit au total : 43.000.000 FCFA.

NOTE

Il est devenu banal de constater que la suspension n'est pas juridiquement une sanction disciplinaire puisqu'elle n'est pas une mesure définitive, mais plutôt un acte conservatoire prit à l'occasion d'un comportement présumé fautif et ayant automatiquement des incidences, entre autres, sur le traitement.

Le droit camerounais de la Fonction publique illustre sur ce terrain sa filiation avec le droit français. En voici l'économie générale tirée de la jurisprudence du Conseil d'État : « *il appartient à l'autorité qualifiée, lorsqu'elle estime que l'intérêt du service l'exige, d'écarter provisoirement de l'exercice de son emploi et jusqu'à ce qu'il ait été prononcé sur son cas, le fonctionnaire qui se trouve sous le coup de poursuites pénales ou disciplinaires* » (C.E. 19 octobre 1938, Commune de Blida, Leb. p. 774).

Certes, les agents publics qui font l'objet d'une pareille suspension ressentent la mesure qui les frappe comme une sanction. Mais, sur le plan de la technique juridique, la suspension n'est pas une sanction, même si l'autorité habilitée à en décider est détentrice du pouvoir disciplinaire.

Il peut toutefois arriver que, sous le couvert d'une mesure de suspension, l'autorité administrative inflige une véritable sanction disciplinaire au fonctionnaire. Ce dernier, injustement frappé par cette sanction déguisée, peut-il faire vouloir des droits à l'encontre de l'administration ?

L'arrêt n°8, ci-dessus reproduit, rendu le 12 juin 2013 par les Sections Réunies de la Chambre administrative de la Cour Suprême dans l'affaire opposant le sieur POTGA Il ELKANA (Appelant) contre l'État du Cameroun (MINFOPRA) (Intimé), est à la fois emblématique de cette situation et plus qu'éclairant sur ce point.

Les circonstances de l'espèce méritent d'être rapportés avec précisions : par décision n°000018/D/MFPRA/SG/DEDC/CD du Ministre de la Fonction Publique et de la Réforme Administrative en date du 11 juin 2003 : **article 1er.** M. POTGA II ELKANA, Technicien Principal des Techniques Industrielles (Mle 533-999-I), est suspendu de ses fonctions pour manquements graves aux obligations professionnelles, atteintes à l'éthique et à la déontologie professionnelle. **Article 2 (a).** Pendant la durée de cette suspension, le mis en cause cesse de se présenter à son lieu de service. (b). Il perd droit à la rémunération, mais conserve la totalité de ses allocations familiales. **Article 3.** La présente décision, *prise à titre conservatoire*, est exécutoire pour compter de sa date de signature, sera publiée et communiquée partout où besoin sera. Conformément aux dispositions de l'article 108 du décret n°94/199 du 07 octobre 1994 portant Statut général de la Fonction publique, cette suspension ne pouvait excéder une durée de quatre mois ; pendant ce délai, aucune sanction n'avait été prise contre l'intéressé qui avait, le plus naturellement possible, repris ses fonctions.

Le 15 décembre 2003, contre toute attente, le Ministre de la Fonction Publique l'a invité à se présenter à la Direction des Études, de la Discipline et du Contentieux de son département ministériel ; y étant, il lui a été une fois de plus notifié l'autorisation de reprendre le service et la décision du même Ministre n°000085/D/MFPRA/SG/DEDC/CD du 07 juillet 2003, déjà notifiée à l'intéressé le 09 octobre 2003, annulant celle relative à sa suspension, ainsi libellée : **Article 1er.** M. POTGA II ELKANA, (…) est autorisé à reprendre ses fonctions pour avoir brillamment passé le contrôle dont il a été soumis. **Article 2 (a).** L'intéressé aura droit à sa solde et accessoires de solde. (b). Il aura droit, en outre, au rappel afférent à la durée de sa suspension de solde. **Article 3.** La présente décision abrogeant toute disposition antérieure sera enregistrée et communiquée partout où besoin sera. « Yaoundé, le 07 juillet 2003 « *Signé René ZE NGUELE*».

C'est le bulletin nul qu'il reçoit en janvier 2004 qui atteste de l'intention irréfutable de son supérieur de porter atteinte ses intérêts[1]. Le 18 février 2004, sieur POTGA II ELKANA adresse, par l'intermédiaire de son Conseil, un recours gracieux préalable à M. le Ministre de la Fonction Publique et de la Réforme Administrative ; face au silence gardé par l'Administration, la Chambre administrative de la Cour Suprême est saisie par une requête en date du 14 juillet 2004. Par un jugement n°142 rendu le 05 mai 2010, elle déclara son recours irrecevable pour forclusion du recours gracieux.

Estimant que son recours avait été fait dans le délai légal et que c'est à tort que le premier juge l'avait déclaré irrecevable, sieur POTGA II ELKANA a relevé appel de ce jugement par déclaration reçue sur procès-verbal du 22 juillet 2011 au Greffe de la Chambre administrative de la Cour Suprême, appel suivi par le mémoire enregistré le 03 août 2011 sous le numéro 99 au même Greffe, dans lequel il sollicitait des Sections Réunies de ladite Chambre :

– De déclarer son appel recevable comme relevé dans les forme et délai légaux et fondé. – D'infirmer le jugement n°142/2010 rendu le 05 mai 2010 par la Section de la Chambre administrative de la Cour Suprême. – De dire son recours contentieux recevable, le recours gracieux préalable ayant été fait dans le délai. – De l'y dire fondé et d'annuler la décision n°000018/D/MFPRA/SG/DEDC/CD du 11 juin 2003 du Ministère de la Fonction Publique tout en ordonnant sa réintégration à ses fonctions, grade, droits et gratification. – D'ordonner le paiement des salaires échus dont le montant s'élève à 18.586.937 FCFA (dix-huit millions cinq cent quatre-vingt-six mille neuf cent trente-sept francs CFA), soit 83 mois de salaires suspendus et les salaires à échoir au jour du prononcé de l'arrêt et de condamner l'État du Cameroun (MINFOPRA) à lui payer la somme de 200.000.000 francs (deux cents millions de francs) à titre de dommages intérêts, ainsi qu'aux dépens.

Au soutien de l'appel, le concluant faisait valoir, notamment, qu'il y avait violation flagrante des dispositions combinées de l'article 12 de l'ordonnance n°72/6 du 26 août 1972 fixant l'organisation de la Cour

[1] Sieur POTGA II ELKANA avait d'autant plus raison de le penser que la Note de Service n°2224/D/l\/[FPRA/SG du 1er octobre 2005, pour des raisons qu'il ignoraient, lui avait par la suite interdit l'accès dans ses bureaux, comme l'attestait le procès-verbal de constat dressé le 15 décembre 2005 par Maître BIYIK Thomas, Huissier de Justice à Yaoundé.

Suprême, modifiée par les lois n°75/16 du 8 décembre 1976 et de l'article 108 du décret n°94/99 du 07 octobre 1994 portant Statut général de la Fonction publique, modifié et complété par le décret n°2000/287 du 12 octobre 2000.

En premier lieu, évoquant et statuant à nouveau, les juges des Sections Réunies ont infirmé le premier jugement à travers une solide argumentation fondée sur une computation logique et claire des délais du recours précontentieux : ***« le recours gracieux introduit le 18 février 2004 est ainsi conforme au délai légal qui courait à compter de la réception de son bulletin de salaire nul de janvier 2004 ».*** En second lieu, faisant siennes, pour l'essentiel, les conclusions du recourant, fidèle à cela à sa jurisprudence antérieure, la Cour a, une fois de plus, fait application du principe selon lequel un fonctionnaire abusivement suspendu avait droit, à côté de l'allocation des dommages-intérêts pour le préjudice subi du fait de cette sanction déguisée (25.000.000 FCFA en l'espèce), au rappel intégral du traitement qu'il aurait perçu s'il était resté en activité (18.000.000 F pour 83 mois de salaires échus) **(II)**.

L'arrêt POTGA II ELKANA constitue, en outre, l'expression la plus achevée et la manifestation la plus solennelle de la volonté de la Haute Juridiction administrative de soumettre l'administration au respect des règles qui régissent l'exercice de son pouvoir de suspension, à contenir ses privilèges en la matière dans les limites que leur assigne le Statut général de la Fonction publique **(I)**,

I. Le juge de l'espèce sanctionne le non-respect par l'administration des procédures applicables en matière de suspension

Liée au déclenchement de la procédure répressive, la suspension a pour but d'écarter, par nécessité du service public, « *en cas de faute grave* », un agent public en attendant qu'il soit statué sur le caractère fautif ou non des agissements qui lui sont reprochés.

La suspension ne préjuge donc pas de ce qui sera ultérieurement décidé sur le plan pénal ou disciplinaire. C'est pourquoi, la doctrine est unanime à reconnaître que, dans la Fonction publique, la suspension n'est pas, et ne peut pas être, une sanction. Qu'elle a essentiellement, même exclusivement, un caractère provisoire.

Comme l'avait magistralement exposé le Commissaire du Gouvernement RIGAUD dans ses conclusions sur l'arrêt du Conseil d'État français en date du 13 juillet 1966 : « *il s'agit d'une mesure permettant d'écarter temporairement du service un agent se trouvant sous le coup de poursuites disciplinaires et éventuellement pénales. Elle a pour seul but d'éviter le scandale ou la gêne que peut causer la présence effective dans un emploi public d'un agent soupçonné de faute grave et de faciliter l'exercice des poursuites qui doivent être incessamment entreprises à son encontre* ».

Cette mesure conservatoire entraîne normalement des effets juridiques vis-à-vis des fonctionnaires auxquels elle est destinée, en ce que son auteur, le Ministre utilisateur de l'agent public en cause, lui prescrit une action ou une abstention. La suspension écarte provisoirement l'intéressé de son lieu de service et le prive de son salaire pour une durée n'excédant pas quatre (4) mois.

M. POTGA II ELKANA, du fait de sa suspension le 11 juin 2003, devait cesser de se présenter à son lieu de service. Bien plus, il perdait le droit à la rémunération, mais conservait la totalité de ses allocations familiales.

Cette mesure de suspension lui faisait donc incontestablement grief ; *contrairement à l'argumentation qu'il avait fait valoir au soutien de son appel*, selon laquelle, « ***…*** *la décision ministérielle n°000018 du 11 juin 2003 constitue une mesure préparatoire qui ne peut produire d'effet qu'à la suite d'une sanction prononcée par l'autorité compétente.* ***Que considérée comme une mesure préparatoire, elle ne cause en principe aucun grief et ainsi n'est pas attaquable*** » ou encore « *…il est alors incontestable que* ***les mesures préparatoires*** *sont, en elles-mêmes, exclues du champ du recours pour excès de pouvoir parce qu'elles* ***ne font pas en principe grief*** ».

L'irrecevabilité du recours pour excès de pouvoir contre les actes préparatoires dans ce cas s'explique alors, non par l'absence de grief résultant de la mesure en cause, mais par le fait que la suspension apparaît comme un élément de la procédure d'élaboration d'une autre décision dont on ne sait pas, ou bien si elle sera prise, ou bien ce que sera exactement son contenu (*Pour les développements substantiels sur ce point, V. supra.* ***G.D n°2***).

La suspension doit prendre fin, soit à la suite d'une mesure disciplinaire sanctionnant la faute, soit pour faute non établie et, dans tous les cas, à l'expiration du délai de 4 mois prescrit par l'article 108 du Statut général. Si, à l'expiration de ce délai, aucune sanction n'est prononcée, le fonctionnaire suspendu réintègre *de plein droit* son emploi[2], sauf s'il est l'objet de poursuites pénales.

Sur la base de cette disposition statutaire, après la période de 4 mois, le recourant avait réintégré son bureau sis à D.A.G. Fonction publique – Service de la Maintenance – Porte R2 bis et en avait informé son Ministre utilisateur par une correspondance en date du 14 janvier 2004.

Bien plus, le même Ministre, par une décision n°000085/D/MFPRA/SG/DEDC/CD du 07 juillet 2003, avait annulé la susdite suspension du 11 juin 2003 en précisant fort bien que le sieur « ***POTGA II ELKANA (…) est autorisé à reprendre ses fonctions pour avoir brillamment passé le contrôle dont il a été soumis*** » ; que « ***l'intéressé aura droit à sa solde et accessoires de solde*** » et, qu' « ***il aura droit, en outre, au rappel afférent à la durée de sa suspension de solde*** » ; décision qui lui avait été notifiée le 09 octobre et le 15 décembre 2003.

N'ayant pas été sanctionné pendant la période de sa suspension, le sieur POTGA II ELKANA s'attendait logiquement que lui soient appliquées les dispositions précitées de la décision ministérielle abrogeant sa suspension ou encore celles de l'article 109 (1) du décret n°94/199 du 07 octobre 1994 portant Statut général de la Fonction publique de l'État qui prévoient qu'« *en cas de faute non établie ou dans le cas où aucune sanction n'est prononcée à son encontre à l'issue de la période prévue à l'article 108 (1) ci-dessus, l'autorité ayant suspendu le fonctionnaire concerné est tenue de le rétablir rétroactivement dans tous ses droits.(3) Cette omission constitue d'office une faute disciplinaire pour le supérieur hiérarchique, s'il est établi à son encontre une intention irréfutable de nuire* ».

Grande a été la surprise du recourant lorsqu'il a reçu, une fois de plus, un bulletin nul en janvier 2004.

Appelé à statuer sur le fond de son appel, les Hauts Magistrats avaient profité de l'occasion qui leur était ainsi offerte pour sanctionner fermement l'incohérence ou encore la légèreté dont avait fait preuve en l'espèce le Ministre de la Fonction Publique : « *Attendu, disait-il alors, que par cette seconde décision dont la notification à l'intéressé n'a pas été établie, le Ministre a reconnu son erreur quant à la suspension de POTGA II ELKANA prononcée par*

[2] Article 108, alinéa 3 du Statut Général.

l'acte attaqué et qui, de ce fait, est entaché d'excès de pouvoir. Qu'il s'ensuit que ledit acte encourt l'annulation avec toutes les conséquences de droit ».

La jurisprudence administrative contribue ainsi à préserver la nature conservatoire de la suspension, consacrée par l'article 108 alinéa 2 du décret n°94/199 du 07 octobre 1994 portant Statut général en ces termes : **«** La suspension de fonction est une mesure conservatoire qui ne produit d'effet définitif qu'à la suite d'une sanction prononcée par l'autorité compétente ».

Le juge administratif n'hésite pas à annuler, pour détournement de pouvoir, un acte de suspension maintenu au-delà des délais légaux[3].

Ce contrôle s'avère indispensable pour le respect de la légalité et la sécurité juridique. Le juge contrôle l'intention réelle de l'auteur de l'acte au moment de son édiction et même dans son processus[4].

Comme l'a souligné le Professeur Jean-Louis DE CORAIL, « *le juge doit dégager l'intention supposée ou l'intention dissimulée. Il se fonde sur les indices concrets qui sont susceptibles de faire apparaître la nature de l'intention de l'auteur de l'acte* »[5].

La position adoptée par le juge de l'affaire OWONOAWANA Gilbert précitée est, à cet égard, très édifiante :

« Attendu que, dans le cas d'espèce, le requérant a été suspendu par acte n°24/D/MINAT/DAPEN/S2/l du 20 octobre 1981 qui lui a été notifié le 24 octobre 1981. Qu'une sanction disciplinaire à son encontre aurait dû intervenir au plus tard le 24 janvier 1982. Que rien n'ayant été fait, OWONO AWANA Gilbert aurait dû d'office réintégrer son emploi dès le 25 janvier 1982. Mais attendu qu'il s'avère que la suspension du requérant dure toujours, au point que l'acte du 20 octobre 1981 qui aurait dû être un acte préparatoire, donc non susceptible de recours pour excès de pouvoir, est devenu une décision faisant grief par conséquent susceptible de recours pour excès de

[3] CS.CA, jugement n*12 du 31 janvier 1983, OWONO AWANO Gilbert *contre Etat du Cameroun,* Revue Camerounaise de Droit,n°25, 1983,pp. 116 et suivantes.

[4] DJAME François Narcisse, « La suspension des fonctions. Nouveau regard sur une figure complexe du droit administratif camerounais », Juridis-Périodique n°80, décembre 2009, pp. 91-106, not. p. 91.

[5] DE CORAIL J.-L., « La distinction entre mesure hiérarchique et mesure disciplinaire dans le droit de la Fonction Publique », AJDA, 1967, pp. 3 et s.

pouvoir. *Qu'en effet, depuis le 25 janvier 1982, de par la suspension désormais irrégulière, le Ministre chargé de l'Administration Territoriale, prenant cette suspension pour une sanction, a privé à ce jour le requérant de son traitement. Qu'il s'agit donc, de la part de cette autorité, d'un détournement de pouvoir* ».

Cette solution avait déjà été formulée dans plusieurs décisions antérieures.

L'affaire BELINGA NDO Paul en est la première[6].

Par une note de service du Ministre de la Santé Publique, datée du 14 décembre 1972, le Docteur BELINGA NDO, en service à l'hôpital Laquintinie de Douala, est affecté à l'hôpital de Bamenda. Cette mesure ne lui est notifiée que le 20 février 1973. Or, l'intéressé, quelques jours après la prise de connaissance de la décision d'affectation, jouit de son congé annuel dont l'expiration est fixée au 22 mars 1973.

Sur ces entrefaites, par décision n°46/MFP/DR/SDAC/D/2 du 17 mars 1973, le Ministre de la Fonction Publique le suspend de ses fonctions pour une durée de trois mois, avec suspension de solde à compter du 14 décembre, pour « *refus persistant de rejoindre Bamenda, son nouveau poste de travail* ».

Traduit devant le Conseil de Discipline le 2 novembre 1973, aucune sanction n'est proposée à son encontre en raison de la notification tardive de la décision d'affectation. Aussi, après avoir rejoint Bamenda le 15 novembre, le Docteur BELINGA NDO demande au Ministre de la Fonction Publique, par lettre du 14 Décembre 1973, de bien vouloir régulariser sa situation administrative comme le prescrit la réglementation.

Le 4 janvier 1974, par un rectificatif à la décision du 17 mars 1973, le Ministre de la Fonction Publique y répond en portant la mesure de suspension du Docteur BELINGA NDO à partir du 23 mars 1973, date à laquelle il aurait dû reprendre service. C'est finalement toutes ces mesures de suspension que le mis en cause défère devant la Chambre administrative de la Cour Suprême aux fins d'annulation.

Le juge administratif, en l'espèce, avait déclaré le recours recevable et avait annulé le rectificatif du 4 janvier 1974 à la décision du 17 mars

---

[6] CS.CA, jugement n° 56 du 22 avril 1976, BELINGA NDO Paul contre Etat du Cameroun.

1973, en tenant, à cette occasion, des propos si significatifs qu'il importe de les rapporter :

« *Considérant qu'en fait, BELINGA NDO Paul ne pouvait pas rejoindre Bamenda le 23 mars 1973 à l'expiration de son congé administratif puisqu'il se trouvait suspendu de ses fonctions par l'effet de la décision du 17 mars 1973 et que par conséquent le Ministère des Finances n'aurait pas pu lui délivrer les réquisitions de transport.* ***Considérant que la décision critiquée repose donc ainsi sur des faits matériellement inexacts puisqu'il est établi qu'en aucun moment BELINGA NDO n'a refusé de rejoindre Bamenda ne pouvant le faire le 14 novembre 1972 puisque la note de service ne lui a été notifiée que le 20 février 1973, ni le 23 mars 1973 puisqu'il se trouvait déjà sous l'effet de la décision du 17 mars 1973.Considérant que constitue un excès de pouvoir et encourt par conséquent l'annulation, tout acte administratif fondé sur des faits matériellement inexacts*** ».

Ensuite, le juge administratif avait annulé la décision du Ministre de la Jeunesse et de Sports portant suspension de fonction pour absence irrégulière dans l'espèce KONEBA Samuel contre État du Cameroun, objet du jugement n°33 du 31 mars 1977 :

« ***Considérant que la circonstance qu'un fonctionnaire malade, suivi régulièrement dans une formation hospitalière, n'est pas hospitalisé n'implique nullement que l'état de santé dudit fonctionnaire n'est pas défaillant*** *;* ***que la décision d'affectation du Ministre de la Jeunesse et des Sports, prise le 2 avril 1976 à la suite d'un dossier de demande de mutation pour raison de santé constituée le 25 août 1975, confirme l'authenticité des certificats médicaux versés par le requérant dans son dossier de demande de mutation desquels il résulte que KONEBA était malade à Yaoundé et suivait un traitement régulier au Cabinet du Professeur René ESSOMBA, médecin en service à l'Hôpital Central de Yaoundé.*** **Qu'en conséquence, c'est à tort que le Ministre de la Jeunesse et des Sports a, par décision n°70 du 16 mars 1976, rapporté partiellement pour compter du 13 février 1976 sa première décision n°222 du 1er novembre 1975 qui a été prise pour sanctionner les faits de cessation temporaire volontaire de service qui se sont révélés non juridiquement caractérisés** ».

Le juge veille donc avec une attention particulière au respect des prescriptions relatives à la suspension dans la Fonction publique.

II. Le juge choisi le système dit du « rappel intégral du traitement » pour indemniser le fonctionnaire illégalement suspendu

Voir *supra*, les développements qui y sont consacrés (***G.D n°17***)

Célestin KEUTCHA TCHAPNGA

20.
Licenciement d'un fonctionnaire pour motif économique – Acte de gouvernement entraînant l'incompétence du juge administratif – Non – Acte administratif unilatéral – Oui – Excès de pouvoir – Compétence du juge administratif – Annulation de l'acte – Oui – Dommages et intérêts au recourant – Oui.

Cour Suprême. Chambre administrative, jugement n°47 du 25 mai 2000, ZOBA AYISSI Dieudonné contre Etat du Cameroun (ministère de la Fonction Publique et de la Réforme Administrative)[1].

(....) Attendu que s'agissant du caractère non fondé du recours soulevé par le représentant de l'État, il importe de rappeler que conformément à l'article 1er de l'arrêté querellé, sieur ZOBA AYISSI Dieudonné a été licencié pour motif économique.

Attendu qu'il résulte de la combinaison des articles 118 et 119 du décret n°94/199 du 7 octobre 1994 que le licenciement, qui est une mesure d'exclusion définitive du fonctionnaire de la fonction publique pour des cas ne relevant pas d'une sanction disciplinaire, peut intervenir dans trois (3) cas : a. Pour inaptitude physique irréversible et incompatible avec le poste de travail occupé. B. Pour insuffisance professionnelle des résultats de son évaluation. c. À la suite des textes spéciaux prévoyant une réorganisation des services et entraînant suppression des postes de travail sans possibilité de redéploiement des effectifs.

Attendu qu'à ces trois (3) cas de licenciement, l'article 120 du décret présidentiel portant Statut général de la Fonction publique de l'État a aussi prévu trois (3) modes d'indemnisation correspondant à chaque cas soit : À douze (12) fois son traitement mensuel indiciaire en cas d'inaptitude physique. À trois (3) fois son traitement mensuel indiciaire en cas d'insuffisance professionnelle. À vingt-quatre (24) fois son traitement mensuel indiciaire en cas de suppression de poste de travail.

Attendu que ce faisant, le Président de la République s'entend limiter les cas de licenciement des fonctionnaires pour réduire les cas de détournement de pouvoir et autres abus des autorités administratives.

Attendu qu'il résulte également des articles 119 et 120 du décret présidentiel susvisé que le licenciement pour motif économique ainsi que son mode d'indemnisation n'ont pas été prévus. Qu'ainsi, en licenciant ZOBA AYISSI Dieudonné pour motif économique alors que le décret présidentiel n°94/199 du 7 octobre 1994 portant Statut général de la Fonction publique de l'État n'a prévu, ni ce cas de licenciement, ni son mode d'indemnisation, l'arrêté ministériel n°007398/A/MFPRA/DPE du 3 novembre 1995 procède d'un détournement de pouvoir constitutif d'un excès de pouvoir et mérite en conséquence annulation pour ce motif.

Attendu que ZOBA AYISSI Dieudonné a en outre sollicité la condamnation de l'État du Cameroun au paiement de la somme de cinquante (50) millions de francs CFA en réparation du préjudice qu'il a subi du fait de son éviction du Ministère de la Fonction Publique. Qu'au soutien de sa demande, il fait valoir qu'on ne saurait

---

[1] Note de jurisprudence rédigée par le Docteur Jacques BIPELE KEMFOUEDIO, Chargé de Cours

supprimer le poste de travail de Contrôleur des régies financières dans la Fonction publique camerounaise parce qu'en ce moment, l'administration camerounaise continue d'utiliser cette catégorie de fonctionnaires dans différents départements ministériels, d'une part, et, d'autre part, que la carence des effectifs de ces personnels entraîne le retour de leur formation sur concours de l'École Nationale d'Administration et de Magistrature (ENAM). Qu'enfin, il est lié par un engagement décennal à l'administration qui, en même temps qu'il le soumet à des obligations, le protège du départ de l'administration avant un délai de dix (10) ans, étant entendu qu'il ne travaille que depuis six (6) ans.

Attendu que de tout ce qui précède, la demande de dommages-intérêts présentée par sieur ZOBA AYISSI Dieudonné est fondée et justifiée en son principe, mais toutefois exagérée quant à son quantum. Que la Chambre administrative, au regard des éléments d'appréciation en sa possession, évalue à la somme de huit (8) millions de francs la réparation du préjudice par lui subit.

Par ces motifs. Statuant publiquement, contradictoirement, en matière administrative, à l'unanimité des membres et en premier ressort. **Décide : Article 1er.** Le recours introduit par M. ZOBA AYISSI Dieudonné est recevable en la forme. **Article 2.** Il est fondé. **Article 3.** L'arrêté n°007398/A/MFPRA/DPE du 3 novembre 1995 du Ministre de la Fonction Publique et de la Réforme Administrative est par conséquent annulé. **Article 4.** Il est alloué à ZOBA AYISSI Dieudonné une somme de huit (8) millions de francs CFA à titre de dommages-intérêts.

NOTE

Voici un cas de recours de plein contentieux qui combine à la fois le recours pour excès de pouvoir et le recours en indemnisation. Réduite à ses éléments pertinents, la situation factuelle suscite une curiosité : sieur ZOBA AYISSI Dieudonné, Contrôleur des régies financières a saisi la Chambre administrative de la Cour Suprême aux fins d'annulation de l'arrêté n°007398/A/MFPRA/DPE du 03 novembre 1995 portant son licenciement de la Fonction publique pour motif économique. A la même occasion, le recourant a sollicité du juge la condamnation de l'État du Cameroun au paiement des dommages-intérêts pour le préjudice subi du fait de ses agissements. Le comportement de l'administration sus-décrit constitue-t-il un acte de gouvernement *injusticiable* devant le juge administratif ou s'agit-il d'un simple acte administratif unilatéral ? S'il s'agit d'un acte administratif, est-il auréolé d'excès de pouvoir de nature à justifier la compétence du juge administratif dans sa dimension d'annulation et d'indemnisation ?

La réponse du juge, qui coïncide heureusement avec la position du droit positif, est sans équivoque. Il rejette l'exception d'incompétence du recours, argument tiré de ce qu'on n'est pas en présence d'un acte couvert par une immunité juridictionnelle **(I)**. Par la suite, il se prononce pour le bien-fondé du recours de plein contentieux pour lequel il a été saisi **(II)**.

I. Le rejet de l'incompétence du juge de l'espèce pour défaut d'immunité juridictionnelle de l'acte en cause

Le juge administratif, appréciant les faits tels qu'exposés, estime qu'ils ne sont pas constitutifs d'acte de gouvernement entrainant son incompétence **(A)**. Par la même occasion, il a reconnu la qualité d'acte administratif unilatéral à l'arrêté incriminé **(B)**.

A. La méconnaissance du caractère d'acte de gouvernement à l'arrêté querellé

L'expression « *acte de gouvernement* » n'est pas très fréquente devant le prétoire camerounais. Mais, de temps en temps, à tort ou à raison, certains plaideurs invoquent cette notion pour pouvoir faire échec à la procédure. Pour la doctrine, les actes de gouvernement sont ceux qui ont trait aux rapports du gouvernement avec le parlement et ceux à caractère international ou diplomatique, c'est-à-dire intéressant les relations du gouvernement avec l'étranger ou un organisme international[2]. Ces actes ne peuvent ainsi faire l'objet d'un débat par voie contentieuse. Ils échappent, souligne le législateur camerounais[3], à la compétence de toute juridiction. On dit alors qu'ils sont couverts d'une immunité juridictionnelle totale[4]. Sous cet angle, le juge administratif, à l'instar de son homologue judiciaire, s'estime en effet incompétent pour en connaître. On ne peut donc pas l'attaquer par la voie d'un recours pour excès de pouvoir ou d'un recours en indemnisation, ni le critiquer par le biais de l'exception d'illégalité. De ce fait, l'acte de gouvernement échappe à l'emprise du principe de légalité. Sous cet angle, il constitue une limite sérieuse à la protection des droits de l'Homme[5].

---

[2] Lire sur la question, CHAPUS R, Droit administratif général, Tome I, 7ème édition, Paris, Montchrestien, 1993, pp. 752 et ss. ; LEBRETON G, Droit administratif, 5ème édition, Paris, Dalloz, 2009, pp. 93 et ss.

[3] Aux termes de l'article 4 de la loi n°2006/022 précitée, « *aucune juridiction ne peut connaitre des actes de gouvernement* ».

[4] CE, 19 février 1875, Prince Napoléon, GAJA, 8ème édition, n° 3.

[5] Lire utilement sur la question, KAMTO M, « Actes de gouvernement et droits de l'homme au Cameroun », op.cit., pp. 121-139.

Un auteur bien autorisé a estimé que l'acte de gouvernement est un acte « *hors-la-loi* » qui est inadmissible dans un État de droit, car il crée des situations qui tendent à faire bénéficier les gouvernants d'un privilège d'invulnérabilité[6]. Le droit camerounais a rangé dans cette catégorie juridique, les actes portant désignation des chefs traditionnels[7].

Dans le souci de faire échec à la procédure intentée par sieur ZOBA AYISSI Dieudonné, l'État du Cameroun, défendeur dans la cause, a soulevé une exception tendant à l'irrecevabilité du recours intenté, argument tiré de ce qu'on serait en présence d'un acte de gouvernement. Selon l'État, le licenciement du recourant découle de la mise en œuvre des plans d'organisation et d'effectifs des ministères conclus entre l'État du Cameroun et les institutions financières internationales (Banque mondiale, Fonds monétaire international). Ainsi, pour le gouvernement camerounais, ces accords d'ajustement économiques et financiers sont des actes de gouvernement insusceptibles de recours juridictionnel[8].

Mais, à notre sens, aborder le débat sous cet angle serait le dénaturer amèrement. Sur le plan juridique, il est question de voir si le licenciement reproché à l'État repose sur les bases juridiques fiables ou arbitraires au regard des dispositions pertinentes du décret n° 94/199 du 07 octobre 1994 portant Statut général de la Fonction publique de l'État. À l'analyse, les conditions d'existence d'un acte de gouvernement n'ont pas été remplies puisque le licenciement déploré n'émane pas des rapports entre le gouvernement et le parlement, ni des relations entre le gouvernement et l'étranger c'est-à-dire des relations à caractère

---

[6] LEBRETON G, Droit administratif, 5ème édition, op.cit., p. 99 ; sur le développement des immunités juridictionnelles comme handicap à l'émergence de l'Etat de droit, lire BILONG S, « Le déclin de l'Etat de droit au Cameroun… ; », article précité, pp. 52 et ss.

[7] CS/AP, arrêt n°17 /CS/AP du 19 mars 1981, Etat du Cameroun contre Enfants du Chef Banka ; Collectivité Déido-Douala contre ; KOUANG Guillaume contre Etat du Cameroun. Dans ces trois espèces, le juge reprenant les termes de l'article 1er de la loi n°80/31 du 27 novembre 1980 souligne : « Les juridictions de droit commun et de l'ordre administratif sont dessaisies d'office de toutes les affaires pendantes devant elles et relatives aux contestations soulevées à l'occasion de la désignation des chefs traditionnels » ; lire aussi KEUTCHA TCHAPNGA C, Précis de contentieux administratif au Cameroun, :, op.cit., pp. 53–56 ; ATEMENGUE J.de N, « Les actes de gouvernement sont-ils une catégorie juridique ?.... », article précité, pp. 102 -109.

[8] Certes, l'Etat aurait pu envisager le problème sous l'angle d'incompétence que sous celui d'irrecevabilité qui touche en principe la forme. Bien sûr, même sous l'angle, la défense de l'Etat, à notre sens, n'aurait pas prospéré, l'acte étant détachable des accords d'ajustement évoqués.

international ou diplomatique. Le juge administratif camerounais, à l'instar du Conseil d'État français, a ainsi dégagé une limite à la théorie d'acte de gouvernement. Dans un cas comme dans l'autre, le juge accepte de connaître des mesures qu'il considère comme détachables des relations diplomatiques ou des conventions internationales, c'est-à-dire des mesures qui peuvent être appréciées indépendamment de leurs origines ou de leurs incidences internationales[9].

À la vérité, dans le cas d'espèce, le problème réside au niveau où l'État dans ses agissements s'est déconnecté d'une norme à caractère général et impersonnel. On est donc en présence d'un procès fait à un acte administratif unilatéral à savoir un arrêté ministériel qui a été pris en violation du droit et qui est détachable des relations diplomatiques ou des conventions internationales. C'est la violation de ce droit objectif régissant la Fonction publique camerounaise, en l'occurrence le mépris des articles 118, 119 et 120 du décret n°94/199 du 07 octobre 1994 portant Statut général de la Fonction publique, qui est constitutive d'excès de pouvoir donnant compétence au juge administratif. Ainsi, en méconnaissant le caractère d'acte de gouvernement à l'arrêté ministériel querellé, la Chambre administrative a rendu une saine justice.

B. La reconnaissance de la nature d'acte administratif unilatéral à l'arrêté querellé

L'acte administratif unilatéral est le principal mode d'expression de la volonté des autorités administratives. Au Cameroun, il est non seulement le plus pratiqué, mais aussi le plus performant. Contraignant pour les destinataires, il est rigoureusement encadré par le droit[10]. Il est facile à détecter et aisément contrôlable par le juge. La capacité de prendre un acte administratif unilatéral est l'une des premières prérogatives de puissance publique. L'arrêté n°007398/A/MFPRA/DPE du 03 novembre 1995 portant compression d'un fonctionnaire pour motif économique est un acte juridique pris par une autorité administrative relevant du pouvoir réglementaire et qui est de nature à créer des droits et des obligations à l'égard des particuliers. Cet acte répond ainsi à la nomenclature définitionnelle dégagée dans l'affaire NGONGANG NJANKE Martin[11]. Cet acte juridique adopté unilatéralement par le Ministre de la Fonction

[9] CE, 5 février 1926, Dame CARACO ; CE, 7 décembre 1945, Société Ranc, Tiburce et Cie ; CE, 16 décembre 1955, Epoux DELTEL.
[10] TRUCHET D, Droit administratif, Paris, PUF, 2008, p. 223.
[11] CFJ.AP, 20 mars 1968, NGONGANG NJANKE Martin, **(supra GD n°1).**

Publique a modifié les droits d'un administré indépendamment de son consentement. L'arrêté querellé a rempli les conditions d'un acte administratif unilatéral à plusieurs égards :

- C'est un acte juridique, c'est-à-dire une manifestation de volonté destinée à produire des effets de droit. Il ne saurait s'analyser comme un fait matériel involontairement provoqué par l'administration, ni comme un agissement matériel volontaire de celle-ci.

- C'est un acte pris unilatéralement, c'est-à-dire un acte pris par le Ministre sans le consentement du recourant. En réalité, l'unilatéralité ne dépend pas du nombre d'auteurs de l'acte, mais désigne un type de relation autoritaire entre l'acte et son destinataire. Elle signifie que l'acte n'a pas besoin du consentement de son ou de ses destinataire(s) pour exister et s'imposer à lui ou à eux. L'arrêté querellé s'inscrit dans cette logique.

- C'est un acte adopté par une autorité administrative, c'est-à-dire un organe doté de pouvoirs exorbitants ou des prérogatives de puissance publique et spécialement habilitée à gérer la chose publique. Ainsi, le pouvoir d'édicter un acte administratif unilatéral n'est pas reconnu à n'importe qui. Il est réservé par les textes et la jurisprudence aux autorités juridiquement habilitées[12]. Il peut s'agir d'une autorité unique ou d'une entité collégiale comme les conseils régionaux ou municipaux, dont les délibérations constituent en principe des actes administratifs unilatéraux. L'arrêté critiqué émane d'un Ministre. A cet effet, il est qualifié d'acte faisant grief de nature à bénéficier du contrôle du juge.

- C'est un acte qui a modifié les droits ou les obligations d'un administré indépendamment de son consentement, c'est-à-dire qui affecte autoritairement la situation d'une personne étrangère à son édiction et sans son avis. Dans le cas d'espèce, l'arrêté en question, sans l'avis du recourant, a modifié ses droits.

Dès lors, l'acte ministériel déploré répond à la définition en quatre points admise par la majorité de la doctrine[13]. C'est donc sur des bases

---

[12] Cf. LEBRETON (G), Droit administratif général, op.cit., pp. 244 et ss.

[13] Il faut relever qu'au regard de cette définition de l'Acte Administratif Unilatéral (AAU), deux auteurs se démarquent : Le professeur René CHAPUS définit l'AAU comme l'acte juridique « destiné » à régir le comportement des personnes qui sont étrangères à son édiction". Cf. Droit administratif général, Tome I, op.cit., pp. 396 et ss. Pour le Professeur Charles EISENMANN, l'AAU est un acte non contractuel prescriptif ou permissif imputable à l'administration et, à travers elle, à une personne publique

juridiques justes que le juge de l'espèce a qualifié l'acte critiqué d'acte administratif unilatéral ouvrant ainsi les portes à son contrôle.

II. Le bien-fondé du recours contentieux

Le recours engagé par sieur ZOBA AYISSI avait un double objectif : procéder à l'annulation d'un acte qui a été pris au mépris du droit, c'est-à-dire en excès de pouvoir, d'une part, et octroyer des dommages-intérêts aux fins de réparation du préjudice subi par la victime, d'autre part. En annulant effectivement l'acte ministériel incriminé **(A)** et en condamnant l'État à réparer le préjudice subi par le recourant **(B),** le juge reconnait par là le bien-fondé de l'acte de saisine.

A. L'annulation d'un acte administratif unilatéral pour excès de pouvoir

C'est sur la base de l'article 9 alinéa 2 (a) de l'ordonnance n°72/6 du 26 août 1972, repris par l'article 2 alinéa 3 (a) de la loi n°2006/022 du 29 décembre 2006 fixant l'organisation et le fonctionnement des Tribunaux Administratifs que le juge a prononcé l'annulation pour excès de pouvoir de l'arrêté ministériel querellé[14]. À l'examen du dossier de la procédure, les agissements de l'administration manquent de base légale.

En effet, l'article 118 du Statut général de la Fonction publique dispose que « *le licenciement est une mesure d'exclusion définitive du fonctionnaire de la Fonction publique pour des cas ne relevant pas d'une sanction disciplinaire* »[15]. L'acte réglementaire portant Statut général de la Fonction Publique a déterminé les circonstances dans lesquelles ce licenciement peut avoir lieu[16]. Par la même occasion, il a aménagé un cadre d'indemnisation pour le fonctionnaire licencié[17]. En principe, le licenciement intervient pour :

(Cours de droit administratif, Tome 2, Paris, LGDJ, 1983, pp. 678 et ss.). Il faut souligner que cette définition se démarque totalement de la conception définitionnelle admise par notre droit.

[14] Sur la base de ces deux dispositions, sont constitutifs d'excès de pouvoir le vice de forme, l'incompétence, la violation d'une disposition textuelle, le détournement de pouvoir.

[15] Voir article 118 du décret n°94/199 portant statut général de la fonction publique.

[16] Cf. article 199 du décret n°94/199 du 07 octobre 1994 suscité.

[17] Cf. article 120 du décret n°94/199 du 07 octobre 1994 suscité.

– Inaptitude physique irréversible et incompatible avec le poste de travail occupé : dans ce cas, le fonctionnaire licencié a droit à douze (12) fois son traitement mensuel indiciaire.

– Insuffisance professionnelle des résultats de son évaluation : dans ce cas, il a droit à trois (03) fois son traitement mensuel indiciaire.

– Textes spéciaux prévoyant une réorganisation des services et entrainant suppression des postes de travail sans possibilité de redéploiement des effectifs : dans ce cas, il a droit à vingt-quatre (24) fois son traitement mensuel indiciaire.

Or, l'analyse du dossier montre qu'on n'est dans aucun des cas sus-cités. Par conséquent, on peut à juste raison affirmer que les agissements de l'administration ont manqué de base légale. Ce déficit de base juridique est constitutif de détournement de pouvoir, considéré comme démembrement de l'excès de pouvoir. Sous cet angle, le juge administratif a compétence pour prononcer l'annulation d'un acte administratif unilatéral affecté de détournement de pouvoir. Le chemin en la matière était déjà défriché en 1970 dans l'espèce BILAE Jean[18]. Ainsi, en qualifiant l'arrêté ministériel d'acte entaché d'excès de pouvoir et plus précisément de détournement de pouvoir et en procédant à son annulation conformément aux exigences juridiques, le juge administratif a davantage consolidé sa jurisprudence.

B. L'octroi des dommages – intérêts au recourant pour réparation du préjudice subi

Le contentieux administratif comprend, entre autres, les actions en indemnisation du préjudice causé par un acte administratif[19]. On comprend ainsi que l'activité de l'administration peut être génératrice de dommages au détriment des administrés. Dès lors, tout acte administratif qui cause un préjudice à autrui oblige ladite administration à le réparer. Il s'agit là du principe de la responsabilité administrative dont les bases ont été dégagées depuis l'arrêt BLANCO[20]. Le préjudice généralement réparable est le préjudice matériel et moral. La Cour Suprême l'a

[18] CFJ/CAY, arrêt n°120 du 08 décembre 1970, BILAE Jean contre Etat du Cameroun Oriental.

[19] Cf. article 9 alinéa 2(b) de l'ordonnance n° 72/6 du 26 août 1972 suscitée ainsi que l'article 2 alinéa 3(b) de la loi n°2006/022 du 29 décembre 2006 sus-évoquée.

[20] T.C, 08 février 1973, BLANCO.

confirmé dans l'affaire NKONGO BIDZANGA Maximilien[21]. Dans cette espèce, le juge a accordé au recourant la somme de cinq millions de FCFA pour la réparation du préjudice matériel et cinq millions de FCFA pour la réparation du préjudice moral.

Mais, il faut relever tout de même que l'octroi des dommages-intérêts ne se fait pas de manière fantaisiste. La victime doit prouver que le préjudice subi est direct ou indirect. Le montant octroyé par le juge doit être proportionnel au préjudice subi et prouvé. Dans cet exercice, le juge fait généralement appel à son intime conviction.

Comme on peut le constater, en droit administratif camerounais, le préjudice subi doit faire l'objet d'une réparation par équivalent, c'est-à-dire pécuniaire et non d'une réparation en nature. Cette réparation pécuniaire doit normalement couvrir l'intégralité du préjudice. Ce principe de réparation intégrale emporte deux conséquences en ce qui concerne le calcul de l'indemnité principale :

La première conséquence est que la victime d'un dommage ne doit pas se retrouver appauvrie par celui-ci. Le juge, au moment de la réparation, doit donc tenir compte tant de son gain manqué que de sa perte subie. En pratique, cependant, le montant exact du préjudice est souvent difficile à calculer. Parfois, on s'en remet juste à l'évaluation souveraine, fatalement subjective et parfois contestable du juge du fond[22].

La seconde conséquence est que la victime du dommage ne doit non plus se retrouver enrichie par celui-ci. Le juge a donc l'obligation de déduire des dommages-intérêts qu'il va calculer les indemnités préalables qui ont déjà été versées à la victime[23]. De même, il doit en déduire les plus-values éventuellement enregistrées par le fait dommageable[24].

Dans le cas d'espèce, le montant du préjudice subi initialement taxé à cinquante millions par la victime a été ramené à huit (08) millions de FCFA par le juge. Dans tous les cas, le juge doit veiller à ce que le préjudice, tout le préjudice et rien que le préjudice soit judicieusement réparé. Dans cette circonstance, l'enrichissement sans cause n'est pas

---

[21] CS.CA, jugement n°92 du 13 août 2008.

[22] CE, 14 septembre 2007, Ministre de l'intérieur contre Commune de Villeurbanne.

[23] CE, 5 mars 2008, CPAM de Seine-Saint-Denis.

[24] CE, Section, 28 février 1986, Entreprise Blondet.

autorisé. Ainsi, en condamnant l'État à réparer le préjudice subi par le recourant, le juge a administré une leçon pédagogique à l'administration.

Conclusion

Lorsqu'une administration a ignoré la borne de ses pouvoirs, le juge est tenu de la rappeler à l'ordre soit en annulant les actes illégalement pris, soit en la condamnant aux dommages – intérêts. L'affaire ZOBA AYISSI est ainsi une belle occasion qui recommande à l'administration sa soumission au droit de peur de se voir de temps en temps ridiculisée par des sanctions sévères.

Jacques BIPELE KEMFOUEDIO

21.

Contentieux du recouvrement des cotisations dues à la Caisse Nationale de Prévoyance Sociale – Absence de déclaration des cotisations par l'employeur – Taxation d'office de l'employeur sans mettre l'intéressé en demeure de faire la déclaration exigée – Excès de pouvoir – Oui – Annulation de la mise en demeure querellée ainsi que du rapport de contrôle lui servant de fondement – Oui.

Cour Suprême. Chambre Administrative, jugement n°11 du 18 janvier 2008, Maître BOUOBDA contre Caisse Nationale de Prévoyance Sociale (CNPS)

Attendu que par requête en date du 08 septembre 2005, enregistrée au Greffe de la Chambre administrative de la Cour Suprême le 12 septembre 2005 sous le n°1540, Maître NKENGNE Jean Jacques, Avocat à Bafoussam, agissant au nom et pour le compte de Maitre BOUOBDA, a introduit un recours en annulation de la mise en demeure avant poursuite émise le 28 mars 2005 contre son client par les services de la Caisse Nationale de Prévoyance Sociale dite CNPS et du rapport de contrôle de la même date sur lequel ladite mise en demeure est basée.

SUR LA RECEVABILITÉ DU RECOURS

Attendu qu'aux termes de l'article 12 alinéa 1 de l'ordonnance n°72/6 du 26 aout 1972 fixant l'organisation de la Cour Suprême, « Le recours devant la Cour Suprême n'est recevable qu'après rejet d'un recours gracieux adressé au Ministre compétent ou à l'autorité statutairement habilitée à représenter la collectivité publique ou l'établissement public en cause ».

Qu'en l'espèce, il ressort de l'examen du recours gracieux formulé par Maitre BOUOBDA que ce dernier demande la nullité « absolue du rapport de contrôle n°220/S33/05 du 28 mars 2005 et par voie poursuites litigieuses » ;

Attendu que, par conséquent, ledit recours est identique au recours contentieux tel que repris ci-dessus, la mise en demeure et le rapport de contrôle étant liés. Qu'il s'en suit qu'il est recevable comme fait dans la forme et le délai de la loi.

AU FOND

Attendu que l'article 9 alinéas 1 et 2 de l'ordonnance n°72/6 du 26 aout 1972 fixant l'organisation de la Cour Suprême modifiée dispose ;

« Article 9 -: 1) La Cour Suprême connait de l'ensemble de contentieux administratif à l'encontre de l'État, des collectivités publiques et établissements publics :2) Le contentieux administratif comprend :« a) Les recours en annulation pour excès de pouvoir et, en matière non répressive, les recours incidents en appréciation de légalité. Est constitutif d'excès de pouvoir au sens du présent article : - Le vice de forme. - L'incompétence. - La violation d'une disposition légale ou réglementaire … » ;

Attendu, par ailleurs, que selon l'article 13 alinéas 1 et 2 de l'arrêté conjoint METPS/MINEFI n°035 du 12 juillet 2002 fixant les modalités d'application de la loi n°2001/017 du 18 décembre 2001 précitée : « 1) Est taxé d'office, tout employeur qui : « - N'a pas déposé les déclarations des salaires dues au titre de la période concernée -

N'a pas présenté une comptabilité susceptible de permettre l'établissement du montant exact des salaires.- N'a pas donné suite à l'avis de passage du contrôleur de cotisations sociales. « 2) En cas d'absence de déclaration, le montant des cotisations est établi par l'administration fiscale après notification à l'employeur d'une mise en demeure de déclarer ».

Attendu qu'en l'espèce, le rapport de contrôle du 28 mars 2005 indique qu'il s'agit d'une taxation d'office infligée au recourant à qui il est reproché de n'avoir fait aucune déclaration depuis sa prestation de serment comme Avocat en décembre 1985.*Attendu cependant que l'examen des autres pièces du dossier ne relève pas que les services du contrôle de la CNPS ont préalablement mis Me BOUOBDA en demeure de déclarer. Que ce faisant, lesdits services ont méconnu les dispositions légales sus visées. Qu'il s'ensuit que le recours est fondé et que la mise en demeure querellée encourt annulation, de même que le rapport de contrôle qui lui sert de fondement.*

Par ces motifs, statuant publiquement, contradictoirement, en matière administrative, à l'unanimité des membres en premier ressort.

Décide : –Article 1er. Le recours de Maitre BOUOBDA est recevable en la forme. – **Article 2**. Au fond, il est justifié. Par conséquent, la mise en demeure avant poursuite en date du 28 mars 2005 et le rapport de contrôle sont annulés.

NOTE

La justice administrative joue un rôle central dans l'État de droit, en sanctionnant les écarts de l'administration au droit, notamment à la loi, mais aussi en veillant au respect de la hiérarchie des normes et en assurant la protection des droits fondamentaux. Si le juge administratif a poursuivi l'approfondissement de son contrôle sur les actes de l'exécutif, plus récemment, de nouveaux domaines[1] lui ont également donné

[1] Parmi les litiges confiés par le législateur à la juridiction administrative, le contentieux du recouvrement des cotisations dues à la C.N.P. S. occupe actuellement, de par son volume, le deuxième rang, après celui du titre foncier. C'est un contentieux très technique qui a connu un essor fulgurant à partir des années 90. En ce sens, V. MPESSA Aloys, « Le contentieux de la C.N.P. S. devant le juge administratif camerounais », Juridis Périodique n°89, mars 2012, pages 71 et suivantes. Ce contentieux, qui relevait initialement de la compétence du juge judiciaire, a été progressivement transféré au juge administratif : d'abord par la loi n°2001/17 du 18 décembre 2001 portant réaménagement des procédures de recouvrement des cotisations sociales. Ensuite par la loi n°84/006 du 4 juillet 1984 portant modification de l'ordonnance n°73/17 du 22 juillet 1973 organisant la CNPS. Enfin, par l'article 2 alinéa 3 de la loi n°2006/22 précitées. Ces textes législatifs ont été prolongés par l'arrêté conjoint n°049/METPS/MINFI du 11 octobre 2002 modifiant et complétant certaines dispositions de celui n°035/METPS/MINFI du 12 juillet 2OO1 fixant modalités d'application de la loi n°2001/17 et par l'instruction conjointe n°1/02/DG/CNPS du 11 septembre 2002 précisant les modalités d'application de l'arrêté conjoint n°035

l'occasion d'enrichir encore son corpus jurisprudentiel en matière de droits fondamentaux.

Il en est ainsi notamment du contentieux du recouvrement des cotisations dues à la Caisse Nationale de Prévoyance Sociale, (acronyme CNPS), qui est un Établissement public doté de la personnalité juridique et jouissant de l'autonomie financière. Elle est placée sous la tutelle du Ministère du Travail et de la Sécurité Sociale. La gestion de la CNPS est assurée par un Conseil d'Administration composé de façon tripartite par les représentants des travailleurs, des employeurs, de l'État et par une Direction Générale. Elle est chargée d'assurer, dans le cadre de la politique de protection sociale du Gouvernement, le service des prestations aux travailleurs assurés et à leurs ayants droit[2]. Les ressources indiquées au budget annuel de la CNPS sont constituées par : – Les cotisations, majorations et pénalités recouvrées conformément à une législation spéciale. – Les revenus des placements et du patrimoine. – Les rémunérations pour services rendus et éventuellement les participations versées par les personnes bénéficiaires d'œuvres sanitaires ou sociales. – Les subventions, dons et legs. – Éventuellement des emprunts.

Comme il est loisible de le constater, les cotisations sociales, qui représentent la contribution des employeurs et des employés pour le financement des risques couverts, ainsi que les majorations et pénalités recouvrées constituent l'essentiel de ses ressources.

Le problème le plus grave auquel est confrontée la CNPS est l'évasion des cotisations de sécurité sociale. Certains employeurs ne s'immatriculent pas ou s'immatriculent, mais ne paient pas régulièrement leurs cotisations ou parfois sous-déclarent les revenus assujettis à l'assurance. Le problème est encore plus récurent chez les petits employeurs qui, très souvent, « *désofficialisent* » leur main-d'œuvre pour

---

[2] La sécurité sociale a été introduite au Cameroun après la 2è guerre mondiale (1939-1945). Il y'eût tout d'abord la Caisse des Allocations Familiales des Expatriés. Elle fût transformée quelques temps après sa création en Caisse de Compensation des Allocations Familiales qui est devenue la Caisse Nationale de Prévoyance Sociale en 1967. Elle ne servait que les prestations familiales. En 1969 fut adoptée la loi n°69/LF/18 du 10 novembre 1969 instituant un régime d'assurance de pensions de vieillesse, d'invalidité et de décès. Cette loi consacra la naissance de la branche vieillesse au Cameroun. Mais elle n'entrera en vigueur qu'à compter du 1er juillet 1974, suite à la signature du décret n°74/733 du 19 août 1974 fixant les modalités de son application. Les premières pensions servies par la Caisse Nationale de Prévoyance Sociale prirent effet à partir du 1er juillet 1976.

réduire les coûts de production, certains travailleurs coopérant même avec eux pour trouver de l'emploi. D'autres employeurs contournent leurs obligations en matière de cotisations en minorant le nombre de salariés qui devraient être couverts par le régime de sécurité sociale, par exemple en faisant passer certains salariés pour des travailleurs non tenus de cotiser, c'est-à-dire en leur donnant un statut informel. Ils peuvent aussi se soustraire à leurs obligations en minorant les gains soumis à cotisation des travailleurs inscrits au régime. Les employeurs peuvent encore retarder le versement des cotisations sociales au-delà du délai prévu par la réglementation. Dans les cas les plus graves, ils peuvent ne pas reverser à la CNPS les cotisations prélevées sur le salaire de leurs employés[3].[4].

---

[3] V. Association Internationale de Sécurité Sociale, Manuel du Formateur, Revue Internationale de Sécurité Sociale, Vol. 54, n°4 octobre – décembre, 2001, p. 5.

[4] Au 31 décembre 2013, la dette sociale des entreprises publiques et privées camerounaises envers la Caisse Nationale de Prévoyance Sociale (C.N.P. S) s'élevait à près de 60 milliards de francs Cfa, dont 70% dus par les entreprises publiques (42 milliards de francs Cfa), révélait M. Florent ZIBI ONDOUA, le Directeur du recouvrement à la C.N.P. S, dans une interview accordée au magazine interne de l'entreprise, bras séculier de la sécurité sociale des travailleurs au Cameroun. Selon lui, la palme d'or de cette *délinquance sociale* est détenue par la Cameroon Telecommunications (CAMTEL), l'entreprise publique de téléphonie qui, dit-t-on à la CNPS, cumule des arriérés de cotisations sociales pour un montant de 7 milliards de francs Cfa. Ensuite, arrive la CRTV, l'office national de radiotélévision publiques (1,8 milliards) ; qui est talonnée par le *mastodonte* public de l'exploitation pétrolière qu'est la Société Nationale des Hydrocarbures (SNH), débiteur de 1,5 milliard de francs Cfa envers la C.N.P. S. La SNH partage sa 3ème position sur ce classement peu reluisant avec la Cameroon Development Corporation (CDC), l'agro-industriel public, qui est aussi le 2ème employeur du pays derrière l'Etat. Derrière ce quatuor, on retrouve la Cotonnière Industrielle du Cameroun (CICAM), qui pointe à 1,4 milliard de francs Cfa d'arriérés de cotisations sociales ; le Complexe Chimique Camerounais, un opérateur privé à qui la C.N.P. S réclame plus d'un milliard de francs Cfa d'arriérés ; la Pamol, un agro-industriel qui envisage d'étendre ses palmeraies dans la presqu'île de Bakassi (1,2 milliard de Fcfa) ; le Chantier naval et industriel du Cameroun (927 millions de FCfa d'arriérés). Ndawara Tea Estate, l'agro-industrie contrôlée par le milliardaire Hamadou BABA DANPOULO, actionnaire de Viettel Cameroun, arrive en 9ème position avec des arriérés de cotisations sociales d'un montant total de 840 millions de francs Cfa. Ce top 10 des mauvais payeurs de la sécurité sociale est clôturé par la Société des Plantations de Mbanga (SPM), producteur de banane souvent accusé de ne pas payer les impôts, qui est débiteur envers la C.N.P. S de 769 millions de francs Cfa. Pourtant, dans toutes ces entreprises, les cotisations sociales sont effectivement prélevées sur les salaires des employés chaque mois, mais ne sont malheureusement pas reversées à la C.N.P. S, faisant ainsi peser une grosse hypothèque sur les retraites des milliers de travailleurs camerounais. Bien plus, cet incivisme des entreprises, dont la plupart annoncent

On comprend dès lors pourquoi le contrôle du recouvrement des cotisations sociales non versées spontanément par l'employeur ou encore du montant des redressements effectués apparaît d'autant plus important que le système consacré est déclaratif.

La CNPS veille donc à ce que, dans la pratique, soient respectées les normes législatives et réglementaires y relatives, notamment les prescriptions de la loi n°2001/017 du 18 décembre 2001 portant réaménagement des procédures de recouvrement des cotisations sociales, celles de l'arrêté conjoint n°049/METPS/MINFI du 11 octobre 2002 modifiant et complétant certaines dispositions de celui n°035/METPS/MINFI du 12 juillet 2OO2 fixant ses modalités d'application ainsi que les dispositions de l'instruction conjointe n°012/02/DG-CNPS/DI du 11 septembre 2002 précisant les modalités pratiques d'application de l'arrêté conjoint n°035.

Contester la nécessité d'un tel objectif du contrôle aboutirait à reconnaître aux employeurs un véritable droit à la fraude. Cette nécessité avait d'ailleurs été mise en évidence par la doctrine.

M. DEMICHEL en avait donné l'expression la plus claire : « *Le contrôle du respect de la législation en vigueur est non seulement légitime, mais indispensable ; car (...) il est rapidement apparu que ce respect n'était pas automatique et que la peur du contrôleur était bien souvent le commencement du civisme »*[5]. *En outre, « sur le plan juridique, une réglementation dont le respect ne serait pas contrôlé serait condamnée à ne pas être appliquée ; ce qui serait aussi préjudiciable à l'intérêt général que dangereux pour l'autorité du législateur ou du pouvoir réglementaire »*[6].

---

généralement d'importants bénéfices en fin d'année, contribue à réduire le taux de 10% de la population active couverte par la sécurité sociale au Cameroun et a entraver sérieusement l'ambition gouvernementale d'atteindre un taux de couverture de 20% des travailleurs en 2015. A la CNPS, si l'on reconnaît que de nombreuses entreprises listées parmi les nombreux insolvables de la sécurité sociale connaissent parfois d'énormes difficultés de trésorerie, l'on voit en l'incivisme de certaines autres entreprises une sorte « *de mauvaise foi manifeste »,* disait M. Florent ZIBI ONDOUA, qui avait poussé la Direction Générale à envisager des actions en justice contre certaines entités.En ce sens, lire : Cameroun : le top 10 des entreprises qui ne reversent pas les cotisations sociales de leurs employés, Agence Ecofin, 27 mars 2016.

[5] V. DEMICHEL André, Le Contrôle de l'Etat sur les organismes privés. Essai d'une théorie générale. Paris, L.G.D.J., 1960, p. 27.

[6] DEMICHEL A., Ibidem.

Les textes en vigueur soumettent toutefois la validité des sanctions consécutives aux contrôles, infligées aux employés, au respect strict de certaines règles de forme et de procédure. L'inobservation de ces règles est rigoureusement sanctionnée par le juge administratif.

Comme l'illustrent parfaitement les faits ayant donné lieu à l'affaire Maître BOUOBDA contre Caisse Nationale de Prévoyance Sociale, objet du jugement n°11 du 18 janvier 2008, ci-dessus rapporté.

Le contentieux du recouvrement des cotisations dues à la CNPS se caractérise par une complexité, une opacité et une instabilité qui le rend d'accès malaisé pour le commun des employeurs. Dans un environnement où la culture fiscale est la chose la moins bien partagée[7], et en raison de « *l'état de sous-développement de nos populations, souvent désarmées devant le Droit moderne-occidental qu'elles regardent comme ésotérique* »[8], **l'ignorance des textes y relatifs s'en trouve plutôt accentuée.**

Aussi ne faut-il pas s'étonner que l'on se propose d'abord de rappeler les grandes lignes des dispositions textuelles relatives à la procédure contentieuse en la matière, marquée par une originalité certaine **(I)**, avant de mettre en évidence la finesse et la pertinence de la solution jurisprudentielle adoptée en l'espèce **(II)**.

I. La clarté des dispositions textuelles relatives au contentieux du recouvrement des cotisations dues à la CNPS

Quelle est la procédure à suivre dans le cadre du contentieux de recouvrement des cotisations dues à la CNPS ? **(A)**. Quelles sont les personnes habilitées à saisir le juge administratif en la matière ? **(B)**. Qui recouvre lesdites cotisations ? **(C)**.

La réponse à ces interrogations ne relève pas de l'évidence. Ce qui explique le désarroi de bien de justiciables confrontés à ce contentieux administratif assez technique. Aussi est-il important d'y apporter des éléments de solutions simples et compréhensibles.

---

[7] V. DONFACK SOKENG L, Préface de l'ouvrage de Thomas KAMEUGNE NUADJE, Braver le contentieux fiscal au Cameroun : les secrets de la réussite, Douala, Editions réussir, 2010, p. 5.

[8] KAMTO M, Droit administratif processuel du Cameroun, op.cit., Avant-propos.

A. Quelle est la procédure à suivre dans le cadre du contentieux du recouvrement des cotisations dues à la CNPS ?

Les contestations se déroulent en deux phases, l'une administrative **(I)** et l'autre juridictionnelle **(II)**.

1°) Le recours devant le comité de recours gracieux

Tout employeur ayant reçu notification d'un rapport de contrôle accompagné d'une mise en demeure de payer, adressée par la CNPS peut contester tout ou une partie de la dette de cotisations sociales ainsi notifiée, en exerçant un recours par simple requête non timbrée au Président du Comité de Recours Gracieux du Conseil d'Administration de la CNPS (B.P. 441.Yaoundé)[9].

Selon l'article 15 nouveau alinéa 1 de l'arrêté n°035/METPS/MINFI du 12 juillet 2002, « *le Comité de Recours Gracieux est la seule instance compétente pour connaître en premier ressort de toute contestation liée à l'assiette et au redressement des cotisations sociales* ».

Ce recours a un caractère obligatoire, en ce sens qu'il doit être exercé préalablement à la saisine éventuelle du Tribunal Administratif Régional compétent.

L'article 15 nouveau alinéa 1 de l'arrêté n°049/METPS/MINFI du 11 octobre 2002 ajoute que « *l'employeur peut, dans un délai de trente jours, saisir le Comité de Recours Gracieux pour examiner toute contestation concernant l'assujettissement, l'assiette, la liquidation et le recouvrement des cotisations sociales. Ce délai court à compter de la date de notification de la mise en demeure, assortie du rapport de contrôle* ».

La requête doit préciser clairement la partie contestée de la dette et la partie non contestée de celle-ci. Elle doit être accompagnée de la preuve du paiement de l'intégralité de la partie non contestée de la dette et de celle du paiement d'un montant équivalent à 10% de la partie contestée de la dette. Il est par ailleurs recommandé à l'employeur de faire

[9] Il est recommandé au requérant de déposer son dossier de contestation auprès de son Centre de Prévoyance Sociale de rattachement qui se chargera de son acheminement auprès du Secrétariat Permanent du Comité de Recours Gracieux à Yaoundé. L'employeur est cependant libre d'adresser directement son dossier de contestation au Président du Comité de Recours Gracieux B.P. 441 Yaoundé. Dans ce cas, il dépose sa requête au Service du Courrier du Siège de la CNPS contre décharge.

accompagner sa requête de la copie de la mise en demeure et du rapport de contrôle, objets de la contestation, ainsi que de toute autre pièce justifiant le bien-fondé de la requête, pour permettre au Comité de Recours Gracieux de statuer en toute connaissance de cause sur le recours, sans avoir à solliciter la production d'autres pièces complémentaires.

La notification à l'employeur de l'accusé de réception de sa requête par le Secrétariat Permanent *a pour effet de suspendre provisoirement les poursuites engagées contre l'employeur, portant sur la partie contestée de la dette de cotisations sociales, jusqu'à l'intervention de la décision du Comité de Recours Gracieux.*

À compter de la date de réception du dossier de contestation au niveau de son Secrétariat Permanent, le Comité de Recours Gracieux dispose de 30 jours pour rendre sa décision, l'accusé de réception adressé à l'employeur faisant foi.

Toutefois, la saisine du Comité de Recours Gracieux n'arrête pas le cours des majorations de retard. Celles-ci sont comptabilisées jusqu'à la date de paiement de cette dette par l'employeur.

2°) Le recours contentieux devant le tribunal administratif

La saisine, autrefois de la Chambre administrative comme juge de 1er ressort, aujourd'hui du Tribunal Administratif Régional compétent, s'effectue selon la procédure décrite par l'article 18 nouveau de l'arrêté conjoint n°049/METPS/MINFI du 11 octobre 2002 qui prévoit qu' « *à compter de la notification de la décision de rejet du Comité de Recours Gracieux ou en cas d'absence de décision, l'employeur dispose d'un délai de 2 mois pour se pourvoir devant la juridiction compétente pour connaître du contentieux administratif. La requête de l'employeur ne peut porter que sur le même objet que celui soumis à l'examen du Comité de recours gracieux* ».

L'inobservation de cette dernière condition est rigoureusement sanctionnée par le juge administratif.

Dans le jugement n°102 du 31 mars 2001, Société AFSA contre CNPS, par exemple, le recours contentieux de ladite société avait été déclaré irrecevable au motif qu'il n'y avait pas identité d'objets entre le recours gracieux et le recours juridictionnel conséquent.

Outre les conditions prévues par le droit commun, et à peine d'irrecevabilité, la requête de l'employeur doit satisfaire aux conditions prévues par le Code général des Impôts et contenir les pièces suivantes :

– La mise en demeure assortie du rapport de contrôle initial.

– La requête introduite auprès du Comité de recours gracieux.

– La preuve du paiement de la partie non contestée de la dette.

– La preuve du paiement des 10% de la partie contestée de la dette.

– La preuve de la décision du Comité de Recours Gracieux.

– La preuve du paiement des 2O% supplémentaires du montant de la partie contestée de la dette.

Toutefois, l'employeur est dispensé du paiement des 20% supplémentaires du montant de la partie contestée de la dette en cas de rejet implicite résultant du silence du Comité des Recours Gracieux.

B. Quelles sont les personnes habilitées à saisir le juge dans le cadre du contentieux de recouvrement des cotisations de la CNPS ?

Elles sont au nombre de deux : l'employeur et l'organisme en charge de la sécurité sociale.

1°) L'employeur

À compter de la date de notification de la décision de rejet du Comité de Recours Gracieux, ou en cas d'absence de décisions résultant du silence gardé par le Comité de Recours Gracieux à l'expiration du délai de 30 jours, l'employeur dispose d'un délai de deux (2) mois pour se pourvoir devant la juridiction compétente pour connaitre du Contentieux administratif. La requête de l'employeur, on l'a dit déjà, ne peut porter que sur le même objet que celui soumis à l'examen du Comité.

Le juge administratif sanctionne fermement le non-respect par les employeurs des délais prescrits par les arrêtés conjoints précités.

Dans l'affaire la SETUBA-CAM contre CNPS, objet du jugement n°114 du 31 mars 2010, par exemple, la société requérante avait saisi la Chambre administrative d'une requête tendant à l'annulation de la décision n°59/CR/CA/CNPS du 27 septembre 2007 ayant déclaré irrecevable sa requête en contestation du redressement de ses cotisations sociales. Le recours juridictionnel fut rejeté pour forclusion du recours gracieux :

« *En l'espèce, disait-elle en substance, il ressort que la société SETUBA a reçu notification de la mise en demeure avant poursuites le 8 août 2006 et devait par conséquent saisir le Comité compétent de son recours gracieux dans les 30 jours, soit au plus tard le 6 septembre 2006. En introduisant ledit recours le 22 mars 2007, soit plus de six mois après le délai imparti, le recourant n'a pas observé les dispositions légales susvisées* ».

Il en était de même du jugement n°113 du 31 mars 2010, WOÏLA VOYAGES contre CNPS. Ladite société avait saisi la Chambre administrative d'un recours tendant au dégrèvement de la somme de 1.523.388 FCFA émise par la CNPS au titre de régularisation de ses cotisations sociales. L'examen de la recevabilité du recours révéla que le recours gracieux avait été exercé hors délai :

« *Qu'en l'espèce, la requête adressée sous le couvert du Chef d'Agence de la CNPS de N'Gaoundéré a été reçue le 25 septembre 2006 au Secrétariat Permanent où elle a été enregistrée sous le n°479.Attendu que face au silence gardé par ledit Comité pendant 30 jours, le recourant devait considérer son recours gracieux comme rejeté le 24 octobre 2006. Qu'en introduisant son recours le 30 octobre 2007, soit plus de 10 mois après le délai imparti, le recourant ne s'est pas conformé aux dispositions susvisées. Attendu qu'il s'ensuit que son recours est déclaré irrecevable pour forclusion* ».

Le recours devant la Chambre administrative de la Cour Suprême, à l'époque et désormais devant les Tribunaux Administratifs, n'est recevable qu'après le paiement supplémentaire d'un montant équivalent à 20% de la partie contestée de la dette.

Toutefois, l'employeur est dispensé du paiement des 20 % supplémentaires du montant de la partie contestée de la dette en cas de rejet implicite résultant du silence du Comité de Recours Gracieux.

La procédure judiciaire suspend les poursuites engagées à l'encontre de l'employeur en recouvrement du reliquat de la partie contestée de la dette et arrête le cours des majorations de retard.

Outre les conditions prévues par le droit commun, et à peine d'irrecevabilité, la requête contentieuse de l'employeur doit satisfaire aux conditions prévues par le Code général des Impôts et contenir les pièces précitées.

2°) L'organisme en charge de la sécurité sociale

L'organisme en charge de la prévoyance sociale peut également former le recours pour contester une décision du Comité de Recours Gracieux qui lui est défavorable dans les mêmes conditions de forme et délais que ceux prévus ci-dessus.

Toutefois, il est dispensé du paiement des vingt pour cent (20 %) supplémentaires du montant de la partie contestée de la dette. C'est ce qui ressort notamment du jugement n°5 du 25 février 1998.

En l'espèce, la CNPS avait saisi la Chambre administrative d'une requête datée du 5 août 1996 tendant à faire déclarer imposable la société ENTRELEC, la convention de régularisation et de redressement définitif intervenue entre le Ministère des Finances et ladite société et, subsidiairement, à la condamnation de cette dernière à lui payer la somme de 20.000.000 FCFA de dommages et intérêts. Un an plus tard, la CNPS se désista de son action.

C. Qui recouvre les cotisations dues à la CNPS ?

L'article 2 de la loi n°2001/017 du 18 décembre 2001 portant réaménagement des procédures de recouvrement des cotisations sociales est très clair sur ce point : « *Les cotisations dues à l'organisme en charge de la prévoyance sociale par les employeurs sont émises, liquidées et recouvrées par l'administration fiscale, d'ordre et pour le compte de la CNPS, dans les mêmes conditions et délais que ceux prévus par le Code général des impôts* ».

Dans le même sens, l'article 14 de l'arrêté conjoint METPS/MINEFI n°035 du 12 juillet 2002 fixant les modalités d'application de la loi n°2001/017 du 18 décembre 2001 précitée ajoute :

1) Les éléments de l'assiette retenus par le Contrôleur de cotisations sociales et consignés dans la mise en demeure et le rapport de contrôle doivent, avant leur notification à l'employeur, être soumis à la validation préalable de l'administration fiscale.

2) À l'issue de cette validation, la mise en demeure et le rapport de contrôle établissant la créance sont réputés valables et doivent faire l'objet de notification à l'employeur.

L'instruction conjointe n°01/02 DG-CNPS/DI du 11 septembre 2002 précisant les modalités pratiques d'application de l'arrêté conjoint METPS/MINEFI n°035 du 12 juillet 2002 rappelle aux services compétents que *les créances de cotisations sociales étant désormais assimilées aux créances de l'État, elles bénéficient d'un privilège de même rang que les créances fiscales.* À ce titre, *l'administration fiscale a l'obligation de recouvrer les créances de cotisations sociales en même temps que les créances fiscales.*

Toutefois, en cas de concurrence entre les créances des cotisations sociales, les créances de l'État et d'autres créances lors de l'exécution des procédures de recouvrement, sous réserve des dispositions pertinentes de l'OHADA en la matière, les rangs à respecter par l'administration fiscale pour le recouvrement des créances sont les suivants : créances fiscales - Créances des cotisations sociales - Autres créances.

C'est sur la base de ces dispositions textuelles que le juge administratif a rendu en l'espèce une décision d'importance capitale au niveau de la protection des droits fondamentaux des employeurs.

II. La pertinence de la solution retenue par le juge de l'espèce

Maître BOUBDA, par requête en date du 08 septembre 2005, avait introduit un recours en annulation de la mise en demeure avant poursuite et du rapport de contrôle émis à son encontre le 28 mars 2005 par les services de la Caisse Nationale de Prévoyance Sociale. Il ressortait de cette mise en demeure que le requérant était redevable envers la CNPS de la somme de 3.282 486 F. CFA, somme qui aurait été arrêtée à la suite d'un contrôle couvrant la période allant de janvier 1986 à février 2005.

Le requérant soutenait que le Contrôleur de la C.N.P.S avait violé les dispositions des articles 2[10] et 3[11] de la loi n°2001/01 du 18 décembre 2001 portant réaménagement des procédures de recouvrement des cotisations sociales et de l'article 13 alinéa 2[12] de l'arrêté conjoint n°035/METPS/MINFI du 12 juillet 2002 relatif à la taxation d'office.

---

[10] Rappelons que cet article 2 dispose que : « *les cotisations dues à l'organisme en charge de la prévoyance sociale par les employeurs sont émises, liquidées et recouvrées par l'administration fiscale, d'ordre et pour le compte de la Caisse Nationale de Prévoyance Sociale, dans les mêmes conditions et délais que ceux prévus par le Code général des impôts* »

[11] Aux termes de cet article 3 : « *la base taxable des cotisations sociales est déterminé conformément aux règles en vigueur en matière de législation sociale* ».

[12] L'article 13 alinéa 2 dispose que : « *en cas d'absence de déclaration, le montant des cotisations sociales dues est établi forfaitairement par l'administration fiscale après notification à l'employeur d'une mise en demeure de déclarer* ».

D'après le requérant, il n'avait jamais reçu de mise en demeure de déclarer les cotisations sociales pour la période allant de janvier 1986 à mars 2005. Étant entendu que la mise en demeure de déclarer constitue l'acte de déclenchement de la taxation d'office et faute de l'avoir fait, toute taxation d'office était nulle et de nul effet.

De même, il faisait valoir que le Contrôleur de la C.N.P.S avait violé les dispositions des articles 2 et 6 de la loi 18 décembre 2001, en étendant son contrôle sur la période de janvier 1986 à mars 2001, en violation des dispositions de l'article L. 34 du Code général des impôts qui dispose que : « *les omissions totales ou partielles constatées dans l'assiette de l'impôt, les insuffisances et inexactitudes ou les erreurs d'impositions, peuvent être réparées par l'administration* ***jusqu'à la fin de la quatrième année*** *suivant celle au titre de laquelle l'impôt ou la taxe est exigible* ».

Il en résultait, selon le requérant, que le contrôle de l'agent de la CNPS devait tout au plus être relatif à la période du 28 février 2001 au 28 février 2005, la période de janvier 1986 au 27 février 2001 étant largement couverte par la prescription édictée par l'article L. 34 du Code général des impôts.

Enfin, dernier élément de contestation de la mise en demeure et du rapport de contrôle, le requérant soutenait qu'en janvier 1986, il n'exerçait pas encore en tant qu'Avocat. Qu'ayant commencé à exercer comme Avocat en décembre 1986, il n'employait qu'un secrétaire à qui il versait un salaire de 25.000 FCFA.

Le Directeur général de la Caisse Nationale de la Prévoyance Sociale avait déposé son mémoire en défense le 16 janvier 2006, dans lequel il faisait valoir que :

– Dans la pratique, la CNPS émet et a toujours émis des avis de passage à tout employeur indélicat aux fins d'une séance de travail techniquement appelée contrôle et, par conséquent, n'avait plus besoin de le mettre en demeure comme l'exige le Code général des impôts. Sur ce point, aucune disposition des textes spéciaux de la CNPS ne faisait obligation à cet organisme de précéder son contrôle par une mise en demeure de déclarer, car il n'y a pas de « nullité sans texte ».

– L'objet du recours gracieux du requérant n'était pas identique à celui du recours contentieux.

La pertinence des arguments développés par le requérant avait été favorablement reçue par la Chambre administrative de la Cour Suprême qui avait, en l'espèce, opposé une fin de non-recevoir aux prétentions du Directeur général de la CNPS en décidant :

« ... ***Que l'examen des autres pièces du dossier ne révèle pas que les services du contrôle de la CNPS ont préalablement mis Maitre BOUBDA en demeure de déclarer. Que, ce faisant, lesdits services ont méconnu les dispositions légales susvisées. Qu'il s'ensuit que le recours est fondé et que la mise en demeure querellée encourt annulation, de même que le rapport de contrôle qui lui sert de fondement*** ».

Le juge administratif a eu l'occasion, à plusieurs reprises, d'appliquer la jurisprudence Maître BOUOBDA ici annotée.

Dans l'affaire Boulangerie CALAFATAS S.A. contre CNPS, objet du jugement n°67 du 11 mars 2009, par exemple, la Chambre administrative, saisie à la suite du rejet implicite par le Comité du recours gracieux de la société requérante, avait annulé la mise en demeure de payer la somme de 2.436.806 F, servie à ladite société le 09 juin 2003, en se fondant sur de fortes motivations juridiques et pratiques qui retiennent l'attention, malgré leur longueur :

« *Attendu qu'il ressort des pièces produites aux débats, notamment de la requête et du mémoire en défense que la* ***CNPS n'a pas mis le recourant en demeure de déclarer avant de procéder à la taxation d'office. Que ce faisant, elle a méconnu les dispositions légales sus évoquées.*** *(.....)* ***Qu'il en résulte que lorsque les contrôleurs de la CNPS reprochent à un employeur de n'avoir pas déclaré les salaires de toutes les personnes supposées être des employés parce que trouvées au lieu où s'exerce le travail, ils doivent identifier lesdites personnes ou dire si celles-ci ont refusé de décliner leur identité. Attendu, dans le cas d'espèce, que cette obligation légale n'a pas été respectée par la défenderesse. Qu'il s'ensuit que la requête de la Société Anonyme Boulangerie CALAFATAS est justifiée. Qu'il y a lieu, en conséquence, d'annuler la mise en demeure de payer la somme de 2.436.806 F servie à ladite société le 09 juillet 2003*** ».

Le raisonnement était identique dans le jugement n°107 du 03 juin 2009, mis en lumière par l'affaire opposant SOTRADICAM SARL (Mbouda) à la CNPS.

En l'espèce, la Chambre administrative avait annulé la mise en demeure avant poursuite, puis le rapport de contrôle qui lui servait de fondement et qui avait été notifié à la société requérante le 20 février 2006 en la rendant redevable envers la CNPS de la somme de 28 975 917 francs CFA ; somme arrêtée suite à un contrôle couvrant la période allant de 2004 à décembre 2005, augmentée de la régularisation de 2001 à 2004.

Elle avait estimé, à cette occasion, que les services de contrôle de la CNPS n'avaient pas préalablement mis l'intéressée en demeure de faire la déclaration exigée, conformément à l'article 13(Section II : De la taxation d'office) de l'arrêté conjoint METPS/MINEFI n°035 du 12 juillet 2002 fixant les modalités d'application de la loi n°2001/17 du 18 décembre 2001 portant réaménagement des procédures de recouvrement des cotisations sociales, aux termes duquel, « *en cas d'absence de déclaration, le montant des cotisations sociales dues est établi forfaitairement par l'administration fiscale* ***après notification à l'employeur d'une mise en demeure de déclarer*** ».

D'autres exemples pour davantage illustrer le propos ne manquent pas[13].

On ne doit pas oublier que la notification de la mise en demeure avant poursuite est une formalité substantielle très importante, car le respect de la législation en général, de celle de la sécurité sociale en particulier, suppose que les destinataires aient eu la possibilité de savoir effectivement que cette législation existe et, surtout, qu'ils la comprennent.

Autrement dit, s'il est vrai qu'en droit « *nul n'est censé ignoré la loi* », il importe de reconnaître qu'en fait les lois sont parfois difficiles à connaître et à comprendre au Cameroun. Les législations particulières dont le respect est imposé aux employeurs sont, par exemple, nombreuses : législation du travail, législation commerciale, législation des prix, législation sur l'hygiène et la salubrité publique, législation sur l'ordre public, sur l'unité nationale, législation comptable, douanière et fiscale etc. À cette prolifération des réglementations à respecter, s'ajoute le manque « *d'éducation juridique* » de la plupart des destinataires du contrôle de la CNPS.

---

[13] Dans son jugement n°09 du 16 janvier 2008, SOGEA–SATOM contre Caisse Nationale de la Prévoyance Sociale, la Chambre Administrative avait également annulé la mise en demeure avant poursuites du 1er avril 2004 et le rapport de contrôle du 17 mars 2004.

Comme l'avait souligné, de manière générale, le Professeur GONIDEC, « *si l'aspect juridique du problème de la connaissance de la législation est important, l'aspect sociologique l'est encore davantage dans les pays africains. D'abord, il ne faut pas oublier que les moyens retenus pour porter la législation à la connaissance des intéressés s'adressent à des populations largement analphabètes, donc incapables de lire le texte publié, d'autant plus que la langue officielle est généralement une langue étrangère, au double sens du terme, c'est-à-dire venue de l'extérieur et inconnue de la majorité de la population. Il ne suffit donc pas de publier la législation. Il faut encore qu'elle fasse l'objet de commentaires par ceux qui savent…* »[14].

Aussi, pensons-nous, que les Contrôleurs de la CNPS doivent être, dans certains cas, beaucoup plus des Conseillers que des Censeurs.

En pratique, le juge administratif vient souvent au secours des employeurs analphabètes et on ne peut logiquement s'en plaindre.

L'arrêt NJOUKWE Moïse contre État du Cameroun[15], rendu le 9 novembre 1978 en matière fiscale, est très significatif à cet égard.

En l'espèce, la défunte Assemblée plénière de la Cour Suprême, en *tenant compte du niveau de culture juridique de la société,* avait précisé qu'en organisant dans le contentieux fiscal[16] une procédure spéciale, dérogatoire au droit commun de la procédure contentieuse administrative, le législateur national a voulu prendre en compte la situation propre des contribuables camerounais :

« *Considérant que cette dérogation au droit commun en matière d'impôts directs, et spécialement de l'impôt sur le chiffre d'affaires et taxes assimilés, se justifie aisément par le fait que la plupart des contribuables camerounais actuels ne sont pas suffisamment formés ou informés en la matière et ne peuvent par conséquent que suivre difficilement l'évolution de la législation et du contentieux fiscaux, les*

---

[14] GONIDEC P. F, « Problèmes d'application de la législation en Afrique », Bulletin I.I.A.P, juin 1967, p. 10.

[15] CS.AP, arrêt n°11 du 9 novembre 1978, NJOUKWE Moïse contre Etat du Cameroun

[16] Il ne faut pas oublier que « *les cotisations dues à l'organisme en charge de la prévoyance sociale par les employeurs sont émises, liquidées et recouvrées par l'administration fiscale, d'ordre et pour le compte de la Caisse Nationale de Prévoyance Sociale, dans les mêmes conditions et délais que ceux prévus par le Code général des impôts* »

textes applicables étant généralement ceux qui régissent les vieilles civilisations ».

Nul n'est censé ignorer la loi ? Non assurément, répond le juge administratif camerounais en l'espèce.

Annotant cette décision, le Doyen Maurice KAMTO avait fait remarquer à juste raison qu'elle « *laisse perplexe, parce qu'elle est à la fois hérétique et révolutionnaire. Hérétique en ce qu'elle brise un dogme juridique bien établi en fauchant un des piliers du droit judiciaire : la loi n'est d'application générale que parce qu'elle est censée être connue de tous. Sous ce rapport, cette jurisprudence est redoutable dans la mesure où elle ouvre la porte à l'incertitude. Révolutionnaire aussi, l'arrêt NJOUKWE Moïse l'est dans la mesure où il rompt avec un formalisme juridique outrancier en rappelant que la norme juridique, si générale qu'elle soit, est un phénomène social, qu'elle s'applique à des individus dans le cadre d'une société située. De ce point de vue, ajoutait-il, on saura gré au juge suprême - dont l'enracinement dans son milieu est ici particulièrement éclatant - d'avoir la lucidité d'éventer une de ces multiples fictions dont est truffé le droit et dont la plupart sont d'autant plus inopérants dans nos sociétés qu'elles ne le sont pas davantage dans des sociétés où le droit étatique est plus enraciné dans la culture des administrés* »[17].

Conclusion

En instaurant la formalité préalable de la mise en demeure, le législateur laisse ainsi aux employeurs non avertis, mais de bonne foi, la possibilité de mieux comprendre les détails de la réglementation sur les cotisations dues à la CNPS et de réparer éventuellement leur négligence.

Célestin KEUTCHA TCHAPNGA

[17] KAMTO M, Droit administratif processuel du Cameroun, op.cit., p. 100.

22.

Le principe de la prohibition des injonctions adressées à l'administration – Application en l'espèce du principe – Oui.

Cour Suprême. Chambre administrative, jugement n°09 du 23 septembre 1989, NGATCHEU Adolphe contre Etat du Cameroun

Attendu que par requête en date du 9 mai 1986, enregistrée au Greffe de la Chambre administrative de la Cour Suprême le 13 suivant sous le numéro 705, le sieur NGATCHEU Adolphe, Direction des Postes – ministère des Postes et Télécommunications, Yaoundé, a introduit devant cette juridiction un recours tendant à lui restituer ses objets scellés et confisqués (une somme de 65.000 francs et 4 livrets d'épargne postale). Que par un mémoire additif, daté du 4 septembre 1986 enregistré sous le numéro 1052, le susnommé a réclamé le paiement de la somme de 5.000.000 francs de dommages-intérêts. Attendu que par lettre n°1862/L/G/CS/CAM du 3 septembre 1986, communication a été faite au Délégué général à la Sûreté Nationale, de la copie du recours du demandeur. Attendu qu'il n'a pas réagi à cette correspondance pourtant rappelée par le Greffier en Chef par courrier n°966/L/G/CS/CAY du 24 Avril 1987. Qu'il convient de constater la carence de l'État et d'examiner l'affaire en l'état.

SUR LA RESTITUTION DES OBJETS CONFISQUES

Attendu que l'article 9 alinéa 2 de l'ordonnance n°72/6 du 26 août 1972 définit restrictivement le contentieux administratif qui comprend les recours en annulation, les actions en indemnisation du préjudice causé par un acte administratif, les litiges concernant les contrats (à l'exception de ceux conclus même implicitement sous l'empire du droit privé) ou les concessions de services publics, les litiges intéressants le domaine public, les litiges qui lui sont attribués par la loi. Attendu que le même article ajoute en son alinéa 3 que les tribunaux de droit commun connaissent, conformément au droit privé, de toute autre action ou litige, même s'il met en cause les personnes morales. Attendu que la demande du sieur NGATCHEU Adolphe s'analyse en une injonction à donner par la Chambre administrative au Délégué général à la Sûreté Nationale. Attendu qu'un tel pouvoir n'est pas de la compétence de la juridiction de céans, mais plutôt de celle des juridictions judiciaires qui peuvent enjoindre à toute personne, physique ou morale de faire ou de ne pas faire telle chose.

NOTE

Le jugement n°09 ci-dessus reproduit, rendu le 23 septembre 1989 par la Chambre administrative de la Cour Suprême dans le litige opposant le sieur NGATCHEU Adolphe à la Délégation Générale à la Sûreté Nationale, constitue un bon exemple d'application des dispositions de l'article 126. b du Code Pénal qui « *puni de la détention de six mois à cinq ans ... le Magistrat qui intime des ordres ou des défenses à des autorités exécutives ou administratives* ».

Les faits ne ressortent pas clairement de l'espèce, mais il suffit de savoir que par requête en date du 9 mai 1986, enregistrée au Greffe de ladite Chambre le 13 suivant sous le numéro 705, le sieur NGATCHEU Adolphe, en service à la Direction des Postes du Ministère des Postes et Télécommunications, avait introduit devant cette juridiction un recours tendant à ce que le Délégué général à la Sûreté Nationale lui restitue ses objets scellés et confisqués par ses éléments, à savoir une somme de 65.000 francs et 4 livrets d'épargne postale et lui alloue, en outre, la somme de 5.000.000 francs à titre de dommages-intérêts.

Dans une décision fortement motivée et d'ailleurs conforme à sa jurisprudence antérieure, la Chambre administrative a rappelé qu'elle n'était pas compétente pour adresser des injonctions à l'administration en la condamnant à lui restituer ses objets confisqués.

Mais, l'injonction juridictionnelle dont fait si souvent allusion la Cour, présente-t-elle une unité conceptuelle qui permettrait de conduire un raisonnement global, concernant notamment les relations entre le juge administratif et l'administration active ?

Posée en ces termes, la réponse à la question est négative.

En théorie, « *l'injonction poursuit une finalité spécifique. Elle n'est pas seulement un commandement. Elle impose une charge, une obligation de faire ou de ne pas faire à une personne, contraignant celle-ci à accomplir une action qu'elle n'a pas faite et, dans certains cas, qu'elle ne voulait pas faire. Son but est d'assurer l'exécution d'une norme* »[1].

En pratique, comme l'a si bien souligné le Professeur MODERNE, il existe plusieurs types d'injonctions susceptibles d'être prononcées par le juge administratif et elles n'appellent pas le même traitement juridique.

Une première distinction permet de différencier « *les injonctions de procédure* » et les « *injonctions de jugement* ».

Les premières sont adressées aux parties dans le cadre d'une bonne organisation du procès, compte tenu du caractère inquisitorial de la procédure administrative contentieuse qui la place sous la direction du juge saisi. En ce qui concerne l'administration, le juge s'est reconnu progressivement le pouvoir de lui enjoindre de produire des documents,

[1] PERRIN Alix, Injonction (L') en droit public français, EPA - Editions Panthéon Assas, 2009, 1.

d'apporter des éléments de preuve, de connaître les motifs d'une décision contestée, de répondre à un moyen.

Quant aux injonctions de jugement, elles sont contenues dans le dispositif même de la décision de justice et elles bénéficient à ce titre de l'autorité de la chose jugée.

Au sein des *injonctions de procédure*, il est possible d'identifier plusieurs catégories. Les injonctions d'instruction sont sans doute les plus nombreuses et les plus utilisées, mais le juge administratif peut également faire usage des injonctions afférentes à la police du procès ou de l'audience, par application des dispositions de l'article 49 de la loi n°2006/022 du 29 décembre 2006[2] fixant l'organisation et le fonctionnement des Tribunaux Administratifs.

Au sein des injonctions de jugement, il y a lieu de séparer celles qui émanent des *jugements avant-dire-droit* et celles qui résultent des *jugements au fond*. Parmi ces dernières, on peut également distinguer celles qui s'adressent à titre principal à l'administration et celles qui se bornent à accompagner les condamnations prononcées au profit du requérant, afin de garantir l'exécution correcte et diligente de la chose jugée, qu'il s'agisse d'un recours en annulation ou d'un recours de pleine juridiction. Sans doute, dans les deux hypothèses est-on en présence d'ordres donnés par le juge à des autorités administratives, mais dans le premier cas, l'injonction constitue le dispositif ou l'un des éléments du dispositif du jugement alors que, dans le second cas, elle n'est qu'une mesure de soutien du dispositif[3].

C'est à propos des *injonctions de fond* que le juge administratif refuse systématiquement d'utiliser à l'encontre de l'administration le

---

[2] La loi n°2006/022 précitée prévoit en son **article 49 (1)** que : les parties et leurs conseils sont tenus de s'exprimer avec modération et de garder en tout le respect dû à la justice.

(2) Les personnes qui assistent aux audiences doivent, sauf dispositions contraires de la loi, se tenir découvertes dans le respect et le silence.

(3) Tout ce que le Président ordonne pour le maintien de l'ordre est exécuté à l'instant.

(4) Si un ou plusieurs individus donnent des signes d'approbation ou de désapprobation, provoquent le tumulte de quelque manière que ce soit, et si, après avertissement du Président, ils ne rentrent pas dans l'ordre sur-le-champ, il leur est enjoint de se retirer ; les récalcitrants sont, sur ordre du président, saisis et déposés dans la maison d'arrêt pour vingt-quatre (24) heures.

[3] MODERNE Franck, « Etrangère au pouvoir du juge, l'injonction, pourquoi le serait-elle ? », R.F.D.A., septembre-octobre 1990, pp. 798-821, notamment pp. 802-803.

pouvoir d'injonction dont il dispose logiquement en vertu de l'*impérium* juridictionnel ; refus fondé sur le principe de la séparation des pouvoirs judiciaire et administratif[4], dérivé au niveau national, contrairement à une idée fort répandue, de l'article 126.b du Code Pénal **(I).** Les autres hypothèses d'injonctions constituent des dérogations au principe de la prohibition ainsi textuellement consacrée **(II).**

I. Les juges se déclarent incompétents pour adresser des injonctions à l'administration en la condamnant à restituer au requérant ses objets confisqués

Le principe est connu : le juge administratif camerounais ne peut prescrire une obligation positive de faire ou de ne pas faire à l'administration. Le non-respect du principe par le requérant est fermement sanctionné par la jurisprudence administrative.

Déjà, le Conseil du Contentieux Administratif affirmait, dans un jugement n°66 du 25 septembre 1951, MBOUMOUA KANGUE contre Administration du Territoire qu'il : « *...est compétent seulement en ce qui concerne la première conclusion,* ***mais qu'il n'a aucun pouvoir de donner des ordres à l'administration*** *et notamment de prononcer l'intégration du Sieur MBOUMOUA dans le cadre des douanes* ».

Dans le jugement n°87 du 30 juin 1983, ONAMBELE Germain, la Chambre administrative avait réitéré cette interdiction : « *attendu qu'il convient, de prime abord, de rappeler que le juge de l'excès de pouvoir, lorsqu'il est saisi, se contente de constater l'illégalité de l'acte qui lui est déféré et prononce son annulation.* ***Qu'il ne peut****, ni se substituer à l'administration pour prendre à sa place un acte régulier, ni réformer l'acte régulier, ni réformer l'acte de manière à le rendre légal,* ***ni même adresser les injonctions à l'administration en la condamnant à des obligations de faire*** ».

De même, dans le jugement n°30 du 7 août 1986, Mme MANTO NGOUESSE, elle, a refusé de sommer l'administration d'immatriculer

4 En ce sens, voir notamment CS-CA, jugement n°59 du 23 mars 2011, DEFFO contre Etat du Cameroun : « ***au risque de violer le principe de la séparation des pouvoirs judiciaire et administratif, le juge ne saurait donner des injonctions à l'administration*** » et CS-CA, jugement n°71 du 3 février 2010, Davide NJINI BORNO dans lequel le juge justifie également l'interdiction de donner des injonctions par la « ***violation du principe de la séparation des pouvoirs entre le pouvoir judiciaire et l'administration*** »

un terrain au profit de la requérante et dans celui n°40 du 26 mai 1988, BAMBOT Lawrence, elle a refusé d'ordonner la tenue de la réunion d'une Commission Consultative des suites de la contestation d'un titre foncier.

En déclarant, le 23 juin 1989, qu'il était incompétent pour prononcer une injonction contre l'administration, le juge de l'espèce NGATCHEU Adolphe ici annotée était donc venu confirmer une jurisprudence qui était depuis lors bien établie.

Cette solution avait été renforcée, dix-huit ans plus tard, dans l'espèce Syndicat National Autonome de l'Enseignement Secondaire (SNAES) contre Etat du Cameroun (MINATD), objet du jugement n°159 du 19 novembre 2008 : « *attendu, en l'espèce, que le recours du SNAES tend à amener le juge administratif à donner des injonctions à l'administration ; ce qui ne rentre pas dans son domaine de compétence tel que prévu par le texte de loi susvisé. Qu'il s'ensuit que la Chambre administrative est incompétente* ».

Mais, trois ans avant, la Chambre administrative, dans son jugement n°137 du 27 juillet 2005, rendu dans l'espèce KANGA KANGA MBOCK contre État du Cameroun (MINEDUC), avait tenu à préciser, de manière pédagogique : « *que s'agissant de l'ordre à donner à l'administration de délivrer le diplôme de baccalauréat, le recours ne peut être reçu sur ce point, le juge ne pouvant faire des injonctions à l'administration* ».

La jurisprudence est désormais constante et bien établie sur ce point[5].

À la différence de *l'injonction de fond* qui prescrit à l'administration une obligation de faire ou de ne pas faire et qui fait partie intégrante du

---

[5] CS.CA, jugements numéros 42 du 22 février 1979, MONTHE Robert contre Etat du Cameroun, Note MBARGA NYATTE Daniel, Juridis-Périodique, n°38, avril-mai- juin 1999, pp. 39-44, 18 du 18 décembre 1980, MEDOU ME MVOMO Gaston, 92 du 28 juillet 1983, TCHOUENKEU Hugo, 52 du 28 février 1985, AKONO Claude, 26 du 30 janvier 1986, BISSIER Hugo, 31 du 13 mars 1986, ONANA Abraham, 09 du 23 décembre 1986, NGHE BABOUGHE Thomas contre Commune Urbaine de Bafoussam, 66 du 26 mai 1988, NGATCHOU Adolphe et 02 du 31 décembre 1992, NGAMY Emmanuel : « *attendu que le juge... ne saurait, sans excéder son pouvoir,... donner des injonctions à l'administration* »telles que l'attribution d'une note à un fonctionnaire, 02 du 30 octobre 1997, Société Camerounaise De Métallurgie (SCDM), 14 du 27 juillet 2005, Dame ENDALLE MOUDIO Hélène et autres, et 88 du 22 février 2010, Ets MOTI (BANBOYE William).

dispositif de la décision juridictionnelle, interdite en droit positif, l'injonction d'instruction intervient dans la phase d'instruction du procès et permet au juge de prescrire à l'administration la production de tous les dossiers, documents et informations quant aux motifs de fait et de droit des décisions contestées.

II. Les dérogations au principe d'interdiction de prononcer une injonction contre l'administration

Le caractère inquisitorial de la procédure contentieuse administrative confère *ex officio* au juge administratif la faculté de prononcer des injonctions d'instruction. Selon la formule utilisée depuis un arrêt du Conseil d'État français en date du 1er mai 1936, COUESPEL du MESNI, qui a fortement inspiré la juridiction administrative nationale, il appartient au juge « *d'exiger de l'administration compétente la production de tous documents susceptibles d'établir sa conviction et de permettre la vérification des allégations du requérant* ».

Lorsqu'il s'estime insuffisamment informé sur les circonstances d'une affaire, le juge, même de l'urgence, ne doit pas hésiter à faire usage de ce pouvoir d'injonction en ordonnant, avant dire-droit, des mesures d'expertise. De telles exigences renforcent l'attention portée aux demandes des justiciables.

Le juge administratif camerounais avait déjà, à plusieurs reprises, affirmé son pouvoir de jouer un rôle actif dans la recherche de la preuve et dans la direction du procès, en sommant l'administration de lui fournir des pièces susceptibles d'établir sa conviction et de permettre la vérification des allégations du requérant.

Ainsi, par exemple, dans un arrêt n°18 du 04 novembre 1966, DIWOUTA Loth Pierre, il avait ordonné à l'État fédéré du Cameroun Oriental : « *de produire, dans les plus brefs délais, le dossier administratif du Sieur DIWOUTA Loth Pierre, document dont la production est nécessaire à la manifestation de la vérité (...). Dit que faute de cette production, il en sera tiré telle conséquence de droit* ».

De même, dans un arrêt n°55 du 25 mars 1969, EMINI TINA Etienne, le juge administratif avait ordonné avant-dire-droit « *un supplément d'information aux fins de production par l'État du Cameroun Oriental de l'ensemble des documents au vu desquels la décision incriminée a été prise* ».

Par ailleurs, le juge administratif est en droit d'adresser à l'administration *des injonctions provisoires* de ne pas faire, en vertu du régime du référé administratif et, surtout, du sursis à exécution des décisions faisant grief.

On sait, en effet, qu'une décision administrative demeure exécutoire même si elle fait l'objet d'un recours pour excès de pouvoir. Cette règle fondamentale du droit public se justifie par le souci d'éviter la paralysie de l'activité administrative par des recours qui pourraient être intentés à des fins purement dilatoires. Cependant, pour éviter de basculer dans un extrême ou son contraire, le législateur a prévu la procédure du sursis à exécution qui permet à tout requérant de joindre, à l'appui de son recours principal en annulation, une demande à ce que le juge, en attendant de se prononcer sur le fond, ordonne à l'administration de surseoir à exécuter sa décision. La requête en suspension peut avoir pour objet un acte positif ou un acte négatif.

En France, le sursis à exécution d'une décision de rejet ou de refus avait, pendant très longtemps, eu du mal à prospérer.

Ainsi, depuis l'arrêt d'Assemblée du Conseil d'État du 23 janvier 1970, Ministre d'État chargé des Affaires Sociales contre AMOROS et autres, lorsqu'était sollicité le sursis à exécution d'une décision négative (refus ou rejet), le Conseil d'État s'abritait derrière deux arguments principaux pour débouter le requérant :

D'abord, le caractère exécutoire de la décision qui signifie que les autorités administratives ont le droit de modifier des situations juridiques, soit en imposant des obligations aux administrés, soit en leur accordant des droits. De ce fait, un refus de l'administration, même dénué de fondement légal, n'apparaissait pas comme modifiant une situation juridique et, par conséquent, ne pouvait être rangé au rang d'une décision exécutoire. Ne bénéficiant donc pas de ce caractère, il n'y avait pas lieu d'ordonner le sursis à exécution, puisqu'il n'y avait rien à exécuter.

Ensuite, le principe selon lequel le juge administratif n'a aucune qualité pour adresser des injonctions à l'administration. Pour ses promoteurs et ses défenseurs, prononcer le sursis à exécution d'une décision de refus ou de rejet reviendrait à ordonner à l'administration d'agir dans un sens bien déterminé, tracé par le juge qui deviendrait comme son supérieur hiérarchique ; ce qui serait antinomique avec l'esprit du principe de la séparation des autorités administratives et judiciaires.

On ne s'attardera pas sur les raisons devant lesquelles ces considérations ont cédé, tenant principalement au fait que même une décision de refus ou de rejet peut parfaitement affecter une situation juridique en privant son destinataire d'un droit.

Ce n'est que par un arrêt de Section du Conseil d'État, OUATAH du 20 décembre 2000[6], que le juge administratif français s'était reconnu le pouvoir d'assortir d'une mesure d'injonction le sursis à exécution d'une décision de rejet.

Comme l'avait souligné le Président LABETOULLE[7], ***cette clarification était intervenue d'une manière tout à fait salutaire à quelques jours de l'entrée en vigueur de la loi du 30 juin 2000[8] instaurant le référé suspension[9]. Dans le cadre de cette procédure, le juge peut même, de sa « propre initiative », assortir la suspension d'une décision de rejet[10].***

Au Cameroun, le juge administratif a eu à ordonner le sursis à exécution d'une décision de rejet de la candidature d'un postulant à l'exercice de la profession d'Huissier de Justice (ordonnance n°16/OSE/PCA/CS/90-91 du 19 septembre 1991, affaire YEM Luc contre État du Cameroun), **ou d'une décision de refus d'autorisation de licenciement de l'agent d'une société** (ordonnance n°11/OSE/PCA/CS/99-00 du 22 février 2000, Société Chanas Privat contre État du Cameroun), **en prenant en compte le caractère irréparable du préjudice.**

---

[6] CE, Sect., 20 décembre 2000, OUATAH, n°206745.

[7] LABETOULLE D., Réponse à une question posée par le Professeur Pierre CAMBOT, L'exécution des décisions de justice administrative, Acte de la journée d'études organisée à l'occasion de la rentrée solennelle du Tribunal Administratif de Pau, 2008, p. 32.

[8] Loi n°2000-597 du 30 juin 2000 relative au référé devant les juridictions administratives.

[9] Codifié à l'art. L. 521-1 du Code de justice administrative. Cet article ne mentionne pas en effet *expressisverbis* la possibilité d'assortir de mesures d'exécution la suspension d'une décision administrative, à la différence de l'art. L. 521-2 du même code relatif au référé liberté.

[10] SAUVE Jean-Marc, L'injonction – la loi du 8 février 1995 après vingt ans de pratique, Intervention dans le cadre de la Conférence Nationale des Présidents des Juridictions Administratives qui s'est tenue à Montpellier le 5 septembre 2014. Texte écrit en collaboration avec M. Stéphane EUSTACHE, Conseiller du Tribunal Administratif et de la Cour Administrative d'Appel, Chargé de mission auprès du vice-président du Conseil d'État.

Conclusion

Il ne reste plus qu'à souhaiter que le législateur se ravise et prenne conscience que l'article 126. b du Code Pénal, sur lequel est fondé le principe de la prohibition des injonctions adressées à l'administration, ne peut plus totalement impliquer, dans un État de droit, qu'on prive un juge, chargé de « *dire le droit* » (*jurisdictio*), de l'*imperium* nécessaire à l'exécution de la chose jugée, fût-ce à l'adresse d'une personne publique. En réalité, par cette réforme, le juge ne se ferait pas abusivement Administrateur, car le principe de prohibition des injonctions à titre principal demeurerait intact.

Le juge administratif, dans cette hypothèse, se bornerait, certes d'office, à préciser les suites nécessaires de ses décisions, en renvoyant dans le dispositif aux obligations énoncées dans ses motifs. Serait ainsi poursuivie une finalité pédagogique, respectueuse de la compétence du juge administratif, soucieuse de sécurité juridique dans l'intérêt des parties et, d'une manière plus générale, des usagers des services publics. Le législateur national y parviendrait en gardant présent à l'esprit ces mots de Gaston JEZE :

« *Le droit n'est pas un jeu de l'esprit, un exercice de logique pour théoriciens de cabinet* », mais « *il s'agit avant tout de trouver des solutions pratiques, de concilier de façon aussi élégante que possible des intérêts opposés* »[11].

Dans le cas contraire, on ne pourrait s'empêcher de méditer sur cet apologue du Huron : « *N'est-ce point méconnaître la nature des choses que de dissocier l'annulation de ses conséquences ? Mettre à néant l'acte, mais se refuser à dire ce qui doit nécessairement découler de cette disparition, n'est-ce point, pour le juge, s'arrêter à mi-chemin, sans aller au bout de sa tâche ? Et que dirait-on du bûcheron qui couperait les racines d'un arbre, mais se refuserait à l'abattre, laissant ce soin à la tempête d'hiver ?* »[12].

Célestin KEUTCHA TCHAPNGA

---

[11] JEZE G., « Essai d'une théorie générale des fonctionnaires de fait », RDP, 1914, p. 48.

[12] RIVERO J., « Le Huron au Palais-Royal ou réflexions naïves sur le recours pour excès de pouvoir », Dalloz, 1962, chronique 39, p. 7.

23.

Titre Foncier – Conditions d'annulation par le juge de l'excès de pouvoir –Faute de l'administration dans la procédure d'immatriculation –Fraude du bénéficiaire – Annulation du titre en cause pour ces deux motifs – Oui.

Cour Suprême. Chambre Administrative, jugement n°76 du 27 avril 2005, YONGO Marc contre Etat du Cameroun (MINUH) & DELANGUE KOLOKO Michel (Intervenant volontaire)

Attendu que par requête en date du 07 janvier 1997, enregistrée au Greffe de la Chambre administrative de la Cour Suprême le 14 suivant sous le numéro 197, le sieur YONGO Marc, BP 23 Mouanko Edéa et ayant pour Conseil Maître NHANAG Paul, Avocat, BP 251 Yaoundé, a saisi la susdite juridiction d'un recours contentieux contre l'État du Cameroun (MINUH) tendant au retrait du titre foncier n°2333/Sanaga Maritime (SM) délivré le 11 juin 1996 au sieur DELANGUE KOLOKO Michel.

(…). Attendu que le chevauchement des procédures d'immatriculation entreprises sur le même terrain caractérisent la faute de l'administration et le constat clandestin et le bornage fictif caractérisant la fraude du bénéficiaire DELANGUE KOLOKO Michel, le titre foncier n° 2333/SM doit être retiré en application de l'article 2 alinéas 3 et 6 du décret n°76/165 fixant les conditions d'obtention du titre foncier.

Attendu que devant la pertinence avérée du recours de YONGO Marc, l'intervention volontaire de DELANGUE KOLOKO n'est évidemment pas fondée.

Par ces motifs, statuant publiquement, contradictoirement, en matière administrative, à l'unanimité des Membres et en premier ressort. **Décide : Article 1er.** Le recours de M. YONGO Marc est recevable en la forme. **Article 2.** Au fond il est justifié. Par conséquent, il est ordonné l'annulation du titre foncier n°2333/SM établi le 11 juin 1996 au profit de M. DELANGUE KOLOKO Michel. **Article 3.** L'intervention volontaire de M. DELANGUE est recevable, mais non fondée.

NOTE

« *La certification officielle de la propriété immobilière* »[1] que constitue le titre foncier revêt trois caractères : « *inattaquable, intangible, définitif* »[2]. En conséquence, « *toute personne dont les droits ont été lésés par suite d'immatriculation n'a pas de recours sur l'immeuble…* »[3], sauf à considérer l'action portée devant le juge civil du lieu de situation de l'immeuble contre l'auteur du dol ou celle déférée devant le juge administratif en vue du retrait, par le Ministre des Affaires Foncières,

---

[1] Art 1er (I) du décret n°76/165 du 27 avril 1976 fixant les conditions d'obtention du titre foncier.

[2] Article 1er paragraphe 2 du décret du 27 avril 1976 précité.

[3] Article 2 du décret précité.

du titre foncier irrégulièrement délivré pour fraudes du bénéficiaire ou pour faute de l'administration.

L'annulation du titre foncier par le juge administratif ne peut donc intervenir que de façon dérivée, c'est-à-dire sur la base de la contestation de l'arrêté ministériel autorisant ou refusant le retrait dudit titre foncier, conformément aux dispositions de l'article 2 du décret n°76/165 du 27 avril 1976, modifié et complété par le décret n°2005/481.

Le caractère inattaquable du titre foncier avait souvent été affirmé, de manière constante, par la Chambre administrative de la Cour Suprême.

Par exemple, dans son jugement n°65 du 26 mai 1988, EPIE Martin, elle avait fermement admis que « *le titre foncier est (...) un acte inattaquable et, de ce fait, insusceptible de recours juridictionnel* »[4].

En conséquence, bien de requérants avaient ainsi perdu à jamais la possibilité de défendre leurs prétentions devant elle, au demeurant souvent bien fondées.

Malgré l'affirmation péremptoire des attributs ou de la force probante du titre foncier, dont la portée était ainsi sublimée par certaines décisions du juge administratif, ce dernier reconnaissait, en même temps, que le titre foncier constitue un acte administratif susceptible de faire l'objet d'un recours devant la Chambre administrative.

Ainsi, dans l'affaire BOMBA ESSOMBA Alphonse, objet du jugement n°92/ADD du 30 juin 2004, elle avait affirmé, de manière très précise, que « *le titre foncier est un acte de l'administration ; que de ce fait, il est susceptible d'être attaqué devant le juge administratif qui doit se déclarer compétent... L'exception d'incompétence soulevée par le représentant de l'État n'est pas fondée* ».

Elle avait été aussi explicite dans son jugement numéro 1 du 19 décembre 1975, NKONG Emmanuel. Le titre foncier : « *est un acte administratif susceptible d'être déféré devant le juge administratif* »[5].

---

[4] Dans le même sens, voir jugements numéros 18 du 26 mars 1987, MBIDA Mathernus, 2 du 17 avril 1987, NGNINEDEM Mathias, 39 du 21 mai 1987, FOTSO Simonet, 54 du 25 juin 1987, MPONDO DIBONGUE Louis, 58 du 25 juin 1987, NTONE KINGUE Gabriel, 55 du 15 mars 1988, TATO jean, 60 du 31 mars 1988, AKOA NDONGO Luc, 62 du 26 juin 1988, WAGUIA Véronique, 69 du 11 août 1988, MINELI ELOMO Bernard, 02 du 14 janvier 2009, Dame NGOUEKOM, 139 du 16 décembre 2009, MATIP Benjamin...

Désormais, il n'y a plus d'ambiguïté. Aussi a-t-on assisté à un développement remarquable du contentieux de l'annulation des titres fonciers devant le juge administratif, fort bien remarqué par la doctrine[6].

Par le jugement YONGO Marc ci-dessus reproduit, la Chambre administrative de la Cour Suprême avait fait une excellente application des deux conditions d'annulation du titre foncier consacrées par les textes en vigueur, que des décisions antérieures avaient déjà esquissé[7]s et qui allaient connaître une grande fortune dans la jurisprudence ultérieure.

Les circonstances de cette singulière affaire méritent d'être rappelées : le sieur YONGO Marc exploitait un terrain coutumier avec sa famille depuis belle lurette. Courant 1985, M. EBOA Joseph Roly avait introduit une demande de titre foncier sur ledit terrain, qui avait fait l'objet de son opposition. Dans l'attente de la suite à cette opposition, il avait été surpris de constater que M. DELANGUE KOLOKO, frère de M. EBOA, avait obtenu sur le même terrain litigieux le titre foncier n°2333/SM.

Pour le sieur YONGO Marc, il y avait fraude du bénéficiaire et faute de l'administration en ce que par jugement n°1 du 23 novembre 1975, le Tribunal coutumier de Mouanko avait débouté M. DELANGUE KOLOKO Michel de ses prétentions sur ledit terrain et avait reconnu ses droits coutumiers : ce qu'il avait dissimulé et, en ce que l'administration, qui avait reçu son opposition à la demande d'immatriculation de EBOA

---

[5] Dans le même sens, voir jugements numéros 49 du 11 juin 1981, KAMDEM WAFFO Michel, 40 du 31 mai 1990, MBALLA MBALLA Dieudonné, 44 du 28 juin 1990, ATEBA Barthélemy, 64 du 30 août 1990, BILOUNGA Marie- Pascaline, 5 du 30 mai 1991, Sam EBOLO MANDESSI BELL,10 du 26 décembre 1991, BOLLO ETOGO, 30 du 26 mars 1992, Mme MVENG NDY née MENDOUGA Marguerite, 63 du 11 mars 2009, ATANGANA NTONGA Sylvestre.

[6] Dans ce sens, voir notamment MPESSA Aloys, « Le titre foncier devant le juge administratif camerounais », Juridis Périodique n°59, septembre 2004, pp. 77-90.SIETCHOUA DJUITCHOKO C, « Les limites de l'absoluité du titre foncier au Cameroun », in Droit et politique de l'immobilier en Afrique : exemple du Cameroun, Mélanges en l'honneur de André TIENTCHEU NJIAKO, Yaoundé, PUA, 2015, pp. 585 et suivantes. EBANG MVE Urbain Noel, Le titre foncier au Cameroun. Recherche sur la spécificité d'un acte administratif unilatéral, Paris, L'Harmattan, 2011. MONGBAT Alassa, La protection des titres fonciers dans la jurisprudence administrative au Cameroun, Thèse de Master en Droit Public, Université de Dschang, F.S.J.P. 2012-2013.

[7]V. Obs MBOUENDEU JDD sous CS.CA, jugement n°5 du 21/11/1989, NTEPPE Clermont contre Etat du Cameroun, Juridis Info n°7, septembre 1991, p. 42. (*Faute de l'administration dans l'octroi du titre foncier. Non-respect du délai de 60 jours prévu pour le retrait du titre*)

Joseph, avait encore reçu celle de M. DELANGUE KOLOKO sur le même terrain, chevauchement de procédures qui caractérisait sa faute.

C'est pourquoi, face au silence que le Ministère de l'Urbanisme et de l'Habitat avait opposé à son recours gracieux aux fins du retrait du titre foncier n°2333/SM, déposé le 19 août 1996, il avait introduit le 14 janvier 1997, dans le strict respect des textes régissant alors la procédure administrative, un recours contentieux pour solliciter de la Chambre administrative de la Cour Suprême l'annulation du titre foncier litigieux.

Pour faire échec à la demande du sieur YONGO Marc, l'Intervenant volontaire DELANGUE KOLOKO Michel avait reconnu et affirmé que si le Tribunal coutumier de Mouanko l'avait débouté de sa prétention sur l'immeuble litigieux, il avait tout de même autorisé le sieur YONGO Marc à céder à qui le voulait une parcelle du même immeuble pour y exploiter des champs ou y relever des constructions.

Il déclarait, en outre, sans aucune preuve, n'avoir pu élever deux maisons et procéder aux cultures des palmiers à huile et autres arbres fruitiers sans que M. YONGO ne lui ait cédé de la terre et prétendait que l'opposition, d'ailleurs mal orientée de M. YONGO, ne visait que la demande de M. EBOA et ne concernait pas la sienne. Enfin, il soutenait qu'aucune preuve des faits allégués n'était apportée par le sieur YONGO pour le renvoyer à la demande des dommages-intérêts en cas de dol.

Le représentant de l'État du Cameroun, quant à lui, avait commencé, dans un premier temps, à soutenir que la procédure d'établissement du titre foncier querellé avait été régulière au regard des dispositions du décret n°76/165 du 27 avril 1976 et qu'aucune faute de l'administration ou fraude du bénéficiaire DELANGUE KOLOKO n'avait été clairement établie par le recourant.

Dans un second temps, le Ministre de l'Urbanisme et de l'Habitat avait ordonné une mission d'enquête contradictoire sur les lieux les 26 et 27 octobre 1998, mission regroupant les services centraux et extérieurs de son ministère, les parties au litige, les autorités administratives et traditionnelles, les témoins éventuels, à l'effet d'examiner le litige foncier survenu après l'établissement du titre foncier attaqué.

Dans le procès-verbal versé dans ce dossier, ladite mission avait précisément relevé qu'en 1985, sieur EBOA Joseph avait introduit une demande d'immatriculation du terrain litigieux qui s'était heurtée à l'opposition du recourant YONGO Marc et, qu'en 1995, déjouant cette opposition, M. DELANGUE KOLOKO Michel, grand frère de M. EBOA, avait introduit une nouvelle demande d'immatriculation du même terrain qui avait abouti, *avec la complicité d'un agent du service des Domaines d'Edéa et natif de Mouanko, au titre foncier n°2333/SM grâce à un constat d'occupation clandestin et à un bornage fictif.*

La Chambre administrative, sur la base du procès-verbal, avait profité de l'occasion qui lui était ainsi offerte pour rappeler de manière solennelle qu'un titre foncier devait être annulé, comme en l'espèce, par le juge de l'excès de pouvoir toutes les fois qu'il découvre qu'il y a eu faute de l'administration dans la procédure d'immatriculation **(II)** et/ou fraude du bénéficiaire **(I)**.

I. Le juge de l'espèce annule d'abord le titre foncier en cause pour fraude du bénéficiaire

Les titres fonciers obtenus par fraude, c'est-à-dire ceux « *que les intéressés ont provoqués au moyen de manœuvres ou de procédés frauduleux* »[8], doivent être annulés par le juge administratif saisi à cette fin, en application de l'article 2 alinéa 5 du décret n°76/165 fixant les conditions d'obtention du titre foncier[9], sans condition de délai.

Le jugement n°76 rendu le 27 avril 2005 par la Chambre administrative dans l'espèce ici annotée était venu illustrer le « *principe élémentaire de droit qui s'exprime par la fameuse formule fraus omnia corrumpit* »[10] et qui n'est rien d'autre qu'un « *très ancien concept de morale juridique* »[11], « *une sorte de sursaut de la conscience juridique* »[12], la fraude mettant ainsi en œuvre une règle bien établie.

---

[8] ODENT Raymond, Contentieux administratif, Paris, Dalloz, t. I, 2007, p. 887.

[9] Selon l'article 2 alinéa 5 du décret n°76/165 du 27 avril 1976 précité, modifié et complété par le décret n°2005/481, « *le retrait du titre foncier prévu à l'alinéa 3 du présent article ne peut,* ***sauf cas de fraude du bénéficiaire****, intervenir que dans le délai du recours contentieux* ».

[10] WALINE Marcel, Traité de droit administratif, Paris, Sirey, 9e éd., 1963, n°736.

[11] GALABERT Jean-Michel, « Conclusions sur CE, Section, 18 novembre 1966, Ministre des Travaux publics et des Transports c/ Silvani », AJDA 1967, pp. 222 et suiv., spécialement. p. 224.

[12] MESTRE Achille, « Note sous CE, 16 juin 1944, Compagnie d'assurances Le Lloyd Continental français », S. 1945. III. 37.

Dès lors que la fraude, notion faussement évidente qui « *corrompt tout, y compris les idées les plus claires* »[13], s'analyse comme un « *comportement trompeur* »[14], son identification impliquait de préciser tant la qualité de la personne auteur de la tromperie que la nature de ladite manœuvre[15].

***Sur le premier point*, le présent jugement ne présentait aucune originalité**. La fraude émanait, en effet, comme dans la très grande majorité des cas, du destinataire de l'acte, c'est-à-dire du sieur DELANGUE KOLOKO Michel, **Intervenant volontaire**.

Il n'est pas sans intérêt de préciser au préalable, à cette étape de l'analyse, que l'intervention est le fait pour une personne physique ou morale de droit privé ou de droit public de se joindre spontanément à une instance qu'elle n'a pas introduite et dans laquelle elle n'a pas été appelée en cause[16]. Elle est admise de la part de tous ceux qui ont intérêt au jugement du litige. La demande d'intervention est soumise aux mêmes conditions que les requêtes introductives d'instance : elle doit être formée par requête déposée au greffe ou adressée par la voie postale, l'intervenant pouvant bénéficier de l'assistance judiciaire dans les mêmes conditions que le demandeur principal. Elle est recevable à toute époque, en tout état de cause jusqu'au prononcé de la décision[17]. Autrement dit, l'intervention n'est enfermée dans aucun délai. Elle ouvre à l'intervenant les mêmes possibilités de procédure qu'aux parties principales, par exemple le pourvoi en cassation.

L'intervention volontaire peut avoir lieu, soit en demande aux côtés du réclamant, soit en défense à l'appui des arguments de l'administration. Ainsi, la procédure de la demande incidente en intervention concerne-t-elle deux situations différentes :

---

[13] KAHN J., « Conclusions sur Conseil d'Etat, Section, 22 mars 1957, Sieur JEANNIER », Lebon, page 196 et suivantes, notamment, p. 218.

[14] DELVOLVE P, « Note sous Conseil d'Etat, Section., 29 novembre 2002, Assistance publique-Hôpitaux de Marseille », RFDA 2003. 239 s., spéc. p. 245.

[15] MELLERAY Fabrice, « Le retrait d'un acte administratif obtenu par fraude. Le cas d'un plagiat, Note sous Conseil d'État, 23 février 2009, Mme B.-R. », req. n°310277, RFDA 2009, p. 226.

[16] Lorsque l'intervention est provoquée par l'adversaire, il s'agit d'une mise en cause.

[17] V. CS.CA, jugement A.D.D. n°25 du 24 février 1983, EPOH ADYANG Pierre contre EC.

– **L'intervention** ***conservatoire*** **(*ou intervention-jonction*)** qui, comme en l'espèce, est pratiquée par celui qui s'associe aux conclusions du défendeur, en vue d'obtenir le maintien de la situation de celui-ci ou le maintien de la sienne propre

– L'intervention *agressive*, qui émane de celui qui s'associe spontanément aux conclusions du demandeur[18].

Sur le second point*, le jugement annoté était assurément plus original.** Car le ***« constat clandestin et le bornage fictif caractéris(aient) la fraude du bénéficiaire DELANGUE KOLOKO Michel ». *La fraude consistait donc ici en la production de fausses informations ou de faux documents ou encore en des mensonges par omission.*

Il convient d'ajouter qu'une telle opération est presque courante pour le juge administratif qui a été constamment confronté à des recours aux fins d'annulation des titres fonciers justifiés par les fraudes commises par leurs bénéficiaires. Il a ainsi logiquement admis qu'il y avait fraude par :

– Le fait de faire immatriculer, en usant d'artifice, un terrain qui appartient à une autre personne[19].

– Le fait, pour un mandataire, portant le même patronyme que son mandat, de faire immatriculer un terrain en son nom[20].

– Le fait pour le gérant d'une société commerciale de faire immatriculer en son nom un terrain acquis par ladite société[21] :

« *Attendu, disait-il en l'espèce, qu'il ressort des pièces du dossier, notamment du procès-verbal en date du 4 juillet 1981 du sous-préfet de Douala IVe constatant la remise des tôles aux détenteurs coutumiers du terrain litigieux et des copies de chèques émis au Notaire instrumentaire Maître EBONGUE AKWA, que ledit terrain a été acheté par la Société*

---

[18] Mais il n'est pas possible d'intervenir simplement pour figurer au procès, sans y prendre position. Cette intervention « *neutre* » en quelque sorte n'est pas admise (*CE, 14 juin 1968, Synd. national des médecins des hôpitaux privés, recueil. n°30870*). Lorsque l'intervention n'est pas volontaire, mais provoquée par l'adversaire, il s'agit d'une mise en cause. L'intervention n'est assujettie à aucune condition délai. Elle doit être motivée. En ce sens, V. Dalloz Professionnels Pratique du contentieux administratifwww.editions-dalloz.fr/../PCA...64 pages.

[19] C.S.CA, jugement n°74 du 28 septembre 2000, Succession NDEFO MBEWOU c/EC.

[20] C.S.CA jugement n°01 du 26 novembre 1998, ZIBI ZANGA c/Etat du Cameroun.

[21] C.S.CA, jugement n°61 du 27 mars 1997, Société Africaine Commerciale de Diffusion c/EC.

AFCODI et non personnellement par son gérant HERNANDEZ. Qu'ainsi, c'est par fraude commise avec la complicité de l'officier public instrumentaire que le titre foncier a été délivré audit gérant ».

Dans le cas d'espèce, la matérialité de la fraude ne faisant l'objet d'aucun doute, le juge de l'espèce pouvait dès lors valablement annuler le titre foncier en cause. Espérons que ce jugement incitera à la prudence tous ceux qui sont tentés d'y recourir.

Lorsque l'annulation du titre foncier est basée sur la fraude du bénéficiaire, aucun délai ne peut être imposé au requérant, car la fraude corrompt tout, y compris l'application normale des règles de droit. Ce qui n'est pas le cas s'agissant de la faute de l'administration.

II. Le juge annule ensuite le titre foncier en cause pour faute de l'administration

L'article 2 du décret n°2005/481 précité prévoit, en son alinéa 3 : « *Toutefois, le Ministre chargé des Domaines peut,* ***en cas de faute de l'administration, résultant notamment d'une irrégularité commise au cours de la procédure d'obtention du titre foncier*** *et, au vu des actes authentiques produits, procéder au retrait du titre foncier irrégulièrement délivré* ».

En l'absence d'une définition textuelle de la faute de l'administration, on va emprunter à la doctrine l'énoncé des caractéristiques principales de cette notion. Elle est, selon LAFERRIERE, l'acte dommageable impersonnel « *qui révèle un administrateur plus ou moins sujet à erreur* ». Elle est « *généralement présentée comme une défaillance dans le service public... (Celui-ci n'ayant) pas fonctionné, a(yant) mal ou tardivement fonctionné* »[22]. Pour RIVERO et WALINE, « *la faute de service est une défaillance dans le fonctionnement normal du service, incombant à un ou plusieurs agents de l'administration, mais non imputable à eux directement* »[23].

Sur le plan théorique, la faute de l'administration peut donc résulter de l'accomplissement d'une action positive, d'une opération matérielle, d'une attitude négative comme l'inertie totale ou même le retard dans le mouvement administratif ou encore d'un acte juridique irrégulier.

---

[22] Cité par CHALVIDAN Pierre Henri-HOUTEER Christine, Manuel pratique de droit administratif, éditions EYROLLES-Université, Paris, 1991, p. 177.

[23] Pour RIVERO Jean et WALINE Jean, Droit administratif, Précis Dalloz, op.cit. p. 237.

Sur le plan pratique, comme on l'a si bien souligné[24], les fautes commises par l'administration au cours de la procédure d'immatriculation du titre foncier ont fait l'objet d'une intéressante précision de la part du juge administratif. Dans la lignée de la jurisprudence YONGO Marc ici annotée, la juridiction administrative a pu qualifier de faute administrative :

– Le fait pour l'administration d'immatriculer au profit d'un demandeur une superficie supérieure à celle qu'il avait sollicitée[25].

– La production de faux actes en vue d'obtenir leur transformation en titre foncier[26].

– La fabrication des pièces du dossier[27].

– Le fait pour l'administration de ne pas tenir compte des oppositions soulevées au cours de la procédure d'immatriculation[28].

– L'établissement d'un titre foncier sur un terrain faisant déjà l'objet d'un premier titre foncier[29].

– L'avis émis par une Commission Consultative illégalement constituée (Violation de l'article 12 décret n°76/166 du 27 avril 1976)[30].

– L'absence des riverains à l'opération de bornage. Leur présence étant nécessaire pour la validité de l'opération (article 13 alinéa 3 décret n°76/105)[31].

– Le fait pour la Commission Consultative de n'entendre qu'une partie, violant de ce fait le principe du contradictoire[32].

---

[24] TAGOUEMEKONG Fernand Honoré, « Le contentieux de l'annulation du titre foncier », Communication à la Conférence sur le foncier. Thème : *La problématique de la propriété foncière au Cameroun*, Sous la Direction Scientifique de Robinson TCHAPMEGNI, Hôtel de Ville de Mbalmayo, le 18 novembre 2005.

[25] C.S.CA, jugement n°40 du 31 mai 1990, MBALLA Dieudonné C/Etat du Cameroun. C.S.CA, jugement n°30 du 26 mars 1992, MVENG NDY née MENDOUGA Marguerite C/Etat du Cameroun.

[26] C.S.CA, jugement n°105 du 30 mai 1991, SAM EBOLO MANDESSI BELL C/EC.

[27] C.S.CA, jugement n°64 du 30 août 1990, BILOUNGA Pascaline C/Etat du Cameroun

[28] C.S.CA, jugement n°78 du 31 juillet 1997, DJINOU TCHALE André C/Etat du Cameroun.

[29] C.S.CA, jugement n°65 du 29 juillet 1993, WAHA Emmanuel C/Etat du Cameroun

[30] C.S.CA, jugement n°29 du 25 mars 1982, BEYISSA Adolphe Mazarin c/Etat du Cameroun. C.S.CA jugement n°69 du 29 juin 2000, Mme POHOKA Suzanne C/Etat du Cameroun.

[31] C.S.CA, jugement n°74 du 28 septembre 2000, Succession MBEWOU C/Etat du Cameroun. C.S.CA jugement n°61 du 27 juillet 2000, DEFFO Christophe C/Etat du Cameroun

– Le fait pour l'administration de ne pas motiver les décisions de rejet d'opposition[33].

– Le fait d'accorder le titre foncier alors que le requérant n'avait pas mis en valeur le terrain[34].

En l'espèce, il ressortait du Procès-verbal de la mission d'enquête contradictoire sur les lieux les 26 et 27 octobre 1998, mission regroupant les services centraux et extérieurs de son ministère, les parties au litige, les autorités administratives et traditionnelles, les témoins éventuels, que « ***le chevauchement des procédures d'immatriculation entreprises sur le même terrain caractéris(aient) la faute de l'administration*** ».

C'est donc tout naturellement que le juge de l'espèce, se fondant sur ces deux motifs, avait annulé le titre foncier litigieux.

Célestin KEUTCHA TCHAPNGA

---

[32] C.S.CA jugement n°25 du 30 décembre 1999, NJOH Philibert et EKOKA KOUM C/EC.

[33] C.S.CA jugement n°15 du 25 janvier 2001, Succession MBARGA Raphaël C/EC

[34] C.S.CA, jugement n°06 du 27 août 1992, EYANGO Martin C/Etat du Cameroun

24. Application erronée des dispositions textuelles relatives au pourvoi en cassation en matière administrative.

Cour Suprême. Chambre administrative, arrêt n°02/AP/2011 du 09 mars 2011, Etat du Cameroun (MINDAF) & WABO FOTSO Jean Jacques (Appelants) contre FOIDING Michel (Intimé)[1]

Attendu que par lettre n°00000584/Y.7/MINDAF/S120 en date du 27 janvier 2009, enregistrée le 02 mars 2009 sous le numéro 193 au Greffe de la Chambre administrative de la Cour Suprême, le Ministre des Domaines et des Affaires Foncières (MINDAF) a relevé appel du jugement n°103/2008/CA/CS rendu le 13 août 2008 par ladite Chambre dans la cause opposant l'État du Cameroun (MINDAF) et FOIDING.

(....) Attendu en l'espèce que le Greffier en Chef de la Chambre administrative de la Cour Suprême a envoyé à titre de notification une expédition du jugement n°103/2008/CA/CS du 13 août 2008 par lettre n°10589/L/G/CS/CAY du 18 novembre 2008 à Monsieur le Ministre des Domaines et des Affaires foncières ; que cette lettre a été notifiée le 4 décembre 2008 au service d'accueil et d'orientation du MINDAF par exploit de Maître BILOA Marie, Huissier de Justice à la 4e charge près les Tribunaux d'Instances de Yaoundé. *Qu'ainsi, l'appel de l'État du Cameroun, formé par la lettre du 27 janvier 2009 enregistré le 20 mars 2009 sous le numéro 193 au Greffe alors que le délai de quinze jours a expiré le 19 décembre 2008, est irrecevable comme tardif.*

Attendu que l'appel de WABO FOTSO Jean relevé par lettre en date du 2 février 2009 déposé au Greffe le 4 suivant sous le n°116 contre le jugement entrepris avant toute notification est recevable comme fait dans la forme et délai prescrit par la loi.

AU FOND

Attendu que l'article 76 (1) de la loi n° 2006/016 du 29 décembre 2006 fixant la procédure et l'organisation et le fonctionnement de la Cour Suprême prévoit que le mémoire doit contenir entre autres l'exposé des faits qui servent de base à l'appel et les moyens. Attendu par ailleurs que l'article 53 (2) de la même loi dispose que le mémoire doit articuler et développer les moyens de droit.

Qu'il en résulte que le moyen doit non seulement contenir l'indication complète et non erronée du texte de loi ou du principe de droit prétendument violé ou faussement appliqué, les dispositions du texte visé, mais qu'il doit aussi montrer en quoi ledit texte ou ledit principe de droit a été violé ou faussement appliqué.

« Vu le jugement n°103/2008/CA/CS rendu par la Chambre administrative de la Cour Suprême du Cameroun en son audience du 13 août 2008 dans l'affaire opposant Monsieur FOIDING Michel à l'État du Cameroun (MINDAF) et l'exposant (intervenant volontaire).

[1] Note rédigée en collaboration avec le Docteur KAMGANG SIMEU Christelle Corinne, Assistante au Département de Droit Public de l'Université de Dschang (F.S.J.P.).

« Attendu que le jugement est simplement le résultat d'une mauvaise appréciation par les premiers juges des circonstances de fait et de droit effectivement en présence dans la cause ; que pour cela il mérite d'être purement et simplement infirmé dans son entièreté. Attendu qu'il se trouve que les premiers juges, en se versant avec les Conseils de Sieur FOIDING Michel dans un lyrisme compatissant pour ce dernier, en s'engageant manifestement à le favoriser, ont manqué de considérer : – La faculté que l'administration a de solutionner en temps convenable toute requête qui lui est soumise – L'inattaquabilité du titre foncier consacré par la loi.

« Attendu que par mémoire additif, l'exposant complètera en tant que de besoin ses moyens d'appel. « Par ces motifs« 1- déclarer l'appel recevable. 2- Infirmer dans son entièreté le jugement n°103 rendu le 13 aout 2008 par la Chambre administrative de la Cour Suprême. 3- Déclarer non fondé le recours de FOIDING Michel entrepris par requête du 4 mai 1995 au Greffe de la Chambre administrative de la Cour Suprême sous le n° 338 et le rejeter.4- Mettre les dépens à sa charge. Et ce sera justice « WABO FOTSO Jean Jacques ».

Attendu que tels que présentés les moyens soulevés dans ledit mémoire ne sont pas articulés, ni développés et ne visent aucun texte de loi que le jugement attaqué aurait violé ou le principe de droit faussement appliqué.

Qu'il s'ensuit qu'ils sont irrecevables et que l'appel encourt le rejet. Qu'il y a lieu de confirmer le jugement entrepris.

Par ces motifs, statuant publiquement, contradictoirement, en matière administrative, en Sections Réunies, et à l'unanimité des membres.

Décide : Article 1er : L'appel de l'État du Cameroun est irrecevable comme tardif.

Article 2. L'appel de WABO FOTSO Jean Jacques est recevable en la forme ; au fond il est rejeté. Par conséquent le jugement entrepris est confirmé.

NOTE

Il est rare qu'une décision rendue par la Cour Suprême du Cameroun statuant en matière administrative provoque tout à la fois, comme l'arrêt ci-dessus reproduit, la satisfaction du requérant, l'étonnement et la déception, voire une certaine indignation de la doctrine publiciste. Cette dernière, il y a un peu plus de 25 ans aujourd'hui, soulignait déjà que « *la non spécialisation des Magistrats formés à d'autres types de Contentieux serait à l'origine du caractère incertain de la jurisprudence administrative camerounaise. Sa légèreté juridique trouverait là aussi une explication* »[2]. Ce constat établi alors par le Doyen Maurice KAMTO demeure encore valable aujourd'hui, en dépit d'initiatives salutaires diverses entreprises pour solutionner le problème, notamment par l'Union européenne, en coopération avec le Ministère de la Justice, dans

[2] V. KAMTO M, Droit administratif processuel du Cameroun, op.cit., p. 11.

le cadre du Programme d'Appui au secteur de la Justice (P.A.J), financé par le 10e Fonds Européen de Développement (FED)[3].

Certes, à première vue, l'arrêt ci-dessus rapporté est à la fois une décision d'irrecevabilité fondée sur le motif classique de forclusion de l'appel de l'État du Cameroun et de confirmation du jugement n°103 du 13 août 2008 pour défaut de développement des moyens de droit qui servent de base à l'appel.

Mais, en réalité, il mérite qu'on s'y attarde, car cet arrêt tire son importance de la réponse erronée que les Hauts Magistrats de la Cour Suprême, entièrement rénovée[4], apportent à la question suivante : ***quelle voie de réformation est ouverte contre un jugement du Tribunal Administratif rendu en matière foncière et domaniale ?***

Cette interrogation mérite d'être posée, surtout lorsqu'on sait que la Justice, faible comme toute œuvre humaine, ne saurait, en règle générale, être rendue une fois pour toutes par des juges statuant définitivement en premier et dernier ressort. La bonne administration de la justice exige que dans tout système juridictionnel soit mise en place une construction à

---

[3] Cette assertion mérite toutefois d'être un peu réévaluée de nos jours, en raison notamment de l'organisation intensive et continue de nombreux Séminaires et Ateliers de renforcement des capacités en Droit et Contentieux administratifs, pour faciliter leur appropriation optimale par les différents acteurs de la justice administrative. De ce point de vue, est salutaire la formation en Contentieux administratif (14 modules) des Hauts Magistrats de la Cour Suprême, de certains Magistrats des Cours d'Appel et des Tribunaux d'Instance, de quelques Greffiers et Avocats sélectionnés dans les 10 régions du pays, financée de janvier 2011 à mi 2012 par l'Union Européenne, en coopération avec la République du Cameroun. Les 30 Magistrats de siège nommés dans les Tribunaux Administratifs le 18 avril 2012, à raison de 3 par région ont, en outre, complété leur formation en passant un mois de stage d'imprégnation au Conseil d'État français, avant de la parfaire avec 8 modules en février-mars 2013 à l'École Nationale d'Administration et de Magistrature (ENAM) de Yaoundé.
Dans le même sens, le Ministère de la Justice du Cameroun a financé, en mai 2012, pendant quatre mois à l'ENAM, la formation accélérée en Contentieux administratif (16 modules) des Magistrats nommés le 18 avril 2012 comme Attachés aux Parquets Généraux près les Cours d'Appel (3 par région), chargés du Contentieux administratif. Les premiers juges administratifs spécialistes ayant achevé leur formation à l'ENAM en fin 2014, les Tribunaux Administratifs ont commencé à fonctionner avec eux comme Attachés aux Parquets Généraux près les Cours d'Appel et, au siège, les juges judiciaires spécialisés en Contentieux administratif. Ce qui constitue déjà une évolution notable dans l'histoire de la juridiction administrative nationale.

[4] V. KEUTCHA TCHAPNGA C, « La réforme attendue du Contentieux administratif... », précité.

plusieurs étages, destinée à vérifier par l'exercice de voies de recours appropriées et par des juges réputés plus chevronnés que la sentence initiale a été rendue régulièrement et à bon droit[5]. Il en est ainsi de l'appel et de la cassation qui sont désormais les deux ultimes voies de réformation des décisions du Tribunal Administratif au Cameroun et qui se distinguent par leur domaine d'application. D'ailleurs, s'il n'en était point ainsi, l'institution des deux voies de recours serait injustifiée.

Les faits de l'espèce ne ressortent pas très nettement d'une simple lecture de cet arrêt, mais il suffit de savoir, d'une part, que le Ministre des Domaines et des Affaires Foncières (MINDAF) a relevé appel du jugement n°103/2008/CA/CS rendu le 13 août 2008 par la Chambre administrative dans la cause opposant l'État du Cameroun (MINDAF) à FOIDING Michel, lequel annulait, avec les conséquences de droit, l'arrêté n°0370/Y.7/MINUH/D200 du 7 décembre 1994 relatif à la rectification d'un titre foncier et, d'autre part, que par une autre lettre en date du 2 février 2009, enregistrée le 4 suivant, sous le numéro 116 au Greffe, WABO FOTSO Jean Jacques, intervenant volontaire en première instance, agissant en son nom et pour son compte, a déclaré interjeter appel contre ledit jugement.

Par son arrêt n°02/AP/2011/CA/CS du 09 mars 2011, ci-dessus reproduit, la Chambre administrative a rejeté l'appel de l'État en estimant qu'il était irrecevable comme tardif, tout en considérant que celui de M. WABO FOTSO Jean Jacques a été constitué dans la forme et le délai prescrit par la loi, mais qu'il n'était pas fondé, car l'Appelant n'avait pas développé les moyens de droit qui servent de base à son appel. Par conséquent, elle a confirmé le jugement en cause.

En fait, la réponse positive et sans nuance des juges de l'espèce à la question de savoir si l'appel de M. WABO FOTSO Jean Jacques était recevable avait de quoi surprendre ; puisque le contentieux des affaires foncières et domaniales n'est pas une matière susceptible d'appel, mais plutôt de pourvoi en cassation. Il est vrai que la position adoptée par les Hauts Magistrats en l'espèce était très favorable au requérant qui avait ainsi vu le jugement de la Section de la Chambre administrative, statuant provisoirement comme Tribunal Administratif, rendu à son profit

[5] V. NEGRIN Jean Paul, Préface à la Thèse M. SIETCHOUA DJUITCHOKO C, L'appel dans le Contentieux administratif au Cameroun. Contribution à l'étude de la juridiction administrative », Aix-Marseille III, 2001, Thèse à la Carte. ANRT, 471 pages.

confirmé. Mais la cohérence et la sécurité juridiques n'y trouvaient pas leur compte. Il est simplement regrettable de constater que, dans la présente affaire, la Cour a rendu un arrêt pour le moins inacceptable au regard des dispositions pertinentes des paragraphes 1 et 2 de l'article 40 de la Constitution de 1996 et de l'article 38 de la loi n°2006/016, dont la rédaction n'autorise pas, sur ce point, une interprétation aussi hasardeuse.

De telles erreurs manifestes d'appréciation de la part, à la fois des Avocats et des Juges administratifs de la Cour Suprême sont sans doute appelées à se multiplier au cours des prochaines années. Il apparaît dès lors et au préalable opportun de faire le point sur-le-champ d'application du pourvoi en cassation dans le Contentieux administratif camerounais, méconnu en l'espèce **(I),** avant de vérifier si, malgré tout, la Chambre administrative avait oui ou non fait une saine application des textes en vigueur en matière d'appel **(II)**.

I. La méconnaissance par les hauts magistrats de la Cour suprême des matières susceptibles de pourvoi en cassation en matière administrative

La confusion entre l'appel et la cassation était d'autant moins permise que les textes en vigueur sont très clairs et précis sur-le-champ d'application de ces deux voies de réformation contre les jugements des Tribunaux Administratifs. Pourquoi les juges de l'espèce ont-ils choisi de s'engager dans une voie hautement critiquable en statuant en appel dans une matière autre que l'élection municipale ou régionale ?

L'explication existe **(A).** Les conséquences de ce choix méritent également d'être mises en relief **(B).**

A. La cause : la non-spécialisation des magistrats siégeant à la chambre administrative

Il est pour le moins surprenant que les Conseils des requérants et de l'État, dans l'arrêt ci-dessus rapporté, aient à tort invoqué, comme voie de recours contre le jugement en cause, l'appel et non les dispositions pertinentes de la Constitution de 1996 et des lois de 2006 sur la cassation. Cette confusion regrettable a été entretenue par les Hauts Magistrats de la Chambre administrative qui, par négligence ou par ignorance pour la plupart, se sont mis en porte-à-faux par rapport au domaine d'application du nouveau pourvoi en cassation en matière administrative. ***Qu'est-ce qui peut expliquer une telle erreur manifeste d'appréciation qui n'est, du reste, pas un cas isolé*** ?

***Il semble que cette référence à l'appel, considérée en l'espèce comme étant erronée, est due à la non-maîtrise de la spécificité des règles du Contentieux administratif*.**

Comme l'avait si bien écrit le Professeur Alain BOCKEL dès 1976, dont nous partageons l'analyse :

« *Ce sont les Magistrats de l'ordre judicaire, formés uniquement en vue de leur mission principale, consacrant l'essentiel de leur temps à l'activité des juridictions judiciaires, qui vont accessoirement se prononcer sur des problèmes parfois importants et délicats de droit administratif. Or, l'on sait l'importance de la jurisprudence dans la formation et le développement de ce droit. Sans doute, la lecture de certains arrêts témoigne du souci fort louable de recourir aux modes de raisonnement et aux principes classiques adoptés par le juge administratif français ; mais, derrière cette façade, l'on peut se rendre compte, et quelques solutions le prouvent nettement, que les juges ne peuvent se défaire de leur formation. L'on peut légitimement penser que la pureté du droit administratif s'en ressentira. Malgré la spécificité des problèmes posés dans le cadre du Contentieux administratif ... le droit administratif camerounais ne peut manquer d'être influencé par les techniques et méthodes de raisonnement du droit privé ... la dualité des ordres de juridiction telle qu'elle est conçue au Cameroun semble moins favorable à l'affirmation du droit administratif ... celle-ci parait difficile au Cameroun* »[6].

L'argumentation du Professeur BOCKEL, qui est également valable pour les Avocats et autres Juristes de fortune, Mandataires munis, à peine d'irrecevabilité, d'un pouvoir spécial qui plaident devant les juridictions administratives camerounaises, s'articule autour de la formation du juge judiciaire. Celui-ci a un esprit, une technique et une méthode de raisonnement qui viennent de sa formation privatiste.

En effet, nul n'est bon juge que de ce qu'il connaît et pour juger l'administration, il est important de mieux connaître le droit du Contentieux administratif. Or, il est impossible sinon extrêmement difficile de demander aux mêmes hommes de maîtriser à la fois les problèmes qui naissent en droit privé et en droit public. N'ayant pas les « *connaissances suffisantes et la tournure d'esprit nécessaire pour*

---

[6] BOCKEL Alain, L'administration publique camerounaise, Encyclopédie administrative, I.I.A. P. , Paris, Berger-Levrault, 1971, p. 14.

trancher les litiges administratifs »[7] et ne pouvant valablement manier avec dextérité certains concepts de droit public comme l'excès de pouvoir, l'acte préparatoire, l'ordre public ou encore comme, dans le cas d'espèce, le recours en cassation en matière administrative, le juge judiciaire est très souvent porté :

– Soit à prendre des décisions brutales ou tatillonnes qui déstabilisent quelque peu les justiciables et expliquent en partie l'abdication de ces derniers[8].

– Soit à se réfugier dans des solutions de facilité en appliquant aux litiges administratifs des règles de droit privé[9].

La doctrine publiciste nationale a unanimement relevé ce fait pour le regretter. Le Doyen NLEP Roger-Gabriel estimait, par exemple, qu'« *il est permis de douter que les juges judiciaires de formation puissent disposer de la perspicacité nécessaire pour déterminer la voie contentieuse la plus appropriée* » pour le justiciable, compte tenu de leur « *connaissance approximative du Contentieux administratif* »[10]. Le Docteur Joseph BINYOUM, quant à lui, ajoutait qu' « *on peut douter*

---

[7] KAMDEM Jean-Claude, Contentieux administratif, Cours polycopié, Tome 1, Université de Yaoundé, FDSE, 1985-1986, 279 pages, pp. 57-58.

[8] En ce sens, lire notamment, KEUTCHA TCHAPNGA C., « Une délicate révolution dans la procédure administrative contentieuse au Cameroun : à propos du traitement récent de l'urgence par le juge des référés : Note sous Cour Suprême du Cameroun, ordonnance de référé n°06 du 08 décembre 1998, SOSSO Emmanuel contre Crédit Foncier du Cameroun », Juridis Périodique n°45, janvier-février-mars 2001, pp. 41-45.

[9] Les faits ayant donné lieu au jugement n°72 du 26 mai 1983, NKONDOCK Emile Valentin contre État du Cameroun sont, à cet égard, très édifiants : Mme NKONDOCK se rend au Centre Hospitalier Universitaire de Yaoundé à la suite d'un saignement vaginal prolongé consécutif à un accouchement difficile. Le docteur ASHU NANG ainsi qu'une équipe médicale lui administrent des soins consistant à un curetage qui aboutit à une ligature. A la suite de cette opération, du fait d'une ablation de l'utérus, Mme NKONDOCK perdit sa faculté de procréation. Estimant le préjudice sérieux, car l'opération effectuée sur son épouse avait largement dépassé les aléas d'un acte médical, M. NKONDOCK saisit la Chambre Administrative afin que celle-ci condamne l'État du Cameroun à lui octroyer des dommages-intérêts sur la base du préjudice causé à son épouse par les agents hospitaliers. Le juge administratif, influencé certainement par sa formation, se déclara incompétent au motif que l'administration avait commis « un quasi-délit », expression relevant essentiellement du droit privé.

[10] NLEP R-G, « Note sous CS/CA, jugement du 29 juin 1989, Société Razel-Cameroun contre Commune rurale de TIKO et Etat du Cameroun », Penant n°807, décembre 1991, pp. 394-397.

(que) ces Magistrats, étant donné (leur) formation privatiste, (puissent) mieux pénétrer les problèmes du Contentieux administratif »[11].

C'est dire que le maintien au sein de la juridiction administrative des Magistrats judiciaires se fait au prix d'une perte de substance et de l'incohérence de la jurisprudence de cette institution.

B. Les conséquences : l'extension inconstitutionnelle et illégale du champ d'application des matières susceptibles d'appel

Longtemps ignoré dans le Contentieux administratif camerounais, le recours en cassation fait son apparition formelle en la matière à la faveur de la révision constitutionnelle de 1996 qui a entrainé des mutations profondes dans la justice au Cameroun[12]. Il sortira véritablement de sa léthargie avec l'adoption des lois numéros 015, 016 et 022 du 29 décembre 2006 portant respectivement organisation judiciaire, organisation et fonctionnement de la Cour Suprême, organisation et fonctionnement des Tribunaux Administratifs et, surtout, avec la mise en place effective de ces derniers en février-mars 2014 qui a concrétisé définitivement l'abrogation de l'ordonnance n°72/06 du 26 août 1972 portant organisation de la Cour Suprême et de la loi n°75/17 du 8 décembre 1975 fixant la procédure de la Cour Suprême statuant en matière administrative[13].

À la différence du recours pour excès de pouvoir qui est une voie de droit par laquelle le plaideur tente d'obtenir l'annulation d'une décision illégale prise par une autorité administrative, le pourvoi en cassation, ainsi nouvellement consacré en matière administrative[14], est« *un recours en annulation dirigé contre une décision juridictionnelle rendue par un Tribunal Administratif statuant en premier et dernier ressort »*[15].

---

[11] BINYOUM J, Contentieux administratif, Cours polycopié, Licence, Université de Yaoundé, 1992, 17.

[12] Voir SIETCHOUA DJUITCHOKO C., « Perspectives ouvertes à la juridiction administrative du Cameroun par la loi n°96/06 du 18 janvier 1996 », article précité.

[13] Sur le problème de la loi applicable dans la procédure administrative contentieuse, lire avec intérêt, KEUTCHA TCHAPNGA C., Précis de Contentieux administratif, ouvrage précité.

[14] V. Pour une vue d'ensemble du nouveau pourvoi en cassation, lire SIETCHOUA DJUITCHOKO C., « L'autonomie du recours en cassation en Contentieux administratif au Cameroun. A propos de la réforme récente du Contentieux administratif », Juridis Périodique Juin 2010, 1ère Partie, pp. 77-85, Septembre 2010, 2éme Partie, pp. 65-75.

[15] V. ROUVIERE Jacques, Les juridictions administratives et le recours en cassation, Paris, Librairies Techniques, 1958, 276 pages, p. 12.

Le champ d'application du pourvoi en cassation qui, en principe, n'a pas d'effet suspensif, est fixé avec précision par quelques dispositions de la Constitution de 1996 et des lois de 2006.

Aux termes de l'article 40 paragraphe 3 de loi fondamentale, par exemple, la Chambre administrative « *statue souverainement sur les décisions rendues en dernier ressort par les juridictions inférieures en matière de Contentieux administratif* ». L'article 38 de la loi n°2006/016 fixant l'organisation et le fonctionnement de la Cour Suprême précise, en outre, que « *la Chambre administrative est compétente pour connaître... des pourvois formés contre les décisions rendues en dernier ressort par les juridictions inférieures en matière de Contentieux administratif, des exceptions préjudicielles soulevées en matière de voie de fait et d'emprise devant les juridictions inférieures en matière de Contentieux administratif, de toute autre matière qui lui est expressément attribuée par la loi* ». Enfin, l'article 116 de la loi n°2006/022 du 29 décembre 2006 fixant l'organisation et le fonctionnement des Tribunaux Administratifs ajoute que « *les décisions rendues en premier et dernier ressort par le Tribunal Administratif sont susceptibles de pourvoi(en cassation) devant la Chambre administrative* ».

À la lecture attentive des principales dispositions des textes précités, un détail de rédaction, qui ne saurait être le fait du hasard, apparaît de ce point de vue très révélateur. Le législateur s'est référé aux « *décisions de premier et dernier ressort* » alors que le constituant de 1996 s'en est tenu plutôt aux « *décisions rendues en dernier ressort* ».

À en croire le Professeur SIETCHOUA, « *l'écart entre les deux formules s'expliquerait par le fait que le constituant retient une conception large de la juridiction administrative incluant les Cours Administratives d'Appel connaissant du Contentieux administratif en dernier ressort (...) alors que le législateur vise l'exclusion des Cours d'Appel* »[16]. Il s'agit, poursuit-il, d'une « *restriction sur le terrain choisi par le législateur du déploiement de la juridiction administrative* »[17].

On perçoit ainsi sans peine que le domaine d'application du recours en cassation contient les litiges relatifs à l'ensemble du Contentieux administratif concernant l'État, les Collectivités publiques territoriales décentralisées et les Établissements publics administratifs tels

[16] SIETCHOUA DJUITCHOKO C., article précité, p. 66
[17] Idem

qu'énumérés à l'article 2 alinéa 2 de la loi précitée[18], ainsi que les mesures d'urgence accessoires que constituent le sursis à exécution et le référé administratif, en application des dispositions combinées des paragraphes IV (articles 108 à 110)[19] et V (articles 111 à 112)[20] de la loi n°2006/016 précitée.

À l'évidence, le contentieux fiscal et financier, le contentieux des contrats administratifs, le contentieux de l'annulation, le contentieux de l'indemnisation, le contentieux des opérations de maintien de l'ordre puis, comme dans le cas d'espèce, le contentieux des affaires foncières et domaniales doivent être rendus en dernier ressort par le Tribunal Administratif. À ce titre, ils ne sont susceptibles que du pourvoi en cassation et non d'appel.

C'est faire la part grande au hasard que de confondre, en matière administrative, le recours en cassation et l'appel qui est une « *voie de réformation et une voie d'annulation des jugements de 1er ressort non assortie de cassation* »[21]. En tant que tel, un certain nombre de

---

[18] L'article 2 alinéa 3 de la loi n°2006/022 énumère ainsi au titre du Contentieux administratif à l'encontre de l'Etat, des Etablissements publics et des autres Collectivités territoriales : a) les recours en annulation pour excès de pouvoir … b) les actions en indemnisation du préjudice causé par un acte administratif ; c) les litiges concernant les contrats administratifs ou les concessions de services publics ; d) les litiges intéressant le domaine public ; e) les litiges intéressant les opérations du maintien de l'ordre.

[19] L'incertitude règne encore sur la voie de recours pertinente ouverte contre l'ordonnance de référé administratif, susceptible à la fois de l'appel (ainsi qu'il ressort, par exemple, de l'article 29 de la loi n°2006/022 fixant l'organisation et le fonctionnement des Tribunaux Administratifs qui prévoit que « l'ordonnance de référé est susceptible d'appel devant la Chambre Administrative de la Cour Suprême… » ou encore de l'article 114 de la même loi aux termes duquel « les décisions rendues en premier ressort dans les conditions prévues par des textes particuliers, celles rendues en premier ressort en matière électorale et en matière de référé sont susceptibles d'appel devant la Chambre Administrative dans les délais prévus par le texte fixant la procédure devant la Chambre Administrative de la Cour Suprême) et du pourvoi en cassation, comme il est loisible de le constater à la lecture de l'article 108, alinéa 1 de la loi n°2006/016 fixant l'organisation et le fonctionnement de la Cour Suprême qui prévoit « qu'en cas de pourvoi (en cassation) contre une ordonnance de référé administratif, la procédure à suivre est celle prévue aux articles 89 à 103 de la présente loi. On attend que le juge administratif se prononce, le moment venu, clairement sur la question.

[20] L'article 111, alinéa 1 de la loi n°2006/016 précitée, prévoit, par exemple, que le pourvoi contre une ordonnance de sursis à exécution d'un acte administratif suspend de plein droit l'exécution de ladite ordonnance.

[21] En ce sens, voir. SIETCHOUA DJUITCHOKO C, Thèse précitée, p. 10.

caractéristiques s'y attachent. Il en est ainsi des effets suspensif et dévolutif[22]. Désormais, l'appel ne sera plus considéré comme la seule « *voie d'achèvement du procès administratif* » au Cameroun. Ce qui constituait alors un « *particularisme certain* »[23].

Le champ d'application de l'appel ainsi défini est fixé par les dispositions des paragraphes 1 et 2 de l'article 40 de la Constitution de 1996, aux termes desquels « *la Chambre administrative connaît...en appel du contentieux des élections régionales et municipales* ». Dans le même sens, l'article 38 de la loi n°2006/016 précitée, prévoit que « *la Chambre administrative est compétente pour connaître ... des appels formés contre les décisions rendues en matière de contentieux des élections régionales et municipales ...(et) de toute autre matière qui lui est expressément attribuée par la loi* ».

On se serait en effet attendu à ce que les élections municipales ou régionales soient les seuls domaines de compétence du juge d'appel en matière administrative, sous réserve d'autres matières que pourrait lui confier éventuellement le législateur.

Mais, la Chambre administrative a, de façon prétorienne et contrairement à l'esprit et à la lettre des textes précités, étendu son domaine d'intervention en appel aux litiges relatifs aux affaires foncières et domaniales.

En fait, siégeant, d'abord, en Sections Réunies dans l'affaire opposant M. NJOOH Michel Pierrot, Appelant, contre État du Cameroun (MINDAF) et Famille KOUM MBAPPE BELL, Intimés, la Chambre administrative était invitée à se prononcer sur la légalité du jugement n°110/2009/CA/CS du 03 juin 2009 rétractant le jugement n°52/2006-2007 du 28 février 2007 relatif à la rectification du titre foncier au profit de l'Appelant.

Par son arrêt n°1 du 09 mars 2011, la Cour avait rejeté l'appel de M. NJOOH Michel Pierrot, en estimant qu'il n'était pas justifié, le condamnant ainsi aux dépens. Cette solution avait été, ensuite, confirmée le même jour par les Sections Réunies de la Chambre administrative dans l'arrêt n°02 ci-dessus rapporté.

La Chambre administrative, à travers ses Sections Réunies, aurait dû déclarer les appels irrecevables dans les deux espèces, *les litiges relatifs*

---

[22] En ce sens, voir SIETCHOUA C., Thèse précitée.
[23] NLEP R-G, L'Administration publique camerounaise, op.cit., pp. 368 et 370.

aux affaires foncières et domaniales n'étant pas des matières susceptibles d'appel, mais plutôt de pourvoi en cassation.

Cette confusion, assez regrettable, méritait d'être mise particulièrement en évidence dans le cadre de la présente Note de jurisprudence, surtout lorsqu'on sait que maintes décisions de la juridiction administrative camerounaise contiennent des erreurs manifestes d'appréciation qui déroutent, en pratique, les justiciables.

Un autre exemple significatif peut rapidement être cité pour illustrer le propos : selon les dispositions pertinentes de l'article 119 de loi n°2006/022, les Sections de la Chambre administrative, exerçant provisoirement en lieu et place des Tribunaux Administratifs, statuent par jugements en premier ressort, l'appel s'effectuant devant les Sections Réunies, à l'intérieure desquelles la Chambre administrative décide, cette fois-ci, par voie d'arrêts.

Or, lors des municipales de 2007, la Chambre administrative de la Cour Suprême avait statué « *en Sections Réunies* » et, qui plus est, avait tranché « *en premier ressort* » par voie de « *jugements* »[24].

La formule qui revenait inlassablement dans ses décisions était, en général, la suivante : « *ainsi jugé et prononcé par la Chambre administrative de la Cour Suprême statuant en Sections Réunies, publiquement et contradictoirement en matière de contentieux électoral, en premier ressort et à l'unanimité des membres où siégeaient...* ».

Après avoir exprimé notre perplexité en ce qui concerne la confusion opérée en l'espèce, nous pouvons, en second lieu, relever la rigueur avec laquelle les juges ont fait application des dispositions relatives à l'appel. Pour cette raison au moins, le présent arrêt doit être approuvé.

II. L'application rigoureuse par les hauts magistrats de la cour suprême des dispositions relatives à l'appel

Il est intéressant de rappeler que les règles régissant l'appel en matière administrative sont essentiellement contenues dans les dispositions des

[24] Dans ce sens voir, par exemple, les jugements n°080/06/07/CE du 12 juin 2007, MOHAMAN SANI (UNDP) contre Etat du Cameroun (MINATD), n°283/06/07/CE du 29 août 2007, KALAMBACK KOLLO Jean Débonnaire contre Etat du Cameroun (MINATD) et KADJI DEFOSSO Joseph, n°286/06/07/CE du 29 août 2007, NYOBE NYOBE contre Etat du Cameroun (MINATD) et EONE Jean, n°236/06-07/CE du 29 décembre 2007, ZONGO AMOUGOU Lin Dieudonné contre Etat du Cameroun (MINATD) et AWOUALA BALADA Mazrinus (intervenant volontaire)...

articles 53, 72 à 88 de la loi n°2006/016 du 29 décembre 2006 fixant l'organisation et le fonctionnement de la Cour Suprême et 112 à 114 de la loi n°2006/022 du 29 décembre 2006 fixant l'organisation et le fonctionnement des Tribunaux Administratifs. L'introduction de l'appel est conditionnée et se fait selon certaines modalités. Les conditions de l'appel sont de deux ordres : externes (délais, lieu, appelant) et internes (immutabilité de la demande et décisions avant-dire-droit).Les modalités de l'appel concernent le dépôt de mémoires et l'inscription au rôle.

En opposant, sur le plan de la forme, une fin de non-recevoir à l'appel de l'État du Cameroun (MINDAF), puis en déclarant recevable l'appel de WABO FOTSO Jean Jacques, pour rejeter par la suite, au fond, ses prétentions, confirmant de la sorte le jugement entrepris, les juges de l'espèce avaient-ils fait une saine application des dispositions des lois précitées sur les délais d'appel **(A)** et sur les moyens devant servir de base à l'appel ? **(B)**.

A. L'exigence du respect strict du délai d'introduction de l'appel

Le délai est l'espace de temps à l'écoulement duquel s'attache un effet de droit. En termes différents, c'est le laps de temps fixé par la loi, le juge ou la convention, soit pour interdire soit pour imposer d'agir avant l'expiration de ce temps[25] ou encore la tranche de temps dans laquelle un recours doit être formé[26]. La règle du délai présente un caractère d'ordre public. Elle éteint l'action en justice. On dit que le requérant est forclos. La forclusion étant la déchéance d'un droit non exercé dans le délai prescrit.

Aux termes de l'article 73 de loi n°2006/016 précitée, « *l'appel*[27] *est, à peine de forclusion et sauf disposition spéciale contraire, formé dans un délai de 15 jours à compter du lendemain de la notification de la*

[25] CORNU Gérard, Vocabulaire juridique, Association Henri Capitant, PUF, 9e édition, Paris, 2011, 1095 pages, notamment, p. , 311

[26] MOMO Bernard, « Le problème des délais dans le Contentieux administratif camerounais », AFSJP/ Université de Dschang, Tome 1, Volume 1, pp 136-161.

[27] L'appel devant la Chambre Administrative est fait par déclaration au Greffe de la juridiction inférieure en matière de Contentieux administratif dont émane la décision attaquée. Il peut être, soit principal, c'est-à-dire émané de la partie qui a perdu devant le Tribunal Administratif en personne ou à travers un Avocat ou un Mandataire muni, à peine d'irrecevabilité, d'un pouvoir spécial, soit incident, c'est-à-dire formé par l'Intimé n'ayant pas obtenu satisfaction complète en première instance, mais qui n'avait pas estimé nécessaire d'interjeter appel et qui le fait finalement dès lors que la partie adverse l'a exercé.

décision de la juridiction inférieure ». La notification s'entend de « *la transmission officielle (envoi avec accusé de réception, transmission avec décharge ou tout autre moyen susceptible de prouver que l'acte a effectivement été porté par voie officielle à la connaissance de l'intéressé) à l'intéressé de l'acte sous forme écrite »*[28].

Il s'agit donc d'un délai franc[29], qui se compte de quantième en quantième et le juge ne tient compte ni du jour de la notification de la décision ni du jour auquel se termine ces délais. Toutefois, il faut ajouter que si le dernier jour est férié, le délai est reporté au lendemain du jour ouvrable et expire à minuit pour produire tous ses effets. Passé ce délai, le demandeur est forclos et son appel[30] déclaré irrecevable.

Sous l'ancienne législation, l'appel devait être fait dans les 2 mois suivant le jugement de l'ancienne Chambre administrative (*loi n°75/17 du 08 décembre 1975 fixant la procédure devant la Cour Suprême statuant en matière administrative*). L'appel n'était pas subordonné à la notification de la décision aux parties, qui pouvaient l'interjeter le jour même de la décision. C'est dire toute l'attention accordée désormais à la célérité du procès administratif.

La nouvelle législation exige que le jugement du Tribunal Administratif en cause soit notifié aux parties dans les huit jours de leur enregistrement *(article 63 loi n°2006/022).*

On comprend dès lors aisément pourquoi les juges de l'espèce ont, à juste raison, conclut que « *l'appel de l'État du Cameroun, formé par la lettre du 27 janvier 2009, enregistré le 20 mars 2009 sous le numéro 193 au Greffe, alors que le délai de quinze jours a expiré le 19 décembre 2008, est irrecevable comme tardif* ».

En revanche, on peut exprimer notre curiosité en ce qui concerne la recevabilité, comme étant fait « *dans la forme et délai prescrit par la loi* », de l'appel de M. WABO FOTSO Jean Jacques, relevé par lettre en date du 2 février 2009 déposé au Greffe le 4 suivant sous le n°116 contre

---

[28] En ce sens, voir notamment KAMTO M., Note sous CS/AP, arrêt du 24 mars 1983, NJIKIAKAM TOWA Maurice contre Etat du Cameroun, précitée, p. 356. KEUTCHA TCHAPNGA C. et SIETCHOUA DJUITCHOKO C., Note sous CS/CA, jugement du 3 mai 1990, MBARGA Symphorien contre Etat du Cameroun, Juridis Périodique n°43, septembre 2000, pp. 62-68

[29] Voir jugement n°24 du 13 juillet 1978, ESSOMBA NTONGA Gabriel C/ Etat du Cameroun.

[30] MOMO B, « Le problème des délais … », article précité, pp 136-161.

le jugement entrepris, *surtout avant toute notification ;* l'enregistrement du jugement en cause n'ayant pas été effectué, soit dit en passant, conformément à l'article 63 de la loi n°2006/022, *sous huitaine* par le Greffier en Chef.

Vraisemblablement, cet Intervenant volontaire en première instance a été mis au courant du fait que le jugement n°103/2008 du 13 août 2008, rendu en sa défaveur, était déjà enregistré.

En l'espèce, comme sur le plan du fond, les juges ont implicitement et surtout fort bien appliqué la théorie de *la connaissance acquise*, en vertu de laquelle, « *en l'absence d'une publicité régulière, le délai peut être considéré comme commençant à courir s'il s'avère d'une manière quelconque que l'intéressé avait connaissance de l'acte. La connaissance doit porter sur l'existence et le contenu de la décision. La seule connaissance des faits ne suffit pas. Cette théorie est traditionnellement retenue en cas de recours formé par un membre d'une assemblée délibérante contre un acte à l'élaboration duquel il a pris part. Le délai courrait ainsi à partir de la séance d'adoption de l'acte. Cette théorie a été étendue au cas où l'intéressé a formé un recours administratif contre la décision, manifestant ainsi qu'il en avait la connaissance. Il en est également ainsi lorsque la décision a été signée en présence de l'intéressé* »[31].

B. La sanction du défaut de développement des moyens de droit servant de base à l'appel

C'est aux parties qu'il incombe de présenter à la Cour les moyens ou les raisons de fait ou de droit qu'elles font valoir à l'appui de leurs prétentions et sur lesquelles la juridiction saisie est amenée à se prononcer, sauf dans l'hypothèse des règles particulières concernant l'évocation d'office des moyens dits d'ordre public.

Ainsi, conformément aux dispositions des articles 53 (2) de la loi n°2006/016 du 29 décembre 2006 fixant la procédure et l'organisation et le fonctionnement de la Cour Suprême et 76 (1) de la même loi, le mémoire ampliatif doit contenir l'exposé des faits qui servent de base à l'appel, puis articuler et développer les moyens de droit invoqués à l'appui du pourvoi.

---

[31] V.. KEUTCHA TCHAPNGA C, Précis de Contentieux administratif, ouvrage précité, pp. 156-157

Il en résulte, notamment, précisent les juges de l'espèce, « *que le moyen doit non seulement contenir l'indication complète et non erronée du texte de loi ou du principe de droit prétendument violé ou faussement appliqué, les dispositions du texte visé, mais qu'il doit aussi montrer en quoi ledit texte ou ledit principe de droit a été violé ou faussement appliqué* ».

Or, tels que présentés, les moyens soulevés dans le mémoire de M. WABO FOTSO Jean Jacques ne sont pas articulés, ni développés et ne visent aucun texte de loi que le jugement attaqué aurait violé ou le principe de droit faussement appliqué.

C'est donc en toute logique que la Cour a décidé qu'ils sont irrecevables et que son appel encourt le rejet, confirmant de la sorte le jugement en cause.

Conclusion

Aux termes de l'article 88 de la loi n°2006/16,la décision de la Chambre administrative statuant en appel n'est susceptible d'aucun recours.

Mais que se passerait-il si le juge d'appel, comme en l'espèce, rend une décision comportant une erreur manifeste d'appréciation ?

C'est toute la question de l'avenir d'une telle décision dans l'ordre juridique qui se pose ainsi. Va-t-elle rester un cas isolé ?

Quoi qu'il en soit, la Cour Suprême statuant en matière administrative se doit de rendre désormais plus intelligible sa lecture des textes. Le droit, pour fonctionner efficacement, doit être accepté. La décision du juge ne doit pas seulement être acceptable socialement, mais aussi cohérente juridiquement. Le grand Maître de la rhétorique qu'était PERELMAN l'avait admirablement dit :

« *La force du juge n'est pas dans le prononcé de la décision, mais bien davantage dans son aptitude à convaincre ses trois publics que sont les plaideurs, la communauté des juristes et l'opinion publique* »[32].

C. KEUTCHA TCHAPNGA et Christelle C.KAMGANG SIMEU

[32] PERELMAN Ch., Logique juridique, nouvelle rhétorique, Paris, D, 1979, p. 175.

25.
Fonction publique – Recours contre une décision de révocation pour corruption – Décision reprise par l'administration après une première annulation juridictionnelle pour vice de forme – Autorité absolue de la chose jugée – Rattachement de l'autorité absolue de la jugée au bloc de légalité – Oui – Annulation de la seconde révocation – Oui – Revirement de jurisprudence – Oui.

Cour Suprême. Chambre administrative, jugement n°88 du 30 juin 2004, AMENCHI Martin contre Secrétariat d'État à la Sécurité Intérieure (SESI)

Attendu que par requête datée du 18 décembre 1987, enregistrée au Greffe de la Chambre administrative de la Cour Suprême le même jour sous le numéro 214, le sieur AMENCHI Martin a introduit un recours tendant à l'annulation de l'arrêté n°266/CAB/PR du 06 juin 1987 portant sa révocation des corps de la Sûreté Nationale avec suspension des droits à pension, décision prise par délégation par le Secrétaire d'État à la Sécurité Intérieure.

AU FOND. Attendu qu'au soutien de son action, le demandeur allègue l'autorité de la chose jugée, la violation des droits de la défense et la règle non bis in idem par l'autorité administrative.

Attendu que par arrêté n°202/CAB/PR du 8 mai 1983, celle-ci révoquait le requérant des effectifs de la police, argument tiré de la corruption de ce dernier. Cette décision ayant fait l'objet d'un recours devant les juridictions administratives, a été annulée par un arrêt de l'Assemblée plénière de la Cour Suprême en date du 21 novembre 1985, pour vice de forme. Insatisfait par cette sentence, l'État Camerounais a, une fois de plus, révoqué le recourant suivant acte daté du 6 juin 1987 pour les mêmes faits.

Attendu que dans son mémoire en défense, le représentant de l'État camerounais conclut au rejet des prétentions ainsi développées comme étant non fondées. Que selon lui, le requérant n'a pas été jugé deux fois pour les mêmes faits, le second Conseil de Discipline a siégé dans la cause afférente, dans l'unique dessein de rectifier la forme de la procédure disciplinaire, considérée comme entachée de vice de forme par l'Assemblée plénière alors que le fond, c'est-à-dire la faute commise, en l'occurrence la corruption, n'avait nullement été rejetée, ni par la Chambre administrative, ni par l'Assemblée plénière. Il a achevé son propos en affirmant qu'on ne saurait parler de deux sanctions pour la même faute que si à la première occasion, on inflige la sanction (x) et qu'à la seconde, c'est la sanction (y) qui survient. Que s'agissant de la présente cause, une seule et même sanction a été prononcée, en l'occurrence la révocation.

Attendu que l'argumentaire de la défense, pour méritoire qu'il soit dans cette cause d'une exceptionnelle gravité, ne saurait malheureusement emporter l'assentiment des prétoires et partant du droit positif lui-même.

Attendu qu'il importe de relever qu'en son temps, l'Assemblée plénière de la Cour Suprême, saisie des faits similaires, avait annulé l'arrêté n°202/CAB/PR du 8 mai 1983 ayant révoqué le sieur AMENCHI Martin des cadres de la Sûreté Nationale suivant arrêt n°3/A du 21 novembre 1985 pour vice de forme dans les conduites de la procédure disciplinaire, ce cas d'ouverture pour excès de pouvoir étant suffisant à annuler tant l'acte administratif que les procédures subséquentes qui en dépendent, sans qu'il soit nécessaire que l'on affirme en termes clairs que la faute commise est écartée ou acceptée. Il appartient à l'autorité administrative de s'entourer de toutes les garanties légales à l'effet d'assurer à la décision qu'elle prend une espérance de vie longue dans le paysage juridique. La violation de l'une quelconque de ces garanties ne pouvant qu'entraîner la sanction du droit que les juridictions ont principalement la lourde charge.

Attendu par ailleurs qu'il y a lieu de relever que les décisions de l'Assemblée plénière de la Cour Suprême sont insusceptibles de tout recours juridictionnel et s'imposent tant à l'Exécutif, au pouvoir Législatif qu'au pouvoir Judiciaire parce qu'ayant force de la chose jugée. La chose jugée s'impose en tout premier lieu à l'Administration elle-même. Celle-ci doit non seulement s'abstenir d'exécuter l'acte annulé ou de le refaire, mais encore prendre les mesures nécessaires pour tirer toutes les conséquences de l'annulation prononcée par le juge. La décision d'annulation règle une fois pour tout le sort de l'acte administratif reconnu illégal. L'acte se trouve annulé erga omnes.

Attendu par conséquent qu'il échet de recevoir le demandeur en son action et l'y disant fondé ; constater l'autorité de la chose jugée et d'annuler l'arrêté n°266/CAB/PR du 6 juin 1987 dans toutes ses dispositions comme pris au mépris de l'arrêt n°3/A du 21 novembre 1985 ayant annulé dans toutes ses dispositions l'arrêté n°202/CAB/PR du 8 mai 1983 révoquant le sieur AMENCHI Martin de la Police avec suspension de droits à pension pour corruption et de condamner l'État Camerounais aux dépens, conformément à l'article 101 de la loi n 75/17 du 8 décembre 1975 sus évoquée.

Par ces motifs. Décide. Article 1. L'arrêté n°266/CAB/PR du 6 juin 1987 du Président de la République est annulé dans toutes ses dispositions.

NOTE

Le premier défaut, désormais bien connu, du fonctionnement des juridictions administratives au Cameroun et la première cause d'insatisfaction des justiciables à leur égard tiennent à la lenteur excessive de la procédure, lenteur qui confine parfois au déni de justice. Quelques exemples relativement récents et très significatifs suffisent pour illustrer le propos : l'affaire IKAMOU A KOUNG Jean Paul contre État du Cameroun (MINFIB), objet du jugement n°130 du 25 août 2004, a été rendue par la Chambre administrative de la Cour Suprême 24 ans après l'introduction de la requête introductive d'instance. L'affaire SO'O Georges contre État du Cameroun (MINUH), mise en relief par le jugement n°50 du 02 février 2015, a été rendue 20 ans après. L'affaire KAMTO Maurice contre Université de Yaoundé, mise en lumière par le jugement n°254 du 12 novembre 2011, a été rendue 19 ans après. L'affaire GUIFFO Jean-Philippe, objet du recours en appel introduit le

15 janvier 1981 devant l'Assemblée plénière de la Cour Suprême, a été tranchée le 25 février 1999, soit 18 ans après[1].

Naturellement, une justice trop rapide peut être expéditive et contre-productive, car il faut parfois laisser du temps au débat contentieux pour qu'il déploie pleinement l'ensemble de ses virtualités. Certes, « *une bonne justice ne se rend pas dans la précipitation (…) et les juges doivent s'accorder le temps de réunir tous les documents et toutes les informations susceptibles d'éclairer la solution du litige* »[2]. Il est également vrai que « *la longueur de la justice provient en partie du temps qui s'écoule entre les nombreux échanges de correspondances* »[3].

Mais, « *lorsque ces délais passent à plusieurs années, ce n'est plus acceptable* »[4]. Lorsqu'un requérant, comme dans l'espèce AMENCHI Martin contre Etat du Cameroun (SESI), ci-dessus rapportée, objet du jugement n°88 du 30 juin 2004, attend près de 21 ans[5] avant de voir sa cause être enfin entendue en justice, il n'est plus possible de dire raisonnablement que le contrôle juridictionnel est assuré de manière satisfaisante, parce qu'il n'y a plus véritablement de protection juridictionnelle. Parfois, le requérant se décourage puisque son but n'est pas que ses enfants aient un jour raison, mais qu'il puisse bénéficier lui-même de la décision de justice.

La « *lassitude à l'égard de la justice est un symptôme significatif et alarmant de l'insuffisance juridictionnelle. Pendant ce temps, (d'autre part), l'administration renforce ses positions ; le temps joue pour elle, puisqu'elle est défenderesse ; la lenteur de la procédure l'encourage, indirectement, à persévérer dans son action, fût-elle irrégulière* »[6].

---

[1] Sur les faits et la procédure de la célèbre affaire GUIFFO Jean Philippe, V. GUIMDO DONGMO B-R, « Le droit d'accès à la justice administrative au Cameroun. Contribution à l'étude d'un droit fondamental », article précité, pp. 453-498 et, surtout, SIETCHOUA DJUITCHOKO C, « Note sous CS.AP, arrêt n°01 du 25 février 1999, GUIFFO Jean-Philippe contre Etat du Cameroun », Juridis Périodique n°65, mars 2006, pp. 39-49.

[2] KAMTO M, Droit administratif processuel du Cameroun, op.cit. p. 99.

[3] V. KAMTO M., Ibidem.

[4] V. PONTIER Jean-Marie, « Contrôle juridictionnel et nouvelles protections en France », Annuaire Européen d'Administration Publique, Volume VI, 1983, p. 47.

[5] Pour le texte suivi des Commentaires de cette décision, V. BILONG S, Note sous jugement n°88 du 30 juin 2004, AMENCHI Martin contre Etat du Cameroun, Juridis Périodique n°75, juillet-août-septembre 2008, pp. 15-22 et, du même auteur, Mémento de la jurisprudence administrative du Cameroun, 1ère édition, op.cit. pp. 519-527, n°77.

[6] V. PONTIER J-M., Ibidem.

À quoi bon, dès lors, s'embarrasser du respect des règles de droit si la sanction est tellement lointaine, voire privée de toute autre efficacité que purement pécuniaire, d'autant que l'indemnisation du préjudice causé à l'administration n'est pas supportée par l'auteur de l'acte illégal ? Seule une décision rapide du juge administratif permet en réalité de sauvegarder le principe de légalité et de contraindre efficacement l'administration à respecter le droit.

Le caractère exemplaire des faits, de la procédure et, surtout, de la solution adoptée par le juge de l'espèce AMENCHI Martin justifie assurément tout l'intérêt qu'on lui porte.

On sait, en effet, qu'après l'accession du Président Paul BIYA à la Magistrature Suprême le 06 novembre 1982, le climat général entourant les titulaires de mandats électifs tout comme les fonctionnaires, en particulier les hauts fonctionnaires, était malheureusement celui de la suspicion. La multiplication des « *affaires* » politico-judiciaires et les scandales dans lesquels se retrouvaient certains fonctionnaires avaient poussé le Gouvernement à répondre fermement aux exigences de déontologie. Celle-ci se définit comme « *l'ensemble des devoirs inhérents à l'exercice d'une activité professionnelle* »[7]. Dans le cadre de la Fonction publique, elle s'entend comme l'ensemble des comportements « *adaptés et imposés* »[8] aux agents de l'État pour être crédibles.

C'est dans ce contexte particulier que le sieur AMENCHI Martin avait été révoqué des effectifs de la Police, par arrêté n°202/CAB/PR du 8 mai 1983, argument tiré de la corruption de ce dernier. Cette décision avait fait l'objet des recours devant les juridictions administratives. Elle avait notamment été annulée, par un arrêt de l'Assemblée plénière de la Cour Suprême en date du 21 novembre 1985, pour vice de forme. Insatisfait par cette sentence, le Secrétaire d'État à la Sécurité Intérieure, agissant par délégation en lieu et place du Président de la République, avait, une fois de plus, par arrêté n°266/CAB/PR du 06 juin 1987, révoqué l'intéressé, avec suspension des droits à pension, pour les mêmes faits.

Le sieur AMENCHI Martin, estimant qu'il y avait en l'espèce excès de pouvoir, notamment violation de l'autorité de la chose jugée, des droits de la défense et méconnaissance de la règle *non-bis in idem* par

---

[7] CORNU G., Vocabulaire juridique, Paris, PUF, 2011, p. 325.

[8] VIGOUROUX C., Déontologie des fonctions publiques, "Dalloz Référence", 2013, p. 12.

l'autorité administrative, avait introduit, par requête datée du 18 décembre 1987, enregistrée au Greffe de la Chambre administrative de la Cour Suprême le même jour sous le numéro 214, un recours tendant à l'annulation de cette seconde décision portant sa révocation des cadres de la Sureté Nationale.

Le représentant de l'État conclut au rejet des prétentions ainsi développées comme étant non fondées. Selon lui, le requérant n'avait pas été jugé deux fois pour les mêmes faits, le second Conseil de Discipline ayant siégé dans la cause afférente dans l'unique dessein de rectifier la forme de la procédure disciplinaire, considérée comme entachée de vice de forme par l'Assemblée plénière alors que le fond, c'est-à-dire la faute commise, en l'occurrence la corruption, n'avait nullement été rejetée, ni par la Chambre administrative, ni par l'Assemblée plénière. Il avait achevé son propos en affirmant qu'on ne saurait parler de deux sanctions pour la même faute que si à la première occasion, on inflige la sanction (x) et qu'à la seconde, c'est la sanction (y) qui survient. Ce qui, selon lui, n'était pas le cas s'agissant de la présente cause, une seule et même sanction ayant été prononcée, en l'occurrence la révocation.

En opposant une fin de non-recevoir à l'argumentaire de la défense des intérêts de l'État, considéré en l'espèce comme ne pouvant « ***malheureusement emporter l'assentiment des prétoires et, partant, du droit positif lui-même*** », « ***dans cette cause d'une exceptionnelle gravité*** », la **Chambre administrative avait opéré un revirement de jurisprudence (II)** en faisant de l'autorité *absolue* de la chose jugée qu'elle avait consacrée, dans le cadre de l'excès de pouvoir, un élément du bloc de la légalité. Bien plus, elle en avait profité pour rappeler solennellement que la chose jugée engendre, en matière d'édiction des actes administratifs, différentes obligations à la charge des autorités administratives **(I)**.

I. Le juge de l'espèce avait consacré l'autorité absolue de la chose jugée en assimilant sa méconnaissance par l'administration à la violation de la légalité

Pour le juge de l'espèce, la première décision portant révocation du sieur AMENCHI Martin disposait d'une autorité absolue de la chose jugée. Ce qui revenait à souligner que « *le bien-fondé de ce qui a été jugé doit être, invariablement, tenu pour acquis. La chose jugée ne saurait être réexaminée ou ignorée par quelque autorité que ce soit, quand bien même il n'y aurait pas identité des parties, d'objet et de cause au sens de l'article 1351 du code civil : ni par la même ou par une autre juridiction, ni par l'administration. Toute personne (pouvant) s'en prévaloir ; elle (était) opposable à toute personne. Elle (avait) effet erga omnes »*[9].

En conséquence, l'annulation de cette décision de révocation pour excès de pouvoir entraînait la disparition de cet acte à l'égard de tous et avec effet rétroactif, l'acte étant censé n'avoir jamais existé. L'administration se devait donc de tirer les conséquences de cette annulation et, en ce sens, l'autorité de la chose jugée s'imposait à elle et s'intégrait, par là même, au blog de la légalité.

Il en résultait notamment que, saisie à nouveau d'un litige où était en cause la légalité d'une décision qui avait été annulée pour excès de pouvoir, la juridiction administrative devait tenir l'illégalité de cette décision pour établie et, sans réexaminer la question, elle se devait de fonder directement son jugement sur l'annulation intervenue pour en tirer les conséquences, relativement au bien-fondé d'une réclamation de dommages-intérêts ou, comme en l'espèce, d'un recours en annulation.

Comme l'avait souligné solennellement la Chambre administrative : « ***Attendu par ailleurs qu'il y a lieu de relever que les décisions de l'Assemblée plénière sont insusceptibles de tout recours juridictionnel et s'imposent tant à l'Exécutif, au pouvoir Législatif qu'au pouvoir Judiciaire parce qu'ayant force de la chose jugée.*** *La chose jugée s'impose, en tout premier lieu, à l'administration elle-même. Celle-ci doit non seulement s'abstenir d'exécuter l'acte annulé ou de le refaire, mais encore prendre les mesures nécessaires pour tirer toutes les conséquences de l'annulation prononcée par le juge* ».

Le grand intérêt du jugement annoté tenait surtout à la technique utilisée par l'administration pour échapper à l'autorité de la chose jugée, laquelle avait débouché, malheureusement pour elle, sur l'annulation de la seconde révocation.

L'Assemblée plénière[10], on le sait, avait annulé le premier acte de révocation du sieur AMENCHI Martin. Il en résultait l'obligation pour

---

[9] CHAPUS R, Droit du contentieux administratif, Paris, Montchrestien, 2005, p. 639.

[10] « *L'arrêt rendu par l'Assemblée Plénière est une décision définitive. En conséquence, on ne peut plus en demander ni annulation, ni même la modification. Dans le langage technique du Droit, on dit qu'il est investi de l'autorité de la chose jugée et a, par suite, force de vérité légale. C'est ce qu'exprime le vieil adage latin « Res Judicate pro veritate habetur ». Même un jugement de la Chambre Administrative qui est revêtue d'une telle autorité, parce que n'ayant pas fait l'objet d'un recours en appel dans le*

l'autorité compétente de le réintégrer dans ses fonctions. Ce qu'elle avait bien fait.

La Chambre administrative avait, certainement, estimé qu'en prenant, le 06 juin 1987, une seconde décision portant révocation du sieur AMENCHI Martin des effectifs de la Police pour les mêmes faits, à savoir la corruption, l'autorité administrative compétente avait manifestement voulu tenir en échec l'annulation de la première révocation rendue le 21 novembre 1985par l'Assemblée plénière pour vice de forme. À cet égard, elle avait été très explicite :

« ***Attendu, par conséquent, qu'il échet*** *de recevoir le demandeur en son action et l'y disant fondé,* ***(de) constater l'autorité de la chose jugée et d'annuler l'arrêté n°266/CAB/PR du 6 juin 1987 dans toutes ses dispositions comme pris au mépris de l'arrêt n°3/A du 21 novembre 1985 ayant annulé dans toutes ses dispositions l'arrêté n°202/CAB/PR du 8 mai 1983 révoquant le sieur AMENCHI Martin de la Police*** *avec suspension de droits à pension pour corruption* ».

Il s'ensuivait, selon le juge de l'espèce, que le motif déterminant sur la base duquel était intervenue la seconde révocation était de faire obstacle à l'autorité de la chose jugée. La manœuvre de l'administration apparaissait d'autant mieux qu'un an six mois à peine s'était écoulé entre l'arrêt de l'Assemblée plénière et l'acte révoquant à nouveau le requérant.

La seule solution restait-elle la validation par le Parlement de la révocation annulée, qui pouvait ainsi tenir en échec la chose jugée[11] ?

Autrement dit, ***l'autorité de la chose jugée faisait-elle obstacle à ce que l'administration substitue, comme en l'espèce, à une décision annulée pour vice de forme ou de procédure une autre, dont la forme***

---

délai légal, ne peut plus être attaqué. L'autorité de la chose jugée ne s'attache en principe qu'aux arrêts définitifs (et aux jugements hors du délai d'appel) statuant sur le fond ; les décisions provisoires, en l'occurrence les jugements avant-dire-droit, n'en bénéficient pas ». KAMTO M. In Droit administratif op.cit.,. pp. 83-84.

[11] Pour d'amples précisions sur ce point, lire la très intéressante Thèse de Master en Droit Public de M. FOPA TAPON C. A. (*rédigée sous notre direction*), intitulée Les interventions du législateur dans le fonctionnement de la justice administrative au Cameroun, op.cit. et, supra, *GD n°1*, Note sous CFJ. AP, arrêt n°20 du 20 mars 1968, NGONGANG NJANKE Martin contre Etat du Cameroun, notamment la seconde partie ; ainsi que BILONG S., « Le déclin de l'Etat de droit au Cameroun… », article précité.

et/ou la procédure avait été revue(s) à la lumière d'un nouvel examen des circonstances de droit et de fait ?

Assurément non, sous l'état antérieur du droit jurisprudentiel.

En effet, les cas d'ouverture du recours pour excès de pouvoir sont traditionnellement regroupés sous les termes *d'illégalités externes*, comprenant les illégalités relatives à la compétence de l'auteur de l'acte, à la forme et à la procédure de la décision et *d'illégalités internes* qui sont relatives aux illégalités relatives à la violation d'une disposition légale ou réglementaire et au détournement de pouvoir[12].

En général, l'annulation par le juge administratif d'une décision pour cause d'illégalités externes, c'est-à-dire pour incompétence ou vices de forme et de procédure, n'excluait pas la possibilité pour l'autorité compétente de reprendre la même décision en respectant les règles de forme et de procédure prescrites.

À cet égard, la Cour Fédérale de Justice, dans son arrêt n°121 du 8 décembre 1970, SITAMZE Urbain, avait été très précise :

« Considérant que lorsqu'un acte est annulé pour vice de forme (moyen d'illégalité externe), il peut être refait ; mais à la condition que la procédure régulière soit observée »[13].

---

[12] Il est à noter que la distinction entre illégalités internes et externes a été relativisée par Mme GUEDON (M. J.) qui estime que « *finalement, c'est en fonction de l'objectif à atteindre pour chaque cas d'espèce que le juge choisira un moyen plutôt que l'autre. Si le juge veut, malgré une illégalité, sauver un acte, il utilisera un moyen permettant à l'administration de régulariser facilement. Si le juge veut contraindre l'administration à renoncer à un acte, il fondera son jugement sur des irrégularités très difficilement corrigeables. Ce qui compte alors, c'est l'astuce de motivation. Le juge veut chercher un résultat : annulation ou rejet et il cherche la motivation la plus « économique » (routinière), soit la motivation la plus « tranquillisante » (hermétique), soit la motivation la plus « pédagogique » (qui peut se présenter à la limite comme une injonction déguisée ...). L'objection majeure est évidemment le risque de pouvoir discrétionnaire du juge. Mais, on ne peut lui reprocher, face aux insuffisances de la réglementation, de construire son propre raisonnement et, surtout, de l'adapter à chaque cas d'espèce* ». In « La classification des moyens d'annulation des actes administratifs. Réflexion sur l'état des travaux », AJDA, février 1978, p. 88. Citée par BILONG S, Mémento de la jurisprudence administrative du Cameroun, op.cit., p. 149, Note de bas de page n°36.

[13] Pour le texte de cette décision suivi des Commentaires de Dr. BILONG S, Mémento, pp. 157-161.

Cette position jurisprudentielle était constamment rappelée par la doctrine. Pour le Professeur CHAPUS, par exemple, « *l'annulation d'une décision pour cause d'illégalité externe n'exclut pas, en principe, la possibilité pour l'administration de reprendre la même décision, en veillant à ne pas l'entacher de nouveau du vice qui avait provoqué l'annulation. Au contraire, ce n'est qu'exceptionnellement qu'elle peut reprendre une décision qui a été annulée à raison de son illégalité interne* ». La raison, selon lui, en est toute simple : « *quand on conteste la légalité externe d'une décision, la contestation porte, non sur ce qui a été décidé, mais sur la façon dont on a décidé* »[14].

Docteur BILONG va dans le même sens, lorsqu'il écrit « *qu'en matière d'annulation pour excès de pouvoir, l'acte annulé peut être refait par l'autorité administrative, lorsque l'annulation résulte d'une illégalité externe, l'autorité en question prenant seulement soin de régulariser le vice reproché au premier acte* »[15].

Mais, le juge de l'espèce AMENCHI Martin avait coupé court à toute interprétation allant désormais dans le sens de la jurisprudence SITAMZE Urbain précitée, en faisant valoir le caractère absolu de l'autorité de la chose jugée qui interdit, en toute circonstance, que l'autorité administrative puisse reprendre un acte annulé par la juridiction administrative. Le ton, ***« dans cette cause d'une exceptionnelle gravité »***, était très ferme, les propos très précis et emprunts de beaucoup de pédagogie : « ***La décision d'annulation <u>règle une fois pour toutes</u> le sort de l'acte administratif reconnu illégal. L'acte se trouve annulé erga omnes*** ».

Cette décision était, à notre connaissance, la première où l'autorité de la chose jugée avait été ***explicitement*** érigée en élément du bloc de la légalité s'imposant, en toute circonstance à l'administration. Les prémisses de cette jurisprudence innovatrice et protectrice des droits fondamentaux étaient toutefois perceptibles dans l'arrêt n°105 du 8 décembre 1970, Claude HALLE contre État du Cameroun oriental. La Cour Fédérale de Justice faisait alors valoir, ***implicitement :***

---

[14] CHAPUS R, Droit administratif général, Tome 1, Paris, Montchrestien, 8ème éd, 1994, p. 865.

[15] V. Commentaires de Dr. BILONG S sur l'arrêt TCHOUMBA NGOUANKEU Isaac du 27 janvier 1970, in Mémento de la jurisprudence administrative du Cameroun, op.cit., pp. 147-150.

« Qu'en ***droit administratif, l'acte annulé pour excès de pouvoir est réputé n'avoir jamais existé ; qu'il ne doit en conséquence pas être exécuté*** *;* ***que d'ailleurs, l'exécution d'un tel acte constitue une voie de fait de la part de l'administration …Que les actes par lesquels l'administration viole la chose jugée sont entachés d'excès de pouvoir et encourent l'annulation pour avoir méconnu l'autorité de la chose jugée****. Que dans le cas de l'espèce, la décision de refus du Trésorier Payeur de Douala, fondée sur un article de rôle régulièrement annulé par un arrêt devenu définitif, viole l'autorité de la chose jugée dudit arrêt n°31 du 29 septembre 1962. Qu'elle encourut par suite l'annulation »*[16].

Le juge de l'espèce AMENCHI Martin avait ainsi rendu un jugement audacieux. Fallait-il pour autant parler d'un revirement de jurisprudence ? Contrairement à une idée avancée[17], nous le pensons.

II. Le juge de l'espèce avait réalisé, ce faisant, un revirement de jurisprudence vivement souhaité par la doctrine

Classiquement, le revirement de jurisprudence est compris comme un « *changement de jurisprudence décidé par le juge (...) et traduisant une opposition entre une solution ancienne et une solution nouvelle. En d'autres termes, il s'agit de l'abandon, voulu par le juge (...), d'une solution jurisprudentielle antérieure au profit d'une solution jurisprudentielle nouvelle et incompatible* »[18].

Certes, « *une jurisprudence qui ne se modifie pas est souvent aussi une jurisprudence qui se dessèche...* »[19]. C'est dire que la dynamique jurisprudentielle autorise, mieux, exige le revirement.

Mais, le renversement de jurisprudence ne manifeste, il faut en convenir, rien de rassurant lorsqu'il constitue une incontestable régression des droits des justiciables.

---

[16] V. texte de cette décision suivi des Commentaires de Dr. BILONG, Mémento, pp. 161-166.

[17] **En ce sens, BILONG S.**, Approche méthodologique du droit administratif. Troisième édition, PUDschang, septembre 2008, Sujet n°90, p. 190 : ***« S'agit-il alors d'un revirement de jurisprudence ou tout simplement d'un cas isolé ? Seul l'avenir pourra nous le dire »*.**

[18] LE BERRE Hugues, Les revirements de jurisprudence en droit administratif de l'an VIII à 1998 (Conseil d'Etat et Tribunal des Conflits), Paris, LGDJ, 1999, Tome 207.

[19] Yves CHARTIER, « Les revirements de jurisprudence », in L'image doctrinale de la Cour de Cassation, La Documentation française, 1994, p. 149.

En revanche, comme en l'espèce, le revirement de jurisprudence est souhaité, voire applaudi, lorsqu'il réalise les adaptations nécessitées par l'évolution de la société. En tout état de cause, il permet de lutter contre la sclérose nécessairement engendrée par la répétition.

Comme on l'avait fait valoir avec pertinence, « *la jurisprudence constitutionnelle, qui a vocation à faire évoluer la Constitution, ne saurait elle-même se figer. Une jurisprudence constitutionnelle qui ne bouge pas est une jurisprudence constitutionnelle qui se sclérose. En cela, le revirement participe bien à l'indispensable évolution de la jurisprudence constitutionnelle. Il est alors l'instrument de la repentance du juge constitutionnel qui reconnaît avoir commis une erreur et fait fausse route jurisprudentielle ; il est aussi et surtout un procédé qui permet d'adapter cette jurisprudence aux évolutions de la société* »[20].

En fait, la solution consacrée par le jugement AMENCHI Martin rompait ainsi avec la jurisprudence SITAMZE Urbain précitée, qui était très respectueuse des prérogatives de l'administration, en faisant valoir que « *lorsqu'un acte est annulé pour vice de forme (moyen d'illégalité externe), il peut être refait... à la condition que la procédure régulière soit observée* ».

Mais, cette rupture s'était produite au vu de solides justifications, mises en évidence dans le 6e « *attendu* » de la décision annotée :

« ***L'Assemblée plénière*** *de la Cour Suprême, saisie des faits similaires, avait annulé l'arrêté n°202/CAB/PR du 8 mai 1983* ***ayant révoqué le sieur AMENCHI Martin*** *des cadres de la Sûreté Nationale suivant arrêt n°3/A du 21 novembre 1985* ***pour vice de forme*** *dans les conduites de la procédure disciplinaire,* ***ce cas d'ouverture pour excès de pouvoir étant suffisant à annuler tant l'acte administratif que les procédures subséquentes qui en dépendent, sans qu'il soit nécessaire que l'on affirme en termes clairs que la faute commise est écartée ou acceptée.Il appartient à l'autorité administrative de s'entourer de toutes les garanties légales à l'effet d'assurer à la décision qu'elle prend une espérance de vie longue dans le paysage juridique. La violation de l'une quelconque de ces garanties ne pouvant qu'entraîner la sanction du droit que les juridictions ont principalement la lourde charge*** ».

[20] DI MANNO Thierry, « Les revirements de jurisprudence du Conseil Constitutionnel français », Cahiers du Conseil Constitutionnel n°20.

La décision AMENCHI Martin faisait désormais peser sur les autorités administratives des responsabilités nouvelles, dans un environnement juridique renouvelé par les impératifs actuels d'une justice efficace, ainsi que les exigences contemporaines d'un État de droit attentif à la garantie des droits individuels et pas seulement au contrôle objectif de légalité. Ce revirement était opportun : *en répudiant, en l'espèce, la possibilité qu'avait jadis l'administration de refaire un acte initialement annulé pour des illégalités externes, la Chambre administrative avait exactement rempli la mission du juge qui est de dégager, le moment venu, la règle de droit destinée à donner, à un besoin d'ordre social, son expression juridique*.

Ainsi, **en présence d'une situation justifiant une sanction devant intervenir à la suite d'une procédure disciplinaire** devant le Conseil Permanent de Discipline, **l'administration ne pourra plus s'en prendre qu'à elle-même si elle ne respecte pas les règles de compétence, de forme et de procédure prescrites par les textes y relatifs. L'impasse dans laquelle elle se placera sera alors la sanction voulue par le juge administratif, de sa carence ou simplement de sa négligente.**

Conclusion

La présente décision d'annulation perd une grande partie de sa valeur lorsqu'elle intervient 21 ans après la première révocation. Une illégalité sanctionnée avec retard encourage les acteurs de l'action administrative à ne pas respecter l'État de droit. À trop tarder pour juger, on encourage l'administration à s'affranchir du respect du droit. En toute impunité, des illégalités peuvent ainsi être commises tandis que le dossier, sans hâte, chemine à travers les différentes étapes de la procédure juridictionnelle.

La situation pouvait avoir profondément évolué entre temps (*le sieur AMENCHI Martin pouvait, par exemple, avoir déjà atteint l'âge de la retraite*) et le préjudice moral subi par le requérant n'était guère atténué par l'annulation. Seule, en l'espèce, une décision du juge unique ordonnant qu'il soit sursis à l'exécution de la décision attaquée et, surtout, une décision du juge de plein contentieux octroyant une indemnité était à même de renforcer efficacement le contrôle de la légalité. Cette somme d'argent tendrait à procurer au recourant un plaisir qui pouvait atténuer, voire effacer son sentiment de peine.

Il est toutefois satisfaisant de constater que dans le jugement AMENCHI Martin, ci-dessus annoté, **apparaît clairement le souci manifeste de la Chambre administrative de *briser* préventivement la résistance possible de l'administration à exécuter les décisions de la juridiction administrative,** à un moment où l'autorité judiciaire a été érigée en Pouvoir Judiciaire[21] et on ne saurait s'en plaindre.

Célestin KEUTCHA TCHAPNGA

[21] Avec le changement constitutionnel de 1996, la Justice est élevée au rang d'un pouvoir constitutionnel à côté du Législatif et de l'Exécutif. C'est une première dans l'histoire constitutionnelle du pays. V. KAMTO M., « Les mutations de la justice camerounaise à la lumière des développements constitutionnels de 1996 », RASJ, Vol. 1, N°1, 2000, pp. 9-20.

26.

Recours pour excès de pouvoir – Effet de l'annulation contentieuse d'un acte pluri-individuel – Autorité relative de la chose jugée – Oui.

Conseil du Contentieux Administratif, arrêt n° 661 du 25 octobre 1957, BIDZANGA Joseph contre Commune de Yaoundé.

Considérant que par requête en date du 30 avril 1957, enregistrée au Secrétariat du Conseil du Contentieux Administratif le 2 mai sous le numéro 51, le sieur BIDZANGA s'est pourvu en annulation contre la décision n°119/CMY en date du 1er mars 1956 de l'Administrateur-Maire de la Commune de Yaoundé prononçant son licenciement pour suppression d'emploi.

Considérant que le Conseil du Contentieux Administratif est compétent pour connaître de ce recours introduit par un employé auxiliaire de l'Administration (voir arrêtés Conseil du Contentieux Cameroun n° 486 du 28.7.1956 et 644 du 10.8.57).

Considérant qu'à l'appui de son recours, le sieur BIDZANGA a allégué que la décision n°119 du 1er mars 1956 avait été annulée le 23 février 1957 par la présente juridiction sur recours de ses camarades MVONDO et ZANGA, licenciés en même temps que lui, ce qui établissait qu'elle était illégale.

Qu'en outre, contrairement à ce que soutient le Maire de Yaoundé, ladite décision avait été annulée dans son ensemble, à l'égard de tous les employés qu'elle concernait. Qu'au surplus, un seul fonctionnaire pouvait, dans l'intérêt de tous ses collègues, poursuivre l'annulation d'un acte qui leur faisait grief à tous.

Considérant que ledit recours peut donc être considéré comme tendant à la fois à obtenir l'annulation de la décision n°119 et, à interpréter l'arrêt du 23 février1957 du présent Conseil concernant les sieurs MVONDO et ZANGA. Considérant que, contrairement à ce que soutient le requérant, l'annulation de la décision n°119 du 1er mars 1956, prononcée sur le recours de ses camarades MVONDO et ZANGA ne saurait lui profiter.

Qu'en effet, si l'annulation d'un acte administratif pour excès de pouvoir produit des effets *erga omnes*, il n'en est ainsi que s'il s'agit d'un acte réglementaire ou d'un acte collectif (cas de l'arrêt BABONNE). Qu'il en est différemment en ce qui concerne les actes individuels dont l'annulation ne peut avoir d'effets qu'à l'égard des personnes que ces actes intéressent directement.

Qu'une décision de licenciement, bien que visant plusieurs fonctionnaires, constitue non pas un acte administratif collectif proprement dit, mais une énumération de plusieurs actes individuels indépendants et distincts les uns les autres. Que, par suite l'annulation de cette décision sur le pourvoi d'un seul des intéressés ne profite pas aux autres (voir C.E.12 octobre 1956, af ROUSSEAU, 18 juillet 1952, affaire COSTEET, 3 décembre 1954, affaire CAUSSIDERY).

Considérant en outre que les sieurs MVONDO et ZANGA avaient agi en leurs noms exclusifs. Que l'arrêt du 23 février 1957 a bien précisé qu'il prononçait l'annulation de la décision n°119 seulement « en ce qui concerne lesdits ZANGA et MVONDO ».

Considérant que l'arrêt rendu le 23 février 1957 par le présent Conseil au profit des sieurs MVONDO et ZANGA ne saurait donc en aucun cas bénéficier au requérant. Que le seul moyen que celui-ci avait à sa disposition pour obtenir l'annulation de la décision prononçant son licenciement était de se pouvoir contre cette décision dans le délai de la loi. Que le recours qu'il a introduit le 30 avril 1957, soit plus d'un an après que la décision n°119 lui eût été notifiée est tardif.

Que par suite, la décision n°119 du 1er mars 1956 est devenue définitive et inattaquable et doit continuer à produire ses effets en ce qui le concerne.

NOTE

S'il est vrai que la valeur d'une décision de justice se mesure à sa résistance à l'érosion des années, force est de reconnaître que l'arrêt n°661, ci-dessus rapporté, rendu par le Conseil du Contentieux Administratif le 25 octobre 1957 a été, est et restera une *très grande décision.* Cet arrêt avait en effet théorisé les principes essentiels qui régissent encore actuellement les effets des décisions juridictionnelles annulant les actes pluri-individuels. Les faits de l'espèce étaient très intéressants et méritent d'être rappelés :

Par décision n°119 du 1er mars 1956, l'Administrateur-Maire de la Commune de Yaoundé avait licencié le sieur BIDZANGA Joseph, Auxiliaire de l'Administration, pour suppression d'emploi. Cette décision avait été annulée le 23 février 1957 par le Conseil du Contentieux Administratif sur recours de ses camarades MVONDO et ZANGA, licenciés en même temps que lui. Devant le refus persistant de l'Administrateur-Maire de tirer les conséquences contentieuses de cette annulation, le sieur BIDZANGA, par requête en date du 30 avril 1957, enregistrée au Secrétariat du Conseil du Contentieux Administratif le 2 mai sous le numéro 51, avait sollicité de la présente juridiction à la fois l'annulation de la décision n°119 et l'interprétation de l'arrêt du 23 février 1957 concernant les sieurs MVONDO et ZANGA.

À l'appui de son recours, le requérant alléguait :

– D'une part, que la décision n°119 du 1er mars 1956, en cause, avait été annulée le 23 février 1957 sur recours de ses camarades MVONDO et ZANGA, ce qui établissait qu'elle était illégale. Qu'en outre, contrairement à ce que soutenait le Maire de Yaoundé, ladite décision avait été annulée dans son ensemble, à l'égard de tous les employés qu'elle concernait.

– D'autre part, qu'au surplus, un seul fonctionnaire pouvait, dans l'intérêt de tous ses collègues, poursuivre l'annulation d'un acte qui leur faisait grief à tous.

Le juge de l'espèce avait coupé court aux prétentions du sieur BIDZANGA Joseph, en décidant, à juste raison, que l'annulation d'un acte de licenciement pluri-individuel est limitée dans ses effets aux seuls recourants[1]. Autrement dit, un tiers, c'est-à-dire une personne extérieure au procès, ne pouvait prétendre au bénéfice des effets de l'annulation d'un tel acte de licenciement **(I)**. Il ne pouvait non plus demander que les effets de cette décision lui soient étendus **(II)**.

I. Le juge avait identifié les catégories de décisions unilatérales qui bénéficient de l'autorité relative de la chose jugée

Pour le Conseil du Contentieux Administratif, « ***si l'annulation d'un acte administratif pour excès de pouvoir produit des effets erga omnes, il n'en est ainsi que*** *s'il s'agit d'un* ***acte réglementaire*** *ou d'un* ***acte collectif*** *(cas de l'arrêt Babonne).* ***Qu'il en est différemment en ce qui concerne les actes individuels dont l'annulation ne peut avoir d'effets qu'à des personnes que ces actes intéressent directement*** ».

Mais qu'est-ce qu'un acte réglementaire, collectif ou individuel ?

Le Conseil du Contentieux Administratif était resté muet sur la définition de ces formes de décisions administratives, laquelle se révèle être plus complexe qu'il n'y paraît au premier abord.

La distinction entre les actes réglementaires et non réglementaires ne se base pas sur le critère du nombre d'individus concernés (une ou plusieurs personnes visées), mais sur les destinataires, *personnellement identifiables* pour les actes individuels, ou *inconnus* pour les actes réglementaires

En effet, pour le Professeur CHAPUS, « ***les actes réglementaires*** *sont des actes qui édictent une norme générale et une telle norme se reconnait au fait qu'elle s'adresse à une ou plusieurs personnes désignées de façon abstraite »*[2]. *« L'unicité de la personne concernée par la décision n'est en rien un obstacle à son caractère réglementaire, si elle est désignée*

[1] En ce sens V. CS.AP, arrêt n°12 du 26 mai 1977, Etat du Cameroun contre BIAKOLO Max

[2] R CHAPUS, Droit Administratif général, op.cit., p. 545.

autrement que par son nom, c'est-à-dire par sa qualité et sa fonction »[3]. En outre, il n'y a pas à distinguer entre édiction d'un règlement et refus de l'édicter : « *le refus d'édicter une norme générale est, cela paraît normal, une décision de caractère réglementaire »*[4].

En revanche, pour qu'une décision puisse être reconnue comme individuelle, il est nécessaire que la norme qu'elle édicte ait pour destinataires une ou plusieurs personnes *nominativement* désignées. Et, réserve faite d'un cas particulier[5], on peut ajouter qu'est individuelle toute décision dont le ou les destinataires sont nominativement désignés, sans qu'il y ait à distinguer selon qu'il s'agit de personnes physiques ou morales ou de personnes privées ou publiques. Ont ainsi un caractère individuel, les décisions nommant un fonctionnaire ou lui infligeant une sanction.

Dans certains cas, en effet, l'acte se borne à rassembler, par commodité, une série de décisions individuelles identiques mais qui sont juridiquement et matériellement indépendantes les unes des autres.

Il en est ainsi de la décision d'un jury d'examen qui proclame les candidats reçus ou de la décision d'une autorité administrative qui rejette les demandes présentées conjointement par plusieurs personnes. Dans ces hypothèses, l'acte reste individuel bien qu'il concerne plusieurs individus.

Dans d'autres circonstances, l'acte réunit des décisions individuelles unies entre elles par un lien de solidarité : chacune de ces décisions entraîne des effets sur d'autres. Sont ainsi des décisions individuelles le tableau d'avancement d'un corps de fonctionnaires, la nomination, par un seul acte, des membres d'un organisme collégial ou la liste des candidats reçus à un concours.

Ces décisions pluri-individuelles sont ordinairement désignées comme des décisions collectives[6]. Malgré la solidarité unissant toutes les décisions contenues dans ces actes, ils conservent le statut d'acte individuel puisqu'il constitue la collection, en un seul acte, d'autant de décisions individuelles.

---

[3] Ibidem

[4] CE, Ass. 8 juin 1973, Richard, AJ 1974, p. 218.

[5] Bien qu'investissant d'une compétence une personne nommément désignée, les délégations de signature ont le statut de décisions réglementaires. En conséquence, elles doivent être publiées avant d'entrer en vigueur. En ce sens, CHAPUS R, Droit Administratif général, op.cit., p. 456.

[6] CHAPUS R, Droit administratif général, op.cit., p. 450.

La distinction entre les actes réglementaires et non réglementaires[7] tient également à deux niveaux : les actes réglementaires doivent être publiés par affichage ou par une insertion dans un journal pour être opposables, tandis que les actes individuels, eux, doivent, (*hormis l'hypothèse de l'application de la théorie de la connaissance acquise. V. Supra.* ***GD n°3***), être notifiés.

II. Le juge de l'espèce avait fait une application remarquable des effets d'une décision juridictionnelle annulant un licenciement pluri-individuel

La chose jugée est « *la qualité de la décision juridictionnelle qui tranche avec force de vérité légale les questions soumises au juge* »[8].

La doctrine opère une distinction fondamentale entre les décisions qui ont l'autorité de la chose jugée et les décisions qui sont, comme en l'espèce, passées en force de chose jugée. En fait, « *toutes les décisions juridictionnelles qui tranchent un litige sont revêtues de l'autorité de la chose jugée. Parmi elles, les décisions qui sont devenues définitives sont dites passées en force de chose jugée, il en est ainsi lorsque les voies de recours ordinaires sont fermées, lorsque les délais de recours sont expirés sans avoir été utilisés ou lorsque les recours ont été formés et rejetés* »[9].

La décision juridictionnelle d'annulation possède une autorité relative ou absolue suivant que l'annulation porte sur un acte individuel ou un acte réglementaire. ***L'autorité absolue d'une décision d'annulation est reconnue en principe aux seuls actes réglementaires***[10].

---

[7] **Les décisions *sui generis*** ne sont ni des règlements, ni des décisions individuelles. **Elles sont mixtes ainsi que leur règlement juridique.** Ce sont, par exemple, les actes de tutelles qui s'appliquent à tel organisme mais ce ne sont pas non plus des décisions individuelles. C'est le cas d'un décret convoquant les électeurs en vue d'une élection déterminée, le décret qui fixe la date d'ouverture d'un concours, en matière d'urbanisme, la déclaration d'utilité publique permettant de faire une expropriation Sont aussi sui generis, toutes les décisions qui ne font qu'appliquer à une espèce une réglementation préalable telle une inscription d'un film sur la liste des films pornos.

[8] V. LEULMI S., « Exécution des décisions des juridictions administratives », Répertoire. du Contentieux administratif, Paris, Dalloz, mise à jour en 1994, pp. 2 et suivantes, notamment p. 3.

[9] CE, 22 mars 1961, Simonet, Rec. P. 211, cité par LEULMI S., op.cit.

[10] **L'exception a été consacrée par le jugement AMENCHI Martin, ci-après annoté GD n°25, qui a reconnu l'autorité absolue de la chose jugée à l'annulation d'un**

Alors que cette autorité n'est que relative s'agissant des actes individuels ou pluri-individuels.

La spécificité d'une décision juridictionnelle revêtue de l'autorité absolue de la chose jugée est d'avoir un effet *erga omnes et ab initio*. L'annulation de ladite décision, ici, a une portée rétroactive et purgative imposant de considérer que l'acte annulé, non seulement a été écarté de l'ordonnancement juridique, mais, encore, qu'il n'y est jamais véritablement entré. L'acte administratif annulé disparaît ainsi *ex tunc*.

En pareille hypothèse, le moyen tiré de la chose jugée est d'ordre public et la méconnaissance de la chose jugée doit donc être soulevée d'office par le juge ; contrairement au moyen tiré d'une autorité relative de la chose jugée qui, n'étant pas d'ordre public, incombe aux parties à l'instance de soulever le fait que le juge administratif est à nouveau saisi.

En revanche, dire que le jugement a l'autorité relative de la chose jugée revient à préciser que le seul cas où ce qui a été jugé ne peut pas être contesté ou ignoré est celui où les trois identités de parties, de cause et d'objet sont réunies[11], conformément à l'article 1351 du code civil qui prévoit que :

« ***L'autorité de la chose jugée n'a lieu qu'à l'égard de ce qui a fait l'objet du jugement. Il faut que la chose demandée soit la même ; que la demande soit fondée sur la même cause ; que la demande soit entre les mêmes parties et formée par elles et contre elles en la même qualité*** »[12].

La sécurité des relations juridiques serait compromise s'il était permis à un requérant agissant en la même qualité poursuivant un même objet fondé sur une cause juridique identique, d'attraire à nouveau devant les

---

acte individuel, en l'occurrence d'une décision portant révocation dans la Fonction Publique.

[11] Réserve faite de l'hypothèse où l'exception de chose jugée serait tenue en échec par l'intervention d'une loi permettant le rejugement de certaines affaires. En ce sens, V. CHAPUS R, Droit du contentieux administratif, op.cit., p. 638.

[12] En ce sens, V. CFJ.CAY, arrêt n°42 du 30 avril 1968, EKWALA EDOUBE EYANGO Stéphane contre Etat du Cameroun Oriental. CFJ.CAY, arrêt n°104 du 27 janvier1970, TCHOUMBA NGOUANKEU Isaac contre Etat Fédéré du Cameroun Oriental : « ***considérant qu'il apparaît que l'objet de la présente demande est le même, qu'elle est fondée sur la même cause et qu'elle oppose les mêmes parties ; qu'ainsi l'administration est fondée à soutenir qu'il y a autorité de la chose jugée*** ».

mêmes juges la même partie défenderesse en vue de rouvrir l'examen d'un litige précédemment examiné :

« *Le respect de la chose jugée est aussi nécessaire à l'ordre social que le respect des situations juridiques individuelles, a-t-on justement fait remarquer. Toucher à la chose jugée, c'est rouvrir la plaie que le juge avait été chargé de fermer... C'est aussi introduire dans les relations du commerce juridique une cause d'insécurité* »[13].

Autrement dit, si un jugement a l'autorité relative de la chose jugée, il n'y a pas d'obstacle à ce que le Tribunal se prononce de nouveau sur les questions déjà jugées, dès lors qu'il n'y a pas d'identité d'objet, de cause et de parties.

Le principe de l'autorité relative de la chose jugée est ainsi soumis à un régime juridique orchestré sur la base de trois règles générales :

– L'autorité relative de la chose jugée ne produit ses effets qu'à l'égard de ceux qui ont été partis ou représentés dans l'instance.

– La chose jugée n'est pas méconnue si une décision ayant été annulée pour des raisons de violation de la légalité externe, l'administration édicte la même décision, mais cette fois, en respectant les règles légales de compétence ou de forme et de procédure (*principe remis en cause en 2004 par le jugement AMENCHI Martin ci-après annoté supra* ***GD n°25***).

– Il y a autorité relative de la chose jugée dès lors qu'il y a une identité d'objet, de cause et des parties concernant la chose demandée.

En application de la règle selon laquelle, « *...il existe en droit un principe dit de la relativité de la chose jugée en vertu duquel une décision rendue par un juge, quel qu'il soit, règle seulement le cas d'espèce et concerne uniquement les personnes qui y étaient impliquées en tant que parties. Par rapport à une personne qui n'était pas partie à l'instance, l'arrêt rendu par la Cour est donc ce que l'on appelle en langage technique une « res inter alios judicata » et ne peut par suite ni lui bénéficier, ni lui nuire* »[14], **le juge de l'espèce avait, logiquement, et à juste raison, déduit:**

---

[13] DUEZ et DEBEYRE, Traité de droit administratif, 1952, n°338.

[14] En ce sens V. CFJ.AP, arrêt n°65 du 30 septembre 1969, EVINA ADA Christophe contre Etat fédéré du Cameroun Oriental. CS.AP, arrêt n°1 du 16 décembre 1982,

« *Que, contrairement à ce que soutient le requérant,* ***l'annulation de la décision n°119 du 1er mars 1956, prononcée sur le recours de ses camarades MVONDO et ZANGA, ne saurait lui profiter. Qu'une décision de licenciement, bien que visant plusieurs fonctionnaires, constitue (...) une énumération de plusieurs actes individuels indépendants et distincts les uns les autres ; que, par suite, l'annulation de cette décision sur le pourvoi d'un seul des intéressés ne profite pas aux autres...*** **Que les sieurs MVONDO et ZANGA avaient agi en leurs noms exclusifs ; que l'arrêt du 23 février 1957 a bien précisé qu'il prononçait l'annulation de la décision n°119 seulement « en ce qui concerne lesdits ZANGA et MVONDO ».** *Que l'arrêt rendu le 23 février 1957 par le présent Conseil au profit des sieurs MVONDO et ZANGA ne saurait donc en aucun cas bénéficier au requérant* ».

Le juge de l'espèce avait ainsi fait une application rigoureuse de la maxime latine « *Res inter alios judicata* », qui signifie que « *la chose jugée reste entre les parties au procès* ».

Depuis lors, la jurisprudence de la Cour a eu l'occasion de faire plusieurs fois application de cette solution. Par exemple, dans le jugement n°65 du 30 septembre 1969, EVINA ADA Christophe, le juge de l'espèce avait souligné que :

« L'arrêt de la Cour Fédérale, qui a annulé l'arrêté incriminé en ce qui concerne BIBA Théophile, a un effet non pas absolu, mais relatif. Qu'il est à l'égard du requérant qui n'était pas parti à l'instance, « res inter alios judicata » et ne peut par suite ni lui bénéficier ni lui nuire ».

De même, dans l'arrêt n°10 du 27 octobre 1972, EVINA ADA Christophe, la Cour avait eu l'occasion de préciser davantage encore sa pensée à cet égard:

« Un fonctionnaire qui n'a été partie à une instance ayant abouti à l'annulation d'un arrêté de révocation attaqué par d'autres agents publics ne saurait prétendre tirer profit de l'annulation dudit arrêté, cette annulation étant « Res inter alios judicata ».

Le raisonnement était identique dans le jugement n°26 du 27 décembre 1979, NJOUME Victor :

KIOYO Innocent contre Etat du Cameroun et KAMTO M, Droit administratif processuel du Cameroun, op.cit., pp. 83-84.

«*Attendu, au demeurant, que NJOUME Victor ne peut se voir appliquer les dispositions de l'arrêt n°12/A/CS du 26 mai 1977. Qu'en effet,* ***dans un recours pour excès de pouvoir, l'annulation d'un acte est sans effet sur les actes identiques qui, s'ils n'ont pas eux-mêmes fait l'objet d'un recours, sont devenus définitifs. Que malgré l'annulation par la Cour Suprême en faveur de BIAKOLO Max d'une situation illégale, cette annulation ne peut s'étendre à quiconque ne l'a pas attaquée et dans les délais de recours*** ».

Même l'annulation d'un acte collectif comme, par exemple, la délibération d'un jury d'un examen ou d'un concours, est limitée dans ses effets au seul recourant[15].

Le seul moyen que le sieur BIDZANGA Joseph avait à sa disposition pour obtenir l'annulation de la décision prononçant son licenciement était de se pourvoir contre cette décision dans le délai prescrit par les textes alors en vigueur. Or, son recours introduit le 30 avril 1957, soit plus d'un an après que la décision n°119 lui eût été notifiée, était déjà tardif. En conséquence, la décision n°119 du 1er mars 1956 était devenue définitive et inattaquable et devait logiquement continuer à produire ses effets en ce qui le concerne.

Célestin KEUTCHA TCHAPNGA

[15] CS.AP, arrêt n°12 du 26 mai 1977, Etat du Cameroun contre BIAKOLO Max cité par KAMTO M, op.cit. p. 84.

Section II.

L'ACTE ADMINISTRATIF DENATURE SOUS LE REGARD DE LA JURIDICTION JUDICIAIRE

27.

Arrestation et garde à vue arbitraires d'une personne, ordonnées verbalement par une autorité administrative pour non-reversement du produit de l'impôt collecté – Question préjudicielle – Consécration de la compétence incidente de l'Assemblée plénière pour constater et qualifier la voie de fait – Oui – Premier cas d'application de la voie de fait par *manque de procédure*– Oui.

Cour Suprême. Assemblée plénière, arrêt n°3 du 29 décembre 1994, ministère public et OKALA EMANA Benjamin contre NDONGO Simon, NDJANA FOUDA et MEVOBIYO'O

L'Assemblée plénière de la Cour Suprême. Vu la transmission n°87/B1/318SC/PPRTGI/ BF.28 en date du 29 juillet 1994 du Procureur de la République près les Tribunaux de Première et Grande Instance de Bafia.

Attendu que par exploit du 30 octobre 1992 de Maître KOS Joseph, Huissier de Justice à Bafia, le nommé NDJANA FOUDA, alors Sous-préfet d'Ombessa, a été cité à la requête du sieur OKALA EMANA Benjamin, à comparaître devant le Tribunal correctionnel de Bafia afin de répondre : « **a)** D'avoir provoqué de quelle que manière que ce soit à l'infraction ou donné des instructions pour la commettre. « **b)** D'avoir aidé ou facilité la préparation ou la consommation de l'infraction arrestation et séquestration arbitraires (sic) en compagnie de MEYO BIYO'O. « **c)** D'avoir ainsi privé OKALA de sa liberté. « **d)** D'avoir porté atteinte à l'honneur ou à la considération du susnommé en lui imputant directement ou non des faits dont il ne peut rapporter la preuve ».

Attendu que, s'agissant de l'arrestation et de la séquestration arbitraires, OKALA EMANA expose qu'il avait été arrêté le 19 septembre 1992 par MEYO BIYO'O, alors Adjoint d'arrondissement à Ombessa sur ordre de NDJANA FOUDA et enfermé à la Brigade de Gendarmerie de cette localité, au motif qu'il n'avait pas reversé au Trésor les sommes perçues au titre de l'impôt de l'exercice 1991-1992. Que cette accusation n'était pas fondée, car toutes les sommes susvisées avaient été reversées, contre reçus d'ailleurs produits aux débats, entre les mains du sieur NDONGO Simon, Administrateur municipal de la Commune rurale d'Ombessa.

Attendu que, pour sa défense, NDJANA FOUDA soutient que l'arrestation et la garde à vue d'OKALA EMANA sont intervenues en vertu d'actes administratifs réguliers, qu'il y a par conséquent incompétence du juge judiciaire. Attendu que la légalité de l'acte administratif pris par le Sous-préfet étant contestée et OKALA Emana soutenant qu'il y a voie de fait administrative, l'Assemblée plénière de la Cour Suprême a été saisie, conformément aux dispositions de l'article 9 alinéa 4 de l'ordonnance n°72/6 du 26 août 1972 précitée, aux termes desquelles : « *Les Tribunaux de droit commun connaissent, conformément au droit privé, des emprises et des voies de fait administratives... Il est statué sur l'exception préjudicielle soulevée en matière de voie de fait administrative par l'Assemblée plénière de la Cour Suprême* ».

Attendu qu'il résulte du dossier qu'OKALA EMANA Benjamin a été gardé à vue à la Brigade de Gendarmerie d'Ombessa du 19 septembre 1992 à 17 heures 45 minutes au 3 octobre 1992 à 18 heures 45 minutes sur l'ordre de NDJANA FOUDA, alors Sous-préfet de la localité citée ci-dessus qui, pour régularisation, prit la décision n°40/D/J04.06/BAEF signée le 22 septembre 1992. Attendu que cette décision, motivée par le « *détournement du fruit de l'impôt forfaitaire* », est fondée sur les dispositions de l'article 137 du code général des impôts en ses alinéas 3 à 6 inclus.

Attendu que ledit texte prévoit : « *Les contribuables défaillants ou réfractaires ainsi que ceux qui ne justifient pas du paiement de l'impôt peuvent, dans les formes fixées par décret, être arrêtés et gardés à vue jusqu'à justification du paiement, sans que leur détention puisse toutefois excéder les délais prévus pour la contrainte par corps de droit commun pour une dette de même montant. Pendant cette garde à vue, l'administration n'est pas tenue à l'entretien desdits contribuables. La garde à vue prévue à l'alinéa 3 du présent article ne vaut en aucun cas libération de la dette et ne fait pas obstacle à l'exercice des autres voies d'exécution ouvertes à l'État. Le contribuable libéré par expiration du délai prévu par la garde à vue peut faire l'objet d'une nouvelle garde à vue si, un mois après sa libération, il ne s'est pas acquitté de sa dette fiscale. Cette mesure est renouvelable jusqu'à paiement complet de l'impôt* ».

Attendu qu'il ressort de ces dispositions, notamment des alinéas 3 et 6, que la garde à vue prévue par l'article 137 du code général des impôts est applicable aux contribuables réfractaires ou à ceux qui ne se seraient pas acquittés de leur obligation fiscale, ce qui n'est pas le cas d'OKALA EMANA Benjamin, simple collecteur d'impôt. *Que le fait par celui-ci de ne pas reverser au trésor public les sommes perçues au titre de l'impôt forfaitaire constitue le crime de détournement des deniers publics prévu et réprimé par l'article 184 du code pénal. Que dès lors, il revenait au Sous-préfet de déposer une plainte auprès de l'autorité judiciaire compétente qui aurait pris toutes mesures prévues par la loi.*

Attendu, au demeurant, que le Sous-préfet NDJANA FOUDA a attendu prendre son acte le 22 septembre 1992 alors qu'OKALA EMANA était gardé à vue sur son ordre verbal depuis le 19 septembre.

Attendu qu'il suit de ce qui précède que la décision n°40/D/J04.06/BAEF du 22 septembre 1992 du Sous-préfet d'Ombessa est illégale, et que, de ce fait, l'arrestation et la garde à vue d'OKALA EMANA Benjamin constituent une voie de fait administrative.

Par ces motifs, Décide. Article 1er. L'arrestation et la garde à vue d'OKALA EMANA Benjamin constituent une voie de fait administrative.

NOTE

Maintenir l'ordre public est une obsession des autorités administratives camerounaises, entendues ici comme étant les chefs de circonscriptions administratives, à savoir les gouverneurs, les préfets et les sous-préfets, qui sont respectivement à la tête des régions, des départements et des arrondissements[1]. On a érigé très tôt le maintien de

[1] Voir article 1er du décret n°2008/376 du 12 novembre 2008 portant organisation administrative de la République du Cameroun et article 2 du décret n°2008/377 du 12 novembre 2008 fixant les attributions des chefs de circonscriptions administratives et portant organisation et fonctionnement de leurs services.

l'ordre en une de leurs missions essentielles, dans un pays qui a accédé à l'indépendance dans un contexte de violence politique, orchestrée par une rébellion armée et un pouvoir étatique d'autant plus impitoyable dans la répression que ses bases demeuraient très fragiles[2].

Si légitime et salutaire que soit cette mission de maintien de l'ordre public pour la paix et la tranquillité publiques, elle est, au Cameroun, la mère de toutes les dérives. En presque un demi-siècle d'indépendance, le pays a vécu la moitié du temps sous une légalité d'exception. Dans ce contexte, l'autorité administrative était toute puissante et se concevait comme bénéficiaire d'une sorte d'immunité de juridiction la plaçant hors de portée de la justice dite de droit commun, c'est-à-dire judiciaire[3].

Pourtant, que l'acte administratif pris par un chef de circonscription administrative puisse être placé sous le regard du juge judiciaire est une hypothèse qui n'a rien d'incongru. Si spécialisées que soient ses compétences, la juridiction administrative camerounaise ne dispose pas d'un monopole pour statuer sur tous les vices entachant la légalité des décisions administratives. Les faits ayant donné lieu à l'affaire ministère public et OKALA EMANA Benjamin contre NDONGO Simon, NDJANA FOUDA et MEVOBIYO'O, mise en relief par l'arrêt n°3 rendu le 29 décembre 1994 par l'Assemblée plénière de la Cour Suprême, le confirment :

Le sieur OKALA EMANA Benjamin a été arrêté le 19 septembre 1992 par MEYO BIYO'O, alors Adjoint d'arrondissement à Ombessa sur ordre de NDJANA FOUDA, alors Sous-préfet et enfermé à la Brigade de Gendarmerie de cette localité, au motif qu'il n'avait pas reversé au Trésor les sommes perçues au titre de l'impôt de l'exercice 1991-1992. Estimant que cette accusation n'était pas fondée, car toutes les sommes susvisées avaient été reversées, contre reçus, entre les mains du sieur NDONGO Simon, Administrateur municipal de la Commune Rurale d'Ombessa et que son arrestation, puis sa séquestration étaient arbitraires, il avait, par exploit du 30 octobre 1992 de Maître KOS Joseph, Huissier de Justice à Bafia, cité le nommé NDJANA FOUDA à comparaître devant le

---

[2] KAMTO M, « La mise en cause des autorités administratives devant le juge judiciaire camerounais », Mélanges en l'honneur de Jean du Bois DE GAUDUSSON, « Espaces du service public », Tome I, Droits d'ailleurs, Presses Universitaires de Bordeaux, 2014, pp. 335-363,spécialement p. 335.

[3] KAMTO M, « La mise en cause des autorités administratives … », article précité, p. 336.

Tribunal correctionnel de Bafia afin de répondre : « **a)** D'avoir provoqué de quelle que manière que ce soit à l'infraction ou donné des instructions pour la commettre. « **b)** D'avoir aidé ou facilité la préparation ou la consommation de l'infraction arrestation et séquestration arbitraires (sic) en compagnie de MEYO BIYO'O. « **c)** D'avoir ainsi privé OKALA EMANA Benjamin de sa liberté. « **d)** D'avoir porté atteinte à l'honneur ou à la considération du susnommé en lui imputant directement ou non des faits dont il ne peut rapporter la preuve ».

Pour sa défense, M. NDJANA FOUDA soutenait que l'arrestation et la garde à vue d'OKALA EMANA Benjamin étaient intervenues en vertu d'actes administratifs réguliers et qu'il y avait par conséquent incompétence du juge judiciaire.

La légalité de l'acte administratif pris par le Sous-préfet étant ainsi contestée et le requérant OKALA EMANA Benjamin faisant valoir qu'il y avait voie de fait administrative, l'Assemblée plénière de la Cour Suprême a été saisie le 29 juillet 1994 par le Procureur de la République près les Tribunaux de Première et Grande Instance de Bafia, conformément aux dispositions de l'article 9 alinéa 4 de l'ordonnance n°72/6 du 26 août 1972 précitée, aux termes desquelles « *les Tribunaux de droit commun connaissent, conformément au droit privé, des emprises et des voies de fait administratives... Il est statué sur l'exception préjudicielle soulevée en matière de voie de fait administrative par l'Assemblée plénière de la Cour Suprême* ».

L'arrêt ici annoté est assurément une *grande décision* en matière de voie de fait administrative. Il a ouvert la voie à une riche jurisprudence qui clarifie davantage les fonctions de la question préjudicielle dans le droit administratif processuel national, tout en consacrant pour la première fois, à notre connaissance, dans le Cameroun indépendant, la voie de fait par *manque de procédure*.

Par la présente décision, l'Assemblée plénière de la Cour Suprême, davantage gardienne de la cohérence, de la clarté et de la simplicité de la répartition des compétences, que garde-frontière d'un privilège de juridiction, avait posé les bases de la ligne de démarcation séparant les compétences exclusives des juridictions judiciaire et administrative dans le contentieux de l'illégalité de l'acte administratif faisant grief.

En qualifiant, en l'espèce, « *la décision n°40/D/J04.06/BAEF prise le 22 septembre 1992 par le Sous-préfet d'Ombessa (d') illégale et, de ce fait, l'arrestation et la garde à vue d'OKALA EMANA Benjamin (de) voie de fait administrative »*, la Haute Assemblée avait consacré, au niveau national, la seconde variante de la voie fait, considérée en doctrine comme étant celle par manque de procédure, qui était ainsi venue s'ajouter au champ d'application jusqu'alors très dense de la voie faite par manque de droit **(II)**.

Les compétences du juge judiciaire, aussi étendues étaient-elles en la matière, ne pouvaient toutefois empiéter sur le domaine exclusif du juge administratif, dont le mécanisme de la question préjudicielle assurait et assure toujours la sauvegarde d'une manière excessivement rigide **(I)**.

I. La question préjudicielle comme mécanisme de sauvegarde des compétences propres des juridictions administrative et judiciaire

Attributaire de compétences exclusives pour connaître *directement,* réparer et faire cesser la voie de fait administrative, aux termes de l'article 9 alinéa 4 de l'ordonnance n°72/6 précitée, repris dans ses dispositions essentielles par l'article 3 alinéa 2 de la loi 2006/022[4], le juge judiciaire ne saurait pour autant empiéter sur celles du juge administratif avec lequel il dialogue par l'entremise de la question préjudicielle.

Pour le Doyen Charles DEBBASCH, « *la question préjudicielle est une question qui doit être résolue avant tout examen au fond du litige, mais n'est pas de la compétence du juge saisi au principal* »[5].

Le dictionnaire juridique du Doyen Gérard CORNU donne une acception beaucoup plus large de la notion : « *la question préjudicielle est un point litigieux dont la solution doit précéder celle de la question principale qu'elle commande, (comme pour la question préalable), mais qui, (à la différence de celle-ci), ne peut être tranchée par la juridiction saisie, de telle sorte que celle-ci doit surseoir à statuer jusqu'à ce que la*

[4] Du 29 décembre 2006 fixant l'organisation et le fonctionnement des Tribunaux Administratifs, ainsi conçu : « *ils (les Tribunaux de droit commun) connaissent, en outre, des emprises et voies de fait administratives et ordonne toute mesure pour qu'il y soit mis fin. Toutefois, **il est statué par la Chambre Administrative de la Cour Suprême sur l'exception préjudicielle soulevée en matière de voie de fait administrative et d'emprise*** » ; laquelle, soit dit en passant, est désormais juge d'appel et de cassation en matière administrative.

[5] DEBBASCH Charles, Droit Administratif, Paris, Economica, 2002, p. 675.

question préjudicielle ait été résolue par la juridiction seule compétente pour en connaître »[6].

En adoptant une approche civiliste, jugée pertinente ici, M. François LEBORGNE la définit comme « *la question qui, nécessaire à l'examen au fond du litige, doit être tranchée, non pas par la juridiction saisie, mais par le tribunal ayant compétence exclusive pour en connaitre. Concrètement, la juridiction devant laquelle se pose une question préjudicielle a l'obligation de surseoir à statuer jusqu'à ce que l'autorité juridictionnelle, exclusivement compétente, ait tranché la difficulté qui faisait l'objet de la question préjudicielle* »[7].

Dès son origine, ce mécanisme, peu connu parce que peu étudié dans le Contentieux administratif national jusqu'à une date relativement récente[8], a été sévèrement critiqué en France. Maurice HAURIOU, par exemple, écrivait déjà qu'avec sa suppression, « *le droit administratif ne s'en porterait que mieux parce que les justes griefs des justiciables auraient disparu* »[9].

Au Cameroun, on s'est demandé si le maintien de la question préjudicielle dans le contentieux de la voie de fait administrative, en étendant en plus son domaine d'application à l'emprise, est encore pertinent à l'heure actuelle où l'État promeut la protection des droits fondamentaux, à travers la consécration en droit positif des règles du procès équitable, notamment du délai raisonnable[10].

La question préjudicielle brille par l'ambivalence de ses fonctions puisqu'elle apparaît à la fois comme une chance et un fardeau pour la justice et les justiciables. C'est cette double dimension contradictoire de

---

[6] CORNU Gérard, Vocabulaire juridique, 10e éd, Paris, PUF, 2014, pp. 839- 840.

[7] LEBORGNE François, « Question préjudicielle », in Loïc CADIET (dir.), Dictionnaire de la justice, Paris, PUF, 2004, p. 1117.

[8] En ce sens, lire avec intérêt WANDJI KEMAJOU Axel., La question préjudicielle dans le Contentieux administratif camerounais, Thèse de Master en Droit public, réalisée sous notre direction, Université de Dschang, F.S.J.P. , 2012, 140 pages.

[9] Note sous TC, 16 juin 1923, Miscellanées Maurice Hauriou, éd. de L'épitoge, 2013, p. 329.

Cité par SAUVE Jean-Marc, « Des blocs et des frontières : les juges de la légalité administrative », Introduction du Vice-président du Conseil d'Etat au Colloque organisé par la Cour de Cassation sur « L'acte administratif sous le regard du juge judiciaire », Vendredi, 4 avril 2014. Texte écrit en collaboration avec M. Stéphane EUSTACHE, Chargé de mission auprès du Vice-président du Conseil d'Etat., 12 pages, p. 3.

[10] En ce sens, V. WANDJI KEMAJOU A, Thèse Master précitée.

gardien de certains principes liés à une bonne justice et de figure d'obstacle au respect du délai raisonnable du procès qui confère à cette technique procédurale son image de « *Janus bicéphale* »[11].

En fait, le mécanisme de la question préjudicielle permet essentiellement que les litiges qui touchent au droit public ou au droit privé soient traités par leurs juges naturels. Autrement dit, la procédure conduit à limiter autant que possible les empiètements d'un ordre de juridiction sur l'autre en évitant à ces derniers de ne pas interférer dans leur domaine de compétence respectif.

Édouard LAFERRIERE, à cet égard, relevait fort pertinemment que « *l'assujettissement qui semble résulter, pour les uns et pour les autres, de la nécessité de surseoir jusqu'à ce qu'une autre juridiction se soit prononcée sur un élément essentiel d'un litige qui leur appartient est, en réalité, une garantie de leur mutuelle indépendance* »[12].

Dans le même ordre d'idées, Daniel GRANJON faisait remarquer que le mécanisme de la question préjudicielle « *est là pour interdire les empiètements d'un ordre juridictionnel sur ce qui ressortit de l'autre* »[13].

Mais, le fait d'interdire les empiètements d'un juge dans le champ d'intervention de l'autre ne signifie pas pour autant que ces derniers doivent s'ignorer. Ils peuvent se prêter un mutuel concours ; c'est précisément l'existence des questions préjudicielles qui conduit à un tel concours[14]. Cela suppose qu'au-delà de garantir le respect des compétences des deux ordres de juridiction dans le Contentieux administratif camerounais, la question préjudicielle joue un rôle tout aussi important dans le sens de la préservation de la bonne administration de la justice. Ce rôle n'est rien d'autre que celui de la facilitation du dialogue des juges administratif et judiciaire[15].

---

[11] WANDJI KEMAJOU A, « Le Janus bicéphale de la question préjudicielle dans le Contentieux administratif camerounais : contribution à l'étude du droit administratif processuel camerounais », Mosaïque n°013. Revue Panafricaine des Sciences Juridiques Comparées, 65-102.

[12] LAFERRIERE E, Traité de juridiction administrative et des recours contentieux, op.cit., p. 447.

[13] GRANJON D., op.cit., p. 86.

[14] Ibidem

[15] WANDJI KEMAJOU A, « Le Janus bicéphale de la question préjudicielle … », article précité.

En l'espèce, l'Assemblée plénière de la Cour Suprême, organe régulateur du dualisme juridictionnel sur le plan fonctionnel, a été saisie le 29 juillet 1994 par le Procureur de la République près les Tribunaux de Première et Grande Instance de Bafia, conformément aux dispositions de l'article 9 alinéa 4 de l'ordonnance n°72/6 du 26 août 1972 précitée, aux termes desquelles « *les Tribunaux de droit commun connaissent, conformément au droit privé, des emprises et des voies de fait administratives... Il est statué sur l'exception préjudicielle soulevée en matière de voie de fait administrative par l'Assemblée plénière de la Cour Suprême* ».

Sa lettre de transmission n°87/B1/318SC/PPRTGI/BF.28 faisait suite au déclinatoire de compétente du Tribunal d'Instance de Bafia opposé par le Sous-préfet NDJANA FOUDA, qui soutenait que l'arrestation et la garde à vue d'OKALA EMANA Benjamin étaient intervenues en vertu d'actes administratifs réguliers, alors que le requérant estimait que l'acte administratif pris par cette autorité administrative était constitutif d'une voie de fait administrative. Étant entendu que dans ce cas, le juge judiciaire dispose d'une plénitude de juridiction : il en constate directement l'existence et peut adresser des injonctions à l'administration afin d'obtenir la cessation de ses effets ou même en prévenir la réalisation en cas de menace précise d'exécution. Il peut aussi condamner l'administration à en réparer les conséquences dommageables.

Il est désormais acquis, en doctrine, que l'article 9 alinéa 4 de l'ordonnance n°72/6 du 26 août 1972 qui régissait l'organisation et le fonctionnement de la Cour Suprême, *tout comme l'article 3 de la loi n°2006/022 fixant actuellement l'organisation et le fonctionnement des Tribunaux Administratifs, est dévolutif d'une compétence directe aux juges judiciaires en matière de constatation, de qualification, de réparation et de cessation de la voie de fait administrative*[16].

Ces deux articles n'ont leur place dans l'ordonnance et la loi relatives aux juridictions administratives que parce qu'ils envisagent implicitement l'hypothèse où pourrait être soulevée devant lesdits juges

---

[16] Lire, sur cette mise au point doctrinale, notamment KAMTO M, « La mise en cause des autorités administratives devant le juge judiciaire camerounais », article précité, p. 351 et BIPELE KEMFOUEDIO Jacques, « Le contentieux de la voie de fait et de l'emprise irrégulière au Cameroun : contribution à la répartition des compétences entre le juge judiciaire et le juge administratif », Juridis périodique, n°93, janvier – février – mars 2013, pp. 67 – 69.

(judiciaires) une question préjudicielle en matière de voie de fait et, désormais, d'emprise. C'est logiquement que le législateur avait prévu en 1972 et a prévu en 2006 que, dans ce cas, il est statué sur la question par la défunte Assemblée plénière et l'actuelle Chambre administrative de la Cour Suprême, désormais juge d'appel et de cassation en matière administrative.

Cette interprétation correcte des textes précités a été consacrée de manière très éclairante par la Haute Assemblée dans son arrêt n°16 du 19 juillet 1990, ATEBA NOMO Albert contre État du Cameroun (ministère des Mines et de l'Énergie). À cet égard, ses termes étaient dénués de toute ambiguïté :

« *Mais attendu que l'ordonnance n°72/06 du 26 août 1972 dispose en son article 9 (4)* : « *ils (les Tribunaux de droit commun) connaissent, en outre, des emprises et des voies de fait administratives et ordonnent toute mesure pour qu'il y soit mis fin.* ***Il est statué sur l'exception préjudicielle soulevée en matière de voie de fait administrative par l'Assemblée plénière de la Cour Suprême. Attendu qu'il résulte de ces dispositions****, d'une part que* ***les juridictions de droit commun sont seules compétentes pour connaître des emprises et des voies de fait, tant pour affirmer leur existence que pour y mettre fin et réparer éventuellement le préjudice ayant pu en découler,*** *d'autre part, que* ***l'Assemblée plénière de la Cour Suprême a qualité seulement pour statuer sur l'exception préjudicielle soulevée par le défendeur en matière de voie de fait administrative*** ».

Autrement dit, sa compétence pour statuer sur une question préjudicielle est incidente et non principale, comme l'illustrent parfaitement les faits, la procédure et la solution de l'espèce ATEBA NOMO Albert ci-dessus citée et ci-après annotée **(*GD n°31*).**

Par cette décision de principe, l'Assemblée plénière de la Cour Suprême avait coupé court à une autre interprétation qui avait, pendant longtemps, prévalu en doctrine et qui faisait valoir la conception selon laquelle, « *l''articulation des compétences dans les deux notions (emprise et voie de fait), aux termes de la jurisprudence camerounaise, permet de distinguer que, d'une part*, ***la constatation et la qualification juridique de la voie de fait est du ressort du juge administratif*** *et, d'autre part,* ***la réparation des conséquences imputables à la voie de fait et à l'emprise***

ainsi que les injonctions éventuelles adressées à l'administration ressortissent de la compétence du juge judiciaire »[17].

La majorité des auteurs[18] s'accordaient ainsi pour reprendre sans nuance l'idée émise par le Professeur Henri JACQUOT qui, dès 1975, soulignait dans une étude fort remarquable sur « *Le Contentieux administratif au Cameroun* »que « ***depuis l'ordonnance du 26 août 1972, seule l'Assemblée plénière de la Cour Suprême est compétente pour constater les voies de fait. Si la question se pose devant la Chambre administrative de la Cour Suprême ou devant les Tribunaux de droit commun, ces juridictions doivent surseoir à statuer jusqu'à ce que l'Assemblée plénière de la Cour Suprême se soit prononcée sur l'existence de la voie de fait*** »[19].

C'est donc très logiquement que la question préjudicielle soulevée par le Sous-préfet NDJANA FOUDA devant le Tribunal d'Instance de Bafia a abouti à un renvoi préjudiciel[20], obligeant de la sorte ledit Tribunal à surseoir à statuer en attendant que l'Assemblée plénière prenne un arrêt pour établir s'il y avait voie de fait administrative ou non.

Mais qu'adviendrait-il si, au lieu de saisir directement l'Assemblée plénière, comme en l'espèce, le Procureur de la République près les Tribunaux de Première et Grande Instance de Bafia avaient transmis

---

[17] En ce sens, ZBIGNIEW DIME LI NLEP Paul, La garantie des droits fondamentaux au Cameroun, Mémoire de DEA en Droit international des Droits de l'Homme, Université Abomey-Calavi, Bénin, 2004, disponible sur http ://www.memoireonline.com/03/07/396/m_la-garantie-des-droits-fondamentaux-au-cameroun.htmlp. p. 44 et GUESSELE ISSEME Lionel Pierre : « *il apparaît dans tous les cas que la constatation de la voie de fait est une opération excluant les Tribunaux de droit commun* » in, « Note sous CS.AP, arrêt du 22 février 2007, Mme BALAMOS, née KARMINOS CHLOE contre Commune rurale d'Obala », Revue Africaine de Droit Public Volume I, n°1, juin-décembre 2002, pp. 7-28, notamment, p. 22.

[18] En ce sens, outre les auteurs déjà cités ci-dessus, voir notamment BINYOUM J, Droit administratif, Cours polycopié, 2éme année de Licence, précité. Du même auteur, Contentieux administratif, Cours polycopié, 3éme année de Licence, précité. KAMDEM J-Cl, Contentieux administratif, Tome 1, précité.

[19] JACQUOTH., « Le contentieux administratif au Cameroun », RCD, n°s 7 et 8, 1975, p. 29

[20] ***Le renvoi préjudiciel est le fait pour un juge ou une juridiction principale de surseoir à statuer dans une cause et de renvoyer le dossier devant un autre ordre juridictionnel pour qu'il y soit réglé une question incidence survenue au cours de l'instruction de l'affaire.***

sa lettre n°87/B1/318SC/PPRTGI/ plutôt à la Chambre administrative, qui était à cette époque juge administratif de premier ressort ?

Si c'est la Chambre administrative qui était saisie, où désormais le Tribunal Administratif qui est saisi, elle se devait ou il se doit de surseoir à statuer et de renvoyer la question devant l'ancienne Assemblée plénière ou devant la nouvelle Chambre administrative qui dira si oui ou non il y a voie de fait. Cette règle, « *qui peut sembler assez curieuse, peut se justifier par le souci de couvrir le premier juge et d'éviter au Magistrat statuant en premier ressort les difficultés personnelles avec l'administration* », avait-on justement pu faire valoir[21].

Toutefois, ce principe jadis clairement posé par l'ordonnance n°72/6, ne semble pas avoir *séduit* la Chambre administrative de la Cour Suprême, puisqu'elle avait sans doute innové, mais en violation flagrante de la lettre et de l'esprit de la loi, en constatant elle-même et directement la voie de fait administrative dans son jugement n°12 du 28 janvier 1982, Dame BINAM née NGO NJOM Fidèle contre État du Cameroun :

« *Attendu cependant, disait-elle en substance, qu'il y a lieu de constater que la publicité accordée à la décision n°1023/D/MSP/DAG/SCX du 6 avril 1978 porte atteinte à l'inviolabilité de la personne qui a droit à son intégrité tant physique que morale ;* ***que cette atteinte à une liberté individuelle constitue, comme le soutient le représentant de l'État, une voie de fait administrative qui donne compétence au juge judiciaire pour statuer sur la demande en dommages et intérêts présentée par le Dr BINAM ;*** *que la Chambre administrative est donc incompétente pour statuer sur ladite demande* ».

Fort heureusement, elle est revenue à une interprétation correcte de l'ordonnance n°72/6 dans l'affaire NANGAH COMPANY LIMITED contre État du Cameroun[22]. Se prononçant sur la saisie de l'immeuble de la société sus évoquée, la Chambre administrative avait affirmé : « *qu'il est certain que si elle se révélait irrégulière, la saisie incriminée serait constitutive d'une voie de fait administrative entraînant la compétence des juridictions de l'ordre judiciaire (...).* ***Qu'il s'ensuit que, sous réserve qu'il soit autrement décidé par l'Assemblée plénière***

[21] JACQUOT H, « Le Contentieux administratif au Cameroun », article précité. (2ème partie).

[22] CS. CA jugement n°39 du 29 avril 1987.

de la Cour Suprême qui a seule qualité, en vertu de ce même texte, pour statuer sur les questions préjudicielles soulevées en matière de voie de fait administrative, la Chambre administrative est incompétente pour connaître du présent litige ».

De même, dans l'affaire NOMENY NGUISSI contre Commune Urbaine de Dschang, objet du jugement n°63 du 26 mai 1988, elle avait estimé, à juste raison, « *qu'il est certain que s'ils étaient établis, les faits tels qu'exposés par le requérant seraient constitutifs d'une voie de fait administrative entraînant la compétence des juridictions de l'ordre judiciaire. ...**Qu'il s'ensuit que, sous réserve qu'il soit autrement décidé par l'Assemblée plénière de la Cour Suprême qui a seule qualité, en vertu de ce même texte, pour statuer sur les questions préjudicielles soulevées en matière de voie de fait administrative, la Chambre administrative est incompétente pour en connaître*** ».

Cette application stricte de la loi a été confirmée, en des termes presque identiques, dans le jugement ADD du 31 janvier 1991, NOUFELE SIMO contre État du Cameroun.

À ces confirmations répétées, on pouvait croire la jurisprudence de la Chambre administrative fixée sur ce point. On se serait trompé, car le jugement n°39 du 29 avril 1993, ENA MBALLA Hubert contre Communauté Urbaine de Yaoundé, était revenu sur la jurisprudence Dame BINAM en consacrant, *une fois encore*, le pouvoir de cette Chambre pour constater et qualifier la voie de fait : « *les faits ainsi reprochés à la Communauté Urbaine de Yaoundé constituent une voie de fait administrative...* ».

Cette construction malheureuse contredisait de manière flagrante les dispositions de l'article 9 alinéa 4 de l'ordonnance n°72/6, reprises aujourd'hui, pour l'essentiel, par l'article 3 alinéa 2 de la loi n°2006/022, qui précisaient notamment *qu'il est statué sur l'exception préjudicielle en matière de voie de fait administrative par l'Assemblée plénière de la Cour Suprême.*

Force est de constater que cette jurisprudence est restée isolée au regard des décisions postérieures de la Cour en la matière.

Il est frappant de constater que la jurisprudence des Tribunaux anglophones en matière de voie de fait administrative est, souvent, conforme aux grands principes du droit judiciaire et de la garantie des droits fondamentaux du citoyen ; même s'il reste vrai, comme l'a souligné le Dr NFOBIN, que ces derniers « *confondent généralement la voie de fait administrative avec l'excès de pouvoir ou avec la faute personnelle, puisqu'ils n'ont pas encore compris que si tout acte engendrant une voie de fait administrative est nécessairement illégal, en revanche, tout acte illégal ne donne pas forcément naissance à une voie de fait* »[23].

Une décision rendue par ces Tribunaux avant l'entrée en vigueur du Code de Procédure Pénale peut être citée pour mieux illustrer cette observation.

Dans l'affaire « Justice NYO WAKAI and 172 others vs. The People »[24], les autorités administratives chargées du maintien de l'ordre avaient procédé à des arrestations des personnes soupçonnées d'avoir commandité ou participé aux destructions des biens et autres crimes perpétrés au cours des manifestations qui avaient motivé la proclamation de l'état d'urgence dans la province du Nord-ouest en octobre 1992. Leurs Avocats avaient alors introduit devant la « High Court » de Bamenda une demande en libération immédiate pour certains de leurs clients détenus sans titre et d'autres dont le délai du titre de détention était expiré.

Se fondant sur la constatation que *l'action de l'administration était en l'espèce une violation grossière des droits fondamentaux de la personne - qu'elle a par ailleurs qualifié de voies de fait administratives relevant par conséquent de la compétence du juge judiciaire* – la « High Court » a ordonné la libération immédiate des personnes détenues.

En réalité, il existait une sorte de contradiction dans cette décision.

D'abord, ainsi que l'a souligné le Professeur Léopold DONFACK SOKENG, le juge de Bamenda déclarait ne pas se prononcer sur la légalité ou l'illégalité des décisions des autorités administratives en matière de maintien de l'ordre[25], mais sur les demandes de mise en

---

[23] V. NFOBIN Eric, « La résurgence de *l'administrative law* comme droit de l'administration au Cameroun anglophone : réflexion sur un phénomène peu connu », Revue EDJA, n°74, juillet-août-septembre 2007, pp. 39-64, notamment, p. 49.

[24] Pour une fine analyse des faits, de la procédure et de la solution de cette célèbre affaire, on lira avec intérêt DONFACK SOKENG Léopold, « Note sous le jugement n°HCB/19/CMR/921 du 23 décembre 1992 », Lex Lata, n°17, août 1995, pp. 1-8.

[25] Motif invoqué pour rejeter l'exception, soulevée par le Ministère public, de l'incompétence du juge judiciaire à exercer un contrôle de légalité des mesures prises par l'autorité de maintien de l'ordre en période de circonstances exceptionnelles.

liberté provisoire, objet de la requête des 173 détenus[26]. Il s'agissait donc d'une affaire pénale qui commandait des solutions du droit pénal.

D'où venait-il alors que le juge de l'espèce parle ensuite de la voie de fait administrative qui relève plutôt du juge civil ? Peut-on constater une voie de fait sans apprécier la régularité des actes qui en sont à l'origine ? S'interrogeait à juste raison le Doyen DONFACK SOKENG. Selon lui, la solution du litige commandait l'appréciation de la régularité des agissements de l'administration. Par exemple, s'appuyer sur les arrestations et les détentions irrégulières pour ordonner la libération de ces détenus. Le juge anglophone disposait d'instruments et de techniques efficaces de protection des droits fondamentaux, tel, par exemple, le writ of habéas corpus[27].

Pour le Doyen DONFACK SOKENG, « *c'eut été recourir à une solution anglosaxone pour résoudre une énigme judiciaire qui, par certains aspects, revêtait les contours d'un problème anglophone. Une telle issue eut certainement débouché sur une politisation à l'extrême de l'affaire* »[28]. Le recours par le juge de Bamenda à la théorie de la voie de fait était guidé par le souci de « *battre l'administration francophone sur son propre terrain à l'aide des armes fournies par celle-ci* »[29].

En définitive, concluait-il, la décision de libérer les détenus de l'affaire NYO'WAKAI confortait le juge judiciaire dans son rôle de gardien des droits et libertés fondamentaux. Cependant, il n'avait pas besoin de recourir à la théorie toujours critiquable, et souvent injustifiée en matière pénale, de la voie de fait administrative.

Comme il a été loisible de le constater, à la lumière de l'arrêt annoté, la question préjudicielle concourt à la sauvegarde de la bonne administration de la justice. Ce mécanisme, nécessaire dans un système dualiste, peut cependant allonger inutilement les procédures et être source pour le justiciable de complexité et d'incertitude.

Le présent arrêt a, en outre, étendu le domaine de la voie de fait.

---

[26] Voir Note de jurisprudence précitée, pp. 1-3

[27] Sur le writ of habéas corpus et les autres mécanismes anglosaxons de protection des droits fondamentaux, voir la Note du Pr. L. DONFACK SOKENG citée, notes de bas de page 30 et 31.

[28] Op, cit. p. 6.

[29] Ibid. p. 7.

II. L'élargissement par le juge de l'espèce du domaine d'application de la voie de fait administrative

Depuis ses origines, qui remontent au début du XIXe siècle[30], la théorie jurisprudentielle de la voie de fait administrative a pour objet de faire bénéficier les justiciables, en cas d'atteinte à leurs droits fondamentaux, des garanties juridictionnelles étendues. Lorsqu'elle porte une atteinte grave au droit de propriété ou à une liberté fondamentale, notamment à la liberté individuelle, l'administration commet une voie de fait si, en outre, elle agit manifestement d'une manière irrégulière par « *manque de droit* » ou par « *manque de procédure* »[31].

Force est de noter qu'en France, le Tribunal des Conflits a opéré depuis plusieurs années une interprétation de plus en plus restrictive du champ d'application de la voie de fait (*une dizaine d'arrêts en sept ans*), entraînant une réduction de la compétence du juge judiciaire en ce domaine. Ce déclin continuel de compétence a atteint un point de non-retour par l'adoption des arrêts BERGOEND et PANIZZON *(17 juin et 9 décembre 2013*) : non seulement la voie de fait est désormais enfermée dans les limites les plus étroites qu'elle ait jamais connues (*extinction et non simple atteinte du droit de propriété ; atteinte aux libertés individuelles et non plus libertés fondamentales*), mais, en outre, l'abolition de la conception d'emprise irrégulière, hormis celles assimilables à des voies de fait, prive le juge judiciaire d'un autre domaine de compétence. L'examen des arrêts du Tribunal des Conflits livre un avenir plutôt sombre : d'une peau de chagrin, le juge judiciaire n'aura bientôt plus que le chagrin de sa compétence judiciaire disparue[32].

---

[30] CE, 23 avril 1807, DIEGODITTNER et CE, 19 octobre 1808, HARDOUIN contre De Saint PASTOU, à propos du régime de garantie des fonctionnaires, établi par l'article 75 de la Constitution du 22 frimaire de l'an VIII ; voir sur ce point Serge PETIT, La voie de fait administrative, Paris, PUF., 1995, p. 20.

[31] HAURIOU M, Précis du droit administratif, éd. Sirey, 11e édition, 1927, pp. 30 et suivantes : soit que l'administration « ***use d'un droit qu'elle possède réellement mais sans observer les procédures (…) qui lui sont imposées*** », soit qu'elle « ***use d'un droit qui n'a pas été au préalable formellement réglementé*** ».

[32] En ce sens, voir not. MATTHIAS Martin, La compétence du juge judiciaire en matière de voie de fait, une peau de chagrin ? La Semaine Juridique, Edition Générale n°52, 22 décembre 2014, doctrine. p. 1355.

Certains y voient[33] un dommage incident découlant de la nécessaire évolution de l'autonomisation du droit administratif[34], d'autres la conséquence logique de la création du juge du référé-liberté[35] privant son homologue judiciaire de l'avantage que lui conférait la procédure d'urgence[36].

Au Cameroun, en revanche, le champ d'application de la voie de fait administrative se densifie davantage. Une étude systématique des décisions rendues en la matière permet de faire un constant fort significatif : dans le passé, les seuls cas de voie de fait recensés dans la jurisprudence administrative ou même judiciaire étaient ceux dans lesquels l'autorité publique, sous le couvert, sous prétexte, de ses pouvoirs, prenait un acte qui en excédait manifestement les limites et qui portait une atteinte grave à une liberté fondamentale ou au droit de propriété. Il s'agissait, selon une classification qui remonte au Doyen Maurice HAURIOU, de la première variante de voie de fait, qualifiée par l'illustre Annotateur de voie de fait « *par manque de droit* » **(A). La seconde catégorie, que le juge de l'espèce a clairement consacrée, à savoir la voie de fait « *par manque de procédure* »** est constituée lorsque l'administration procède à l'exécution d'une décision sans que les conditions requises à cette fin ne soient réunies **(B)**.

A. Le domaine traditionnel de la voie de fait : la voie de fait « par manque de droit »

Il y a voie de fait « *par manque de droit* » lorsqu'une décision administrative porte atteinte à une liberté fondamentale ou au droit de propriété sans se rattacher manifestement à un pouvoir administratif. Dans ce cas, l'administration perd le bénéfice de l'application de *la matière administrative* pour devenir justiciable des règles du droit civil.

Cette catégorie de voie de fait administrative a été consacrée, pour la première fois au Cameroun indépendant, par la défunte Cour Fédérale de

33 PERINET-MARQUET H., Droit des biens : JCP G 2013, doctrine. 1060, n°2 ; DUPUIS G., GUEDON M-J., CHRETIEN P., Droit administratif, Paris, Sirey, 2011, pp. 519-520.

34 BRETONNEAU A., L'emprise irrégulière tire sa révérence, AJDA 2014, p. 216.

35 CJA, art. L. 521-2; L. n°2000-597, 30 juin 2000. Journal Officiel, 1er juillet 2000.

36 Pour un ex d'urgence absolue, BRETONNEAU A. et LESSI J., La question de l'arrêt de traitement devant le Conseil d'État, AJDA 2014, p. 790.

Justice dans son arrêt du 16 octobre 1968, Max Keller NDONGO contre État fédéré du Cameroun Oriental[37].

Les faits de l'espèce sont connus : le 30 août 1964, M. ADIGOUM, Ingénieur des Travaux publics, obtient de l'État, pour l'achat d'un véhicule, une avance de salaire de 486.000 frs remboursable en 36 mensualités. Par jugement du 15 octobre 1964 du Tribunal de Première Instance de Yaoundé, Sieur ADIGOUM est condamné à payer à son créancier, la Société DJABI HAMIT, la somme de 53.711 frs et le juge déclare en plus valable la saisie conservatoire de son véhicule FIAT, pratiquée le 9 septembre 1964 par Maître PENDA, Huissier de Justice.

Ce véhicule, vendu aux enchères, est adjugé, le 9 mai 1965, à M. Max KELLER NDONGO au prix de 220. 000 frs. Le 30 juillet 1965, la police s'empare de ce véhicule entre les mains de l'adjudicataire, en vertu d'une réquisition de M. le Secrétaire d'État aux Finances. L'Assemblée plénière de la Cour Fédérale de Justice, saisie, estima logiquement :

« ...*Que* ***la mesure incriminée, qui apparaît dans les circonstances de l'affaire comme manifestement insusceptible d'être rattachée à l'exercice d'un pouvoir appartenant à l'administration, constitue donc une voie de fait*** ».

Dans l'espèce MVE NDONGO, objet de l'arrêt n°10 rendu le 17 octobre 1968, la Cour Fédérale de Justice, pour des faits presque similaires qu'il importe de rappeler, avait pris la même solution.

Par télégramme n°233, en date du 18 août 1964, le Sieur MVE NDONGO, Préfet de Yokadouma, ordonnait *de sa propre initiative* au Commandant de la Brigade de Gendarmerie de Yokadouma de procéder à la saisine conservatoire du cacao appartenant au Planteur -Commerçant NGABA Victor, redevable à l'État d'une somme de près de quatre cent mille francs CFA. En exécution de cet ordre, le Commandant de la Brigade de Gendarmerie de Yokadouma saisissait le même jour 3782 kilogrammes de cacao appartenant audit NGABA.

Le demandeur au pourvoi prétendait que cette « saisie » avait été effectuée sur « réquisition » du préfet pour la raison suivante : son fils, FOUDA Frédéric, ayant une dette à l'égard d'un commerçant de

---

[37] En ce sens, voir ENGOUTOU Jean-Luc, La Cour Fédérale de Justice et le droit administratif camerounais, Thèse de Doctorat/PHD en Droit public, Université de Yaoundé II, 2010.

Yokadouma, MVE NDONGO le fit appeler le même jour, 18 août 1964 et exigea de lui le règlement de cette dette. C'est dans ces conditions que le Préfet aurait envoyé la gendarmerie avec une équipe de prisonniers défoncer la porte de son magasin et saisir ses marchandises sans avertissement, sans sommation, sans qu'un procès-verbal ait été dressé.

L'Assemblée plénière de la Cour Fédérale de Justice saisie, estima : « *que* ***le sieur MVE NDONGO,*** *même en sa qualité de Préfet du Département de la Boumba-Ngoko, c'est-à-dire en tant que représentant du Gouvernement,* ***ne pouvait procéder à la saisie des marchandises d'un contribuable, qu'aucun texte ne l'habilitait à procéder à une telle saisie. Qu'il ne prétend pas s'être trouvé dans l'obligation de procéder à cette opération et qu'il n'invoque, ni des circonstances exceptionnelles, ni une urgence. Que ses attributions ne comportent pas le pouvoir de requérir et de saisir, par l'emploi de la force publique, les biens d'un contribuable. Qu'il a agi en méconnaissance flagrante des pouvoirs qui lui sont reconnus*** *dans un domaine que le législateur a placé sous la protection de l'autorité judiciaire (article 264).* ***Que la mesure incriminée, qui apparaît dans les circonstances de l'affaire comme manifestement insusceptible d'être rattachée à l'exercice d'un pouvoir appartenant à l'administration, constitue donc une voie de fait***. »

L'acte juridique inexistant est également défini comme celui qui ne peut être rattaché à un pouvoir appartenant à l'administration[38]. Il en est ainsi d'une décision administrative annulée à la suite d'un recours pour excès de pouvoir. Elle devient, selon une formule consacrée, « *nul et de nul effet* » ou encore « *nul et non avenue* ». L'exécution d'un tel acte inexistant est constitutive d'une voie de fait administrative.

Ainsi en avait décidé l'Assemblée plénière de la Cour Fédérale de Justice dans l'arrêt n°105 du 8 décembre 1970, Claude HALLE contre État du Cameroun Oriental : « ***… En droit administratif, l'acte annulé pour excès de pouvoir est réputé n'avoir jamais existé ;…il ne doit en conséquence pas être exécuté ;…d'ailleurs, l'exécution d'un tel acte constitue une voie de fait de la part de l'administration*** *…* ***Que les actes par lesquels l'administration viole la chose jugée sont entachés d'excès***

[38] Cf. WEIL Prosper, « Une résurrection : la théorie de l'inexistence en droit administratif », Dalloz 1956, Chronique, p. 50.

de pouvoir et encourent l'annulation pour avoir méconnu l'autorité de la chose jugée. »[39].

La Chambre administrative de la Cour Suprême était venue, certainement à tort, consolider explicitement cette première variante de la voie de fait dans le jugement n°39 du 29 avril 1993, ENA MBALLA Hubert contre Communauté Urbaine de Yaoundé : « ***les faits ainsi reprochés à la Communauté Urbaine de Yaoundé constituent une voie de fait administrative, c'est-à-dire un acte tellement irrégulier qu'il perd tout caractère administratif*** ... »

L'Assemblée plénière de la Cour Suprême a aussi utilisé la même formule dans l'arrêt n°41 du 05 avril 2001, Commune de Plein Exercice de Yaoundé contre SAMEDJEU Jean Jacques : « ***attendu, en*** *effet,* ***que le Délégué du Gouvernement a agi en méconnaissance flagrante des pouvoirs qui lui sont expressément reconnus*** *dans un domaine que le législateur a placé sous la protection de l'autorité judiciaire, à savoir le droit de propriété. Attendu* ***qu'en commettant un tel acte qui excède manifestement les limites de la légalité et qui porte atteinte à la propriété de SAMEDJEU, le Délégué du Gouvernement a commis une voie de fait*** ».

La jurisprudence administrative du juge judiciaire fournit également des excellentes applications des cas de voie de fait résultant d'actes insusceptibles de se rattacher à un pouvoir de l'administration, c'est-à-dire des hypothèses où l'autorité publique « *use d'un droit qui n'a pas été au préalable formellement réglementé* »[40].

Dans d'autres cas recensés, la juridiction administrative, sans faire expressément allusion à un « *acte manifestement insusceptible de se rattacher d'une manière quelconque à l'exercice des pouvoirs dont l'administration est investie* » ou encore au caractère grave, très grave de la décision pour qualifier la voie de fait, met plutôt en avant, de manière

[39] V. Pour le texte de cette décision et les Commentaires de Dr. BILONG S, Mémento préc, pp. 161-166.

[40] Voir, par exemple, pause abusive des scellés par un Sous-préfet dans trois boutiques – Voie de fait administrative – Oui – Constatation et qualification par le juge judiciaire – Oui – Réparation de la voie de fait – Oui. Note de jurisprudence du Dr. Jacques BIPELE KEMFOUEDIO sous Président du Tribunal de Première Instance de Dschang, ordonnance de référé n°21 du 14 décembre 2011, KENGMO Etienne, JIOFACK Jacques, NGASSA Edouard contre M. le Sous-préfet de l'arrondissement de Nkong-Ni. **GD N°32.**

implicite, l'idée selon laquelle *la mesure administrative en cause se situe en dehors du droit ou encore ne se rattache pas à l'application d'un texte législatif ou réglementaire*[41].

Quelques décisions choisies parmi tant d'autres attestent de la justesse de ce constat : Le 30 novembre 1978, le juge de l'affaire ATANGANA NTONGA Sylvestre a considéré que l'empiètement sans titre et la destruction orchestrée par l'administration sur le terrain du requérant portaient atteinte à sa propriété privée immobilière : « *dans le cas d'espèce, il s'agit bien d'une voie de fait administrative (empiètement et dégradation du terrain d'ATANGANA) ; dans ces conditions, la compétence de l'ordre judiciaire est totale* **.....** »[42].

Dans la lignée de la jurisprudence ATANGANA NTONGA Sylvestre, la Chambre administrative de la Cour Suprême, contrairement à l'esprit et à la lettre de l'ordonnance n°72/6 précitée, a décidé le 28 janvier 1982, dans le jugement Dame BINAM née NGO NJOM Fidèle, « *qu'il y a lieu de constater que la publicité (illégale) accordée à la décision n°1023/MPS/DAG/SCX du 06 avril 1978 porte atteinte à l'inviolabilité de la personne qui a droit à son intégrité tant physique que morale.* ***Que cette atteinte à la liberté constitue, comme le soutient le représentant de l'État, une voie de fait administrative qui résulte de la compétence du juge judiciaire pour statuer sur la demande en dommages et intérêts présentée par le Docteur BINAM*** »[43].

De même, statuant dans l'affaire YIKAM Jérémie contre État du Cameroun (MINDEF), objet du jugement n°31/ADD/ du 29 décembre 2004, le juge de l'espèce a estimé « ***que de jurisprudence constante, on entend par voie de fait administrative tout acte ou tout agissement de l'administration dont l'irrégularité porte une atteinte grave à un droit fondamental de la personne****...* ».

L'Assemblée plénière de la Cour Suprême, dans son arrêt n°07 rendu quelques jours plutôt, c'est-à-dire le 16 décembre 2004 dans l'affaire

[41] En ce sens, lire le très intéressant travail de M. MBALLA EMOTHO B C, Voie de fait administrative et compétences juridictionnelles au Cameroun, Thèse de Master en Droit public, réalisée sous notre direction, Université de Dschang, 2010, 243 pages, notamment pp. 60-61.

[42] CS. CA, jugement n°22 du 30 novembre 1978, ATANGANA NTONGA Sylvestre c/ EC.

[43] CS. CA, jugement n°12 du 26 janvier 1982, Dame BINAM Née NGO NJOM Fidèle c/ EC.

KUELA Valeri Norbert (sous-préfet d'Akonolinga) et MINLO Auguste (adjoint d'arrondissement) contre Adjudant-Chef EBEN Edouard Steve (Commandant de la brigade territoriale de gendarmerie) a décidé « ***que la voie de fait administrative est constituée par tout acte administratif ou tout agissement de l'administration dont l'irrégularité porte atteinte à un droit fondamental de la personne*** »[44].

Il en était de même dans l'arrêt n°18 du mai 2010, KITIMBI Pierre contre Communauté Urbaine de Yaoundé[45] : « *Considérant en l'espèce que* ***la destruction faite le 10 octobre 1985 par la Communauté Urbaine de Yaoundé d'une propriété foncière régulièrement immatriculée sans mise en demeure préalable et sans respect de base légale en matière d'expropriation constitue une voie de fait administrative justiciable des Tribunaux de droit commun*** ».

En somme, la jurisprudence relative à la voie de fait se consolide, se diversifie et se densifie ; ainsi qu'il sera loisible de le constater.

B. La consécration par le juge de la voie de fait par manque de procédure

Il y a voie de fait « *par manque de procédure* » lorsque l'administration « *use d'un droit qu'elle possède réellement, mais sans observer les procédures (...) qui lui sont imposées* » pour porter atteinte à un droit de propriété ou à une liberté.

Il en était ainsi dans l'arrêt ici annoté. Le sieur OKALA EMANA Benjamin avait été gardé à vue à la Brigade de Gendarmerie d'Ombessa du 19 septembre 1992 à 17 heures 45 minutes au 3 octobre 1992 à 18 heures 45 minutes sur l'ordre de NDJANA FOUDA, alors Sous-préfet de la localité citée ci-dessus qui, pour régularisation, prit la décision n°40/D/J04.06/BAEF signée le 22 septembre 1992. **Cette décision, motivée par le « *détournement du fruit de l'impôt forfaitaire* », était fondée sur les dispositions de l'article 137 du code général des impôts en ses alinéas 3 à 6 inclus**.

Mais, il ressortait de ces dispositions que la garde à vue était applicable aux contribuables réfractaires ou à ceux qui ne se seraient pas

---

[44] Sur les faits, la procédure et l'analyse de cet arrêt, V. GUESSELE ISSEME Lionel Pierre, L'apport de la Cour Suprême au droit administratif camerounais, Thèse de doctorat/PH.D en Droit public, Université de Yaoundé II, 2010, p. 184.

[45] Sur les faits, la procédure et l'analyse de cet arrêt, voir ci-après la Note de jurisprudence du Docteur Jacques BIPELE KEMFOUEDIO, **GD n°29**.

acquittés de leur obligation fiscale. ***Ce qui n'était pas le cas du sieur OKALA EMANA Benjamin, simple collecteur d'impôt qui, soit dit en passant, avait reversé toutes les sommes susvisées, contre reçus d'ailleurs produits aux débats, entre les mains du sieur NDONGO Simon, Administrateur municipal de la Commune rurale d'Ombessa.***

La Haute Assemblée avait, en l'espèce, fait une saine application des textes en vigueur en décidant que « *le fait par celui-ci de ne pas reverser au trésor public les sommes perçues au titre de l'impôt forfaitaire constitue le crime de détournement des deniers publics prévu et réprimé par l'article 184 du code pénal.* ***Dès lors, il revenait au Sous-préfet de déposer une plainte auprès de l'autorité judiciaire compétente qui aurait pris toutes mesures prévues par la loi…*** *Qu'il suit de ce qui précède que la décision n°40 du 22 septembre 1992 du Sous-préfet d'Ombessa est illégale, et que, de ce fait, l'arrestation et la garde à vue d'OKALA EMANA constituent une voie de fait administrative* ».

Ce faisant, elle avait ainsi consacré la seconde variante de la voie de fait, considérée comme étant la « *la voie fait par manque de procédure* ».

Cette jurisprudence significative au niveau de la protection des droits fondamentaux allait connaître une reconnaissance claire dans l'arrêt n°20 rendu le 4 janvier 2001 par l'Assemblée plénière de la Cour Suprême sur l'affaire opposant Dame DJOTOUM Henriette à l'État du Cameroun (MINAT). Les propos du juge de l'espèce, à cet égard, étaient très explicites **:**

« *Considérant qu'il ressort du dossier que la recourante a régulièrement obtenu une licence d'exploitation d'un débit de boisson et d'alimentation le 22 octobre 1980 et que le 26 septembre1981,* ***ce bar-alimentation a été fermé sans préavis par la police sur instruction du Ministre de l'Administration Territoriale*** *au motif qu'il serait à côté de l'École Nationale de Police de Yaoundé. Que même si la recourante avait été en faute,* ***le procédé utilisé par l'autorité de fermeture n'est pas celui prévu par les articles 25 (1) (nouveau) du décret n°74/644 du 16 juillet 1974 portant modification du décret n°73/659 du 22 octobre 1973 réglementant les débits de boisson qui prévoit plutôt la cessation des activités sur sommation de la police et 30 du même texte, lequel prévoit le retrait de la licence qui emporte la fermeture de l'établissement.*** **Considérant que cette fermeture n'étant pas conforme aux textes susvisés constitue une voie de fait, car s'agissant d'un fait matériel positif réalisé en dehors d'une voie permise par la loi** ».

Il est très important de souligner qu'**en l'espèce, la Haute Assemblée, sans qu'il y ait eu question préjudicielle, avait été amenée à constater et à qualifier** ***de sa propre initiative*** **la décision prise par le MINAT de voie de fait**, selon nous « *par manque de procédure* **».** Elle a réitéré cette position dans l'affaire Commune de Plein Exercice de Yaoundé contre SAMEDJEU Jean-Jacques, objet de l'arrêt n°41 du 5 avril 2001, **consacrant ainsi une dérogation notable au principe** qu'elle avait posé dans l'espèce ATEBA NOMO Albert (ci-après annotée (***GD n°31***), selon lequel, « ***l'Assemblée plénière de la Cour Suprême a qualité seulement pour statuer sur l'exception préjudicielle soulevée par le défendeur en matière de voie de fait administrative*** ».

Conclusion

On l'oublie parfois : cet arrêt a marqué un tournant net dans l'évolution de la compétence des juridictions administrative et judiciaire en matière de voie de fait administrative au Cameroun.

Célestin KEUTCHA TCHAPNGA

28.

Voie de fait administrative – Exception préjudicielle – Sursis à statuer du juge judiciaire – Compétence de l'Assemblée plénière de la Cour Suprême pour statuer sur l'exception préjudicielle – Constatation de la voie de fait par l'Assemblée plénière – Oui – Compétence du juge judiciaire pour connaître de la voie de fait.

Cour Suprême. Assemblée plénière, arrêt n°18 du 27 mai 2010, KITIMBI Pierre contre Communauté Urbaine de Yaoundé[1].

Considérant que par requête susvisée, sieur KITIMBI Pierre ayant pour Conseil Maître YOSSA KAMGA Claude Aimé, Avocat à Yaoundé, a saisi l'Assemblée plénière de la Cour Suprême d'une requête aux fins de statuer sur une exception préjudicielle en matière de voie de fait administrative soulevée dans le cadre d'une instance en matière civile opposant le requérant à la Communauté Urbaine de Yaoundé devant le Tribunal de Grande Instance du Mfoundi.

SUR LA RECEVABILITÉ DE LA REQUÊTE.

Considérant qu'aux termes de l'article 9 (4) de l'ordonnance n°72/6 du 26 août 1972 fixant l'organisation de la Cour Suprême, les tribunaux de droit commun connaissent en outre des emprises et des voies de fait administratives et ordonnent toutes mesures pour qu'il y soit mis fin ; il est statué sur l'exception préjudicielle soulevée en matière de voie de fait administrative par l'Assemblée plénière de la Cour Suprême. Que la présente requête, introduite en application du texte de loi susvisée, est régulière et recevable en la forme ;

AU FOND.

Considérant que constitue une voie de fait administrative tout agissement irrégulier de l'administration qui porte atteinte à un droit fondamental de la personne comme le droit à la propriété tel que défini par le préambule de la Constitution.

Considérant en l'espèce que la destruction faite le 10 octobre 1985 par la Communauté Urbaine de Yaoundé d'une propriété foncière régulièrement immatriculée sans mise en demeure préalable et sans respect de base légale en matière d'expropriation constitue une voie de fait administrative justiciable des tribunaux de droit commun. D'où il suit, en conséquence, de faire droit à la requête et de déclarer le Tribunal de Grande Instance du Mfoundi compétent en la cause.

Par ces motifs, statuant publiquement, contradictoirement à l'égard des parties et après en avoir délibéré conformément à la loi, à l'unanimité des voix, en matière administrative, en appel et en dernier ressort. **décide :**

Article 1er : Déclare le recours recevable en la forme. **Article 2 :** Au fond, ledit recours est fondé et les actes incriminés constituent une voie de fait administrative.

Article 3 : Le Tribunal de Grande Instance du Mfoundi est compétent en la cause.

---

[1] Note de jurisprudence rédigée par le Docteur Jacques BIPELE KEMFOUEDIO, Chargé de Cours au Département de Droit Public de l'Université de Dschang. F.S.J.P.

NOTE

La jurisprudence Max KELLER NDONGO contre État Fédéral du Cameroun oriental[2], État fédéré du Cameroun oriental contre Max KELLER NDONGO[3], MVE NDONGO-Procureur Général contre NGADA Victor[4] a posé les règles de répartition de compétence en matière de voie de fait administrative[5] entre le juge administratif et le juge judiciaire[6]. Voilà que plus de quatre décennies après, les principes dégagés dans ces affaires et bien d'autres[7] sont suivis par beaucoup de Magistrats comme les paroles bibliques chez les bons chrétiens. Le juge administratif ne pouvait donc pas avoir de l'audace pour déroger à la règle dans l'affaire KITIMBI contre Communauté Urbaine de Yaoundé.

Rassemblés en des termes simples, les faits tels qu'exposés dans l'arrêt ci-dessus rapporté méritent une grande attention : le recourant est propriétaire d'un immeuble bâti d'une contenance superficielle de 798 m², objet du titre foncier n°2985 dressé en date du 21 avril 1971. Le 10 octobre 1985, la Communauté Urbaine de Yaoundé, sans aucun avis, ni procès-verbal de mise en demeure, conformément aux articles 71 et 72 de la loi n°73/25 du 05 décembre 1974 portant organisation communale, a opéré une voie de fait sur la propriété de sieur KITIMBI Pierre en détruisant ses deux maisons construites sur ledit immeuble. Cette affaire est portée devant la Chambre civile du Tribunal de Grande Instance du Mfoundi pour que justice soit rendue. Y étant, une exception préjudicielle a été soulevée par la Communauté défenderesse. C'est dans le souci de donner une réponse à cette exception que l'Assemblée

---

[2] CFJ.AP, arrêt n°20 du 04 novembre 1966.

[3] CFJ.AP, arrêt n°8 du 16 octobre 1968.

[4] CFJ.AP, arrêt n°10 du 17 octobre 1968.

[5] La voie de fait administrative est le fait pour l'administration de poser un acte grossièrement illégal qui porte atteinte à une liberté publique ou à la propriété privée. Pour le lexique des termes juridiques, 11ème éd, p. 547, la voie de fait est constituée dès lors que l'administration procède à une opération matérielle dans des conditions manifestement insusceptibles de se rattacher à l'exercice d'un de ses pouvoirs et portant atteinte soit à une liberté publique, soit à un droit de propriété mobilière ou immobilière.

[6] Sur la base de cette répartition jurisprudentielle en matière de voie de fait, le juge administratif constate et le juge judiciaire répare et ordonne toute mesure pour qu'il y soit mis fin.

[7] CS.CA, jugement n°12 du 28 janvier 1982, Dame BINAM née NGO NJOM contre Etat du Cameroun ; CS.CA, jugement n°63 du 26 mai 1988, NOMENY NGUISSI Emile contre Commune urbaine de Dschang ; CS.CA, jugement n°31 du 29 décembre 2004, YIKAM Jérémie.

plénière de la Cour Suprême a été saisie. Cette instance juridictionnelle était appelée à dire si les agissements déplorés de la Communauté Urbaine de Yaoundé constituaient ou non une voie de fait administrative et par voie de conséquence à déterminer la juridiction compétente pour connaitre les faits commis. Dans une démarche conforme à l'orthodoxie juridique, et suivant comme une religion la jurisprudence MVE NDONGO Abraham, la Haute Juridiction administrative a constaté et qualifié la voie de fait **(I)** et a renvoyé les parties à se mieux pourvoir devant le juge judiciaire pour la suite de la procédure **(II).**

I. La constatation de la voie de fait par le juge administratif

Le pouvoir de constatation de la voie de fait par le juge administratif est généralement mis en mouvement par le soulèvement devant le juge judiciaire d'une exception préjudicielle[8]. Cette question préjudicielle[9] posée devant le juge judiciaire, qui aboutit généralement à un renvoi préjudiciel[10], entraine un sursis obligé **(A)** en attendant que le juge administratif se prononce sur la question **(B)**.

---

8 Lire sur la question BIPELE KEMFOUEDIO J, « Le contentieux de la voie de fait et de l'emprise irrégulière au Cameroun .. », article précité, pp. 67 – 69.

9 La question préjudicielle est celle qui, survenant à propos d'un litige principal dont elle commande au moins pour partie la solution, n'est pas susceptible de la juridiction du principal mais impose, pour la régler, la saisine d'une autre juridiction. Cf. GAUDEMET Y, « Les questions préjudicielles devant les deux ordres de juridictions », RFDA, septembre, octobre, 1990, p. 78 ; pour le professeur Raymond ODENT, « *une question est dite préjudicielle lorsqu'elle doit précéder l'examen au fond du litige et lorsqu'elle doit être tranchée par une juridiction autre que celle compétente sur l'action principale* », Cf. Cours de contentieux administratif, 1961- 1962, p. 66, cité par ABA'A OYONO J.C., La compétence de la juridiction administrative en droit camerounais, Thèse précitée, p. 348 ; le Professeur Jean Marc POISSON quant à lui pense que « *la question préjudicielle, dont la réponse détermine la solution à donner à la question principale, est celle qui oblige le tribunal à surseoir à statuer en vertu des règles de répartition de compétence, jusqu'à ce qu'elle ait été soumise à la juridiction compétente qui rendra à son sujet un acte de juridiction* », Cf. Les droits de l'homme et les libertés fondamentales à l'épreuve de la dualité de juridiction, Paris, L'Harmattan, 2003, p. 65. Au regard de toutes ces définitions, on comprend que la question préjudicielle est celle qui ne relève pas de la compétence du juge ou de la juridiction saisi(e) au principal mais qui doit néanmoins être réglée, avant tout examen au fond du litige, par un autre juge ou une autre juridiction.

10 Le renvoi préjudiciel est le fait pour un juge ou une juridiction principale de surseoir à statuer dans une cause et de renvoyer le dossier devant un autre ordre juridictionnel pour qu'il y soit réglé une question incidence survenue au cours de l'instruction de l'affaire.

A. Le sursis oblige du juge judiciaire en cas de soulèvement d'une exception préjudicielle en matière de voie de fait administrative

Reprenant *mutatis mutandis* les dispositions de l'article 9 alinéa 3 de l'ordonnance n°72/6 du 26 août 1972[11], le législateur de 2006 relève : « *ils (les tribunaux de droit commun) connaissent, en outre, des emprises et voies de fait administratives et ordonnent toute mesure pour qu'il y soit mis fin. Toutefois, il est statué par la Chambre administrative de la Cour Suprême sur l'exception préjudicielle soulevée en matière de voie de fait administrative et d'emprise* »[12].

Avec l'avènement de ces dispositions légales, la compétence de constatation de la voie de fait, lorsqu'une exception préjudicielle est soulevée, relève désormais de la Chambre administrative de la Cour suprême. Il en est de même de l'emprise[13]. Le soulèvement de cette exception préjudicielle entraine automatiquement et obligatoirement un sursis à statuer devant le juge judiciaire jusqu'à ce que le juge administratif se prononce[14]. La décision rendue dans ce domaine par le juge administratif, qui statue en dernier ressort sur cette exception,[15] lie rigoureusement le juge judiciaire. C'est donc à bon droit que le juge judiciaire dans le cas d'espèce et au regard du soulèvement d'une exception préjudicielle a ordonné un sursis à statuer et a renvoyé le dossier devant l'Assemblée plénière, seule autorité judiciaire habilitée à l'époque à constater une voie de fait en cas d'exception préjudicielle.

---

[11] Aux termes de l'article 9 al_3 de l'ordonnance sus-évoquée, les tribunaux de droit commun connaissent, en outre, des emprises et des voies de fait administratives et ordonnent toute mesure pour qu'il y soit mis fin. Il est statué sur l'exception préjudicielle en matière de voie de fait administrative par l'Assemblée Plénière de la Cour Suprême.

[12] Cf. article 3 al_2 de la loi 2006/022 du 29 décembre 2006 précitée.

[13] BIPELE KEMFOUEDIO J, op.cit., pp. 67 – 69.

[14] Le Tribunal de Première Instance de Yaoundé en 2002 a illustré cette situation dans l'affaire dames MBARGA et NGONO MIMIBANG Sabine C/ Communauté Urbaine de Yaoundé et la Société ETP. En des termes précis, ce Tribunal, par jugement avant-dire-droit, a ordonné le sursis à statuer en attendant que la Cour Suprême statue sur la nature des faits, objets de la procédure. TPI de Yaoundé, jugement ADD n°382/C du 18 mars 2002.

[15] Cf. article 38 alinéa c de la loi n°2006/016 du 29 décembre 2006 précitée.

B. La compétence du juge administratif en matière de constatation de la voie de fait

Saisi d'une question préjudicielle, le juge administratif est appelé à se prononcer. Il est au nom de la loi investi de plein pouvoir pour statuer sur l'exception soulevée devant le juge judiciaire. De sa décision dépend la suite du litige. S'il estime que les agissements de l'administration tels qu'exposés ne constituent pas une voie de fait, alors, on est en présence d'un simple acte administratif requérant l'incompétence du juge judiciaire. L'Assemblée plénière de la Cour Suprême l'a souligné dans l'espèce ministère Public contre FOTSA Patrice Désiré et Etat du Cameroun[16]. Dans cette hypothèse donc, si l'affaire retourne devant le tribunal judiciaire à la diligence de la partie ayant intérêt, ledit tribunal ne peut que se déclarer incompétent.

Si, par contre, le juge administratif estime que les faits déplorés constituent une voie de fait administrative, l'affaire reprend son cours devant le juge judiciaire, seule autorité habilitée à réparer le préjudice subi et à faire cesser les actes dénaturés et grossiers de l'administration. L'affaire ENA MBALLA Hubert contre Communauté urbaine de Yaoundé[17] illustre parfaitement cette situation. Il en est de même de l'affaire dames MBARGA Julienne et NGONO MIMBANG contre Communauté Urbaine de Yaoundé en matière d'emprise[18]. Dans un cas comme dans l'autre, le juge administratif, après avoir constaté que les agissements de l'administration sont constitutifs de voie de fait administratif ou d'emprise irrégulière, a renvoyé l'affaire devant le juge judiciaire pour la suite de la procédure. L'instance y est ainsi reprise à la diligence de la partie ayant intérêt[19]. Dans ce cas, une simple requête de reprise d'instance accompagnée de la décision rendue par le juge administratif et adressée au chef de juridiction suffit pour faire ré-enrôler

---

[16] CS.AP, arrêt n°102 du 13 décembre 2007, Ministère public contre FOTSA Patrice Désiré, Etat du Cameroun. Dans cette affaire, l'Assemblée Plénière a estimé que le comportement de l'administration n'était pas constitutif de voie de fait. Il a déclaré la compétence du juge administratif pour connaitre de ces faits plutôt que celle du juge judiciaire.

[17] CS.AP, arrêt n°68 du 22 février 2007.

[18] CS/AP, arrêt n°14/A du 27 mai 2010.

[19] La partie ayant intérêt est celle en faveur de qui le juge administratif a tranché la question incidente relative à la constatation. Dans le cas d'espèce, il s'agit du sieur KITIMBI Pierre.

cette affaire[20]. À ce stade de la procédure, la compétence du juge judiciaire devient plus précise.

II. La compétence du juge judiciaire après la constatation de la voie de fait

Après la phase de la constatation, le juge judiciaire en matière de voie de fait a une double compétence exclusive, à savoir la réparation **(A)** et la cessation **(B)**.

A. La réparation du préjudice en matière de voie de fait

La réparation d'un préjudice est le fait d'octroyer à une victime une indemnité compensatoire à l'effet d'arranger le tort qu'un acte ou un fait administratif ou non lui aurait causé.

Le terme préjudice a tendance à se confondre à celui de « *dommage* ». Cette confusion est fâcheuse, car si ces deux termes ont des liens, ils constituent en principe deux vrais faux jumeaux puisqu'ils ne recouvrent pas la même réalité. Une analyse pointue conduit à voir le dommage comme une donnée objective consistant en une atteinte à une personne ou à une chose. Le préjudice quant à lui réunit les conséquences propres au dommage à la victime dont il fonde le droit à réparation[21]. Pour être réparable, le préjudice doit être direct, certain, évaluable en argent et porter atteinte à un intérêt légitime[22].

Le fondement juridique de cette compétence est tiré tant des textes que de la jurisprudence. Le juge judiciaire, au regard de la constatation des faits, évalue le préjudice et fixe un montant qui permet de réparer le préjudice, tout le préjudice et rien que le préjudice causé au demandeur, c'est-à-dire à la victime. Si le montant de la demande formulée par le demandeur n'excède pas dix millions de francs CFA, le Tribunal de Première Instance statuant en matière civile serait compétent pour connaitre de l'affaire[23]. Si, par contre, le montant est supérieur à dix

---

[20] CS.AP, arrêt n°14 du 27 mai 2010.

[21] Cf. CORMIER C, Le préjudice en droit administratif français. Etude sur la responsabilité extracontractuelle des personnes publiques, Paris, LGDJ, 2002, pp. 75 et 88.

[22] Cf. TRUCHET D, Droit administratif, Paris, PUF, 2008, pp. 388 et ss.

[23] Cf. article 15 (b) de la loi n° 2006/015 du 29 décembre 2015 portant organisation judiciaire.

millions, c'est le Tribunal de Grande Instance qui serait compétent[24]. En renvoyant les parties à mieux se pourvoir devant le Tribunal de Grande Instance du Mfoundi, l'Assemblée plénière confirme que la réparation sollicitée dans le cas d'espèce est supérieure à dix millions. Le juge est ainsi tenu de réparer le préjudice. Il revient donc à la victime d'apporter la preuve du préjudice subi dont réparation est sollicitée devant l'autorité judiciaire. Généralement, dans de pareilles situations, les actes d'enrichissement sans cause ne sont pas autorisés par le juge judiciaire qui peut faire cesser la voie de fait déplorée.

B. La cessation de la voie de fait

Le pouvoir de faire cesser la voie de fait reconnu au Cameroun au juge judiciaire a un fondement jurisprudentiel[25] et législatif[26]. Sur cette base juridique, le juge judiciaire a compétence pour ordonner toute mesure visant à faire cesser la voie de fait, car le caractère grave des agissements déchoit l'administration du privilège de juridiction et par conséquent de l'application du droit administratif qui confère à l'administration le bénéfice des règles exorbitantes du droit commun. Sur le plan matériel, il s'agit de remettre si possible les choses en l'état à travers certaines mesures prises par le juge. Ces mesures, pour l'essentiel, se traduisent par exemple à des restitutions[27], à l'enlèvement des scellées irrégulièrement opposées[28], aux destructions[29], aux expulsions[30], à la

---

[24] Cf. article 18 (b) de la loi n° 2006/015 du 29 décembre 2015 portant organisation judiciaire.

[25] Sur le plan jurisprudentiel, le fondement est posé depuis l'affaire MVE NDONGO Abraham, objet de l'arrêt n°10 du 17/10/1968 de l'Assemblée Plénière de la Cour Suprême. Ce fondement a été renforcé par les affaires suivantes : CS.CA, jugement n°12/81-82 du 28 janvier 1982, Dame BINAM née NGO NJOM Fidèle contre Etat du Cameroun ; CS/CA, jugement n°39/92-92du 29 avril 1993, ENA MBALLA Hubert contre Communauté Urbaine de Yaoundé ; CS.AP, arrêt n°20/A du 04 janvier 2001, DJOTOUM Henriette contre Etat du Cameroun (MINAT) ; CS.AP, arrêt n° 41 du 5 avril 2001, SAMEDJE Jean Jacques contre Etat du Cameroun ; etc.

[26] Le fondement législatif découle de l'article 9 alinéa 4 de l'ordonnance n°72/06 du 26 août 1972 portant organisation de la Cour Suprême et de l'article 3 alinéa 2 de la loi n°2006/022 du 29 décembre 2006 fixant l'organisation et le fonctionnement des tribunaux administratifs.

[27] TC, 17 mars 1949, Société immobilière Rivoli-Sépastopol.

[28] Président du TPI de Dschang, ordonnance n°21/ord du 14 décembre 2011, KENGMO Etienne, JIOFACK Jacques, NGASSA Edouard contre le Sous-préfet de l'Arrondissement de Nkong-Ni.

libération des personnes détenues[31], à la levée d'une suspension ou d'une fermeture[32], à l'enlèvement de matériels déposés sur un terrain privé[33]…

En la matière, le juge judiciaire peut assortir la mesure d'astreinte. Dans l'affaire succession FOKOUA Pierre représentée par Dame FOKOUA née MEDIE Augustine contre Commune de Dschang, Dr MOMO Bernard, le Président du Tribunal de Dschang, statuant en matière de référé d'heure à l'heure, a constaté la voie de fait et a ordonné l'expulsion des défendeurs de l'immeuble occupé sous astreinte de 20 000 francs par jour de retard à compter du prononcé de l'ordonnance de référé n°19 du 16 septembre 2009 suscitée.

Quoi qu'il en soit, en matière de voie de fait, le juge judiciaire est investi des pouvoirs d'adresser des injonctions ainsi que d'infliger des astreintes à l'administration dans le souci de faire cesser ces agissements grossiers et dénaturés.

Conclusion

L'arrêt rendu dans l'espèce KITIMBI Pierre contre Communauté Urbaine de Yaoundé vient renforcer un rituel juridique établi depuis l'arrêt MVE NDONGO. Le message véhiculé ici est bénéfique pour les acteurs du monde judiciaire. En effet, lorsqu'une exception préjudicielle est soulevée devant le juge judiciaire en matière de voie de fait, ce dernier est tenu d'ordonner un sursis à statuer afin de permettre au juge administratif de qualifier ces agissements de l'administration. Si ce comportement administratif est qualifié de voie de fait comme c'est le

---

[29] Ces destructions porteront sur les constructions illégalement faites par l'administration sur un terrain appartenant à un particulier et faites en dehors de toute procédure d'expropriation.

[30] Président du Tribunal de Première Instance de Dschang, ordonnance de référé n° 06/ord du 15 décembre 2006, Dame PAGUI TONFACK Armelle contre Chef du centre départemental des impôts de la Menoua, Receveur des impôts de la Menoua, EDJO'O Pierre Christian.

[31] Cf. affaire Retired justice NYO'WAKAI and 172 others VS the people, suit n°C/19/CMR/921 du 23 décembre 1992. Dans cette affaire, le juge a ordonné la libération des personnes irrégulièrement détenues à la suite de contestations des résultats de l'élection présidentielle de 1992.

[32] Cf. Président du Tribunal de Première Instance de Douala, ordonnance de référé n° 791/ ord du 10 avril 2002, Deido Pharmacy contre Chef de centre divisionnaire des impôts de Douala VII.

[33] TC, 30 juin 1969, Société civile immobilière des paraillons.

cas en l'espèce, le juge judiciaire reprend et continue avec l'instance à l'initiative de la partie la plus diligente pour réparer le préjudice subi et/ou ordonner toute cessation. Dans cette hypothèse, l'administration se trouve dépouillée de ses prérogatives de puissance publique.

Jacques BIPELE KEMFOUEDIO

29.

Voie de fait administrative – Non – Incompétence du juge judiciaire pour statuer sur une exception préjudicielle relative à une voie de fait – Oui – Simple acte administratif faisant grief – Oui – Compétence du juge administratif – Oui.

Cour Suprême. Assemblée plénière, arrêt n°102 du 13 décembre 2007, ministère public contre FOTSA Patrice Désiré et État du Cameroun[1].

Vu le mémoire ampliatif déposé le 21 avril 2005 par le Magistrat ESSOH Jean Bosco, Procureur de la République près les tribunaux d'Ebolowa, agissant au nom et pour le compte du Ministère public. Sur le moyen de cassation soulevé d'office pris de la violation de l'article 9 alinéa 4 de l'ordonnance n°72/6 du 26 août 1972 fixant l'organisation de la Cour Suprême, en ce que le juge d'instance a statué sur l'exception en matière de voie de fait administrative soulevée devant lui alors qu'aux termes du texte de loi susvisé, une telle exception constitue une exception préjudicielle sur laquelle l'Assemblée plénière est seule compétente à statuer.

Considérant qu'aux termes de l'article 9 (4) de l'ordonnance n°72/6 du 26 août 1972 fixant l'organisation de la Cour Suprême, les tribunaux de droit commun connaissent les emprises et les voies de fait administratives et ordonnent toute mesure pour qu'il y soit mis fin ; qu'il est statué sur l'exception préjudicielle soulevée en matière de voie de fait administrative par l'Assemblée plénière de la Cour Suprême.

Considérant que l'article 15 du même texte de loi dispose :« *(1) toutes juridictions non répressives y compris la Chambre administrative de la Cour Suprême doivent statuer immédiatement par décision avant-dire-droit distincte sur les exceptions d'incompétence fondée sur l'article 9 ci-dessus sans pouvoir en aucun cas joindre l'incident au fond. (2) Elles peuvent relever d'office une incompétence pour le même motif dans les mêmes formes. (3) Les décisions rendues en application des paragraphes 1 et 2 du présent article peuvent, dans le délai de dix jours de leur notification...faire l'objet de la part de toutes les parties y compris le Ministère public, d'un pourvoi devant l'Assemblée plénière dont la décision est attributive de compétence* ».

Considérant qu'il résulte de la lecture des textes de loi susvisés que l'article 15 fait obligation à toute juridiction de statuer par décision avant-dire-droit distincte sur les exceptions d'incompétence fondées sur l'article 9 soulevées devant elle sans joindre l'incident au fond, tandis que l'article 9 (4) de cette ordonnance fait obligation à la juridiction devant laquelle une exception préjudicielle en matière de voie de fait administrative est soulevée de surseoir à statuer jusqu'à la décision de l'Assemblée plénière de la Cour suprême, seule compétente en la matière.

Considérant en l'espèce que le dispositif de l'ordonnance querellée est conçu ainsi qu'il suit : « Par ces motifs, statuant publiquement, contradictoirement à l'égard des parties, en matière de référé et en premier ressort : « *Avant-dire-droit. Relevons que l'exception de sursis à statuer formulée par le Ministère public soulève en réalité une exception d'incompétence de la juridiction saisie. Nous déclarons compétent, les faits*

---

[1] Note de jurisprudence rédigée par le Docteur J. BIPELE KEMFOUEDIO, Chargé de Cours.

déférés à notre compétence étant de nature à revêtir le caractère d'une voie de fait administrative/ Réservons les dépens. Renvoyons la cause au 07 janvier 2005 pour notification de la décision entreprise aux parties ».

Considérant que contrairement aux assertions de la décision attaquée, *l'exception sur laquelle l'ordonnance a statué ne s'analyse pas en une exception d'incompétence, mais plutôt en une exception préjudicielle, puisqu'elle est dirigée contre une action fondée sur des actes dont le caractère de voie de fait administrative ou non devait être déterminé.* Considérant que ce faisant l'ordonnance a violé l'article 9 (4) de l'ordonnance n°72/6 du 26 août 1972 susvisée.

D'où il suit que le moyen est fondé et que l'ordonnance entreprise encourt l'annulation.

Considérant que l'annulation de l'ordonnance étant ainsi acquise, il échet d'évoquer et de statuer. Considérant à cet égard que l'article 9 (1) de l'ordonnance n°72/6 du 26 août 1972 susvisée dispose que la Chambre administrative de la Cour Suprême connait de l'ensemble du contentieux administratif à l'encontre de l'État, des collectivités publiques et des établissements publics.

Que constitue un acte administratif susceptible d'être déféré devant la Chambre administrative de la Cour suprême, tout acte unilatéral de l'administration qui cause grief à une personne. Que par contre, constitue une voie de fait administrative susceptible d'être déférée devant les juges du droit commun, tout acte administratif ou tout agissement de l'administration dont l'irrégularité porte atteinte à la propriété privée ou à une liberté fondamentale d'une personne.

Considérant qu'il ressort du dossier de la procédure que la fermeture du débit de boissons du sieur FOTSA Patrice Désiré situé en face du Lycée classique et moderne d'Ebolowa selon le procès-verbal de constat dressé le 05 novembre 2004 par Maître BIDJA BIWOLE, Huissier de Justice à Ebolowa, requis par le sieur FOTSA, est la conséquence inéluctable de l'arrêté n°00065/AP/L07/SP du 02 septembre 2004 pris par une autorité compétente, en l'occurrence le Préfet de la Mvila et portant retrait définitif de la licence n°000011/AP/L07/BASC/2 du 23 janvier 2002 accordant un titre de licence d'exploitation d'un débit de boissons de 2e catégorie, 4e classe à Monsieur FOTSA Patrice Désiré ;

Qu'il s'ensuit que la fermeture par le Préfet du débit de boissons dont il s'agit constitue un acte administratif dont la connaissance incombe au juge administratif comme s'agissant d'un acte unilatéral de l'administration causant grief à une personne.

Par ces motifs,

L'Assemblée plénière de la Cour Suprême, statuant publiquement, contradictoirement à l'égard des parties et après en avoir délibéré conformément à la loi, à l'unanimité des voix, en matière administrative, en appel et en dernier ressort **:**

Décide : Article 1er : Le recours du Ministère public est recevable en la forme. **Article 2 :** Il est fondé. Par conséquent, l'ordonnance n°10/ADD/REF rendue le 31 décembre 2004 par le juge des référés d'Ebolowa est annulée sans renvoi. **Évoquant et statuant : Article 3 :** *Le juge administratif est compétent en la cause, plutôt que le juge du droit commun.* **Article 4 :** FOTSA Patrice Désiré est condamné aux dépens.

NOTE

En 2005, le Procureur de la République près le Tribunal de Première Instance d'Ebolowa, agissant au nom et pour le compte du Ministère public, n'a pas eu de sentiment à l'endroit de son collègue du siège qui avait rendu une ordonnance « *juridicide* », puisqu'elle était prise au mépris flagrant du droit. Ce gardien assermenté de la loi avait déféré devant le juge administratif une décision avant-dire-droit du Président du Tribunal, statuant en matière de référé, ayant sans réserve constaté une voie de fait en dépit d'une exception préjudicielle soulevée par le Ministère public. L'exposé des faits permet de mieux comprendre cette situation juridique assez singulière :

Saisi par sieur FOTSA Patrice Désiré pour statuer sur une voie de fait administrative, le juge de référé du Tribunal d'Ebolowa avait communiqué le dossier au Ministère public pour ses réquisitions. Ce dernier, dans ses observations, avait plutôt soulevé une exception préjudicielle en matière de voie de fait, entrainant automatiquement un sursis à statuer jusqu'à ce que l'Assemblée plénière constate ou non ladite voie de fait. Le juge de référé, assimilant une telle position à une exception d'incompétence de la juridiction saisie, avait statué, disait-il, conformément à l'article 15 de l'ordonnance n°72/06 du 26 août 1972 fixant l'organisation de la Cour Suprême. Dans son ordonnance avant-dire- droit, il avait rejeté l'exception préjudicielle soulevée par le Ministère public et s'était déclaré compétent pour statuer dans la cause. C'est cette position quelque peu *désinvolte et amusante* du juge unique qui avait été déférée devant l'Assemblée plénière de la Cour Suprême pour appréciation. Cette Haute Instance juridictionnelle était ainsi appelée à dire si le juge judiciaire est compétent pour statuer sur une exception préjudicielle soulevée en matière de voie de fait administrative, d'une part, et si les agissements de l'administration tels que décrits constituaient une voie de fait administrative relevant de la compétence du juge judiciaire, d'autre part.

Dans une démarche pédagogique, la Haute Instance juridictionnelle a souligné sans ambages l'incompétence du juge judiciaire pour statuer sur une exception préjudicielle soulevée en matière de voie de fait **(I)**. Par la suite, elle a apporté des précisions sur la qualification des faits décrits comme ne constituant aucune voie de fait administrative **(II).**

I. L'incompétence du juge judiciaire pour statuer sur une exception préjudicielle soulevée en matière de voie de fait

Le fondement de l'incompétence du juge judiciaire pour statuer sur une question préjudicielle soulevée en matière de voie de fait administrative repose sur les textes **(A)**. À l'analyse du droit positif camerounais, c'est au juge administratif que revient le pouvoir d'apprécier l'exception préjudicielle soulevée en cette matière **(B)**.

A. Le fondement juridique de l'incompétence du juge judiciaire pour statuer sur une exception préjudicielle

L'exception préjudicielle[2] est différente de l'exception préalable[3]. Une confusion en la matière est toujours fâcheuse. Le juge de référé du Tribunal de Première Instance d'Ebolowa est malheureusement tombé dans ce piège agaçant de deux vrais faux jumeaux. Si l'exception préalable relève de la compétence de la même juridiction appelée à statuer au fond, l'exception préjudicielle relève de la compétence d'un autre ordre juridictionnel[4]. Dans le cadre d'une voie de fait administrative, l'exception préjudicielle soulevée par le défendeur ou par le Ministère public fait automatiquement obstacle au juge de connaître de cette question[5]. Y faisant suite, il est tenu, sans que ce ne soit une faveur, d'ordonner un sursis à statuer et de faire un renvoi préjudiciel au profit du juge administratif. De manière claire, face à une question

---

[2] L'exception préjudicielle est celle soulevée par une partie au procès, en l'occurrence le défendeur et qui oblige le tribunal à surseoir à statuer jusqu'à ce qu'elle ait été soumise à la juridiction compétente qui rendra à son sujet une décision. Sur les développements touchant à l'exception préjudicielle, lire WANDJI KEMAJOU A, La question préjudicielle dans le contentieux administratif camerounais, Thèse en vue de l'obtention du Master en Droit public, Université de Dschang, FSJP, 2012, pp. 4 et ss.

[3] L'exception préalable est celle que le juge doit examiner pour vérifier si certaines des conditions requises pour l'existence de la question principale sont réunies. Cette question est de la compétence du juge saisi de la question principale à la différence de la question préjudicielle qui relève d'un autre ordre juridictionnel. En gros, la question préalable est résolue par le juge du fond alors que la question préjudicielle, lorsqu'elle est acceptée, oblige le juge du fond à surseoir à statuer jusqu'à ce que le problème soulevé incidemment ait trouvé solution devant le juge approprié.

[4] Lire sur la question WANDJI KEMAJOU A, La question préjudicielle dans le contentieux administratif camerounais, op.cit., pp. 6 et 7 ; GAUDEMET Y, « Les questions préjudicielles devant les deux ordres de juridictions », RFDA, septembre, octobre 1990, pp. 78 et ss.

[5] BIPELE KEMFOUEDIO J, « Le contentieux de la voie de fait administrative et de l'emprise irrégulière au Cameroun .. », article précité.

préjudicielle, le juge judiciaire se doit de suspendre l'instance pendante devant lui, dans l'attente de la solution que le juge administratif est appelé à donner à ladite question[6], à moins qu'il ne soit lui-même incompétent[7].

S'il est constant que le juge judiciaire peut constater la voie de fait[8], il reste aussi constant que le soulèvement d'une exception préjudicielle paralyse cette compétence de constatation, voire de qualification et place ce juge dans une situation inconfortable.

Aux termes de l'article 9 de l'ordonnance n°72/6 du 26 août 1972 à l'époque en vigueur, « ... *il est statué sur l'exception préjudicielle soulevée en matière de voie de fait administrative par l'Assemblée plénière de la Cour Suprême* ». En formulant ainsi, l'ordonnance susvisée relève sans équivoque l'incompétence du juge judiciaire pour trancher une exception préjudicielle soulevée dans le champ de constatation ou de qualification de la voie de fait administrative.

Le législateur de 2006 a repris ces dispositions presque dans l'intégralité[9]. À la lecture attentive des deux textes, en cas de soulèvement d'une exception préjudicielle en matière de voie de fait, le juge judiciaire cesse d'être compétent pour constater et qualifier[10]. Il est tenu d'ordonner un sursis à statuer jusqu'à ce que le juge administratif décide s'il y a voie de fait administrative ou pas.

B. La compétence du juge administratif pour statuer sur l'exception préjudicielle soulevée en matière de voie de fait

L'exception préjudicielle est une question soulevée devant une juridiction et dont la solution relève d'un autre ordre juridictionnel[11]. En

---

[6] V. ASSONTSA R, Note sous arrêt n°134/C du 20 juillet 2012, Affaire Communauté Urbaine de Douala (CUD) contre Famille YAMILO, représentée par son chef EBONGUE DOUMBE Albert, Juridis Périodique n°102, avril-mai-juin 2015, p. 66.

[7] CE, 3ème et 8ème sous-sections réunies, 23 juillet 2010, pourvoi n°322761, Lebon, 2010, p. 313.

[8] Lire sur la question De LAUBADERE A, VENEZIA J, GAUDEMET Y, Droit administratif, 17ème édition, Paris, LGDJ, p. 63 ; voir aussi BIPELE KEMFOUEDIO J, op.cit., pp. 65 – 67.

[9] Aux termes de l'article 3 alinéa 2 de la loi n° 2006/022, « ... *il est statué par la Chambre Administrative de la Cour Suprême sur l'exception préjudicielle soulevée en matière de voie de fait administrative et d'emprise* ».

[10] Lire BIPELE KEMFOUEDIO J, op.cit., pp. 67-69.

[11] Sur la question, lire DEBBASCH Ch, Droit administratif, Paris, Economica, 2002, p. 675 ; GAUDEMET Y, « Les questions préjudicielles devant les deux ordres de

se basant sur l'ordonnance n°72/6 du 26 août 1972 suscitée, c'est l'Assemblée plénière de la Cour Suprême qui avait reçu plein pouvoir pour statuer sur l'exception préjudicielle soulevée en matière de voie de fait. Une fois saisie, la Haute Instance juridictionnelle était appelée à dire si les agissements de l'administration étaient constitutifs ou non d'une voie de fait administrative[12].

Poursuivant dans la même logique, le législateur de 2006 a toutefois souligné que cette compétence de constatation et de qualification relève désormais, en cas de soulèvement d'une exception préjudicielle, de la compétence de la nouvelle Chambre administrative de la Cour Suprême, désormais juge d'appel et de cassation en matière administrative[13]. Il est donc important d'attirer l'attention des justiciables et des membres de la famille judiciaire sur le fait que face à une exception préjudicielle soulevée en matière de voie de fait, il est urgent et automatique d'ordonner le sursis à statuer et de transmettre ou faire transmettre le dossier par la partie la plus diligente ou par les soins du Ministère public à la Chambre administrative de la Cour Suprême. Cette Chambre une fois saisie est appelée à dire s'il y a ou non voie de fait administrative. L'issue du litige principal frappée du sursis à statuer dépendra de la position du juge. Si ce dernier estime qu'il y a voie de fait, l'affaire reprend son cours devant le juge judiciaire à l'initiative de la partie diligente[14]. Si, par contre, le juge administratif estime qu'il n'y a pas voie de fait, il requalifie ces faits en ceux d'un simple acte administratif pris en excès de pouvoir. L'arrêt annoté est, à cet égard, très illustratif.

II. La requalification d'une présumée voie de fait en un simple acte administratif faisant grief

Il s'agit d'une occasion manquée d'une voie de fait administrative. La décision rendue par le juge administratif au sujet d'une exception

---

juridictions », op.cit., p. 78 ; ODENT R, Cours de contentieux administratif, 1961-1962, cité par ABA'A OYONO J-C, Thèse précitée p. 348 ; POISSON J.-M, Les droits de l'homme et les libertés fondamentales à l'épreuve de la dualité de juridiction, Paris, l'Harmattan, 2003, p. 65.

[12] CS/AP, arrêt n°68 du 22 février 2007, ENA MBALLA Hubert contre Communauté urbaine de Yaoundé ; CS/AP, arrêt n°18 du 27 mai 2010, KITIMBI Pierre contre Communauté urbaine de Yaoundé.

[13] Cf. article 3 alinéa 2 de la loi n°2006/022 du 29 décembre 2006 précitée.

[14] Voir CS.AP, arrêt n°68 du 22 février 2007, ENA MBALLA Hubert C/ Communauté Urbaine de Yaoundé ; CS.AP, arrêt n°18 du 27 Mai 2010, KITIMBI Pierre contre Communauté Urbaine de Yaoundé.

préjudicielle soulevée en matière de voie de fait lie résolument le juge judiciaire. Dans le cas d'espèce, la Haute Cour a procédé à la requalification des faits initialement considérés de voie de fait administrative en ceux de simple acte administratif. Cette position du juge administratif, rendue en dernier ressort, entraine automatiquement l'incompétence du juge judiciaire **(A)** au profit du juge administratif **(B)**.

A. L'incompétence du juge judiciaire pour connaître d'un acte administratif unilatéral

L'acte administratif unilatéral est un acte juridique pris par une autorité administrative dans l'exercice d'un pouvoir administratif et créant des droits et obligations pour les particuliers[15]. Cette catégorie d'acte est la plus fréquente dans l'administration camerounaise. Dans la quasi-totalité des États, l'acte administratif unilatéral est le moyen d'expression par excellence de la volonté des détenteurs du pouvoir réglementaire. Il découle de l'exercice des prérogatives de puissance publique reconnue à l'administration et s'impose aux destinataires qui sont généralement les particuliers. L'acte administratif unilatéral est contrôlable[16] et justiciable en principe devant le juge administratif. Le principe de la répartition des compétences fixé par le législateur camerounais impose ainsi au juge judiciaire de se déclarer en principe incompétent, sauf prescription contraire de la loi, face à un contentieux né de la contestation d'un acte administratif unilatéral[17].

Certes, aux termes de l'article 3 de l'ordonnance n°72 repris par l'article 3 de la loi n°2006/022 du 29 décembre 2006 fixant l'organisation et le fonctionnement des Tribunaux Administratifs, « *les tribunaux de droit commun connaissent, conformément au droit privé, de toute autre action ou litige, même s'il met en cause les personnes morales énumérées à l'article 2, la responsabilité desdites personnes morales étant à l'égard des tiers, substituée de plein droit à celle de leurs*

[15] Il s'agit de la définition de l'acte administratif unilatéral donnée par le juge administratif dans l'affaire NGONGANG NJANKE Martin (CFJ/AP, arrêt n°20 du 20 mars 1968, Voir pour la Note sous cet arrêt, Supra, **GD n°1**).

[16] TRUCHET D, Droit administratif, Paris, PUF, 2008, p. 223.

[17] La clé de répartition des compétences entre le juge administratif et le juge judiciaire en matière de responsabilité extra contractuelle a été établie au Cameroun depuis l'arrêt NGONGANG NJANKE Martin C/Etat du Cameroun suscité. Dans cette perspective, le contentieux né de l'acte administratif unilatéral est en principe un contentieux administratif relevant de la compétence du juge administratif hors mis les cas d'acte de gouvernement et assimilés.

agents auteurs des dommages causés dans l'exercice même de leurs fonctions ». En plus, ces tribunaux de droit commun connaissent des emprises et des voies de fait administratives et ordonnent toute mesure pour qu'il y soit mis fin[18].

Or, le cas d'espèce ne répond pas à ces exigences. En décidant dans cette affaire que les agissements de l'administration sont constitutifs d'un simple acte administratif unilatéral[19], la Haute Juridiction impose une déclaration d'incompétence au juge judiciaire puisque sa position est en dernier ressort et acquiert aussitôt l'autorité de la chose jugée. Face à une telle situation, l'instance est appelée à reprendre, à la diligence de la partie intéressée, devant le juge administratif. Y faisant suite, la personne ayant intérêt n'est plus appelée à se soumettre au rituel du classicisme procédural. Ici, le juge administratif peut être valablement saisi par la technique de la « citation directe »[20], c'est-à-dire sans exercice préalable d'un recours gracieux. Le fondement juridique de cette démarche est tiré non seulement de la jurisprudence[21], mais aussi de l'article 19 alinéa 2 de la loi 2006/022 du 29 décembre 2006 suscitée[22]. Certes, la lecture et l'analyse combinées des articles 18 et 19 de la loi de 2006 sont de nature à susciter des débats se soldant par des points de vue divergents au regard de l'exigence ou non d'un recours gracieux préalable.

B. La compétence du juge administratif pour connaître d'un contentieux résultant d'un simple acte administratif unilatéral

Le Procureur de la République près le Tribunal de Première Instance d'Ebolowa devrait désormais savoir gré à la Cour statuant en matière

---

[18] Cf. article 3(2) de la loi n°2006/022 du 29 décembre 2006 fixant l'organisation et le fonctionnement des Tribunaux Administratifs.

[19] Pour l'Assemblée Plénière, « ***la fermeture par le préfet du débit de boissons dont s'agit constitue un acte administratif dont la connaissance incombe au juge administratif comme s'agissant d'un acte unilatéral de l'administration causant grief à une personne*** ».

[20] ABA'A OYONO J-C, Thèse précitée, p. 276.

[21] CS. CA, jugement n°47 du 25 mai 1982, Dr. NDZIETAM Pierre contre Etat du Cameroun. Dans cette affaire, s'appuyant sur les dispositions de l'article 8 alinéa 2 de la loi n°75/17 du 08 décembre 1975 fixant la procédure devant la Cour Suprême statuant en matière administrative, si le juge judiciaire a été saisi par erreur, le recours gracieux préalable n'est plus exigé si la même affaire est portée devant le juge administratif. A ce stade, l'administration ne peut plus prétendre être surprise d'une procédure puisque c'est la même affaire qui était devant le juge judiciaire qui est reprise devant le juge administratif.

[22] Cf. article 19 alinéa 2 de la loi n°2006/022 précitée.

administratif. En effet, c'est sans ambigüité et peut-être sans trop de peine qu'elle a procédé à la requalification des faits présumés être une voie de fait en ceux d'acte administratif unilatéral, répondant ainsi favorablement à sa demande.

Pour l'Assemblée plénière, « *la fermeture par le préfet du débit de boissons dont s'agit constitue un acte administratif comme s'agissant d'un acte unilatéral de l'administration causant grief à une personne* ». En statuant ainsi, le juge administratif affirme par là qu'il ne s'agit pas d'un acte foncièrement grossier ayant perdu le réflexe d'un acte administratif. Les agissements de l'administration ne sont pas dénaturés au point de perdre leur caractère administratif. L'administration ici n'est donc pas déshabillée de ses prérogatives de puissance publique. Rangé ainsi dans la rubrique des actes administratifs unilatéraux pris en excès de pouvoir, le contentieux né des agissements du Préfet est ainsi un contentieux administratif. C'est à bon droit que le règlement de ce litige relève de la compétence du juge administratif, l'administration ici ne s'étant pas dépouillée de ses avantages de puissance publique.

En effet, juge de droit commun de l'administration[23], le juge administratif connait de l'ensemble du contentieux concernant l'Etat, les collectivités territoriales décentralisées et les établissements publics administratifs[24]. Ce contentieux administratif comprend, entre autres, le recours en annulation pour excès de pouvoir, à savoir tout recours basé sur le vice de forme, l'incompétence, la violation d'une disposition légale ou réglementaire, le détournement de pouvoir[25]. C'est à cet exercice d'appréciation que devrait se livrer, s'il est saisi, le juge administratif dans l'espèce FOTSA Patrice Désiré contre État du Cameroun.

Conclusion

Un bon juge doit connaître l'étendue de ses pouvoirs et maîtriser les limites de ceux-ci de peur d'être gentiment ou violemment rappelé à l'ordre par le juge supérieur. Pour éluder ce désagrément, il est appelé à bien lire le droit positif (textes, jurisprudence, doctrine) et à mieux l'interpréter. En plus, il doit avoir la modestie et l'humilité de bien se

[23] Cf. article 14 de la loi 2006/022 du 29 décembre 2006 sus-évoquée.
[24] Cf. article 2 al2 de la loi n°2006/022 du 29 décembre 2006 reprenant l'article 9 al 1 de l'ordonnance n°72/06 du 26 août 1972 suscitée.
[25] Cf. article 2 alinéa 3 (a) de la loi n° 2006/022 du 29 décembre 2006 suscitée.

renseigner avant de rendre justice, laquelle doit être conforme aux exigences de l'Etat de droit. On peut tout de même regretter une chose dans l'arrêt ci-dessus rapporté : le fait d'avoir condamné sieur FOTSA, déclencheur de cette procédure devant l'instance judiciaire, aux entiers dépens de la procédure. Cette position de l'Assemblée plénière nous semble juridiquement inconfortable surtout que l'erreur judiciaire déplorée émane du juge saisi au principal et la voie de recours exercée est faite par le Ministère public.

Dans cette *bagarre* juridique de deux Magistrats, quelle est la faute commise par le justiciable FOTSA Patrice Désiré pour être condamné aux dépens ?

À notre avis, cela ne se justifie pas puisqu'en fin de compte, il a été à tort victime d'une erreur grossière de l'autorité judiciaire qui s'est déclarée compétente aux mépris du droit pour statuer sur une exception préjudicielle au lieu d'ordonner un sursis à statuer. La Haute Instance juridictionnelle aurait pu mettre les dépens à la charge du trésor public et c'est au moment où le juge judiciaire d'Ebolowa devait vider sa saisine en rendant, au regard de la position de l'Assemblée plénière, une décision d'incompétence que le demandeur FOTSA devrait être condamné aux dépens pour avoir succombé conformément à la loi en vigueur[26]. Hélas !

Jacques BIPELE KEMFOUEDIO

[26] Cf. article 55 de la loi n° 2006/022 du 29 décembre 2006 fixant l'organisation et le fonctionnement des Tribunaux Administratifs.

30.
Voie de fait administrative – Incompétence de l'Assemblée plénière pour constater directement la voie de fait en l'absence d'une question préjudicielle – Oui – Principe limité par la jurisprudence ultérieure de la Cour – Oui.

Cour Suprême. Assemblée plénière, arrêt n°16 du 19 juillet 1990, ATEBA NOMO Albert contre État du Cameroun (ministère des Mines et de l'Énergie)[1].

L'Assemblée plénière de la Cour suprême. Attendu que par requête en date du 22 octobre 1987, ATEBA NOMO Albert a saisi l'Assemblée plénière de la Cour suprême aux fins de constat d'une voie de fait administrative commise à son préjudice par l'État du Cameroun, ministère des Mines et de l'Énergie.

(…) Mais attendu que l'ordonnance n°72/06 du 26 août 1972 portant organisation de la Cour suprême dispose en son article 9 (4) : « *ils (les tribunaux de droit commun) connaissent, en outre, des emprises et des voies de fait administratives et ordonnent toute mesure pour qu'il y soit mis fin. Il est statué sur l'exception préjudicielle soulevée en matière de voie de fait administrative par l'Assemblée plénière de la Cour Suprême* ».

Attendu qu'il résulte de ces dispositions d'une part que les juridictions de droit commun sont seules compétentes pour connaître des emprises et des voies de fait, tant pour affirmer leur existence que pour y mettre fin et réparer éventuellement le préjudice ayant pu en découler, d'autre part que l'Assemblée plénière de la Cour Suprême a qualité seulement pour statuer sur l'exception préjudicielle soulevée par le défendeur en matière de voie de fait administrative.

Attendu que la requête d'ATEBA NOMO Albert, loin d'alléguer qu'une telle exception préjudicielle ait été soulevée et de demander à l'Assemblée plénière d'y statuer, sollicite plutôt que cette juridiction constate l'existence d'une voie de fait administrative et ordonne le renvoi de la cause et des parties devant le juge civil.

Attendu qu'au regard des dispositions légales ci-dessus rappelées, une telle demande échappe à la compétence de l'Assemblée plénière de la Cour suprême. Qu'il y a lieu de déclarer cette incompétence. **Par ces motifs, décide. Article 1er.** Déclare l'Assemblée plénière incompétente. **Article 2.** Condamne le demandeur aux dépens.

NOTE

On le sait, c'est bien souvent à l'occasion d'une décision de rejet ou d'incompétence que se fait un grand revirement ou que se prend un arrêt de principe. Les faits ayant donné lieu à l'affaire opposant le sieur ATEBA NOMO Albert à l'État du Cameroun, vidée le 19 juillet 1990 par l'Assemblée plénière de la Cour Suprême, le confirment.

---

[1] Note de jurisprudence rédigée par le Professeur Célestin KEUTCHA TCHAPNGA, en collaboration avec. M. Axel WANDJI KEMAJOU, Doctorant en Droit Public aux Universités de Poitiers (France) et de Dschang (Cameroun).

En l'espèce, le sieur ATEBA NOMO Albert, propriétaire d'un immeuble non bâti sis à Obala et objet du titre foncier n°142 du 8 novembre 1950, tel qu'il ressort du livre foncier du Département de la Lékié, avait vu sortir de terre des constructions qui avaient occupé une superficie de 4633 mètres cubes (*en réalité peut être mètres carrés*) sur l'immeuble lui appartenant en toute propriété, sans qu'il lui ait été signifié un acte administratif tendant à une expropriation pour cause d'utilité publique. Le château d'eau ainsi construit, entouré par une clôture matérialisée et que dessert une servitude de passage viabilisée avait été, de l'aveu de la Société Nationale des Eaux du Cameroun (SNEC), concédé à cette société par l'État du Cameroun, (ministère des Mines et de l'Énergie), ainsi qu'il ressortait des conclusions déposées par la SNEC, Intervenante forcée devant le Tribunal de Grande Instance de Monatélé, saisi d'une action en expulsion de ladite société.

Par requête en date du 22 octobre 1987, le sieur ATEBA NOMO avait saisi *directement* l'Assemblée plénière aux fins de constat d'une voie de fait administrative commise à son préjudice par l'État du Cameroun.

Au soutien de son action, il faisait valoir les dispositions de l'article 9 (4) de l'ordonnance n°72/6 précitée, qui précisait qu'il est statué sur l'exception préjudicielle soulevée en matière de voie de fait administrative par l'Assemblée plénière. Selon lui, l'exécution des travaux par l'administration précitée, dans des conditions qui ne pouvaient se rattacher à aucune base légale, était constitutive d'une voie de fait administrative.

De même, ajoutait-il, la dépossession intervenue était si manifestement irrégulière qu'elle s'analysait également en une emprise et il y avait lieu que l'Assemblée plénière statue sur cette question préjudicielle, constate la voie de fait administrative et renvoie la cause et les parties devant le juge civil pour indemnisation.

L'Assemblée plénière de la Cour Suprême était-elle compétente pour constater et qualifier directement une décision administrative de voie de fait, en l'absence d'une question préjudicielle préalablement soulevée dans une instance en cours devant le juge judiciaire ?

Assurément non, avait répondu de manière lapidaire et pédagogique la Haute Assemblée*, qui ajoutait qu'elle a « **qualité seulement pour statuer sur l'exception préjudicielle soulevée par le défendeur en matière de voie de fait administrative** ».*

Autrement dit, sa compétence en la matière n'était qu'incidente (*et non directe*) dans un procès déjà en cours. En outre, il revenait au juge judiciaire de constater et de qualifier directement la voie de fait, de la réparer et de la faire cesser, sauf si une partie soulevait cette exception. Le requérant ne l'ayant pas fait en l'espèce, la Cour avait, à juste raison, décliné son incompétence**(I)**.

Ultérieurement, l'Assemblée plénière de la Cour Suprême s'était également reconnue, de manière prétorienne, **le pouvoir de statuer *extra petita* en appel** pour qualifier une décision administrative de voie de fait **(II)**.

I. Le principe consacré : l'assemblée plénière a qualité seulement pour statuer sur l'exception préjudicielle soulevée en matière de voie de fait administrative

Pendant longtemps au Cameroun était largement répandue l'idée selon laquelle, « ***depuis l'ordonnance du 26 août 1972, seule l'Assemblée plénière de la Cour Suprême est compétente pour constater les voies de fait. Si la question se pose*** *devant* ***la Chambre administrative de la Cour Suprême*** *ou devant* ***les Tribunaux de droit commun, ces juridictions doivent surseoir à statuer jusqu'à ce que l'Assemblée plénière de la Cour Suprême se soit prononcée sur l'existence de la voie de fait*** »[2].

Ainsi, il était souvent affirmé que l'article 3 de la loi n°2006/022 du 29 décembre 2006 fixant l'organisation et le fonctionnement des Tribunaux Administratifs, *qui n'est que la reprise de l'article 9 de l'ordonnance du 26 août 1972 fixant l'organisation et le fonctionnement de la Cour Suprême avec cependant quelques légères modifications d'importance certaine*, « ***consacre la distinction entre la constatation de la voie de fait administrative qui relève de la compétence de la juridiction administrative et sa réparation qui relève exclusivement des Tribunaux de droit commun.*** *Certainement, il s'agit pour le législateur camerounais d'empêcher que le juge judiciaire tombe, comme son homologue français, dans des constatations abusives des voies de fait administratives, obligeant de ce fait le Tribunal des Conflits et la Cour de Cassation à lui faire fréquemment des rappels à l'ordre.* »[3].

---

[2] JACQUOT H., « Le contentieux administratif au Cameroun », article précité, p. 29.

[3] MBALLA EMOTHO B C, Voie de fait administrative et compétences juridictionnelles au Cameroun, Thèse de Master en Droit Public précitée, pp. 25-26.

Il était également avancé *qu'« **il apparaît, dans tous les cas, que la constatation de la voie de fait est une opération excluant les Tribunaux de droit commun** »*[4].

La doctrine, dans sa majorité[5], s'accordait alors pour soutenir que ***« l''articulation des compétences dans les deux notions (emprise et voie de fait), aux termes de la jurisprudence camerounaise, permet de distinguer que,*** *d'une part,* ***la constatation et la qualification juridique de la voie de fait est du ressort du juge administratif*** *et, d'autre part,* ***la réparation des conséquences imputables à la voie de fait et à l'emprise ainsi que les injonctions éventuelles adressées à l'administration ressortissent de la compétence du juge judiciaire »***[6].

Par la présente décision de principe, rendue avec la force de l'évidence, l'Assemblée plénière de la Cour Suprême avait coupé court à cette interprétation qui était loin d'être conforme à l'esprit et à la lettre des textes, jadis et actuellement en vigueur en matière de constatation, de réparation et de cessation de la voie de fait administrative :

« *Mais attendu que l'ordonnance n°72/06 du 26 août 1972 portant organisation de la Cour Suprême dispose en son article 9 (4)* : « *ils (les Tribunaux de droit commun) connaissent, en outre, des emprises et des voies de fait administratives et ordonnent toute mesure pour qu'il y soit mis fin.* ***Il est statué sur l'exception préjudicielle soulevée en matière de voie de fait administrative par l'Assemblée plénière de la Cour Suprême. Attendu qu'il résulte de ces dispositions,*** *d'une part que* ***les juridictions de droit commun sont seules compétentes pour connaître des emprises et des voies de fait, tant pour affirmer leur existence que pour y mettre fin et réparer éventuellement le préjudice ayant pu en découler,*** *d'autre part*, ***que l'Assemblée plénière de la Cour Suprême a qualité seulement pour statuer sur l'exception préjudicielle soulevée par le défendeur en matière de voie de fait administrative »***.

---

[4] GUESSELE ISSEME L P, « Note sous CS.AP, arrêt du 22 février 2007, Mme KARMINOS CHLOE contre Commune rurale d'Obala », Note précitée, p. 22.

[5] En ce sens, voir, outre les auteurs déjà cités, notamment BINYOUM J, Droit administratif, Cours polycopié, 2éme année de Licence, précité. Du même auteur, Contentieux administratif, Cours polycopié, 3éme année de Licence, précité. KAMDEM J-Cl, Contentieux administratif, Tome 1, précité.

[6] En ce sens, voir, entre autres, ZBIGNIEW DIME LI NLEP Paul, Mémoire précité, p. 44.

Autrement dit, sa compétence pour statuer sur une question préjudicielle est incidente et non principale.

Or, la requête du sieur ATEBA NOMO Albert, « ***loin d'alléguer qu'une telle exception préjudicielle ait été soulevée et de demander à l'Assemblée plénière d'y statuer*** », sollicitait plutôt que cette juridiction constate l'existence d'une voie de fait administrative et ordonne le renvoi de la cause et des parties devant le juge civil.

C'est donc logiquement qu'elle a déduit « ***qu'au regard des dispositions légales ci-dessus rappelées, une telle demande échappe à la compétence de l'Assemblée plénière de la Cour suprême (et) Qu'il y a lieu de déclarer cette incompétence*** ».

On trouve chez le Doyen Maurice KAMTO[7], dont l'autorité n'est point contestable, et dans le bel article du Docteur Jacques BIPELE KEMFOUEDIO[8], un résumé de cette prise de position ferme de l'Assemblée plénière en la matière.

Il est désormais acquis, en doctrine, que l'article 9 alinéa 4 de l'ordonnance n°72/6 du 26 août 1972 qui régissait l'organisation et fonctionnement de la Cour Suprême, tout comme l'article 3 de la loi n°2006/022 fixant actuellement l'organisation et le fonctionnement des Tribunaux Administratifs, est dévolutif d'une compétence *directe* aux juges judiciaires en matière de constatation, de qualification, de réparation et de cessation de la voie de fait administrative.

Ces deux articles n'ont leur place dans l'ordonnance et la loi relatives aux juridictions administratives que parce qu'ils envisagent implicitement l'hypothèse où pourrait être soulevée devant lesdits juges (judiciaires) une question préjudicielle en matière de voie de fait et, désormais, d'emprise. C'est logiquement que le législateur avait prévu en 1972 et a prévu en 2006 que, dans ce cas, il est statué sur la question par la défunte Assemblée plénière et l'actuelle Chambre administrative de la Cour Suprême, désormais juge d'appel et de cassation en matière administrative.

Qui pouvait donc soulever l'exception préjudicielle ?

---

[7] KAMTO M, « La mise en cause des autorités administratives devant le juge judiciaire camerounais », article précité, p. 351

[8] BIPELE KEMFOUEDIO J, « Le contentieux de la voie de fait .et de l'emprise irrégulière au Cameroun .. », article précité, pp. 67– 69.

La réponse de la Cour à cette question était radicale et très limitative : « le défendeur ». Cette réponse s'avère fragile sur le plan théorique.

On sait, en effet, qu'au principal, l'exception préjudicielle, moyen de défense, peut être soulevée par toute partie ayant intérêt[9]. À ce sujet, le pouvoir revient à la partie la plus diligente manifestant un intérêt à saisir l'Assemblée plénière (*actuellement la Chambre administrative*) aux fins de constatation et de qualification de la voie de fait. Sur ce point d'ailleurs, le Professeur Yves GAUDEMET rappelait que « *le renvoi qu'implique ou qu'impose la question préjudicielle reste à la discrétion, mais aussi à la charge, des parties* »[10].

Par exemple, dans l'affaire ministère public et OKALA EMANA Benjamin contre NDONGO Simon, NDJANA FOUDA et MEVOBIYO'O, mise en lumière par l'arrêt n°3 rendu le29 décembre 1994 par l'Assemblée plénière de la Cour Suprême, c'est bien le Procureur de la République près les Tribunaux de Première et Grande Instance de Bafia qui avait transmis la question préjudicielle à cette Haute Assemblée, laquelle était pourtant soulevée par le Sous-préfet NDJANA FOUDA devant le Tribunal d'Instance de cette localité. (*En ce sens, voir supra*, ***GD n°28***).

Dès lors qu'une question préjudicielle est soulevée par la partie la plus diligente, l'instance en cours devant le juge saisi du principal est suspendue. Il revient à cette partie de saisir sans délai et directement l'Assemblée plénière (*actuellement la Chambre administrative*) afin qu'elle statue sur la question préjudicielle, en décidant plus précisément s'il y a en l'espèce voie de fait administrative ou non[11]. Lorsque cette question est soulevée par le juge judiciaire lui-même, il opère, à la même fin, un renvoi dit préjudiciel. Le juge saisi du principal se doit donc de

---

[9] Ibidem, p. 68.

[10] GAUDEMET Y, « Les questions préjudicielles devant les deux ordres de juridiction », article précité, p. 769.

[11] **Dans quelques arrêts relativement récents, l'Assemblée Plénière, saisie d'une question préjudicielle, a qualifié certaines décisions administratives de voies de fait administratives**. En ce sens, voir, par exemple, CS/AP, arrêt n°07 du 16 décembre 2004, KUELA Valeri Norbert (Sous-Préfet d'Akonolinga) et MINLO Auguste (Adjoint d'Arrondissement) contre Adjudant-Chef EBEN Edouard Steve (Commandant de la Brigade territoriale de gendarmerie). CS.AP, arrêt du 22 février 2007, Mme KARMINOS CHLOE contre Commune rurale d'Obala, Note précitée du Dr. GUESSELE ISSEME Lionel Pierre

rendre un jugement avant-dire-droit dans lequel il dira qu'il est sursis à statuer jusqu'à ce que la question préjudicielle soit réglée.

Il ressort de la jurisprudence Dame BALANOS que la requête introduite par la partie diligente, à la suite de la question préjudicielle, déroge aux règles générales de procédure requises dans le cadre de la saisine de la juridiction administrative. Le recours gracieux n'est pas exigé. Les délais de saisine du juge ne sont pas exigés, de la période du sursis à statuer du juge judiciaire à la saisine de l'Assemblée plénière. Cette dernière ne statue pas ici comme juge d'appel, mais en tant que juge de premier et dernier ressort. La constatation de la voie de fait devient donc *une matière administrative* exceptionnelle, dont la procédure de mise en œuvre déroge aux règles générales de la procédure en ce qui concerne les matières tranchées en premier ressort devant la Chambre administrative et, éventuellement en appel devant l'Assemblée plénière.

Mais, la rigueur ne doit pas être adoptée dans l'analyse de cette position. On a pu recenser des cas dans lesquels l'Assemblée plénière a constaté la voie de fait sans avoir été saisie à l'issue d'une exception préjudicielle soulevée devant une juridiction incompétente, mais bien dans le cadre de l'exercice de sa compétence comme juge d'appel en matière administrative.

II. La dérogation consacrée : l'assemblée plénière s'est reconnue plus tard le pouvoir de statuer *EXTRA PETITA* en appel pour qualifier une décision de voie de fait

La justice, faible comme toute œuvre humaine, ne saurait en règle générale être rendue une fois pour toutes par des juges statuant définitivement en premier et dernier ressort. La bonne administration de la justice exige que dans tout système juridictionnel soit mise en place une construction à plusieurs étages, destinée à vérifier, par l'exercice de voies de recours appropriées et par des juges réputés plus chevronnés, que la sentence initiale a été rendue régulièrement et à bon droit[12]. Il en était ainsi de l'appel qui, avant la réforme du contentieux administratif en 2006[13], était considéré comme la « *voie d'achèvement du procès*

[12] NEGRIN J.P, Préface à la Thèse précitée de M. C.SIETCHOUA DJUITCHOKO.

[13] V. KEUTCHA TCHAPNGA C, « La réforme attendue du contentieux administratif.. », préc.

administratif » au Cameroun. Ce qui constituait un « *particularisme certain* »[14].

L'appel se borne à assurer sa double fonction traditionnelle qui consiste à contrôler, d'une part la régularité en la forme des sentences et, d'autre part, leur bien-fondé. En matière administrative, « *l'appel est une voie de réformation et une voie d'annulation des jugements de 1er ressort non assortis de cassation*[15] »[16].

L'appel suspend en principe l'exécution des jugements. On dit en ce sens qu'il a un effet suspensif. Il a aussi un effet dévolutif, c'est-à-dire que le litige, dans sa complexité de fait et de droit, est porté devant le juge d'appel qui doit réexaminer à nouveau toute l'affaire. Il peut confirmer le jugement de première instance. Il peut l'infirmer partiellement. L'appel peut aussi aboutir à un anéantissement pur et simple dudit jugement, dans le cas où la décision elle-même ou la procédure suivie pour son adoption avait été irrégulière. Ainsi que permettent de le constater les faits ayant donné lieu à l'affaire DJOTOUM Henriette contre État du Cameroun (MINAT), objet de l'arrêt n°20 rendu le 4 janvier 2001 par l'Assemblée plénière de la Cour Suprême.

Par lettre en date du 29 septembre 1986, enregistrée au Greffe de la Cour Suprême le même jour sous le numéro 1128, Mlle DJOTOUM Henriette, par le biais de Maître NGONGO OTTOU, a relevé appel du jugement n°49/85686 rendu le 24 avril 1986 par la Chambre administrative de la susdite juridiction dans l'instance qui l'oppose à l'État du Cameroun (MINAT).Le Conseil de l'appelante fait grief au premier juge d'avoir délibérément dénaturé les faits et documents de la cause quand, pour déclarer irrecevable son recours en indemnisation du préjudice subi à la suite de la fermeture illégale de son débit de boisson par M. le Ministre d'État chargé de l'Administration Territoriale, il a affirmé que « *la requérante ne justifie pas et n'offre pas d'établir qu'elle*

[14] NLEPR-G, L'Administration publique camerounaise, ouvrage précité, pp. 368 et 370.

[15] A la différence du recours pour excès de pouvoir qui est une voie de droit par laquelle le plaideur tente d'obtenir l'annulation d'une décision illégale prise par une autorité administrative, le pourvoi en cassation est « *un recours en annulation dirigé contre une décision juridictionnelle rendue par un Tribunal Administratif statuant en premier et dernier ressort* ». ROUVIERE J, Les juridictions administratives et le recours en cassation, ouvrage précité, p. 12.

[16] En ce sens, voir SIETCHOUA DJUITCHOKO C, Thèse de Doctorat précitée, p. 10.

ait, avant de saisir la juridiction de céans par requête du 13 octobre 1982, exercé un recours gracieux prescrit par la loi ».

En fait, elle avait obtenu régulièrement une licence de débit de boisson et d'alimentation n°95/D/MINAT/DAP/AD/1 du 22 octobre 1980. Mais, le 26 septembre 1981, son magasin a été fermé sans préavis par la police, agissant sur les ordres du Ministère de l'Administration Territoriale, aux motifs que ce magasin serait à côté de l'École Nationale Supérieure de Police.

Après plusieurs recours, cette Administration a fini par reconnaitre sa faute en autorisant la réouverture de son magasin aux fins de son transfert. Estimant que cette fermeture sans préavis lui avait causé d'énormes préjudices et en désespoir de cause après les tentatives de règlement amiable infructueuses, la requérante s'est trouvée obligée de recourir à l'arbitrage de la Chambre administrative pour solliciter d'elle la condamnation de cette Administration à cinq millions soixante-quatre mille trois cent quatre-vingts francs (5.064.380 francs) de dommages-intérêts pour préjudices matériels et à deux millions de francs (2.000.000 francs) pour préjudice moral.

Malgré l'opposition de l'État du Cameroun, qui invitait la juridiction saisie à débouter Mlle DJOTOUM Henriette de sa demande en indemnisation comme non fondée et à la condamner aux dépens, l'Assemblée plénière, après avoir reconnu que la recourante avait bel et bien formé, le 7 juin 1982, un recours gracieux destiné au Ministre de l'Administration Territoriale pour obtenir indemnisation des préjudices subis, a logiquement décidé que c'est à tort que la Chambre administrative avait nié l'existence de son recours gracieux préalable.

En annulant le jugement n°49 du 24 avril 1986 en cause pour motivation erronée, l'Assemblée plénière, en outre et là était l'innovation, avait qualifié la mesure prise par le MINAT de voie de fait administrative *(par manque de procédure. En ce sens, voir supra,* ***GD n°28)***, **alors qu'elle n'en était pas saisie, à travers une question préjudicielle :**

« *Considérant...* ***que le procédé utilisé par l'autorité de fermeture n'est pas celui prévu par les articles 25 (1) (nouveau) du décret n°74/644 du 16 juillet 1974 portant modification du décret n°73/659 du 22 octobre 1973 réglementant les débits de boisson qui prévoit plutôt la cessation des activités sur sommation de la police et 30 du même texte,***

lequel prévoit le retrait de la licence qui emporte la fermeture de l'établissement. Considérant que cette fermeture n'étant pas conforme aux textes susvisés constitue une voie de fait, car s'agissant d'un fait matériel positif réalisé en dehors d'une voie permise par la loi ».

En statuant ainsi sur une question étrangère à la demande de l'appelante, l'Assemblée plénière avait fait, non pas de l'ultra petita (en accordant plus que ce que la requérante demandait), mais plutôt de l'extra petita *(extra signifiant littéralement en dehors de la demande formulée en appel).*

Pourtant, on croyait que depuis la jurisprudence Albert ONO NGAFOR contre État du Cameroun ***(GD n°13)***, il était acquis que le juge ne peut statuer « *ultra-petita* ».

Cette règle générale de procédure, qui s'impose au juge administratif, signifie simplement qu' « ***aucune juridiction ne peut trancher des questions dont elle n'est pas saisie ou accorder à une partie plus que celle-ci ne demandait*** »[17].

Cet exemple n'était pas isolé. La Haute Assemblée avait réitéré cette solution dans l'affaire Commune de Plein Exercice de Yaoundé contre SAMEDJEU Jean-Jacques, objet de l'arrêt n°41 du 5 avril 2001.

En l'espèce, **l'Assemblée plénière**, saisie à la suite d'un appel formé par ladite Commune contre le jugement rendu en sa défaveur par la Chambre administrative, **avait été également amenée, de sa propre initiative, c'est-à-dire sans qu'il y ait une question préjudicielle, à constater et à qualifier la décision prise par l'exécutif municipal de voie de fait** :

« ***Attendu que le Délégué du Gouvernement a agi en méconnaissance flagrante des pouvoirs qui lui sont expressément reconnus dans un domaine que le législateur a placé sous la protection de l'autorité judiciaire, à savoir le droit de propriété. Attendu qu'en commettant un tel acte qui excède manifestement les limites de la légalité et qui porte atteinte à la propriété de SAMEDJEU, le Délégué du Gouvernement a commis une voie de fait.*** *Que conformément aux dispositions de l'article 9 (3) de l'ordonnance n° 72/6 du 26 août 1972,*

---

[17] AUBY J.M., « L'ultra-petita dans la procédure contentieuse administrative », Mélanges WALINE, op.cit., p. 267.

les emprises et les voies de fait administratives sont de la compétence du juge judiciaire ».

Célestin KEUTCHA TCHAPNGA et Axel WANDJI KEMAJOU

31.

Pause abusive des scellés par un Sous-préfet dans trois boutiques – Voie de fait administrative – Oui – Constatation et qualification par le juge judiciaire – Oui – Réparation de la voie de fait – Oui.

Président du Tribunal de Première Instance de Dschang, ordonnance de référé n°21 du 14 décembre 2011, KENGMO Etienne, JIOFACK Jacques, NGASSA Edouard contre M. le Sous-préfet de l'arrondissement de Nkong-Ni[1].

Nous, Juge des référés. Attendu que par exploit en date du 8 décembre 2011, non encore enregistré, mais qui le sera en temps utile, de Maître NGONGANG NGAGUEM Marie, Huissier de Justice et à la requête conjointe des nommés KENGMO Etienne, JIOFACK Jacques, NGASSA Edouard, tous commerçants domiciliés à Baleveng et à Yaoundé, ayant pour Conseil Maître FONGUEING Gaston, Avocat au Barreau du Cameroun, assignation en référé d'heure à heure indiquée a été donnée à M. le Sous-préfet de l'Arrondissement de Nkong-Ni, pour s'entendre est-il dit dans l'exploit :

« Attendu que les requérants sont propriétaires coutumiers et locataires d'un immeuble bâti sis au marché de Baleveng comportant trois boutiques ; que dans l'après-midi du vendredi 02 décembre 2011, M. le Sous-préfet de l'Arrondissement de Nkong-Ni a fait irruption sur les lieux et, sans aucune injonction, ni mise en demeure, a chassé clients et gérants des trois boutiques, avant d'y apposer des scellés, bloquant ainsi toutes les marchandises, dont certaines sont des denrées périssables, à l'intérieur ; qu'il n'a donné aucune explication à ce comportement et, pis encore, il n'a dressé aucun procès-verbal soit pour matérialiser cette situation, soit pour permettre aux requérants de faire valoir leurs droits. Que ce comportement de M. le Sous-préfet de Nkong-Ni est constitutif d'une voie de fait justifiant interruption du juge judiciaire, notamment du juge de référé pour y mettre fin par l'enlèvement de ces scellés par tout Huissier territorialement compétent ; qu'en effet, le lexique des termes juridiques (13e édition, page 573), défini la voie de fait comme étant : « tout comportement portant ouvertement atteinte à des droits personnels ou méconnaissant à l'évidence une disposition législative ou règlementaire et justifiant de ce fait le recours à la procédure de référé en vue de faire cesser ce trouble, manifesteront illicite. Qu'en scellant les boutiques des requérants sans leur notifier une moindre décision judiciaire, ni une moindre disposition législative ou réglementaire justifiant son comportement, le Sous-préfet de Nkong-Ni s'est rendu auteur d'une voie de fait ».

Par ces motifs

Et tout autre à déduire, à ajouter ou à suppléer, même d'office ; vu les dispositions des articles 182 et suivants du code de procédure civile et commerciale ; bien vouloir constater le caractère manifestement abusif des scellés apposés le 02 décembre 2011 sur les boutiques des requérants par M. le Sous-préfet de Nkong-Ni ; constater que ce comportement ne repose sur aucune base, ni de droit, ni de fait.

---

[1] Note de jurisprudence rédigée par le Docteur Jacques BIPELE KEMFOUEDIO, Chargé de Cours au Département de Droit Public de l'Université de Dschang. F.S.J.P.

En conséquence. Ordonner l'enlèvement de ce scellé par tout Huissier territorialement compétent ; ordonner l'exécution sur minute et avant enregistrement de l'ordonnance à intervenir et nonobstant toute voie de recours. Mettre les dépens à la charge du requis, dont distraction au profit de Maître FONGUENG Gaston, Avocat aux offres de droit".

Attendu que les requérants nous demandent d'enlever les scellés apposés sur leurs magasins parce que manifestement abusifs en ce qu'il ne leur a été notifié ni décision judiciaire, ni disposition législative ou réglementaire.

Attendu qu'une descente effectuée par nous sur les lieux a permis de constater l'effectivité des scellés n°s19, 20, 21 apposés en date du 20 décembre 2011 par M. le Sous-préfet de Nkong-Ni. Que l'absence d'une procédure légale ou réglementaire du Sous-préfet de Nkong-Ni participe d'une voie de fait.

Qu'aux termes de l'article 9 alinéa 4 de l'ordonnance n°72/6 du 26 août 1972 fixant l'organisation de la Cour Suprême : "Les tribunaux de droit commun… connaissent en outre des voies de fait administratives et ordonnent toutes mesures pour qu'il y soit mis fin…". Qu'il y a lieu de faire droit à l'action des requérants.

Attendu que le défendeur n'a pas comparu, qu'il y a lieu de statuer par défaut à son égard et contradictoirement à l'égard des requérants. Attendu que le défendeur ayant succombé supporte les dépens. **Par ces motifs.** Statuant publiquement, contradictoirement à l'égard des requérants, par défaut à l'égard du défendeur, en matière civile et commerciale, en premier ressort et après en avoir délibéré. **Au principal.** Renvoyons les parties à se mieux pouvoir ainsi qu'elles aviseront.

Mais dès à présent, vu l'urgence : ordonnons l'enlèvement des scellés numéros 19, 20, 21 apposés en date du 02 décembre 2011 par le Sous-préfet de Nkong-Ni par tout Huissier territorialement compétent. Condamnons le défendeur aux dépens. Disons notre ordonnance exécutoire sur minute et avant enregistrement nonobstant toute voie de recours.

NOTE

Voici, une fois de plus, sans que ce soit une fois de trop, l'administration devant le juge judiciaire. Voici encore une décision du juge judiciaire qui rompt avec une tradition jurisprudentielle en matière de contentieux de la voie de fait administrative[2] et qui remet sur la table

[2] Il y a voie de fait dans deux séries de cas : d'une part, lorsqu'une décision administrative portant atteinte à la liberté ou à la propriété privée est en elle-même, et indépendamment des conditions dans lesquelles elle est exécutée, manifestement insusceptible d'être rattachée à l'exécution d'un texte législatif ou réglementaire ou, plus généralement, à un pouvoir appartenant à l'administration ; d'autre part, lorsque l'administration a passé, dans des conditions irrégulières, à l'exécution d'une décision, même régulière, portant atteinte au droit de propriété ou à une liberté fondamentale. Ainsi, la voie de fait comprend trois éléments distincts qui sont : exécution matérielle d'une activité, l'irrégularité grossière de l'opération administrative (cette irrégularité

des débats le fameux principe de la séparation des autorités administratives et judiciaires au Cameroun. Ce principe, dont la consécration fait l'objet de vives controverses doctrinales, s'inscrit dans la perspective des sujets qui constituent un véritable casse-tête juridique. Dans cette affaire, objet de la présente Note de jurisprudence, le juge judiciaire, doté d'un coefficient élevé d'audace positive, constate et qualifie, contre toute attente, la voie de fait administrative et ordonne toute mesure pour qu'il y soit mis fin. À première vue, la démarche du juge unique, qui suscite une bonne dose de curiosité scientifique, peut être soumise à la sévère critique de la doctrine majoritaire et de la jurisprudence. À notre sens, il ne devrait pas en être ainsi puisque la décision en question est juridiquement bâtie *à béton armé* et semble d'ailleurs bénéficier de l'onction du législateur camerounais.

Les faits de la cause, résumés à ses éléments substantiels, sont simples : les nommés KENGMO Etienne, JIOFACK Jacques et NGASSA Edouard, tous commerçants domiciliés à Baleveng et à Yaoundé, un peu comme si chacun des demandeurs avait deux domiciles, ce qui n'est pas juridiquement concevable au regard de la règle sacrée de l'unicité de domicile[3], sont propriétaires coutumiers d'un immeuble bâti sis au marché de Baleveng comportant trois boutiques. Le vendredi 02 décembre 2011, dans l'après-midi, M. le Sous-préfet de l'Arrondissement de Nkong-Ni a fait irruption sur les lieux et, sans aucune injonction ni mise en demeure, a chassé sans motif légal ou légitime les clients et gérants des trois boutiques avant d'y apposer des scellés, bloquant ainsi toutes les marchandises dont certaines sont des denrées périssables à l'intérieur. Le Sous-préfet en question n'a donné aucune explication à son comportement et, plus grave encore, n'a dressé aucun procès-verbal,

---

peut résulter, soit de la décision elle-même, soit de l'exécution de ladite décision) et l'atteinte au droit de propriété ou à une liberté publique. L'irrégularité manifeste peut présenter deux aspects : elle peut tout d'abord être inhérente à la décision elle-même. On dit alors, reprenant une expression du Doyen Maurice HAURIOU, qu'il y a voie de fait par manque de droit. On veut dire par là que l'irrégularité manifeste se traduit dans la décision elle-même, même s'il n'y a pas exécution, encore qu'une simple menace d'exécution suffise. L'irrégularité constitutive de la voie de fait peut revêtir un second aspect. Elle peut se situer dans la mesure elle-même. On parle alors de voie de fait par manque de procédure. Il s'agit donc de l'exécution d'une procédure grossièrement illégale d'une décision même légale.

[3] Sur le plan juridique, le principe est celui de l'unicité du domicile. De manière claire, personne ne peut avoir plus d'un domicile. Il ne faut donc pas confondre domicile et résidence.

soit pour matérialiser cette situation, soit pour permettre aux requérants de faire valoir leurs droits. Pour les requérants, ces agissements de l'autorité étaient constitutifs d'une voie de fait administrative justifiant l'intervention urgente du juge judiciaire statuant en matière de référé pour y mettre fin à travers l'enlèvement de ces scellés par tout officier ministériel territorialement compétent.

Le juge des référés peut-il, en droit camerounais, constater et qualifier la voie de fait administrative et ordonner toute mesure pour y mettre fin ? Tel est le problème juridique qu'on peut logiquement se poser à la lecture de l'exposé des faits ci-dessus rapportés.

À l'analyse, et conformément à l'article 9(4)[4] de l'ordonnance n°72/6 du 26 août 1972 fixant l'organisation de la Cour Suprême, repris *mutatis mutandis* par l'article 3(2) de la loi n°2006/016 du 29 décembre 2006[5], le juge judiciaire a la plénitude de compétence pour constater et qualifier la voie de fait[6], à moins que cette compétence ne soit paralysée par le

---

[4] Aux termes de cet article 9(4), « *ils* (les *tribunaux de droit commun) connaissent, en outre, des emprises et des voies de fait administratives et ordonnent toute mesure pour qu'il y soit mis fin. Il est statué sur l'exception préjudicielle en matière de voie de fait administrative par l'Assemblée plénière de la Cour Suprême* ».

[5] Aux termes de cet article 3(2) « ... *les tribunaux de droit commun... connaissent, en outre, des emprises et des voies de fait administratives et ordonnent toute mesure pour qu'il y soit mis fin. Toutefois, il est statué par la Chambre administrative de la Cour Suprême sur l'exception préjudicielle soulevée en matière de voie de fait administrative et d'emprise* ».

[6] Le droit camerounais considère à tort comme synonyme les termes « *constatation* » et « *qualification* ». En prenant du recul, on s'aperçoit que les deux notions ne recouvrent pas la même réalité. La constatation est une opération matérielle qui permet d'apprécier les faits, de vérifier la réalité des éléments allégués dans l'acte de saisine ou administrés au cours des débats. Elle s'opère généralement par des transports judiciaires effectués sur les lieux où les faits se sont déroulés. Dans le cas d'espèce, la constatation a consisté à faire une descente sur les lieux pour voir effectivement si l'immeuble en question ainsi que les boutiques qui y sont incorporées étaient effectivement scellés et quels étaient la nature et les numéros de ces scellés. C'est cette opération qui permet de mieux apprécier les faits et de déterminer la vraie qualification juridique. La qualification, pour sa part, est une opération intellectuelle qui permet au juge de rattacher un fait, un acte ou une situation juridique à un groupe déjà existant. Il s'agit donc d'une opération de l'intelligence qui vise à préciser la nature juridique d'un fait, d'un acte ou d'une situation juridiques afin de pouvoir le ou la rattacher à une catégorie typique, ce qui permettra aussi de déterminer la loi qui est applicable dans ce cas. Cette opération entre dans les missions du juge et lui permet de vérifier et de redresser au besoin les qualifications proposées par les demandeurs ou les plaideurs. La qualification est ainsi une notion plus large qui intègre la constatation puisque c'est à l'issu de la constatation

soulèvement par l'une des parties d'une exception préjudicielle. En appréciant ainsi la voie de fait administrative à travers la constatation et la qualification, d'une part **(I),** et en ordonnant toute mesure pour y mettre fin, d'autre part **(II)**, le juge judiciaire relance les débats sur un sujet qu'on croyait clos.

I. L'appréciation par le juge judiciaire de la voie de fait administrative

La mission d'un juge peut-elle se limiter à la simple vérification des opérations matérielles ? Non ! Puisqu'après cette vérification des opérations matérielles, il faut héberger ces faits dans une catégorie juridique, c'est-à-dire leur trouver une nature juridique. L'appréciation de la voie de fait est ainsi une opération à double détente qui intègre à la fois la constatation, opération matérielle et la qualification, opération intellectuelle. Le juge judiciaire ne peut donc pas connaitre du contentieux de la voie de fait administrative sans passer par cette double opération.

Dans l'espèce KENGMO Etienne, JIOFACK Jacques et NGASSA Edouard contre M. le Sous-préfet de l'Arrondissement de Nkong-Ni, le juge judiciaire, de manière claire, a constaté et qualifié les agissements de l'autorité administrative de voie de fait **(A)**. Mais cette compétence du juge judiciaire a une portée limitée en ce qu'elle pouvait être paralysée par une partie à travers le soulèvement d'une exception préjudicielle **(B)**.

A. La compétence du juge judiciaire en matière de constatation et de qualification de la voie de fait administrative

Aux termes de l'article 14 (nouveau) de la loi n°65-LF-29 du 29 novembre 1965 portant réforme du contentieux administratif, modifiant et complétant certaines dispositions de l'ordonnance n°61-OF-6 du 04 octobre 1961 fixant la composition, les conditions de saisine et la procédure devant la Cour Fédérale de Justice, « ... *les tribunaux de droit commun... peuvent connaître en outre, en toute matière, des voies de fait administratives, en ordonnant toute mesure pour qu'il y soit mis fin, ainsi que des emprises* ». L'ordonnance n°72/06 du 26 août 1972 portant organisation de la Cour Suprême avait repris ces dispositions en les

qu'on procède à la vraie qualification. La qualification contenue dans l'acte de saisine n'est que provisoire. Elle ne lie pas le juge qui est saisi des faits et non de la qualification. Cette qualification faite par le demandeur, au regard des faits, peut être confirmée ou redressée par le juge.

enchérissant : « ... *les tribunaux de droit commun connaissent..., en outre, des emprises et des voies de fait administratives et ordonnent toute mesure pour qu'il y soit mis fin. Il est statué sur l'exception préjudicielle en matière de voie de fait administrative par l'Assemblée plénière de la Cour Suprême* »[7]. Ces dispositions ont été reprises *mutatis mutandis* par le législateur de 2006[8]. En libellant cet article 9 (4) comme tel, le législateur camerounais semble clairement reconnaitre la compétence de constatation et de qualification de la voie de fait administrative au juge judiciaire.

Ainsi, le législateur camerounais offre l'opportunité au juge judiciaire d'intervenir dans les différends mettant en cause l'administration. S'agit-il d'une rupture du principe de la séparation des autorités administratives et judiciaires, formellement consacré en droit français et explicitement reçu par la jurisprudence administrative camerounaise[9], en application des dispositions de l'article 126 (b) du Code Pénal qui « *punit de la détention de six mois à cinq ans ... le Magistrat qui intime des ordres ou des défenses à des autorités exécutives ou administratives* » ?

Dans tous les cas, la position du juge judiciaire adoptée ici est conforme aux exigences de l'« *administrative law* » longtemps applicable dans le Cameroun anglophone. Selon la logique de cette branche du droit, les règles de droit privé dans leurs formes et contenus, et suivant leurs procédures, doivent être appliquées par les juridictions de droit commun aux opérations dites administratives[10].

À la lecture de l'ordonnance ici annotée, l'acte de saisine avait déjà mentionné « *qu'il y a là voie de fait justifiant l'intervention du juge*

---

[7] Cf. article 9 alinéa 4 de l'ordonnance n° 72/06 du 26 août 1972 précitée.

[8] Cf. article 3 (2) de la loi n° 2006/022 du 29 décembre 2006 précitée/

[9] La Chambre Administrative a eu à consacrer ce principe dans le jugement n°213 du 18 août 1972, Dame AOUA Hadja : « ... *le principe de la séparation des pouvoirs interdit au juge administratif de statuer sur des actions qui mettent en cause le fonctionnement des services judiciaires* ». Dans le même sens, voir notamment CS-CA, jugement n° 59 du 23 mars 2011, DEFFO contre Etat du Cameroun : « *au risque de violer le principe de la séparation des pouvoirs judiciaire et administratif, le juge ne saurait donner des injonctions à l'administration* » et CS-CA, jugement n°71 du 3 février 2010, Davide NJINI BORNO. Dans cette affaire, le juge justifie également l'interdiction de donner des injonctions par la « *violation du principe de la séparation des pouvoirs entre le pouvoir judiciaire et l'administration* ».

[10] Cf. E. NFOBIN, « La résurgence de l'administrative law comme droit de l'administration au Cameroun anglophone : réflexion sur un phénomène peu connu », Revue EDJA, n°74, juillet-août-septembre 2007, p. 41.

judiciaire ». Pour statuer dans cette cause, le juge saisi a malheureusement convoqué les dispositions de l'article 9 alinéa 4 de l'ordonnance n°72/6 du 26 août 1972 fixant l'organisation de la Cour Suprême pour asseoir le fondement de sa compétence. Ces dispositions visées étaient mal venues en 2011 pour justifier la compétence du juge judiciaire en matière de voie de fait puisqu'elles ont été abrogées depuis 2006 par la loi n°2006/022 du 29 décembre 2006 en son article 3 (2).L'action entreprise dans le cas d'espèce par le Sous-préfet de l'Arrondissement de Nkong-Ni, au mépris des procédures légales et au préjudice des droits des requérants, était ainsi constitutive de voie de fait justifiant l'intervention du juge judiciaire et plus spécifiquement du juge des référés, compte tenu de l'urgence de la reprise de leurs activités commerciales et du caractère périssable des marchandises, conformément à l'article 3 alinéa 2 de la loi n°2006/022 du 29 décembre 2006 suscitée, lesquelles dispositions fondent cette compétence.

Montrant son audace, le juge unique a constaté lui-même la voie de fait. Cette opération matérielle s'est manifestée dans le cas d'espèce par une descente sur les lieux ordonnée par le juge. Ce transport judiciaire effectué le 08 décembre 2011 lui a permis de constater l'effectivité des scellés n°19, 20 et 21 apposés le 02 décembre 2011 par M. le Sous-préfet de Nkong-Ni. Pour le juge, « *en l'absence d'une procédure légale ou réglementaire, dans le cas d'espèce, les agissements du Sous-préfet de Nkong-Ni participent d'une voie de fait* »[2]. En qualifiant le comportement de l'autorité administrative de voie de fait, le juge semble, à notre avis, avoir donné satisfaction aux exigences de la loi. Mais, il s'est inscrit en marge d'une jurisprudence longtemps édifiée et d'une doctrine nationale majoritaire presque constante[11].

En effet, depuis l'intervention de l'ordonnance du 26 août 1972 fixant l'organisation de la Cour Suprême, le juge administratif a été considéré par la jurisprudence et la doctrine très majoritaire comme la seule autorité compétente pour constater et qualifier la voie de fait. Pourtant, à notre sens, telle n'est pas l'idée qui peut se dégager des dispositions législatives. À la lecture de l'article 9 (4) de l'ordonnance de 1972, repris par l'article 3 (2) de la loi n°2006/022 fixant l'organisation et le

[11] Cette théorie jurisprudentielle et doctrinale majoritaire souligne qu'en matière de voie de fait administrative ou d'emprise irrégulière, le juge administratif constate ou qualifie et le juge judiciaire répare et ordonne la cessation. Les défenseurs acharnés de cette thèse se fondent sur l'existence au Cameroun (bien qu'encore très discutée) du principe de la séparation des autorités administratives et judiciaires.

fonctionnement des Tribunaux Administratifs, la compétence principale en matière de constatation et de qualification de la voie de fait administrative revient au juge judiciaire. De manière claire, et selon l'idée qui peut aisément se dégager de l'article 9(4) de l'ordonnance de 1972 reprise *mutatis mutandis* par l'article 3 (2) de la loi de 2006, lorsqu'aucune partie au procès n'a contesté la compétence de constatation et de qualification de la voie de fait administrative à travers une exception préjudicielle, le juge judiciaire constate et qualifie.

À la vérité, l'exception préjudicielle est un moyen de défense et, en tant que tel, elle ne peut qu'être soulevée par la partie qui a intérêt. Si, au cours des débats, aucune partie ne soulève cette exception, il ne reviendrait pas au juge, en sa qualité d'arbitre impartial, de la soulever. En effet, le procès civil étant la chose des parties, la question préjudicielle dans le cadre du contentieux de la voie de fait au Cameroun n'est pas, à notre sens, d'ordre public, c'est-à-dire de nature à être invoquée obligatoirement par le juge même si aucune partie n'en souligne.

Mais, la question préjudicielle en matière du contentieux de voie de fait en droit camerounais semble originale en ce qu'elle divorce d'avec la tradition consacrée dans le champ des questions de ce genre. En disposant que « *les tribunaux de droit commun connaissent des voies de fait...* », le législateur leur confère expressément la compétence de constatation (ne serait-ce qu'une constatation indirecte ou sous-entendue), de qualification et de réparation. Il est constant en droit qu'un juge ne peut pas connaitre d'un litige sans au préalable analyser les faits et les qualifier, c'est-à-dire les loger dans une catégorie juridique précise.

L'originalité de ce contentieux est que le juge judiciaire procède à la constatation et à la qualification, mais qu'un tel pouvoir, bien qu'il soit principal, est précaire en ce qu'il est susceptible d'être paralysé par le biais d'une exception préjudicielle soulevée.

On comprend dès lors, à l'examen de l'article 3(2) de la loi 2006/022 du 29 décembre 2006 que le législateur ne semble pas retirer cette compétence de constatation et de qualification au juge judiciaire. Il a tendance même en la matière de faire de lui l'acteur principal. On pouvait tout de même, si l'on était en droit français, opposer à cette situation juridique la violation du principe de la séparation des autorités administratives et judiciaires[12]. À notre sens, un tel argument serait impertinent en ce que dès lors qu'il y a voie de fait, il n'y a plus activité administrative et on peut logiquement en déduire une soumission complète de l'administration aux règles de droit privé[13]. Autrement dit, les voies de fait administratives sont des actes tellement grossiers et dénaturés qu'ils perdent leur caractère administratif. La voie de fait vide ainsi l'administration de ses prérogatives de puissance publique. À cet effet, les actes pris ou posés par l'autorité ne peuvent plus être considérés comme rattachés à la compétence administrative. C'est parce que l'acte a perdu son caractère administratif que le juge judiciaire détient la plénitude de compétence (mais pas l'exclusivité) en matière de constatation et de qualification de la voie de fait administrative.

L'ordonnance annotée vient consolider quelques décisions judiciaires rendues de manière courageuse et audacieuse par le juge judiciaire en matière de constatation et de qualification de la voie de fait. Dans l'affaire succession FOKOUA Pierre contre Commune de Dschang et Dr MOMO Bernard, le juge de référé du Tribunal de Première Instance de Dschang avait qualifié les agissements du Maire de « *voie de fait* ». De manière limpide, le juge avait affirmé « *qu'en terrassant ainsi ledit site et en autorisant les véhicules de transport public à s'y installer, le Maire commet une voie de fait puisqu'il prend une décision qui porte atteinte à une propriété privée et est insusceptible d'être rattachée à l'exécution d'un texte législatif ou réglementaire* »[14]. En se comportant ainsi, le juge de l'ordre judiciaire a posé de manière solide les bases d'une pensée positive de rénovation en matière du contentieux de la voie de fait. Cette position rejoint la décision rendue par le Président du Tribunal de Première Instance de Douala dans l'affaire Deïdo Pharmacy contre Chef de Centre Divisionnaire des Impôts de Douala VII[15]. Il en résulte ainsi

---

[12] Sur ce principe, lire FLAUSS J. F, Les questions préjudicielles et le principe de la séparation des autorités administrative et judiciaire, Thèse, Strasbourg, 1976, p. 267.

[13] En effet, la voie de fait entraine la volonté de sanctionner une attitude de l'administration considérée comme particulièrement condamnable. La compétence administrative était un véritable privilège de l'administration. En cas de voie de fait, ce privilège devrait lui être retiré parce qu'elle a méconnu gravement le droit.

[14] Cf. Président du Tribunal de Première Instance de Dschang, ordonnance de référé n° 19/ORD du 16 octobre 2008.

[15] Tribunal de Première Instance de Douala, ordonnance de référé n° 791 du 10 janvier 2002. Dans cette affaire, le Président du Tribunal statuant en référé a constaté la voie de fait administrative et a ordonné la levée des scellés apposés sur l'immeuble exploité par la requérante, sous astreinte.

que normalement, l'acte devenu une simple voie de fait, et non plus une voie de droit, échappe à la compétence administrative et relève du juge judiciaire.

Cette attitude s'inscrit dans un esprit de changement vers le progrès du droit. On peut aisément comprendre cette logique du droit découlant des textes camerounais. En fait, le législateur comprend mal ou ne comprend pas du tout, à l'heure de la protection avérée des droits de l'Homme et des libertés publiques, pourquoi un juge judiciaire, qui a compétence de connaître de la voie de fait administrative, ne peut pas la constater et la qualifier au regard des faits surtout si aucune partie n'a trouvé d'objection. Cette objection est faite à travers une exception préjudicielle. Cette exception préjudicielle soulevée entraînerait, si elle est admise[16], un sursis à statuer dans la cause[17] jusqu'à ce que soit tranchée la question de droit relevant de la compétence d'une juridiction de l'autre ordre[18]. En même temps, elle donnerait la possibilité à la partie la plus diligente de saisir la Chambre administrative aux fins de constatation et de qualification. On comprend donc que le renvoi de la question aux fins de constatation et de qualification devant la Chambre administrative de la Cour Suprême n'est pas, à notre sens, une exception d'ordre public pouvant être soulevée d'office par le juge à moins que celui-ci ne soit embarrassé sur la vraie qualification des faits. Le procès civil étant la chose des parties, il leur revient en principe de soulever l'exception préjudicielle dans le cadre de leur défense puisqu'en l'absence de l'invocation de cette question (préjudicielle), le juge judiciaire peut légalement constater les agissements de l'administration et les qualifier.

---

[16] Pour qu'une question préjudicielle soit admise par le Tribunal principalement saisi, il faut, d'une part, qu'elle soulève une difficulté sérieuse, c'est-à-dire une difficulté « *de nature à faire naître un doute dans un esprit éclairé* » (Cf. E. LAFERRIERE, Traité de la juridiction administrative, cité par A. DE LAUBADERE, Note sous C.E., Ass., 19 juin 1964, Société des pétroles Shell-Berre, AJDA, 1964, II, p. 443), d'autre part, que la solution du juge de renvoi soit nécessaire au jugement du fond, c'est-à-dire que le sort du litige en dépende. De façon générale, le mécanisme de la question préjudicielle n'est mis en œuvre que sous la double réserve de l'utilité de la question posée pour la solution du litige et de son caractère sérieux. GAUDEMET Y, « Les questions préjudicielles devant les deux ordres de juridiction », précité, p. 769.

[17] Il importe de souligner que le sursis à statuer permet d'éviter une contradiction avec la solution qu'une juridiction administrative pourrait retenir si elle était saisie des mêmes faits.

[18] Lire CALLET C., « La fonction juridictionnelle à l'épreuve de la question préjudicielle. Regard sur les fonctions de la question préjudicielle », Jurisdoctoria n° 6, 2011, pp. 17 et ss.

Cette logique peut aisément se comprendre, car, si aucune partie ne soulève l'exception préjudicielle, c'est qu'elle semble convaincue de ce qu'il s'agit effectivement d'une voie de fait. En l'absence de toute contestation sur la constatation ou sur la qualification, il ne faut pas au principal saisir le juge administratif pour contester une voie de fait alors que les parties au procès ne la contestent pas. En procédant ainsi, on gagne en énergie, en argent et en temps. Dans cette perspective, les droits et les libertés en sortent protégés de manière efficiente.

En revanche, si au cours du procès, une partie a soulevé l'exception préjudicielle, parce que non d'accord de la qualification en présence, le juge judiciaire n'a plus de choix. Il ne peut que prendre acte, ordonner automatiquement et obligatoirement un sursis à statuer et renvoyer la partie la plus diligente à mieux se pourvoir et plus précisément à saisir la Chambre administrative de la Cour Suprême aux fins de constatation et de qualification. C'est d'ailleurs ce qui s'est passé dans l'affaire KITIMBI Pierre contre Communauté Urbaine de Yaoundé[19] et ENA MBALLA Hubert contre la même structure[20]. La compétence de constatation et de qualification reconnue au juge judiciaire a ainsi une portée limitée.

B. La portée limitée de la compétence du juge judiciaire en matière de constatation et qualification de la voie de fait administrative

La théorie de la voie de fait au Cameroun est une construction essentiellement jurisprudentielle. Si, en droit français, les jalons jurisprudentiels de cette théorie sont posés depuis 1934 dans l'affaire Curé de Réalmont[21] avant d'être renchéris dans l'arrêt Action française[22], au Cameroun, ils sont posés par le juge dans les affaires Max Keller NDONGO contre État Fédéral du Cameroun[23] et MVE NDONGO Abraham, Procureur général C/ NGABA Victor[24]. Depuis ces arrêts, le principe de la compétence du juge administratif en matière de qualification de la voie de fait a été consacré sur le plan jurisprudentiel.

---

[19] TGI du Nfoundi, Chambre civile, jugement ADD n° 220 du 22 avril 1987.

[20] AP/CS, arrêt n° 68/A du 22 février 2007.

[21] Tribunal des conflits, 4 juillet 1934, Curé de Réalmont, Rec., p. 1247.

[22] Tribunal des conflits, 8 avril 1935, Action française ; cf. aussi M. LONG, P. WEIL, G. BRAIBANG, P. DELVOLVE et B. DENEVOIS, *Les grands arrêts de la jurisprudence administrative*, Paris, Dalloz-Sirey, Coll. « Grands arrêts », 15e édition, 1er septembre 2005, Action française (n° 49), p. 301.

[23] CFJ/SCAY, arrêt n° 20 du 04 novembre 1966.

[24] CFJ/AP, Arrêt n° 10 du 17 octobre 1968.

En des termes clairs, l'Assemblée plénière souligne que « *les faits reprochés à MVE NDONGO constituent une voie de fait administrative, c'est-à-dire des actes tellement irréguliers qu'ils perdent le caractère administratif* ». Aux termes de l'article 9 (4) de l'ordonnance n°72/06 du 26 août 1972 portant organisation de la Cour Suprême, « ... *il est statué sur l'exception préjudicielle en matière de voie de fait administrative par l'Assemblée plénière de la Cour Suprême* ». On constate donc, en matière contentieuse, que l'idée de la question préjudicielle renvoie en principe, sauf dans certains cas[25], à l'incompétence du juge saisi au préalable et devant qui la question est soulevée.

Le Professeur CORNU analyse la question préjudicielle comme « *le point litigieux dont la solution doit précéder celle de la question principale qu'elle commande, mais qui ne peut être tranchée par la juridiction saisie, de telle sorte que celle-ci doit surseoir à statuer jusqu'à ce que la question préjudicielle ait été résolue par la juridiction seule compétente pour en connaître* »[26]. La question préjudicielle est donc celle qui appelle un jugement distinct et séparé émanant d'un juge autre que celui du fond et dont la solution doit précéder l'examen du fond et être tranchée par une juridiction autre que celle compétente sur l'action principale. En d'autres termes, la question est qualifiée de préjudicielle chaque fois que le règlement relève d'une autre juridiction que celle devant laquelle ladite question est soulevée[27]. C'est donc parce que le juge préalablement saisi est incompétent pour répondre à la question qu'elle est dite préjudicielle. Toutefois, sans la réponse à la question posée au juge de renvoi, le juge saisi au principal est impuissant pour résoudre le litige qui lui est soumis[28]. En matière de voie de fait, le législateur de 2006, reprenant son devancier de 1972, affirme qu'«*il est statué par la Chambre administrative de la Cour Suprême sur l'exception préjudicielle soulevée en matière de voie de fait administrative...* ». Certes, ces dispositions sont imprécises, car elles ne

---

[25] D'après le Tribunal de Conflit français, lorsqu'une question préjudicielle est identique à une question sur laquelle la Cour de Justice a déjà été amenée à se prononcer ou lorsque la réponse à cette question ne laisse place à aucun doute raisonnable ou peut être clairement déduite de la jurisprudence, la Cour peut, après avoir entendu l'Avocat général, statuer par voie d'ordonnance motivée, en faisant notamment référence à l'arrêt déjà rendu sur cette question ou à la jurisprudence pertinente (T.C., 12 décembre 2011, Société Green Yellow et autres c/ Electricité de France, n° 3841).

[26] G. CORNU (Dir.), Vocabulaire juridique, Paris, PUF, 2001, p. 703.

[27] LAFERRIERE E., Traité de juridictions administratives, op.cit., p. 444.

[28] Cf. GRANJON D., « Les questions préjudicielles », AFDA,1968, pp. 78 et ss.

déterminent pas qui peut soulever l'exception, à quel moment de la procédure cette exception peut être soulevée et sur quoi elle va porter. De manière plus claire, cette exception préjudicielle porte-t-elle sur la constatation ou la qualification, sur la réparation ou sur la cessation de la voie de fait ?

Face à cette imprécision, la jurisprudence et la doctrine se sont efforcées à apporter quelques clarifications. De manière résumée, l'exception préjudicielle peut être en principe soulevée par la partie au procès ayant intérêt ; mais elle pourrait aussi l'être à titre exceptionnel par un juge qui se trouve embarrassé. Dans cette dernière hypothèse, on parle de renvoi préjudiciel. Cette exception, pour avoir la chance de prospérer, doit être soulevée devant le juge judiciaire avant toutes conclusions au fond. En effet, le législateur camerounais rappelle que « toutes les exceptions, demandes en nullités, fins de non-recevoir et tous les déclinatoires visés aux articles précédents sauf l'exception d'incompétence rationae materiae et l'exception de communication de pièces, seront déclarés non recevables s'ils sont présentés après qu'il aura été conclu au fond »[29]. En plus, cette exception doit être présentée au même moment que les autres de peur d'être frappée d'irrecevabilité. Aux termes du dernier paragraphe de l'article 97 du Code de Procédure Civile et Commerciale suscité, « toutes les autres exceptions, demandes de nullités, fins de non-recevoir et tous les autres déclinatoires doivent être proposés simultanément et aucun ne sera plus reçu après le jugement statuant sur l'un d'eux ». En cas de soulèvement d'une exception préjudicielle ou en cas d'un renvoi préjudiciel, cette constatation ou qualification, comme disposait en son temps l'article 9 (4) de l'ordonnance n° 72, relevait de la compétence exclusive de l'Assemblée plénière[30].

---

[29] Cf. article 97 premier paragraphe du Code de Procédure Civile et Commerciale.

[30] Dans l'affaire NOMENY NGUISSI Emile C/ Commune Urbaine de Dschang, la Chambre Administrative affirme : qu'il s'en suit que, sous réserve qu'il soit autrement décidé par l'Assemblée Plénière de la Cour Suprême qui a seule qualité, en vertu de ce même texte, pour statuer sur les questions préjudicielles soulevées en matière de voie de fait administrative, la Chambre Administrative est incompétente pour connaître du présent litige. Cette démarche correspond à celle entreprise dans l'affaire NANGAH et Compagnie (NANGAH COMPANY LTD) contre Etat du Cameroun, jugement n°15/86-87 du 29 janvier 1987 ainsi que dans l'affaire ENA MBALLA Hubert C/ Communauté Urbaine de Yaoundé, jugement n° 03/03-04 du 1er octobre 2003. Dans ces deux affaires, la Chambre administrative s'est déclarée incompétente au profit de l'Assemblée Plénière pour constater une voie de fait administrative. Toujours sur la

Mais à la faveur de la loi n°2006/022 du 29 décembre 2006, fixant l'organisation et le fonctionnement des Tribunaux Administratifs, c'est la Chambre administrative de la Cour suprême qui est désormais compétente pour statuer sur l'exception préjudicielle soulevée en matière de voie de fait administrative[31]. Dorénavant donc, lorsque la compétence de constatation ou de qualification du juge judiciaire a été contestée par une partie au procès à travers le soulèvement d'une exception préjudicielle, c'est la Chambre administrative de la Cour Suprême qui est compétente pour constater l'existence ou non de la voie de fait administrative. Le législateur camerounais accorde ainsi un privilège à la juridiction administrative pour constater et qualifier la voie de fait en cas de soulèvement de l'exception préjudicielle devant le juge judiciaire. Il lui revient donc de pouvoir apprécier au préalable les actes de l'administration. Ce qui permet d'éviter la confusion entre voie de fait administrative et notions voisines à savoir emprise irrégulière, excès de pouvoirs, circonstances d'exception, référé-liberté[32].

C'est donc le soulèvement de la question préjudicielle en principe par l'une des parties au procès ayant intérêt qui met fin à la fonction de constatation et de qualification du juge judiciaire dans le litige en question. Ainsi, l'invocation de la question préjudicielle retire au juge judiciaire sa compétence de constatation ou de qualification. À la vérité, le soulèvement de cette question dès cet instant le rend ipso facto incompétent pour constater et qualifier la voie de fait.

---

compétence de l'Assemblée Plénière en matière de constatation, voir C.S/A.P, arrêt n° 20/A du 04 janvier 2001, DJOTOUM Henriette C/ Etat du Cameroun (MINAT) ; C.S/A.P, arrêt n° 41/A P du 5 avril 2001, Commune de Plein Exercice de Yaoundé C/ SAMEDJEU Jean Jacques. Mais, auparavant, de manière maladroite, la Chambre Administrative dans l'affaire Dame BINAM née NGO NJOM Fidèle, objet du jugement n°12/ du 28 janvier 1982, avait affirmé sa compétence pour constater, donc qualifier un acte de voie de fait administrative. Après quelques jugements d'incompétence, la Chambre Administrative est revenue confirmer sa compétence pour constater et qualifier la voie de fait. Dans tous les cas, la jurisprudence camerounaise malgré la limpidité du texte a été maintes fois vacillante sur la question.

[31] Cf. articles 3 (2) de la loi n° 2006/022 du 29 décembre 2006 fixant l'organisation et le fonctionnement des Tribunaux Administratifs et 38 alinéa c de la loi n° 2006/016 du 29 décembre 2006 fixant l'organisation et le fonctionnement de la Cour Suprême.

[32] Voir sur cette question, MBALLA EMOTHO B.C., Voie de fait administrative et compétences juridictionnelles au Cameroun, Thèse de Master en Droit Public, Université de Dschang, F.S.J.P. , 2012, pp. 10-18.

Mais, en attendant que cette exception soit soulevée pour paralyser cette compétence de constatation ou de qualification de la voie de fait, le juge judiciaire détient la pleine compétence en cette matière. C'est dire que si lors de la qualification des faits qui figurent généralement dans l'acte de saisine du tribunal, aucune partie n'a soulevé des contestations à travers une exception préjudicielle, le juge judiciaire constate et précise au regard des éléments de fait et de droit qu'il dispose la vraie nature juridique des agissements de l'administration.

Or, dans le cas d'espèce, à l'examen de l'ordonnance en question, aucune partie n'a soulevé l'exception préjudicielle pour enlever au juge judiciaire sa compétence de constatation et de qualification. C'est donc en toute légalité républicaine que ce juge judiciaire a constaté et qualifié de manière salutaire la voie de fait dans le cas d'espèce.

Si, par extraordinaire, une partie au procès avait soulevé cette exception préjudicielle, le juge judiciaire devrait s'abstenir de constater et de qualifier ; par contre, il était tenu d'ordonner en principe un sursis à statuer, de renvoyer la partie la plus diligente à se mieux pourvoir notamment à saisir le juge administratif compétent (Assemblée plénière à cette époque-là[33] et Chambre administrative de la Cour Suprême aujourd'hui[34]) aux fins de constatation[35].

Alors, si le juge administratif estime qu'il n'y a pas voie de fait, le juge judiciaire, à moins d'être en présence d'un fait administratif, se déclare incompétent et renvoie la partie la plus diligente à se mieux pourvoir. À ce niveau, si l'on est en présence d'un simple acte administratif illégal, la victime ne pourrait que saisir le juge administratif qui statuera de nouveau en contentieux d'excès de pouvoir ou en indemnisation[36]. Ici, à titre exceptionnel, le recourant peut adresser son recours contentieux directement au juge sans respect de la formalité du recours gracieux préalable. Le juge administratif, se basant sur les dispositions de l'article 8 (2) de la loi n°75/17 du 08 décembre 1975

[33] CFJ/SCAY, arrêt n° 10 du 17 octobre 1968, MVE NDONGO Abraham précité.

[34] Cf. article 3 (2) de la loi de 2006/022 du 29 décembre 2006.

[35] Les affaires ENA MBALLA Hubert et KITIMBI Pierre contre Communauté Urbaine de Yaoundé suscitées offrent une belle illustration dans ce sens.

[36] C'est ce qui s'est passé dans l'espèce Ministère public contre FOTSA Patrice Désiré, Etat du Cameroun, AP/CS, arrêt n° 102/A du 13 décembre 2007. Dans cette affaire, l'Assemblée Plénière avait estimé que les agissements de l'Etat du Cameroun ne constituaient pas une voie de fait administrative mais un simple acte administratif justiciable devant le juge administratif.

fixant la procédure devant la Cour Suprême statuant en matière administrative a relevé avec justesse que si le juge judiciaire a été saisi par erreur, le recours gracieux préalable n'est plus exigé si la même affaire est portée devant le juge administratif[37]. victime sera tenue de respecter la procédure en vigueur en matière du contentieux administratif[38]. Si, en revanche, le juge administratif estime qu'il y a voie de fait, l'affaire est retournée au juge judiciaire pour réparation et ordonnance de toute mesure pour y mettre fin[39].

II. La cessation par le juge judiciaire de la voie de fait administrative

Le fondement juridique de la compétence du juge judiciaire pour ordonner toute mesure visant à mettre fin à la voie de fait administrative est connu en droit camerounais **(A).** Y faisant suite, le juge, à bon droit, a pris des mesures nécessaires pour mettre fin à la voie de fait **(B).**

A. Le fondement de la compétence du juge judiciaire en matière de cessation de la voie de fait administrative

Le contentieux de la voie de fait administrative a secrété une théorie purement jurisprudentielle qui a été imaginée par le Conseil d'État français au cours du 19e siècle[40]. Cette théorie, tant en droit français qu'en droit camerounais, est née dans un contexte de défense des droits essentiels des individus face aux abus de l'administration. En effet, avant la création des juridictions administratives en France, il y avait dans ce pays une séparation des autorités administratives et judiciaires. Selon le principe, proscription est faite au juge judiciaire de connaître des actes de

---

[37] CS/CA, jugement n°47 du 25 mai 1982, Dr. NDZIETAM Pierre contre Etat du Cameroun.

[38] Recours gracieux préalable, recours contentieux, dépôt des mémoires avec pièces, respect des délais à chaque étape de la procédure …

[39] Les affaires ENA MBALLA Hubert et KITIMBI Pierre contre Communauté Urbaine de Yaoundé sus-évoquées illustrent parfaitement cette hypothèse. Il en est de même de l'affaire Dame BALANOS née KARMINOS CHLOE contre Commune Rurale d'Obala, objet de l'arrêt n°62/A du 22 février 2007, Note précitée de M. GUESSELE ISSEME sous cet arrêt, pp. 16-28.

[40] La plupart des auteurs s'accordent sur le fait que la voie de fait est une théorie qui a été imaginée par le Conseil d'Etat au 19e siècle. La définition de la voie de fait est en effet le fruit de plusieurs arrêts rendus par le Conseil d'Etat, le Tribunal des conflits et la Cour de cassation français. Néanmoins, nos recherches nous amènent à conclure que c'est dans l'affaire Curé de Réalmont du 04 juillet 1934 et plus clairement dans l'affaire Action française du 08 avril 1935 qu'ont été véritablement élucidés les différents aspects de la voie de fait, car presque tous les auteurs y font référence.

l'administration[41]. Dans cette logique, c'est l'administration qui était son propre juge. Mais, cette justice administrative paraissait inefficace, car elle ne pouvait pas garantir une meilleure protection des droits des administrés, surtout lorsque l'administration portait gravement atteinte à une liberté ou à un droit. C'est dans le souci de pallier à cette situation inconfortable qu'a été imaginé un procédé visant à impliquer le juge judiciaire dans ce processus de protection des droits humains. Le Cameroun, qui n'avait pas textuellement consacré le principe de la séparation des autorités administratives et judiciaires, a épousé cette logique sans difficulté.

De ce fait, lorsque l'administration commet une illégalité grossière qui menace gravement la liberté ou la propriété d'un individu, elle perd le bénéfice de la protection que lui assure la règle du juge administratif. Elle se trouve alors dans un cas de voie de fait puisqu'elle agit en dehors du cadre de la loi et, par conséquent, l'acte perd son caractère administratif[42]. Autrement dit, l'acte devient dénaturé et le juge ordinaire (juge judiciaire) retrouve sa compétence qui consiste, après constatation et qualification, à réparer le préjudice subi et à ordonner toutes les mesures pour y mettre un terme. À ce niveau, l'administration est traitée comme une personne de droit privé[43]. C'est pourquoi, le juge judiciaire est compétent pour la condamner à réparer les conséquences de son acte et ordonner toute mesure pour mettre un terme à cet acte grossier.

Au Cameroun, cette démarche existe et tient son fondement tant de la jurisprudence que des textes.

Après l'arrêt MVE NDONGO Abraham, une série d'affaires est venue illustrer la compétence du juge judiciaire en matière de réparation des conséquences de la voie de fait administrative et d'ordonnance de toute mesure pour y mettre fin[44].

---

[41] Cf. article 13 de la loi des 16 – 24 août 1790 sur l'organisation judiciaire. Ce principe est réitéré par l'article unique du décret du 16 fructidor an III.

[42] Voir M.A. BENABDALLAH, « La voie de fait administrative en droit marocain », Contribution aux Mélanges offerts au Doyen Yadh Ben ACHOUR, Centre de Publication Universitaire, Tunis, 2008, p. 9.

[43] Cette situation épouse la logique de l'« *administrative law* » qui favorise l'application « *des règles de droit privé dans leurs formes et contenus et suivant leurs procédures par les juridictions de droit commun aux opérations dites administratives »*. Cf. NFOBIN. E., « La résurgence de l'administrative law comme droit de l'administration au Cameroun anglophone : réflexion sur un phénomène peu connu », op.cit., 41.

[44] Cf. CS/CA, Jugement n° 12/81-82 du 28 janvier 1982, Dame BINAM née NGO NJOM Fidèle C/ Etat du Cameroun ; CS/CA, Jugement n° 39/92-93 du 29 avril 1993,

À côté de la jurisprudence, le législateur a donné une assise juridique à cette compétence. Aux termes de l'article 14 (nouveau) de la loi n°65-LF-29 du 29 novembre 1965 portant réforme du contentieux administratif modifiant et complétant certaines dispositions de l'ordonnance n° 61-OF-6 du 04 octobre 1961 fixant la composition, les conditions de saisine et la procédure de la Cour Fédérale de Justice, les tribunaux de droit commun « *... peuvent connaître en outre, en toute matière, des voies de fait administratives, en ordonnant toute mesure pour qu'il y soit mis fin...* ». Ces dispositions sont reprises par l'ordonnance n° 72/06 du 26 août 1972 portant organisation de la Cour Suprême[45] et par la loi n°2006/022 du 29 décembre 2006 fixant l'organisation et le fonctionnement des Tribunaux Administratifs[46].

C'est donc à bon droit que le juge de l'espèce se soit déclaré compétent pour connaître de cette affaire, confirmant par là son rôle de gardien naturel des droits et libertés individuels. Cette compétence exclusive du juge judiciaire pour prendre toute mesure visant à mettre fin à la voie de fait est la preuve de ce que le juge judiciaire demeure dans certaines mesures le juge de l'administration au Cameroun.

Toutefois, il est important de relever que l'atteinte à une liberté ou à un droit ne suffit pas pour la mise en œuvre de la voie de fait administrative. Il faut, et c'est le cas dans l'espèce objet de cette réflexion, que l'atteinte soit particulièrement grave. L'atteinte peut être dans l'aspect matériel de l'exécution de la décision. Mais, la gravité tient surtout au fait que l'auteur de la décision a totalement ignoré les limites de son pouvoir. Dans le cas d'espèce, le Sous- préfet de la localité a entièrement ignoré les bornes de ses pouvoirs et s'est en quelque sorte comporté comme une force qui ne se contrôle plus au regard des textes qui définissent ses compétences. À cette allure, souligne la doctrine, « *ce n'est plus l'administration qui agit, c'est, à la limite, une force qui s'est échappée de l'État de droit* »[47]. Cette situation factuelle, vu l'urgence,

---

ENA MBALLA Hubert C/ Communauté Urbaine de Yaoundé ; CS/AP, arrêt n° 20/A du 4 janvier 2001, DJOTOUM Henriette contre Etat du Cameroun (MINAT) ; CS/AP, arrêt n° 41/A du 5 avril 2001, SAMEDJEU Jean-Jacques contre Etat du Cameroun ; etc.

[45] Cf. article 9 alinéa 4.

[46] Cf. article 3 alinéa 2.

[47] LACHAUME J.F., H. PAULIAT, Droit administratif, 14e édition, Paris, PUF, 2007, p. 347.

nécessitait à tout prix l'intervention du juge des référés[48], qui n'a malheureusement pas pouvoir pour réparer le préjudice (de peur de préjudicier le fond), mais qui détient compétence pour faire cesser les agissements grossiers de l'administration c'est-à-dire la voie de fait entreprise.

B. La prise des mesures par le juge judiciaire pour faire cesser la voie de fait administrative

La voie de fait, dans le cas d'espèce, peut se traduire comme une situation dans laquelle se trouve l'administration, lorsque dans l'accomplissement d'une activité matérielle d'exécution, elle a commis une irrégularité grossière portant atteinte à une liberté publique et que le juge des référés doit intervenir pour faire cesser dans l'urgence afin de sauvegarder ce droit ou cette liberté publique.

Agissant conformément au droit, le juge judiciaire a compétence pour mettre fin à cette voie de fait, car, le caractère grave des agissements déchoit l'administration du privilège de juridiction et par conséquent de l'application du droit administratif[49] qui confère à l'administration le bénéfice des règles exorbitantes du droit commun.

Matériellement, il s'agit de remettre, si possible, les choses en l'état en ordonnant toutes mesures visant à mettre fin à la voie de fait. Ces mesures, en général, se manifestent par des restitutions[50], l'enlèvement des scellés irrégulièrement apposés[51], des destructions[52], des

---

[48] Lire à ce sujet, OUAZZANI CHAHDI H, « La voie de fait administrative et la compétence du juge des référés », RMD n° 3, 1985, p. 157.

[49] En effet, lorsque l'administration a pris « *un acte manifestement insusceptible de se rattacher d'une manière quelconque à l'exercice des pouvoirs dont elle est investie* », elle perd le bénéfice de l'application de la matière administrative pour devenir justiciable des règles du droit civil.

[50] T. C., 17 mars 1949, Société immobilière Rivoli-Sépastopol.

[51] Cf. Président du Tribunal de Première Instance de Dschang, ordonnance n° 06/ORD du 15 décembre 2006, Dame PAGUI TONFACK Armelle contre Chef de centre départemental des impôts de la Menoua, Receveur des impôts du centre départemental de la Menoua, EDJO'O Pierre Christian ; Président du Tribunal de Première Instance de Dschang, ordonnance n°17/ORD du 14 août 2008, Dame DONGMO née TSAGUE Marceline contre Receveur principal des impôts de l'Ouest à Bafoussam, FOGANG Jean et autres.

[52] Ces destructions porteront sur les constructions illégalement faites par l'Administration sur un terrain appartenant à un particulier. Il s'agit des constructions effectuées en dehors de toute procédure d'expropriation.

expulsions[53], la libération des personnes détenues[54], la levée d'une suspension ou d'une fermeture[55], l'enlèvement de matériels déposés sur un terrain privé[56]… Toutes ces mesures peuvent être accompagnées d'astreinte[57].

Ces solutions sont heureuses sur le plan pratique, car elles assurent efficacement la défense des administrés contre les atteintes portées aux droits et libertés par l'administration.

Dans le cas d'espèce, en particulier, la cessation de la voie de fait se traduit par l'ordonnance par le juge de l'enlèvement des scellés apposés sur l'immeuble contenant les trois boutiques des requérants afin de permettre à ces derniers d'y avoir accès et de reprendre leurs activités commerciales. Le juge compétent dans cette espèce a ordonné que les scellés irrégulièrement apposés soient enlevés et a commis pour y procéder tout Huissier territorialement compétent.

Vu l'urgence, l'ordonnance, objet du présent commentaire, a été assortie de l'exécution sur minute et avant enregistrement. Ainsi, telle que l'ordonnance est rédigée, pouvoir est donné à tout Huissier compétent de procéder à l'enlèvement desdits scellés. Sur ce point,

[53] Cf. T.C., 17 mars 1949, Hôtel du Vieux Beffroi ; CS/CA, jugement n° 31/ADD/04-05 du 29 décembre 2004, YIKAM Jérémie contre Etat du Cameroun (MINDEF) ; Président du Tribunal de Première Instance de Dschang, ordonnance de référé n° 19 /ORD du 16 septembre 2008, Succession FOKOUA Pierre représentée par Dame FOKOUA née MEDIE Augustine contre Commune de Dschang et Dr MOMO Bernard.

[54] Cf. Affaire Retired justice NYO'WAKAI and 172 others vs the people, suit n° C / 19 / CMR / 921 du 23 décembre 1992. Dans cette espèce, le juge a ordonné la libération des personnes irrégulièrement détenues à la suite de contestations des résultats de l'élection présidentielle de 1992.

[55] Cf. Président du Tribunal de Première Instance de Douala, ordonnance de référé n° 791/ORD du 10 avril 2002, Deido pharmacy contre Chef de Centre Divisionnaire des Impôts de Douala VII.

[56] T.C., 30 juin 1969, Société civile immobilière des Praillons.

[57] Dans l'affaire Deido pharmacy, objet de l'ordonnance de référé n°791/ORD du 10 avril 2002 rendue par Monsieur le Président du Tribunal de Première Instance de Douala, le juge a ordonné la levée des scellés apposés sur l'immeuble exploité par la requérante sous astreinte à payer par jour de retard. Il en est de même de l'ordonnance n° 19 /ORD du 16 septembre 2008 rendue dans l'affaire Succession FOKOUA Pierre représentée par Dame FOKOUA née MEDIE Augustine contre Commune de Dschang et Dr MOMO Bernard. Dans cette affaire, le Président du Tribunal de Première instance de Dschang, statuant en matière de référé d'heure à heure, a constaté la voie de fait et a ordonné l'expulsion des défendeurs de l'immeuble occupé sous astreinte de vingt mille (20 000) francs par jour de retard à compter du prononcé de l'ordonnance.

l'Huissier ne pourrait être stoppé dans son action d'exécution de cette décision de justice que par une défense à exécution délivrée en bonne et due forme par le Greffier en Chef de la Cour d'Appel territorialement compétente et régulièrement notifiée à la partie exécutante.

Dans tous les cas, le juge judiciaire est doté d'une compétence lui permettant de prendre toute mesure pouvant mettre fin à la voie de fait administrative. Il le fait en vertu de ses pouvoirs d'injonction et d'astreinte[58]. On comprend dès lors que lorsque l'administration abandonne sa qualité de puissance publique jouissant de prérogatives, c'est la juridiction ordinaire, gardienne des droits et libertés[59], qui est compétente pour mettre fin à la voie de fait.

Conclusion

Lorsque l'administration devient rebelle au droit, en agissant hors la loi, l'unique solution crédible dans un État de droit[60] est le recours au

---

[58] Voir. CHAPUS R, Droit administratif général, Tome 1, 7e édition, Paris, Montchrestien, 1993, p. 690.

[59] Voir BRETTON P. , L'autorité judiciaire gardienne des libertés essentielles et de la propriété privée, Paris, LGDJ, 1964, pp. 20 et ss.

[60] Selon une définition plus ancienne, l'Etat de droit est un système institutionnel dans lequel la puissance publique est soumise au droit. Le juriste autrichien Hans KELSEN a redéfini cette notion d'origine allemande au début du XXème siècle, comme un « *Etat dans lequel les normes juridiques sont hiérarchisées de telle sorte que la puissance (publique) s'en trouve limitée* ». De nos jours, l'Etat de droit est une situation juridique dans laquelle chacun est soumis au respect du droit, du plus simple individu jusqu'à la puissance publique. Il est très étroitement lié au respect de la hiérarchie des normes, de la séparation des pouvoirs et des droits fondamentaux. Il reste aussi étroitement lié au développement du constitutionnalisme. Sur la notion de l'Etat de droit, lire H. KELSEN, Théorie pure du droit, Trad. de la 2ème éd, Paris, Dalloz, 1962, pp. 411 et ss ; B. CARRE DE MALBERG, Contribution à la théorie générale de l'Etat, 2 tomes, 1920-1992 ; J. CHEVALLIER, « L'Etat de droit », RDP,1988, n° 2, pp 316 et ss ; du même auteur, « L'Etat de droit », Paris, Montchrestien, 3ème édition, 1999, pp. 53 et ss ; L. HAMON, « L'Etat de droit et son essence », RFDC, 1990, n° 4, pp. 699 et ss ; J. CHEVALLIER, « La mondialisation de l'Etat de droit », Mélanges Philippe Ardant, Paris, LGDJ, 1999, pp. 325-337 ; B. BOUMAKANI, « L'Etat de droit en Afrique centrale », in Vers une société de droit en Afrique centrale, 1970-2000, Colloque de Yaoundé, 14 – 16 novembre 2000, pp. 87 – 109 ; L. DONFACK SOKENG, « L'Etat de droit en Afrique », Afrique Juridique et Politique, Volume 1, n° 2, juillet - décembre 2002, pp. 87 – 125 ; C. DOUNKENG ZELE, « L'Etat de droit face aux défis de son effectivité en Afrique », *Annales de la FSJP de l'Université de Dschang*, Tome 8, 2004, pp. 189- 214.

juge. L'espèce KENGMO Etienne, JIOFACK Jacques et NGASSA Edouard offre ainsi l'occasion au juge judiciaire d'attirer l'attention de l'autorité administrative sur les limites de ses pouvoirs. Elle a aussi le mérite de rappeler au juge judiciaire camerounais l'étendue de ses compétences dans un contentieux de voie de fait administrative.

Ainsi, au Cameroun, le juge judiciaire se trouve habilité à constater et à qualifier la voie de fait, à adresser des injonctions à la puissance publique sur la base des règles du droit civil et à la condamner à réparer les préjudices causés par son acte matériel commis en dehors de la légalité.

De manière plus claire, le juge judiciaire peut, en matière de contentieux de la voie de fait administrative, constater, qualifier, réparer et ordonner toutes mesures pour qu'il y soit mis fin. Certes, sa compétence de constatation ou de qualification est fragile en ce qu'elle peut lors des débats être paralysée par une partie à travers le soulèvement d'une exception préjudicielle. Or, dans le cas d'espèce, cette exception préjudicielle n'a jamais été soulevée au cours des débats, la partie défenderesse qui avait intérêt à le faire n'ayant même pas comparu. En constatant donc les agissements de l'administration, en les qualifiant de voie de fait administrative et en ordonnant leur cessation, le juge des référés du Tribunal de Première Instance de Dschang a amplement satisfait au vœu de la loi.

Jacques BIPELE KEMFOUEDIO

Chapitre II

LES *GRANDES DÉCISIONS* RELATIVES AUX ACTES ADMINISTRATIFS UNILATÉRAUX DANS LE CADRE DU CONTENTIEUX DE L'URGENCE

L'urgence est un terme qui n'est pas spécifiquement juridique. Dans le langage courant, l'urgence est « *la qualité de ce qui ne peut être différé, ce qui doit être fait ou décidé sans délai* ». La notion d'urgence revêt ainsi une apparence de simplicité puisqu'elle est utilisée par des non-juristes. Mais, sous cette apparente simplicité, elle est en réalité susceptible d'interprétations diverses, y compris dans la vie courante : *à une demande urgente, les uns répondront dans l'heure, les autres dans la journée ou dans la semaine qui suit.* Ce constat confirme l'idée du Professeur CHAPUS selon laquelle « *l'urgence, comme la vertu, connaît différents degrés* ».

Cette fausse simplicité se retrouve aussi dans le cadre du Contentieux administratif. En conséquence, une véritable interprétation de la notion est indispensable. L'interprétation de la notion d'urgence n'est d'ailleurs pas une problématique spécifique au juge administratif : elle peut être mise en parallèle avec l'effort d'interprétation mené par la doctrine, par les jurisprudences civile, pénale et communautaire qui peuvent d'ailleurs influencer celle du juge administratif.

En théorie, l'urgence peut être comprise comme le caractère d'une situation ou d'un état de fait ou de droit susceptible de causer ou de provoquer un préjudice irréparable ou difficilement réparable s'il n'y est porté remède à bref délai. L'urgence apparaît, en effet, « *à la confrontation des droits et intérêts, du danger qui les menace et des longueurs d'une instance ordinaire* »[1].

Mais l'urgence se trouve renforcée dans les cas où, ce n'est plus la lenteur de la justice administrative qui nécessite une intervention rapide, mais bien l'urgence de la situation que le juge doit connaitre. C'est l'exemple des litiges concernant les édifices menaçant de tomber en ruine : il est impensable d'attendre que l'immeuble se soit effondré pour ordonner son évacuation !

---

[1] A. COSSA, « L'urgence en matière de référé », Gaz. Pal. 1955. 2. Doc. p. 46.

C'est ainsi qu'il est nécessaire que la procédure administrative contentieuse contienne des règles qui permettront au juge de prendre les mesures nécessaires en cas d'urgence.

Il en est ainsi, depuis les années 90, du Contentieux des libertés publiques, considéré comme étant un ***contentieux de l'urgence spéciale***. C'est le cas, notamment, du Contentieux électoral, car, comme l'a fort bien souligné M. MEJAN, « *en matière électorale, il y a toujours urgence (...)* »[2] **(Section II)**.

La nécessité de satisfaire aux exigences de l'urgence a provoqué, de tout temps, l'institution de procédures adéquatement aménagées, destinées à permettre au juge administratif de prendre, dans l'attente du jugement au fond de l'affaire et compte tenu des circonstances de celle-ci, ***certaines mesures de caractère provisoire appelées également ordonnances***, « *que l'intérêt du requérant comme celui d'une bonne administration de la justice recommande de ne pas différer* »[3].

Le droit du contentieux administratif camerounais a ainsi consacré ***trois procédures d'urgence accessoires, à savoir le sursis de paiement, le sursis à exécution et le référé administratif*** qui sont très souvent confondus en pratique, comme on va pouvoir le constater, en examinant ces mesures conservatoires **(Section I)**.

Section I. L'URGENCE ACCESSOIRE

Section II. L'URGENCE SPÉCIALE

---

[2] MEJAN, « Le nouveau référé administratif », R.A., 1995, p. 161.

[3] LEBRETON Gilles, Libertés publiques et droits de l'homme, Paris, Armand Colin, 2001, pp. 222-223.

Section I.

L'URGENCE ACCESSOIRE

32.

Sursis de paiement de la somme de 78. 650. 838 francs CFA – Confusion opérée par le représentant de l'État entre sursis de paiement et sursis à exécution – Oui – Compétence du juge de l'urgence en matière de sursis de paiement – Oui – Recevabilité du recours gracieux préalable en l'espèce – Oui – Octroi du sursis de paiement – Oui.

Président du Tribunal Administratif du Littoral à Douala, ordonnance n°50 du 18 décembre 2014, Société de Services et d'Installations et Télématiques (SERVITEL) S.A. contre État du Cameroun (ministère des Finances)

Sur le recours intenté par : *La Société de Services et d'Installations et Télématiques* (SERVITEL), S.A, sise au 849 Vallée des Ministres à Douala B. P. 12110, agissant poursuites et diligences de son représentant légal, Sieur Patrick Félix DESPLACES, es qualité de Président Directeur général, ayant comme mandataire légal la société FITAXIA, suivant acte du 25 juin 2014. Demandeur, d'une part.

Contre État du Cameroun (ministère des Finances), représenté par M. NYOM ESSAGA Gabriel Thierry, Inspecteur des Régies financières (Impôts) en service à la Division des Affaires Juridiques du Ministère des Finances. Défendeur, d'autre part.

Vu la requête enregistrée au greffe de céans le 30 juin 2014 sous le numéro 128, introduite par la Société de Services et d'Installations Télématiques, agissant par le biais de son représentant légal, par laquelle elle sollicite du Président du Tribunal de céans de bien vouloir ordonner le sursis de paiement des impositions d'un montant global de 78 650 838 francs CFA qui lui sont réclamées par l'administration fiscale.

(....) Vu les conclusions de Monsieur le Procureur général près la Cour d'Appel du Littoral déposées le 27 novembre 2014, enregistrées sous le numéro 420 par lesquelles il requiert l'irrecevabilité de la requête. Vu les autres pièces de dossier de procédure. Vu la Loi n°2006/022 du 29 décembre 2006 fixant l'organisation et le fonctionnement des Tribunaux Administratifs. Vu les dispositions du Code général des Impôts, notamment du Livre des Procédures Fiscales. Vu le décret n°2012/194 du 18 avril 2012 portant nomination des magistrats du siège dans les Tribunaux Administratifs.

Et après en avoir délibéré conformément à la loi.

Attendu que la société requérante a fait l'objet d'une vérification générale de comptabilité au titre des exercices 2008, 2009 et 2010 à l'issue de laquelle le Centre des Impôts des Moyennes Entreprises du Littoral (CIME) a mis à sa charge des impositions d'un montant global de 101 013 378 FCFA, objet de l'AMR n°16324/CIBC12 du 27 décembre 2012.

La réclamation contentieuse introduite auprès du Directeur général des Impôts a abouti à un dégrèvement partiel de 16 563 480 FCFA consenti par le Ministre des Finances, suivant correspondance n°1145/MINFI/DGI/DC/C du 05 mars 2014, le reliquat restant dû. La requérante s'oppose à ce redressement dont elle conteste les bases de calcul, sollicitant une décharge totale.

Elle sollicite également le sursis de paiement desdites impositions et fonde cette demande sur l'article L 129 du Code général des Impôts, affirmant s'être acquittée de la somme de 25 347 852 francs CFA correspondant :

– D'une part à 20 % des redressements contestés, soit un montant de 17 482 767 francs CFA, représentant la consignation acquittée en phase de contentieux administratif.

– D'autre part à 10 % des impositions contestées, soit un montant de 7 865 085 francs CFA, correspondant à la consignation requise en vue de l'obtention du sursis de paiement en phase juridictionnelle.

Attendu que l'État du Cameroun a conclu à l'incompétence du juge administratif à connaître du sursis de paiement, cette prérogative relevant, selon lui, de l'administration fiscale en phase administrative contentieuse ; il fait en outre valoir que la requérante n'a pas rapporté la preuve du caractère irréparable du préjudice que pourrait lui causer le recouvrement querellé, en application de l'article 30 de la loi 2006/022 susvisée.

Attendu que le Ministère public, pour sa part, requiert l'irrecevabilité du recours, motif pris de ce que la requérante n'a pas versé au dossier de procédure la preuve de l'introduction d'un recours gracieux préalable par la saisine du Ministre des Finances comme l'exige l'article L 119 du Code général des Impôts.

Sur l'exception d'incompétence

Attendu que relativement à ce moyen, il convient d'invoquer ici les dispositions pertinentes de l'article L 129 (nouveau) du Code général des Impôts selon lesquelles « *Le requérant qui entend bénéficier devant le juge administratif du sursis de paiement déjà appliqué au stade de la réclamation, doit renouveler expressément sa demande dans le cadre de sa requête et s'acquitter d'un montant supplémentaire de 10 % des impositions contestées* » ;

Qu'à la lecture de ce texte, la connaissance du contentieux du sursis de paiement est explicitement dévolue au juge administratif dans les conditions ci-dessus définies.

Qu'il y a lieu par conséquent de se déclarer compétent.

Sur le moyen d'irrecevabilité du recours tiré du défaut de recours gracieux préalable Attendu qu'il ressort de l'examen des pièces du dossier de la procédure que le Ministre des Finances a partiellement rejeté la réclamation contentieuse que la Société SERVITEL avait adressée au Directeur général des Impôts le 13 avril 2013, suivant lettre n°00001145/MINFI/DGI/DC/C du 05 mars 2014.

Qu'il en résulte que cette autorité administrative a implicitement pris connaissance de la réclamation de la société requérante et, usant des pouvoirs de substitution que lui reconnaît la loi, a vidé le contentieux y relatif à travers la lettre sus visée.

Que cette réponse, intervenue dans les conditions ci-dessus spécifiées, a nécessairement contribué à lier le contentieux juridictionnel, la saisine de ladite autorité n'ayant plus d'objet. Attendu qu'au bénéfice de ce qui précède, cette fin de non-recevoir doit être rejetée, car non fondée.

Attendu par ailleurs que la requérante a satisfait à toutes les autres conditions de forme prescrites à l'article L 121 (nouveau) du Code général des Impôts. Qu'il y a lieu de déclarer ce recours recevable.

Attendu, enfin, que les moyens invoqués à l'appui de l'annulation des impositions contestées paraissent pertinents et sérieux. Qu'il convient de faire droit à la requête de la Société SERVITEL en attendant l'aboutissement du recours contentieux.

Par ces motifs, statuant contradictoirement à l'égard des parties, en matière de sursis de paiement, en premier et dernier ressort, **ordonnons. Article 1er** : Le juge administratif est compétent pour connaître du sursis de paiement. **Article 2** : Le recours de la société de Services et d'Installations et télématiques en abrégé SERVITEL est recevable et fondé. **Article 3** : Il est par conséquent ordonné le sursis de paiement des impositions, objet de la lettre n°1145/MINFI/DGI/DC/C du 05 mars 2014 du Ministre des Finances d'un montant de soixante-dix-huit millions six cent cinquante mille huit cent trente-huit mille (78 650 838) francs CFA jusqu'à l'issue de la procédure au fond.

NOTE

Si, pendant très longtemps, la juridiction administrative du Cameroun n'a pas réellement tenu compte du temps des procès, une telle période semble révolue à la lecture de l'ordonnance n°50 ci-dessus reproduite, rendue le 18 décembre 2014 par la Présidente du Tribunal Administratif du Littoral à Douala, dans le litige opposant la Société de Services et d'Installations et Télématiques (SERVITEL) S.A au Ministère des Finances et dont le fond de la contestation portait sur le sursis de paiement. Ce sursis « *est une mesure permettant au contribuable de différer le paiement des impositions contestées, en attendant la suite à donner sur la réclamation contentieuse par l'administration* »[1]. Le livre des procédures fiscales a désormais ouvert la faculté aux requérants de bénéficier du sursis de paiement devant le juge administratif et, de ce fait, a réduit les hypothèses d'application du sursis à exécution en matière fiscale.

Dans ses ordonnances numéros 17 et 20 rendues le 26 juin 2014, respectivement dans les affaires Société Citibank Cameroon S.A et Sociétés Générale de Banques contre la Commission des Marchés Financiers[2], la Présidente du même Tribunal, en matière de sursis à

[1] V. METENBOU Mathias, « Le sursis de paiement et le sursis à exécution dans le contentieux de l'imposition au Cameroun », Annales de la Faculté des Sciences Juridiques et Politiques, Université de Dschang, Yaoundé, PUA, Tome 1, Vol. 2, 1998, pp. 51-65.

[2] V. infra, ordonnance n°17 ci-après annotée, **GD n°34.**

exécution, a statué dans moins d'un an (*recours formés le 29 juillet et le 02 août 2013*). Dans la présente espèce, elle l'a fait en moins de six mois (*recours formé le 04 juillet 2014)*. Ce qui est fort salutaire et de nature à relativiser de nos jours la critique très souvent faite par la doctrine au juge administratif national, statuant aussi bien dans le contentieux ordinaire que dans celui de l'urgence, de ne pas prendre suffisamment en compte les exigences du procès équitable, notamment du délai raisonnable, consacrées par l'article 7 de la Charte africaine des Droits de l'Homme et des Peuples[3] en ces termes :

« *Toute personne a droit à ce que sa cause soit entendue. Ce droit comprend – Le droit de saisir les juridictions nationales compétentes de tout acte violant les droits fondamentaux qui lui sont reconnus et garantis par les conventions, les lois, règlements et coutumes en vigueur – Le droit à la présomption d'innocence, jusqu'à ce que sa culpabilité soit établie par une juridiction compétente – Le droit à la défense, y compris celui de se faire assister par un défenseur de son choix–* ***Le droit d'être jugé dans un délai raisonnable par une juridiction impartiale*** ».

Les faits de l'espèce étaient pourtant relativement simples : la Société de Services et d'Installations et Télématiques (SERVITEL) S.A. avait introduit une requête aux fins d'obtenir un sursis à paiement de la « décision n°001145/MINFI/DGI/DC/C du 05 mars 2014 du Ministère des Finances mettant à sa charge des impositions pour un montant global de 84 449 898 francs CFA, soit 49 476 223 francs CFA en principal et 34 973 675 francs CFA en pénalités et intérêts de retard. Elle avait accepté et s'était acquittée spontanément desdites impositions à hauteur de 962 500 francs CFA, soit 550 000 francs en principal et 412 500 francs CFA en pénalités et intérêts de retard. Mais elle contestait le solde desdites impositions mises à sa charge pour un montant total de 78 650 838 francs CFA, soit 46 223 794 francs CFA en principal et 32 427 044 francs CFA en pénalités et intérêts de retard, en fondant sa réclamation sur l'article L-129 du livre des Procédures Fiscales du Code général des Impôts.

Le représentant de l'État, pour sa part, avait conclu à l'incompétence du Président du Tribunal de céans. En opérant une confusion entre les conditions de recevabilité du sursis de paiement et celles du sursis à exécution, il en était venu à soutenir, d'une part que la requérante n'avait

[3] Sur ce point, on consultera avec grand profit NGUELE ABADA M, « La réception des règles du procès équitable dans le Contentieux de droit public », article précité.

pas apporté la preuve que le recouvrement des impositions en cause lui causerait un préjudice irréparable, d'autre part que le juge administratif n'était pas compétent pour les demandes de sursis à paiement.

Le Ministère public avait sollicité l'irrecevabilité du recours, motif pris de ce que la requérante n'avait pas versé au dossier de procédure la preuve de l'introduction d'un recours gracieux préalable par la saisine du Ministre des Finances comme l'exige l'article L 119 du Code général des Impôts.

La présente décision tire sa grande importance :

– En premier lieu, de la clarté et des précisions que le juge de l'espèce, à travers une interprétation constructive fort remarquable du Code général des Impôts, a apportées à l'étendue de sa compétence dans le contentieux du sursis de paiement **(I)**.

– En second lieu, du fait qu'elle contient les principes essentiels de la jurisprudence administrative sur la recevabilité et l'octroi de cette garantie essentielle des droits des contribuables qui, à la lumière de l'article L 121 du Livre des procédures fiscales, modifié par la loi n°2004/026 du 30 décembre 2004 portant loi de finances de la République du Cameroun pour l'exercice 2005, s'est trouvée mieux renforcée, avec la faculté pour eux de solliciter désormais le sursis de paiement à tous les stades de la réclamation, échappant ainsi provisoirement aux poursuites **(II)**.

I. Le juge de l'urgence se déclare en l'espèce compétent pour statuer en matière de sursis de paiement

Pendant longtemps, le sursis de paiement et le sursis à exécution étaient deux procédures parallèles en matière fiscale. La première était liée à la phase de la réclamation préalable devant l'administration, tandis que la deuxième restait accessoire au recours contentieux devant la juridiction administrative[4]. Le Livre des Procédures Fiscales (LPF) a désormais ouvert la faculté aux requérants de bénéficier du sursis de paiement devant le juge administratif et, de ce fait, a réduit les hypothèses d'application du sursis à exécution en matière fiscale.

L'article L 129 du LPF dispose, en effet, que « *le requérant qui entend bénéficier devant le juge administratif du sursis de paiement déjà*

[4] V. METENBOU M, « Le sursis de paiement et le sursis à exécution dans le contentieux de l'imposition au Cameroun », article précité.

appliqué au stade de la réclamation, doit renouveler expressément sa demande dans le cadre de sa requête et s'acquitter d'un montant supplémentaire de 10% des impositions contestées »[5].

Cette disposition fonde en l'espèce la compétence du juge de céans. Comme la Présidente du Tribunal Administratif du Littoral l'a si bien solennellement reconnu : « .. ***À la lecture de ce texte, la connaissance du contentieux du sursis de paiement est explicitement dévolue au juge administratif dans les conditions ci-dessus définies... Il y a lieu, par conséquent, de se déclarer compétent*** ».

Le prolongement du sursis de paiement devant le juge administratif par le Livre des Procédures Fiscales implique-t-il une prohibition implicite du sursis à exécution en matière fiscale ?

Oui, répond M. Félix ATECK A DJAM qui estime que l'application des conditions du sursis à exécution par le juge administratif dans le contentieux de l'assiette n'est plus justifiée. Selon lui, « *le contentieux fiscal est un contentieux spécifique avec les règles particulières dérogeant au droit commun. Ce sont ces règles qui doivent normalement être appliquées à l'occasion des demandes de sursis visant l'interruption du recouvrement forcé de l'impôt avant la décision du juge sur le fond du problème. Cette solution est confortée par un principe général de droit qui veut qu'en cas de contrariété entre une loi générale et une loi spéciale, c'est la loi spéciale qui s'applique. Tel est le cas du L.P.F* »[6].

Ces arguments ont leur force. Mais ils ne sont pas décisifs et des considérations plus déterminantes militent de façon opposée.

En réalité, l'admission du sursis de paiement devant la juridiction administrative n'exclut pas totalement le sursis à exécution, y compris dans le contentieux de l'assiette.

En effet, l'octroi du sursis de paiement devant la juridiction administrative étant lié à la décision de l'administration qui l'a au préalable accordé au stade de la réclamation, le sursis à exécution, en pratique, peut concerner les contribuables n'ayant pas bénéficié du sursis de paiement, soit parce qu'ils ne l'ont pas demandé, soit parce qu'il leur a été refusé par l'administration. On imagine aussi qu'il puisse profiter à un

---

[5] V. Loi n° 2013/017 du 16 décembre 2013 portant loi de finances de la République du Cameroun pour l'exercice 2014.

[6] ATECK A DJAM F, Droit du contentieux fiscal camerounais, Paris, L'harmattan, coll. Finances publiques, 2009, 267 pages, p. 97.

contribuable ayant omis de renouveler sa demande de sursis de paiement dans sa requête introductive d'instance.

Par ailleurs, le champ d'application des deux mesures ne se recouvre pas entièrement.

Le sursis de paiement est limité au contentieux de l'imposition, étant donné qu'il ne peut être sollicité, aux termes de l'article L 121 du L.P.F, que par le contribuable qui conteste le bien-fondé ou le montant d'une imposition.

Le sursis à exécution[7], puisqu'il vise toutes les décisions administratives, au-delà des rôles d'imposition ou des avis de mise en recouvrement, peut seul être sollicité en cas de recours dirigés contre les mesures particulières de poursuite : avis à tiers détenteur, contrainte extérieure, blocage des comptes bancaires, fermeture de l'établissement, mise en fourrière d'un véhicule, exclusion des marchés publics, qui sont des actes administratifs, d'après l'article L 80 du L.P.F. C'est davantage sur ce terrain de la contestation des mesures particulières de poursuite que le sursis à exécution devrait se cristalliser en matière fiscale[8]. La nouvelle procédure devant les Tribunaux Administratifs lui assure une plus grande efficacité[9].

L'ordonnance n°14/ORSE, rendue le 28 septembre 1981 par le Président de la Chambre administrative de la Cour Suprême dans le litige opposant sieur MONGO MBOCK Philippe au Ministère des Finances fournit un bon exemple d'application du sursis à exécution en matière fiscale.

Par requête sans date enregistrée au greffe de la Chambre administrative de la Cour Suprême le 15 mai 1981 sous le numéro 587, Maître SENDE, Avocat à Yaoundé, agissant au nom et pour le compte de son client MONGO MBOCK Philippe, sollicite la suspension de l'exécution des impositions d'un montant de 6.633.658 francs émises à son encontre par l'Administration fiscale. À l'appui de sa requête, MONGO MBOCK expose qu'il s'agit des impôts déjà payés depuis

---

[7] V. KEUTCHA TCHAPNGA C, « Le régime juridique du sursis à exécution.. », article précité.

[8] V. METENBOU Mathias, « Le sursis de paiement et le sursis à exécution .. ; », article précité.

[9] V. KEUTCHA TCHAPNGA C, Précis de contentieux administratif, op.cit. pp. 117 et suivantes.

l'année fiscale 1973-1974 que la recette des Finances appelle « des arriérés » et que, dès lors, son étude vit sous la menace de fermeture, à l'instar de celle de ses autres confrères, sans oublier qu'il a été demandé la fermeture de ses comptes dans toutes les banques de Yaoundé et la saisie-arrêt de tous ses loyers. Il conteste ces impositions déjà payées, tout en faisant valoir qu'il y a péril en la demeure.

Le juge du sursis à exécution avait suspendu, jusqu'à l'issue de la présente procédure, l'exécution immédiate des impositions attaquées, qui lui paraissait de nature à causer au sieur MONGO MBOCK Philippe un préjudice irréparable ; compte tenu du fait que lesdites impositions n'intéressaient ni l'ordre public, ni la sécurité ou la tranquillité publique.

Le recours gracieux, si l'on s'en tient aux dispositions actuelles du Livre des procédures fiscales, s'entendrait alors strictement de la réclamation au Ministre en charge des Finances. C'est dire qu'en matière fiscale, c'est à ce stade de la procédure administrative préalable que le contribuable pourrait saisir le juge administratif d'une demande aux fins du sursis à exécution.

II. Le juge de l'urgence déclare logiquement la demande de sursis de paiement du requérant recevable et fondée

Le Livre des Procédures Fiscales prévoit deux niveaux de recours préalable devant l'administration fiscale[10]. Il consacre une pluralité d'autorités destinataires de la réclamation en premier ressort et fait du Ministre chargé des Finances l'autorité destinataire de la réclamation en deuxième ressort, laquelle tient lieu de recours gracieux préalable.

La compétence des autorités fiscales pour recevoir la réclamation au premier degré résulte de l'article 116 du L.P.F qui dispose que « *le contribuable qui se croît imposé à tort ou surtaxé peut en faire la réclamation, par écrit, au Chef de Centre Régional des Impôts, au Directeur chargé de la gestion des grandes entreprises ou au Directeur général des Impôts, dans un délai de trente (30) jours à partir de la date*

[10] Loi n°2013/017 du 16 décembre 2013 portant loi des finances pour l'exercice 2014 ramène de 3 à 2 le nombre d'étapes de la phase administrative du contentieux fiscal. Avant, et ce depuis la loi de finances 1995/1996, les réclamations contentieuses étaient d'abord portées devant le CCRI ou le DGE, ensuite devant le DGI et enfin devant le MINFI avant la saisine du juge administratif.

de notification de l'AMR ou de la connaissance certaine de l'imposition »[11].

Loin de créer ainsi une concurrence entre le Chef de Centre Régional des Impôts (CCRI), le Directeur Grandes Entreprises (DGE) et le Directeur général des Impôts (DGI) pour recevoir les réclamations, le législateur opère plutôt une répartition de compétences entre ces autorités. Celle-ci est établie en fonction du montant des droits contestés en principal et du Centre des impôts ou de l'unité de gestion de rattachement du contribuable.

L'administration fiscale a une interprétation souple de la manière dont la réclamation doit parvenir au Chef de Centre Régional des Impôts, appellation substituée à celle de Chef de Centre Provincial des Impôts[12]. Selon elle, « *en principe, la réclamation doit être adressée au Centre des Impôts dont dépend le contribuable. Cependant, les réclamations adressées à un autre service ne doivent pas être considérées comme irrecevables. Il appartient au service saisi d'une telle réclamation de la transmettre au Centre des Impôts compétent et d'en aviser le contribuable* »[13].

Aux termes de l'article L 116 du L.P.F résultant de la loi n°2013/017 du 16 décembre 2013 portant loi des finances de la République du Cameroun pour l'exercice 2014, le Chef de Centre Régional des Impôts ne peut connaître des réclamations dont le montant excède cinquante (50) millions de FCFA en principal. En somme, il s'agit des réclamations émanant des contribuables ne relevant pas de la Direction des Grandes Entreprises qui est exclusivement compétente pour connaître en premier ressort des réclamations contentieuses dont le montant des droits

[11] V. Loi n°2013/017 du 16 décembre 2013 portant loi des finances du Cameroun pour 2014.

[12] Le décret n°2003/165 du 30 juin 2003 portant organisation du Ministère des Finances et du Budget transforma les Centres Provinciaux des Impôts en Centres Principaux des Impôts. Ce texte précisait que les Centres Principaux des Impôts sont situés dans les chefs-lieux des provinces et que de nouveaux Centres des Impôts sont créés en tant que de besoin par arrêté dudit Ministre. Le décret n°2008/365 du 8 novembre 2008 portant organisation du Ministère des Finances est revenu à la dénomination de Centre Provincial des Impôts. Mais avec la transformation des provinces en régions par le décret n°2008/376 du 12 novembre 2008 portant organisation administrative de la République du Cameroun, il est désormais question du Centre Régional des Impôts tel que consacré par l'article 3 de la loi n° 2009/018 du 15 décembre 2009 portant loi de finances de la République du Cameroun pour l'exercice 2010.

[13] Instruction n°535/MINEFI/DI/LC/L. du 26 septembre 2002, p. 34.

contestés en principal est inférieur ou égal à cent millions (100 000 000) de FCFA. Au-dessus de ce seuil, la réclamation doit être portée devant le Directeur général des impôts.

En tout état de cause, la phase préliminaire de la contestation devant le Chef de Centre Régional des Impôts, le Directeur des Grandes Entreprises ou le Directeur général des Impôts est obligatoire et ce n'est que lorsque le contribuable n'a pas obtenu satisfaction à ce niveau qu'il peut se pourvoir devant le Ministre en charge des Finances, autorité habilitée à recevoir la réclamation contentieuse en deuxième ressort. Il est saisi quand la décision du Chef de Centre Régional des Impôts, du Directeur des Grandes Entreprises ou du Directeur général des Impôts ayant statué sur la réclamation en premier ressort ne donne pas entièrement satisfaction au réclamant.

La question de savoir si une réclamation directement adressée au Ministre des Finances était irrecevable ou non s'était posée devant la Chambre administrative de la Cour Suprême dans l'affaire Complexe Chimique Camerounais (C.C.C) contre Etat du Cameroun (MINEFI)[14].

Suite, en effet, à la notification d'un avis de mise en recouvrement par l'administration fiscale le 11 juillet 2005 relatif à une imposition d'un montant de 9 134 583 100 francs CFA, la société C.C.C, par l'intermédiaire de son Conseil, avait saisi spontanément le Ministre en charge de Finances d'un recours gracieux en contestation de cette imposition. Deux semaines après, plus précisément le 26 juillet 2005, elle avait introduit un recours en annulation desdites impositions devant la Chambre administrative.

Les représentants de l'Etat, dans leur mémoire en défense, concluaient au rejet de la réclamation du demandeur comme étant prématurée et non conforme à l'article 126 du Livre des Procédures Fiscales. Ils reprochaient au requérant de n'avoir pas cru nécessaire de saisir successivement et obligatoirement le Directeur des grandes entreprises, le Directeur général des impôts et le Ministre en charge des Finances et, en outre, d'attendre leur décision ou tout au moins l'expiration du délai qui leur était imparti par les articles L 116, L 117 et L 123 du L.P.F pour statuer sur sa réclamation.

La Chambre administrative, dans une argumentation spécieuse, déclara le recours recevable. Pour expliquer le non-respect des

[14] V. jugement n°123/CS/CA du 27 septembre 2006.

prescriptions du Livre des Procédures Fiscales soulevé par l'administration, elle allégua que c'est la notification de l'avis de mise en recouvrement, annonciateur des poursuites par l'administration, qui avait contraint le réclamant à saisir directement le Ministre chargé des Finances et par la suite le juge pour se défendre.

Mais, suite à l'appel de l'État, l'Assemblée plénière de la Cour Suprême, sans surprise, avait infirmé cette décision. Dans son arrêt rendu le 27 mai 2010, elle avait décidé que « *l'appel de l'Etat du Cameroun est recevable en la forme. Au fond, il est justifié, en conséquence, le jugement n°123/05-06 rendu le 27 septembre 2006 par la Chambre administrative de la Cour Suprême est infirmé. Le recours de la société CCC est déclaré irrecevable…* »[15].

La Cour avait ainsi confirmé le caractère obligatoire de la phase administrative préliminaire qui précède le recours gracieux devant le Ministre des Finances.

Or, estime le juge unique de céans, il ressort de l'examen des pièces du dossier de la procédure que le Ministre des Finances avait partiellement rejeté la réclamation contentieuse que la Société SERVITEL avait adressée au Directeur général des Impôts le 13 avril 2013, suivant lettre n°00001145/MINFI/DGI/DC/C du 05 mars 2014. Ce faisant, il avait implicitement pris connaissance de la réclamation de la société requérante et, usant des pouvoirs de substitution que lui reconnaît la loi, avait vidé le contentieux y relatif à travers la lettre sus visée.

Pour opposer une fin de non-recevoir aux prétentions du Ministère public, le juge de l'espèce, *à travers une interprétation constructive du Code général des Impôts*, avait estimé à juste raison que « *cette réponse, intervenue dans les conditions ci-dessus spécifiées, a nécessairement contribué à lier le contentieux juridictionnel, la saisine de ladite autorité n'ayant plus d'objets* » et « *qu'au bénéfice de ce qui précède, cette fin de non-recevoir doit être rejetée, car non fondée* ».

Par ailleurs, les conditions d'octroi du sursis de paiement sont fixées par l'article L 121 du L.P.F qui précise que « *le contribuable qui conteste le bien-fondé ou le montant d'une imposition mise à sa charge peut, s'il a expressément formulé la réclamation dans les conditions fixées à l'article*

[15] CS.AP, arrêt n°15 du 27 mai 2010, Etat du Cameroun (MINFI) contre la Société Complexe Chimique Camerounais (CCC).

L 116 ci-dessus, obtenir le sursis de paiement de la partie contestée desdites impositions, à condition :

- De formuler expressément la demande de sursis de paiement dans ladite réclamation.

- De préciser le montant ou les bases du dégrèvement qu'il sollicite »[16].

Il s'en dégage une triple exigence pour pouvoir bénéficier du sursis de paiement devant le juge administratif.

D'une part, le contribuable doit avoir déjà obtenu, comme en l'espèce, le sursis de paiement au stade de la réclamation. Il ressortait en effet de son dossier que la réclamation contentieuse introduite auprès du Directeur général des Impôts avait abouti à un dégrèvement partiel de 16 563 480 FCFA consenti par le Ministre des Finances, suivant correspondance n°1145/MINFI/DGI/DC/C du 05 mars 2014, le reliquat lui restant dû. Autrement dit, le contribuable ne peut ni solliciter cette mesure pour la première fois devant le juge, ni se la voir accorder par celui-ci alors que l'administration avait refusé de l'octroyer.

D'autre part, le contribuable, comme en l'espèce, doit en faire la demande expresse dans le cadre de sa requête introductive d'instance. En clair, la demande de sursis au paiement doit être formulée en même temps que la requête principale et par la même requête. En termes différents, le sursis de paiement sollicité antérieurement ou postérieurement à la requête introductive d'instance ne peut être déclaré qu'irrecevable.

Enfin, le contribuable doit justifier de l'acquittement d'un montant supplémentaire de 10% des impositions contestées. Ce que la société SERVITEL avait pris soin de faire.

Il apparaît que le bénéfice du sursis de paiement, déjà accordé par l'administration au stade de la réclamation, devient automatique pour le contribuable qui en fait la demande dans sa requête introductive d'instance devant le Tribunal administratif et qui justifie du versement d'une consignation correspondant à 10% supplémentaire du montant des impositions contestées.

---

[16] V. Loi de finances pour l'exercice 2014.

Il est donc « *simplement question de prolonger les effets du sursis déjà accordé par l'administration, tant que le litige subsiste* »[17]. Tel n'est pas le cas du sursis à exécution qui demeure soumis à l'appréciation du juge.

C'est pourquoi, la Présidente du Tribunal de céans a été amenée à conclure, logiquement :

« ***Que la requérante a satisfait à toutes les autres conditions de forme prescrites à l'article L 121 (nouveau) du Code général des Impôts. Qu'il y a lieu de déclarer ce recours recevable. Que les moyens invoqués à l'appui de l'annulation des impositions contestées paraissent pertinents et sérieux. Qu'il convient de faire droit à la requête de la Société SERVITEL en attendant l'aboutissement du recours contentieux*** ».

Conclusion

On ne peut donc que se réjouir des solutions consacrées par la Présidente du Tribunal Administratif du Littoral, dans son ordonnance n°50 du 18 décembre 2014 qui a ouvert la voie à la protection des droits des contribuables, mais tout en insistant sur les conditions textuelles et jurisprudentielles consacrées en la matière, comme pour signifier – et à juste raison – qu'en leur absence, point de sursis de paiement !

Célestin KEUTCHA TCHAPNGA

---

[17] ATECK A DJAM F, Droit du contentieux fiscal camerounais, op.cit, p. 106.

33.
Commission des Marchés Financiers – Décision du 1er juillet 2013 portant sanction disciplinaire – Saisine du juge du sursis à exécution après le recours gracieux sans introduction préalable du recours contentieux – Oui – Exacte application de la loi n°2006/022 – Oui – Caractère financier du préjudice – Conception restrictive de la jurisprudence en la matière – Oui – Rejet de la demande de sursis – Oui.

Président du Tribunal Administratif du Littoral, ordonnance n°17 du 26 juin 2014, Société Citibank Cameroon S.A contre la Commission des Marchés Financiers

Le Président du Tribunal Administratif du Littoral à Douala…

Avons rendu l'ordonnance dont la teneur suit. Sur le recours intenté

Par la société Citibank Cameroon SA, agissant poursuites et diligences de son représentant légal, ayant pour Conseils Maître JING & Dongmo, (cabinet Jing & Partners), avocats au barreau du Cameroun, demeurant au 537, rue Afcodi, Douala.

Contre la Commission des Marchés Financiers, située au 247, Boulevard de la liberté à Bonanjo, Douala, BP 3307, Tél.33421740, représenté par son Président, ayant pour Conseils Maîtres Etah & NAN II (Etah-Nan & C°) cabinet situé à Douala au 612 Koumassi/Bali, BP 4736, Tél 33425609 et Maîtres N'THEPE & TEM, (N'THEPE, TEM & PARTNERS), 8, Avenue Douala Manga Bell-Bali, BP 3215 Douala, Tél 33427803, tous avocats au Barreau du Cameroun, d'autre part.

La requérante sollicite du Président du Tribunal de céans, statuant comme juge du sursis à exécution, après réquisitions du Ministère public, d'ordonner qu'il soit sursis à l'exécution de la décision entreprise, notamment à sa publication annoncée, jusqu'à l'issue du recours en annulation introduit contre elle.

(.....) SUR LA RECEVABILITÉ

Attendu que l'argumentaire ci-dessus développé par la défenderesse au soutien de l'irrecevabilité invoquée procède d'une interprétation erronée des dispositions légales qui prévoient la mesure sollicitée.

Qu'il convient d'indiquer que, outre les conditions de droit commun liées à la personne du requérant (intérêt, capacité, qualité), la recevabilité de la requête aux fins de sursis à exécution est subordonnée à l'exercice du recours gracieux sans qu'il soit nécessaire d'attendre ni son issue, ni l'introduction du recours contentieux en annulation de l'acte dont le sursis est requis.

Que l'urgence et le péril qui commandent cette mesure légale justifient cet allègement processuel amorcé par le législateur de 2006, lequel consacre toutefois son caractère accessoire à travers l'alinéa 4 de l'article 30 de la loi 2006/022 du 26 décembre 2006 qui énonce que « l'ordonnance prononçant le sursis à exécution devient caduque si, à l'expiration du délai prévu à l'article 18 ci-dessus, le Tribunal n'est pas saisi de la requête introductive d'instance ».

Qu'il infère, qu'à l'expiration du délai du recours contentieux légalement fixé à 60 jours à compter du rejet (implicite ou explicite) du recours gracieux, le demandeur doit avoir impérativement introduit son recours en annulation à peine de caducité de l'ordonnance ayant accordé la mesure ou d'irrecevabilité de sa requête aux fins de sursis à exécution, le cas échéant.

Qu'au regard des développements qui précèdent, il convient de recevoir la requérante en sa demande, les conditions légales liées à la forme et aux délais ayant été respectées, le recours contentieux en annulation de la décision incriminée ayant, quant à lui, été introduit le 23 décembre 2013.

AU FOND

Attendu que l'article 30 de la loi n°2006/022 précitée fixant l'organisation et le fonctionnement des Tribunaux Administratifs dispose : 1.« Le recours gracieux contre un acte administratif n'en suspend pas l'exécution » 2. « Toutefois, lorsque l'exécution est de nature à causer un préjudice irréparable et que la décision attaquée n'intéresse ni l'ordre public, ni la sécurité ou la tranquillité publique, le Président du Tribunal Administratif peut, saisi d'une requête, après communication à la partie adverse et conclusions du Ministère public, ordonner le sursis à exécution ».

Attendu que le caractère irréparable d'un préjudice, c'est-à-dire celui qui est insusceptible d'être remis en l'état ou compensé par une indemnité en argent, n'est pas lié au vice, fut-il manifestement grossier, qui pourrait entacher la décision l'ayant généré. Qu'il intéresse, non pas les préjudices d'ordre financier pour lesquels la compensation pécuniaire est rendue possible, mais les préjudices d'ordre moral en ce qu'ils répondent le mieux aux critères ci-dessus définis.

Que dans ce sens, la publication d'une décision administrative est susceptible de porter une atteinte grave et irréparable à la considération d'une personne dès lors qu'elle ne peut s'effacer par l'octroi des dommages-intérêts.

Mais attendu qu'en l'espèce, la décision critiquée a été partiellement exécutée pour avoir été publiée dans le quotidien « Cameroon Tribune », en son édition du 6 août 2013 ; que la présente demande est désormais sans objet sur ce point.

Attendu que relativement aux amendes prononcées à l'encontre de la Citibank Cameroon SA, il convient de dire que la demande de sursis à exécution n'est pas justifiée, lesdites amendes ayant un caractère financier ; que le préjudice né du paiement de celles-ci est susceptible de réparation tel que ci-dessus spécifié.

Qu'il y a lieu, en conséquence, de rejeter la requête pour n'avoir pas satisfait à la condition d'irréparabilité, sans qu'il soit besoin de se prononcer sur celle liée à l'ordre public. Attendu que la partie qui succombe supporte les dépens.

Par ces motifs, statuant de manière contradictoire à l'égard de toutes les parties, en matière de sursis à exécution et en dernier ressort, **ordonnons**

Article 1er. La requête aux fins de sursis à exécution introduite par la société Citibank Cameroon SA est recevable.

Article 2. Elle n'est cependant pas fondée ; elle est par conséquent rejetée.

Article 3. La présente ordonnance, exécutoire sur minute, sera notifiée aux parties par les soins de M. le greffier en chef et sera publiée partout où besoin sera.

NOTE

L'époque contemporaine est surtout caractérisée par la naissance et l'irrésistible ascension d'Autorités ou de Commissions indépendantes dotées de pouvoirs très étendus pour assurer la mission qui leur est impartie. On leur reconnaît quelques avantages[1] qui leur valent de rencontrer un certain succès, de sorte que leur création est en passe de s'imposer, à l'heure actuelle, comme un modèle d'organismes de régulation des secteurs clefs de la vie sociale et économique où s'exercent les libertés essentielles.

Il en est ainsi notamment de la Commission des Marchés Financiers (C.M.F), instituée par la loi n°99/015 du 22 décembre 1999 portant création et organisation du marché financier camerounais. Les modalités de fonctionnement de la C.M.F ont été fixées par le décret du 31 juillet 2001. Il ressort de ce texte que la C.M.F est un organisme public indépendant doté de la personnalité juridique et de l'autonomie financière, dont le siège est à Douala. Elle comprend trois organes principaux que sont le collège des émetteurs qui est l'organe délibérant, le Président de la Commission qui la représente dans tous les actes civils et en justice et le Secrétariat général placé sous l'autorité du Secrétaire général qui est l'organe exécutif de la Commission. Cette dernière a pour mission générale de veiller à la protection de l'épargne investie à travers le marché financier en valeurs mobilières ou dans tout autre placement donnant lieu à l'appel public à l'épargne. Elle est chargée de l'information des investisseurs, de l'agrément et du contrôle des prestations de services d'investissement qui sont les intermédiaires financiers et de la supervision du bon fonctionnement de l'entreprise de marché qui est la *Douala Stock Exchange (DSX)*, dont le rôle est l'animation quotidienne du marché.

Pour mieux accomplir ses missions, la C.M.F s'est vu accorder toute une gamme de moyens d'expression originaux. Elle a :

– Le pouvoir réglementaire qui lui permet d'édicter des règlements relatifs au fonctionnement des marchés, à la définition des règles de bonne conduite, des règles de contrôle et d'inspection.

---

[1] Leur essor traduit, de la part du législateur qui les crée, une certaine méfiance à l'égard de l'administration traditionnelle et des juges ordinaires, de leurs méthodes et de leur incapacité à résoudre, dans des délais assez brefs, des différends assez techniques. Certaines parmi elles ont des attributions qui, pour partie, sont de nature contentieuse sans pour autant être juridictionnelle.

– Le pouvoir d'enquête qui lui permet d'initier et de conduire des enquêtes sur tout fait susceptible de constituer une atteinte à la réglementation du marché.

– Le pouvoir de suggestion en vertu duquel la Commission peut faire toute suggestion par exemple pour la modification des textes applicables au marché financier.

– Le pouvoir disciplinaire qui lui permet de prononcer des sanctions, dans le respect de la procédure prescrite, contre les autres intervenants du marché. Étant entendue que ses décisions sont susceptibles de recours devant la juridiction administrative[2].[3].

Les sanctions disciplinaires[4] prises par cet organisme de contrôle et de surveillance du bon fonctionnement du marché, en raison des manquements par les prestataires de services d'investissement à leurs obligations professionnelles, sont très souvent source de contentieux.

---

[2] Aux termes de l'article 32 alinéa 4 de la loi n°99/015 du 22 décembre 1999 portant création et organisation du marché financier, « *les décisions de la Commission sont susceptibles de recours devant la Chambre Administrative de la Cour Suprême* ». Mais, depuis la mise en fonctionnement effective des Tribunaux Administratifs Régionaux (début 2014), ces recours se doivent désormais d'être portés, comme en l'espèce, devant le Tribunal compétent, la Chambre Administrative étant de la sorte devenue juge d'appel en matière d'élection municipale ou régionale et juge de cassation pour le reste du contentieux administratif impliquant les personnes publiques.

[3] A ce jour, la CMF a déjà pris quelques décisions contre certaines opérations ou certains acteurs du marché financier. On peut, entre autres, citer les exemples les plus significatifs : - La décision portant annulation du visa de la note d'information relative au programme d'émission obligataire de la CUD finance - La décision du 1er juillet 2013 prononçant des sanctions contre CITIBANK Cameroun SA ci-dessus annotée - La décision du 25 octobre 2013 portant rejet du recours gracieux en annulation de la décision de sanction de la Commission des marchés financiers à l'encontre de CITIBANK Cameroun SA. Pour plus amples précisions sur ce point, on lira avec intérêt, KALIEU ELONGO Yvette Rachel, La Commission des Marchés Financiers : le gendarme du Marché Financier camerounais, Publié le 10 juillet 2015 sur son blog.

[4] La sanction disciplinaire ne concerne que les membres d'un corps donné, d'une profession donnée. Elle a pour but immédiat le bien du corps, sa mission, sa cohésion, sa réputation tout en tournant finalement au bien public. Les tiers n'y sont pas concernés. *En revanche,* la sanction administrative est liée à n'importe quelle activité et concerne n'importe quel individu. Elle punie les obligations communes à tous les citoyens. Ainsi que l'avait relevé Claude-Albert COLLIARD, « *la sanction administrative joue dans un ordre juridique étatique général alors que la sanction disciplinaire joue dans des ordres juridiques particuliers* » in « La sanction administrative », Annales de la Faculté de Droit d'Aix, Nouvelle série, n°36, 1943, p. 6.

Comme l'illustre, de manière éclairante, les faits ci-dessus rapportés ayant donné lieu à l'ordonnance n°17, rendue en matière de sursis à exécution le 26 juin 2014 par la Présidente du Tribunal Administratif du Littoral à Douala, dans le litige opposant la Société Citibank Cameroon S.A à la Commission des Marchés Financiers.

Des données de fait du litige telles qu'elles ressortent des principaux attendus, on peut retenir que dans le cadre de l'émission, par l'État du Cameroun, d'un emprunt obligataire au titre de l'exercice budgétaire 2010 pour lever la somme de FCFA 200 milliards destinée au financement des projets de développement, les sociétés bancaires Afriland First Bank, Citibank Cameroon SA et la Société Générale de Banques au Cameroun SA, prestataires de services d'investissement agrées, constituées en consortium, avaient été retenues, après leur soumission aux termes de référence de l'appel d'offres du 26 mai 2010, comme arrangeurs de l'émission, suivant notification du 30 juin courant du Ministre des finances, représentant l'État du Cameroun. L'opération, qui s'était déroulée conformément à la note d'information dûment modifiée, approuvée et visée par la défenderesse, avait permis une mobilisation de l'épargne à hauteur de FCFA 11,237 milliards. Mais, courant avril 2012, les conclusions d'une mission de contrôle sur place sur l'emprunt concerné (ECMR 5,6% net 2010-2015) ont déclenché l'ouverture d'une enquête disciplinaire contre les membres du consortium susnommés aux termes de laquelle la Commission des Marchés a rendu la décision de sanction querellée. Elle a notamment :

1. À l'unanimité des voix, adressé un avertissement aux dirigeants des trois établissements bancaires regroupés en consortium.

2. À la majorité de voix, prononcé à l'encontre de chacune de ces institutions : * Une amende de FCFA 1.000.000 pour manquement aux obligations de transparence dans la communication des informations destinées au public et à la Commission des Marchés Financiers. ** Une amende de FCFA 1.000.000 pour avoir publié des informations erronées en couverture de la note d'information en ce qui concerne les responsables de l'opération (co-arrangeurs) et fait état d'une convention inexistante de prélèvement entre l'État et la BEAC ; *** Une amende de FCFA 500.000 pour avoir délégué à un tiers non prestataire de service d'investissement et pour laquelle il a été rémunéré par l'émetteur.

3. Ordonner la publication de ladite décision au bulletin officiel de la Commission des Marchés Financiers.

Pour la requérante, Citibank Cameroon SA, cette décision était manifestement entachée d'excès de pouvoir en ce que :

– D'une part, elle violait le principe de l'immutabilité du litige du fait que la sanction d'avertissement avait été infligée, non pas aux prestataires de services d'investissement que sont en l'espèce les membres du consortium, personnes morales, mais aux dirigeants de ces sociétés bancaires qui n'étaient pas du reste mis en cause dans la procédure, outre que certains desdits dirigeants n'étaient pas en poste à l'époque des faits ayant généré le présent contentieux.

– D'autre part, elle violait le principe sacro-saint de la séparation des pouvoirs, la Commission des Marchés Financiers étant incompétente pour infliger des sanctions pécuniaires à caractère pénal relevant du seul pouvoir judiciaire.

– En outre, elle violait les dispositions de l'article 32 alinéa 3 de la loi du 22 décembre 1999 portant création et organisation d'un marché financier dans la mesure où seuls la suspension et le retrait d'agrément peuvent faire l'objet de publication.

– Enfin, elle soutenait que la décision incriminée n'était pas fondée en ce que les faits qui lui étaient reprochés n'étaient pas avérés et que l'exécution de celle-ci en l'état était de nature à lui causer un préjudice irréversible du fait que « *Cameroon Tribune* », bulletin officiel de substitution, est un journal d'information générale à travers lequel le lecteur, qui n'appréhende pas les règles spécifiques du marché financier, pourrait donner à une telle publication une interprétation dramatisante et erronée.

Il y avait donc, selon elle, extrême urgence et péril grave à ce que cette décision ne soit pas publiée, l'ordre public ni la sécurité publique n'étant pas mis en cause en l'espèce.

Voilà les raisons qui ont justifié sa demande de sursis à exécution qui est « *la suspension de l'applicabilité d'un acte dans l'attente du jugement à rendre sur sa légalité... Sa neutralisation pendant le procès dont il fait l'objet, en quelque sorte la détention provisoire de l'acte non encore condamné, mais déjà inculpé* »[5].

Les Conseils de la Commission des Marchés Financiers avaient conclu, d'une part à l'irrecevabilité de la demande de sursis pour absence de preuve de recours contentieux, à défaut pour action prématurée ;

---

[5] V. PACTEAU Bernard, Contentieux administratif, Paris, PUF, 1989, p. 235.

d'autre part, au rejet de la demande de sursis introduite par la Citibank SA pour non-respect des conditions prescrites.

Ambivalente, la présente ordonnance l'était à un double titre :

En déclarant recevable en la forme la demande de la société Citibank Cameroon SA, *qui avait saisi directement le juge du sursis à exécution, à la suite du recours gracieux, sans avoir au préalable introduit un recours contentieux*, tout en opposant une fin de non-recevoir aux prétentions de la Commission des Marchés Financiers, considérées en l'espèce comme procédant « *d'une interprétation erronée des dispositions légales qui prévoient la mesure sollicitée* »**,** le juge de l'urgence avait fait une exacte application de l'esprit et de la lettre des dispositions de l'article 30 alinéa 2 de la loi n°2006/022 fixant l'organisation et le fonctionnement des Tribunaux Administratifs et on ne saurait s'en plaindre.

De ce point de vue, cette ordonnance mérite de retenir l'attention dans la mesure où le juge unique y démontre clairement qu'il n'est pas un juge inféodé à l'administration ou complice de cette dernière, comme on a souvent tendance à le croire, mais qu'il est, « *comme tous les autres juges, en principe, au service du seul Droit dont il doit être, sur le terrain qui est le sien, un défenseur vigilant..* »[6].

Mais, en rejetant au fond la demande tendant au prononcé du sursis à exécution à l'égard des préjudices d'ordre financier, cette ordonnance a confirmé la tendance récente de la jurisprudence administrative *à durcir à nouveau* les conditions relatives à la nature du préjudice. Sur ce point, elle n'a pas été accueillie avec faveur par la majorité de la doctrine.

L'intérêt de cette ordonnance tient donc, d'une part à ce que le juge unique y rappelle fermement et clairement, avec un ton pédagogique qui lui est peu familier, une des nouvelles conditions de recevabilité du sursis à exécution que constitue désormais la non-exigence du recours principal **(I)** et une des conditions d'octroi de la suspension à exécution, à savoir le caractère irréparable du préjudice **(II)**.

I. Le juge de l'espèce rappelle clairement que le sursis à exécution d'une décision administrative peut désormais être demandé dès l'introduction du recours gracieux

Aux termes de l'article 30 de la loi n°2006/022 du 29 décembre 2006 précitée, « ***le recours gracieux contre un acte administratif n'en suspend pas l'exécution. (…)*** ».

---

[6] V. KAMTO M, Droit administratif processuel du Cameroun, op.cit. p. 18.

Un détail de rédaction de cet article, *qui ne saurait être l'effet du hasard*, apparaît très révélateur. Le législateur s'est référé au **recours gracieux**, alors que l'article 16 de la loi n°75/17 du 08 décembre 1975, qui fixait alors la procédure applicable devant la Cour Suprême statuant en matière administrative disposait que « ***le recours contentieux contre une décision administrative n'en suspend pas l'exécution …*** ».

Autrement dit, l'expression « ***recours contentieux*** » a été remplacée dans la nouvelle loi par celle de « ***recours gracieux*** ». Ce remplacement traduit le souci du législateur[7] de relever le défi de l'urgence en donnant désormais pleine efficience au sursis à exécution.

Dans l'affaire dame NGO YIGNONG Christine contre État du Cameroun (MINDAF), révélée par l'ordonnance n°51 du Président de la Chambre administrative en date du 19 août 2009, le juge de l'espèce avait déjà fait une exacte application de la loi de 2006, en soulignant, dans une formule qui retient l'attention, **« …***qu'aux termes de l'article 30 de la loi n°2006/022 du 29 décembre 2006 suscité…, (1).* ***Le recours gracieux contre un acte administratif*** *n'en suspend pas l'exécution.* (…). ***… qu'il en résulte que*** **le sursis à l'exécution d'une décision administrative peut être demandé dès l'introduction du recours gracieux**. ***Qu'ainsi, la fin de non-recevoir excipée par le représentant de l'État, tenant à l'absence de recours au fond, n'est pas justifiée….qu'il s'ensuit que la demande de dame NGO YIGNONG est recevable pour avoir été introduite conformément à la loi précitée*** ».

[7] **Un effort législatif très appréciable a également été fait en matière de décentralisation, avec l'institution de ce que l'on peut, à juste titre, qualifier de sursis à exécution spécial de 48 heures**. On sait, en effet, qu'aux termes de l'article 72 de la loi n°2004/017 du 22 juillet 2004 portant orientation de la décentralisation, le représentant de l'Etat – Gouverneur ou Préfet - qui a connaissance des décisions réglementaires et individuelles prises par le Président du Conseil régional ou le Maire dans le cadre de l'exercice de leurs pouvoirs de police, peut déférer à la juridiction administrative compétente les actes qu'il estime entachés d'illégalité, dans un délai maximal d'un mois à compter de leur réception. Il peut aussi joindre à ce recours une demande de sursis à exécution de ces décisions. Le juge fera droit à la demande de sursis dès lors que « *l'un des moyens invoqués dans la requête paraît, en l'état de l'instruction, sérieux et de nature à justifier l'annulation de l'acte attaqué* ». Bien plus, lorsque l'acte déféré au Tribunal est de nature à compromettre l'exercice d'une liberté publique, la juridiction administrative, ou un de ses membres délégué à cet effet, prononce le sursis dans un délai maximal de quarante-huit heures. Rien n'interdit de généraliser une telle mesure de bon sens en matière de libertés.

Cette solution nouvelle nous semble devoir être approuvée. En conséquence, la demande de suspension d'exécution d'une décision administrative peut désormais être recevable en l'absence du recours contentieux.

Mieux encore, cette suspension peut même être ordonnée avant l'introduction de la demande principale. Étant entendu, comme le précise si bien l'alinéa 4 de l'article 30 de la loi n°2006/022, que l'ordonnance d'octroi du sursis à exécution non suivie d'un recours contentieux devient caduque dans le délai légal de 60 jours à compter de la décision de rejet du recours gracieux.

Pour mieux apprécier la portée de cette innovation procédurale favorable au justiciable, il est important de rappeler l'état antérieur du droit sur la question.

Sous l'empire de la loi de 1975, la demande de sursis à exécution était irrecevable en l'absence d'un recours principal, c'est-à-dire, en l'absence d'un recours contentieux visant l'annulation ou la réformation de la décision administrative en cause. Le juge affirmait en effet qu'une « *demande de sursis à exécution est essentiellement une demande accessoire, incidente dans un recours contentieux* »[8]. Et, dans l'affaire LELE Gustave[9], il avait précisé que « *la procédure de sursis à exécution est fonction d'une procédure déjà pendante* », c'est-à-dire en cours devant la juridiction administrative.

Cette condition, fixée jadis par l'article 17 de la loi n°75/17 précitée, permettait au juge d'avoir des éléments de fond de nature à le mettre à même d'apprécier le bien-fondé du sursis qu'on lui demande et d'éviter ainsi d'ordonner un sursis que ne pourra justifier la solution définitive du litige.

Le juge, dans l'affaire AHANDA Dieudonné contre État du Cameroun, objet de l'ordonnance n°39/OSE/CS/PCA/1996 portant rejet d'une demande de sursis à exécution, avait appliqué la même règle en affirmant que « *le requérant a saisi directement le juge administratif sans avoir au préalable introduit un recours contentieux ; que ce faisant, sa demande, qui n'a pas respecté les prescriptions de la loi susvisée doit être déclarée irrecevable* ».

---

[8] V. CS. PCA, ordonnance de sursis, 1977/1978, NGANKEU Pierre contre Etat du Cameroun.

[9] V. CS. PCA, ordonnance de référé n°7, 1977/1978.

La question s'était posée de savoir si ce recours principal devait être antérieur, concomitant ou postérieur à la requête en sursis à exécution ?

Aux termes de l'article 17 de la loi n°75/17 du 8 décembre 1975, « *la demande en sursis peut être formée en même temps que la demande principale et par la même requête* ». Il s'agissait là, comme l'avait indiqué le juge de l'espèce MBIAMA MESSANGA Casimir contre Etat du Cameroun[10], « *d'une faculté qui n'excl(uait) nullement une requête séparée, bien au contraire* ».

En 1986, le Président de la Chambre administrative affirmait, dans une affaire MBIAYI Philippe contre État du Cameroun[11], que « *la loi ne subordonne nullement la recevabilité de la demande de sursis à l'existence d'un recours formé antérieurement à celle-ci* ». Il suffisait donc que l'acte litigieux fasse l'objet d'un recours contentieux.

La doctrine alors en avait déduit « *que le moment où le recours principal est introduit importe peu et qu'il suffit, en définitive, que l'on prouve l'existence de ce recours principal au moment où le Président de la Chambre administrative examine pour la première fois la demande de sursis* »[12].

Toutefois, le juge avait modifié sa jurisprudence à cet égard[13]. Il l'avait fait dans l'affaire Élites Intérieures de l'Arrondissement de Yokadouma, représentée par l'Honorable BOMOKOU NKONO René[14], en des termes si clairs et précis qu'il importe de les rappeler :

« *Attendu qu'aux termes des articles 16 et suivants de la loi n°75/17 du 08 décembre 1975 fixant la procédure devant la Cour Suprême statuant en matière administrative, la demande de suspension d'exécution ne peut être recevable que si elle est consécutive au recours au fond et formée par la même requête ou par requête séparée après le dépôt de la demande principale. Qu'il en résulte que l'existence de celle-ci doit être justifiée à l'introduction de la demande de sursis. Attendu, en l'espèce, que le requérant a saisi directement le juge administratif sans*

---

[10] V. CS/PCA, ordonnance de sursis n°5 du 16 février 1983.

[11] V. CS/PCA, ordonnance de sursis n°17 du 17 août 1986.

[12] V. M. KAMTO, Droit administratif processuel du Cameroun, op.cit., p. 70.

[13] En ce sens, voir C. KEUTCHA TCHAPNGA, « Le régime juridique du sursis … », précité.

[14] Ordonnance n°40/ORSE/CS/PCA/96 portant rejet d'une demande de sursis à exécution, Elites Intérieures de l'Arrondissement de Yokadouma contre Etat du Cameroun

avoir au préalable introduit un recours contentieux. Que, ce faisant, sa demande, qui n'a pas respecté l'esprit de la loi n°75/17 du 08 décembre 1975 susvisée, doit être déclarée irrecevable ».

Cette interprétation avait été également exposée avec plus de clarté par le juge de l'affaire AHANDA Dieudonné contre État du Cameroun précitée, lorsqu'il estimait que « *la demande de suspension d'exécution ne peut être recevable que si elle est consécutive à la demande principale et formée par la même requête, soit en même temps, soit après le dépôt du recours au fond ; qu'il en résulte que l'existence de celui-ci doit être justifiée à l'introduction de la demande de sursis* ».

La demande de sursis n'était donc plus recevable si elle était formée avant la demande principale.

Le juge de l'urgence avait souvent fait montre d'assez de réalisme dans l'examen des demandes de sursis à exécution.

Les affaires Dame MAYOUGA Yvonne[15] et Sieur SIGHOKO Abraham[16], rendues respectivement le 26 juillet 1992 et le 17 septembre 1992 dans des espèces presque similaires et dont la rédaction comportait, à peu de différences près les mêmes formules, étaient les manifestations de la tendance libérale du juge qui essayait de sortir du cadre très étroit dans lequel la loi de 1975 sur le sursis avait voulu l'enfermer[17].

Dans les affaires précitées, le Président de la Chambre administrative avait adopté une position audacieuse à l'époque en admettant la possibilité d'être saisi directement d'une demande de sursis à exécution contre les décisions de fermeture des pharmacies à la suite d'un recours gracieux préalable et sans attendre l'introduction du recours contentieux :

« Attendu, disait-il en substance, qu'en l'espèce il est indéniable que la fermeture de la pharmacie avec tout ce qu'elle contient comme denrées à conserver délicatement constitue un préjudice irréparable dont le requérant ne saurait attendre les délais nécessaires à l'introduction d'un recours contentieux devant la Chambre administrative. Que le seul recours gracieux, prélude au recours contentieux, est suffisant pour que le Président de la Chambre administrative se prononce ».

---

[15] CS. PCA, ordonnance de sursis n°21 du 26 juillet 1992.

[16] CS. PCA, ordonnance de sursis n°5 du 17 septembre 1992.

[17] Pour plus amples informations sur ces deux affaires, voir KEUTCHA TCHAPNGA C., article précité.

Poursuivant son raisonnement, le juge ajoutait dans l'espèce SIGHOKO Abraham « ***qu'on ne saurait demandé à un administré qui subit un préjudice grave du fait d'une décision administrative d'attendre les délais du recours contentieux pour pouvoir saisir le juge administratif afin d'y mettre fin*** ».

Le juge avait tranché certes en tenant bien compte de l'intérêt des justiciables, mais non point du droit positif. Ces deux décisions, pour le moins déroutantes à la lumière de sa jurisprudence antérieure, étaient très discutables au regard des dispositions de l'article 16 alinéa 2 de la loi n°75/17 dont une stricte interprétation autorisait à dire que le Président de la Chambre était absolument lié par l'avis du Ministère public.

Or, c'est au mépris de cet avis qui avait requis l'irrecevabilité des deux demandes de sursis pour défaut de recours contentieux que les ordonnances en question avaient été rendues. Fort heureusement, ces deux espèces sont restées isolées au regard de la jurisprudence postérieure de la Cour.

Le moins attentif des observateurs peut remarquer sans peine qu'en précisant désormais que « *la recevabilité d'une demande de sursis est subordonnée à l'introduction d'un recours principal dans le délai de soixante jours* », l'article 30 alinéa 4 de la loi n°2006/022 précitée est venu légaliser en partie la jurisprudence Dame MAYOUGA Yvonne et Sieur SIGHOKO Abraham précitée, qui était assez libérale.

On est donc conduit à conclure que le recours contentieux peut être déposé avant, en même temps ou après la demande de sursis à exécution dans le délai de 60 jours prescrit. Telle est, en substance, l'interprétation pertinente qui ressort désormais de l'article 30 de la loi n°2006/022 du 29 décembre 2006 et qu'a bien mise en lumière le juge unique en l'espèce.

C'est pourquoi, le juge du sursis à exécution a opposé une fin de non-recevoir à l'argumentaire développé par la défenderesse, au soutien de l'irrecevabilité qu'elle invoquait.

Selon elle, « *...outre les conditions de droit commun liées à la personne du requérant (intérêt, capacité, qualité),* ***la recevabilité de la requête aux fins de sursis à exécution est subordonnée à l'exercice du recours gracieux sans qu'il soit nécessaire d'attendre ni son issue, ni l'introduction du recours contentieux en annulation de l'acte dont le sursis est requis. L'urgence et le péril qui commandent cette mesure***

légale justifient cet allègement processuel amorcé par le législateur de 2006, *lequel consacre toutefois son caractère accessoire à travers l'alinéa 4 de l'article 30 de la loi 2006/022 du 26 décembre 2006 qui énonce que « l'ordonnance prononçant le sursis à exécution devient caduque si, à l'expiration du délai prévu à l'article 18 ci-dessus, le Tribunal n'est pas saisi de la requête introductive d'instance ». (Il) infère, qu'à l'expiration du délai du recours contentieux légalement fixé à 60 jours à compter du rejet (implicite ou explicite) du recours gracieux, le demandeur doit avoir impérativement introduit son recours en annulation à peine de caducité de l'ordonnance ayant accordé la mesure ou d'irrecevabilité de sa requête aux fins de sursis à exécution.. ».*

Au regard des développements qui précèdent, le juge de l'espèce a logiquement reçu la requérante en sa demande, les conditions légales liées à la forme et aux délais ayant été respectées, le recours contentieux en annulation de la décision incriminée ayant, en outre, été introduit le 23 décembre 2013.

Le juge du sursis à exécution a appliqué la même règle dans une affaire presque similaire, rendue le même jour[18].

II. Le juge de l'espèce décide que l'absence de préjudice irréparable justifie le rejet de la requête au fond

Pour obtenir le sursis, il faut également que l'exécution de l'acte attaqué soit susceptible d'entraîner, pour le requérant, des conséquences irréparables. C'est, en effet, « *l'atteinte irréparable susceptible d'être portée à l'intérêt du requérant qui justifie essentiellement l'atteinte provisoire à l'intérêt général que défend l'administration* »[19].

L'absence du préjudice irréparable apparaît ici comme la condition légale de fond du sursis à laquelle se sont accrochés le Ministère public et les représentants de la société Citibank pour obtenir gain provisoire de cause. ***Mais qu'est-ce donc qu'un préjudice irréparable ?***

Cette notion est consacrée par le droit positif camerounais. La loi n°75/17 du 8 décembre 1975 fixant la procédure devant la Cour Suprême statuant en matière administrative disposait en son article 16 : « *Le*

[18] Président du Tribunal Administratif du Littoral à Douala, ordonnance n°20 du 26 juin 2014, Société Générale de Banques au Cameroun S.A contre la Commission des Marchés Financiers

[19] V. PEISER Gustave, Contentieux administratif, Paris, Dalloz, 1997, p. 125.

recours contentieux contre une décision administrative n'en suspend pas l'exécution. ***Toutefois, si l'exécution est de nature à causer*** **un préjudice irréparable** *et que la décision attaquée n'intéresse ni l'ordre public ni la sécurité ou la tranquillité publique ; le Président de la Chambre administrative peut, après communication à la partie adverse et avis conforme du Ministère public, ordonner le sursis à exécution* ».

L'article 30 de la loi n°2006/022 du 29 décembre 2006 fixant l'organisation et le fonctionnement des Tribunaux Administratifs prévoit actuellement que : « (1) *Le recours contentieux contre un acte administratif n'en suspend pas l'exécution » ; «* ***(2) Toutefois, lorsque l'exécution est de nature à causer un préjudice irréparable*** *et que la décision attaquée n'intéresse ni l'ordre public, ni la sécurité ou la tranquillité publique ; le Président du Tribunal Administratif peut, saisi d'une requête, après communication à la partie adverse et conclusions du Ministère public, ordonner le sursis à exécution ».*

Mais, pas plus que la loi de 1975, celle de 2006 n'a donné aucune définition du préjudice irréparable et le juge administratif ne s'en est d'ailleurs pas soucié.

Aussi, empruntera-t-on à la doctrine l'énoncé des caractéristiques du préjudice irréparable.

Ce dernier désigne, selon le Commissaire du Gouvernement LAURENT, un préjudice dont les conséquences entraînées par l'exécution immédiate de la décision querellée « ***ne peuvent être effacées, réparées ou compensées par un procédé quelconque, fut-il indemnitaire, en cas d'annulation par le juge de fond de l'acte administratif en cause*** »[20].

En tout état de cause, si on admet qu'un préjudice est irréparable « *lorsqu'il sera en fait impossible de remettre les choses en état ultérieurement ou de compenser le préjudice subi par une indemnité pécuniaire* »[21], **on ne saurait logiquement affirmer qu'un préjudice d'ordre financier emporte de telles conséquences.**

Mais, contrairement à l'affirmation péremptoire du juge de l'espèce selon laquelle « *la publication d'une décision administrative est*

[20] V. Conclusions sur l'affaire Ministre des Finances et des Affaires économiques contre Crédit Coopératif Foncier (C.E., 1er octobre 1954, Rec 492, Note BRAIBANT).
[21] V. PEISER G, Contentieux administratif, op.cit. p. 125.

susceptible de porter une atteinte grave et irréparable à la considération d'une personne dès lors qu'elle ne peut s'effacer par l'octroi des dommages-intérêts », **le préjudice moral, même éventuel, subi du fait d'un acte administratif unilatéral faisant illégalement grief est chiffrable et par suite réparable.**

La jurisprudence administrative nationale est solidement fixée sur ce point. En effet, les dommages moraux, qui nécessitent réparation, se traduisent, dans de multiples décisions de la juridiction administrative, qu'il est fastidieux de citer ici[22], par des formules telles que « ***atteinte à l'honneur ou à la réputation*** » voire « ***perturbation du mode de vie*** »[23].

Cette position avait été remarquablement exprimée par la Chambre administrative de la Cour Suprême dans le jugement n°96 du 7 août 1986, NJOCK Georges Edward contre Université de Yaoundé :

« *Attendu que le requérant…* ***estime, en conclusion, qu'en le traînant dans la boue (sic), son honorabilité et sa responsabilité ont subi un préjudice ayant irréversiblement entamé et confondu son moral. Attendu… que l'atteinte à l'honneur et à la réputation, les troubles professionnels et la perturbation du mode de vie constituent, en l'espèce, autant de dommages moraux qui méritent d'être indemnisés. Que compte tenu des circonstances de l'affaire, il sera fait une appréciation suffisante de la réparation à laquelle le requérant peut prétendre, en lui allouant la somme*** *de un franc* ».

---

[22] Voir par exemple CS/CA, jugements numéros 41 du 02 février 2005, Mme EBENGUE ESSOMBA née AVA Rose, 99 du 27 avril 2005, SADOU YAYA c. / Etat du Cameroun et 183 du 23 juin 2010, WAFFO WOKAM Lucie.

[23] D'une manière générale, le juge a toujours condamné l'administration à réparer un préjudice moral souffert par un administré du fait de l'activité administrative, que celui-ci soit un agent public agissant en cette qualité, un usager du service public ou à un tiers au service public. (Responsabilité pour risque). **Jurisprudence constance de la Cour** : C.F.J.AP, arrêt°15 du 16 mars 1967, Dame FERRIERE Marie **(Préjudice moral et esthétique souffert du fait du mauvais entretien d'un ouvrage public).** CFJ.CSAY, arrêt n°10 du 16 mars 1967, Dame KWEDI Augustine **(Préjudice moral souffert du fait du décès de son fils)** : « *attendu qu'une mère est en droit de se prévaloir d'une atteinte à ses sentiments d'affection par la disparition d'un fils de 14 ans ; qu'on ne peut douter de sa douleur véritable.* ***Que la douleur morale, qui est résultée pour elle de la disparition prématurée de son fils, est par elle-même génératrice d'un préjudice indemnisable*** ». CS-CA, jugement n°45 du 27 mai 1982, Dr. DZIETHAM Pierre **(Préjudice matériel, moral et esthétique souffert du fait de l'absence de panneaux de signalisation suite aux travaux de réfection d'un pont).**

Elle avait réitéré solennellement sa position dans le jugement n°76 du 31 janvier 1991, Mlle EWONO FOUDA Joséphine :

« *Attendu, cependant, qu'**il est incontestable que du seul fait d'avoir été exclue brutalement et intempestivement de la salle d'examen a causé à la requérante un grand choc moral (une vive émotion) en brisant ses espoirs de réussite et d'amélioration de sa condition sociale qu'il convient de réparer. Attendu qu'il est équitable de lui allouer sur ce chapitre une somme de six millions de francs*** ».

De la même manière, l'affaire NJIKIAKAM TOWA Maurice précitée, relevée à propos de l'illégalité fautive de sa révocation, a permis, parallèlement à la réparation du préjudice matériel né de la perte irrégulière de son salaire de fonctionnaire, ***l'indemnisation du préjudice moral causé par le néfaste impact psychologique de l'exécution de la sanction irrégulière***. Le juge administratif avait alors alloué au requérant des dommages-intérêts en réparation du préjudice moral qu'il avait subi, car l'intéressé avait connu « *…**une vie d'angoisse, ignorant la suite qui sera réservée à sa requête (contentieuse) ainsi que son avenir et celui de sa famille*** ».

Très récemment, la Chambre administrative de la Cour Suprême, dans le jugement n°254 du 12 novembre 2011, KAMTO Maurice contre Université de Yaoundé, avait retenu la même solution à travers une solide argumentation fondée sur des principes simples et clairs désormais établis en la matière :

« *Attendu, a-t-elle dit alors, que **le recourant a sollicité la somme de 50.000.000 frs CFA à titre de dommages-intérêts pour la réparation des préjudices matériel et moral subis. Attendu que cette demande est fondée, compte tenu des diverses frustrations nées de la « situation d'infériorité académique injustifiée » dans laquelle les actes contestés ont placé le recourant.** Que cependant il y a lieu de ramener le montant de la réparation desdits préjudices à une juste proportion en lui allouant la somme de vingt-cinq millions (25.000.000 frs CFA)* ».

Au demeurant, c'est à bon droit que le juge de l'espèce a suivi le Ministère public et la défenderesse en soulignant « *que relativement aux amendes prononcées à l'encontre de la Citibank Cameroon SA, il convient de dire que la demande de sursis à exécution n'est pas justifiée, lesdites amendes ayant un caractère financier ; que le préjudice né du paiement de celles-ci est susceptible de réparation tel que ci-dessus spécifié. Qu'il y a lieu de rejeter la requête pour n'avoir pas satisfait à la condition d'irréparabilité, sans qu'il soit besoin de se prononcer sur celle liée à l'ordre public* ».

Une solution analogue avait été retenue, quelques années avant, par le juge de l'affaire dame NGO YIGNONG Christine contre État du Cameroun (MINDAF), objet de l'ordonnance n°51 du 19 août 2009 portant rejet d'une demande de sursis.

En l'espèce, le Président de la Chambre administrative avait décidé, « *contrairement aux conclusions du Ministère public, que le préjudice lié à l'utilisation du titre foncier n'est pas irréparable à l'égard de la recourante dont les droits peuvent être compensés, même à titre indemnitaire, en cas d'annulation de l'acte dont s'agit. Qu'il s'ensuit que la demande n'est pas justifiée et qu'elle encourt le rejet* ».

La Chambre administrative de la Cour Suprême ***avait également adopté une conception rigoureuse de la notion de préjudice irréparable*** dans l'affaire Gervais MENDO ZE contre Etat de Cameroun, objet de l'ordonnance n°74/OSE rendue le 05 octobre 2009, en interprétant de manière restrictive le texte en vigueur sur la question.

En l'espèce, le juge avait estimé que les décisions du Ministre Délégué à la Présidence chargé du Contrôle Supérieur de l'État, lesquelles portaient sur des sanctions pécuniaires, n'étaient pas irréparables. C'est pourquoi, il avait affirmé « *(...) que leur exécution n'est pas de nature à causer un préjudice irréparable au requérant, les conséquences de ladite exécution pouvant être effacées ou compensées, à titre indemnitaire, en cas d'issue heureuse de son recours en annulation (...)* ».

L'ordonnance annotée était donc venue confirmer la tendance de la jurisprudence administrative à durcir à nouveau la condition relative au préjudice d'ordre financier ; condition qui était pourtant en passe d'être assouplie il n'y a pas très longtemps.

On sait que, par le passé, à l'instar de son homologue français, le juge administratif camerounais frappait d'irrecevabilité les demandes tendant au prononcé du sursis à exécution à l'égard des préjudices de caractère financier. Il n'est pas inutile de rappeler *l'attendu* qui revenait inlassablement dans ses ordonnances :

« *Attendu que l'exécution de la décision incriminée n'est pas de nature à causer un préjudice irréparable à TCHANA Zacharie en ce que les sommes précomptées sur son salaire lui seront dûment remboursées au cas où la Chambre administrative de la Cour Suprême ferait droit à sa demande en annulation de l'acte attaqué »*[24].

La jurisprudence était constante sur ce point et bien établie[25].

Au moment où la crise économique sévissait gravement dans le pays, les conséquences dramatiques d'un tel principe pour les justiciables étaient manifestes, notamment en matière de sanctions pécuniaires particulièrement lourdes que prononçait le Conseil de Discipline Budgétaire et Comptable (*aujourd'hui Financière et non plus Comptable*). C'est sûrement pour cette raison que le juge de l'urgence avait modifié sa jurisprudence en la matière.

Il l'avait fait de manière très explicite le 13 mai 1996 dans une autre espèce NOUCTI TCHOKWAGO, objet de l'ordonnance de sursis n°25, ***en décidant que l'exécution prématurée des sanctions pécuniaires en cause était de nature à poser un préjudice difficilement réparable au requérant,*** *compte tenu des difficultés de trésorerie qu'éprouvent actuellement l'État et les organismes sous sa tutelle, situation qui ne faciliterait pas le remboursement des sommes encaissées en cas d'issue heureuse du recours au fond*[26].

Le juge administratif camerounais de l'urgence, avions nous logiquement déduit à l'époque, avait fait preuve ici de tact et de mesure si l'on se référait aux intérêts du requérant. Il ne s'était pas contenté d'adopter une position différente de celle de son homologue français. Il s'était efforcé d'innover aussi dans son raisonnement juridique, en montrant ainsi que même s'il faisait souvent un usage incontestable de certaines solutions du juge administratif français, il demeurait malgré tout un juge national soucieux d'adapter le droit aux réalités de la société camerounaise[27].

---

[24] Voir ordonnance de sursis du 24 mai 1991.

[25] Voir C.S/P. C.A, ordonnance de sursis n°13/91/92, Brasseries du Cameroun C/ État du Cameroun (MINEFI) ; C.S/P. C.A, ordonnance de sursis n°13 du 10 février 1995, NOUCTI TCHOKWAGO.

[26] Lire à ce sujet KEUTCHA TCHAPNGA C., « Le régime juridique du sursis à exécution dans la jurisprudence administrative camerounaise », article précité.

[27] V. C. KEUTCHA TCHAPNGA, « Le régime juridique du sursis… », article précité.

Cette tendance jurisprudentielle n'était pas isolée. Deux autres exemples significatifs suffisent, parmi tant d'autres[28], pour davantage illustrer notre propos.

D'abord, l'affaire IKAMOU à KOUNG Jean Paul contre Etat du Cameroun (MINFIB), objet du jugement n°130 du 25 août 2004, rendu par la Chambre administrative de la Cour Suprême, 24 ans après le recours introductif d'instance.

Les faits de cette singulière espèce étaient très simples : par arrêté n°226/MINFI/BC du 28 décembre 1979, le sieur IKAMOU à KOUNG Jean Paul, PLEG, avait été déclaré comptable de fait et débiteur envers le Trésor public de la somme de deux millions quatre cent quarante-huit mille deux cent sept (2.448.207) francs CFA, représentant le montant du détournement en matériel et en numéraires constaté à sa charge à la suite du contrôle de sa gestion financière en tant que Proviseur du Lycée de Mbalmayo au cours des exercices 1976/1977 et 1977/1978. Un bulletin de liquidation de recette d'égal montant, en application des dispositions de la loi n°73/7 du 7 décembre 1973, avait été émis à l'encontre de l'intéressé par les soins du Ministère des Finances, plus précisément de la Direction du Budget.

En cours d'instruction, le Ministre des Finances, par l'intermédiaire de son représentant, se défendait d'avoir édicté des sanctions. À l'entendre, constituer l'ancien ordonnateur du budget du Lycée de Mbalmayo comptable de fait et émettre un ordre de recette de 2 448 207 francs CFA à son encontre n'étaient que des mesures conservatoires préalables à la décision du Conseil de Discipline Budgétaire et Comptable saisi de la cause. Cet argument n'avait pas convaincu la Chambre administrative qui avait relevé que le Ministre des Finances avait infligé des sanctions définitives au recourant sans se plier à la formalité des droits de la défense. Ce qui avait justifié l'annulation de l'arrêté du Ministre chargé des Finances[29].

---

[28] En ce qui concerne, par exemple, la prescription des impositions contestées par le contribuable NJOUKWE Moïse devant la Cour Suprême, par les ordonnances n°181/CS/CA du 11 septembre 1976 du Président de la Chambre Administrative et n°185 du 14 juin 1978 du Président de la Cour suprême, le recouvrement desdites impositions avait été provisoirement suspendu jusqu'à l'issue du recours ayant abouti à l'arrêt n°15/A du 19 juin 1980 mis en cause par la requête du Ministre des finances.

[29] V. pour le résumé des faits de cette affaire, SIETCHOUA DJUITCHOKO C, Revue de la jurisprudence administrative, Juridis Périodique, janvier-février-mars 2009.

Il est vrai que la solution rendue par le juge de cette affaire était très favorable au requérant, puisque par ordonnance n°3/OSE/CS/PCA/80-81 du 24 janvier 1981, le Président de la Chambre administrative de la Cour Suprême avait ordonné le sursis à l'exécution de l'arrêté ministériel constituant l'intéressé comme comptable de fait. **Pourtant, le préjudice en l'espèce présentait manifestement un caractère d'ordre financier**. La Cour avait, en outre et à juste raison, annulé la décision en cause en se fondant sur l'impossibilité dans laquelle le sieur IKAMOU à KOUNG Jean Paul s'était trouvé de présenter utilement sa défense.

Mais, l'équité n'y trouvait toutefois pas son compte. Lorsqu'un requérant attend 24 ans avant d'obtenir une décision, il n'est plus possible de dire que le contrôle juridictionnel est assuré de manière satisfaisante, son but n'étant pas que ses enfants aient un jour raison, mais qu'il puisse bénéficier lui-même de la décision de justice.

Ensuite, dans l'affaire Établissement NZIKO André contre État du Cameroun, objet de l'ordonnance de sursis n°19 du 25 mai 1983, le Président de la Chambre administrative avait ordonné le sursis à exécution – ***jusqu'à l'issue de la procédure de l'imposition émise à la charge du demandeur*** – au motif que « ***son exécution est de nature à causer un grave préjudice*** » au recourant. Il n'était pourtant pas douteux qu'il s'agissait, en l'espèce, d'un préjudice d'ordre financier.

Le juge de l'urgence, pour atténuer la rigueur excessive dans laquelle la loi de 1975 l'avait jadis enfermé, s'efforçait alors de varier la terminologie relative à la nature du préjudice susceptible de justifier l'octroi du sursis à exécution. Certaines de ses ordonnances faisaient état d'un préjudice inestimable. D'autres faisaient allusion à un préjudice grave ou encore à un préjudice difficilement réparable ou important[30].

Le juge unique, en l'espèce, avait renoué avec l'ancienne jurisprudence restrictive en la matière, en déclarant « *que le caractère irréparable d'un préjudice, c'est-à-dire celui qui est insusceptible d'être remis en l'état ou compensé par une indemnité en argent, n'est pas lié au vice, fut-il manifestement grossier, qui pourrait entacher la décision l'ayant généré. Qu'il intéresse, non pas les*

[30] En ce sens, V. KEUTCHA TCHAPNGA C, « Le régime juridique du sursis à exécution… », article précité, p. 88 et ABA'A OYONO J-C, Note sous Cour Suprême, Chambre Administrative, 07 décembre 2000, MAMA BILOA Sandrine contre Université de N'Gaoundéré, Afrilex n°5, pp. 213-243. p. 238.

préjudices d'ordre financier pour lesquels la compensation pécuniaire est rendue possible… ».

Pourtant, le Conseil d'État français accepte désormais que toutes les conséquences potentielles de l'exécution immédiate de la décision contestée soient prises en compte « *alors même que cette décision n'aurait un objet ou des répercussions que purement financiers et qu'en cas d'annulation, ses effets pourraient être effacés par une réparation pécuniaire* »[31].

À l'analyse, on constate que la formule « *préjudice irréparable* » semble s'imposer généralement lorsque la requête aux fins d'obtention du sursis est dirigée contre une décision pour laquelle le juge ne veut point suspendre les effets. C'est précisément dans cette hypothèse que la jurisprudence se signale par sa rigidité et que le juge du sursis se montre extrêmement circonspect à l'égard de cette institution dont l'utilisation lui paraît de nature à tenir en échec les prérogatives de puissance publique. Même si une évolution a été remarquée à cet égard, le principe demeure. Le danger existe alors que le juge de fond soit appelé systématiquement à statuer dans le même sens que celui du sursis à exécution.

En revanche, pour accorder souvent, avec assez de libéralisme, le sursis à exécution, il atténuait la rigueur de la loi à l'égard de la condition relative au préjudice irréparable. Ce qui, du reste, explique la variabilité des formules utilisées.

Dans l'affaire NWATCHOCK, né BONG Jacqueline, objet de l'ordonnance n°8 du 2 mars 1983 relative à une décision concernant l'exercice d'une activité professionnelle, par exemple, le Président de la Chambre administrative de la Cour Suprême, sans s'intéresser outre mesure à la nature irréparable du préjudice subi, avait *raisonnablement* estimé que « *Dame NWATCHOCK fait valoir à l'appui de son recours qu'elle se trouve envoyée à 300 km de Yaoundé (Yoko), loin de son mari et de ses 9 enfants mineurs, alors qu'il ne lui est reproché aucune faute professionnelle. Que cet état des choses est de nature à ruiner son ménage puisque, là où elle est, elle subit les assauts des hommes qui la confondent à une femme libre, ce qui risque de provoquer un divorce entre elle et son mari, lequel à son tour serait tenté par d'autres femmes*

[31] C.E, 30 mai 2001, Syndicat national des huissiers de justice ; C.E, 7 juin 2001, SCP DESAGNEUX.

de par leur séparation. ***Que les arguments développés par la requérante sont pertinents****, alors et surtout que son départ de Yoko n'intéresse ni l'ordre public, ni la sécurité ou la tranquillité publique, qu'il échet de faire droit à sa demande (...) ».*

En donnant ainsi épisodiquement satisfaction aux requérants, de préférence sur des questions fortement « *médiatisées* », mais sans grande importance sur les plans politique et administratif[32], le juge de l'urgence gênait ou limitait la portée des critiques que pourrait susciter l'essentiel de sa production en matière de sursis à exécution, qui a longtemps été dominée par une politique jurisprudentielle dont la préoccupation principale semble être toujours la sauvegarde des prérogatives de l'administration.

Pourtant, dans son jugement n°95 du 28 mars 1991, Dame NWATCHOK née BONG Jacqueline, statuant cette fois-ci au fond, **14 ans après**, la Chambre administrative n'avait pas fait droit à sa requête :

« *Attendu que Dame NWATCHOCK fait valoir à l'appui de son recours que mariée en 1965, elle fut recrutée en 1973 en qualité de gardienne des prisons ; qu'elle a été affectée à Yoko se séparant ainsi de son mari et de ses enfants, confondue à une femme libre ; qu'elle estime que cette note de service est non seulement contre les principes fondamentaux de la Constitution en matière de protection de la famille, mais aussi bafoue le droit civil qui dit que le domicile conjugal d'une femme mariée est celui de son époux.* **(...).** *Attendu que pour sa défense, l'Administration Territoriale soutient en substance que l'Administration Pénitentiaire est un corps paramilitaire qui s'occupe du maintien de l'ordre.* ***Que la gardienne des prisons doit comprendre que l'intérêt supérieur du service et, plus encore, les impératifs du maintien de l'ordre public priment les considérations individuelles et que, par voie de conséquence, « tout fonctionnaire de l'Administration Pénitentiaire peut être à tout moment muté sur n'importe quelle région du Territoire National lorsque les nécessités du service l'exigent*** *(sic)* ».

---

[32] En ce sens, voir par exemple CA/CS, ordonnance n°034 du 17 décembre 2008 portant suspension des effets de la décision n°0088/MINCULT/CAB du 12 mai 2008 retirant l'agrément à la Cameroon Music Corporation (CMC) et de celle n°0089/MINCULT/CAB du 15 mai 2008 portant nomination des membres du Comité Ad Hoc chargé de la gestion des affaires courantes de ladite société. Cette affaire a dominé l'actualité judiciaire au Cameroun pendant près de 5 ans.

Qu'importe. Dame NWATCHOCK était déjà à la retraite et le sursis à exécution de la décision avait joué pleinement son rôle qui était, en l'espèce, de protéger le mariage et la concorde familiale. En 14 ans, la requérante avait pu, en compagnie de son époux, profiter de la stabilité du couple pour mieux encadrer leurs enfants.

Conclusion

Dans l'état actuel de notre législation, le juge de l'urgence n'a point besoin de l'intervention du législateur, qui a déjà admirablement adouci, comme on l'a démontré ci-haut, une des conditions de recevabilité de la requête, pour pouvoir relativiser davantage, en fonction des cas bien entendu, le ***caractère irréparable*** du préjudice.

Célestin KEUTCHA TCHAPNGA

34.

Ordre de Libération et de réhabilitation d'un immeuble pour cause d'insalubrité et d'impropriété à l'habitat – Sommation – Requêtes aux fins de sursis à exécution des décisions du Délégué du Gouvernement auprès de la Communauté Urbaine de Douala – Recours gracieux préalable – Absence d'un recours de tutelle préalable – Irrecevabilité de la demande de sursis à exécution – Oui – Revirement jurisprudentiel brusque – Oui – Décision contestable sur le plan juridique – Oui.

Cour Suprême, ordonnance du 16 janvier 2012 déclarant une demande de sursis à exécution irrecevable, Maître NGANKAM Gaston contre Communauté Urbaine de Douala[1]

Attendu, en l'espèce, que par la requête susvisée, Maître Henri JOB, Avocat à Douala, agissant au nom et pour le compte de Maître NGANKAM Gaston, Avocat également à Douala, a saisi le juge administratif aux fins de sursis à l'exécution de la décision n°0012/DCUD/CAB/2010 du 12 novembre 2010 du Délégué du Gouvernement auprès de la Communauté Urbaine de Douala, portant libération et réhabilitation, pour cause d'insalubrité et d'impropriété à l'habitat de l'immeuble bâti, situé à Bonanjo, lieu-dit Résidence de la Vallée, objet du titre foncier n° 6287/WOURI appartenant à Monsieur NGANKOUE Pierre.

(...) Attendu qu'aux termes de l'article 30 de la loi n°2006/022 du 29 décembre 2006 suscitée, « (1) : Le recours gracieux contre un acte administratif n'en suspend pas l'exécution ; « (2) Toutefois, lorsque l'exécution est de nature à causer un préjudice irréparable et que la décision attaquée n'intéresse ni l'ordre public, ni la sécurité ou la tranquillité publique, le Président du Tribunal Administratif peut, saisi d'une requête, après communication à la partie adverse et conclusions du Ministère public, ordonner le sursis à exécution ». « Qu'il en résulte que la demande de sursis à exécution est accessoire au recours gracieux.

Attendu par ailleurs que l'article 56 du décret n°87/15 du 15 juillet 1987 portant création des Communautés Urbaines dispose : « *Aucune action contre la Communauté Urbaine n'est recevable si le demandeur n'a pas préalablement adressé à l'autorité de tutelle une requête exposant l'objet et les motifs de sa réclamation, dans les délais prévus par la législation en matière de contentieux administratif* ».

Qu'à cet égard, aux termes de l'article 1er du décret n°77/91 du 25 mars 1977 déterminant les pouvoirs de tutelle sur les communes, les syndicats de communes et établissements communaux « *les pouvoirs de tutelle sur les communes, les syndicats de communes et les établissements communaux sont exercés par le Ministre de l'Administration Territoriale et, sous son contrôle, par les Gouverneurs et les Préfets* ». Attendu, en l'espèce, que le requérant a adressé son recours gracieux au Délégué du Gouvernement auprès de la Communauté Urbaine de Douala. *Que ledit recours gracieux ainsi mal dirigé n'est pas conforme au texte de loi suscité et équivaut à un défaut de recours gracieux. Qu'il s'ensuit que sa demande de sursis à exécution est irrecevable.*

---

[1] Note rédigée en collaboration avec Docteur Jacques BIPELE KEMFOUEDIO, Chargé de Cours

NOTE

Contrairement à l'incertitude du sport, celle de la jurisprudence administrative camerounaise n'a rien de glorieuse. La doctrine publiciste n'a eu de cesse de la dénoncer, au fil des ans, déplorant la « *légèreté juridique (...) des Magistrats (non-spécialistes) formés à d'autres types de contentieux* »[2], les décisions brutales ou tatillonnes qu'ils prennent qui déstabilisent quelque peu les justiciables et expliquent en partie l'abdication de ces derniers[3], l'incohérence de la jurisprudence de la Cour Suprême statuant en matière administrative[4], notamment dans le contentieux de l'urgence accessoire[5].

En réalité, il n'y a pas pire injustice que celle qui voit les règles de droit se retourner contre celui ou celle qu'elles prétendaient protéger, surtout lorsqu'elles n'ont pas été bien maîtrisées, et donc mieux appliquées, par le (ou les) juge (s) au cours d'un procès.

Maître NGANKAM Gaston a sans doute eu l'occasion d'être surpris et déçu, voire choqué, le 16 janvier 2012 lorsque le Conseiller à la Chambre administrative de la Cour Suprême, chargé de statuer sur les actions en référé et les demandes de sursis à exécution a déclaré, *de manière déroutante et vertigineuse,* sa demande de sursis à exécution irrecevable dans le litige qui l'opposait à la Communauté Urbaine de Douala et dont le fond de la contestation portait sur ***la loi applicable actuellement sur l'autorité adressataire du recours gracieux préalable dans le contentieux du sursis à exécution, lorsqu'une collectivité territoriale décentralisée est en cause.***

Pour mieux comprendre la grande portée de cette ordonnance, il convient de rappeler les faits générateurs du litige :

Le Délégué du Gouvernement auprès de la Communauté Urbaine de Douala avait, le 12 novembre 2010, pris une décision n°0012/DCUD/CAB/2010 portant libération et réhabilitation, pour cause

---

[2] V. KAMTO M., Droit administratif processuel du Cameroun, op.cit., p. 11.

[3] En ce sens, voir KEUTCHA TCHAPNGA C., « Une délicate révolution dans la procédure administrative contentieuse au Cameroun : à propos du traitement récent de l'urgence par le juge des référés », Note précitée.

[4] Voir KEUTCHA TCHAPNGA C., Précis de Contentieux administratif, op.cit.

[5] Sur la différence entre contentieux de l'urgence spécial et contentieux des mesures d'urgence accessoires, on lira avec intérêt, notamment BIPELE K. Jacques et FANDJIP Olivier, « Le nouveau procès administratif au Cameroun. Réflexion sur le recours gracieux en matière d'urgence », R.I.D.C.n°4, octobre-décembre 2012, pp. 973-993.

d'insalubrité et d'impropriété à l'habitat de l'immeuble bâti, situé à Bonanjo, lieu-dit Résidence de la Vallée, objet du titre foncier n°6287/WOURI appartenant à M. NGANKOUE Pierre. Le 20 janvier 2011, la même autorité, à la suite de la sommation n°48/CAB/DLG/CUD, a ordonné à M. NGANKOUE Pierre de bien vouloir libérer les locaux qu'il occupe dans l'immeuble susvisé, tant de corps que de biens, que de tous occupants de son chef dans les soixante-douze heures qui suivent la notification de ladite sommation.

Le 31 janvier 2011, Maître Gaston NGANKAM, agissant au nom et pour le compte du propriétaire de l'immeuble en cause, a saisi M. le Président de la Chambre administrative de la Cour Suprême de deux requêtes aux fins de sursis à exécution de la décision n°0012/D/CUD/CAB/2010 du 12 novembre 2010 et de la sommation n°48/CAB/DLG/CUD du 20 janvier 2011 de M. le Délégué du Gouvernement.

En infirmant fermement sa jurisprudence antérieure par laquelle il reconnaissait qu'en présence d'un recours gracieux préalable adressé au Délégué du gouvernement ou au Maire, la recevabilité d'une demande de sursis à exécution n'était plus, depuis l'entrée en vigueur des lois de décentralisation de 2004, obligatoirement soumise à l'exercice d'un recours de tutelle préalablement adressé au Préfet, le juge de l'ordonnance ci-dessus reproduite s'était placé dans une position difficilement soutenable et contestable en droit **(I)**. Une certitude cependant. En faisant taire les passions et en tentant d'y regarder de plus près, on constate qu'une voie de recours s'offrait au requérant et à son Conseil : le pourvoi en cassation **(II).**

I. Une solution juridiquement contestable qui prend le contre-pied de la jurisprudence antérieure

Médusé, mais digne : ainsi devait vraisemblablement apparaître Maître Gaston NGANKAM lors de la lecture de l'affirmation finale un peu brutale du juge de l'espèce qui déclarait, en substance :

« *…Que l'article 56 du décret n°87/15 du 15 juillet 1987 portant création des Communautés Urbaines dispose* : « *aucune action contre la Communauté Urbaine n'est recevable si le demandeur n'a pas préalablement adressé à l'autorité de tutelle une requête exposant l'objet et les motifs de sa réclamation, dans les délais prévus par la législation en matière de contentieux administratif. Qu'à cet égard, aux termes de* *l'article 1er du décret n°77/91 du 25 Mars 1977 déterminant les pouvoirs de tutelle sur les Communes, les Syndicats de Communes et Établissements communaux : les pouvoirs de tutelle sur les Communes, les Syndicats de Communes et les Établissements communaux sont exercés par le Ministre de l'Administration Territoriale et, sous son contrôle, par les Gouverneurs et les Préfets. Attendu, en l'espèce,* ***que le requérant a adressé son recours gracieux au Délégué du Gouvernement auprès de la Communauté Urbaine de Douala. Que ledit recours gracieux ainsi mal dirigé n'est pas conforme au texte de loi suscité et équivaut à un défaut de recours gracieux. Qu'il s'ensuit que sa demande de sursis à exécution est irrecevable*** ».

Il apparaît clairement, à la lecture des motifs qui soutiennent le dispositif de cette décision, que cette nouvelle prise de position du juge du sursis à exécution est contestable sur le plan juridique, parce qu'elle est en contradiction flagrante avec les nouveaux textes régissant actuellement la décentralisation.

Il faut immédiatement relever que les textes sur lesquels s'appuyait le juge de l'urgence pour conditionner la recevabilité de la demande de sursis à exécution, d'abord à un recours gracieux préalable adressé à l'autorité statutairement habilitée à représenter la collectivité territoriale décentralisée en cause, notamment le Maire ou le Délégué du gouvernement, ensuite, en cas d'un rejet, à l'autorité de tutelle[6], sont aujourd'hui abrogés.

L'abrogation consiste en la suppression d'une règle normative (loi, décret, convention internationale) qui cesse d'être applicable pour l'avenir.

Ainsi comprise, *l'abrogation peut être expresse,* c'est-à-dire explicitement énoncée par un texte nouveau. Par exemple, selon l'article 88 de la loi n°2004/017 du 22 juillet 2004 portant orientation de la décentralisation « *sont abrogées et remplacées par celles de la présente loi, les dispositions correspondantes de la loi n°74/23 du 5 décembre 1974 portant organisation communale, ensemble ses modificatifs subséquents et de la loi n°87/015 du 15 juillet 1987 portant création des Communautés Urbaines* ». L'article 156 de la loi n°2004/018 du 22

[6] V. sur ce point, BIPELE KEMFOUEDIO J., « La tutelle administrative dans le nouveau droit camerounais de la décentralisation », Annales de la Faculté des Sciences Juridiques et Politiques, Université de Dschang, Tome 9, 2005, pp. 93-110.

juillet 2004 fixant les règles applicables aux Communes est encore plus explicite, à cet égard, lorsqu'il énonce que « *sont abrogées les dispositions des lois n°74/23 du 5 décembre 1974 et n°87/015 du 15 juillet 1978portant respectivement organisation communale, ensemble ses modificatifs subséquents, et création des Communautés Urbaines* ».

L'abrogation peut aussi être tacite ou implicite, consistant alors en l'introduction, dans un nouveau texte, de dispositions incompatibles avec la disposition antérieure. Dans cette hypothèse, les lois et les règlements administratifs (décrets, arrêtés) ne peuvent être implicitement abrogés que par un texte ayant même valeur, une loi par une autre loi, un décret par un autre décret ou par l'adoption d'une norme de rang supérieur.

Tel est notamment le cas du titre IV de la loi portant orientation de la décentralisation qui organise désormais la tutelle sur les collectivités territoriales décentralisées dans ses articles 66 à 77 en lieu et place du décret n°77/91 du 25 mars 1977 déterminant les pouvoirs de tutelle sur les communes, les syndicats de communes et établissements communaux ; décret jadis pris sur la base de la loi n°74/23 du 5 décembre 1974 portant organisation communale, aujourd'hui explicitement abrogée.

La solution consacrée par le juge de l'espèce, qui était alors loin de susciter l'adhésion de la doctrine[7], rompt brutalement avec une jurisprudence antérieure bien établie à laquelle il paraissait très attaché en matière d'urgence. Mais, cette rupture, comme on a pu le constater, se produit au prix d'une interprétation erronée des dispositions textuelles régissant actuellement les collectivités territoriales décentralisées.

On sait, par exemple, que dans l'affaire BIDJANG BEKALLE André contre Communauté Urbaine de Yaoundé, objet de l'ordonnance n°48 du 27 février 2009, le juge de l'espèce avait déclaré recevable en la forme *l*a demande de sursis à exécution de l'arrêté du 15 novembre 2007 du Délégué du Gouvernement auprès de la Communauté Urbaine de Yaoundé portant attribution définitive d'un lot communal au sieur HAMADOU NANA alors que le requérant, qui n'avait pas préalablement adressé à l'autorité de tutelle une requête exposant l'objet et les motifs de sa réclamation, avait directement introduit son recours

---

[7] En ce sens, lire la Note du Docteur BIPELE KEMFOUEDIO J. sous l'affaire Entreprise de Travaux d'Hydraulique et de Génie Civil (ETHYGEC) contre Communauté Urbaine de Yaoundé, objet du jugement n°66 du 18 juin 2008, in Revue Camerounaise de Droit Administratif n°3.

gracieux auprès de l'auteur de l'acte, conformément à l'article 17 alinéa 1 de la loi n°2006/022 du 29 décembre 2006, précitée, qui prévoit désormais que « *le recours devant le Tribunal Administratif n'est recevable qu'après rejet d'un recours gracieux adressé à l'autorité auteur de l'acte attaqué ou à celle statutairement habilitée à représenter la collectivité publique ou l'établissement public en cause* ».

De même, dans l'affaire DEFO Pierre contre Communauté Urbaine de Yaoundé, mise en lumière par l'ordonnance n°86 du 07 décembre 2009, la demande de sursis à exécution du requérant avait été déclarée recevable en la forme alors que son recours gracieux du 22 décembre 2008 avait été reçu et déchargé à la Communauté Urbaine de Yaoundé le 23 décembre 2008

On ne peut s'empêcher de s'étonner de ce brusque revirement de jurisprudence, sans raison valable. Fort heureusement, la voie de la cassation était ouverte au requérant

II. Une solution qui pouvait être contestée par la voie du pourvoi en cassation

Aux termes de la loi n°2006/016 du 29 décembre 2006 fixant l'organisation et le fonctionnement de la Cour Suprême et de la loi n°2006/022 du 29 décembre 2006 fixant l'organisation et le fonctionnement des Tribunaux Administratifs, l'ordonnance de sursis à exécution en matière administrative ne peut être l'objet que d'un recours en cassation devant la Chambre administrative de la Cour Suprême.

Dans l'ordonnance de sursis à exécution n°15 du 30 avril 2009, État du Cameroun (MINCULT) contre La CAMEROON MUSIC CORPORATION (CMC), représentée par Jean Claude LAURENT et Samuel MBENDE, déclarant irrecevable le recours en révision introduit par le Ministère de la Culture, le juge y a affirmé, dans ses 31è et 32è rôles « *que l'ordonnance de sursis à exécution d'un acte administratif est rendue en dernier ressort et qu'à ce titre elle n'est susceptible que du pourvoi en cassation* ***Qu'ainsi en introduisant un recours en révision contre l'ordonnance de sursis à exécution n°034/OSE/CA/CS/2008 rendue en l'espèce, l'État du Cameroun (ministère de la Culture) a méconnu les textes.... Qu'il s'ensuit que ledit recours est irrecevable comme non prévu en la matière*** ».

La même solution avait été retenue dans l'ordonnance de sursis n°29/OSE/CCA/2009, CS-CA, 17 juillet 2009, KENMOE Emmanuel contre État du Cameroun (MINDAF).

Le sieur KENMOE demandait au Président de la Chambre administrative de rétracter l'ordonnance n°018 rendue le 25 janvier 2006 en matière de sursis à exécution. Ce dernier n'avait pas fait droit à sa requête aux motifs : « ... ***qu'il résulte de la combinaison de ces textes que l'ordonnance de sursis à exécution d'un acte administratif est rendue en dernier ressort et qu'à ce titre elle n'est susceptible que du pourvoi en cassation. Qu'ainsi, en introduisant un recours en rétractation en l'espèce, le sieur KENMOE Emmanuel a méconnu les textes ci-dessus. Qu'il s'en suit que ledit recours est irrecevable comme non prévu en la matière »***.

Il en était de même dans l'ordonnance de sursis à exécution n°61 du 19 avril 2009, Succession EPEE YAKA Joseph et Société SUNICOM contre État du Cameroun (MINDAF) : « ***Qu'ainsi en introduisant un recours en annulation*** *de l'ordonnance de sursis à exécution n°007/PCA/CS/2006-2007 rendue en l'espèce, les requérants ont méconnu les textes cités. Qu'il s'ensuit que ledit recours est irrecevable comme non prévu en la matière »*.

En raison de l'incertitude qui règne encore sur la voie de recours ouverte contre l'ordonnance de référé administratif, susceptible à la fois d'appel[8] et du pourvoi en cassation[9], en attendant que le juge administratif se prononce clairement sur la question, il nous semble, en application de la règle de l'antériorité et de la logique juridique que c'est bien le pourvoi en cassation, comme en matière de sursis.

[8] Ainsi qu'il ressort, par exemple, de la lecture de l'article 29 de la loi n°2006/022 précitée qui prévoit que « l'ordonnance de référé est susceptible d'appel devant la Chambre Administrative de la Cour Suprême » ou encore de l'article 114 de la même loi aux termes duquel les décisions rendues en premier ressort dans les conditions prévues par des textes particuliers, celles rendues en premier ressort en matière électorale et en matière de référé sont susceptibles d'appel devant la Chambre Administrative dans les délais prévus par le texte fixant la procédure devant la Chambre

[9] Comme il est loisible de le constater à la lecture de l'article 108, alinéa 1 de la loi n°2006/016 fixant l'organisation et le fonctionnement de la Cour Suprême qui prévoit qu'en cas de pourvoi (en cassation) contre une ordonnance de référé administratif, la procédure à suivre est celle prévue aux articles 89 à 103 de la présente loi.

Conclusion

Un des maux qui rongent la juridiction administrative au Cameroun est la dégradation constante de la prévisibilité de sa jurisprudence. Il appartient au juge de contribuer à l'enrayer et non à l'alimenter.

C. KEUTCHA TCHAPNGA et Jacques BIPELE KEMFOUEDIO

35.

Décret présidentiel portant nomination des membres du Conseil électoral d'Élections Cameroon, en abrégé ELECAM - Loi applicable dans la procédure du sursis à exécution : loi n°2006/022 du 29 décembre 2006 régissant les Tribunaux Administratifs et non ordonnance n°72/06 du 26 août 1972 ou loi n°75/17 du 8 décembre 1975 - Oui - Référence à une disposition erronée équivalant à une absence de fondement légal de la requête – Oui – Revirement brusque de jurisprudence – Oui – Absence de préjudice irréparable – Oui – Jurisprudence politique – Oui – Expression d'une politique jurisprudentielle – Oui -

Cour Suprême. Conseiller à la Chambre administrative chargé de statuer sur les actions en référé et les demandes de sursis à exécution, ordonnance n°01 du 23 janvier 2009, Social Democratic Front (SDF) contre Etat du Cameroun

(….) Attendu, en l'espèce, que par la requête susvisée, Me Augustin MBAMI et autres, avocats au barreau du Cameroun, agissant au nom et pour le compte du Social Democratic Front (SDF), parti politique dont le siège est à Bamenda, ont saisi le Président de ladite Chambre d'un recours tendant à la suspension des effets du décret n°2008/463 du 30 décembre 2008 portant nomination des membres du Conseil électoral d'Élections Cameroon « ELECAM ».

(….) Attendu sur l'exception d'incompétence qu'il convient de noter qu'en raison de la complexité de la notion d'acte de gouvernement purement jurisprudentielle comme le souligne du reste l'État du Cameroun et qui de ce fait relève de l'appréciation du juge de fond, ladite exception apparaît inopérante dans la présente procédure qui ne vise qu'une mesure provisoire, la classification de l'acte querellé ne semblant pas évidente ;

Attendu sur la fin de non-recevoir tirée du défaut de qualité et du défaut d'intérêt, qu'il y a lieu de noter qu'aux termes de l'article 1er de la loi n°90/56 du 19 décembre 1990, « Les partis politiques sont des associations qui concourent à l'expression du suffrage » ; - Qu'à ce titre la qualité et l'intérêt du SDF à critiquer toute décision concernant ELECAM, organe chargé de la gestion des élections au Cameroun sont évidents.

Attendu sur le grief d'irrecevabilité allégué par l'État du Cameroun, sur le caractère prématuré de la demande, que l'article 30 de la loi n°2006/022 suscitée, auquel le ministère public se réfère également à juste titre, dispose « Le recours contentieux contre un acte administratif n'en suspend pas l'exécution ; « Toutefois, lorsque l'exécution est de nature à causer un préjudice irréparable et que la décision attaquée n'intéresse ni l'ordre public, ni la sécurité ou la tranquillité publique, le Président du tribunal administratif peut, saisi d'une requête, après communication à la partie adverse et conclusions du ministère public, ordonner le sursis à exécution .... « L'ordonnance prononçant le sursis à exécution devient caduque si à l'expiration du délai prévu à l'article 18 ci-dessus, le tribunal n'est pas saisi de la requête introductive d'instance » ;

Qu'ainsi, contrairement aux allégations de l'État du Cameroun, le sursis à exécution est régi non par la loi n°75/17 du 8 décembre 1975, mais par celle n° 2006/022 du 29 décembre 2009 mentionnée ci-dessus. - Que de même, le sursis à exécution peut être demandé dès l'introduction du recours gracieux, en l'absence du recours contentieux.

Attendu en revanche sur le défaut de base légale qu'il ressort de sa requête même que le SDF fonde sa demande sur l'article 12 de la loi n°72/06 du 26 août 1972 fixant l'organisation de la Cour suprême aux termes duquel, « Le recours devant la Cour suprême n'est recevable qu'après rejet d'un recours gracieux adressé au ministre compétent ou à l'autorité statutairement habilitée à représenter la collectivité publique ou l'établissement public en cause ... ». Que cependant le texte ainsi visé est sans rapport avec la procédure de sursis à exécution introduite.

Attendu que la référence à une disposition erronée équivalant à une absence de fondement légal, c'est à bon droit que l'État du Cameroun soulève l'irrecevabilité de la demande du SDF basée sur une telle disposition ;

Attendu, subsidiairement au fond, comme soutenu par l'État du Cameroun, que le requérant n'allègue aucun préjudice, encore moins celui irréparable que lui causerait l'exécution de la décision querellée. Que par ailleurs l'échéance de la nomination des membres d'ELECAM, fixée à 18 mois par la loi n°2006/011 du 29 décembre 2006, a été prorogée à 24 mois par celle n°2008/005 du 29 juin 2008 qui dispose en son article 1er ; « Les dispositions de l'alinéa 3 de l'article 42 de la loi n°2006/011 du 29 décembre 2006 portant création, organisation et fonctionnement d'Élections Cameroon (ELECAM) sont modifiées et complétées ainsi qu'il suit :

« Article 42 (3) (nouveau) : pendant la mise en place d'Élections Cameroon et jusqu'à cette mise en place qui ne peut excéder vingt-quatre mois, l'Observatoire National des Élections (ONEL) et les autres structures compétentes de l'État continuent d'exercer leurs attributions respectives ... ».

Que la nomination critiquée étant intervenue le 30 décembre 2008, date d'expiration de l'échéance légale, la mesure sollicitée impliquerait une nouvelle prorogation de ladite échéance, alors qu'une telle prérogative ne peut relever que du pouvoir législatif. Qu'il s'ensuit que la demande est autant irrecevable qu'elle n'est pas justifiée et qu'elle encourt le rejet ;

Par ces motifs ordonnons : Article 1er. La demande de sursis à l'exécution du décret n°2008/463 du 30 décembre 2008, introduite par le Social Democratic Front (SDF) est irrecevable en la forme. **Article 2.** Subsidiairement au fond, elle n'est pas justifiée ; elle est par conséquent rejetée.

NOTE

L'ordonnance n°01 rendue le 23 janvier 2009, ci-dessus rapportée, avait suscité un intérêt, le plus souvent mêlé d'émotion, dont la vivacité se mesurait aisément au nombre et à la longueur des commentaires qui lui avaient été consacrés dans la presse nationale publique et privée[1].

---

[1] En ce sens, lire dans le quotidien Le Jour du 05 février 2009, l'interview de M. KEUKO Richard, Politologue et militant du Rassemblement Démocratique du Peuple Camerounais (RDPC), suivi de nombreux commentaires assez contradictoires, in Mutations du 27 février 2009 et ABUI MAMA, « ELECAM : La force du droit »,

Elle était effectivement une décision remarquable, moins en vérité en raison des solutions qu'elle consacrait explicitement que par le fait qu'à travers la présente ordonnance, d'une part, le juge unique, paradoxalement et au risque de dérouter les justiciables, avait modifié radicalement sa jurisprudence antérieure dans laquelle il faisait prévaloir la survie des lois anciennes sur la procédure administrative contentieuse, malgré leur abrogation ; d'autre part, le juge du sursis considérait toujours avec méfiance cette institution qui est pourtant nécessaire pour atténuer le déséquilibre sans cesse aggravé entre l'administration et les parties privées, prolongeant ainsi la politique restrictive du législateur à l'égard du sursis à exécution[2].

Les faits de l'espèce étaient suffisamment connus pour qu'on se limite à un bref résumé : le 2 janvier 2009, Maître Augustin MBAMI et autres, avocats au barreau du Cameroun, agissant au nom et pour le compte du Social Democratic Front (SDF), parti politique dont le siège est à Bamenda, avaient saisi le Président de la Chambre administrative d'une requête tendant à la suspension des effets du décret n°2008/463 du 30 décembre 2008 portant nomination des membres du Conseil électoral *d'Élections Cameroon,* en abrégé, « ELECAM ».

À l'appui de cette requête, et en se fondant notamment sur les dispositions de l'article 12 de l'ordonnance n°72/06 du 26 août 1972 fixant l'organisation de la Cour Suprême, aujourd'hui abrogée, ils avaient mis en avant le fait que la nomination de certains militants et/ou membres des organes dirigeants du Rassemblement Démocratique du

---

Editorial de Cameroon Tribune du 28 janvier 2009. Le Professeur Alain ONDOUA soulignait à cet égard et à juste raison que « l'éditorialiste de Cameroon Tribune (numéro du 28 janvier 2009) a pu reprendre les conclusions de l'une des parties pour donner à croire qu'il s'agit des motifs servant de base à la décision du juge. En effet, les passages repris dans la suite de l'éditorial ne constituent que des arguments avancés à la fois par les représentants de l'Etat du Cameroun et le ministère public afin de conduire le Conseiller SANDEU à déclarer la Chambre Administrative incompétente pour connaître de la demande du SDF tendant à la suspension des effets du décret n° 2008/463 du 30 décembre 2008 portant nomination des membres du Conseil électoral d'Elections Cameroon (ELECAM) ». in « Pour une lecture orthodoxe de l'ordonnance de la Cour Suprême n°01/OSE/CA/CS du 23 janvier 2009, Social Democratic Front contre Etat du Cameroun », Le Jour du 29-01-2009

[2] En ce sens, V. KEUTCHA TCHAPNGA C, « Le régime juridique du sursis à exécution dans la jurisprudence administrative camerounaise », article précité.

Peuple Camerounais (RDPC) au sein du Conseil électoral d'ELECAM[3] ne satisfaisait ni aux conditions de neutralité et d'impartialité prescrites à l'article 8 alinéa 2 de la loi n°2006/011 du 29 décembre 2006, ni au régime des incompatibilités tel que fixé par l'article 13 du même texte.

Les représentants de l'État s'étaient opposés à cette requête pour plusieurs raisons. Ils arguaient, à titre principal, l'incompétence du juge de l'urgence et, subsidiairement, l'irrecevabilité de la demande du SDF. Ils soutenaient : que le décret attaqué était un acte de gouvernement insusceptible de recours en vertu de l'article 4 de la loi n°2006/022 du 29 décembre 2006 fixant l'organisation et le fonctionnement des Tribunaux Administratifs ; que la requête aux fins de sursis à exécution est irrecevable pour plusieurs motifs : défaut de recours contentieux ; caractère prématuré de la requête ; absence de préjudice irréparable ; défaut de qualité et d'intérêt du SDF.

Le juge de l'espèce n'avait pas fait droit à certaines prétentions des représentants de l'État, appuyées par le Ministère public. Il n'avait pas retenu, à juste raison, l'exception d'incompétence qui l'aurait amené à juger le litige au fond alors qu'il n'est que juge de l'urgence ou encore du provisoire et non juge du principal, ainsi que la fin de non-recevoir tirée du défaut de qualité et d'intérêt, car, concluait-il à bon droit, en tant que parti politique au sens de l'article 1er de la loi n°90/56 du 19 décembre 1990, c'est-à-dire une association devant concourir à l'expression du suffrage, le SDF avait, à ce titre, qualité et intérêt pour critiquer toute décision concernant ELECAM, organe chargé de la gestion des élections au Cameroun. En outre, le moyen tiré du caractère prématuré de la demande de ce parti, en raison du recours gracieux déposé en parallèle auprès du Président de la République, était réfuté au motif que « ***le sursis à exécution peut être demandé dès l'introduction du recours gracieux, en l'absence de recours contentieux…*** ».

La présente ordonnance, rendue dans un climat passionnel, n'avait pas manqué de connaître un retentissement inhabituel[4]. Déclarant irrecevable en la forme, et subsidiairement au fond, rejetant la demande de sursis à l'exécution du décret n°2008/463 du 30 décembre 2008, introduite par le Social Democratic Front (SDF), elle avait été naturellement considérée

[3] C'était notamment le cas du sieur FONKAM AZU'U, membre du Comité central ou des dames Dorothy LIMUNGA NJEUMA et Cécile BOMBA NKOLO, membres du bureau politique du RDPC à l'époque de leur nomination.
[4] Voir supra, note de bas de page n°1.

comme une prise de position politique et exploitée comme telle par M. John FRU NDI, Président de ce principal parti d'opposition[5].

Pourtant, de prime abord, rien n'indiquait que la décision du 23 janvier 2009 portait la marque de ces passions ; car la Cour Suprême statuant en matière de sursis à exécution était, en l'espèce, restée fidèle à des principes traditionnels de sa jurisprudence ; ainsi qu'il sera loisible de le constater en examinant les deux principaux points sur lesquels elle s'était implicitement prononcée, à savoir le problème de la loi applicable à cette époque dans la procédure du sursis à exécution, résolu de manière contestable par le juge de la présente affaire **(I)** et le caractère exceptionnel de cette institution **(2)**.

I. Le juge de l'urgence avait résolu de manière contestable le problème de la loi applicable à l'époque dans la procédure du sursis à exécution

« *Nombre de Camerounais perdent leurs procès administratifs avant de les avoir commencés, alors même qu'ils ont des moyens juridiques sérieux quant au fond. La faute en revient en général aux requérants, mais elle est bien souvent aussi, hélas ! imputable aux conseils des parties, certains avocats et autres juristes de fortune, qui, par négligence ou par ignorance, se mettent en porte-à-faux par rapport à tel aspect de la procédure devant les juridictions administratives* »[6].

Voilà une assertion qui mérite d'être nuancée à la lecture de l'ordonnance ci-dessus rapportée et de la jurisprudence antérieure de la Cour relative à la loi applicable dans la procédure du sursis à exécution.

En effet, il était pour le moins surprenant que les avocats du SDF aient invoqué, à l'appui de leur requête, non pas les dispositions pertinentes de la nouvelle loi n°2006/022 du 29 décembre 2006 fixant l'organisation et le fonctionnement des Tribunaux Administratifs[7], mais plutôt l'article 12 de l'ordonnance n°72/06 du 26 août 1972 qui régissait l'organisation de la Cour Suprême statuant en matière administrative. Cet amalgame avait permis au juge unique de justifier l'irrecevabilité de la demande du SDF.

[5] En ce sens, lire notamment TABAPSI Parfait, « Prospective : Le SDF envisage de boycotter ELECAM », in Mutations du 27 février 2009.

[6] V. KAMTO M, Droit administratif processuel du Cameroun op.cit, p. 3.

[7] V. KEUTCHA TCHAPNGA C., « La réforme attendue du contentieux administratif », précité.

La confusion était d'autant moins permise que cette ordonnance était, à l'époque, en principe abrogée.

Pourquoi avaient-ils choisi d'engager une procédure d'emblée vouée à l'échec ? Il semblait que cette référence à une disposition considérée en l'espèce comme étant erronée était due au fait que la jurisprudence antérieure et constante de la Cour en la matière faisait prévaloir, conformément aux textes en vigueur, la survie des lois anciennes malgré leur abrogation **(A).** Il était simplement navrant de constater que, dans la présente affaire, la Cour, en rompant brusquement avec le fil de cette jurisprudence antérieure qui commençait à se fixer et par la suite à fixer les justiciables et leurs Conseils, en était venue à rendre une ordonnance sur ce point hautement critiquable **(B).**

A. Une position établie : la survie des lois anciennes sur la procédure malgré leur abrogation

L'idée selon laquelle la survie de la loi ancienne est parfois une solution plus opportune que l'effet immédiat de la loi nouvelle a été vivement soutenue par d'éminents juristes, au nombre desquels on peut citer RIPERT[8]. Selon lui, la volonté de changement n'écartant pas la nécessité d'une certaine continuité du droit, il faut laisser survivre la loi ancienne pendant un certain temps[9].

Le principe de survie des lois anciennes sur la procédure administrative contentieuse avait des fondements textuels solides.

Selon l'article 34 de la loi n°2006/015 du 29 décembre 2006 portant organisation judiciaire[10] ***« en attendant la mise en place des juridictions inférieures en matière de contentieux administratif et des juridictions inférieures des comptes ainsi que l'intervention des textes fixant les***

---

[8] RIPERT, Le déclin du droit, Paris, LGDJ, 1949, p. 152.

[9] La surprise était d'autant plus grande lorsqu'on savait que les articles 144 alinéa 2 de la loi n°2006/016 et 120 de la loi n°2006/022 prévoient que « sont abrogées toutes les dispositions antérieures contraires, notamment (…) la loi n°75/17 du 8 décembre 1975 fixant la procédure devant la Cour Suprême statuant en matière administrative » et aussi l'ordonnance n°72/6 du 26 août 1972 fixant l'organisation de la Cour Suprême », dont certaines dispositions traitent de la procédure administrative contentieuse dans ses aspects relatifs à la prévention du contentieux ou au recours gracieux préalable, à la représentation des parties en justice…

[10] La loi n°2006/015 du 29 décembre 2006 portant organisation judiciaire est publiée dans le Juridis Périodique n°68, décembre 2006, pp. 34-45, suivie du Commentaire du Pr ANOUKAHA F., « La réforme de l'organisation judiciaire au Cameroun », même Revue, pp. 45-56.

règles de procédure applicables devant ces juridictions, les règles de saisine et de procédure applicables devant la Cour suprême statuant en matière administrative et des comptes sont maintenues ».

De même, et surtout, l'article 140 de la loi n°2006/016 du 29 décembre 2006 portant organisation et fonctionnement de la Cour Suprême prévoit qu' « ***en attendant la mise en place des juridictions inférieures des comptes et des juridictions inférieures en matière de contentieux administratif, les procédures antérieurement observées en ces matières restent en vigueur*** ».

L'article 119 de la loi n°2006/022 ajoute encore : « ***la mise en place des Tribunaux Administratifs s'effectue de manière progressive…en attendant la mise en place de ceux-ci, la nouvelle Chambre administrative de la Cour Suprême exerce provisoirement leurs attributions*** », conformément, *a-t-on justement fait valoir en doctrine,* « ***au droit processuel antérieur, et non point au regard de celui prescrit par la présente loi*** »[11] qui, soit dit en passant, revisite partiellement le régime du destinataire du recours gracieux et se borne à supprimer quelques dispositions d'exception en matière d'urgence.

Désormais, l'épithète « *conforme* » qui était contenue dans l'expression « *avis conforme* » n'existe plus et le juge de l'urgence peut accorder ou non le sursis ou le référé *après les conclusions du Ministère public*[12].

Le juge administratif, dans une décision n°52 du 20 février 2007, NJOOH Michel Pierrot contre État du Cameroun, avait consacré la survie du droit processuel antérieur en des propos si explicites qu'il importe de les citer : « ***attendu qu'aux termes de l'article 140 de la loi n°2006/016 du 29 décembre 2006 fixant l'organisation et le fonctionnement de la Cour Suprême, en attendant la mise en place des juridictions inférieures… en matière de contentieux administratif, les procédures antérieurement observées en (cette) matière restent en vigueur*** ».

---

[11] V. ABA'A OYONO J-C, « Chronique du grain de sable dans la fluidité jurisprudentielle à la Chambre Administrative de la Cour Suprême du Cameroun », Cahiers Juridiques et Politiques, Revue de la FSJP de l'Université de NGAOUNDERE, n°1, 2008, pp. 259-285.

[12] Voir les articles 27 alinéa 1 et 30 alinéa 2 de la nouvelle loi fixant l'organisation et le fonctionnement des Tribunaux Administratifs et KEUTCHA TCHAPNGA C., article précité.

Cette solution n'était pas restée isolée au regard de la jurisprudence postérieure de la Cour, qui l'a d'ailleurs confirmée à maintes reprises :

Dans l'affaire ENOH Dieudonné (Parti de la Renaissance Nationale) contre État du Cameroun (MINATD), par exemple, objet du jugement n°107/06-07/CE du 10 juillet 2007, la Chambre administrative, après avoir rappelé les dispositions précitées de l'article 140 de la loi n°2006/016 du 29 décembre 2006 et cité expressément dans ses visas l'ordonnance n°72/6 du 26 août 1972 fixant l'organisation de la Cour Suprême, modifiée par les lois n°75/16 du 8 décembre 1975 et n°76/28 du 14 décembre 1976, puis la loi n°75/17 du 8 décembre 1975 fixant la procédure devant la Cour Suprême statuant en matière administrative, a été amenée à déclarer irrecevable le recours du sieur ENOH Dieudonné aux fins d'annulation d'actes relatifs aux opérations électorales, parce que l'intéressé n'a pas justifié qu'il a exercé un recours gracieux, conformément aux dispositions de l'article 12 de l'ordonnance n°72/6 du 26 août 1972.

Le juge avait adopté le même raisonnement dans une affaire presque similaire rendue le même jour et qui avait fait l'objet du jugement n°106, Mouvement pour le Défense de la République (MDR) contre État du Cameroun (MINATD).

De même, dans le jugement n°181/2006-2007/CE du 29 août 2007, SILATCHOM Pierre contre État du Cameroun (MINATD), le juge de l'espèce, en se fondant sur les termes de l'article 140 de la loi n°2006/016précitée, avait rejeté la demande d'intervention volontaire des consorts TCHOMTCHOUA, TCHOKY DJADJO et KETCHAYA LEUNDEU Célestin parce qu'elle n'avait pas respecté les dispositions des articles 88 et suivants de la loi n°75/17 du 8 décembre 1975 fixant la procédure devant la Cour Suprême statuant en matière administrative

Il n'est donc pas excessif d'affirmer qu'en remettant en cause la règle de survie des lois anciennes malgré leur abrogation, le juge de l'espèce avait rendu une décision d'autant plus discutable qu'elle était en contradiction totale avec l'esprit et la lettre des textes récents en vigueur et sa jurisprudence antérieure en la matière.

B. Un revirement malheureux : l'application au cas d'espèce de la loi nouvelle

On pouvait donc croire la jurisprudence administrative camerounaise définitivement fixée sur le problème de la loi applicable en matière processuelle. La précision était d'autant plus importante que c'est le droit processuel qui régit les conditions de recevabilité du sursis exécution[13]. On se sera trompé, car, dans la présente affaire, le juge unique avait tacitement consacré le principe de l'application généralisée de la loi nouvelle. Conformément à cette règle, il était resté très formel dans quelques « *attendus* » qu'il importe de reproduire ici, tant ils sont significatifs : « ***Qu'ainsi, contrairement aux allégations de l'État du Cameroun, le sursis à exécution est régi non par la loi n°75/17 du 8 décembre 1975, mais par celle n° 2006/022 du 29 décembre 2009 mentionnée ci-dessus ; - Attendu en revanche sur le défaut de base légale qu'il ressort de sa requête même que le SDF fonde sa demande sur l'article 12 de la loi n°72/06 du 26 août 1972 fixant l'organisation de la Cour Suprême…Que cependant le texte ainsi visé est sans rapport avec la procédure de sursis à exécution introduite ;*** *- Attendu que la référence à une disposition erronée équivalant à une absence de fondement légal, c'est à bon droit que l'État du Cameroun soulève l'irrecevabilité de la demande du SDF basée sur une telle disposition* ».

Cette nouvelle prise de position, peut-être opportune en pratique, était contestable sur le plan juridique parce qu'elle était en contradiction flagrante avec les dispositions de l'article 140 de la loi n°2006/016 du 29 décembre 2006 portant organisation et fonctionnement de la Cour Suprême, qui prévoit qu' « *en attendant la mise en place des juridictions inférieures des comptes et des juridictions inférieures en matière de contentieux administratif,* ***les procédures antérieurement observées en ces matières restent en vigueur*** ».

Une stricte interprétation de cet article 140 autorisait pourtant à dire que les dispositions de l'ordonnance n°72 /06 du 26 août 1972 ainsi que celles de la loi n°75/17 du 8 décembre 1975 relatives du droit processuel devaient continuer à survivre jusqu'à la mise en place effective des Tribunaux Administratifs. Ce qui n'était pas encore le cas.

La doctrine avait fait le même constat en soulignant qu' « *on peut encore douter du caractère probant d'une loi (il s'agit ici de celle n°2006/022 du 29 décembre 2006) qui, par l'effet des dispositions transitoires à répétition, amorcées par le constituant et poursuivies par*

[13] V. KEUTCHA TCHAPNGA C., « Le régime juridique du sursis », article précité, pp. 84-88.

le législateur, pose le problème d'applicabilité immédiate, lequel ne permet nullement de faire écran de l'état antérieur du droit »[14].

Comment, dans la présente ordonnance, ne pas être tenté de voir dans l'attitude du juge de l'urgence « *l'inclinaison originaire du juge administratif camerounais à se penser principalement comme le protecteur de l'État contre les particuliers* »[15] ?

Car si sa politique jurisprudentielle n'était pas le plus souvent axée sur la protection de l'administration contre les administrés, il aurait pu en toute logique déclarer recevable en la forme la requête du SDF, quitte à faire valoir par la suite, à juste raison, l'argument tiré de l'absence du caractère irréparable du préjudice pour la rejeter au fond.

Dans la présente affaire, il s'était également imposé, en matière de sursis à exécution, des limites très sévères qui semblaient destinées à condamner toute évolution.

II. Le juge de l'urgence avait réaffirmé de manière implicite le caractère exceptionnel du sursis à exécution

Il est tout à fait probable que la requête du SDF aurait été, sur le plan strictement juridique, rejetée au fond, même si elle avait réuni toutes les conditions de recevabilité, en raison du fait que ses Conseils n'ont pas démontré en l'espèce le préjudice irréparable qui résulterait de l'exécution du décret attaqué **(A).**

Quelle solution aurait adopté la Cour au cas où le SDF remplissait toutes les conditions requises pour l'octroi du sursis ? La réponse à cette question est d'autant plus importante que se manifeste dans la présente ordonnance une attention excessive du juge unique pour les convenances du Chef de l'État. Il n'est pas douteux qu'il aurait pris le parti de ne pas entraver l'action présidentielle **(B).**

A. L'absence de préjudice irréparable justifie le rejet de la requête du SDF au fond

Voir sur ce point les développements consacrés ci-avant sous l'ordonnance n°17 du 26 juin 2014, Société Citibank Cameroon S.A contre la Commission des Marchés Financiers, **2e Partie, GD n°33.**

---

[14] V. ABA'A OYONO J-C, « Chronique du grain de sable », article précité, pp. 284-285.

[15] V. KAMTO M., Droit administratif processuel du Cameroun, op.cit., p. 11.

B. Le juge aurait pris le parti de ne pas entraver la nomination présidentielle au cas où la requête du SDF remplissait toutes les conditions requises par les textes

Pour démontrer que la demande du SDF encourait le rejet en ceci qu'elle n'était pas justifiée, le juge s'évertuait à développer des arguments qui n'avaient aucun intérêt et qui étaient manifestement superfétatoires en l'espèce.

À cet égard, on ne peut que s'accorder avec le Professeur Alain ONDOUA qui écrivait : « *Privilégiant des considérations d'opportunité au détriment de l'office du juge de l'urgence, il (estime) que le Chef d'État a respecté le délai fixé par l'article 42 (3) de la loi du 29 décembre 2006 portant création d'ELECAM (tel qu'il avait été modifié par l'article 1er de la loi n°2008/005 du 29 juin 2008). Il en déduit que l'échéance légale ayant été respectée, le sursis à exécution sollicité par le SDF impliquerait une nouvelle prorogation de ladite échéance, alors qu'une telle prérogative ne peut relever que du pouvoir législatif* »[16].

Cette attitude, qui consiste à chercher à tout prix à justifier le comportement de l'administration, s'explique généralement par la volonté de la Cour de ne pas « ***énerver*** » les actions politiques de l'exécutif dont elle procède.

Le recours au droit comparé permet de mieux comprendre cette attitude.

En France, par exemple, l'appréciation de l'intérêt général telle qu'elle est faite par le juge administratif n'a jamais réellement entravé l'action gouvernementale et sa mise en application par l'administration.

Comme l'a fait remarquer une voix autorisée, « *le juge administratif est trop conscient des nécessités de l'action administrative et trop imprégné du sens de l'État pour accepter que la protection des intérêts individuels se fasse au détriment de l'intérêt général* »[17].

Ainsi, si certaines juridictions étrangères ont paralysé l'installation de centrales nucléaires, le Conseil d'État a simplement obligé le gouvernement et l'administration à prendre toutes les précautions, à respecter les règles diverses indispensables à la création de telles centrales. De même, si le juge américain a considérablement retardé, à un

---

[16] ONDOUA A, « Pour une lecture orthodoxe de l'ordonnance de la Cour Suprême n°01/OSE/CA/CS/2009 du 23 janvier 2009, SDF contre Etat du Cameroun », précité.

[17] V. LOSCHAK D., Le rôle politique du juge administratif, Paris, LGDJ, 1972, p. 727.

moment décisif, et sous des prétextes d'environnement, l'exploitation des gisements pétroliers d'Alaska, le juge français – sans être insensible aux problèmes de l'environnement, de voisinage, de propriété – a simplement introduit la théorie du bilan en matière d'expropriation pour cause d'utilité publique ; ainsi, il a obligé le gouvernement à s'entourer de garanties sérieuses, de rechercher les solutions les plus adéquates sans gêner sa politique générale[18].

Manifestement, même si la demande de sursis du SDF avait rempli toutes les conditions requises, le juge aurait ***forcé le droit*** pour la débouter, par déférence un peu dépassée et plus superstitieuse que raisonnable à l'égard du décret de la plus haute autorité de l'État.

Pourtant, le droit lui en donne les moyens. En effet, comme l'a rappelé la Cour dans l'affaire Société Elf SEREPCA contre État du Cameroun, objet de l'ordonnance n°31/OSE/PCA/CS/98-99, « *le sursis à exécution est une mesure exceptionnelle et provisoire* ». Pour cette raison, il reste une institution « *anormale* » « *puisqu'il entrave le pouvoir de création juridique des autorités administratives et jette la suspicion sur un acte qui bénéficie d'une présomption de légalité* »[19].

En fonction d'un argument de texte tiré de ce que l'article 30 de la loi n°2006/022 dispose que « *le Président du Tribunal Administratif peut...ordonner le sursis à exécution* », il aurait pu déduire que le sursis constitue pour lui une simple faculté, même lorsque les conditions de son octroi sont réunies. « *Il lui appartient d'apprécier les circonstances particulières à chaque espèce* »[20]. Il s'ensuit que « *cette mesure d'urgence provisoire est d'une efficacité incertaine pour l'accès au juge administratif et par voie de conséquence pour la protection des droits et libertés des administrés contre l'administration* »[21] au Cameroun.

Célestin KEUTCHA TCHAPNGA

---

[18] V. Le Monde 2 avril 1985, Interview de M. NICOLAY P, Vice-président du Conseil d'Etat.

[19] V. MORAND-DEVILLER Jacqueline, « Le contrôle de l'administration : la spécificité des méthodes du juge administratif et du juge judiciaire », in DUPUIS Georges (Dir), Le contrôle juridictionnel de l'administration – Bilan critique, Paris, Economica, 1991, p. 190.

[20] V. GUIMDO DONGMO B-R, Thèse précitée, pp. 138 et suivantes.

[21] V. GUIMDO DONGMO B-R, « Le droit d'accès à la justice administrative au Cameroun. Contribution à l'étude d'un droit fondamental », article précité, notamment pp. 496-497.

36. L'abrogation implicite des dispositions législatives incompatibles avec la Constitution. Application en l'espèce de la *théorie de l'écran transparent*

Président de la Chambre administrative de la Cour Suprême, ordonnance n°31/OSE/PCA/CS-98-99 portant sursis à exécution, Affaire Société ELF SEREPCA contre État du Cameroun (METPS).

Vu l'ordonnance n°72/6 du 26 août 1972 portant organisation de la Cour Suprême, modifiée par les lois n°75/16 du 08 décembre 1975 et 76/28 du 14 décembre 1976.

Vu les articles 16, 17 et 18 de la loi n°75/17 du 08 décembre 1975 fixant la procédure devant la Cour Suprême statuant en matière administrative.

(...) Vu les dispositions du Titre V de la Loi n°96/06 du 18 janvier 1996 portant révision de la Constitution ayant érigé l'autorité judiciaire en Pouvoir Judiciaire.

Vu l'ensemble des dispositions de l'article 37 de ladite Constitution.

Attendu ainsi que, dès lors, le juge administratif n'est plus lié par les avis conformes du Ministère public.

Attendu que par requête en date du 27 janvier 1999 enregistrée aux greffes de la Chambre administrative de la Cour Suprême le 10 février 1999 (…), la Société ELF SEREPCA (…) a saisi le juge administratif d'un recours en annulation du Procès-Verbal de non conciliation par défaut concernant le sieur MAKOGE Joseph.

Attendu que par requête séparée datée et timbrée la société susvisée a sollicité le sursis à exécution dudit Procès-verbal.

Attendu que cette demande qui est introduite conformément aux dispositions des articles 16, 17 et 18 de la loi n°75/17 du 08 décembre 1975 fixant la procédure devant la Cour Suprême statuant en matière administrative est recevable.

Attendu que la requête de sursis à exécution, pour être retenue et examinée par la Chambre administrative des céans, doit obéir seulement aux critères et conditions énoncées aux articles 16, 17 et 18 de la loi n°75/17 du 08 décembre 1975 (…).

Attendu que le sursis à exécution est une mesure exceptionnelle et provisoire ordonnée seulement si l'exécution de la décision attaquée est de nature à causer un préjudice irréparable et que ladite décision n'intéresse ni l'ordre public, ni la sécurité ou la tranquillité publiques.

Attendu que la mesure sollicitée rentre dans le cadre des critères ci-dessus énoncés. Que dès lors il échet de faire droit à la demande.

Par ces motifs, Article 1er. La demande de sursis à exécution présentée par la Société ELF SEREPCA est recevable en la forme.

Article 2. Il est ordonné le sursis à exécution du Procès-verbal de non conciliation par défaut du 27 décembre 1997 de Monsieur l'Inspecteur de Travail du Littoral à Douala concernant le sieur MAKOGE Joseph.

NOTE

Malgré la grande simplicité des données de fait à la base du litige opposant en 1999 la Société ELF SEREPCA à l'État du Cameroun (METPS) et la concision toute classique dans sa rédaction, l'ordonnance ci-dessus rapportée révèle, comme aucune autre décision à notre connaissance ne l'avait si clairement montré, la volonté du juge de l'urgence d'apporter, dans un souci pédagogique bien venu, d'intéressantes précisions sur la réception au niveau national de la théorie de l'abrogation implicite des dispositions législatives incompatibles avec la Constitution. C'est seulement à ce titre qu'elle retiendra ici l'attention.

En l'espèce, le juge unique avait effectivement pris une position de principe qui semblait ainsi fixer sa jurisprudence en matière d'urgence. Cette solution, connue pourtant en droit administratif général[1], était inédite dans le droit processuel camerounais.

En France, les termes de l'avis du Conseil d'État rendu le 4 Nivôse de l'An VIII concluaient déjà à l'abrogation implicite d'une loi par l'intervention de la Constitution : « *toute loi dont le texte serait inconciliable avec celui de la Constitution a été abrogée par le seul fait de la promulgation de cette Constitution et (...) il est inutile de s'adresser au législateur pour lui demander cette abrogation. En effet, c'est un principe éternel qu'une loi nouvelle fait cesser toute loi précédente, ou toute disposition de loi précédente contraire à son texte ; principe applicable, à plus forte raison, à la Constitution, qui est la loi fondamentale de l'État* »[2].

La Haute Juridiction avait ainsi considéré, par exemple, que la loi n°48-1268 du 17 août 1948 avait été abrogée par la Constitution. Elle avait constaté cette « *caducité* » en deux temps : d'abord implicitement, par une décision du 20 mai 1966, *Meunier(*Lebon 343)., puis explicitement par une décision du 10 mai 1972, *Fédération nationale des syndicats d'ingénieurs et assimilés des mines et industries*

---

[1] En ce sens, V. NLEP R. G., « Le juge de l'administration et les normes internes, constitutionnelles ou infra constitutionnelles en matière de droits fondamentaux », SOLON, Vol. I, n° 1, 1999, pp. 135-149.

[2] GEFFRAY Edouard, L'abrogation implicite de la loi par la Charte de l'environnement, Conclusions sur Conseil d'État, 24 juillet 2009, Comité de recherche et d'information indépendante sur le génie génétique, req. Nos 305314 et 305315 (2 espèces), RFDA 2009, p. 963

*connexes(*Lebon 350*)*, par laquelle elle avait jugé que les dispositions de la loi en question avaient « *cessé d'être applicables depuis l'entrée en vigueur des articles 34 et 37 de la Constitution du 4 octobre 1958* »[3].

Au Cameroun, on sait que lorsqu'une loi autorisait clairement le pouvoir réglementaire à prendre des mesures contraires à la Constitution, les juges administratifs ou judiciaires ne pouvaient être saisis du problème de la constitutionnalité de cette loi ou des actes administratifs pris sur son fondement : ***la loi formait ainsi écran entre le juge et la Constitution. Cet écran devenait transparent – et donc n'existait plus – si le juge administratif refusait de contrôler l'acte administratif par rapport à la loi inconstitutionnelle et le confrontait plutôt par rapport à la Constitution.***

Le juge administratif national avait eu une attitude instable à cet égard. **Après avoir consacré la *théorie de l'écran transparent*** dans le jugement MONKAM TIENTCHEU David en date du 29 mai 1980**, il était revenu à celle de *la loi-écran*** dans un arrêt n°17 du 19 mars 1981 (3 espèces), Collectivité DÉIDO-DOUALA, Enfants du chef BANKA et KOUANG Guillaume contre État du Cameroun[4].

---

[3] V., pour une étude juridique très complète sur le sujet, l'article du Professeur TREMEAU Jérôme « La caducité des lois incompatibles avec la Constitution », Annuaire International de Justice Constitutionnelle, Vol. VI, 1990.

[4] Au Cameroun, ce phénomène est très perceptible en matière de protection des droits fondamentaux. A titre d'illustration, alors que le droit à la justice et le droit qu'ont les collectivités traditionnelles de désigner leur chef selon leurs propres coutumes sont constitutionnellement énoncés, deux lois dans l'ordonnancement juridique entravent l'intervention du juge dans le règlement des litiges concernant la désignation du chef traditionnel. Par une loi n°79/17 du 30 juin 1979, le législateur énonce que « les contestations soulevées à l'occasion de la désignation des chefs traditionnels sont portées devant l'autorité investie du pouvoir de désignation qui se prononce en premier et dernier ressort ». L'instance juridictionnelle est donc dessaisie de tout litige au profit de l'autorité administrative, en l'occurrence le Ministre de l'Administration Territoriale (MINAT). En réaction à cette loi qu'il considérait comme étant une incontestable régression du droit, le juge de l'espèce MONKAM TIENTCHEU David Contre Etat du Cameroun, objet du jugement n°40 du 29 mai 1980, a estimé que le recours pour excès de pouvoir était ouvert, même sans texte, et en vertu des principes généraux de droit, contre le plus grand nombre de décisions possibles. Malgré cette prise de position courageuse, le législateur a adopté la loi n°80/31 du 27 novembre 1980 « dessaisissant les juridictions des affaires pendantes devant elles, et concernant la désignation des chefs traditionnels ». Dès lors, ainsi que le constatait le Professeur NLEP, « entre le droit fondamental à la Justice, gage de l'Etat de droit, proclamé par la Constitution et la loi de dessaisissement, l'Assemblée plénière de la Cour Suprême, saisie en appel devait donc appliquer l'une ou l'autre norme. Dans son arrêt n°17/CS-AP du 19 mars 1981 (3

Il semble désormais vouloir changer de jurisprudence à cet égard. L'explication existe : la légalité est désormais une simple composante de la constitutionnalité et, de ce fait, comme la constitutionnalité, elle a fondamentalement changé de sens.

Le Doyen FAVOREU, à partir de l'exemple français, avait fort bien expliqué ce changement en des termes qu'il convient de reproduire presqu'intégralement, tant ils sont significatifs : « *la constitutionnalité a remplacé la légalité dans au moins deux de ses fonctions essentielles : être la "source des sources" et le véhicule des valeurs...fondamentales. La loi, aujourd'hui, "n'est plus qu'une source parmi beaucoup d'autres"...c'est désormais la Constitution qui remplit ce rôle en répartissant les compétences normatives qui sont désormais exercées sous la surveillance du juge constitutionnel. (Dorénavant), c'est la constitutionnalité qui est considérée comme garante du contenu essentiel des droits fondamentaux et non la légalité ...* »[5].

Ce changement s'est également produit au Cameroun avec certains retards, mais il est en train d'avoir effectivement lieu. C'est dans un tel contexte que le juge administratif a, par exemple, estimé qu'il ne devait plus rester silencieux devant l'irrégularité grave et manifeste que constitue le vice d'inconstitutionnalité[6].

En constatant fermement l'abrogation implicite d'une norme législative, en l'occurrence certaines dispositions des articles 16, 17 et 18 de la loi n°75/17 du 08 décembre 1975 fixant alors la procédure devant la Cour Suprême statuant en matière administrative, du fait de l'intervention de la loi n°96/06 du 18 janvier 1996 portant révision de la Constitution de 1972,le juge unique avait innové, en l'espèce, par rapport au droit du sursis à exécution alors en vigueur **(1).** Cette nouvelle tendance jurisprudentielle innovatrice avait, fort heureusement, été consacrée par la loi n°2006/022 **(II)**.

---

espèces), elle a choisi d'appliquer la loi donnant ainsi au phénomène de l'écran législatif ses lettres de noblesse (dans l'ordre juridique camerounais) », in article précité.

[5] FAVOREU L., « Légalité et constitutionnalité », Cahiers du Conseil constitutionnel n°3, 1997.

[6] La sanction de la violation du préambule est ainsi un apport de la Cour Suprême dans la reformulation de la compétence du juge administratif en matière de contrôle de l'excès de pouvoir. Cf. Lionel Pierre GUESSELE ISSEME, L'apport de la Cour Suprême au droit administratif camerounais, Thèse de Doctorat/PHD en Droit Public, précitée, pp. 87-96

I. Le juge de l'espèce innove par rapport au droit du sursis à exécution alors en vigueur

Aux termes de l'article 16 alinéa 2 de la loi n°75/17 du 8 décembre 1975, alors en vigueur, « *le Président de la Chambre administrative peut, après communication à la partie adverse et avis conforme du Ministère public, ordonner le sursis à exécution* ».

Une stricte interprétation de cette disposition autorisait à dire que le Président de la Chambre administrative est absolument lié par l'avis du Ministère public. Or, c'est au mépris de cet avis que l'ordonnance commentée avait été rendue.

Cette obligation faite au Président de la Chambre administrative de se conformer à l'avis du Ministère public lors du prononcé du sursis à exécution ou du référé administratif limitait anormalement le pouvoir de création du juge de l'urgence. Le maintien de cette anomalie était d'autant plus curieux qu'elle avait été supprimée devant le juge judiciaire par la loi n°84/14 du 5 décembre 1984.

La question avait connu toutefois une évolution significative depuis la réforme constitutionnelle de 1996. En fait, le juge de l'urgence, las d'attendre que le législateur adopte les textes d'application de l'article 37 de la nouvelle Constitution ayant érigé l'autorité judiciaire en Pouvoir Judiciaire, ne se considérait plus comme étant tenu de statuer conformément à l'avis du Ministère public, en raison de l'idée qu'il se faisait désormais de son nouveau statut institutionnel[7]. À travers une interprétation audacieuse de cette Loi fondamentale, il a opéré un contrôle de caducité de certaines dispositions législatives d'exception qui régissaient alors le sursis à exécution et même le référé administratif.

Il n'est pas inutile de rappeler, à cet égard, les contenus des « *visas* » significatifs de cette ordonnance :

« *Vu l'ordonnance n°72/6 du 26 août 1972 portant organisation de la Cour Suprême, modifiée par les lois n°75/16 du 08 décembre 1975 et 76/28 du 14 décembre 1976.* ***Vu les dispositions du titre V de la loi n°96/06 du 18 janvier 1996 portant révision de la Constitution ayant érigé l'autorité judiciaire en Pouvoir Judiciaire. Vu l'ensemble des dispositions des articles 37 et 68 de ladite Constitution qui modifie***

---

[7] V.. KAMTO M, « Les mutations de la justice camerounaise à la lumière des développements constitutionnels de 1996 », article précité.

substantiellement la portée des dispositions de l'article 16 de la loi n°75/17 du 08 décembre 1975 fixant la procédure devant la Cour Suprême statuant en matière administrative. Attendu ainsi que, dès lors, le juge administratif n'est plus lié par les avis conformes du Ministère public ».

Cette nouvelle tendance jurisprudentielle, inaugurée par la présente ordonnance, a été consacrée de manière constante par le juge du sursis dans l'affaire MAMA BILOA Sandrine contre Université de N'Gaoundéré du 07 décembre 2000[8], puis par celui du référé administratif dans le litige opposant l'Union des Populations du Cameroun (U.P.C-Tendance HOGBE NLEND à l'Union des Populations du Cameroun (U.P.C- KODOCK) du 10 avril 2002[9].

Les juges de l'urgence, sous l'impulsion de la doctrine, avaient ainsi amené le Législateur à s'émouvoir puis à se mouvoir pour consacrer cette tendance jurisprudentielle innovatrice.

II. Le législateur de 2006 a consacré cette nouvelle tendance jurisprudentielle innovatrice

Il ressort de l'examen attentif de la loi n°2006/022 précitée qu'elle a opté pour une stratégie de prudence au niveau du droit processuel, laquelle est perceptible dans nombre de ses dispositions relatives aux mesures d'urgence qui sont de portée moindre. Essentiellement parce que les innovations de ladite loi en la matière sont destinées à répondre, de façon parcellaire, à des besoins sectoriels, sans que les techniques de traitement de l'urgence soient soumises à un réexamen d'ensemble.

Ainsi, le régime juridique du sursis à exécution, tempérament apporté par la loi au privilège de la décision exécutoire et à l'absence d'effet suspensif du recours pour excès de pouvoir, n'a-t-il pas fait l'objet d'une amélioration significative, la loi se bornant à supprimer à l'article 30 alinéa 2 quelques dispositions d'exception.

---

[8] ABA'A OYONO J-C, « Note sous CS.CA, jugement du 07 décembre 2000, Affaire MAMA BILOA Sandrine c/Universitéde N'Gaoundéré », Juridis Périodique, juillet-août-septembre 2002, pp. 19-32.

[9] En ce sens, voir OLINGA Alain Didier, « Note sous Ordonnance de référé n°30/OR/PCA/CS/2001-2002, du 10 avril 2002, Affaire Union des Populations du Cameroun (U.P. C- KODOCK) contre Etat du Cameroun (MINAT) et Union des Populations du Cameroun (U.P. C- Tendance HOGBE NLEND », Juridis Périodique n°52, octobre-novembre-décembre 2002, pp. 17-27, notamment p. 27.

Désormais, l'épithète « *conforme* » qui était contenue dans l'expression « *avis conforme* » n'existe plus et le juge de l'urgence peut accorder ou non le sursis ou le référé administratif *après les conclusions du Ministère public.*

Cette nouvelle disposition avait vraisemblablement pour but de tirer les conséquences des ordonnances précitées dans lesquelles le juge administratif de l'urgence, en prenant désormais en compte le fait que la Justice, depuis 1996, avait été élevée au rang d'un Pouvoir constitutionnel à côté du Législatif et de l'Exécutif, ne se considérait plus comme étant tenue de statuer conformément à l'avis conforme du Ministère public.

Conclusion

Le changement en matière d'urgence accessoire apparaissait donc comme étant une évolution sans toutefois être une révolution ; car le législateur était resté totalement muet sur une autre restriction rigoureuse à l'octroi du sursis à exécution. Son prononcé exclut toujours les litiges intéressant l'ordre public, donc la très grande flexibilité rend perméables les droits et libertés ; car elle provoque l'élargissement des compétences des autorités administratives en fonction des nécessités.

Célestin KEUTCHA TCHAPNGA

37.

L'exclusion des litiges intéressant l'ordre public en matière de sursis à exécution. Évolution récente des contours de la notion d'ordre public

Ordonnance n°33/OSE/CS/PCA/95-96 portant rejet d'une demande de sursis à exécution, Société MONDIANA SARL contre État du Cameroun (MINDIC) et (MSP).

Attendu que par requête en date du 30 janvier 1996, enregistrée le même jour sous le n°219 au Greffe de la Chambre administrative de la Cour Suprême, la Société MONDIANA SARL B.P. 4399 Douala, ayant pour Conseils Maitres BALEMAKEN et MEKIAGE, Avocats B.P. 11785 Yaoundé, a introduit un recours en annulation de l'arrêté n°009/A/MSP/MINDIC/SG/D/SDHPA/SHM du 20 juillet 1995 portant interdiction de la consommation, de l'importation et de la commercialisation des sachets de glutamate.

Attendu que par requête séparée du 30 janvier 1996, enregistrée au Greffe de céans les mêmes jour et numéro que dessus, la Société requérante a sollicité le sursis à exécution de l'arrêté sus visé.

Vu les réquisitions écrites de M. le Procureur général en date du 16 juillet 1996.

Attendu que cette demande est recevable comme introduite conformément aux prescriptions des articles 16 et 17 de la loi n°75/17 du 08 décembre 1975 fixant la procédure devant la Cour Suprême statuant en matière administrative.

Attendu que le sursis à exécution ne peut être ordonné que si seulement l'exécution de l'acte litigieux ne concerne ni l'ordre public ni la sécurité ou la tranquillité publiques. Attendu en l'espèce que la décision attaquée vise la sécurité des populations. Qu'il y a donc lieu de rejeter la présente demande.

Par ces motifs : Article 1$^{er.}$ La demande de sursis à exécution présentée par la Société MONDIANA SARL est recevable en la forme. **Article 2.** Elle est mal fondée et par conséquent rejetée.

NOTE

En opposant, sans vouloir y apporter la moindre nuance, une fin de non-recevoir aux prétentions de la Société MONDIANA SARL, qui sollicitait le sursis à exécution de l'arrêté n°009/A/MSP/MINDIC/SG/D/SDHPA/SHM du 20 juillet 1995 portant interdiction, afin d'assurer la sécurité des populations, de la consommation, de l'importation et de la commercialisation des sachets de glutamate, le juge du sursis à exécution avait, en l'espèce, fait une exacte application de l'esprit et de la lettre des dispositions pertinentes de la loi n°75/17 du 8 décembre 1975 qui fixait alors la procédure devant la Cour Suprême statuant en matière administrative.

L'intérêt de cette décision tient notamment à ce que le juge unique y rappelle clairement une des conditions d'octroi de la suspension à exécution, à savoir l'exclusion des litiges intéressant l'ordre public en matière de sursis à exécution **(I)**.

Mais, force est de constater que la notion d'ordre public est, de nos jours, davantage mieux encadrée par la jurisprudence administrative nationale **(II)**.

I. Le juge du sursis à exécution fait une application remarquable de l'interdiction qui lui est faite de statuer sur les litiges intéressant l'ordre public

Dans l'ordonnance annotée, le motif du rejet au fond de la demande de sursis à exécution de la Société MONDIANA SARL était lié à la matière sur laquelle portait l'acte incriminé. Cette condition, reprise par la loi n°2006/022, était prescrite par les alinéas 1 et 2 de l'article 16 de la loi n°75/17 du 8 décembre 1975 fixant la procédure devant la Cour Suprême statuant en matière administrative, qui prévoyaient alors que « *le recours contentieux contre une décision administrative n'en suspend pas l'exécution. Toutefois,* ***si l'exécution*** *est de nature à causer un préjudice irréparable et que* ***la décision n'intéresse ni l'ordre public, ni la sécurité ou la tranquillité publiques,*** *le Président de la Chambre administrative peut, après communication à la partie adverse et avis conforme du Ministère public, ordonner le sursis à exécution* ».

À la question « *qu'est-ce que l'ordre public* ? », ou, ce qui revient au même, « *que recouvre la notion d'ordre public* », une réponse évidente s'imposait au Cameroun : *l'ordre public est encore une vague formule plus ou moins privée de sens. Cette notion toute puissante et énigmatique, que l'on évoque sans cesse et que l'on ne définit jamais, apparaît davantage comme une notion fonctionnelle que conceptuelle.*

En effet, l'ordre public, d'une part, c'est un fait, c'est l'absence de trouble, c'est l'aménagement harmonieux des rapports sociaux. L'expression d'ordre public, d'autre part, est employée pour qualifier certaines règles de droit particulièrement impératives, auxquelles il ne peut être dérogé, que le juge pourra faire prévaloir même contre la volonté ou dans le silence des parties[1].

---

[1] En ce sens, V. PEQUIGNOT G, Préface à l'ouvrage de BERNARD P, La notion d'ordre public en droit administratif, op.cit. p. II.

La notion d'ordre public apparaît ainsi sous un double aspect, policier et procédural.

Dans son sens d'ordre public de la police, il désigne presque toujours le but que vise une norme ou quelquefois son motif. Dans cette hypothèse, « *il s'agit pour l'autorité administrative (...) de faire prévaloir un certain ordonnancement légal des faits ou des règles de droit, sur les troubles que la liberté où l'autonomie des volontés pourrait lui apporter, de maintenir l'aménagement harmonieux que le législateur désire voir réaliser dans la vie sociale comme dans le droit* »[2].

Dans son sens procédural, il s'applique au caractère de telle règle donc on va souligner l'impérativité. Ainsi parle-t-on de moyen d'ordre public qui est, comme l'avait expliqué le Président ODENT, « *un moyen relatif à une question d'importance telle que le juge méconnaîtrait lui-même la règle de droit qu'il a mission de faire respecter si la décision juridictionnelle rendue n'en tenait pas compte* »[3].

C'est seulement en son premier sens que cette étude l'entend.

En France, l'ordre public est une notion largement comprise, mais très clairement définie. En incluant dans son champ la dignité de la personne humaine, la jurisprudence a souligné sa plasticité. Toutefois, même ainsi largement défini, l'ordre public n'est pas sans limites précises, lesquelles, comme on va pouvoir le constater, est en train d'inspirer la jurisprudence administrative nationale.

Au Cameroun, en revanche, la très grande flexibilité de l'ordre public rend perméables les droits et libertés, car elle provoque l'élargissement des compétences des autorités administratives en fonction des nécessités.

En effet, ce qui frappe le lecteur des décisions du juge administratif relatives notamment au sursis à exécution, c'est que dans chacune de celles-ci, il se borne à invoquer l'ordre public ou un de ses aspects comme si le concept était évident et sans jamais éprouver le besoin de le circonscrire avec précision.

L'explication tient probablement, non seulement à sa formation de privatiste et à son esprit relativement peu inventif dont la doctrine nationale a souligné à l'envi les inconvénients dans le contentieux

---

[2] Ibidem

[3] Cité par STIRN Bernard, Intervention au Colloque sur l'ordre public, organisé par l'Association française de philosophie du droit les 17 et 18 septembre 2015.

administratif[4], mais aussi à deux autres facteurs qui sont en réalité intimement liés.

D'abord, aucun texte de droit positif ne définit abstraitement l'ordre public. La plupart du temps, la loi n'en donne qu'une définition sinon lapidaire, du moins défectueuse.

Comme l'a remarquablement souligné le Doyen KAMTO[5], « *cette notion d'ordre public ne fait l'objet d'aucune définition en droit camerounais alors même qu'elle semble y avoir un sens particulier, en tout cas, plus restrictif qu'en droit français d'où elle est tirée. Alors qu'en droit français, cette notion vise la sécurité, la tranquillité et la salubrité publiques, les textes camerounais l'emploient fréquemment à côté d'autres notions, notamment celles de sécurité et de tranquillité comme s'il s'agissait de notions autonomes* »[6].

Ensuite, la doctrine administrative a, de façon presque générale, toujours présenté et qualifié l'ordre public comme une notion imprécise au lieu d'essayer de la définir. M. Joseph BINYOUM, par exemple, en donne une exacte mesure lorsqu'il écrit qu'« *il importe de ne pas se méprendre sur le sens et la portée de la notion « ordre public », notion floue, imprécise, qui permet toutes sortes d'interprétations et par cela même légitime toutes les interventions du pouvoir, que celles-ci se fassent a priori ou a posteriori* »[7].

En conséquence, la simple référence à une menace à l'ordre public est une motivation suffisante pour rendre pratiquement impossible l'obtention d'un sursis à exécution.

---

[4] En ce sens, voir KAMTO M, Droit administratif processuel du Cameroun, op.cit., p. 11 : « *la non spécialisation de ces Magistrats, formés à d'autres types de contentieux, serait à l'origine du caractère incertain de la jurisprudence administrative camerounaise. Sa légèreté juridique trouverait là aussi une explication…* ».

[5] KAMTO M., Droit administratif processuel du Cameroun, op.cit. p. 176.

[6] Cet aspect de la réception défectueuse de la notion d'ordre public se retrouvait par exemple dans l'article 16 alinéa 2 de la loi n°75/17 précitée traitant du sursis à exécution : « ***si … la décision attaquée n'intéresse ni l'ordre public, ni la sécurité ou la tranquillité publiques…*** » et même dans le Préambule de la Constitution révisée de 1972 : « ***tout homme a le droit de se fixer en tout lieu et de se déplacer librement, sous réserve des prescriptions légales relatives à l'ordre public, à la sécurité et à la tranquillité publiques*** ».

[7] BINYOUM J, Le contentieux de la légalité en droit administratif camerounais, Thèse Droit, Toulouse, 1979, p. 66.

Autrement dit, il suffit à l'administration de viser les nécessités de l'ordre public dans sa décision pour lier celle du juge.

Comme en a décidé le juge de sursis à exécution en matière d'annulation des actes de vente et de compensation des terrains domaniaux dans l'affaire Mesdemoiselles CARLE JULIA et TCHANGONGOM TCHEUMAKA contre État du Cameroun (PR) :

« *Attendu que, dans le cas d'espèce, pour annuler les actes de vente et compensations des terrains domaniaux comme il l'a fait, le Président de la République a visé les nécessités d'ordre public ; qu'il y a lieu, par conséquent, de rejeter la présente requête* »[8].

La rédaction de l'ordonnance n°33/OSE/PCA/CS/95-96 portant rejet d'une demande de sursis à exécution dans l'espèce Société MONDIANA SARL contre État du Cameroun ici annotée est, de ce point de vue, sans ambigüité :

« *Attendu que le sursis à exécution ne peut être ordonné que si seulement l'exécution de l'acte litigieux ne concerne ni l'ordre public ni la sécurité ou la tranquillité publiques. Attendu en l'espèce que la décision attaquée vise la sécurité des populations. Qu'il y a donc lieu de rejeter la présente demande* ».

L'on ne saurait perdre de vue, cependant, que l'article 2 alinéa 3 de la loi n°2006/022 du 19 décembre 2006 fixant l'organisation et le fonctionnement des Tribunaux Administratifs, qui régit désormais les mesures d'urgence au Cameroun, énumère, entre autres, ainsi au titre du contentieux administratif à l'encontre de l'État, des établissements publics et des autres collectivités territoriales (…) : « e) *des litiges intéressant les opérations du maintien de l'ordre* ».

Il n'y a plus qu'à espérer que le juge administratif saisisse l'occasion qui lui est ainsi donnée pour circonscrire enfin avec exactitude cette notion d'ordre public, dont la très grande flexibilité rend perméables les droits et libertés, car elle provoque l'élargissement des compétences des autorités administratives en fonction des nécessités. Il y a là, sans doute, le spectre du « *mobile politique* »[9] qui limitait encore de manière

---

[8] CS.PCA, ordonnance n°05/OSE/CS/PCA/97-98 portant rejet d'une demande de sursis à exécution.

[9] En ce sens, voir notamment KAMTO M., « Actes de gouvernement et droits de l'homme au Cameroun », Lex Lata n°26, mai 1996, pp. 09-14

considérable le domaine de compétence du juge du sursis et non plus celui du juge du référé administratif au Cameroun.

II. L'encadrement progressif de la notion d'ordre public par la jurisprudence administrative

Le juge administratif a commencé à peaufiner sa jurisprudence sur les rapports entre l'ordre public et les libertés publiques dans l'espèce ayant donné lieu au jugement n°145 du 24 septembre 2008, Compagnie d'Exploitation des Tabacs Camerounais (CETAC) contre ministère de l'Administration Territoriale et de la Décentralisation. L'intérêt de cette décision tient à ce qu'elle est la première, à notre connaissance, où le juge administratif affirme clairement qu'au Cameroun « ***la liberté est la règle et la restriction de police l'exception*** ».

À cette occasion, la Chambre administrative de la Cour Suprême avait annulé un arrêté du Gouverneur de la Région de l'Est en date du 10 novembre 1997 portant interdiction des activités de la CETAC dans le département de la Kadey en se fondant sur une solide motivation juridique :

« *Attendu qu'en l'espèce, l'article 1er de l'arrêté attaqué énonce que les activités de la Société CETAC S.A. sont interdites sur l'ensemble du département de la Kadey pour compter de la date de signature du présent arrêté pour nécessité d'ordre public. Attendu qu'en se contentant de ces termes sans indiquer en quoi l'ordre public allégué était en cause, l'auteur de la décision attaquée l'a insuffisamment motivée. Attendu que cette insuffisance de motivation est un vice de forme constitutif d'excès de pouvoir. Qu'il s'ensuit que le recours de la Société CETAC est justifié et que l'arrêté litigieux encourt l'annulation*... »

L'on ne saurait donc, précisait en substance le juge de l'espèce, « *porter atteinte à l'ordre public dans un département sans un fait ponctuel et précis et se voir restreindre, en tant qu'entreprise,* ***la liberté du commerce et de l'industrie qui pourtant est la règle*** *quand bien même l'on voudrait sauvegarder le monopole de sa propre entreprise sur le marché des tabacs* ».

Il apparaissait ainsi clairement que « *le législateur a, sur le marché du commerce et de l'industrie, réglementé le jeu de la concurrence par une loi précise, prévu les sanctions appropriées, limitant par là même le champ d'intervention des autorités administratives surtout lorsqu'il s'agit pour elles d'user de manière abusive de la puissance publique aux fins de protéger de manière partisane certaines entreprises* ».

Il en résulte que le juge administratif est appelé désormais à contrôler les circonstances de l'espèce pour déterminer réellement s'il y a eu ou non trouble à l'ordre public ou risque de désordre. Les décisions des autorités administratives ne seront dorénavant valables que si elles visent effectivement le maintien de l'ordre ou la prévention du désordre. Lorsque ses buts ne sont pas avérés, les mesures en cause seront susceptibles d'être annulées pour excès de pouvoir.

Le juge administratif s'est montré davantage plus ferme à l'endroit des autorités administratives sur le terrain des libertés publiques.

Par exemple, dans l'espèce Église Presbytérienne camerounaise contre État du Cameroun, objet de l'ordonnance n°06 du 1er novembre 1994 ci-après annotée, le juge administratif, statuant comme juge unique, avait annulé un arrêté du Gouverneur de la Province du Centre en date du 26 octobre 1994 portant interdiction, dans son ressort territorial, des réunions de l'Assemblée générale, du Conseil général et de la Commission juridique de cette Église, au motif que seul le Ministre de l'Administration Territoriale était habilité à prendre des mesures de sanction à l'égard d'une association.

Il s'ensuit, avait-il précisé à cette occasion, « *que le Gouverneur de la Province du Centre est matériellement incompétent pour suspendre l'activité d'une association ou en ordonner la dissolution ou encore moins l'interdiction de ladite association* ».

De même, lorsque la mesure administrative prescrit une interdiction d'ordre général et absolue, le juge est généralement appelé à l'annuler.

Dans un arrêt n°98/CFJ-CAY du 27 janvier 1970, OBAM ETEME Joseph, par exemple, le juge administratif s'était prononcé sur une restriction de la liberté d'aller et venir du requérant. En l'espèce, un arrêté préfectoral avait interdit au Sieur OBAM ETEME « *de paraître et* de *séjourner dans toute l'étendue du département du Ntem* ». Tirant conséquence du caractère manifestement illégal de cet arrêté en ce qu'il posait une interdiction générale et absolue, le juge l'annula.

Le juge administratif avait aussi eu à se prononcer relativement au droit de la personne au respect de son intégrité physique et morale.

Dans son jugement n°12/CS-CA du 28 janvier 1982, Dame BINAM née NGO NJOM Fidèle, le juge avait estimé que la publicité tapageuse donnée à une décision du Ministre de la Santé prononçant la suspension de fonction de la requérante pour « *corruption active* »nuisait à la réputation de celle-ci, alors même qu'aucune décision du juge répressif n'avait établi cette infraction à son encontre.

Dans l'espèce TCHINDA François, objet du jugement n°60 du 05 avril 2006, le juge administratif, à propos d'un litige foncier opposant le sieur EKOJO MPONDO Alfred au requérant, était saisi d'un recours en annulation d'un arrêté du préfet du département du Mfoundi lui interdisant l'accès au site dit Djongolo au quartier Bastos au motif que ledit arrêté violait les dispositions de la loi n°90/054 du 19 décembre 1990 relative au maintien de l'ordre.

Pour le requérant, la consultation des dispositions des articles 1er et 2 de la loi de 1990 ne permettait pas de déceler, dans le cadre des pouvoirs de l'autorité administrative, la possibilité d'interdire l'accès à des individus dans une concession privée pour des raisons de maintien de l'ordre public. Il faisait également valoir que les mesures que peut prendre l'autorité administrative dans le cadre du maintien de l'ordre sont limitativement énumérées par la loi.

La pertinence des arguments invoqués par le recourant a amené le juge à faire droit à sa requête :

« *Attendu qu'il ressort du dossier de procédure que la décision n°318/Y/MINUH/0310 du 14 novembre 2003 du Ministre de l'Urbanisme et de l'Habitat à laquelle se réfère l'arrêté préfectoral litigieux a fait l'objet d'un recours en annulation encore pendant devant la juridiction de céans. Attendu ainsi que c'est un excès de pouvoir que, sous le prétexte du maintien de l'ordre, ledit arrêté est intervenu, l'autorité administrative n'était pas habilitée à prendre des mesures, même provisoires, rentrant dans le cadre du règlement de procédures judiciaires ; qu'il s'ensuit que le recours est justifié et que la décision querellée encourt l'annulation...* ».

Conclusion

On peut ainsi multiplier des exemples pour démontrer que le juge administratif camerounais devient progressivement une pièce décisive dans la construction de l'État de droit.

Célestin KEUTCHA TCHAPNGA

38.

Examen d'aptitude au stage d'Avocat, session 2014 – Publication de la liste des candidats définitivement admis au dit examen – Candidats admis sans avoir été au préalable admissibles – Demande de sursis à exécution de l'arrêté portant publication de la liste des admis – Absence d'intérêt du candidat malheureux – Oui – Décision contestable sur le plan juridique – Oui.

Président du Tribunal Administratif du Centre à Yaoundé, ordonnance n°48 du 22 avril 2015, ATANGANA Henry Thierry contre Etat du Cameroun (MINJUSTICE)[1]

Vu la requête du 07 novembre 2014 enregistrée au greffe de céans le 10 du même mois sous le n°2548, pour ATANGANA Henry Thierry, par la SCP FANDIO-SANSJIO & Partners, Avocats BP : 12246 Yaoundé, qui demande au Président, juge des sursis à exécution, d'ordonner le sursis à exécution de l'arrêté n°393/DPJ/SG/MJ du 24 octobre 2014.

Il soutient que : suivant communiqué du Ministre d'État, Ministre de la Justice, Garde des sceaux, il a été autorisé à subir les épreuves orales de l'examen d'aptitude au stage d'Avocat, session 2014. Par arrêté n°393/DPJ/SG/MJ du 24 octobre 2014, le Garde des sceaux a publié la liste des candidats définitivement admis audit examen, de laquelle liste, il ressort que les noms de : 1. ABONGE ANGUH Ernest, 2. KOMBOU NGONGANG OUMEGNE Kathleen Yolande, 3. LONGO MANFRED Patrick 4. MAPIENOU MFOMBAM Barrister ZOULIATOU, épouse KOUOTOU, 5. MBEM Elsa Carina Mispa qui y figurent ne se trouvaient pas parmi les candidats admissibles, alors qu'aucune liste additive des candidats admissibles n'avait été publiée pour justifier leur admission définitive. Il ne peut s'agir que de la fraude qui entrave sérieusement le principe constitutionnel d'égalité des citoyens devant la loi, réitérée par l'instruction générale n°002 du 1er octobre 2002 relative à l'organisation du travail gouvernemental du Président de la République qui stipule : « *la gestion des ressources humaines par le Ministre doit s'effectuer dans le souci de transparence et d'équité. En tout état de cause, le Ministre s'abstiendra de tout clientélisme et de tout népotisme qui faussent l'égalité des chances des citoyens face aux emplois publics* ».

Bien plus, l'arrêté susmentionné viole les dispositions de l'article 7 alinéa 3 et 5 du décret n°91/305 du 04 juillet 1991 portant organisation de l'examen d'aptitude au stage d'Avocat en ce que l'alinéa 3 prévoit que l'admission d'un candidat à l'épreuve orale est soumise à l'obtention d'une note au moins égale à 10/20 aux épreuves écrites, et l'alinéa 5 renchérit que sont déclarés reçus les candidats qui ont obtenu une note finale de12/20 ; qu'il suit dès lors que ne peuvent être déclarés définitivement admis que les candidats dont les noms figurent sur la liste des admissibilités qui ont subi des épreuves orales.

Vu le recours gracieux déposé au Ministère de la Justice le 31 octobre 2014.

---

[1] Note rédigée par Théophile NGUIMFACK VOUFO, Docteur en Droit Public, ATER au Département de Droit Public de la Faculté des Sciences Juridiques et Politiques de l'Université de Dschang-Cameroun

Nul pour l'Etat du Cameroun représenté par le Ministère en charge de la justice, bien que régulièrement notifié de la présente requête le 20 novembre 2014, n'a ni déposé de mémoire en défense, ni désigné un défenseur de ses intérêts.

Vu le mémoire déposé le 02 janvier 2015 par l'ordre des Avocats représenté par Maître SAMA Francis ASSANGA, Bâtonnier de l'Ordre, qui nous a demandé dans son intervention volontaire de déclarer irrecevable la requête de ATANGANA Henri Thierry, à défaut de la rejeter comme non fondée.

Il soutient que : cette requête est irrecevable parce qu'elle saisit le Tribunal Administratif du Centre alors que le décret n°2012/119 du 05 mars 2012 a ouvert le Tribunal Administratif de Yaoundé.

D'ailleurs, cette requête ne satisfait pas aux conditions de fond prescrites par l'article 30 de la loi organique des Tribunaux Administratifs en ce que le requérant ne prouve pas le préjudice irréparable que lui causerait l'exécution de l'arrêté qu'il attaque, alors et surtout que ledit acte intéresse l'ordre public dans la mesure où elle concerne toute la société camerounaise, l'examen ayant une portée nationale ;

Vu les conclusions de M. le Procureur général près le Tribunal Administratif de céans, déposées le 11 mars 2015, par lesquelles il nous demande de rejeter la requête de ATANGANA Henry Thierry, au motif que la présence de cinq noms mêmes frauduleusement infiltrés serait insuffisante pour paralyser une liste de 1449 autres noms, en considération de ce que l'acte attaqué est un acte individuel.

Vu les autres pièces du dossier ;

SUR L'INTERVENTION VOLONTAIRE DE L'ORDRE DES AVOCATS

Considérant que l'intervention de l'ordre des Avocats est recevable parce que présentée dans les formes requises par la loi.

SUR LA RECEVABILITÉ

Considérant que la recevabilité de la requête aux fins de sursis dépend de la nature de l'acte susceptible de recours pour excès de pouvoir, de l'intérêt du requérant lui donnant qualité pour agir, de l'existence d'un recours gracieux.

Considérant que le requérant, en fondant sa demande sur la présence dans la liste des admis des noms des personnes n'ayant pas été déclarées admissibles ne justifie pas d'un intérêt à agir, étant donné que même si cet arrêté venait à être annulé, son sort n'en serait pas amélioré s'agissant d'un examen où seule la note requise permet d'être reçu ; qu'il convient de déclarer cette requête irrecevable.

Par ces motifs,

Ordonnons,

Article 1er. L'intervention de l'ordre des Avocats est recevable.

Article 2. La requête d'ATANGANA Henry Thierry est irrecevable.

Article 3. Les dépens sont à la charge du requérant.

NOTE

La pratique des concours publics donnant accès dans divers organismes chargés des missions de service public est le lieu par excellence des compétitions où s'affrontent plusieurs candidats dans un élan de rivalité[2]. Cette bataille des connaissances à l'issue de laquelle les esprits doués pour un emploi précis sont sélectionnés afin de pourvoir aux postes disponibles[3] est souvent marquée par la malveillance de certains acteurs qui y participent[4]. Mais, parce que les concours publics sont juridiquement encadrés[5], le juge administratif peut être sollicité pour arbitrer les conflits opposant les différentes parties prenantes et rétablir la légalité, le cas échéant[6].

C'est donc à juste titre que le Tribunal Administratif du Centre à Yaoundé a été saisi par un candidat non admis, aux fins de statuer sur une demande tendant à obtenir la suspension de l'exécution d'une décision du Ministre de la Justice proclamant les résultats de l'examen d'aptitude au stage d'Avocat pour la session de 2014[7]. Même si les contestations au fond relatives aux opérations des concours administratifs ont souvent été soumises au juge administratif camerounais[8], il convient d'observer qu'elles ont rarement eu pour objet de solliciter le sursis à l'exécution de la décision proclamant les résultats d'un concours administratif, encore moins ceux de l'examen à l'entrée dans un ordre professionnel.

L'ordonnance n°48/OSE/CAB/PTA/YDE/2015 du 22 avril 2015[9] est, à notre connaissance, le premier cas d'application contentieuse du sursis

---

[2] Voir LEKENE DONFACK, Etienne Charles, « Réflexions sur le nouveau statut général de la fonction publique (A propos du décret n°94/199 du 07 octobre 1994) », Juridis Info, n°20, octobre-novembre-décembre 1994, pp. 34 et suiv.

[3] CHAPUS R, Droit administratif général, Tome 2, Paris, Montchrestien, 1999, pp. 143 et suiv.

[4] Cette malveillance est révélée par de nombreux scandales de corruption dénoncés régulièrement à l'issue de la publication des résultats des concours publics au Cameroun. Ce qui a été convenu de qualifier de scandale de l'IRIC en 2015 en est une parfaite illustration.

[5] Voir notamment le décret n°2000/696/PM du 13 septembre 2000 fixant le régime général des concours administratifs au Cameroun.

[6] Voir article 2 alinéa 3(a) de la loi n°2006/022 du 29 décembre 2006 fixant l'organisation et le fonctionnement des Tribunaux Administratifs.

[7] Cette saisine a pour fondement l'article 30 de la loi n°2006/022, précitée.

[8] Voir par exemple, CS/CA, jugement n°44 du 24 juin 1993, NABION Maurice contre Université de Yaoundé.

[9] Tribunal Administratif du Centre à Yaoundé, Affaire ATANGANA Henry Thierry contre Etat du Cameroun (MINJUSTICE) du 22 avril 2015.

à exécution à l'encontre d'une décision de proclamation des résultats de l'examen d'aptitude au stage d'Avocat. On peut par réflexe de curiosité se demander sur quel fondement la compétence du juge administratif a été retenue pour connaître des contestations relatives au concours organisé par un ordre professionnel, considéré comme le représentant des intérêts privés de ses membres. Il est à noter sur ce point que les ordres professionnels ne sont pas de simples gardiens des intérêts de leurs membres ; en arrière-plan se trouve un souci plus profond de garantir un meilleur fonctionnement des activités d'un corps de métiers au service de l'intérêt général[10]. La nature de service public des ordres professionnels est davantage mise en exergue par les prérogatives qui leur sont reconnues de suppléer ou appuyer les pouvoirs publics dans leurs missions d'intérêt général[11]. En ce sens, l'ordre des Avocats assure des missions de service public lui permettant, entre autres[12], de garantir l'accès au corps des personnes ayant des aptitudes morales et intellectuelles requises.

Il est cependant clair que l'action des ordres professionnels est conduite sous la surveillance étroite des administrations publiques. Dès lors, la décision qui se trouve querellée est justement celle du Ministre de la Justice, lequel apparaît à cet effet comme la caution d'une saine sélection des aspirants à la fonction d'Avocat. L'arrêté de proclamation des résultats est, sans conteste, un acte administratif susceptible de recours devant le Tribunal Administratif en cas d'irrégularité[13]. On ne peut donc rien reprocher au sieur ATANGANA Henri Thierry qui a attrait l'administration devant le juge administratif de sursis afin de contester la régularité de l'arrêté proclamant les résultats de l'examen d'aptitude au stage d'Avocat pour la session 2014[14].

---

[10] V, OWONA J, Le contentieux administratif de la République du Cameroun, op.cit., pp. 44-45.

[11] Voir, CS/CA, jugement n°23 du 03 février 1972, YEYAP NJOYA Joseph Marie contre ordre national des Avocats.

[12] Aux termes des articles 55 et 56 de la loi n°90/059 du 19 décembre 1990, l'ordre des Avocats exerce différentes attributions lui permettant d'instituer et de faire respecter la déontologie professionnelle et la discipline, d'infliger des sanctions aux Avocats ne respectant pas la déontologie et de prendre tous les actes nécessaires pour la gestion du corps de métier des Avocats, etc.

[13] KEUTCHA TCHAPNGA C, Précis de contentieux administratif, op.cit., pp. 195 et suiv.

[14] Il s'agit de l'arrêté n°393/DPJ/SG/MJ du 24 octobre 2014.

Le requérant, suite à sa participation aux épreuves de l'examen professionnel ci-indiqué, a été déclaré admissible et donc autorisé à subir les épreuves orales pour être admis au stage d'Avocat. Mais, à l'issue de cette deuxième phase de l'examen, il n'a pas été admis définitivement. Pourtant, cinq candidats admis définitivement ne figuraient pas sur la liste des candidats admissibles. Bien plus, aucune liste additive n'avait été publiée pour justifier leur admission définitive. Ces éléments, selon le requérant, révèlent une fraude contraire au principe constitutionnel d'égalité des citoyens devant la loi, car, estime-t-il, la décision du Ministre de la Justice viole les dispositions de l'article 7 alinéas 3 et 5 du décret n°91/305 du O4 juillet 1991 portant organisation de l'examen d'aptitude au stage d'Avocat qui subordonne la participation aux épreuves orales à l'admissibilité préalable justifiée par une note d'au moins 10/20 aux épreuves écrites.

Au regard de ce qui précède, le Sieur ATANGANA Henry Thierry adressa un recours gracieux préalable[15] au Ministre de la Justice le 31 octobre 2014. À cela a-t-il fait suivre sa requête de sursis à exécution[16] le 07 novembre 2014 devant le Tribunal Administratif du Centre à Yaoundé. Le Ministre de la justice, régulièrement notifié, n'a pas soumis son mémoire en défense[17], encore moins désigné un représentant pour défendre ses intérêts[18]. Face à cette inertie, l'ordre des Avocats a, par un mémoire en intervention, assuré la contradiction des prétentions du requérant en sollicitant l'irrecevabilité de la demande de sursis aux motifs que la désignation de la juridiction compétente est erronée ; le préjudice irréparable n'est pas avéré et, qu'enfin, l'acte querellé concerne l'ordre public. Cette motivation est complétée par celle du ministère public qui estime que la présence de cinq noms même frauduleusement infiltrés serait insuffisante pour paralyser une liste de 1449 autres noms, l'acte attaqué étant un acte individuel.

---

[15] Sur ce point, V. MESCHERIAKOFF A-S, article précité, pp. 42-55.

[16] Sur le sursis à exécution, lire KEUTCHA TCHAPNGA C, article précité, pp. 83-92.

[17] Sur ce point, l'article 38 de la loi n°2006/022 du 29 décembre 2006 précitée dispose : « *En cas de recevabilité de la requête, le rapporteur en ordonne la communication au défendeur qui a trente (30) jours pour déposer son mémoire en défense* ».

[18] Aux termes de l'article 23 de la loi n°2006/022 du 29 décembre 2006 précitée, « *les personnes morales de droit public sont représentées devant la juridiction administrative par l'autorité habilitée à recevoir le recours gracieux, laquelle peut se faire représenter par un fonctionnaire, un agent de l'Etat ou d'une collectivité territoriale décentralisée ou par un avocat* ».

Le juge semble avoir été convaincu par une partie de cet argumentaire qui l'a déterminé à déclarer le recours du Sieur ATANGANA irrecevable pour l'unique motif qu'il ne justifie pas d'un intérêt pour agir. Aussi a-t-il souligné que même si l'arrêté du Ministre venait à être annulé, le sort du requérant n'en serait pas amélioré s'agissant d'un examen où seule la note requise permet d'être reçu.

À la lecture de cette ordonnance de sursis à exécution, on peut avoir la nette impression que le juge et le requérant ont une convergence de vue sur les conditions d'admission à l'examen professionnel en cause, car tous prétendent que seule une certaine note justifie tant l'admissibilité que l'admission définitive. C'est dire que la présence sur la liste d'admis des personnes non admissibles est une violation des textes régissant l'examen.

Mais, sur le point de savoir si un candidat seulement admissible peut avoir un intérêt à ce que la liste des admis sur laquelle figurent des noms frauduleux soit suspendue et plus tard annulée, le juge se prononce par une réponse négative, ce qui est hautement contestable.

Cette décision, dont les motivations profondes reposent sur la loi du nombre, n'est pas le reflet d'une politique jurisprudentielle soucieuse de la protection de ses justiciables sur la base d'une parfaite égalité. Aussi peut-on trouver son appréciation des conditions de recevabilité de la demande de sursis pour ce cas de concours professionnel contestable **(I)**, l'intervention de l'ordre des Avocats en instance n'ayant pas été de nature à créer une ambiance sereine autour de cette affaire **(II).**

I. L'appréciation contestable de la qualité et de l'intérêt justifiant la recevabilité d'une requête de sursis à exécution de l'acte portant publication des résultats de l'examen d'aptitude au stage d'avocat, session 2014

Dans l'ordonnance de sursis à exécution annotée, le président du Tribunal Administratif du Centre conclut à l'irrecevabilité du recours en ce que l'annulation de l'arrêté, dont la suspension est demandée, ne serait d'aucun intérêt pour le requérant.

Ce faisant, il adopte une interprétation contestable des notions d'intérêt et de qualité[19] pour saisir le juge administratif dans ce cas

[19] Voir, KAMDEM Jean Claude, « L'intérêt et la qualité dans la procédure administrative contentieuse », RCD, n°28, 1984, pp. 69-72.

d'espèce **(A)**. Le juge de l'urgence a ainsi refusé de reconnaître le préjudice subi par le requérant et qu'on peut fonder sur l'insertion injustifiée sur la liste des admis des candidats non admissibles **(B)**.

A. L'inexacte assimilation des notions d'intérêt et de qualité pour demander le sursis à exécution devant le tribunal administratif en matière de concours

En rappelant les conditions requises en vue de la recevabilité de la requête aux fins de sursis à exécution, le président du Tribunal Administratif du Centre indique que celle-ci dépend, entre autres[20], « ***de l'intérêt du requérant lui donnant qualité pour agir*** ». Cette formule ne rassure pas sur la distinction qu'il convient de faire entre l'intérêt et la qualité dans le procès administratif. Cela est d'autant pertinent que la qualité du Sieur ATANGANA Henry Thierry ne procédait pas de l'intérêt qu'il pouvait avoir à solliciter l'annulation de l'arrêté du Ministre de la justice proclamant les résultats définitifs de l'examen de stage auquel il a participé.

En admettant que la qualité pour agir devant le juge administratif est « ***le titre juridique qui sert à engager le procès*** »[21], il est judicieux d'affirmer qu'un candidat régulièrement inscrit aux épreuves d'un examen acquiert *ipso facto* le titre juridique lui permettant d'attaquer en justice les irrégularités entachant les opérations de cet examen ou concours. Le titre de candidat suffit pour soumettre au juge administratif les irrégularités relatives aux actes préalables au concours, à l'instar de la publication de la liste des candidats admis à concourir. Le candidat peut aussi invoquer la violation des règles relatives au déroulement du concours ainsi que toute fraude ayant donné lieu à la sélection des candidats ne remplissant pas les conditions requises[22].

---

[20] Le Président du Tribunal Administratif du Centre précise en ce sens : « *Considérant que la recevabilité de la requête aux fins de sursis dépend de la nature de l'acte susceptible de recours pour excès de pouvoir, de l'intérêt du requérant lui donnant qualité pour agir, de l'existence d'un recours gracieux* ».

[21] KEUTCHA TCHAPNGA C, Précis de contentieux administratif au Cameroun, précité, p. 168.

[22] Pour une illustration du contentieux procédant du non-respect des conditions requises des candidats pour être admis à concourir, voir les commentaires sur l'arrêt BAREL du Conseil d'Etat Français rendu le 28 mai 1954 ; une synthèse des idées à ce sujet figurent dans, Marceau LONG, Prosper WEIL, Guy BRAIBANT, Pierre DEVOLVE, Bruno GENEVOIS, Les grands arrêts de la jurisprudence administrative, 16e édition, Paris, Dalloz, 2007, pp. 478-484.

Il importe cependant de noter que la qualité peut être interprétée différemment en fonction de l'évolution des opérations du concours. C'est pourquoi, le candidat qui n'a pas été admis à concourir n'a pas qualité pour contester la régularité du déroulement des épreuves, encore moins celle des résultats. De même, seuls les candidats admissibles ont la qualité pour contester la régularité des épreuves orales ainsi que la liste des admis qui en résulte. Dans toutes ces hypothèses, la qualité et l'intérêt peuvent aller de pair, mais sans que la qualité puisse procéder de l'intérêt ou en dépendre.

L'on admet en jurisprudence que l'intérêt est l'avantage pécuniaire ou moral escompté par celui qui prend l'initiative d'une demande en justice. Il s'agit d'une condition essentielle de recevabilité d'une requête de sursis à exécution intentée devant la juridiction administrative. Pour statuer sur la requête du Sieur ATANGANA Henry Thierry, le Président du Tribunal Administratif du Centre décide que « ***le requérant, en fondant sa demande sur la présence dans la liste des admis des noms de personnes n'ayant pas été déclarées admissibles, ne justifie pas d'un intérêt à agir***... ». Cette motivation ne peut prospérer si on la confronte aux prétentions du requérant. Il suffit, pour s'en convaincre, de surligner deux éléments dans les prétentions du requérant et repris par l'ordonnance du juge :

Le premier élément *défendu par le requérant* est lié à l'idée de fraude qui serait de nature à disqualifier certains candidats honnêtes au profit des personnes ne respectant pas les mêmes règles de compétition. L'identification précise de cinq noms n'ayant pas rempli la condition d'admissibilité préalable confirme la fraude qui, selon le requérant, « ***entrave sérieusement le principe constitutionnel d'égalité des citoyens devant la loi...*** ». Vu sous cet angle, l'on peut bien soutenir que le rétablissement de l'égalité rompue par la situation de fraude que le requérant a pu mettre en lumière lui serait profitable dans la mesure où elle aboutirait au retrait des cinq noms frauduleusement retenus.

Le second élément *à retenir* est celui de la note requise pour être admissible aux épreuves orales. Il est clair qu'en l'absence de cette note, le candidat ne saurait être admis sur la liste définitive et, encore moins, lorsque des candidats admissibles n'ont pas été retenus. Il existe donc un ordre de priorité dans la sélection des candidats définitivement admis à un concours. En principe, cette priorité est définie en fonction de la note obtenue en allant de la plus élevée à la plus petite sans être en deçà de la borne fixée par la réglementation.

Or, seuls les candidats ayant participé à la compétition peuvent prétendre accéder à cette liste de sorte que ce privilège se trouve diminué lorsqu'on y fait accéder des personnes qui n'y avaient pas droit. Pour cette raison, tout candidat dont la priorité a été restreinte peut avoir intérêt à ce qu'elle soit rétablie. Cet argument est d'autant plus justifié que rien ne prouve à ce stade que l'intéressé n'a pas eu une note d'au moins 12/20 à l'issue des épreuves orales.

Au total, il convient de préciser, contrairement à ce que semble soutenir le juge, que la qualité pour agir devant le juge administratif existe indépendamment de l'intérêt. Le candidat à un examen, après sa participation aux épreuves proposées lors de son déroulement, a nécessairement qualité pour contester les résultats et ne peut avoir intérêt que si la prise en compte de ses prétentions peut lui profiter de quelque manière. C'est dire à quel point la confusion des notions d'intérêt et de qualité dans le procès administratif peut aboutir à renier le préjudice réellement subi par le justiciable.

B. La méconnaissance du préjudice fondant l'intérêt à agir du requérant devant le tribunal administratif

Pour le Président du Tribunal Administratif du Centre, le Sieur ATANGANA Henry Thierry ne peut se prévaloir d'aucun préjudice consécutif à l'arrêté du Ministre de la Justice proclamant les résultats définitifs de l'examen d'aptitude au stage d'Avocat pour la session 2014. La principale justification invoquée par le juge unique pour exclure tout intérêt du requérant à demander la suspension de la décision ministérielle est la suivante : ***« même si cet arrêté venait à être annulé, son sort (celui du requérant) n'en serait pas amélioré s'agissant d'un examen où seule la note requise permet d'être reçu »***. L'on ne peut être satisfait par cette motivation dont les termes ne s'accordent guère pour plusieurs raisons.

Il est *a priori* évident que la motivation du juge est tronquée en ce qu'elle ne révèle pas la note effectivement obtenue par le requérant. Pourtant, seule la connaissance de cette note autorisait à déduire que ce dernier ne peut figurer au nombre des candidats admis. En cas de doute, le Président du Tribunal Administratif du Centre devait concéder que ce doute profite au requérant et non pas le contraire.

De manière raisonnable, la suspension de l'applicabilité de l'arrêté proclamant les résultats de l'examen en cause était logique. Mais, pour y parvenir, l'objectif premier du juge devait être de vérifier si la sélection des admis ne s'est pas faite sur la base de la fraude, car la fraude corrompt tout selon l'adage *fraus omnia corrompit*.

En prenant connaissance d'un groupe de cinq noms infiltrés dans la liste des admis sans avoir rempli la condition d'admissibilité préalable, le juge devait, pour se passer des prétentions du requérant s'appuyer sur les justifications de la partie adverse prouvant au moyen du procès-verbal des notes que les candidats ainsi indexés ont mérité leur admission. Cette preuve était d'autant facile qu'elle devait être administrée par la simple production des procès-verbaux du jury comportant les notes des différents candidats à chaque épreuve de l'examen. L'on est aussi conforté dans cette option parce qu'une telle preuve n'entamerait en rien l'obligation pour le juge unique de statuer en tenant compte de l'urgence caractéristique de toute procédure de sursis à exécution[23]. Selon une saine appréciation des prétentions des parties, on peut aisément comprendre que le Ministre de la Justice et l'ordre des Avocats n'ont point voulu contester la présence injustifiée sur la liste des admis de certains noms répertoriés par le requérant. Ce faisant, ils reconnaissent implicitement la fraude. Or, l'existence d'une telle pratique doit être considérée comme susceptible de causer un préjudice au candidat ayant concouru sans succès pour cet examen.

La preuve du préjudice invocable par le requérant peut aussi procéder de l'élément de probabilité de réussite que le juge a rapidement tourné en défaveur du requérant. Si l'on s'en tient à la motivation du Président du Tribunal Administratif du Centre, l'admission des candidats repose uniquement sur l'obtention d'une note égale ou supérieure à 12/20. C'est dire qu'il est fort probable que les candidats non admis soient considérés comme ayant obtenu une note inférieure à ce minimum requis. Par contre, le jeu des probabilités se trouve renversé lorsqu'il appert que dans la liste des admis figurent les noms de candidats n'ayant pas obtenu une note d'admissibilité au moins égale à 10/20. Il est clair que ces candidats n'auraient jamais pu avoir une note définitive de 12/20. En ce moment, la probabilité de réussite d'un candidat admissible se trouve plus élevée que

[23] Pour d'amples développements sur l'urgence en matière de sursis à exécution, voir GUIMDO DONGMO B-R, La notion d'urgence dans la procédure administrative contentieuse au Cameroun, Thèse de Doctorat en Droit public, précitée, p. 607.

celle d'un autre candidat qui ne l'a pas été. Par conséquent, la présence des non admissibles sur la liste des admis cause indubitablement un préjudice aux candidats initialement déclarés admissibles et non retenus sur la liste des admis.

Lorsqu'on oriente la réflexion dans le domaine des probabilités, il faut garder à l'esprit que le principal défi consiste à mesurer la certitude que l'événement favorable ait eu à survenir. À en croire le Professeur Patrick ABANE ENGOLO, la démonstration n'est pas évidente puisqu'il faut faire des certitudes de l'incertitude. Aussi propose-t-il qu'il y ait une forte probabilité (probabilité positive dominante) pour que son caractère sérieux soit affirmé. Assimilé à une « ***quête de certitude, l'opération consiste en une évaluation éliminatrice des aléas négatifs pour en sortir un bilan. La probabilité peut dépendre de la prescription positive, tout comme, sans que cela ne soit dit, elle est aussi circonstancielle. Pour ce dernier cas, il y a lieu de situer l'événement favorable évoqué dans un contexte et d'y incruster celui qui s'en réclame*** »[24].

Ce qui précède permet de mieux cerner les éléments dont l'appréciation conduit à la découverte du préjudice subi par le requérant du fait de la situation frauduleuse. On peut donc être d'avis que l'insertion des noms qui n'auraient pas dû entrer en compétition dans la sélection des candidats diminue sérieusement les chances de ceux qui y avaient droit, car leur chance d'être reçus sur la liste d'admis s'en trouve directement compromise. On se retrouve ainsi dans un cas de perte sérieuse d'une chance pour les candidats admissibles non retenus. Cette situation était suffisante pour amener logiquement et raisonnement le Président du Tribunal Administratif du Centre à Yaoundé à admettre que la fraude a vicié toute la liste, causant certainement un préjudice irréparable pour plusieurs candidats admissibles.

Au total, la prise en compte des circonstances de l'affaire était le moyen par lequel le juge unique aurait pu établir le préjudice du requérant. Fondé sur la fraude, ce préjudice irréparable découle de la rupture de l'égalité de chance dont devraient bénéficier tous les candidats à un examen. L'ordre des Avocats, pour cette session d'examen, n'a manifestement pas voulu en faire un sacrosaint principe.

---

[24] ABANE ENGOLO Patrick, « La perte de chance en droit administratif camerounais », Revue Africaine des Sciences Juridiques, n°10, 2013, p. 189.

II. La portée discutable de la décision du juge unique contre la suspension de l'applicabilité de l'arrêté proclamant les résultats de l'examen d'aptitude au stage d'avocat, session 2014

Plusieurs arguments ont été invoqués par le juge unique, le ministère public et l'Ordre des Avocats en faveur de l'irrecevabilité de la requête aux fins de sursis à exécution introduite par le Sieur ATANGANA Henry Thierry devant le Tribunal Administratif du Centre.

Mais, la motivation de ces différents intervenants était à tout point de vue discutable. La démarche du juge de sursis, qui n'a point voulu statuer au fond sur les conclusions du ministère public et l'intervention de l'ordre des Avocats, a fortement déteint sur la motivation de la décision rendue dans le cas d'espèce.

En appréciant les motifs de l'intervention de l'ordre des Avocats et les conclusions du ministère public, le juge aurait pu établir leur incohérence pour déclarer la requête recevable **(A)**.

En procédant différemment, le Président du Tribunal Administratif du Centre s'est laissé entraîner par la logique de l'administration opposée à la suspension de la liste proclamant les résultats définitifs de l'examen, en dépit de la fraude avérée en l'espèce **(B)**.

A. L'incohérence des motifs invoqués pour justifier l'irrecevabilité de la requête aux fins de sursis à exécution

Le Président du Tribunal Administratif du Centre a déclaré la requête de sursis à exécution introduite par le Sieur ATANGANA Henry Thierry irrecevable sur la base d'une simple présomption. Il n'est pas pertinent de décider, comme l'a fait le juge de sursis en l'espèce, que l'annulation de la décision proclamant les résultats définitifs ne pourrait point changer le sort du requérant, sans apporter en revanche la preuve qu'il a eu une note le disqualifiant. Il ne revenait même pas au juge d'apporter une telle preuve, mais à l'ordre des Avocats ou au Ministre de la Justice. De même, la démarche du juge de ne pas se prononcer sur l'aveu de fraude tolérable invoqué par le ministère public l'aurait empêché de constater que cette motivation prouve amplement la violation des textes régissant l'examen d'aptitude au stage d'Avocat. Il était donc essentiel que le Président du Tribunal Administratif s'appuie sur les motifs de fait et de droit mis en exergue par les parties au litige pour se prononcer sur la recevabilité de la requête. À cet égard, les motifs invoqués par l'ordre des Avocats et le ministère public étaient tous contestables.

En effet, l'intervention de l'ordre des Avocats, par l'intermédiaire de son Bâtonnier, s'est fondée sur trois motifs concluant à l'irrecevabilité de la demande de sursis à exécution de la décision de proclamation des résultats de l'examen d'aptitude au stage d'Avocat. Hormis le deuxième motif relatif à l'inexistence d'un préjudice irréparable que les analyses précédentes ont permis de relativiser, il convient de se pencher sur les deux autres motifs pour en évaluer la pertinence.

Le premier motif est relatif à l'erreur dans la détermination de la juridiction compétente. L'Ordre des Avocats argue à cet égard que « *la requête est irrecevable parce qu'elle saisit le Tribunal Administratif du Centre alors que le décret n°2012/119 du 05 mars 2012 a ouvert le Tribunal Administratif de Yaoundé* ». Cet argument doit être relativisé dans la mesure où l'article premier du décret n°2012/119 suscité procède à la création de 10 (dix) Tribunaux Administratifs dans les 10 Régions du territoire camerounais. Mais, pour la désignation de ces différents Tribunaux Administratifs, l'expression suivante est employée : « *Région du Centre : Tribunal Administratif de Yaoundé* ». Cette formule doit être interprétée dans le sens où la ville de Yaoundé est précisément le lieu de situation du Tribunal Administratif de la Région du Centre. Cette interprétation est légitime, comparée à celle donnée par l'ordre des Avocats si l'on doit admettre que le ressort du Tribunal Administratif s'étend territorialement à toute la Région du Centre. C'est du moins à cette lecture qu'incite la loi n°2006/022 du 29 décembre 2006 fixant l'organisation et le fonctionnement des Tribunaux Administratifs. L'article 5 de cette loi dispose qu'« *il est créé un Tribunal Administratif par Région. Son siège est fixé au chef-lieu de ladite Région* ». L'alinéa 2 poursuit en précisant que « *suivant les nécessités de service, le ressort d'un Tribunal Administratif peut être, par décret du Président de la République, étendu à plusieurs Régions* ». Même si l'hypothèse d'extension de compétence *ratione territoriae* ne s'avère plus probable au terme du décret n°2012/119 dotant toutes les Régions d'un Tribunal Administratif, l'identification de ces Tribunaux revêt beaucoup plus une résonnance régionale.

En tout état de cause, la désignation du Tribunal Administratif à l'aide des référents de « *Yaoundé* » ou du « *Centre* » n'avait aucune incidence contentieuse puisqu'il n'existe qu'un seul dans la Région du Centre avec son siège à Yaoundé. C'est peut-être ce qui justifie que le juge unique ne se soit pas livré à ce jeu de nuance en désignant sa juridiction par l'expression conciliatrice « *Tribunal Administratif du Centre, Yaoundé* ».

Le même désaveu est observé à propos du motif d'irrecevabilité tiré de l'ordre public par l'ordre des avocats.

Le second motif porte sur le rattachement de la décision de proclamation des résultats de l'examen d'aptitude au stage d'Avocat dans le domaine de l'ordre public. L'ordre des Avocats indique à ce sujet que « *ledit acte intéresse l'ordre public dans la mesure où elle concerne toute la société camerounaise, l'examen ayant une portée nationale* ». C'est dire, si l'on suit ce raisonnement, que toute décision règlementaire ayant une portée nationale vise à maintenir l'ordre public. Une telle conception de l'ordre public serait tellement extensive qu'on ne puisse identifier les critères pouvant en révéler les contours. Quoi qu'il en soit, « *l'ordre public, la sécurité et la tranquillité publiques* » constituent des obstacles au moyen desquels le législateur a voulu immuniser devant le juge du sursis tout acte règlementaire y relatif. Mais ne convient-il pas d'interpréter cette notion d'ordre public à la lumière de sa véritable finalité pour éviter des applications extravagantes dans les instances contentieuses ?

Pour reprendre M. Max REMONDO, l'ordre public recouvre initialement un triptyque constitué de « ***la sécurité (c'est-à-dire la prévention des dangers susceptibles de menacer les individus dans leur vie et leurs biens), la tranquillité, (autrement dit la garantie de la paix, de la cohésion sociale, l'absence de troubles susceptibles de rompre l'équilibre social) et la salubrité publique (la garantie de l'hygiène et de la santé)*** »[25]. Les extensions ultérieures de la notion ont permis d'intégrer la préservation de l'esthétique au chapitre des applications émergentes de l'ordre public ainsi que les préoccupations relatives à la moralité publique et aux bonnes mœurs.

Confronté au cas d'espèce, l'on voit mal pour quelle raison l'acte de publication concerne l'un de ces aspects de l'ordre public. En clair, il est difficile de montrer en quoi une décision concernant toute la société camerounaise, et d'une portée nationale a forcément un rapport avec la sécurité, la salubrité, la tranquillité ou les bonnes mœurs.

Il est incontestable que la proclamation des résultats d'un examen confère aux candidats admis des droits individuels dont la remise en

[25] REMONDO Max, Le Droit administratif gabonais, cité par Jean Calvin ABA'A OYONO, Note sous CS.CA Ordonnance du 07 septembre 2000, Affaire MAMA BILOA Sandrine contre Université de N'Gaoundéré, Juridis Périodique, juillet-août-septembre 2002, pp. 19-32.

cause peut être une source de frustration attentatoire à la tranquillité publique. En même temps, toute décision administrative, bien qu'attributive de droit, ne peut être définitive qu'à l'expiration du délai contentieux. Les candidats initialement admis n'avaient pas encore obtenu de droits acquis ; de même, la formalité de prestation de serment qui aurait permis de consolider leurs droits n'était pas encore accomplie. Par contre, la saisine du juge était justifiée par le souci de restaurer l'égalité entre les candidats en corrigeant les inégalités entrainées par la fraude que ne conteste pas la partie défenderesse.

Au final, on peut judicieusement considérer que la décision de proclamation des résultats ne visait pas à sauvegarder l'ordre public. Au contraire, les irrégularités dont elle était entachée constituaient une menace à l'ordre public ; menace que la requête de sursis devait logiquement contrecarrer. Le juge de l'espèce a peut-être senti cette contradiction en évitant d'aborder le litige sous cet angle.

Pourtant, la position de l'ordre des Avocats était loin d'être innocente, témoignant un bras de fer feutré avec l'État. Le juge de sursis a peut-être été influencé par le souci de l'administration de taire toute contestation relative aux résultats de l'examen d'aptitude au stage des Avocats pour la session 2014.

B. La fascination subjective du juge sursis à exécution à l'égard des motifs d'irrecevabilité invoqués par l'administration

À la lecture de cette ordonnance de sursis, le constat est évident que le Président du Tribunal Administratif s'est comporté plus comme un allié de l'administration qu'un protecteur impartial des droits des justiciables. Plusieurs indices concordants ont permis de noter que sa décision d'irrecevabilité ne s'appuie pas sur des éléments concrets à la disposition de l'administration ou des pièces justificatives de la situation exacte du requérant à l'issue des épreuves de l'examen. La fraude incontestée par l'administration est un motif sérieux d'annulation des résultats de concours publics.

La preuve saisissante en a été récemment fournie par l'annulation d'un concours administratif au Niger par le ministre de la fonction publique et de la réforme administrative[26]. Or, il ne s'agissait pas encore, dans le cas

---

[26] En consultant le site internet http ://www.nigerdiaspora.net le 12 mai 2016, on peut lire ceci : « *Le Conseil des Ministres du vendredi 08 mai 2015, a décidé, après une communication faite par le Ministre de la Fonction Publique et de la Réforme*

d'espèce, d'une demande d'annulation, même si son introduction conditionne la validité de l'ordonnance de sursis à exécution. Il s'agissait seulement d'une mesure d'urgence dont la pertinence résidait dans le souci de vérifier que des erreurs n'ont pas été commises au préjudice de certains candidats. Un juge soucieux de la protection des droits des justiciables aurait requis cette simple vérification dont la mise en œuvre ne nécessite pas une perte de temps ou des recherches difficiles. En omettant de procéder de cette façon, le juge de sursis a tranché partialement en faveur de l'administration.

Bien plus, le juge a manqué l'occasion de contribuer à l'éradication d'un phénomène devenu chronique, mais problématique pour la qualité des prestations fournies par les services publics camerounais, à savoir la fraude aux examens et concours publics. On aurait pu espérer que le juge administratif se positionne comme une boussole capable d'orienter l'action de l'administration vers le respect de la légalité. En d'autres termes, lorsque l'administration n'est plus capable de s'autoréguler, il revient au juge administratif de sanctionner ses errements. Manifestement, le Président du Tribunal Administratif n'a peut-être pas voulu saper le fragile compromis trouvé entre le Ministre de la justice et l'ordre des Avocats au cours de l'examen d'aptitude au stage d'Avocat de la session 2014 ; ce qui est fortement critiquable.

En effet, l'examen d'aptitude au stage d'Avocat pour la session 2014 s'est déroulé dans un contexte de friction permanente entre le Ministère de la Justice et l'ordre des Avocats chargé des opérations matérielles de cet examen. L'ordre des Avocats et, parfois, des groupuscules d'Avocats portent régulièrement des revendications incompatibles avec les règles qui doivent encadrer dans des conditions d'égalité, de transparence et d'excellence l'admission au stage professionnel d'Avocat.

Administrative, relative à l'organisation des concours d'entrée à la fonction publique, de l'annulation du dernier concours de recrutement à la fonction publique, organisé pour le compte du Ministère de l'Intérieur, de la Sécurité Publique, de la Décentralisation et des Affaires Coutumières et Religieuses ». De plus, un autre site http ://demo.apanews.net consulté le même jour indique que « *Le Ministre de la Fonction Publique et de la Réforme Administrative, M. WAZIRI MAMAN Laouan, a annoncé ce mardi (c'est-à-dire, le 26 avril 2016) l'annulation et la reprise du concours organisé pour le compte du ministère de la Santé Publique par son département ministériel et qui a été annulé pour fraude, tandis que plusieurs responsables de la chaine d'organisation étaient interpellés et inculpés* ».

Bien qu'il soit reconnu que la profession d'Avocat est libérale[27], force est de noter que les membres de ce corps de professionnels assistent l'État dans l'exercice de l'une de ses fonctions régaliennes qui est la Justice. Aussi, les Avocats ne peuvent-ils fixer des règles qui ne soient conformes, voire compatibles à l'action du Ministère de la Justice. L'article 45 de la loi n°90/059 du 19 décembre 1990 portant organisation de la profession d'Avocat dispose en ce sens que « *les Avocats sont groupés en une organisation professionnelle appelée « Ordre des Avocats au Barreau » et placé sous la tutelle du Ministre de la Justice* ». C'est dire que toutes les décisions concernant l'exercice de la profession d'Avocat doivent être adoptées par l'ordre des Avocats après consultation ou information du Ministre de la Justice, ce dernier pouvant ordonner ou procéder à quelques ajustements, le cas échéant.

Il est des revendications issues de l'ordre des Avocats que le Ministre de la Justice tolère simplement au nom d'un certain compromis. C'est le cas de l'effectif des candidats qu'il semble convenable de retenir à l'issue de chaque session d'examen et de la périodicité nécessaire pour l'organisation de cet examen.

Des tendances contradictoires ont souvent rythmé le fonctionnement de l'ordre des Avocats au sein duquel s'opposent les partisans de l'ouverture ou du libéralisme et les conservateurs hostiles au renouvellement constant des membres de la profession d'Avocat. C'est pourquoi, l'arbitrage du Ministre de la Justice, en vue d'arrêter un effectif qui convienne au besoin ressenti dans la profession et sur l'ensemble du territoire national, est souvent nécessaire.

La tendance au conservatisme est d'autant avérée à l'Ordre des Avocats au Cameroun que la périodicité fixée pour l'organisation de l'examen de stage n'a encore pu être respectée. En clair, l'article premier du décret n°91/305 du 04 juillet 1991 portant organisation de l'examen d'aptitude au stage d'Avocat prévoit que « *l'examen d'aptitude au stage d'Avocat a lieu chaque année au mois de décembre* ». Tel n'est pourtant pas le cas si l'on considère la date du dernier examen précédant celui de 2014, une période de 06 (six) années séparant les deux sessions d'examen.

[27] Article premier de la loi n°90/059 du 19 décembre 1990 portant organisation de la profession d'Avocat.

Mais, à imputer ce conservatisme à la seule volonté de l'ordre des Avocats serait méconnaitre l'influence dont dispose le Ministre de la Justice dans l'organisation de l'examen d'aptitude au stage. Si l'on considère que « *les frais d'organisation de l'examen d'aptitude sont inscrits au budget du Ministre de la Justice* »[28], il n'est pas exclu que ce dernier ne soit pas partisan d'une périodicité courte à l'organisation de cet examen pour des raisons financières, entre autres.

Conclusion

En tout état de cause, les textes portant organisation de l'examen d'aptitude au stage des Avocats sont adoptés par le Ministre de la Justice et il serait contre-nature qu'il ne veille pas à leur application. Et s'il entre dans l'intention du Ministre de la Justice de sacrifier la légalité au profit d'un compromis politique ou sociologique, il revient au juge administratif de restaurer l'État de droit nécessaire dans tout système juridique soucieux d'une égale protection des droits des particuliers et de l'intérêt général.

Théophile NGUIMFACK VOUFO

[28] Article 12 du décret n°91/305 du 04 juillet 1991 portant organisation de l'examen d'aptitude au stage d'Avocat.

39.

La sanction juridictionnelle du non-respect par l'administration d'une ordonnance accordant le sursis à exécution en matière foncière

Cour Suprême. Chambre administrative, Section, jugement n°63 du 11 mars 2009, ATANGANA NTONGA Sylvestre contre État du Cameroun (MINDAF).

(...) Attendu que par requête en date du 05 novembre 1996, enregistrée le lendemain au greffe de la Chambre administrative de la Cour Suprême sous le numéro 679, le Sieur ATANGANA NTONGA Sylvestre, agissant en son nom et pour son propre compte, a saisi la susdite Chambre en annulation du titre foncier n°24.233/MFOUNDI établi le 22 avril 1996 au nom de M. ABOUMOU Joseph.

– *SUR LA RECEVABILITÉ DU RECOURS.* Attendu que contrairement à ce que soutient le représentant de l'État, le recourant a formé son recours gracieux au Vice-Premier Ministre dans les forme et délai de la loi.

– *AU FOND*, (...). Attendu que des énonciations du recourant, il ressort que le Ministre de l'Urbanisme et de l'Habitat n'a pas respecté l'ordonnance n°01/OSE/PCA/CS/95/96 du 30 octobre 1996 portant sursis à exécution de sa décision n°092/Y.6/MINUH du 13 février 1995 autorisant la délivrance du titre foncier litigieux. Qu'il s'ensuit que ledit titre foncier a été irrégulièrement établi, par conséquent encourt l'annulation (...).

Par ces motifs, statuant publiquement, contradictoirement à l'égard des parties, et en matière administrative, à l'unanimité des Membres et en premier ressort, **décide :**
Article 1er : Le recours du Sieur ATANGANA NTONGA est recevable en la forme.
Article 2 : Il est justifié. Le titre foncier n°24.233/MFOUNDI est par conséquent annulé.

NOTE

Juger, c'est trancher les litiges par le droit. Être juge, c'est donc nécessairement se mettre au service de l'État de droit. Le juge assure la prééminence du droit comme régulateur des rapports sociaux et, dans le même temps, il limite l'exercice du pouvoir discrétionnaire de l'administration et prévient ou freine les dérives de celui-ci.

Trancher un litige par le droit, c'est certes dire le droit, mais c'est également résoudre un conflit, régler un problème social pour des requérants qui se confient à la parole du juge, à sa décision. À trop faire attendre ceux-ci, la justice en est dévalorisée dans son rôle social et délégitimée auprès des justiciables[1].

---

[1] SAUVE J-M, La justice administrative au service de l'Etat de droit, Intervention du Vice-président du Conseil d'État de France à l'Ecole Nationale d'Administration du

Il en était ainsi, par exemple, du sieur ATANGANA NTONGA Sylvestre qui avait été obligé d'attendre 13 ans pour voir enfin la Chambre administrative statuer sur le litige l'opposant à l'État du Cameroun, objet du jugement n°63 du 11 mars 2009 ci-dessus rapporté.

Les décisions rendues par le juge administratif sur le fond n'intervenant généralement qu'après une longue période, les illégalités éventuelles perpétrées par l'administration prévalent également pendant longtemps. Le recours au sursis à exécution semble apporter d'améliorations substantielles à cette situation.

On sait en effet que le sursis à exécution est « *la suspension de l'applicabilité d'un acte dans l'attente du jugement à rendre sur sa légalité ; (...) sa neutralisation pendant le procès dont il fait l'objet, en quelque sorte la détention provisoire de l'acte non encore condamné, mais déjà inculpé* »[2]. Il est, en principe, « *accordé chaque fois qu'il s'avère nécessaire de faire obstacle à l'exécution immédiate des décisions administratives dont les conséquences seraient graves pour les requérants et dont l'illégalité est avérée. C'est le meilleur moyen d'empêcher la création d'une situation de fait sur laquelle on pourrait redouter de ne point pouvoir revenir* »[3].

Mais que se passerait-il si l'administration, faisant preuve d'un entêtement imperturbable, méconnaissait formellement et directement l'ordonnance accordant le sursis à exécution qui ne bénéficie pas de l'autorité de la chose jugée ?

Ce serait tout le problème de l'État de droit ainsi que celui de la finalité du droit qui seraient posés et interpelleraient sans cesse les pouvoirs publics, la conscience des hommes aux pouvoirs sur la crédibilité de la justice administrative ; car, il ne faut pas perdre de vue que « *le droit trouve sa plénitude dans l'action, c'est-à-dire dans l'exécution. Les décisions de justice, comme les lois, sont faites pour être*

Liban Baabda, le Mardi 6 novembre 2012, p. 1. Texte écrit en collaboration avec M. FUCHS Olivier.

[2] V. PACTEAU B, Contentieux administratif, op.cit., p. 235.

[3] GUIMDO DONGMO B-R., « La protection des droits de l'homme en matière administrative en général et à travers les procédures d'urgence en particulier », in Justice, procédures juridictionnelles et protection des droits de l'homme en Afrique, Actes de l'Audience Solennelle de Rentrée et Journée Scientifique de la Cour Suprême du 24 février 2010, pp. 127-151, p. 142.

exécutées et doivent l'être, coûte que coûte. Cette attitude se renforce de morale civique : respect est dû à la justice comme à la loi »[4].

Le jugement n°63 du 11 mars 2009 ci-dessus rapporté tire en réalité son importance de la clarté de la solution que le juge de l'espèce apporte à la question précédemment posée. Sa grande portée contraste avec la simplicité des faits :

Par requête en date du 31 juillet 1995, le Sieur ATANGANA NTONGA Sylvestre, Bijoutier, B.P. 103 Yaoundé, agissant en son nom et pour son propre compte, a attrait l'État du Cameroun devant la Chambre administrative de la Cour Suprême en vue d'obtenir l'annulation de la décision n°092/Y.6/MINUH du 13 février 1995 réglant le litige foncier l'opposant au Sieur ABOUMOU Joseph.

Par une autre requête datée du même jour, il a sollicité et obtenu le 30 octobre 1995 du Président de la Cour Suprême l'ordonnance n°01/OSE/PCA/CS/95/96 portant sursis à exécution de la décision n°092/Y.6/MINUH précitée.

Mais, l'État du Cameroun, en date du 22 avril 1996, est passé outre la susdite ordonnance portant sursis à exécution de la décision incriminée et a exécuté la décision litigieuse en établissant le titre foncier n°24.233/MFOUNDI au profit du Sieur ABOUMOU Joseph.

Telle est la raison qui va décider le Sieur ATANGANA NTONGA Sylvestre, en désespoir de cause, à solliciter que la Chambre administrative constate que le titre foncier en cause a été établi au mépris de l'ordonnance n°01 du 30 octobre 1995 portant sursis à exécution de la décision n°092/Y.6/MINUH du 13 février 1995 et qu'elle l'annule en condamnant l'État aux entiers dépens.

L'État du Cameroun, agissant par la voie de son représentant, s'oppose à ce recours contentieux pour deux raisons : d'une part, il soutient qu'il est largement forclos ; d'autre part, il estime que le requérant n'a fait qu'une opposition fantaisiste sans fondement et qu'il n'use que du dilatoire afin de priver le légitime propriétaire de disposer de son bien.

---

[4] V. FAVOREU L, Présentation du thème « l'effectivité des décisions de justice », in L'effectivité des décisions de justice, Journées françaises, Travaux de l'Association Henri Capitant des amis de la culture juridique française, Tome XXXVI, 1985.

Le juge de l'espèce n'a pas suivi cette argumentation. Contrairement aux assertions du représentant de l'État, il a affirmé, sans ambiguïté et avec fermeté, que le recours du Sieur ATANGANA NTONGA Sylvestre était recevable en la forme et qu'il était justifié. Ce qui l'a amené, par conséquent, à annuler le titre foncier incriminé.

L'intérêt du présent jugement tient à ce qu'il est le premier, à notre connaissance, où la Chambre administrative de la Cour Suprême a décidé, très nettement, que le refus par l'administration de se conformer à une ordonnance portant sursis à exécution était constitutif d'un excès de pouvoir. De ce point de vue, il est à lire avec attention et à suivre de près **(II)**. Cette sanction infligée par la Cour Suprême à l'administration appelle au préalable quelques observations qu'inspire cette question incidente : ***l'administration est-elle aussi obligée de respecter les décisions juridictionnelles provisoires, c'est-à-dire non revêtues de l'autorité de la chose jugée*** ?

Une lecture attentive du jugement ci-dessus rapporté autorise à dire qu'il y a eu, en l'espèce, manquement de l'administration à son devoir. C'est ce manquement, et non la violation de l'autorité de la chose jugée, qui semble être l'élément constitutif de l'excès de pouvoir **(I)**.

I. L'administration est tenue de respecter toutes les décisions juridictionnelles

La méconnaissance d'une décision juridictionnelle constitue une atteinte aux préceptes de l'État de droit **(B)** qui implique la soumission de l'administration à la justice administrative et le respect par elle de ses décisions, même si ces dernières sont provisoires **(A)**.

A. L'ordonnance portant sursis à exécution est une décision juridictionnelle dépourvue de l'autorité de la chose jugée

Le sursis à exécution est lié au principe de l'effet non suspensif du recours, devant la juridiction administrative, contre les décisions exécutoires. Il traduit un procédé de protection provisoire de droits et d'intérêts légitimes, visant à pallier, à défaut de l'effet suspensif du recours contentieux, les inconvénients que présente, pour les administrés qui veulent l'attaquer, l'application d'une décision administrative éventuellement illégale et parfois même manifestement illégale.

La décision juridictionnelle accordant le sursis à exécution ne bénéficie pas de l'autorité de la chose jugée, car elle est « *nécessairement rendue en l'état de l'instruction à la date à laquelle elle intervient et sans préjudicier le fond du droit »*[5].

L'autorité de la chose jugée ne s'attache en principe qu'aux arrêts définitifs et aux jugements hors du délai d'appel statuant sur le fond. Lorsqu'elle est revêtue de l'autorité de la chose jugée, la décision de la juridiction administrative s'impose aux administrés et à l'administration qui doit la respecter sous peine de violation de la chose jugée[6]. L'autorité de la chose jugée n'a lieu qu'à l'égard de ce qui a fait l'objet du jugement ou de l'arrêt. Il faut que la chose demandée soit la même, que la demande soit fondée sur la même cause, que la demande soit entre les mêmes parties et formée par elles et contre elles en la même qualité. En clair, cela signifie qu'il faut une triple identité : une identité d'objet, une identité de cause et enfin une identité des parties[7].

En principe, l'octroi du sursis conserve son effet jusqu'au jugement définitif du recours contre l'acte exécutoire. Le fait que les décisions provisoires, en l'occurrence les jugements avant-dire-droit (ADD), c'est-à-dire les jugements sur les exceptions d'incompétence soulevées par une partie au litige et les mesures d'urgence accessoires, comme le référé administratif et le sursis à exécution, ne bénéficient pas de l'autorité de la chose jugée[8] ne justifie pas que l'administration méconnaisse la décision octroyant le sursis[9] et ne l'autorise pas pour autant, sous peine de commettre une illégalité fautive, à faire échec à la décision du juge accordant le sursis à exécution[10].

La notification du sursis interdit l'administration d'exécuter l'acte ainsi privé temporairement de ses effets juridiques.

---

[5] C.E., S, 9 décembre 1983, Ville de Paris, Rec. 499, Conclusions GENEVOIS, AJDA, 1984, 82.

[6] V. KAMTO M., Droit administratif processuel du Cameroun, Op.cit., p. 84.

[7] Dans ce sens, voir CFJ-CAY, arrêt n°104 du 27.1.1970, TCHOUMBA NGOUANKEU Isaac c/Etat Fédéré du Cameroun Oriental, « *Considérant qu'il apparaît que l'objet de la présente demande est le même, qu'elle est fondée sur la même cause et qu'elle oppose les mêmes parties ; qu'ainsi l'administration est fondée à soutenir qu'il y a autorité de la chose jugée* ».

[8] V. en ce sens, NGWA NFOBIN Eric, « Le problème d'inexécution des décisions du juge administratif au Cameroun », Revue Africaine des Sciences Juridiques n°2011, FSJP, Université de Yaoundé II, pp. 297-315.notamment pp. 298-299.

[9] T.A Paris, 15 décembre 1986, CUSENIER, Rec., 326.

[10] C.E., Section, 11 décembre 1991, Association Fouras Environnement Ecologie, Rec..686.

En l'espèce, l'ordonnance portant sursis à exécution de la décision n°092/Y.6/MINUH du 13 février 1995 réglant le litige foncier opposant le Sieur ATANGANA NTONGA Sylvestre au Sieur ABOUMOU Joseph avait été notifiée le 1er novembre 1995 tant à l'exposant qu'à l'État du Cameroun. Cette notification faisait obstacle à la délivrance du titre foncier au Sieur ABOUMOU Joseph. *En ne respectant pas la susdite ordonnance, l'administration a manqué à son devoir de se soumettre aux décisions de la justice administrative. Ce manquement, constitutif d'excès de pouvoir, est une atteinte à l'État de droit.*

B. L'inexécution d'une ordonnance accordant le sursis à exécution porte atteinte à l'état de droit

L'État de droit « *implique à la fois la soumission au droit et la sanction d'un juge indépendant ; il signifie que l'administration est soumise à un ensemble de règles extérieures et supérieures qui s'imposent à elle de manière contraignante et constituent à la fois le fondement, le cadre et les limites de son pouvoir. Ces règles circonscrivent le champ dans lequel elle est autorisée à se mouvoir : elles fixent les buts à atteindre et les moyens de les atteindre ; les actes administratifs ne seront valides qu'à la condition de suivre leurs prescriptions et à défaut seront retirés de l'ordonnancement juridique par l'intervention d'un juge* »[11].

En prenant en compte cette définition de la notion d'État de droit, il ne semble pas excessif d'affirmer que le sort qui a été réservé par le Ministre en charge de l'Urbanisme et de l'Habitat à l'ordonnance du 30 octobre 1995 portant sursis à exécution de la décision du 13 février 1995 montre que le non-respect de la décision du juge de l'urgence n'avait rien d'accidentel, *mais qu'il prenait l'allure d'une démonstration de force.*

Cette attitude n'est pas un cas isolé. On se souvient que le 17 décembre 2008, le Conseiller de la Cour Suprême chargé des actions en

---

[11] V. CHEVALLIER Jacques, « L'Etat de droit », RDP, mars – avril 1988, p. 330. Pour mieux saisir les contours de la notion d'Etat de droit, on consultera avec grand profit DONFACK SOKENG Léopold « l'Etat de droit en Afrique », La Revue du CERDIP, Libreville, Volume 1, n°2, juillet décembre 2002, pp. 87–125. J. CHEVALLIER, « La mondialisation de l'Etat de droit », Mélanges ARDANT Philippe, LGDJ, Paris 1999. BOUMAKANI Benjamin, « L'Etat de droit en Afrique Centrale » in Vers une société de droit en Afrique Centrale, 1970 -2000, Colloque de Yaoundé 14 – 16 novembre 2000 pp. 87 – 109 et DOUNKENG ZELE Champlain, « L'Etat de droit face aux défis de son effectivité en Afrique », Annales de la FSJP de l'Université de Dschang, Tome 8, 2004, pp. 189- 214.

référé et des demandes de sursis à exécution avait ordonné la suspension des effets de la décision n°0088/MINCULT/CAB du 12 mai 2008 du Ministre de la Culture portant retrait d'agrément à la Cameroon Music Corporation (CMC) et celle n°0089/MINCULT/CAB du 15 mai 2008 du même Ministre portant nomination des membres du Comité Ad Hoc chargé de la gestion des affaires courantes de ladite société[12].

La Ministre de la Culture, qui était ainsi invitée à mettre fin aux activités de la Société Civile Camerounaise de l'Art Musical (SOCAM), nouvellement créée, en permettant à la CMC, seule société légale en la matière, de collecter et de répartir les droits des artistes au Cameroun, n'a pas respecté cette ordonnance, entrant ainsi « *en rébellion contre la justice, surtout lorsqu'on sait que l'un des axes politiques majeurs du Gouvernement est la promotion d'un État de droit qui postule la soumission aux décisions de justice* »[13].

Cette attitude a suscité dans la doctrine un regain d'intérêt sur la crédibilité de la justice administrative statuant en matière d'urgence, dont la vivacité peut aisément se mesurer au nombre et à la longueur des commentaires qui lui ont été consacrés dans la presse nationale publique et privée.

Déjà, en 2009, le Professeur Magloire ONDOA, par exemple, faisait observer avec pertinence qu'« *il est regrettable que Mme (la Ministre) s'obstine à défier la Justice.* (…) *Au plan juridique, la CMC restera en position de force pendant encore à peu près deux ans. Il faut savoir que l'ordonnance de sursis du 17 décembre 2008 est devenue définitive, c'est-à-dire inattaquable, depuis l'échec du recours en révision introduit par le Ministère. Cette ordonnance du 17 décembre 2008, qui suspend les décisions de la Ministre, restera en vigueur jusqu'à ce que le jugement au fond devienne lui aussi définitif. L'on se retrouve alors devant deux hypothèses : soit le jugement de fond est favorable à la Ministre, soit il est favorable à la CMC. S'il est favorable à la CMC, le débat est clos, sauf hypothétique et éventuelle infirmation en appel. S'il est favorable à la Ministre, il n'aura pas d'effet immédiat, puisque la CMC peut*

[12] V. Ordonnance n°034/OSE/CA/CS/2008 du 17 décembre 2008 accordant le sursis à exécution dans l'affaire CAMEROON MUSIC CORPORATION (CMC) représentée par LAURENT Jean-Claude et MBENDE Samuel contre Etat du Cameroun (MINCULT).

[13] V. ONOHIOLO Souley, « Affaire CMC : La rébellion du Ministre de la Culture contre la Cour Suprême », Le Messager du 23 juin 2011.

provisoirement le neutraliser par la voie de l'appel. Car on le sait, l'appel est suspensif»[14].

Fort heureusement, le 7 septembre 2011, la Chambre administrative de la Cour Suprême a vidé au fond le procès Cameroon Music Corporation (CMC) contre État du Cameroun. Statuant sur le retrait d'agrément de la CMC, pris le 12 mai 2008 par Mme le Ministre de la Culture, elle l'a annulé. S'agissant du communiqué du 15 mai 2008 convoquant une Assemblée générale extraordinaire de la CMC, de laquelle allait naître la SOCAM, la Cour l'a également annulé. Enfin, l'Assemblée générale constitutive de la SOCAM, du 07 juin 2008, a fait aussi l'objet d'une annulation[15].

Certes, l'exécution de certaines décisions de justice se heurte souvent à des difficultés réelles. Par exemple, l'annulation d'un concours administratif plusieurs années après l'entrée en fonction des candidats reçus ou encore l'annulation d'un permis de construire alors que l'ouvrage est achevé pose de réelles difficultés d'exécution qui peuvent se heurter à d'autres règles du droit public, comme l'intangibilité de l'ouvrage public mal planté ou à l'existence de droits acquis. *Le respect de l'État de droit cède ici le pas à la bonne marche de l'administration.* L'inexécution peut également résulter d'une mauvaise appréciation, tant par le justiciable que par l'administration, de la portée à donner à la décision juridictionnelle. Ainsi, par exemple, le requérant qui a obtenu l'annulation d'un concours administratif peut croire qu'il va occuper le poste convoité, alors que l'annulation a été prononcée sur des motifs formels et ne garantit en rien qu'il aurait été reçu à un concours qu'il lui faut, en tout état de cause, passer, si cela est encore possible. La négligence des administrations dans la gestion du Contentieux est aussi trop souvent à l'origine de difficultés réelles d'exécution[16].

Mais, plus grave, il arrive souvent, comme dans l'espèce ici annotée, que l'exécution d'une décision de Justice se heurte à l'inertie de l'administration ou à sa mauvaise volonté.

---

[14] Entretien avec ONOHIOLO Souley, in Le Messager du Mercredi 1er juillet 2009.

[15] Lire : Cameroun - Droits d'auteur : La Cour Suprême dissout la Socam, www.camer.be/index1Paru le Jeudi 08 septembre 2011 à 17h 56 mn5 s.

[16] V. Senat français, Rapport n°400 de la Commission d'enquête chargée de recueillir tous les éléments d'information sur le fonctionnement des juridictions de l'ordre administratif et l'exécution de leurs décisions ainsi que sur les services chargés du Contentieux administratif dans les administrations publiques, créée en vertu d'une résolution adoptée le 10/12/1991. pp. 39-41.

Comme on l'a justement fait remarquer, « *l'administration peut soit opposer sa force d'inertie et faire la sourde oreille, soit user de sa plus grande puissance de fait et refuser d'exécuter la sentence* »[17].

C'est sans doute l'occasion de rappeler que la Cour européenne des droits de l'Homme considère à juste titre que l'exécution de la décision juridictionnelle fait « *partie intégrante du procès au sens de l'article 6* ». Elle n'en est donc pas le simple accessoire ; elle lui est consubstantielle et concourt, au premier chef, à l'efficacité et à la qualité de la justice rendue[18].

Le respect des décisions de justice apparaît ainsi comme une exigence essentielle dans un État de droit, une des manifestations du droit à une protection juridique efficace, une garantie des principes juridiques comme celui de la sécurité juridique. Cette exigence vaut, naturellement, pour l'administration qui doit, en principe, exécuter pleinement et dans un délai raisonnable toutes les décisions juridictionnelles qui sont prises à son encontre.

L'inexécution des décisions du juge administratif est, en fait, intolérable pour les justiciables. Elle ternit l'image de l'administration et affecte gravement le crédit de la justice. Une telle situation accrédite l'idée chez les justiciables que les décisions juridictionnelles défavorables à l'administration sont de pures formes. Elle risque également de conforter dans leur sentiment ceux qui sont portés à penser que le juge administratif, ordinaire ou d'urgence, trop compréhensif vis-à-vis de l'administration, n'est pas un vrai juge.

Face à l'inertie de l'administration, les administrés sont doublement lésés, car, d'une part, ils se voient refuser un acte positif ou négatif sur une base illégale et, d'autre part, alors qu'ils ont obtenu une décision de justice favorable à leur égard, fût-elle provisoire comme en l'espèce, la personne publique l'ignore totalement. Devant une telle situation, l'administré victime a la possibilité de s'orienter vers les moyens de pression pouvant être utilisés par le juge administratif. C'est justement ce qu'a fait le Sieur ATANGANA NTONGA Sylvestre et il a eu gain de cause.

---

[17] V. GJIDARA Marc, La fonction administrative contentieuse, Paris, LGDJ, 1972, p. 290.

[18] V. CEDH, 19 mars 1997, Hornsby c/ Grèce

II. La sanction juridictionnelle du refus de l'administration de se soumettre à une ordonnance octroyant le sursis à exécution

L'efficacité de la protection juridictionnelle provisoire dépend des sanctions qui peuvent être prises à l'encontre de l'administration en cas de non-respect de l'effet suspensif du sursis à exécution. On sait toute l'importance d'une telle procédure qui permet de prévenir les effets parfois irréversibles d'une décision administrative illégale, mais par nature exécutoire.

Lorsque l'administration refuse d'exécuter la décision qui lui a été imposée par le juge de l'urgence, le juge administratif de fond a le recours pour excès de pouvoir comme moyen pour la contraindre à s'y conformer. Il ne peut certes l'utiliser d'office, mais sur demande de la victime de cette inexécution.

Tel est le principal enseignement que l'on retiendra du présent jugement qui mérite, sur ce point, un éclairage doctrinal, aussi bref soit-il. Cette solution est d'autant plus importante que la juridiction administrative n'avait jamais eu, à notre connaissance, à se prononcer sur l'inexécution par l'administration d'une ordonnance accordant le sursis à exécution **(A)**. Il reste alors à savoir si cette annulation, qui tend à remédier à l'inexécution des décisions juridictionnelles, est efficace et, dans le cas contraire, à mettre en relief les sources d'inspiration pour l'évolution souhaitée en la matière **(B)**.

A. L'annulation du titre foncier à la suite d'un recours pour excès de pouvoir

La position de principe du juge administratif camerounais est de considérer que tous les vices juridiques d'un acte entraînent l'illégalité de cet acte et donc, en cas de contestation, son annulation. Ce principe est logique : ***quel serait le sens d'une ordonnance octroyant le sursis à exécution qui pourrait ne pas être respectée*** ? ***La sanction par l'annulation n'est-elle pas nécessaire pour garantir le respect de la décision rendue par le juge de l'urgence, même si cette dernière ne bénéficie pas de l'autorité de la chose jugée ?*** La réponse à la dernière question est certainement positive.

Il importe de rappeler les principales règles régissant l'annulation contentieuse d'une décision administrative, notamment d'un titre foncier comme c'est le cas en l'espèce **(1)**, pour mieux saisir la force du principe et pour davantage en apprécier la pertinence **(1I)**.

1°) Les conséquences de l'annulation du titre foncier incriminé

Le recours pour excès de pouvoir permet à une personne physique ou morale d'obtenir du juge administratif l'annulation, avec effet rétroactif, d'un acte administratif unilatéral méconnaissant les éléments du bloc de la légalité s'imposant à son auteur. Il constitue l'instrument privilégié d'une toilette constante de l'ordonnancement juridique, surtout si l'on songe que l'acte ainsi annulé est censé n'avoir jamais existé.

Le juge administratif camerounais l'a affirmé ailleurs dans des termes très clairs : « *Considérant qu'en droit administratif, l'acte annulé pour excès de pouvoir est réputé n'avoir jamais existé ; qu'il ne doit en conséquence pas être exécuté ; que d'ailleurs, l'exécution d'un tel acte constitue une voie de fait de la part de l'administration* »[19].

C'est à l'administration, et non pas au juge, qu'il appartiendra, s'il y a lieu, de le remplacer. Dans l'instance engagée, le requérant joue le rôle « *d'un ministère public poursuivant la répression d'une infraction* »[20], même s'il reste vrai qu'il n'en a pas souvent conscience. Alors qu'il croit agir pour la défense de son intérêt personnel que la décision administrative a lésé, il agit en réalité pour le compte de la légalité.

Quant au juge, s'il annule la décision, ce ne sera pas seulement pour réparer le tort fait au requérant, mais aussi et surtout pour assurer le rétablissement de la légalité bafouée. Si l'intérêt personnel du requérant s'en trouve satisfait, ce sera par surcroit. Le juge joue ainsi son rôle de gardien de la légalité. Dès lors que la décision est annulée, l'ordre légal est rétabli. Cette objectivité du recours pour excès de pouvoir emporte comme conséquence essentielle l'autorité absolue de la chose jugée. L'annulation du titre foncier illégal joue donc « *erga omnes* »[21], c'est-à-dire qu'elle vaut à l'égard de tous et pas seulement à l'égard des parties au litige.

Comme l'a fort bien résumé M. MPESSA, « *les effets de l'annulation juridictionnelle de titres fonciers sont énergiques. Ils ont pour*

[19] V. CFJ/CAY, arrêt du 8 décembre 1970, Claude Halle c/ Etat du Cameroun

[20] V. HAURIOU Maurice, Note sous Conseil d'Etat, 8 décembre 1899, Ville d'Avignon, S. 1900, 3. 73.

[21] En France, depuis l'arrêt du 11 Mai 2004, Association AC rendu par le CE, les effets de l'annulation contentieuse des actes administratifs ne sont plus tous absolus ; ils peuvent être modulés dans le temps afin de ne pas remettre en cause les droits acquis des tiers et plus globalement assurer la sécurité juridique des droits également acquis et de bonne foi. V. aussi, CE, 25 Février 2005, France Télécom.

conséquence de frapper de nullité absolue les titres fonciers irrégulièrement obtenus, et ceci à deux points de vue : d'une part, cette nullité a un effet erga omnes, c'est-à-dire, qu'elle vaut à l'égard de tous, et d'autre part, elle est rétroactive »[22].

Toutes les conséquences juridiques que le titre foncier en cause a pu produire doivent être anéanties. Il en est ainsi, notamment, des hypothèques qui auraient pu être inscrites sur le titre foncier.

Conformément à la logique de la rétroactivité de l'annulation contentieuse, qui se traduit par la disparition « *ab initio* » de l'acte attaqué, l'annulation du titre foncier n°24.233/MFOUNDI établi au profit du Sieur ABOUMOU Joseph a pour conséquence mécanique la remise en vigueur de l'ordonnance n°01/OSE/PCA/CS/95/96 portant sursis à exécution de la décision n°092/Y.6/MINUH du 13 février 1995 réglant le litige foncier opposant le requérant au Sieur ABOUMOU Joseph.

Au point de vue juridique, on peut se poser la question suivante : ***quel est le sort de la décision n°092/Y.6/MINUH du 13 février 1995 réglant le litige foncier opposant le requérant au Sieur ABOUMOU Joseph*** ?

Cette question s'impose d'autant plus qu'il est fermement établi en jurisprudence et en doctrine que la demande de sursis à exécution est essentiellement une demande accessoire, incidente dans un recours contentieux.

À notre connaissance, le recours en annulation contre la décision n°092/Y.6/MINUH du 13 février 1995 est toujours pendant, c'est-à-dire en cours devant la juridiction administrative, 16 ans après sa saisine. Avec cette extrême lenteur, la justice administrative camerounaise porte indiscutablement atteinte au droit du requérant de voir sa cause entendue dans un délai raisonnable et nous ne pouvons que le regretter.

En réalité, l'annulation prononcée par le juge administratif concerne la décision juridique et non pas ses effets matériels. Dans l'hypothèse où la décision n°092/Y.6/MINUH du 13 février 1995 est enfin, mais très tardivement annulée au profit du requérant, le titre foncier complaisamment accordé au Sieur ABOUMOU Joseph aura beau être entièrement « *effacé* » « *ab initio* », le juge administratif ne peut

[22] V. MPESSA Aloys, « Le titre foncier devant le juge administratif camerounais : (les difficultés d'adaptation du système Torrens au Cameroun) », Revue générale de droit, (R.G.D), Canada, 2004, pp. 611-659, not, p. 658.

empêcher qu'il ait produit certains effets, parfois même tous ses effets, parce sa censure a été prononcée très tardivement, presque 13 ans après le recours n°679 déposé au Greffe de la Chambre administrative le 06 novembre 1996.

Les conséquences passées de la décision administrative ne peuvent donc pas toujours être effacées, même quand les actes annulés sont réputés n'être jamais intervenus puisqu'« *il n'appartient à aucune puissance humaine ... d'effacer les inévitables effets qu'ont produits les actes annulés pendant la durée précédant leur annulation* »[23].

Le principe de rétroactivité de l'annulation sera donc difficile à mettre en œuvre dans la pratique, si l'immeuble irrégulièrement immatriculé a été, par exemple, vendu, ou si le titre foncier a fait l'objet d'une mutation.

À l'évidence, cette solution n'est pas très satisfaisante, en raison notamment du fait que la censure du juge administratif intervient souvent très tardivement, laissant ainsi, comme dans le cas d'espèce, la décision illégale produire éventuellement tous ses effets pendant bien d'années.

2°) La portée limitée de l'annulation comme solution tendant à remédier à l'inexécution des décisions juridictionnelles

Les textes s'accordent à reconnaître que « *la certification officielle de la propriété immobilière* »[24], que représente le titre foncier revêt trois caractères, rappelés d'ailleurs par le représentant de l'État, à savoir « *inattaquable, intangible, définitif* »[25].

En conséquence, « *toute personne dont les droits ont été lésés par suite d'immatriculation n'a pas de recours sur l'immeuble...* »[26], sauf à considérer l'action portée devant le juge civil du lieu de situation de l'immeuble contre l'auteur du dol ou celle déférée devant le juge administratif en vue de l'annulation de l'arrêté du Ministre chargé des affaires foncières procédant au retrait du titre foncier irrégulièrement

---

[23] CE, 26 décembre 1925, RODIERE

[24] Article 1er, paragraphe 1er du décret n°76/165 du 27 avril 1976 fixant les conditions d'obtention du titre foncier.

[25] Article 1er, paragraphe 2 du décret précité.

[26] Article 2 (nouveau) alinéa 1 du décret n°2005/481 du 16 décembre 2005 modifiant et complétant certaines dispositions du décret n°76/165 du 27 avril 1976 fixant les conditions d'obtention du titre foncier.

délivré en cas de faute de l'administration et de celui du même Ministre constatant la nullité d'ordre public du titre foncier.

La nullité, caractère d'un document foncier devenu ou rendu sans effet et inexistant, peut intervenir dans les cas suivants :

- Lorsque plusieurs titres fonciers sont délivrés sur un même terrain ; dans ce cas ils sont tous déclarés nuls de plein droit et les procédures sont réexaminées pour déterminer le légitime propriétaire. Un nouveau titre foncier est alors établi au profit de celui-ci[27] ;

- Lorsque le titre foncier est délivré arbitrairement sans suivi d'une quelconque procédure, ou obtenu par une autre procédure que celle prévue à cet effet ;

- Lorsque le titre foncier est établi en partie ou en totalité sur une dépendance du domaine public ;

- Lorsque le titre foncier est établi en partie ou en totalité sur une parcelle du domaine privé de l'État, d'une collectivité publique ou d'un organisme public, en violation de la réglementation.

Comme il est loisible de le constater, la lettre et l'esprit des décrets de 1976 et de 2005 n'autorisent aucun contentieux juridictionnel administratif mettant en cause le non-respect d'une ordonnance portant sursis à exécution.

Un pas décisif dans la protection du droit de propriété des particuliers a été franchi lorsque le juge de l'espèce a annulé le titre foncier en cause. On notera quand même, non sans intérêt, que la solution aurait été rigoureusement identique si la Chambre administrative avait été saisie du non-respect par l'administration d'une décision de justice revêtue de l'autorité de la chose jugée.

Au préalable, il faut bien se résoudre à constater que les voies d'exécution de droit commun ne peuvent pas être mises en œuvre à l'encontre des personnes publiques. Traditionnellement, le juge administratif estime qu'il ne lui appartient pas, sauf dans le cadre de l'instruction du recours, d'adresser des injonctions à l'administration au stade de l'exécution de ses propres décisions. D'autant plus que l'administration détenant le monopole de la contrainte étatique et bénéficiant de privilèges tels que l'insaisissabilité de ses biens, le

[27] Article 2 (nouveau) alinéa 6 du décret n°2005/481 précité.

prononcé de mesures d'injonctions à l'égard d'une personne publique par le juge administratif apparaît toujours comme étant inutile.

Ainsi, en l'état actuel du droit positif camerounais, la sanction de l'inexécution d'une décision de justice revêtue de l'autorité de la chose jugée se limite à une condamnation à des dommages et intérêts pour non-respect de la chose jugée et à une annulation pour excès de pouvoir (s'agissant notamment d'une décision provisoire), dont l'exécution peut elle-même s'avérer parfois difficile.

Lorsque les délais de jugement, comme en l'espèce, sont très longs, le préjudice subi par le requérant n'est souvent plus réparable efficacement qu'en argent. C'est précisément ce qu'avait décidé le Conseil d'État français dans l'hypothèse célèbre de l'arrêt Benjamin, c'est-à-dire l'interdiction d'une réunion publique dans la période d'entre-deux-guerres. C'est aussi la solution qu'il avait retenue pour sanctionner les saisies de presse illégales pendant les événements d'Algérie (S. 4 novembre 1966, Ministre de l'Intérieur c/Société Le Témoignage Chrétien p. 584).

Le moins attentif des observateurs constate sans peine que l'exécution de la décision du juge administratif camerounais de l'urgence et même de celui de fond dépend largement de la bonne volonté de l'administration, car si celle-ci refuse de le faire, personne ne peut l'y contraindre.

Pour amener l'administration à rendre effective une décision prononcée par le juge, des dispositions contraignantes ou dissuasives devraient être prises en amont par le législateur ou l'autorité réglementaire, comme on l'a si bien fait en droit comparé.

B. Les sources d'inspiration pour l'évolution souhaitée des moyens juridiques tendant à remédier à l'inexécution des décisions juridictionnelles

afin de contraindre l'administration camerounaise à exécuter les décisions juridictionnelles, des mécanismes se doivent d'être mis en place. Les droits administratifs gabonais **(1)** et français **(1I)** peuvent représenter en cela des intéressantes sources d'inspiration pour penser l'évolution.

1°) L'exemple du Gabon

Au Gabon, il est créé, au Conseil d'État, une Commission de suivi de l'exécution des décisions rendues en matière administrative, tant par les

Tribunaux et les Cours d'Appel que par le Conseil d'État. Cette Commission, placée sous l'autorité du Président du Conseil d'État, est présidée par un Président de Chambre et comprend les membres suivants :

– Un Commissaire général adjoint à la loi,

– Un Président de Chambre du contentieux,

– Un représentant du Premier Ministre,

– L'agent judiciaire du trésor.

La Commission peut être saisie de tous les problèmes intéressant l'exécution des décisions juridictionnelles passées en force de chose jugée.

Lorsqu'une juridiction administrative a prononcé l'annulation d'un acte administratif ou, dans un litige de plein contentieux, a rejeté tout ou une partie des conclusions présentées en défense par l'État, une collectivité ou un établissement public, les autorités intéressées ont la faculté de demander à la Commission de les éclairer sur les modalités d'exécution de la décision intervenue.

Ces demandes donnent lieu à la désignation d'un membre de la Commission dont la mission auprès de l'administration intéressée s'exerce sous l'autorité de son Président.

Toute difficulté d'exécution d'une décision juridictionnelle passée en force de chose jugée peut, après expiration d'un délai de six mois à compter de la date de son prononcé, être déférée à la Commission.

Toutefois, en ce qui concerne les décisions ordonnant une mesure d'urgence, notamment un sursis à exécution, la Commission peut être saisie sans délai.

Lorsqu'une décision juridictionnelle passée en force de chose jugée a prononcé la condamnation de l'État, d'une collectivité locale ou d'un établissement public, au paiement d'une somme d'argent dont le montant est fixé par la décision elle-même, cette somme doit être mandatée dans les quatre mois suivants la notification de ladite décision à l'agent judiciaire du trésor. Ce dernier est tenu de saisir le Ministère intéressé dans l'affaire ainsi que le Ministère chargé de la tutelle de la collectivité ou de l'établissement public condamné en vue du règlement.

Sont passibles d'une astreinte, dans les conditions fixées par les textes en vigueur, toutes les personnes morales de droit public ou de droit privé chargées de la gestion d'un service public qui n'exécutent pas une décision rendue par la juridiction administrative[28].

2°) Le cas de la France

En France, pour organiser le prononcé de mesures de contrainte à l'encontre de l'administration, l'adoption de textes législatifs et réglementaires s'est avérée nécessaire.

Ainsi, le décret du 30 juillet 1963 a institué un système d'aide à l'exécution des décisions juridictionnelles. Les administrés peuvent saisir la Section du Rapport et des Études du Conseil d'État de leur problème d'exécution ; cette dernière pouvant intervenir pour inciter l'administration à exécuter la décision de justice.

De même, suite à la loi du 3 janvier 1973, les administrés peuvent solliciter l'assistance du Médiateur pour remédier à l'inexécution d'une décision de justice passée en force de chose jugée. Ce dernier peut enjoindre la personne publique de s'y conformer dans un délai qu'il fixe, mais il ne dispose pas de réel pouvoir de contrainte. Cette inexécution pourra aussi faire l'objet d'un rapport spécial publié au Journal officiel.

Cette absence de contrainte véritable a été surmontée par la loi du 16 juillet 1980 relative aux astreintes prononcées en matière administrative et à l'exécution des jugements par les personnes morales de droit public. En effet, elle a mis en place un mécanisme efficace puisqu'elle a institué un système de paiement automatique lorsqu'une décision condamne l'administration à payer une somme d'argent. Elle constitue la première procédure remédiant à l'inexécution des décisions de justice par l'administration. Cette loi a également donné au seul Conseil d'État la faculté de prononcer des astreintes à l'égard de l'administration, ce qui constitue une véritable innovation. En effet, il s'agit d'une condamnation à une somme d'argent à raison de tant par jour de retard jusqu'à l'exécution effective de la décision juridictionnelle.

[28] Dans ce sens, voir Section 5 (articles 23 à 26) de la loi organique n°9/2002 du 27 novembre 2002 fixant l'organisation, la compétence et le fonctionnement du Conseil d'Etat gabonais, in HEBDO informations, Journal hebdomadaire d'informations et d'annonces légales n°467, 8-22 mars 2003, pp. 39-41, notamment page 40.

Afin d'accroitre l'efficacité de cette loi, la loi du 8 février 1995 relative à l'organisation des juridictions et à la procédure civile, pénale et administrative a déconcentré au profit des Tribunaux Administratifs et Cours Administratives d'appel le pouvoir d'astreinte et a aussi confié au juge un authentique pouvoir d'injonction. Cette loi fut un infléchissement considérable dans la conception des rapports du juge et de l'administration. En effet, le juge disposa dès lors d'un pouvoir de commandement à l'égard des personnes publiques et pouvait leur enjoindre un comportement déterminé pour l'exécution d'une décision de justice définitive.

Le code des Tribunaux Administratifs et des Cours Administratives instaura deux types d'injonction. Tout d'abord, à son article 8-2, aujourd'hui aux articles L.911-1 et L.911-2 du code de justice administrative, *une injonction a priori*. Il s'agit d'injonctions préventives que le juge peut assortir aux annulations ou condamnations qu'il prononce. En effet, il a la possibilité de contraindre l'administration à prendre une mesure « *dans un sens déterminé* ». Dès lors, cette dernière est liée par la décision juridictionnelle. Par contre, l'article 8-4, devenu l'article L. 911-4 du code de justice administrative met en place *une injonction a posteriori*. Il s'agit d'injonctions qu'une partie peut solliciter après le jugement lorsqu'elle se heurte à un refus d'exécution de la chose jugée par l'administration[29].

Conclusion

Le jugement n°63 du 11 mars 2009, ATANGANA NTONGA Sylvestre contre État du Cameroun, ci-dessus rapporté, constitue, à notre connaissance, la première application par l'ancienne Chambre administrative de la Cour Suprême du Cameroun, à l'époque juge de 1ere instance, d'une sanction tendant à remédier à l'inexécution par l'administration d'une décision juridictionnelle provisoire. Sans doute peut-on regretter que le titre foncier en cause, irrégulièrement établi, ait produit des effets pendant longtemps, parce que sa censure a été exercée

[29] Pour une étude d'ensemble de cette question en France qui ne sera pas entreprise ici, on renverra essentiellement à GUETTIER Christophe, « L'administration et l'exécution des décisions de justice », A.J.D.A., 20 juillet-20 août 1999, numéro spécial, pp. 66-75. COSTA Jean-Paul, « L'exécution des décisions juridictionnelles », Revue Administrative, numéro spécial, 1999, pp. 69-74 et OBDERDROFF Henri, L'exécution par l'administration des décisions du juge administratif, Thèse Droit, Paris 2, 1981.

trop tardivement, près de 13 ans après la saisine du juge de l'espèce. Mais, il y a dans ce jugement une des manifestations les plus intéressantes de la volonté de la juridiction administrative de protéger, par les moyens dont elle dispose, le droit de propriété. L'insuffisance de ce moyen n'échappe à personne. Lorsque les délais de jugement, comme en l'espèce, sont très longs, le préjudice subi par le requérant n'est souvent réparable efficacement qu'en argent. C'est pourquoi, certaines inspirations seront peut-être à puiser dans les droits étrangers qui constituent ainsi des aides précieuses pour penser l'évolution.

Célestin KEUTCHA TCHAPNGA

40.
Juge des référés administratifs – Limite de ses pouvoirs – Interdiction de ne pas porter préjudice au principal – Obligation légale strictement respectée – Oui.

Président de la Chambre administrative de la Cour Suprême, ordonnance de référé n°14 du 25 juin 1987, affaire FOUDA ETAMA contre État du Cameroun (MTPS)

Attendu que par requêtes timbrées en date des 21 et 29 Avril 1987, le sieur FOUDA ETAMA, Entrepreneur B.P. 6705 Yaoundé, a sollicité par voie de référé la condamnation de l'État (ministère du Travail et de la Prévoyance Sociale) au paiement de la somme de 2.239.061 francs, montant des travaux supplémentaires qu'il dit avoir effectués sur les fondations du chantier de construction de l'Inspection Départementale du Travail et de la Prévoyance Sociale de Dja–et-Lobo à Sangmélima.

Attendu qu'il va sans dire que le juge des référés administratifs se trouve ainsi saisi par application des dispositions de l'article 122 de la loi n°75/17 du 8 décembre 1975 fixant la procédure devant la Cour Suprême statuant en matière administrative.

Attendu qu'aux termes de ce texte, « *dans tous les cas d'urgence et sauf pour les litiges intéressant le maintien de l'ordre public, la sécurité et la tranquillité publique, le Président de la Chambre administrative ou de l'Assemblée plénière, ou le Magistrat qu'il délègue, peut, après avis conforme du Ministère public, ordonner toutes mesures utiles sans faire préjudice au principal* ».

Attendu qu'à l'audience du 4 juin 1987 où l'affaire a été plaidée, le Représentant du Ministère public, dont l'avis s'impose au juge des référés, a conclu oralement au rejet de la demande pour incompétence en raison du risque de préjudice au principal.

Attendu aussi que l'article 122 de la loi susvisée du 8 décembre 1975, qui détermine le domaine du référé administratif, ne concrétise pas les mesures susceptibles d'être prononcées en la matière, se bornant à énoncer que le Président de la Chambre administrative ou de l'Assemblée plénière peut, dans certaines conditions et limites, ordonner « *toutes mesures utiles* ». Cependant, l'interdiction de faire préjudice au principal a pour conséquence que le juge des référés administratifs ne peut, en tant que tel, prononcer que des mesures provisoires ou conservatoires.

Que, spécialement, dans le recours en indemnisation, comme c'est le cas dans l'espèce, le Président de la Chambre administrative ou de l'Assemblée plénière ne peuvent, au cours de la procédure de référé, apprécier le bien-fondé de la demande d'indemnisation et, encore moins, allouer l'indemnité réclamée, même à titre provisionnel ;

Par ces motifs,

ordonnons

Article 1er. La demande du sieur FOUDA ETAMA tendant à la condamnation de l'État au paiement de la somme de 2.239.061 francs est rejetée pour incompétence de la juridiction des référés. **Article 2.** Le requérant est condamné aux dépens liquidés à la somme de 14.000 F

NOTE

L'affaire FOUDA ETAMA contre État du Cameroun (MTPS), et la singulière ordonnance de référé n°14 du 25 juin 1987 à laquelle elle a donné lieu, attirent une fois de plus l'attention sur une des deux limites des pouvoirs du juge des référés administratifs, à savoir l'obligation qui lui est faite de ne pas porter préjudice au principal.

La procédure de référé permet en fait au juge unique d'ordonner, outre les mesures d'instruction, les mesures conservatoires afin d'éviter que l'écoulement du temps ne défavorise le requérant, par rapport à l'autre partie qui est généralement la puissance publique.

Par exemple, un requérant est fondé à demander que le juge de référé ordonne une ouverture provisoire de son débit de boissons fermé brutalement et soudainement par l'autorité administrative, afin de lui permettre de débrancher ses appareils de froid et de retirer sa marchandise susceptible de s'avarier[1].

C'est dire que le référé administratif trouve son fondement dans l'urgence. En effet, « *au cœur de l'urgence sied le facteur temps. L'urgence n'apparaît vraiment que lorsqu'il n'y a plus de temps à perdre (...) au regard de la décision à prendre pour répondre à une situation peu commune. Pour tout dire, l'urgence c'est un contexte, un climat, une ambiance qui suscitent par eux-mêmes un comportement approprié à la préservation d'un intérêt (...) menacé* »[2].

En droit public, comme en droit privé, l'urgence investit le juge d'une compétence spéciale : celle de prendre toutes les mesures provisoires utiles à la solution du litige sans faire obstacle à l'exécution d'une décision administrative, ni porter préjudice au principal.

En dépit d'une réglementation qui se veut complète en la matière, le régime juridique du référé administratif est loin d'offrir toutes les précisions souhaitables. Dès lors, le juge des référés administratifs a été amené à combler les lacunes de la règle écrite. Parmi ses décisions, rares sont celles qui ont provoqué, comme l'ordonnance ci-dessus reproduite, à la fois l'entière adhésion et la satisfaction de la doctrine.

---

[1] En ce sens, voir ordonnance de référé n°2/C.S/P. C.A du 17 janvier 1983, NOUMSI Marie Hortense.

[2] PAMBOU TCHIVOUNDA G, « Recherche sur l'urgence en droit administratif français », R.D.P. Janvier-Février 1983, pp. 81-133, notamment p. 83.

Des données de fait du litige telles qu'elles sont résumées dans le premier considérant, on retiendra que par requêtes timbrées en date des 21 et 29 avril 1987, le sieur FOUDA ETAMA, Entrepreneur B.P. 6705 Yaoundé, a sollicité par voie de référé la condamnation de l'État (ministère du Travail et de la Prévoyance Sociale) au paiement de la somme de 2.239.061 francs, montant des travaux supplémentaires qu'il dit avoir effectués sur les fondations du chantier de construction de l'Inspection Départementale du Travail et de la Prévoyance Sociale de Dja–et-Lobo à Sangmélima.

Quelle est l'étendue des pouvoirs du juge des référés administratifs ?

Dans une rédaction qui est sans ambiguïté, l'ordonnance n°14 du 25 juin 1987 apporte une intéressante réponse à une question d'autant plus pertinente que les cas de confusion étaient plutôt nombreux en pratique **(I)**. Le juge de l'espèce, en faisant une exacte application de l'esprit et de la lettre de la loi de 1975, a ainsi confirmé sa tendance à l'adoption d'une conception stricte de l'obligation de ne pas porter préjudice au principal, tendance déjà perceptible dans la jurisprudence antérieure, puis maintenue par la jurisprudence ultérieure **(II)**.

I. Le juge des référés administratifs apporte d'utiles précisions sur l'obligation qui lui est faite de ne pas porter préjudice au principal

L'article 122 de la loi n°75/17 du 08 décembre 1975 fixant la procédure devant la Cour Suprême statuant en matière administrative, qui régissait alors le référé administratif disposait : « *dans tous cas d'urgence, et sauf pour les litiges intéressant le maintien de l'ordre public, la sécurité et la tranquillité publiques, le Président de la Chambre administrative ou de l'Assemblée plénière, ou le Magistrat qu'il délègue, peut, après avis conforme du Ministère public, ordonner toutes mesures utiles sans faire préjudice au principal* ».

Bien que l'article 122 précité prévoie que le juge des référés administratifs peut ordonner « *toutes mesures utiles* », ses pouvoirs sont en fait bien limités. Il lui est interdit, d'une part de faire obstacle à l'exécution d'une décision administrative, d'autre part et surtout, comme le précise le juge unique de l'espèce, de compromettre la solution qui sera apportée au litige principal né de la décision administrative dont on redoute que l'application puisse porter atteinte aux droits du requérant.

L'obligation faite au juge des référés administratifs de ne pas porter préjudice au principal « *empêche la juridiction référendaire (...), de trancher, dans le cadre d'une procédure d'urgence, une question de droit. Il faut que l'ordonnance de référé laisse intacts les droits des parties sur le fond, que le problème principal n'en soit pas épuisé, que le litige ne soit pas résolu* »[3].

Cette limitation de pouvoir « *incite le juge des référés à faire preuve d'une certaine timidité chaque fois que la demande qui lui est présentée risquerait de l'amener à prendre position sur une question délicate concernant le fond même du litige* »[4]. Elle se justifie par l'idée que « *les pouvoirs du juge du référé ne lui permettent que de prendre des mesures provisoires et qui sont dépourvues de l'autorité de la chose jugée, tant à l'égard du Magistrat qui les a décidées qu'à l'égard du juge du principal. En conséquence, la liberté du juge du principal est préservée* »[5].

Cette limitation répond ainsi au souci de donner à la procédure de référé la célérité nécessaire, car la connaissance des contestations sérieuses nécessite de longues investigations, lesquelles sont incompatibles avec la rapidité qui caractérise la procédure de référé[6].

Dès lors s'explique et se comprend mieux la formule singulièrement significative employée par le juge de l'espèce pour justifier son incompétence à connaître du litige : « *Attendu que (...),* ***l'interdiction de faire préjudice au principal a pour conséquence que le juge des référés administratifs ne peut, en tant que tel, prononcer que des mesures provisoires ou conservatoires.*** *Que, spécialement, dans le recours en indemnisation, comme c'est le cas dans l'espèce,* ***le Président de la Chambre administrative ou de l'Assemblée plénière ne peuvent, au cours de la procédure de référé, apprécier le bien-fondé de la demande d'indemnisation et, encore moins, allouer l'indemnité réclamée, même à titre provisionnel*** ».

La solution retenue par le juge de l'espèce a été confirmée par la jurisprudence postérieure en la matière.

---

[3] FRIER Pierre-Laurent, « Un inconnu : le vrai référé administratif, A.J.D.A. 20 février 1980, pp. 67-76, notamment p. 68.

[4] HAMON Francis et MAISL Herbert « L'urgence et la protection des libertés contre l'administration », Recueil Dalloz, Sirey, 1982, Chronique, pp. 54-79.

[5] CHAPUS R, Droit du contentieux administratif, Paris, Montchrestien, 1993, p. 929

[6] CFJ/CAY, arrêt n°50 du 27 juin 1968, affaire Bernard AUTEROCHE contre Ordre National des Médecins du Cameroun, précitée.

II. La solution du juge des référés administratifs en l'espèce a été confirmée par la jurisprudence postérieure

Il faut immédiatement relever que le juge des référés administratifs, dans l'ordonnance ci-dessus analysée, s'est déclaré incompétent pour se prononcer sur une demande des dommages-intérêts, celle-ci relevant du juge de fond.

Cette solution a connu un prolongement dans l'affaire International United Black Funding (IUBF) contre État du Cameroun (MINFI), mise en lumière par l'ordonnance de référé n°2 du 21 octobre 1996.

Dans le même sens, le Président de la Chambre administrative de la Cour Suprême considère que préjudicie au principal toute demande tendant à l'annulation d'une décision administrative. Il a ainsi indiqué qu'il ne peut annuler, ni les résultats des examens contestés par un élève parce qu'il « *est incompétent pour décider par ordonnance du fond du litige* »[7], ni l'avenant contesté d'un contrat administratif[8], ni une décision prise à l'encontre d'un Architecte par le Conseil de l'Ordre National des Architectes[9], ni le Bulletin de Liquidation de Recettes contesté par le requérant[10], ni la censure administrative d'un journal[11], ni le décret portant convocation du corps électoral aux élections présidentielles[12].

Dans l'affaire SOSSO Emmanuel contre Crédit Foncier du Cameroun, objet de l'ordonnance de référé n°6 du 08 décembre 1998[13], il a également été très explicite à cet égard :

« *Attendu que la décision du juge des référés administratifs ne doit ordonner que des mesures conservatoires, en tout cas utiles à sauvegarder une situation mise en péril par un acte administratif. Que*

---

[7] CS.CA, ordonnance de référé n°60/77/0RA du 31 mars 1977, NDJOFANG Frédéric contre EC.

[8] CS.CA, ordonnance de référé n°19/ORSE/PCA/86-87 du 17 septembre 1987, affaire OSSONGO Etienne François contre Etat du Cameroun.

[9] CS.CA, ordonnance de référé n°05/OR/CS/PCA/90-91 du 29 novembre 19990, affaire KOTTO Jean-Jacques contre Etat du Cameroun.

[10] CS.CA, ordonnance de référé n°07/OR/CS/PCA/90-91 du 30 janvier 1991, affaire TSOUNGUI AYISSI Laurent contre Etat du Cameroun.

[11] CS.CA, ordonnance n°12 du 19 mars 1991, journal « Le Messager » contre Etat du Cameroun.

[12] CS.CA, ordonnance de référé n°08/OR/CS/PCA/91-92 du 27 janvier 1992, affaire Social Democratic Front contre Etat du Cameroun.

[13] En ce sens, lire notamment, KEUTCHA TCHAPNGA C., « Une délicate révolution dans la procédure administrative contentieuse au Cameroun : », Note précitée.

cette mesure ne doit nullement être une solution finale au fond du litige (...). ***Attendu que, dans le cas d'espèce, le juge des référés ne peut ordonner la discontinuation des poursuites sans examiner préalablement le bien-fondé, en fait et en droit, de la demande de Sieur SOSSO ou mieux sans faire préjudice au principal*** ».

L'affaire Association des Commerçants du Marché Central de Douala contre État du Cameroun (Préfecture du département du Wouri), mise en relief par l'ordonnance de référé n°03 du 29 janvier 2010[14], constitue un autre exemple très récent de décision dans laquelle le juge des référés administratifs a respecté strictement l'obligation qui lui est faite de ne pas préjudicier le principal :

« *Attendu que la procédure de référé visée par cette disposition permet au juge administratif, sans toucher au fond du litige, ni faire obstacle à l'exécution de la décision administrative contestée, d'ordonner des mesures urgentes et provisoires destinées à préserver les intérêts des parties, à l'exemple des expertises ou autres mesures d'instruction. Attendu en l'espèce que le juge des référés administratifs ferait obstacle à l'exécution de la décision du Préfet en ordonnant la mesure sollicitée par l'ASCOMSED et outrepasserait de ce fait ses pouvoirs. Que les règles de compétence étant d'ordre public, il y a lieu de se déclarer incompétent* ».

Conclusion

Le souci du juge de l'espèce de ne pas se démarquer sans raison valable d'une jurisprudence constante qui se fixait et fixait déjà les justiciables sur ce point était salutaire ; car il faut toujours avoir présent à l'esprit qu'une justice de qualité est aussi une justice dont les décisions sont stables et prévisibles. Il en va de la sécurité juridique des justiciables, qui doivent pouvoir compter sur la stabilité de la jurisprudence afin d'adapter en conséquence leurs comportements. Il en va également de la sécurité juridique nécessaire à la vie des affaires, comme à la vie administrative et civique.

Célestin KEUTCHA TCHAPNGA

---

[14] Voir infra la Note (n°21) rédigée sous cette ordonnance par M. Hermann Thierry SOH MBOGNE, ATER au Département de Droit Public.

41.

La sanction de la confusion opérée par le Conseil du requérant sur l'objet du référé administratif et du sursis à exécution

Cour Suprême., le Conseiller à la Chambre administrative chargé des actions en référé et des demandes de sursis à exécution, ordonnance de référé n°03 du 29 janvier 2010, Association des Commerçants du Marché Central de Douala contre État du Cameroun (Préfecture du département du Wouri)[1]

Attendu en l'espèce que par requête en date du 30 Décembre 2008, déposée le 07 janvier 2009 à la Présidence de la Chambre administrative de la Cour Suprême, sous le numéro 03, Maître TAGNE KOM Sébastien, Avocat à Douala, agissant au nom et pour le compte de l'Association des Commerçants du Marché Central de Douala (ASCOMSED) dont le siège social est à Douala, a saisi le juge des référés administratifs tendant à la restitution des clés de la boutique n° 473 du marché central de Douala qui fait office de siège de ladite Association ;

(…..) *SUR LA COMPÉTENCE.* Attendu qu'aux termes de l'article 27 alinéa 1 de la loi n° 2006/022 du 29 Décembre 2006 fixant l'organisation et le fonctionnement des Tribunaux Administratifs, « Dans les cas d'urgence, le Président du Tribunal ou le Magistrat qu'il délègue peut, sur requête et si le demandeur justifie de l'introduction d'un recours gracieux, les parties convoquées et après conclusions du Ministère public, ordonner en référé, toutes mesures utiles, sans faire préjudice au principal » ;

Attendu que la procédure de référé visée par cette disposition permet au juge administratif, sans toucher au fond du litige, ni faire obstacle à l'exécution de la décision administrative contestée, d'ordonner des mesures urgentes et provisoires destinées à préserver les intérêts des parties, à l'exemple des expertises ou autres mesures d'instruction ;

Attendu en l'espèce que le juge des référés administratifs ferait obstacle à l'exécution de la décision du Préfet en ordonnant la mesure sollicitée par l'ASCOMSED et outrepasserait de ce fait ses pouvoirs ; que les règles de compétence étant d'ordre public, il y a lieu de se déclarer incompétent ;

Par ces motifs, ordonnons : Article 1er. Le juge des référés administratifs est incompétent.

NOTE

La doctrine est unanime à reconnaître que bien de Camerounais « *perdent leurs procès administratifs avant de les avoir commencés, alors même qu'ils ont des moyens juridiques sérieux quant au fond. La faute en revient en général aux requérants, mais elle est bien souvent aussi, hélas, imputable aux Conseils des parties, certains Avocats et*

[1] Note rédigée par Docteur Hermann Thierry SOH MBOGNE, ATER au Département de Droit Public de l'Université de Dschang.

autres Juristes de fortune qui, par négligence ou par ignorance, se mettent en porte-à-faux par rapport à tel aspect de la procédure devant les juridictions administratives »[2]. Ce constat, établi notamment par le Doyen Maurice KAMTO en 1990, se vérifie aisément dans la décision ci-dessus rapportée qui est, à notre connaissance, la dernière d'une très longue série d'ordonnances dans laquelle les deux procédures d'urgence accessoires[3] consacrées par le droit du Contentieux administratif camerounais, à savoir le sursis à exécution et le référé administratif, sont en pratique confondues. Cette confusion regrettable, jadis opérée par le juge de référé dans l'affaire LELE Gustave[4] est, comme en l'espèce, aujourd'hui entretenue par certains Conseils des requérants, sans doute encore mal informés, pour la plupart, sur la finalité de ces deux mesures d'instruction d'urgence.

Les faits de l'espèce étaient pourtant très simples. Le 10 Décembre 2008, le Préfet du département du Wouri a pris un arrêté n°191/AP/C19/SP portant dissolution de toutes les associations de gestion et de contrôle du marché central de Douala et interdiction de toutes les activités associatives audit marché. Cette décision est notifiée à l'Association des Commerçants du Marché Central de Douala (ASCOMSED) par le Sous-préfet de l'arrondissement de Douala 2e le 12 Décembre 2008. Cette dernière, estimant qu'elle lui fait grief et qu'elle encourt annulation pour excès de pouvoir, à travers Maître TAGNE KOM Sébastien, Avocat à Douala, agissant au nom et pour son compte a, par requête en date du 30 Décembre 2008, déposé le 07 janvier 2009 à la Présidence de la Chambre administrative de la Cour Suprême sous le numéro 03, saisi le juge des référés administratifs aux fins de restitution des clés de la boutique n°473 du marché central de Douala qui fait office de siège de ladite Association et de suspension des effets de l'arrêté en cause.

---

[2] V. KAMTO M, Droit administratif processuel du Cameroun, op.cit., p. 3.

[3] Sur la différence entre contentieux de l'urgence spécial et contentieux des mesures d'urgence accessoires, on lira avec intérêt, notamment KEUTCHA TCHAPNGA C, Précis de Contentieux administratif (Aspects de l'évolution récente), op.cit., puis BIPELE K. Jacques et FANDJIP Olivier, « Le nouveau procès administratif au Cameroun. Réflexion sur le recours gracieux en matière d'urgence », R.I.D.C.n°4, octobre-décembre 2012, pp. 973-993.

[4] V. CS.PCA.OR n°07 du O3 juin 1978, affaire n°38, LELE Gustave contre Etat du Cameroun, suivie des Observations du Doyen KAMTO, in Droit administratif processuel du Cameroun, op.cit. pp. 177-183, notamment p. 181.

La présente ordonnance tire son importance du fait qu'elle a, une fois de plus, donné l'occasion au juge administratif des référés de peaufiner à l'extrême sa jurisprudence sur l'étendue de ses pouvoirs. Ce qui est fort heureux. En effet, bien que l'article 27 alinéa 1 de la loi n°2006/022 du 29 décembre 2006 fixant l'organisation et le fonctionnement des Tribunaux Administratifs prévoit que le juge de référé peut ordonner « *toutes mesures utiles* », ses pouvoirs sont en fait étroitement circonscrits. D'une part, comme le souligne si bien le juge unique en l'espèce, il lui est interdit de faire obstacle à l'exécution d'une décision administrative **(I)**, d'autre part, ajoute-t-il avec raison, il lui est interdit de porter préjudice au principal **(II)**.

I. Le juge des référés administratifs rappelle qu'il lui est interdit de faire obstacle à l'exécution d'une décision administrative

La solution retenue par le juge de l'espèce **(A)** est conforme à sa jurisprudence antérieure **(B)**.

A. La solution retenue par le juge unique de l'espèce

Le référé administratif et le sursis à exécution sont deux notions autonomes, même s'il reste vrai qu'ils constituent des mesures conservatoires.

En fait, la procédure de référé permet au juge unique d'ordonner, outre les mesures d'instruction, les mesures conservatoires afin d'éviter que l'écoulement du temps ne défavorise le requérant, par rapport à l'autre partie qui est généralement la puissance publique[5].

C'est dire que le référé administratif trouve son fondement dans l'urgence. En fait, comme on l'a souligné avec pertinence, « *l'urgence est l'âme du référé administratif* »[6] qui est notamment organisé par l'article 27 de la loi n°2006/022 fixant l'organisation et le fonctionnement des Tribunaux Administratifs en ces termes : « *dans les cas d'urgence, le Président du Tribunal ou le Magistrat qu'il délègue peut, sur requête, et si le demandeur justifie de l'introduction d'un recours gracieux, les parties convoquées et après conclusions du Ministère public, ordonner en référé toutes mesures utiles sans faire préjudice au principal* ».

---

[5] KEUTCHA TCHAPNGA C., Précis du Contentieux administratif au Cameroun, op.cit. p. 183.
[6] AUBY J.M. et DRAGO R., Traité de Contentieux administratif, op.cit., p. 18.

On constate, en passant, « *qu'à la différence du sursis à exécution, le juge de référé peut désormais statuer sur les litiges qui intéressent le maintien de l'ordre public* »[7].

En revanche, la procédure de sursis à exécution tend à obtenir du juge administratif qu'il ordonne à l'administration de différer l'exécution de la décision incriminée jusqu'à ce qu'il soit statué au fond.

Comme le souligne si bien le Professeur KEUTCHA TCHAPNGA, « *le sursis à exécution est ainsi une procédure conservatoire puisqu'il ne touche pas au fond du litige. Il permet de suspendre l'applicabilité d'un acte administratif faisant grief dans l'attente du jugement à rendre sur sa légalité* »[8].

Les conditions de recevabilité et d'octroi du sursis à exécution ont été consacrées de manière restrictive, comme dans la législation antérieure[9], par l'article 30 de la loi n°2006/022 du 29 décembre 2006 fixant l'organisation et le fonctionnement des Tribunaux Administratifs[10].

Il en résulte que la procédure de référé administratif est, par son objet, fondamentalement différente de celle du sursis à exécution avec laquelle elle ne saurait logiquement et juridiquement se confondre.

Or, Maître TAGNE KOM Sébastien, Avocat à Douala, agissant au nom et pour le compte de l'Association des Commerçants du Marché Central de Douala (ASCOMSED), a saisi le juge du référé administratif d'un recours tendant, d'une part à la suspension des effets de l'arrêté n°191/AP/C19/SP portant dissolution de toutes les associations de gestion et de contrôle du marché central de Douala et interdiction de toutes les activités associatives audit marché, en attendant que le juge de fond se prononce sur le bien-fondé de sa requête, d'autre part, à mettre un terme à la voie de fait administrative décriée en ordonnant la restitution

---

[7] KEUTCHA TCHAPNGA, Précis du Contentieux administratif au Cameroun, op.cit. p. 184.

[8] KEUTCHA TCHAPNGA C., Ibidem, p. 180.

[9] En ce sens, KEUTCHA TCHAPNGA C., « Le régime juridique du sursis à exécution dans la jurisprudence administrative camerounaise », articlé précité, pp. 83-92.

[10] Cet article précise : « Alinéa 1 : le recours gracieux contre un acte administratif n'en suspend pas l'exécution. Alinéa 2 : toutefois, lorsque l'exécution est de nature à causer un préjudice irréparable et que la décision attaquée n'intéresse ni l'ordre public ni la sécurité ou la tranquillité publique, le Président du Tribunal Administratif peut, saisi d'une requête, après communication à la partie adverse et conclusion du Ministère Public, ordonner le sursis à exécution ».

au Président de l'ASCOMSED des clés de la boutique n°473 qui lui a été attribuée depuis 1987 et qui fait office de son siège.

C'est donc à bon droit que le juge unique a conclu à son incompétence, en soulignant qu' « *en l'espèce que le juge des référés administratifs ferait obstacle à l'exécution de la décision du Préfet en ordonnant la mesure sollicitée par l'ASCOMSED et outrepasserait de ce fait ses pouvoirs* ».

La décision Association des Commerçants du Marché Central de Douala Contre État du Cameroun (Préfecture du département du Wouri) ne fait que confirmer, sur ce point, une jurisprudence fournie et constante.

B. La conformité de la solution retenue en l'espèce à la jurisprudence antérieure

L'affaire Entreprise des Travaux publics et Génie Civil Sarl (ETPGC) contre État du Cameroun (MINTP), mise en relief par l'ordonnance de référé n°12/OR/2009 du 17 juillet 2009, constitue un autre exemple très récent de confusion opérée par l'Avocat du requérant, confusion sanctionnée fermement par le juge du référé qui en a profité pour préciser qu'il ne lui appartenait pas de suspendre l'exécution d'une décision administrative.

En l'espèce, par requête en date du 14 janvier 2008 déposée le 16 suivant à la Présidence de la Chambre administrative de la Cour Suprême sous le numéro 03, Maître MBOG MBOG, Avocat à Yaoundé, agissant au nom et pour le compte de l'Entreprise des Travaux publics et Génie Civil Sarl (ETPGC), avait saisi le juge de référé administratif aux fins, d'une part de suspension de l'exécution de l'article 2 de la décision n°00422/D/MINTP/SG/CJ du 28 décembre 2007 du Ministère des Travaux Publics portant résiliation du marché public n°0216/M/MINTP/CPM-ER/2005, d'autre part, de désignation d'un Expert avec pour mission de déterminer les quantités et le montant des travaux effectivement exécutés tout en dégageant la responsabilité des parties dans la résiliation du marché litigieux.

Le juge de l'affaire Collectivité MVOG ELA[11] contre État du Cameroun (MINDAT), objet de l'ordonnance de référé n°13 du 17 juillet

[11] CS.CA, ordonnance de référé n°13/OR/2009 du 17 juillet 2009, affaire Collectivité MVOG ELA contre Etat du Cameroun

2009, a été un peu plus explicite à cet égard lorsqu'il soulignait de manière assez pédagogique qu'il :« ... *il résulte de la combinaison de ces textes que, malgré l'unicité de l'organe de décision, les deux procédures qu'ils régissent sont distinctes par leur objet, entraînant de ce fait, une réelle dichotomie de compétence. Qu'en effet, la procédure de référé (...) permet au juge administratif, sans toucher au fond du litige, ni faire obstacle à l'exécution de la décision administrative contestée, d'ordonner des mesures provisoires destinées à préserver les intérêts des parties, à l'exemple des expertises ou autres mesures d'instruction, tandis que celle du sursis à exécution (...) permet au requérant d'obtenir, du même Magistrat, une mesure différant l'exécution de la décision en cause jusqu'à ce qu'il soit éventuellement statué sur le fond du litige* ».

II. Le juge de référés administratifs précise à juste raison qu'il lui est interdit de porter préjudice au principal

L'interdiction faite au juge de référé de ne pas prononcer des mesures portant « *préjudice au principal* » n'est pas une innovation de l'article 27 de la loi n°2006/022 susmentionnée[12]. Elle a des fondements théoriques **(A)** et des applications jurisprudentielles **(B)** solides.

A. Les fondements théoriques du principe

L'interdiction faite au juge de référé de ne pas prononcer des mesures portant « *préjudice au principal* » est inhérente au régime juridique du référé administratif.

Comme l'a si bien souligné M. PIEDBOIS, « *l'idée que le juge des référés ne saurait prendre position sur le fond et limiter les pouvoirs de la juridiction en orientant sa décision future est l'une des idées les moins contestées et les plus faciles à comprendre* »[13].

Autrement dit, ce principe tend à exclure que le juge de référé puisse empiéter sur la mission attribuée au juge du fond, puisque le référé est édicté dans le cadre d'une procédure provisoire et accessoire.

---

[12] La loi n°75/17 du 8 décembre 1975 fixant la procédure devant la Cour Suprême statuant en matière administrative faisait également mention de cette prohibition. Celle-ci est issue du Code de procédure civile française de 1806 (article 809), reprise à l'origine par la loi française de 1955, et plus tard par le Code des Tribunaux Administratifs et des Cours Administratives d'Appel jusqu'à la réforme des procédures d'urgence le 30 juin 2000.

[13] PIEDBOIS J. C., « Procédure d'urgence », Répertoire de Contentieux administratif, Encyclopédie Dalloz, n°26, p. 123.

Cette interdiction répond aussi au souci de donner à la procédure de référé la célérité nécessaire, car la connaissance des contestations sérieuses nécessite de longues investigations, lesquelles sont incompatibles avec la rapidité qui caractérise la procédure de référé[14].

Cette limitation de pouvoir « *incite le juge des référés à faire preuve d'une certaine timidité chaque fois que la demande qui lui est présentée risquerait de l'amener à prendre position sur une question délicate concernant le fond même du litige* »[15].

B. Les applications jurisprudentielles du principe

Le juge de référé considère que préjudicie au principal toute demande tendant à l'annulation d'une décision administrative. Il a ainsi indiqué qu'il ne peut annuler, ni les résultats des examens contestés par un élève parce qu'il « *est incompétent pour décider par ordonnance du fond du litige* »[16], ni l'avenant contesté d'un contrat administratif[17], ni une décision prise à l'encontre d'un Architecte par le Conseil de l'Ordre National des Architectes[18], ni le Bulletin de Liquidation de Recettes contesté par le requérant[19], ni la censure administrative d'un journal[20], ni le décret portant convocation du corps électoral aux élections présidentielles[21].[22].

---

[14] CFJ.CAY, arrêt n°50 du 27 juin 1968, affaire Bernard AUTEROCHE contre Ordre National des Médecins du Cameroun.

[15] HAMON Francis et MAISL Herbert « L'urgence et la protection des libertés contre l'administration », Recueil Dalloz, Sirey, 1982, Chronique, pp. 54-79.

[16] CS.CA, ordonnance de référé n°60/77/0RA du 31 mars 1977, affaire NDJOFANG Frédéric contre Etat du Cameroun.

[17] CS.CA, ordonnance de référé n°19/ORSE/PCA/86-87 du 17 septembre 1987, affaire OSSONGO Etienne François contre Etat du Cameroun.

[18] CS.CA, ordonnance de référé n°05/OR/CS/PCA/90-91 du 29 novembre 19990, affaire KOTTO Jean-Jacques contre Etat du Cameroun.

[19] CS.CA, ordonnance de référé n°07/OR/CS/PCA/90-91 du 30 janvier 1991, affaire TSOUNGUI AYISSI Laurent contre Etat du Cameroun.

[20] CS.CA, ordonnance n°12/OR/CS/PCA/90-91 du 19 mars 1991, affaire journal « Le Messager » contre Etat du Cameroun.

[21] CS.CA, ordonnance de référé n°08/OR/CS/PCA/91-92 du 27 janvier 1992, affaire Social Democratic Front contre Etat du Cameroun.

[22] Pour d'amples précisions sur les ordonnances ci-dessus citées, voir les analyses faites par le Professeur KEUTCHA TCHAPNGA dans son ouvrage précité, Précis de Contentieux administratif au Cameroun…

Dans l'affaire SOSSO Emmanuel contre Crédit Foncier du Cameroun, révélée par la singulière ordonnance de référé n°6 du 8 décembre 1998[23], le juge de référé a également été très explicite à cet égard :

« *Attendu que la décision du juge des référés administratifs ne doit ordonner que des mesures conservatoires, en tout cas utiles à sauvegarder une situation mise en péril par un acte administratif. Que cette mesure ne doit nullement être une solution finale au fond du litige (...). Attendu que, dans le cas d'espèce, le juge des référés ne peut ordonner la discontinuation des poursuites sans examiner préalablement le bien-fondé, en fait et en droit, de la demande de Sieur SOSSO ou mieux sans faire préjudice au principal* ».

On peut remarquer au passage le souci du juge de l'espèce de ne pas s'écarter sans raison valable d'une jurisprudence constante lorsqu'il affirme « *que la procédure de référé visée par cette disposition permet au juge administratif, sans* ***toucher au fond du litige****, ni faire obstacle à l'exécution de la décision administrative contestée, d'ordonner des mesures urgentes et provisoires destinées à préserver les intérêts des parties, à l'exemple des expertises ou autres mesures d'instruction* ».

Conclusion

Le juge unique de l'espèce a fait une exacte application de la législation en vigueur sur la finalité des mesures d'urgence accessoires. Pour cette raison, les solutions qu'il a consacrées méritent d'être approuvées. Il reste à espérer que les Conseils des requérants fassent des efforts supplémentaires pour maîtriser la procédure administrative contentieuse afin que leurs causes soient enfin entendues au fond en justice.

Hermann Thierry SOH MBOGNE

---

[23] En ce sens, lire notamment, KEUTCHA TCHAPNGA C., « Une délicate révolution dans la procédure administrative contentieuse au Cameroun : à propos du traitement récent de l'urgence par le juge des référés : Note sous Cour Suprême du Cameroun, ordonnance de référé n°06 du 08 décembre 1998, SOSSO Emmanuel contre Crédit Foncier du Cameroun », Note précitée.

Section II.

L’URGENCE SPÉCIALE

42.

Refus de légalisation d'un parti politique.
Excès de pouvoir – Oui – Annulation du refus en cause – Oui.

Cour Suprême. Président de la Chambre administrative, ordonnance n°26 du 23 septembre 1992, Programme Social pour la Liberté et la Démocratie (PSLD) contre État du Cameroun (MINAT)

Attendu que par la requête datée du 5 août 1992, enregistrée au Greffe de la Chambre administrative de la Cour Suprême le 11 du même mois sous le numéro 690, Maître Gabriel TEUGUIA, Avocat B.P. 731 Douala, agissant au nom et pour le compte du parti politique Programme Social pour la Liberté et la Démocratie au Cameroun (P.S.L.D.), a intenté un recours tendant à l'annulation de la lettre n°3493/L/MNAT/DAP/SDLP du 19 juin 1992 refusant la légalisation dudit parti politique.

(....). Attendu que la loi n°90/56 du 19 décembre 1990 relative aux partis politiques dispose de son article 8 alinéa 3 que le recours contre la décision de refus d´autorisation doit intervenir dans un délai de 30 jours à compter de la date de notification à personne ou à domicile.

Attendu qu´en l´espèce, il n'a y pas trace de notification, MBOUA MASSOCK ayant simplement porté sur la copie qui lui a été remise, la mention « bien reçu ce jour jeudi 30 juillet 1992 aux services du MINAT à Yaoundé ». *Qu´il y a lieu par conséquent de déclarer la requête du P.S.L.D. recevable en la forme.*

Attendu que pour refuser la légalisation du P.S.L.D., le Ministre de l´Administration donne dans la lettre incriminée le motif suivant : « le mémorandum versé au dossier reprend les dispositions des projets de société des autres partis politiques » ;

Attendu qu´aux termes de l´article 9 de la loi susvisée, ne peut être autorisé tout parti politique qui : « -porte atteinte á l´intégrité territoriale, á l´unité nationale, á la forme républicaine de l´État, á la souveraineté nationale et á l´intégrité nationale, notamment par toutes sortes de discriminations basées sur les tribus, les provinces, les groupes linguistiques ou les confessions religieuses ; - prône le recours á la violence ou envisage la mise sur pied d´une organisation militaire ou paramilitaire ; -favorise la belligérance entre les composantes de la nation ou entre des pays ».

Que c´est vainement qu´on rechercherait dans cette énumération exhaustive et limitative le cas de « reprise des dispositions des projets de société des autres partis politiques » encore que les partis politiques ont des moyens de droit pour lutter contre le plagiat de leurs programmes. *Attendu que dès lors la décision attaquée est entachée d'excès de pouvoir, donc illégale et encourt de ce fait l´annulation avec toutes les conséquences de droit* (…).

Par ces motifs, décide : Article 1er. La requête est recevable en la forme ; **Article 2.**˙ Elle est fondée et par conséquent la lettre n°3493/MINAT/DAP/SDLP du 19 juin 1992 portant refus de légalisation du P.S.L.D. est annulée avec toutes les conséquences de droit.

NOTE

En l'absence de définition législative des partis politiques[1], il est admis par une doctrine quasi unanime qu'ils constituent « *une coalition de personnes qui cherchent à prendre le contrôle, par des moyens légaux, de l'appareil du pouvoir* »[2]. Cette conception permet alors de les distinguer des groupes d'intérêts ou de pression qui cherchent à influencer le pouvoir sans en prendre le contrôle ; des groupes insurrectionnels, ligues ou milices, qui cherchent à s'en emparer par la force ; des simples clubs ou associations puisque ; à la différence de ces derniers, les partis politiques regroupent des adhérents autour d'une idéologie, des moyens et un programme politique. Enfin, crées pour accéder au pouvoir et l'exercer, les partis se doivent d'avoir une certaine organisation et une permanence dans le temps qui les distinguent des clubs ou comités à durée éphémère[3].

Le contentieux de la légalisation des partis politiques, ainsi compris, est marqué par une réelle originalité qui le distingue, au plan normatif, aussi bien du contentieux de l'excès de pouvoir que de celui de pleine juridiction. À l'instar du contentieux des associations[4] et des libertés publiques individuelles, il est un contentieux d'urgence spécial[5]. *Ce type de contentieux, qui s'achève par l'édiction de mesures définitives appelées ordonnances, tient sa spécialité notamment à la non exigence de l'introduction du recours gracieux préalable auprès de l'autorité administrative compétence avant la saisine du juge administratif, à la réduction des délais de saisine du juge, à la limitation de la durée de*

[1] Comme l'a remarqué très justement Jean-Pierre CAMBY, on se trouve ainsi face à un paradoxe législatif et presque constitutionnel : d'un côté une absence de définition du parti politique et de l'autre l'autorisation de toute une série d'actions, in « Qu'est-ce qu'un Parti politique ou un groupement politique ? », Les Petites Affiches, 7 mars 1997, pp. 14-19, notamment, p. 17.

[2] DOWNS Anthony cité par BIDEGARAY Christian, « Du confessionnal et du diable : Réflexions sur le statut des partis politiques 40 ans après la fondation de la Vème République », R.D.P. 1998, p. 1814.

[3] En ce sens, EMERI Claude, « Les partis politiques et les institutions constitutionnelles en France », Les Petites Affiches, 19 avril 1996, pp. 9-14, p. 10.

[4] V. KEUTCHA TCHAPNGAC, Le régime juridique des associations en droit public camerounais. Paris, L'Harmattan, 2013.

[5] Et non un *contentieux de l'urgence accessoire (sursis de paiement, à exécution et référé).*

l'instance contentieuse en premier ressort[6] *et à l'instauration du juge unique en la matière* (*supprimé désormais en matière électorale*).

Ces assouplissements des contraintes traditionnelles inhérentes à la procédure administrative contentieuse témoignent de la volonté du législateur d'accélérer la procédure de règlement des litiges touchant de près les libertés publiques. Ainsi qu'il est loisible de le constater à la lecture des faits ci-dessus rapportés ayant donné lieu au litige opposant le Programme Social pour la Liberté et la Démocratie (PSLD) à l'État du Cameroun (MINAT), objet de l'ordonnance n°26 rendue le 18 septembre 1992 par le Président de la Chambre administrative.

En effet, aux termes de l'article 8 alinéa 3 de la loi n°90/056 du 19 décembre 1990 régissant les partis politiques au Cameroun, par dérogation à l'article 12 de l'ordonnance n°72/06 du 26 août 1972 fixant l'organisation de la Cour Suprême, aujourd'hui abrogée et remplacée par la loi n°2006/022 fixant l'organisation et le fonctionnement des Tribunaux Administratifs, la suspension, la dissolution et le refus d'autorisation des partis politiques « *sont susceptibles de recours, sur simple requête, devant le président de la juridiction administrative* »qui « *statue par ordonnance dans un délai de trente (30) jours à compter de la date de la notification au déposant ou à son domicile* »[7].

L'article 7 alinéa 2 de la même loi ajoute que « *le parti est réputé exister légalement* » en cas de silence gardé par le Ministre de l'Administration Territoriale « *pendant trois (3) mois à compter de la date de dépôt du dossier (complet) auprès des services du gouverneur territorialement compétent* ». *En outre,* « *une décharge mentionnant le numéro et la date d'enregistrement du dossier est délivrée au déposant* »[8]. Étant entendu que le refus, par le Ministre de

---

[6] En ce sens, voir notamment KEUTCHA TCHAPNGAC et TEUBOU Barthélemy, « Réflexions sur l'apport du législateur camerounais à l'évolution de la procédure administrative contentieuse de 1990 à 1997 », article précité. Ces auteurs soulignent, toutefois, que « *les efforts qui président à ces nouveautés laissent toutefois perplexe l'observateur ; car si elles assurent, du moins théoriquement, la célérité d'intervention du jugement de la Chambre Administrative de la Cour Suprême, juge du premier ressort, on se demande en quoi elles seront vraiment de nature à simplifier les conditions de fonctionnent de la justice administrative, puisque les mesures législatives visant à améliorer la rapidité de traitement du contentieux municipal ne sont pas applicables au niveau de l'Assemblée Plénière, (alors) juge administratif suprême* ».

[7] Voir article 8 alinéa 3 de la loi n°90/056, précitée.

[8] Voir article 4 alinéa 2 de la loi n°90/056.

l'Administration Territoriale, d'autoriser l'existence légale du parti « *doit être notifié au déposant par tout moyen laissant trace écrite* »[9].

À l'analyse, il apparaît clairement que la loi n°90/56 a institué deux formes de légalisation des partis politiques de l'opposition. La légalisation explicite est le principe, l'exception étant constituée par la légalisation implicite ou tacite qui marque « *le souci de simplifier et d'accélérer les procédures et la volonté de respecter davantage les droits des administrés* »[10]. En réalité, le développement de ce type de décision semble s'inscrire dans un souci de plus grande protection de l'administration »[11] contre son inertie et sa paresse.

Ainsi, l'expiration du délai de trois mois imparti à l'administration pour répondre à la demande de création d'un parti politique fait intervenir souvent l'autorisation tacite, dont les éléments essentiels du régime juridique sont bien connus[12].

En présence d'une situation justifiant un rejet ou une infirmation, « *l'administration ne peut s'en prendre qu'à elle-même si elle laisse s'écouler le délai qui lui est donné sans s'être prononcée. L'impasse dans laquelle elle se place est alors la sanction, voulue par la loi ou le règlement, de la carence* »[13].

La constitution du parti ne peut donc plus être assimilée à une usurpation ; comme en témoignent les faits de l'affaire Union des Populations du Cameroun–Manidem (UPC-Manidem) contre Etat du Cameroun, objet d'une ordonnance du 16 décembre 1992[14].

Le parti requérant avait déposé le 18 août 1992 un dossier complet relatif à sa légalisation dans les services du gouverneur de la province du Littoral, conformément à la loi n°90/056. Le 19 novembre 1992, soit trois

---

[9] Voir article 8 alinéa 2 de la loi n°90/056.

[10] PAUTI Monique, « Les décisions implicites d'acceptation et la jurisprudence administrative », R.D.P. , 1975, p. 1545.

[11] PAUTIM, ibidem.

[12] En ce sens, lire KEUTCHA TCHAPNGA C., « L'autorisation tacite, cinq ans après sa consécration en droit positif camerounais », Revue Juridique et Politique, Indépendance et Coopération, (R.J.P. l.C.) n°3, décembre 1997, pp. 320-338.

[13] BERTRAND L., Conclusions sur C.E. Sect. 14 novembre 1969, sieur EVE, A.J.D.A. 1969, p. 684.

[14] CS/CA, ordonnance n°02/O/PCA/CS/92-93 du 16 décembre 1992, affaire UPC-Manidem contre Etat du Cameroun, Observations GUIMDO DONGMOB.R., in Juridis Périodique n°16, octobre-novembre-décembre, 1993, pp. 56-58.

(O3) mois après le dépôt du dossier complet, il informait les services du gouverneur de ce qu'il avait pris bonne note du silence réservé à sa demande, silence qui, au sens de la loi, valait autorisation d'exercer ses activités politiques en toute légalité.

Mais, le 30 novembre 1992, le parti requérant recevait à son domicile une correspondance du gouverneur du Littoral datée du 27 novembre 1992 par laquelle il lui notifiait la lettre du Ministre de l'Administration Territoriale en date du 22 novembre 1992 portant refus de le légaliser. Ce refus intervenait ainsi plus de trois (O3) mois après le dépôt par ce parti de sa demande de légalisation. Ce dernier estimait alors que l'administration n'ayant « *pas agi dans les délais légaux* » ne s'était pas conformée aux prescriptions de la loi en la matière.

Considérant en conséquence et à juste raison qu'il jouissait déjà d'une existence légale, il saisit le juge administratif d'un recours visant à dénoncer alors cette attitude de l'Administration qui relevait, selon elle, « *de l'abus d'autorité et de l'excès de pouvoir (...)* ».

Suivant le parti requérant dans son argumentation, le juge unique avait affirmé fermement, de manière pédagogique, « *que...le dossier de l'U.P.C.-MANIDEM a été déposé dans les services du gouverneur de la province du Littoral le 18 août 1992, et que jusqu'au 30 novembre 1992 aucune suite n'y a été donnée ; que conformément à la loi, au 19 novembre 1992, en raison du silence de l'administration, son existence légale était déjà acquise en dépit de la lettre dont il est demandé l'annulation, fabriquée pour les besoins inavoués, mais sûrement dans l'intention de nuire*[15] »[16].

---

[15] C.S.PCA, ordonnance n°2 du 09 décembre 1992, U.P. C-MANIDEM c/Etat du Cameroun (MINAT), Observations GUIMDO B.R, in Juridis Info n°16, pp. 56-58.

[16] Cette solution, conforme à l'esprit et à la lettre de la loi, n'a malheureusement pas été confirmée par le juge unique dans l'affaire Divine Kingdom People's Party of Cameroon contre Etat du Cameroun, objet de l'ordonnance du 30 septembre 1992. En fait, le parti requérant soutenait qu'il avait acquis son existence légale en raison du silence gardé par l'administration dans le délai prescrit par la loi. Il ajoutait qu'il avait déposé dans les services du gouverneur du Sud-ouest, en date du 1er octobre 1991, un dossier complet pour sa légalisation ; que ce n'est que plus de trois (03) mois après ce dépôt, soit le 9 janvier 1992, que la lettre de rejet de demande de sa légalisation par le Ministre de l'Administration Territoriale, datée du 6 décembre 1991 lui a été signifiée par le préfet de Muyuka ; or, « *le délai de trois (O3) mois exigé par l'article 7 alinéa 2 expirait le 31 décembre 1991 (...). Il était donc « réputé exister légalement à la date du 1er janvier 1992 »*. Malgré la pertinence de ces arguments, le juge les a ignorés. Alors même que le parti requérant avait déjà une existence légale, il a approuvé, sur la base de

Par ailleurs, le refus illégal de la légalisation explicite du parti de l'opposition peut également être annulé par le juge administratif. L'examen de la jurisprudence ne laisse aucun doute sur ce point.

Ainsi, dans l'affaire Programme Social pour la Liberté et la Démocratie (P.S.L.D.) ici annotée, ainsi que dans l'espèce Regroupement Démocratique pour la République (R.D.R.)[17], rendues toutes les deux le 18 septembre 1992, le Ministre de l'Administration Territoriale avait refusé de légaliser les partis requérants au motif que « *le mémorandum versé au dossier reprend les dispositions des projets de société des autres partis politiques* ».

Le juge unique, à ces occasions, avait estimé que c'est vainement qu'on rechercherait dans l'article 9 de la loi n°90/056, qui énumère de façon exhaustive et limitative les cas de refus de légalisation des partis politiques, le motif allégué par l'administration.

Le juge administratif avait adopté la même attitude dans de nombreuses espèces similaires.

Par exemple, dans l'affaire Union Nationale Camerounaise (U.N.C.) contre État du Cameroun[18], le juge avait considéré comme étant illégal le refus du Ministre de l'Administration Territoriale de légaliser un parti politique qui avait pris la dénomination « U.N.C. », appellation de l'ancien parti d'AHIDJO et pour devise « Paix-Travail-Patrie », la devise de la République du Cameroun, ce Ministre ayant déjà obtenu du requérant qu'il change de devise. Il a annulé la décision attaquée en estimant justement que le motif argué par le Ministre pour refuser la légalisation du parti U.N.C n'était pas contenu dans l'article 9 de la loi n°056 du 19 décembre 1990, laquelle énumère de façon « *exhaustive et limitative* »[19] les cas de refus d'autorisation.

---

motifs discutables, son refus de légalisation. Au demeurant, le juge en matière de légalisation implicite des partis politiques, n'a pas une position uniforme. Ces prises de positions contradictoires sont de nature à instaurer une insécurité juridique, en laissant penser logiquement qu'il statue en tenant compte souvent des considérations politiques. Ce qui est fort condamnable.

[17] CS.PCA, ordonnance n°25/CS/PCA/91-92 du 18 septembre 1992, affaire R.D.R. contre EC.

[18] CS.PCA, ordonnance n°28 du 9 avril 1992, Union Nationale Camerounaise (U.N.C.) c/Etat du Cameroun, Observations GUIMDO DONGMO (B.R.), Juridis Info n°19, septembre 1994, 27-33.

[19] Aux termes de l'article 9 de la loi n°90/056 du 19 décembre 1990, « ne peut être autorisé, tout parti politique qui : - Porte atteinte à l'intégrité territoriale, à l'unité

De même, dans l'affaire U.P.C-Manidem, pour refuser de légaliser le parti recourant, l'administration avait donné comme motif que« *(...) sa dénomination est de nature à créer la confusion entre Union des Populations du Cameroun (U.P.C.), déjà reconnue et dont le sigle est juridiquement protégé à l'Organisation africaine de la Propriété Intellectuelle* (O.A.P.I.) ».

En établissant que les motifs de refus invoqués par l'administration ne sont pas prévus par la loi, le juge mettait en cause leur valeur juridique.

Par ailleurs, pour méconnaître l'irrégularité alléguée des motifs de refus invoqués par l'administration, le juge a souvent eu à substituer ses motifs aux siennes et à clarifier le motif de refus qu'elle a allégué pour le valider. En règle générale, le juge n'est pas en droit de substituer ni une base légale à la base erronée ou illégale donnée par l'administration à son acte, ni un motif exact ou légal au motif illégal ou erroné invoqué par l'auteur de l'acte.

Mais, au cas où l'administration a compétence liée, c'est-à-dire dans l'hypothèse où, en tout état de cause, l'administration avait l'obligation de prendre la décision en cause, il est admis que le juge puisse opérer une substitution de motifs.

L'affaire Front Patriotique pour le Salut du Peuple Camerounais (FPS-PC) du 23 septembre 1992[20] en est une parfaite illustration.

En l'espèce, pour refuser la légalisation du parti requérant, le Ministre de l'Administration Territoriale avait donné dans sa décision mise en cause les motifs suivants :*« ... la liste des membres du bureau ...provisoire (..) (est) indiquée sur la demande de légalisation sans autres précisions sur l'adresse, l'identité complète, la profession et le domicilie des dits membres directeurs conformément aux exigences de la loi ... »*.

---

nationale, à la forme républicaine de l'Etat, à la souveraineté nationale et à l'intégrité nationale, notamment par toutes sortes de discriminations basées sur les tribus, les provinces, les groupes linguistiques ou les confessions religieuses ; - Prône le recours à la violence ou envisage la mise sur pied d'une organisation militaire ou paramilitaire ; - Reçoit les subsides de l'étranger ou dont l'un des dirigeants statuaires réside à l'étranger ; - Favorise la belligérance entre les composantes de la Nation ou entre des pays »

[20] CS.PCA, ordonnance n°29 du 23 septembre 1992, Front Patriotique pour le Salut du Peuple Camerounais (FPS-PC) contre Etat du Cameroun.

Contrairement aux motifs susmentionnés allégués par l'administration, le juge s'était plutôt référé à la demande de légalisation déposée avec l'ensemble du dossier auprès de l'administration. Pour lui, il ne faisait pas de doute que c'est l'article 5 de la loi n°90/056 du 19 décembre 1990[21] qui est visé dans la lettre de refus, même si celle-ci fait état de la « *mention de l'organe directeur* », car c'est la demande de légalisation qui pouvait être facilement contrôlée, la loi ayant déterminé son contenu. Le juge avait en fait procédé à la substitution de motifs pour ne pas avoir à annuler la décision.

Célestin KEUTCHA TCHAPNGA

[21] Il ressort de cet article que « *(1) Le dossier à déposer comprend : – La demande timbrée indiquant les noms, adresse ainsi que l'identité complète, la profession et le domicile de ceux qui sont chargés de la direction et/ou de l'administration du parti ; – Le bulletin n°3 du casier judiciaire des dirigeants ; – Le procès-verbal de l'assemblée constituante en triple exemplaire ; – Les statuts en triple exemplaire ; – L'engagement écrit avec signature légalisée de respecter les principes (...) ; – Un mémorandum sur le projet de société ou le programme politique du parti ; – L'indicatif du siège.*
(2) Tout changement ou toute modification dans ces éléments ainsi que les pièces le constatant doit être communiqué au gouvernement territorialement compétent ».

43.

Transfert et installation en clientèle privée d'une officine de Pharmacie suite à l'intervention d'une autorisation administrative tacite – Sursis à exécution –Non-respect de l'avis conforme du Ministère public – Oui – Octroi du sursis par le juge de l'espèce – Oui –. Violation de la loi – Oui – Evolution récente de la question.

Président de la Chambre administrative de la Cour Suprême, ordonnance n°05 du 05 octobre 1992 portant sursis à exécution, affaire SIGHOKO Abraham contre État du Cameroun (MINSANTE)[1]

Vu la requête aux fins de sursis à exécution en date du 11 septembre 1992 enregistrée au Greffe de la Chambre administrative de la Cour Suprême le 17 du même mois sous le numéro 768 par laquelle Maître NKOUENDJIN YOTNDA, Avocat à Yaoundé, agissant pour le compte de son client SIGHOKO Abraham, a sollicité le sursis à exécution de la lettre n°D2/L/MSP/SG/DPH/SIVIP signée par le Ministre de la Santé Publique le 29 juin 1992 et adressée au Délégué Provincial de la Santé de l'Ouest ;

Vu l'avis émis par M. le Procureur général près la Cour Suprême le 30/09/1992 ;

Attendu que selon l'article 16 alinéa 2 de la loi n°75/17 du 8 décembre 1975, cette requête a été régulièrement communiquée au Ministre de la Santé Publique, défendeur et représentant de l'État ;

Attendu que pour sa part, M. le Procureur général a déclaré cette demande irrecevable, motif pris de ce que la suspension de l'exécution d'un acte administratif ne peut être recevable que si elle est appuyée par une demande au fond introduite en même temps et par la même requête ou par requête séparée, soit concomitamment, soit postérieurement au dépôt du recours au fonds ;

Que dans le cas d'espèce, le requérant a saisi directement le juge administratif d'une demande de suspension sans avoir au préalable introduit un recours contentieux ;

Sur la recevabilité de la demande

Attendu que l'article 16 alinéa 2 de la loi n°75/17 du 8 décembre 1975 fixant la procédure devant la Cour Suprême statuant en matière administrative dispose : « *Toutefois si l'exécution est de nature à causer un préjudice irréparable et que la décision attaquée n'intéresse ni l'ordre public, ni la sécurité ou la tranquillité publique, le Président de la Chambre administrative peut, après communication à la partie adverse et avis conforme du Ministère public, ordonner le sursis à exécution* » ;

Attendu qu'en l'espèce il est indéniable que la fermeture de la pharmacie avec tout ce qu'elle contient comme denrée à conserver délicatement constitue un préjudice irréparable dont l'arrêt ne saurait attendre les délais nécessaires à l'introduction d'un recours contentieux devant la Chambre administrative ;

---

[1] Note rédigée en association avec le Docteur Edouard GNIMPIEBA TONNANG, Chargé de Cours/HDR au Département de Droit public de l'Université de Dschang. F.S.J.P.

Que par ailleurs, l'ordre public, la sécurité ou la tranquillité publique n'en sont pas concernés ;

Que le seul recours gracieux, prélude au recours contentieux est suffisant pour que le Président de la Chambre administrative se prononce. Attendu que le 11 septembre 1992, Maître Maurice NKOUENDJIN YOTNDA, conseil du sieur SIGHOKO a introduit un recours gracieux auprès du Ministre de la Santé Publique.

Attendu qu'on ne saurait demander à un administré qui subit un préjudice grave du fait d'une décision administrative d'attendre les délais de recours contentieux (plus de trois mois au moins) pour pouvoir saisir le juge administratif afin d'y mettre fin, alors surtout qu'il a déjà été décidé que la seule procédure qui suspend une décision administrative est celle du sursis à exécution...

Attendu qu'aux termes de l'article 7 alinéa 4 de la loi n°90/035 du 10 août 1990 relative à l'exercice de la profession de Pharmacien, passé un délai de 90 jours à compter du dépôt du dossier, le silence gardé par le Conseil de l'Ordre vaut acceptation de la demande du postulant qui peut s'installer ;

Attendu qu'il est constant que le sieur SIGHOKO a régulièrement introduit une demande sollicitant l'autorisation d'ouverture d'officine à Bafoussam par transfert de son officine de Mbouda. Que cette demande a été reversée le 15 février 1991 au Conseil de l'Ordre des Pharmaciens ;

Attendu qu'en date du 30 mars 1992, le susnommé a saisi le Président dudit Conseil National de l'Ordre des Pharmaciens pour l'informer de l'ouverture de son officine, que le délai de 90 jours était largement dépassé et que le requérant n'avait toujours pas reçu de réponse. Que dès lors il est en droit de s'installer sur un site crée.

Par ces motifs, ordonne, jusqu'à l'issue du recours au fond, la suspension à l'exécution de la lettre n°D2/L/MSP/SG/DPH/SIVIP du 29 juin 1992 adressée à M. le Délégué Provincial de la Santé publique.

NOTE

Les spécialistes de l'accès au prétoire du juge administratif devraient savoir gré au Docteur SIGHOKO Abraham de sa persévérance à former de multiples recours juridictionnels. D'un point de vue processuel, il est en réalité un obstiné. On se souvient qu'il avait été à l'origine de l'affaire ayant donné lieu à l'ordonnance n°12 du 18 juillet 1984 dans laquelle le juge de l'espèce affirmait explicitement que l'introduction d'une requête en référé administratif n'était pas subordonnée à la formalité préalable du recours gracieux. Cette belle construction jurisprudentielle, animée par le souci de rapidité et de simplicité, avait malheureusement été remise en cause par le juge de l'affaire SOSSO Emmanuel le 08 décembre 1998[2].

---

[2] V. en ce sens, KEUTCHA TCHAPNGA C, « Une délicate révolution dans la procédure administrative contentieuse au Cameroun : à propos du traitement récent de

C'est encore lui qui était à l'origine de la présente ordonnance qui a notamment permis au juge unique de confirmer, en droit camerounais, la spécificité du mécanisme de l'autorisation tacite qu'exprime l'adage « *qui ne dit mot consent* ».

Les faits ne ressortent pas très clairement d'une simple lecture de cette ordonnance. Mais, il suffit de savoir que, Docteur en pharmacie, le sieur SIGHOKO avait régulièrement introduit une demande d'autorisation de transfert de son officine pharmaceutique de Mbouda à Bafoussam. Aucune suite n'a été donnée à sa demande, qui avait été transmise au Conseil National de l'Ordre des Pharmaciens par le Ministre de la Santé Publique le 15 février 1991.

Ayant eu vent de la vacance d'un site pharmaceutique à Bafoussam et conforté par les dispositions de l'article 7 alinéa 4 de la loi n°90/035 du 10 août 1990 relative à l'exercice de la profession de Pharmacien aux termes desquelles « *...passé un délai de 90 jours à compter du dépôt du dossier, le silence gardé par le Conseil de l'Ordre vaut acceptation de la demande du postulant qui peut alors s'installer* », le sieur SIGHOKO, après avoir rempli toutes les formalités requises, s'était installé le 1er avril 1992 sur ce site et y avait ouvert une officine dénommée « Pharmacie des Martyrs ».

Le 29 juin 1992, il s'était vu notifier la décision n°L/MSP/SG/DPH/SIVIP du Ministre de la Santé Publique ordonnant la fermeture de son officine. C'est cette décision que le requérant avait attaqué devant la Chambre administrative, en assortissant son recours de conclusions aux fins de sursis à exécution.

En ordonnant le sursis à exécution de la décision du Ministre de la Santé Publique, le Président de la Chambre administrative, soucieux de raccourcir le cours de l'instance, avait, en la matière, intelligemment innové, en apportant ainsi une contribution non négligeable à l'évolution de l'état du droit. Mais, il l'avait fait de façon très discutable **(I)**. Il avait

---

l'urgence par le juge des référés : Note sous Cour Suprême du Cameroun, ordonnance de référé n°06 du 08 Décembre 1998, SOSSO Emmanuel contre Crédit Foncier ». Note précitée.
Il est toutefois important de préciser que l'article 27 alinéa 1 de la nouvelle loi fixant l'organisation et le fonctionnement des Tribunaux Administratifs a confirmé la jurisprudence SOSSO Emmanuel en exigeant explicitement que la requête en référé soit désormais accompagnée d'un recours gracieux préalable. Ce qui, manifestement, limite considérablement la portée de cette procédure d'urgence.

en outre confirmé discrètement et de manière contestable la spécificité de la notion d'autorisation tacite **(II)**.

I. Le président de la chambre administrative innove en matière de sursis à exécution

Le législateur avait aménagé en 1975 le régime juridique du sursis à exécution dans un sens très restrictif. Le temps nécessaire pour obtenir qu'un acte soit jugé en suspension d'exécution s'étalait en pratique sur plusieurs mois, rendant souvent inutile ou dérisoire la solution du juge de l'urgence[3]. Soucieux de faciliter la tâche au requérant, le juge de l'espèce avait sagement innové **(A)**. Mais cette innovation s'était faite contrairement au droit alors en vigueur **(B)**.

A. Une innovation sage

Appliqué au cas d'espèce, le terme sage ne signifie pas que la solution adoptée n'encourait aucune critique. Il faut l'entendre comme exprimant le fait que le juge avait tranché le présent litige de façon satisfaisante, de façon raisonnable. Il avait fait preuve de tact et de mesure si l'on se référait aux intérêts du requérant. Ce dernier était victime d'une décision de l'administration qui, en réalité, avait une maîtrise insuffisante des exigences du nouveau mécanisme que constitue l'autorisation tacite.

L'affaire SIGHOKO apparaissait en effet comme une des illustrations de la tendance libérale du juge de l'urgence[4] qui, de manière progressive, essayait de sortir du cadre très étroit dans lequel la loi de 1975 avait voulu l'enfermer.

Dans la présente affaire, le Président de la Chambre administrative avait adopté une position audacieuse en admettant la possibilité d'être saisi directement d'une demande de sursis à exécution contre la décision de fermeture de la Pharmacie, à la suite d'un recours gracieux préalable et sans attendre l'introduction d'un recours contentieux :

« *Attendu, disait-il en substance, qu'en l'espèce il est indéniable que la fermeture de la pharmacie avec tout ce qu'elle contient comme denrée à conserver délicatement constitue un préjudice irréparable dont l'arrêt ne saurait attendre les délais nécessaires à l'introduction d'un recours*

---

[3] Voir KEUTCHA TCHAPNGA C, « Le régime juridique du sursis à exécution », précité.

[4] Dans le même sens, voir ordonnance de sursis n°21 du 26 juillet 1992, Dame MAYOUGA Yvonne c/ Etat du Cameroun (MINSANTE).

contentieux devant la Chambre administrative. (...) Que le seul recours gracieux, prélude au recours contentieux, est suffisant pour que le Président de la Chambre administrative se prononce. (...) » sur le sursis à exécution.

En outre, ajoutait le juge, « *...on ne saurait demander à un administré qui subit un préjudice grave du fait d'une décision administrative d'attendre les délais de recours contentieux (plus de trois mois au moins) pour pouvoir saisir le juge administratif afin d'y mettre fin...* ».

Ce point de raisonnement du juge appelle quelques observations qu'inspire cette question incidente relative à la nature du préjudice invoqué :*un préjudice grave équivaut-il à un préjudice irréparable, formule d'ailleurs consacrée par l'article 16 alinéa 2 de la loi n°75/17 du 8 décembre 1975 ?*

Il semble bien qu'il faille répondre par la négative. En tout état de cause, si l'on entend par préjudice irréparable « *un préjudice qui n'est pas susceptible d'être aboli par une remise en état ou compensé par une indemnité en argent* »[5], en cas d'annulation par le juge de fond de la décision administrative en cause, on conviendra qu'un préjudice exclusivement ou principalement d'ordre financier, comme c'est le cas pour les produits pharmaceutiques, n'a pas ce caractère ; car il pourrait être réparé complètement par l'octroi ultérieur de dommages-intérêts.

Sans doute un tel préjudice financier peut-il présenter un certain degré de gravité. Mais « *il n'est pas douteux qu'un préjudice peut-être grave, même très grave, sans pour autant être irréparable* »[6].

Le juge semblait avoir abordé cette affaire avec la volonté, encore timide, mais néanmoins réelle, d'atténuer la rigueur de la loi à l'égard du sursis à exécution. C'est, à notre sens, ce qui explique la variabilité des formules qu'il utilise. Il a pris en considération, avant d'ordonner le sursis, les conséquences ou les effets de la décision qui lui avait été déférée, au lieu de ne s'attacher qu'à dégager la nature réelle du préjudice causé par celle-ci.

Le juge avait tranché certes en tenant bien compte de l'intérêt du justiciable, mais non point du droit positif.

---

[5] V. LONG M., WEIL P., BRAIBANT G., Les grands arrêts de la jurisprudence administrative, 5éme édition, Paris, Sirey, 1969, p. 255.
[6] KAMTO M., Droit administratif processuel du Cameroun, op.cit., p17

B. Une innovation contraire au droit alors en vigueur

Aux termes de l'article 16 alinéa 2 de la loi n°75/17 du 8 décembre 1975, aujourd'hui abrogée, « *le Président de la Chambre administrative (pouvait), après communication à la partie adverse et avis conforme du Ministère public, ordonner le sursis à exécution* ».

Une stricte interprétation de cette disposition autorisait à dire que le Président de la Chambre administrative était absolument lié par l'avis du Ministère public. Or, c'est au mépris de cet avis qui avait requis l'irrecevabilité de la demande de sursis à pour défaut de recours contentieux que l'ordonnance SIGHOKO avait été rendue.

Il était pourtant fermement établi en jurisprudence que la demande de sursis était irrecevable en l'absence d'un recours principal, c'est-à-dire, en fait, en l'absence de recours contentieux[7]. Le juge administratif déclarait en effet qu'une « *demande de sursis à exécution est essentiellement une demande accessoire, incidente dans le recours contentieux* »[8], et, dans l'affaire LELE Gustave[9], il avait précisé que « *la procédure de sursis à exécution est fonction d'une procédure déjà pendante* », c'est-à-dire en cours devant la juridiction administrative[10].

La solution retenue par le juge de l'affaire SIGHOKO, pour le moins déroutante à la lumière de la jurisprudence antérieure, était donc très discutable au regard des dispositions de l'article 16 alinéa 2 de la loi n°75/17 du 08 décembre 1975. L'on peut imaginer sans peine qu'elle aurait été annulée par l'Assemblée plénière de la Cour Suprême si elle avait été saisie de cette ordonnance en appel.

Dans l'espèce annotée, le juge avait, en outre, affirmé la spécificité du mécanisme de l'autorisation tacite.

---

[7] Voir par exemple, C.S.P. C.A, ordonnance de sursis n°39 du 28 juin 1996, AHANDA Dieudonné c/ Etat du Cameroun (ci-après désigné E.C) : « *attendu que le requérant a saisi directement le juge administratif sans avoir au préalable introduit un recours contentieux. Que ce faisant, sa demande, qui n'a pas respecté l'esprit de la loi ... doit être irrecevable* ».

[8] C.S.P. C.A, ordonnance de sursis n°77-78, NGANKEU Pierre c/ E.C.

[9] C.S.P. C.A, ordonnance de référé n°7/1977-1978.

[10] Aux termes de l'article 17 de la loi n°75/17, « la demande en sursis peut être formée en même temps que la demande principale et par la même requête ».

II. Le président de la chambre administrative consacre la spécificité de l'autorisation tacite

L'autorisation tacite naît de l'écoulement du délai prescrit, sans qu'il y ait lieu pour le juge de rechercher la cause du silence de l'administration pour justifier l'annulation de la décision. Sa formation provoque en même temps le dessaisissement de l'autorité compétente et de son supérieur hiérarchique : tel est le sens d'une jurisprudence désormais bien fixée depuis l'affaire Dame MAYOUGA Yvonne **(B)**, que résume de manière fort claire le juge de l'affaire SIGHOKO Abraham **(A)**.

A. La solution retenue par le juge de l'espèce

L'autorisation tacite est une des concrétisations de la volonté récente des autorités publiques d'améliorer la situation des administrés dans leurs rapports avec l'administration. Cette règle nouvelle, « *qui accuse l'option libérale des pouvoirs publics camerounais, vise manifestement à contourner les blocages administratifs souvent motivés par des considérations politiques inavouées* »[11].

Le mécanisme de l'autorisation tacite procède en fait de la préoccupation de fixer le sort de la décision aussitôt que possible, afin que les situations juridiques soient définies et stabilisées avec célérité. Ainsi, en présence d'une situation justifiant un rejet ou une infirmation, « *l'administration ne peut s'en prendre qu'à elle-même si elle laisse s'écouler le délai qui lui est donné sans s'être prononcée. L'impasse dans laquelle elle se place est alors la sanction, voulue par la loi ou le règlement, de sa carence* »[12].Ce droit précieux accordé limitativement aux administrés, dans les principaux domaines touchant l'exercice des libertés publiques[13], constitue une source d'obligations nouvelles pour la puissance publique, parfois désemparée face à cet environnement changeant, tant la culture administrative dominante l'y a peu préparée.

On comprend dès lors pourquoi le juge de l'espèce, conscient du fait que les exigences du nouveau mécanisme n'étaient pas encore effectivement entrées dans les mœurs administratives, a conclu, dans des

---

[11] V. KAMTO M., « Quelques réflexions sur la transition vers le pluralisme politique au Cameroun », op.cit., p. 324.

[12] BERTRAND L., Conclusions sur Conseil d'Etat, Sect., 14 novembre 1969, Sieur Eve, S., p. 498, AJDA, 1969, p. 684.

[13] V. sur ce point KEUTCHA TCHAPNGA C., « L'autorisation tacite, cinq ans après sa consécration en droit positif camerounais »,, article précité.

termes qui se veulent pédagogiques, « *que le délai de 90 jours était largement dépassé* » sans que le requérant ait reçu de réponse et « *que dès lors il est en droit de s'installer sur un site crée* ».

Peut-être opportune en pratique, cette solution adoptée par le juge du sursis était contestable sur le plan juridique, en ce que le Président de la Chambre administrative avait pris position sur une question touchant le fond du droit.

On sait en effet que l'ordonnance de sursis à exécution doit laisser intacts les droits des parties sur le fond. Le problème principal ne doit pas être épuisé ; le litige ne doit pas être résolu.

Le juge de l'espèce, en se prononçant sur l'existence de l'autorisation tacite, a très certainement outrepassé ses pouvoirs de juge du provisoire pour se comporter ici en juge du fond du litige. Ce qui est fort regrettable.

Quoi qu'il en soit, on ne peut évidemment qu'être satisfait qu'il en ait ainsi été décidé, en dépit de la discrétion avec laquelle la solution est consacrée ; car l'inertie ou la carence de l'administration ne pourra plus être préjudiciable au postulant de l'autorisation. Celle-ci ne peut exceptionnellement être rapportée qu'à la suite d'un recours formé par un tiers, dont un des droits a été lésé après son intervention de manière implicite[14].

Il n'y a là, du reste, aucune innovation, car cette solution avait déjà été consacrée par la jurisprudence antérieure.

B. Sa conformité à la jurisprudence classique

Les conséquences de l'intervention de l'autorisation tacite ont été clairement mises en lumière par le juge l'affaire MAYOUGA Yvonne[15]. Les faits de l'espèce étaient suffisamment connus pour que l'on se limite à un bref résumé[16]

La requérante, Pharmacienne de formation, avait régulièrement introduit une demande d'autorisation d'ouverture d'une officine en clientèle privée à Yaoundé. Le Président du Conseil de l'ordre était tenu de se prononcer sur cette demande, dont il avait été saisi, au plus tard

[14] V. KEUTCHA TCHAPNGA C., « L'autorisation tacite… », article précité.

[15] Voir : ordonnance de sursis n°21 du 26 juillet 1992, Dame MAYOUGA Yvonne contre Etat du Cameroun (MINSANTE).

[16] Cf. Droit pour tous, septembre 1995, p. 6 qui rapporte le détail des faits.

dans un délai de quatre-vingt-dix jours. Le silence gardé par le Conseil de l'ordre valant acceptation implicite de la demande à l'expiration de ce délai, la postulante pouvait, de ce fait, s'installer sur l'un des sites créés et non occupés jusqu'alors.

Au lieu-dit « *Carrefour VOX DEI* », à Biyem-Assi (Yaoundé), il y avait un site attribué au Professeur KAYA NJIKAM Lawrence, site qu'il refusait d'occuper, même après mise en demeure. Se prévalant des dispositions de l'article 7 de la loi n°90/35 du 10 août 1990, la requérante a installé sa Pharmacie sur ce site le 02 juillet 1992. Cette installation avait été confirmée par une délégation du Ministère de la Santé Publique, présidée par le Délégué provincial.

Cependant, en exécution de la note de service n°1112 du 13 juillet 1992 signée par le Ministre de la Santé Publique, une autre délégation de ce ministère était venue sceller l'officine de Dame MAYOUGA, pour « *défaut de présentation de l'autorisation du Conseil de l'ordre des Pharmaciens* ».

Le 21 juillet 1992, Dame MAYOUGA a saisi, par les soins de son Conseil, la Chambre administrative pour voir son Président suspendre l'exécution de cette décision lui faisant grief. En ordonnant le sursis à exécution de la note litigieuse, le Président de la Chambre administrative avait, sur le point concernant notre étude, précisé à juste raison :

« *Qu'à la date du 02 juillet 1990, le délai de 90 jours prévu par la loi était largement dépassé et que la requérante n'avait toujours pas reçu de réponse ; que dès lors elle est en droit de s'installer sur le site créé* ».

Il convient enfin de citer une jurisprudence postérieure qui, bien que moins importante, concerne également le problème :

« *Attendu que (...) le dossier de l'UPC-MANIDEM a été déposé (...) le 18 août 1992 (...). Que conformément à la loi, au 19 novembre 1992 (soit trois mois), en raison du silence de l'administration, son existence légale était déjà acquise en dépit de la lettre dont il est demandé l'annulation* »[17].

Une solution analogue avait été retenue par la juge de l'affaire BELL BELL Jean-Marc contre Ordre National des Experts Comptables du Cameroun (ONECCA), objet du jugement n°02 du 24 novembre 2004.

[17] Cf. Affaire UPC-MANIDEM c/ Etat du Cameroun (MINAT), ordonnance n°02bis du 9 décembre 1992.

Les faits de l'espèce ressortaient de cette décision avec une précision suffisante et illustraient de façon typique les conséquences de l'intervention de l'autorisation tacite :

Sieur BELL BELL Jean-Marc, Expert-comptable professionnel, BP 4843, Yaoundé, avait déposé son dossier d'inscription au tableau de l'Ordre National des Experts Comptables du Cameroun (ONECCA) le 02 août 1988. N'ayant obtenu aucune suite après plusieurs mois, il considéra, conformément aux textes, que ce silence valait rejet de sa demande. Il saisit alors la Chambre administrative de la Cour Suprême, juridiction d'appel, d'un recours contre l'Ordre National des Experts Comptables du Cameroun (ONECCA) tendant à ordonner son inscription au tableau de cet ordre professionnel.

La Chambre administrative, faisant une saine lecture des textes, avait donné gain de cause au requérant en constatant son inscription d'office au tableau de l'Ordre National des Experts Comptables du Cameroun :

« *Attendu, disait en substance le juge de l'espèce, qu'aux termes de l'article 19 alinéa 4 de la loi n°85/11 du 11 Décembre 1985 fixant l'organisation de l'Ordre National des Experts Comptables du Cameroun, si la juridiction d'appel compétente ne prend aucune décision dans un délai de deux mois suivant sa saisine, le postulant est inscrit d'office au tableau de l'Ordre. Attendu qu'en l'espèce, la juridiction d'appel, notamment la Chambre administrative de la Cour Suprême, a été saisie le 12 janvier 1989 du présent recours. Attendu que le délai de deux mois imparti à la juridiction de céans pour statuer sur la demande en inscription au tableau de l'Ordre National des Experts Comptables du Cameroun (ONECCA), formulée par sieur BELL BELL Jean-Marc a été expiré depuis le 13 Mars 1989.* ***Qu'ainsi, l'inscription d'office du recourant au tableau de l'Ordre est acquise conformément aux dispositions de l'article 19 alinéa 4 de la loi n°85/ du 11 décembre 1985*** ».

Conclusion

La tendance à la régulation juridictionnelle de la société est en train de devenir si forte que le législateur sera de plus en plus amené à intervenir pour actualiser et corriger ou compléter les insuffisances ainsi que les incohérences de ses œuvres, mises constamment en lumière par les juges administratif de fond et d'urgence, en vue d'apporter des réponses adaptées aux besoins des justiciables, comme l'a si bien fait le juge de l'affaire SIGHOKO en s'écartant malheureusement du droit existant. Malgré tout, le législateur a en partie confirmé sa solution. On espère que s'établira dorénavant un dialogue où, cette fois ci, chacun (le législateur ou le juge) s'exprimera, en tenant compte de l'air du temps, dans l'ordre et à la place qui lui reviennent.

C. KEUTCHA TCHAPNGA et Edouard GNIMPIEBA TONNANG

44.

Liberté d'association – Recours en annulation d'un acte administratif – Incompétence – Violation de la loi — Non-respect des mesures d'urgence – Recevabilité – Oui – Annulation – Oui[1].

Cour Suprême. Président de la Chambre administrative, ordonnance n°06 du 30 novembre 1994, Église Presbytérienne Camerounaise contre État du Cameroun (MINAT) (Recours N° 541/94-95 du 1er novembre 1994)

Attendu que par requête en date du 31 octobre 1994, enregistrée au Greffe de la Chambre administrative de la Cour Suprême le 1er novembre 1994 sous le numéro 70, l'Église Presbytérienne Camerounaise (E.P.C.), ayant son siège social à Yaoundé B.P. 519 et élisant domicile à l'Étude de Maître Francis Georges N'THEPE, son Avocat B.P. 7842 Yaoundé, a introduit un recours tendant à l'annulation de l'arrêté provincial n° 535/AP/J/SG du 26 octobre 1994 portant interdiction des réunions de l'Assemblée Générale, du Conseil Général et de la Commission Juridique de l'Église Presbytérienne Camerounais dans la Province du Centre….

(…..). Attendu que le recours est recevable comme introduit conformément à l'article 13 (3) alinéa 2 de la Loi n° 90/053 du 19 Décembre 1990, la décision attaquée ayant été notifiée le même jour ;

Attendu qu'il résulte de l'article 13 (1 et 2) de la loi susvisée que seul le Ministre chargé de l'Administration territoriale peut, sur proposition motivée du préfet, suspendre, pour un délai maximum de trois mois, l'activité d'une association ou la dissoudre par arrêté ; encore que la loi n'a pas prévu le cas d'interdiction d'activité ;

Qu'il s'ensuit que le gouverneur de la Province du Centre est matériellement incompétent pour suspendre l'activité d'une association ou d'en ordonner la dissolution ou encore mois l'interdiction des activités de ladite association ;

Attendu qu'il y a lieu par conséquent d'annuler, pour vice de forme, la décision déférée. Attendu qu'il résulte du même texte de loi que le Président de la Chambre administrative de la Cour Suprême statue par ordonnance dans un délai de 30 jours ;

Mais attendu que le Président de la Chambre administrative de la cour Suprême qui n'est rentré d'une mission officielle que le 28 Novembre 1994 ne pouvait statuer dans le délai imparti à compter de l'enregistrement de la requête ;

Qu'il s'agit d'un cas de force majeure ;

Par ces motifs, décide :

– **Article 1er.** La requête est recevable en la forme. – **Article 2.** Elle est fondée et par conséquent l'arrêté provincial n°535/AP/SG du 26 octobre 1994 du gouverneur de la province du centre est annulé avec toutes les conséquences de droit.

---

[1] Note rédigée par M. Jean ESSOMBA NTSAMA, Assistant au Département de Droit public de l'Université de Dschang. F.S.J.P.

<u>**NOTE**</u>

L'ordonnance n°06/OSE/PCA/CS/94-95, Église Presbytérienne Camerounaise intervient dans un contexte particulier marqué par les transitions démocratiques. Au Cameroun ces transitions démocratiques ont conduit à l'élaboration d'un droit nouveau que la doctrine a qualifié de « *droit de la transition démocratique* »[2]. Parmi les éléments qui structurent ce droit figurent les libertés publiques.

Les libertés publiques « *opèrent comme des limitations des prérogatives du pouvoir exécutif et notamment de la police administrative en provoquant une définition concrète du régime de certaines activités* »[3]. Selon Maurice HAURIOU, les administrations publiques bénéficient de prérogatives limitées par des garanties accordées aux administrés[4]. Parmi ces garanties ne seront citées que l'existence de recours contentieux largement ouverts aux administrés et l'existence de Tribunaux Administratifs chargés du jugement de ces recours contentieux et par là d'un contrôle juridictionnel sur l'administration.

Au Cameroun, ces garanties sont consacrées par l'ordonnance n°72/6 du 26 août 1972 fixant l'organisation de la Cour Suprême, abrogée par la loi n° 2006/022 du 22 décembre 2006 fixant l'organisation et le fonctionnement des Tribunaux Administratifs et certains textes de portée spéciale.

Et c'est sur la base de ces garanties que l'Église presbytérienne du Cameroun (EPC), par l'intermédiaire de son conseil, avait saisi le Président de la Chambre administrative au moyen d'un recours tendant à l'annulation pour excès de pouvoir de l'arrêté provincial n° 535/AP/J/SG

---

[2] SINDJOUN Luc et Mathias OWONA NGUINI Eric, « Politisation du droit et juridicisation de la politique : l'esprit sociopolitique du droit de la transition démocratique au Cameroun », in Dominique DARBON et Jean Du Bois DE GAUDUSSON (dir), Paris, Karthala 1997, pp. 217-245. Ces auteurs définissent le « *droit de la transition démocratique* » comme l'ensemble des normes qui induisent une restructuration de la société politique dans le sens de la démocratie et de l'État de droit. C'est le droit qui transforme les conditions et formes d'exercice de l'activité politique, qui réorganise les relations entre les gouvernants et les gouvernés dans le sens du pluralisme politique, des libertés publiques.

[3] FAVOREU L et al., Droit des libertés fondamentales 1ère éd., Dalloz, 2000, p. 12.

[4] HAURIOU Maurice, Précis de droit administratif et de droit public, 12e éd., Sirey 1933, p. 8.

du 26 octobre 1994 portant interdiction des réunions de l'Assemblée Générale du Conseil Général et de la Commission Juridique de l'EPC.

De manière plus précise, l'EPC sollicitait l'annulation de l'arrêté du Gouverneur de la Province du Sud pour incompétence *ratione matériae*, violation de la loi et atteinte à la liberté d'association régie par la loi n°90/053 du 19 décembre 1990.

Le juge administratif prendra une ordonnance annulant l'arrêté provincial querellé. Cette ordonnance n'est que l'expression d'un libéralisme jurisprudentiel entamé depuis 1990. Elle « *s'inscrit dans la ligne d'une série de décisions qui, depuis 1990, ont pour objet de redonner au principe de légalité et au contrôle juridictionnel qu'il implique un rôle essentiel dans la défense des droits des citoyens face à la puissance publique* »[5].

L'ordonnance n°06/OSE/PCA/CS/94-95 contribue au renforcement du principe de la soumission de l'administration au droit à travers la préservation de la légalité administrative **(I)**, cependant elle est la traduction d'une certaine ''défectibilité'' dans la protection des droits et libertés fondamentaux **(II).**

I. La préservation de la légalité administrative

Même si l'avènement du juge constitutionnel traduit l'achèvement du processus de construction de l'État de droit, le juge administratif joue un rôle très important dans sa consolidation. Produit de la culture juridique et politique allemande, l'État de droit avait pour objectif de soumettre au contrôle juridictionnel les actes de l'administration. Il était défini comme synonyme de la soumission de l'administration au contrôle juridictionnel[6]. Règle fondamentale de l'action administrative[7], le principe de légalité est prévu en droit administratif camerounais[8]. Pour

---

[5] KEUTCHA TCHAPNGA Célestin, « Le juge administratif camerounais et la protection de la propriété privée face aux empiétements de l'administration : cas du Cameroun, AP Arrêt du 16 Août 1990, Albert ONO NGAFOR et État du Cameroun. Afrilex n°5

[6] KAARLO TUORI, « L'État de droit », pp. 644-670 in Michel TROPER et Dominique CHAGNOLLAUD (dir). Traité international de droit constitutionnel Tome 1, Paris, Dalloz 2012

[7] EISENMANN Charles, Cours de droit administratif, T1, Paris LGDJ, 1982 p 450.

[8] Dans l'affaire ACFRA c/ État du Cameroun jugement n°62/CS/CA/ du 25 septembre 1980, le juge administratif réceptionne la définition large du principe de légalité. Il faut

que sa violation soit sanctionnée par le juge administratif, les justiciables disposent d'une garantie à l'égard de l'administration : le recours pour excès de pouvoir. Considéré « *comme une des créations les plus intéressantes de la jurisprudence française* »[9], le recours pour excès de pouvoir est codifié en droit positif camerounais[10]. À la lecture des dispositions de l'article 9 al4 de l'ordonnance n°72/6 repris mutatis mutandis par l'article 2 de la loi n°2006/022 du 29 décembre 2006 fixant l'organisation et le fonctionnement des tribunaux administratifs, le vice de forme, l'incompétence, la violation d'une disposition légale ou réglementaire, le détournement de pouvoir sont constitutifs d'excès de pouvoir. L'ordonnance n° 06/OSE/PCA/CS/94-95 s'inscrit dans la logique de toutes les décisions du juge administratif camerounais qui sanctionne l'atteinte au principe de légalité. De manière plus concrète, cette ordonnance sanctionne l'incompétence (A) et la violation de la loi (B).

A. La sanction de l'incompétence

Lorsqu'une « *décision n'a pas été prise par l'autorité administrative qui avait qualité pour la prendre* », il y a incompétence. L'incompétence peut être *ratione materiae, ratione loci ou ratione temporis.* Mais l'on ne se limitera qu'à l'incompétence rationne materiae. Elle revêt deux modalités.

En ce qui concerne la première modalité, l'autorité administrative prend une décision dans un domaine qui relève de la compétence du législateur ou du juge, la doctrine[11] l'assimile à l'usurpation de pouvoir. L'usurpation de pouvoir consiste « *soit à usurper un droit de décision quand on n'en possède aucun, soit à exercer une attribution étrangère à l'autorité administrative en empiétant sur l'autorité législative, judiciaire ou gouvernementale* »[12].

---

dire que la doctrine administrativiste française entretient une controverse sur la définition de ce principe.

[9] Édouard LAFERRIERE, Traité de la juridiction administrative et des recours contentieux. P. 2

[10] Voir ord n°72/6 du 26 Août 1972 fixant l'organisation de la Cour Suprême (art. 9 al.4). Article repris *mutatis mutandis* par l'art 2 de la loi N°2006/022 du 29 décembre 2006 fixant l'organisation et le fonctionnement des Tribunaux Administratifs. Le juge administratif dans l'affaire MONKAM TIENTCHEU David a eu à réceptionner la jurisprudence du CE français, Ministre de l'agriculture c/ Dame Lamotte, 17 fév. 1950.

[11] LAFERRIERE E, Traité, op.cit.

[12] LAFERRIERE E, ibid.

Quant à la 2de modalité, l'autorité administrative empiète « *sur les attributions, différents des siennes, d'une autre autorité administrative* »[13]. C'est cette dernière modalité qui est sanctionnée dans l'affaire Église Presbytérienne camerounaise C/ État du Cameroun. Le juge affirme « Attendu qu'il résulte de l'article 13 (1 et 2) de la loi susvisée que seul le Ministre chargé de l'administration Territoriale peut, sur proposition motivée du préfet, suspendre pour un délai maximum de trois mois, l'activité d'une association ou la dissoudre par arrêté, encore que la loi n'a pas prévu le cas d'interdiction d'activité, qu'il s'en suit que le gouverneur de la province du centre est matériellement incompétent pour suspendre l'activité d'une association ou d'en ordonner la dissolution ». Dans cette espèce le juge administratif fait une bonne application de la loi. En effet la liberté d'association au Cameroun fait partie de ce que le doyen Hauriou appelle la « *liberté définie* ». Pour cet auteur il « *faut entendre par liberté définie une liberté dont on ne s'est pas borné à poser le principe, mais dont on a défini les limites* »[14].

En tant que liberté définie, la liberté d'association est consacrée par la loi n°90/053 du 19 décembre 1990. L'autorité compétente pour suspendre ou dissoudre une association est le Ministre de l'administration Territoriale tel que prévu par l'article 13 sus visé. La suspension intervient en cas de troubles à l'ordre public, la dissolution est prononcée lorsqu'une association s'écarte de son objet et dont les activités portent gravement atteinte à l'ordre public et à la sécurité de l'État[15]. Prendre une décision portant interdiction des réunions de l'Assemblée Générale, du Conseil Général et la Commission Juridique de l'EPC comme l'a fait le Gouverneur est une manifestation de l'incompétence. Une telle décision est illégale, le doyen Hauriou affirme dans ce sens que « *toute disposition réglementaire en contradiction… avec une liberté définie consacrée par une loi est frappée d'illégalité si d'ailleurs, elle n'a pas été prise en vertu d'une autre disposition de loi* »[16].

Si l'annulation de la décision querellée est fondée en droit, l'on est tout de même perdu lorsque le juge affirme « … *qu'il y a lieu par*

---

[13] CHAPUS René Droit administratif général, T1, 15e éd. Domat Montchrestien, p. 1024.
[14] HAURIOU M, Précis de droit administratif, op.cit., p. 567.
[15] Voir ord. n° 29 du 26 septembre 1991 OCDH (organisation camerounaise des droits de l'homme) c/ État du Cameroun. Ord n° 20 du 26 septembre 1991 Kom Ambroise c/ État du Cameroun. Ord. n° 21 du 28 septembre 1991 Cap Liberté c/ État du Cameroun.
[16] Maurice Hauriou, Précis de droit administratif, op.cit., p. 567.

conséquent d'annuler pour vice de forme, la décision déférée ». Le vice de forme est relatif à la « *présentation extérieure de l'acte par lequel la norme est édictée »*[17]. Il suppose le non-respect par l'administration des formalités qui conditionnent la prise d'une décision. Dans le cas d'espèce l'on ne peut pas rattacher l'annulation à un vice de forme comme le fait à tort le Président de la Chambre administrative. L'on pense que le vice de forme ne peut être décelé que lorsque l'auteur de la décision est préalablement compétent. Au-delà de l'incompétence, le juge sanctionne la violation de la loi.

B. La sanction de la violation de la loi

La violation de la loi est une illégalité interne. René CHAPUS fait une distinction entre l'illégalité en raison du contenu de l'acte et l'illégalité en raison des motifs de l'acte. L'illégalité en raison du contenu de l'acte est invoquée lorsque la norme édictée n'est pas « *conforme à la légalité et plus précisément aux normes qui lui sont supérieures* ».

L'illégalité en raison des motifs[18] de l'acte est relative à l'erreur de droit, à l'erreur de qualification juridique des faits et à l'erreur de fait.

L'erreur de droit est constatée lorsque la décision est dépourvue de base légale. Elle est rattachée soit à une norme inexistante [19] soit à une norme inapplicable. L'erreur de droit est aussi admise dans le « *rattachement des dispositions édictées à une norme illégale* »[20], ou dans le « *rattachement des dispositions édictées à une norme applicable et régulière, mais inexactement interprétée par l'auteur de l'acte* »[21].

L'erreur de qualification juridique des faits, et l'erreur de fait sont également des modalités de l'illégalité en raison des motifs de l'acte. Quelques associations avaient été dissoutes par le Ministre de

---

[17] CHAPUS, Droit administratif, op.cit., p. 1037.

[18] Pour définir les motifs. EISENMANN établit une distinction entre le sens psychologique et le sens logique ou normatif. Au sens logique ou normatif, les motifs sont des considérations de fait et les considérations de droit qui conduisent à la décision proprement dite. Voir Charles EISENMANN, cours de droit administratif, tome 2, p. 284 et suiv.

[19] Voir ord. N°25/CS/PCA/91-92 Regroupement Démocratique pour la République (RDR) c/. Etat du Cameroun MINAT. Ord N°26/CS/PCA/91-92. Programme social pour la liberté et la Démocratie (PSLD) c/. Etat du Cameroun.
ord. n°28/CS/PCA/91-92. Union Nationale Camerounaise (UNC) c/. Etat du Cameroun.

[20] CHAPUS R, Droit administratif général, op.cit., p. 1041.

[21] CHAPUS R, Droit administratif général, ibid.

l'Administration Territoriale en 1991. L'administration les reprochait de participer à des activités contraires à leur objet statutaire, activité susceptibles de porter atteinte à l'ordre public et à la sécurité de l'État. Ces associations avaient saisi le juge administratif pour qu'il se prononce sur la validité des actes de l'administration. Le juge a cependant confirmé l'arrêté du Ministre en déboutant les plaignants[22]. La doctrine administrativiste souligne que la décision du juge est plus politique que juridique, seulement le juge n'a pas recherché si les faits reprochés aux associations constituaient un trouble ou une menace à l'ordre public. Il a refusé de contrôler l'opportunité de leur dissolution[23]. La critique doctrinale sus visée pose le problème de la qualification juridique des faits[24]. Dans le cadre d'une erreur de qualification juridique des faits, le juge peut procéder à une « *substitutions de motif* »[25] ou à « *leur neutralisation* »[26].

Dans l'erreur de fait, le juge effectue un contrôle de l'exactitude matérielle des faits.

Dans le cas d'espèce (aff. Église Presbytérienne), la violation de la loi N° 90/053 relative à la liberté d'association, sanctionnée par le juge concerne l'illégalité en raison du contenu de l'acte. En guise de rappel, elle intervient dans le cas où la norme édictée n'est pas conforme à la légalité et plus précisément aux normes qui lui sont supérieures ». L'arrêté du gouverneur est contraire à l'article 13 (1.2) de la loi N° 90/053. « *Attendu qu'il résulte de l'article 13 (1.2) de la loi sus visée que seul le Ministre chargé de l'Administration Territoriale peut sur proposition motivée du Préfet suspendre pour un délai maximum de trois mois, l'activité d'une association ou la dissoudre par arrêté, encore que la loi n'a pas prévu le cas d'interdiction d'activité..* ».

---

[22] Affaire OCDH, KOM Ambroise, Cap Liberté précitée.

[23] GUIMDO B.R, Le juge administratif camerounais et l'urgence. Recherche sur la place de l'urgence dans le contentieux administratif camerounais. Thèse de Doctorat d'Etat, précitée, p. 209 et s.

[24] CE 4 avril 1914 Gomel

[25] CHAPUS R, Droit administratif général, op.cit., p. 1045.

[26] CHAPUS R, ibid.

En droit administratif camerounais, le juge dans l'affaire Divine Kingdom People, avait procédé à une clarification des motifs de refus, voir B-R. GUIMDO, le juge administratif, op.cit.

La « substitution de motif » fut opérée dans l'affaire Front patriotique pour le salut du peuple camerounais, (FPSPC) voir B.R GUIMDO le juge administratif, ibid.

Il s'agit d'une sanction implicite de la violation de la loi par le gouverneur de la province du Centre. Le juge n'ayant pas suffisamment développé ou discuté ce grief qui avait pourtant été clairement soulevé par la demanderesse.

L'ordonnance n° 06/OSE/PCA/94-95 vient juste s'ajouter à une longue liste de décisions du juge administratif où ce dernier se présente comme un défenseur de la légalité. Bien que cette ordonnance soit louable sur le terrain de la légalité, elle est légèrement défectible sur le terrain des droits et libertés fondamentaux.

II. Une certaine défectibilité dans la protection des droits et libertés fondamentaux

Le droit administratif « *ne cherche pas seulement à assurer à l'action administrative l'épanouissement qui lui permet de réaliser ses fins d'intérêt général. Il tend aussi à protéger l'individu contre les emprises d'un pouvoir toujours redoutable pour les droits et libertés* individuels »[27] affirme Prosper Weil. De manière plus concrète la protection des droits et libertés est principalement l'œuvre du juge. Il est le garant par excellence des droits et libertés de la personne humaine. Dans l'affaire Église presbytérienne camerounaise, le juge réaffirme sa volonté de protéger la liberté d'association **(A)** ; l'on note cependant une légère carence dans l'application des mesures d'urgence **(B).**

A. La réaffirmation de la protection juridictionnelle de la liberté d'association

Le régime des associations laïques et religieuses est fixé par la loi N° 90/053 du 19 décembre 1990 modifiée par celle N° 99/14 du 22 décembre 1999. Les associations politiques quant à elles sont aménagées par la loi N° 90/056 du 19 décembre 1990. La liberté d'association au-delà de son aménagement législatif est consacrée par le préambule de la constitution. Elle est définie comme la liberté laissée aux individus de se regrouper pour mettre en commun « *d'une façon permanente leurs connaissances ou leurs activités dans un but autre que de faire des bénéfices* »[28].

---

[27] WEIL Prosper, Le droit administratif. Que sais-je 12ᵉ éd. Paris, PUF 1987, p. 77.

[28] Lire FAVOREU Louis et al, Droit des libertés fondamentales, op.cit., p. 204, loi N° 90/053 du 19 décembre 1990.

Depuis 1990, le juge administratif a de manière constante protégé la liberté d'association. L'affaire Église presbytérienne camerounaise vient réaffirmer le statut du juge administratif camerounais comme garant des droits et libertés, et plus spécifiquement de la liberté d'association. Au-delà de cette affaire, le juge administratif a eu à connaître du contentieux de la reconnaissance, de la suspension et de la dissolution des associations.

La jurisprudence camerounaise est assez riche en matière de reconnaissance des partis politiques[29]. Dans le cadre de cette note de jurisprudence, l'on se limitera à quelques décisions parmi celles énumérées infra.

Dans l'affaire Regroupement Démocratique pour la République (RDR), le requérant a intenté un recours tendant à l'annulation de la lettre N°34 95/L/MINAT/DAP/SDLP du 19 juin 1992 refusant la légalisation dudit parti. Le motif soulevé par l'administration est le suivant : le mémorandum versé par le requérant au dossier reprend les dispositions des projets de société d'autres partis politiques. Le juge administratif saisi donnera gain de cause à la partie demanderesse en ces termes : « …, *Attendu que pour refuser la légalisation du RDR, le Ministre de l'Administration Territoriale donne dans la lettre incriminée le motif suivant : « le mémorandum versé au dossier reprend les dispositions des projets de société des autres partis politiques ». Attendu qu'aux termes de l'article 9 de la loi susvisée, ne peut être autorisé tout parti politique qui porte atteinte à l'intégrité territoriale, à l'unité nationale à la forme républicaine de l'État, à la souveraineté nationale et à l'intégrité nationale notamment par toutes sortes de discriminations basées sur les tribus, les provinces, les groupes linguistiques ou des confessions religieuses. Prône le recours à la violence ou envisage la mise sur pied d'une organisation militaire ou paramilitaire. Reçoit les subsides de l'étranger ou dont l'un des dirigeants statutaires réside à l'étranger… Que c'est vainement qu'on rechercherait dans cette énumération exhaustive et limitative le cas de « reprise des dispositions des projets de*

[29] Ord. N°02/O/PCA/CS Union des Populations du Cameroun Manidem (UPC-Manidem) c/. Etat du Cameroun (MINAT) ; Ord N° 26/CS/PCA/91-92. Programme Social pour la Liberté et la Démocratie (PSLD) c/ Etat du Cameroun ; Ord N° 25/CS/PCA/91-92, Regroupement Démocratique pour la République (RDR) c/ Etat du Cameroun (MINAT) ; Ord. N° 32/CS/PCA/91-92, Divine Kingdom People's party c/Etat du Cameroun ; ord. N° 28/CS/PCA/91-92, Union Nationale Camerounaise (UNC) c/ Etat du Cameroun.

société des autres partis politiques... Attendu que dès lors la décision attaquée est entachée d'excès de pouvoir donc illégale et encourt de ce fait l'annulation avec toutes les conséquences de droit ».

Dans l'affaire UPC-Manidem, le juge a tenu compte de la théorie des *actes implicites*. Le requérant avait saisi la chambre administrative pour demander l'annulation de la lettre N° 68 74/L/MINAT/DAP/SDLP/SACJ du 22 septembre 1992 du Ministre de l'Administration Territoriale refusant la légalisation du parti susvisé. Ayant déposé une demande restée sans suite pendant un délai de trois mois, l'UPC Manidem informait l'administration qu'il a pris acte de son silence et que ce silence conformément à l'art. 7 al.2 valait autorisation d'exercer ses activités. À la suite de cette démarche auprès des services du gouverneur, l'UPC recevra une lettre de l'administration lui refusant l'existence légale au motif que sa dénomination est de nature à créer la confusion avec l'Union des Populations du Cameroun (UPC) déjà reconnue et dont le sigle est juridiquement protégé à l'organisation africaine de la propriété intellectuelle (OAPI). Le juge sanctionnera la décision de l'administration : « attendu qu'aux termes de l'article7 (2) de la loi N° 90/056 « *en cas de silence gardé pendant 3 mois à compter de la date de dépôt du dossier auprès des services du gouverneur territorialement compétent, le parti est réputé exister légalement ... Que dans le cas d'espèce conformément à la loi, l'existence légale de l'UPC Manidem était déjà acquise en dépit de la lettre dont il est demandé annulation fabriquée pour les besoins inavoués, mais surement dans l'intention de nuire... Attendu par conséquent qu'en essayant maladroitement d'ailleurs de justifier son refus de légaliser un parti politique dont l'existence légale est désormais acquise... La décision attaquée est illégale et encourt par conséquent annulation* ». Dans cette décision le juge rappelle à l'administration que tout parti politique doit être légalisé dès lors qu'il se conforme à la loi[30].

Dans l'affaire UNC (Union Nationale camerounaise Stanley Akuete Akondi) le juge s'est toujours présenté comme le gardien de la liberté d'association. Dans cette espèce, le requérant a saisi la chambre administrative pour solliciter l'annulation de la lettre n° 1951/L/MINAT/DAP/SDLP/ refusant la légalisation du parti politique Union Nationale Camerounaise. L'administration invoque le motif selon

[30] Bernard Raymond GUIMDO, observations UPC-Manidem, op.cit., juridis info N° 16, p. 58.

lequel « *l'UNC ne peut être légalisée en raison de sa dénomination Union Nationale Camerounaise et sa devise Paix – Travail – Patrie qui n'est autre que celle de la République du Cameroun.* » Malgré la modification de la devise contestée, le Ministre de l'Administration Territoriale a réitéré son refus de légaliser le parti susdit s'il n'y avait pas un changement de dénomination. En se fondant sur les motifs de refus prévus par l'article 9, le juge déclare « *Attendu que pour refuser la légalisation de l'UNC, le Ministre de l'Administration Territoriale donne le motif suivant : ce parti ne peut être légalisé en raison notamment de sa dénomination Union Nationale Camerounaise ... Attendu qu'en justifiant le refus de légalisation par les motifs sus énoncés la décision attaquée a ajouté à la loi et par conséquent est entachée d'excès de pouvoir : par conséquent la lettre querellée est annulée* ». Le juge de l'espèce a fait une saine application de la loi ; car il a non seulement remis sur le tapis le problème de la soumission de l'administration au droit, mais s'est aussi affirmé comme protecteur des libertés[31].

Quant à la suspension et à la dissolution des associations, le juge a également eu à connaitre de certaines affaires y relatives. À titre d'illustrations jurisprudentielles, on peut évoquer les affaires OCDH, Kom Ambroise et CAP liberté précitées. Dans ces affaires, le juge rappelle qu'il n'est pas seulement le gardien des libertés, mais aussi le gardien de la légalité. Avant 1990, le juge administratif avait adopté cette posture dans l'affaire de l'association des Témoins de Jehovah[32]. Ces affaires démontrent que la protection de la liberté d'association ne peut être opératoire que dans la mesure où les activités de l'association s'exercent dans le cadre de la légalité.

L'ordonnance N° 06 (Église Presbytérienne) est une manifestation de la réaffirmation de la protection juridictionnelle de la liberté d'association au Cameroun. Mais louable soit-elle, elle se caractérise par une légère carence dans l'application des mesures d'urgence.

---

[31] Bernard Raymond GUIMDO, observations UNC, op.cit., juridis info N° 19, p. 27.

[32] Arrêt N° 194/A/CFJ/CAY du 25 mai 1972 NANA TCHANA Roger c/. Etat du Cameroun.
Jugt n° 179 CAY du 29 mars 1972 MOUELLE KOULA Eitel c/. Etat du Cameroun confirmé en Appel : Arrêt N° 1/A du 9 janvier 1975, Arrêt N° 6/A du 8 décembre 1973.

B. Une légère carence dans l'application des mesures d'urgence

Le contentieux des libertés publiques[33] au Cameroun et plus spécifiquement de la liberté d'association participe d'un élargissement du

---

[33] La notion de liberté publiques est une notion incertaine (Lire Léopold DONFACK SOKENG, « Les incertitudes de la notion de « libertés publiques ». Anales de la Faculté des Sciences juridiques et politiques, Tome 1 V2 PUAF 1997 pp23-38, une notion en crise (voir Jean MORANGE « la crise de la notion de liberté publique » Mélanges en hommage à Roland DRAGO, l'unité du droit Economica 1996 pp. 91-117.

Depuis le début des années 1990 en France, les cours de « libertés publiques » ont été progressivement dénommés « Droit des libertés fondamentale ». Ce changement de dénomination pour Véronique Champeil DESPLATS est perçu comme « *porteur de glissements tant du point de vue de la dénotation que de la connotation* » (Champeil Desplats ''Des libertés publiques'' aux droits fondamentaux : effets et enjeux d'un changement de dénomination » jus politicum n° 05, 2010, p. 4.

Malgré le flou qui enveloppe aussi la notion même de droits fondamentaux (Jean RIVERO in Louis FAVOREU (Dir), cours constitutionnelles européennes et droits fondamentaux. Aix Marseille, 1982, ; Louis FAVOREU et al affirment qu'il est impossible de mélanger les deux notions bien que procédant d'un « *héritage commun* ». Pour ces auteurs, les perspectives de départ sont très différentes ainsi que les niveaux normatifs – infra législatif ou législatif pour les libertés publiques, supra législatif pour les libertés fondamentales, mais en outre leur mode opératoire est distinct :les libertés publiques opèrent comme des limitations des prérogatives du pouvoir exécutif et notamment de la police en provoquant une définition concrète du régime de certaines activités ; tandis que les droits fondamentaux sont, en quelque sorte des créateurs de « reflexe » ou des « germes » ou encore des « sources de rayonnement » destinés à faire évoluer les concepts de base des diverses matières concernées. En outre les droits fondamentaux ne peuvent être placés au sommet d'édifices ou d'empilements de couches successives que sont devenues aujourd'hui les libertés publiques… les droits fondamentaux sont situés en amont, et non pas en aval, en ce sens que toute discipline devrait, au moment d'être enseigné, être déjà « ensemencée » par les droits fondamentaux » (lire Louis FAVOREU et Al, Droit des Libertés fondamentales, op.cit., p. 12.)

Dans un colloque international tenu à l'Île Maurice du 29 septembre au 1er septembre 1993 ; Louis FAVOREU a dégagé 3 critères pour saisir la notion de droit fondamental : la protection non seulement contre le pouvoir exécutif mais aussi et surtout contre le pouvoir législatif, la protection non seulement en vertu de la loi, mais aussi et surtout en vertu de la constitution et des textes internationaux ou supranationaux. La protection non seulement par l'intervention des juges ordinaires, mais aussi par celle d'un juge constitutionnel et des juges internationaux. (lire Louis FAVOREU « Universalité des droits fondamentaux et diversité culturelle » in l'effectivité des droits fondamentaux dans les pays de la communauté francophone, colloque international de l'Île Maurice, 29 septembre – 1er octobre 1993. Ed AUPELF UNEF 1994, p. 43.

Malgré les efforts de clarification terminologique opérée par la doctrine, une certaine incertitude est entretenue entre les notions de libertés publiques et de libertés fondamentales.

« *domaine contentieux par dévolution légale spécifique* »[34]. Avant la promulgation de la loi N° 2006/022 du 29 décembre 2006 fixant l'organisation et le fonctionnement des tribunaux administratifs, la base juridique des dévolutions spécifiques de compétence était l'article 32 de la constitution du 2 juin 1972 qui disposait que la Cour Suprême est également compétente pour connaître des litiges « *qui lui sont expressément attribués par la loi* »[35], disposition reprise par l'article 9 al.2 de l'ordonnance N°2006/022 du 29 décembre 2006, l'on peut néanmoins s'interroger sur le fondement juridique des attributions légales de compétence aux tribunaux administratifs. À la lecture de cette loi, il n'y a aucune disposition leur conférant expressément une dévolution légale de compétence. Le Pr. Joseph OWONA pense que les tribunaux administratifs crées en 2006 pourraient bénéficier des attributions de compétence en vertu de l'article 2 alinéa d de la loi n°2006/022, car cet article reconnait la compétence des tribunaux pour les « *litiges intéressant les opérations du maintien de l'ordre* ». Mais ce point de vue peut être discuté…

À la lecture de la loi N° 90/053 du 19 décembre 1990, le contentieux de la liberté d'association et plus généralement des libertés publiques comme le note le Pr. Bernard Raymond GUIMDO est caractérisé par la prise en compte de l'urgence[36]. L'urgence se manifeste par l'exclusion de l'exigence de l'introduction d'un recours gracieux préalable, la réduction des délais de saisine et d'instance contentieux. C'est ce dernier aspect qui présente un intérêt pour cette étude. Aux termes de l'article 13 al.3 de la loi N° 90/053 « Par dérogation à l'article 12 de l'ordonnance 72/6 du 26 août 1972 fixant l'organisation de la Cour Suprême, les actes prévus aux al.1 et 2 ci-dessus sont susceptibles de recours, sur simple requête, devant le président de la juridiction administrative.

Ce recours doit intervenir dans un délai de (10) jours à compter de la date de notification à personne ou à domicile.

Le président statue par ordonnance dans un délai de dix (10) jours ».

Mais dans le cas d'espèce, le juge de l'urgence n'a pas respecté le délai d'instance qui lui est imposé par la loi. Il a statué au-delà du délai

---

[34] ABA'A OYONO Jean-Calvin La compétence de la juridiction administrative en droit camerounais thèse de doctorat 1994.

[35] L'article 40 de la loi N°96/06 reprend aussi cette disposition : la chambre administrative « connait de tout autre litige qui lui est expressément attribué par la loi ».

[36] GUIMDO B.R., Le juge administratif et l'urgence. Op cit p. 225, & s.

imparti : « ... *Attendu qu'il résulte du même texte de loi que le Président de la Chambre administrative de la Cour Suprême statue par ordonnance dans un délai de 30 jours*[37]. *Mais attendu que le président de la chambre administrative de la cour suprême qui n'est rentré d'une mission officielle que le 28 novembre 1994 ne pouvait statuer dans le délai imparti à compter de l'enregistrement de la requête. Qu'il s'agit d'un cas de force majeure* »[38].

Il faut souligner avec emphase que le non-respect des délais d'instance impartis par la loi enlève aux mesures d'urgence l'effet qu'elles sont censées rechercher. Ce non-respect édulcore l'essence même d'une mesure d'urgence. Les mesures d'urgence répondent à un souci d'efficacité de la justice. Cette efficacité est tributaire de la rapidité des procédures, car le déni de justice au sens strict s'apparente au cas de refus brutal de statuer ou de retard à juger les affaires en l'état[39].

L'impact négatif du non-respect des délais d'instance n'est pas perceptible dans le cas d'espèce ; cet impact négatif peut l'être sur le terrain de certains droits et libertés fondamentaux, en l'occurrence la liberté de communication sociale.

La liberté de communication sociale est régie par la loi N° 96/04 du 04 janvier 1996, modifiant certaines dispositions de la loi N° 90/059. Aux termes de l'article 17, en cas de saisie ou d'interdiction d'un organe de presse, le Directeur de la publication saisit le juge compétent en référé d'heure en heure ou suivant les dispositions légales analogues en vigueur dans les provinces du Nord-Ouest et du Sud-Ouest. Le référé est une procédure contradictoire grâce à laquelle une partie peut dans certains cas obtenir d'un magistrat unique une décision rapide. Le magistrat sollicité peut prendre des mesures conservatoires ou ordonner des remises en état afin de prévenir un dommage imminent. Dans la mesure où les produits de la presse sont des denrées périssables, il serait très désastreux pour un Directeur de publication de voir un juge invoqué une force majeure pour justifier la carence dans le respect des mesures d'urgence instituées par la loi. Comme l'affirme Jacques GEORGEL un « *délai qui s'éternise enlève à la décision efficacité et crédibilité... cette carence dans l'accomplissement de la mission juridictionnelle revêt un caractère de*

[37] Il y a à ce niveau une erreur matérielle, la loi n° 90/053 parle d'un délai de 10 jours.
[38] La requête fut enregistrée le 1er novembre 1994.
[39] FAVOREU L, du déni de justice en droit public français, Paris, LGDJ, 1965, p. 14.

particulière gravité quand elle se place dans le domaine des libertés fondamentales »[40].

Du point de vue prescriptif, les juges garants par excellence des droits et libertés sont amenés à respecter les mesures d'urgence instituées. Cela participe d'une bonne administration de la justice et conforte le droit d'accès à la justice[41].

Dans la mesure où l'on ne peut concevoir un État de droit sans une protection juridictionnelle des droits et libertés, le juge dans les États africains doit être comme dans les démocraties avancées un de ses promoteurs tant du point de vue formel que substantiel. L'ordonnance 06/OSE/PCA/94-95 participe malgré quelques réserves de cette mission de promotion et de consolidation de cette doctrine de limitation du pouvoir.

Jean ESSOMBA NTSAMA

---

[40] GEORGEL Jacques. « Le juge et la montre, Études en l'honneur de Georges Dupuis, p. 116 et suiv.

[41] Sur le droit d'accès à la justice administrative au Cameroun, lire GUIMDO B.R « Le droit d'accès à la justice administrative au Cameroun, contribution à l'étude d'un droit fondamental » Revue africaine des sciences juridiques de la FSJP de l'université de Yaoundé II. Vol.4, n°1, 2007, p. 475.

SECONDE PARTIE

LES *GRANDES DÉCISIONS* RELATIVES AUX CONTRATS ADMINISTRATIFS

L'État en Afrique subsaharienne avait toujours estimé qu'il devait être, pour le secteur économique, plus qu'une autorité de tutelle, un tuteur devant paternellement le guider. Aujourd'hui est, officiellement, celui des temps nouveaux et le terme de *partenaire* paraît résumer la nouvelle symbolique des rapports entre l'État et l'économie.

Le partenaire, « *c'est celui avec lequel on affronte des adversaires, celui sans lequel on ne peut pas jouer, celui sans lequel on ne peut pas exister* »[1].

Appliquée à notre domaine, l'idée de partenariat a pris la forme de la contractualisation, dont on peut en trouver les prémisses dans les contrats de performance[2] qui ont connu leur vogue dans les années quatre-vingt.

En effet, la décision unilatérale, qui constituait le moyen privilégié de l'action administrative et l'expression ouverte d'une volonté de diriger l'activité économique, avait pris son essor et connu sa gloire après la mise en place du système *jacobin* qui est autoritariste par les principes de hiérarchie, de subordination et d'uni personnalité du pouvoir qu'il établit, système jadis légué par l'Administration coloniale aux États africains.

Or, il ne fait aucun doute que la décision unilatérale a perdu aujourd'hui de son ancienne *majesté*, en raison notamment du développement et de la vogue de la contractualisation, phénomène nouveau en droit public camerounais qui se caractérise par deux traits essentiels : *le premier* est la multiplication des contrats entre les personnes publiques. *Le second trait de la contractualisation* est qu'elle a pris, dans les relations entre l'État et les personnes privées, une grande ampleur et des formes diverses : *location-gérance d'entreprises, de*

---

[1] PONTIER Jean Marie, « La décentralisation et le temps », RDP, 2OOO, p. 1225.

[2] Les contrats de performance, relève à juste titre M. François BAMBOU, « *formalisaient un programme de redressement conclu entre certaines entreprises publiques et le Gouvernement. Ces programmes de redressement bénéficiaient d'un concours financier substantiel de l'Etat et il est utile de remarquer que les fruits en ont été plutôt maigres. C'est donc avec l'échec de ces premières mesures de redressement des entreprises du portefeuille de l'Etat en difficulté que l'Etat songe enfin à la solution de la privatisation* », in « La longue marche vers la privatisation », Les Cahiers Economiques de l'Expression du Mercredi 28 avril 1999, p. 5.

matériels ou d'actifs appartenant à l'État, contrat de partenariat, contrat de ville, contrat d'affermage, concession de service public ou de travaux publics[3], *mandat, marchés publics*[4].

Cette contractualisation des rapports dans lesquels l'institution étatique se trouve impliquée découle en partie d'une fonction sociale nouvelle de l'État qui a fait son apparition au lendemain des mouvements de déréglementation et de privatisation et qui apparaît comme corollaire de ceux-ci :*la fonction d'incitation.* Dans une certaine mesure, le recours à la contrainte est devenu inapproprié et la dissuasion est remplacée par l'incitation, la concertation, voire la séduction.

Les impératifs du marché et du rendement ont ainsi été à l'origine de l'avènement de « *l'État séducteur* ». Plus que jamais soucieux de se faire aimer, il lui faut se prêter aux jeux de la séduction. « *Il s'y emploie, s'exerce aux changements d'image (...), à d'autres manières de communiquer, apprivoisant le langage des commerçants jusque dans sa dimension publicitaire. Le succès du partenariat ou de l'administration conventionnelle montre que ces efforts ne sont pas vains* »[5].

Passer, dans les relations entre l'État et l'économie, de la conception de *tuteur tout puissant à celle de partenaire* est un changement d'état d'esprit considérable qui n'est pas encore totalement achevé.

À l'évidence, comme ont judicieusement relevé des auteurs, « *l'État ne se détermine plus en lui-même, mais en relation avec des partenaires avec lesquels il forme un système de jeu coopératif plus qu'hiérarchique...(il) semble perdre en unité et en pouvoir direct de type hiérarchique, mais gagné en capacité de coordination, d'incitation et de stratégie au service d'une autre politique* »[6].

---

[3] Sur la vogue actuelle de la concession, V. SIETCHOUA DJUITCHOKO C, « Recherche sur la concession en droit administratif camerounais dans le contexte de libéralisation économique de la fin du XXé siècle », Recht in Africa 2002, pp. 229-251 et KEUTCHA TCHAPNGA C, « Les mutations récentes du droit administratif camerounais », Revue électronique AFRILEX, Bordeaux, 2OOO, pp. O-22.

[4] Aux termes de l'article 5 (1)du décret n°2OO4/275 du 24 septembre 2OO4 portant Code des marchés publics, un Marché Public est *un contrat écrit, passé conformément aux dispositions du présent Code, par lequel un entrepreneur, un fournisseur ou un prestataire de service s'engage envers l'Etat, une collectivité territoriale décentralisée, un établissement public ou une entreprise du secteur public ou parapublic, soit à réaliser des travaux, soit à fournir des biens ou des services moyennant un prix.*

[5] CAILLOSSE Jacques, « Droit public-droit privé : sens et portée d'un partage académique », A.J.D.A., 20 décembre 1996, pp. 955-964, p. 962.

[6] Bertrand BELLON, CAIRE Guy, CARTELIER Lysiane, FAUGERE Jean Pierre, VOISIN Collette, (Sous la coordination de), L'Etat et le marché, Paris, Adis et Economica, 1994, p. 11.

À y regarder de près, la clarté du droit n'y gagne pas. La multiplication des relations contractuelles, qui présente par ailleurs des avantages pour l'État et pour ses partenaires, ne soulève pas moins de réelles difficultés du point de vue de l'analyse juridique. L'habitude qui a été prise de qualifier de contrats certaines actions communes ou conjointes signifie-t-elle que l'on se trouve en présence d'un contrat au sens juridique du terme ? Il serait hâtif de conclure trop vite par l'affirmative.

Si dans certains cas, comme la concession ou le mandat, on est en face de véritables contrats, dans d'autres la nature contractuelle des actes en cause est douteuse. Il en est ainsi notamment lorsque les procédés employés par la puissance publique s'éloignent d'une attitude de contrainte et de prescriptions imposées pour s'orienter vers la recherche de dialogues, d'actions concertées ou négociées. Ces procédés n'ont qu'une apparence contractuelle. Ils s'analysent, en règle générale, comme des actes-conditions, dans la mesure où ils déclenchent l'application d'un statut, d'origine légale ou conventionnelle, mais préalablement établie.

L'objet même des conventions exclut parfois leur caractère contractuel. C'est le cas des accords relatifs à l'impôt qui prennent, par exemple, la forme d'agréments fiscaux permettant aux opérateurs économiques, en contrepartie de certaines réalisations définies en accord avec l'administration, de bénéficier d'exonérations fiscales.

La modification des formes juridiques d'intervention de l'État a accompagné et légitimé tout à la fois un mouvement de banalisation, voire de dévalorisation du droit public[7].

En effet, la valorisation de l'entreprise privée et du marché exigeait une réduction significative des fonctions administratives et du droit public qui les régissait. Il en résulte une régression du droit des personnes publiques, en raison notamment de « *la tendance à soumettre celles-ci aux règles qui régissent les relations juridiques privées, ou à des règles inspirées de celles qui régissent les relations juridiques privées* »[8], tendance déjà remarquée, du reste, dans bien de pays européens, notamment en France[9].

La communautarisation du droit produit des effets de même ordre. Il arrive en effet que les textes communautaires ne prévoient nullement de statut spécial

[7] KEUTCHA TCHAPNGA C., « Désétatisation et nouvelles configurations du pouvoir en Afrique Subsaharienne », Afrique Juridique et Politique, La Revue du CERDIP, Libreville, Gabon, Volume 3, n°5, Janvier-Juin 2007, pages 35-77.

[8] AUBY Jean-Bernard, « Le mouvement de banalisation du droit des personnes publiques et ses limites », in Etudes offertes à Jean-Marie AUBY, Paris, Dalloz, 1992, pp. 3-15, p. 3.

[9] J-B AUBY,, article précité.

pour les personnes publiques et les soumettent aux règles applicables aux particuliers, comme en matière de marchés publics ; ainsi qu'il sera loisible de le constater.

45.

Contrats administratifs – Qualification – Participation d'une personne publique – Mandat – Exécution d'une mission de service public – Pouvoirs exorbitants – Oui – Clauses exorbitantes – Droits du cocontractant de l'administration – Indemnités compensatrices – Dommages et intérêts – Oui.

1ère espèce

Cour Suprême. Chambre administrative, jugement n°147 ADD du 31 août 2005, UM NTJAM François Désiré et Fils contre État du Cameroun (MINEF)

Attendu que par requête susvisée, le Sieur UM NTJAM François Désiré, Directeur des Établissements UM NTJAM et Fils a saisi la susdite Chambre d'un recours tendant à la condamnation de l'État à lui payer la somme de quatre millions vingt-sept mille (4.027.000) F CFA représentant le règlement d'une facture impayée, avec en outre 37.000.000 F CFA à titre de dommages-intérêts ;

Attendu que dans son mémoire en réponse déposé le 04 avril 2003, le Conseil de l'Etat du Cameroun soulève l'incompétence de la Chambre administrative à connaître de ce recours ;

Qu'il fait valoir à cet égard qu'aux termes de l'article 9 al 2(2) de l'ordonnance n° 72 46/6 du 26 août 1972 fixant l'organisation de la Cour Suprême, le contentieux administratif comprend les litiges concernant les contrats à l'exception de ceux implicitement sous l'empire du droit privé ou les concessions de service public ;

Que le paragraphe 3 du même texte précise que les tribunaux de droit commun connaissent conformément au droit privé de toute autre action ou litige même s'il met en cause les personnes morales énumérées au paragraphe premier, la responsabilité de ladite personne morale étant à l'égard des tiers substituée de plein droit à celle de son agent auteur des dommages causés même dans l'exercice de ses fonctions ;

Qu'il résulte de ce texte que les contrats régis par le droit administratif et dont le contentieux relève de la Chambre administrative sont ceux qui ont été conclus par une collectivité publique en vue de la gestion d'un service public ;

Que tel n'est pas le cas de la convention de collaboration du 07 mai 1999 qui ne confie à l'Association ADERPROC aucune mission de service public, la réclamation de UM NTJAM François Désiré portant sur le paiement d'une créance basée sur l'inexécution dudit contrat était, non pas une mission de service public, mais plutôt l'animation culturelle et le management de la journée mondiale de l'environnement.

SUR L'EXCEPTION D'INCOMPÉTENCE

Attendu que l'article 15 de l'ordonnance n° 72/6 du 26 août 1972 fixant l'organisation de la Cour Suprême dispose : « 1°) Toutes juridictions non répressives y compris la Chambre administrative de la Cour Suprême doivent statuer par décision avant-dire-droit distincte sur les exceptions d'incompétence fondées sur l'article 9 ci-dessus sans pouvoir en aucun cas joindre l'incident au fond. 2°) Elles peuvent relever d'office une incompétence pour le même motif dans les mêmes formes. 3°) Les décisions rendues en application des paragraphes 1 et 2 du présent article peuvent, dans le délai de 10 jours de leur notification, faire l'objet de la part de toutes les parties y compris du ministère public d'un pourvoi devant l'Assemblée plénière dont la décision est attributive de compétence ».

Attendu par ailleurs que pour qu'un contrat soit administratif, il faut la participation du contractant à l'exécution même du service public ;

Qu'il en est ainsi d'un contrat même verbal par lequel des participations assureront directement la nourriture aux ressortissants d'un centre de rapatriement, la nourriture étant ici l'un des objets du service public ; *que de même, pour qu'un contrat soit administratif, il faut qu'il ait pour objet même l'exécution du service public ; qu'en d'autres termes que l'exécution du contrat ait pour but la satisfaction de l'intérêt général ; qu'il en résulte que tous les contrats conclus par l'Administration dans un tel but sont des contrats administratifs ;*

Attendu enfin que le contrat administratif doit contenir des clauses exorbitantes du droit commun qui sont des stipulations ayant pour objet de conférer aux parties des droits ou de mettre à leur charge des obligations étrangères par leur nature à ceux qui sont susceptibles d'être consentis par quiconque dans le cadre de lois civiles ou commerciales ; qu'il s'agit en d'autres termes des clauses qui diffèrent par leur nature de celles qui peuvent être inscrites dans le contrat analogue de droit privé ; Que de telles clauses révèlent que les parties se sont placées sous un régime de puissance publique et une seule d'entre elles suffit à imprimer au contrat le caractère administratif ;

Attendu en l'espèce qu'il ressort des pièces du dossier qu'une convention a été conclue le 07 mai 1999 entre le Ministère de l'Environnement et des Forêts, représenté par le Coordonnateur du Projet « Information Center on Environment (ICE), le nommé SIDA Amédée, d'une part et le consultant UM NTJAM François Désiré, Président de l'Association pour le Développement et la Promotion de la Culture Camerounaise (ADE-PROC) d'autre part ;

Que suivant l'article 1er de cette convention, le consultant s'engageait à s'occuper de l'animation culturelle de la célébration de la journée mondiale de l'Environnement du 04 au 05 juin 1999 de manière active et efficace pour une réussite totale de l'événement ;

Qu'en vertu de l'article 2 de la Convention, il s'engageait à respecter le programme d'animation culturelle indiqué par le représentant du Ministère de l'environnement et des Forêts ;

Qu'aux termes de l'article 3 de l'accord, il s'engageait à aller en mission à travers le Cameroun pour négocier et signer des précontrats des artistes musiciens, groupes de danses traditionnelles, scolaires et universitaires, la rémunération de ceux-ci devant toutefois se faire directement avec la coordination du projet ;

Que selon l'article 5 de la même convention, le représentant du MINEF, de son côté, s'engageait à signer un contrat forfaitaire au consultant d'un montant de un million quatre cent mille (1.400.000) F CFA après la clôture de la soirée de gala sous réserve de l'exécution des stipulations contractuelles ci-dessus exprimées ;

Que l'animation culturelle dont il s'agit était réalisée non pas dans l'intérêt particulier, mais dans l'intérêt public comme afférent à la célébration de la journée mondiale de l'environnement ;

Attendu au surplus qu'il résulte de la combinaison des clauses de la convention reprise ci-dessus que le co-consultant de l'Administration n'était pas libre de choisir un programme déterminé d'animation culturelle, mais qu'il devait se conformer à celui qui lui était imposé par la puissance publique qui, de surcroît, avait le pouvoir de résiliation unilatérale de la convention en cas de non-respect par l'intéressé du programme ainsi imposé ;

Attendu que pareilles stipulations ne se rencontrent pas dans un contrat de droit privé ; *qu'il s'ensuit que contrairement aux allégations du Conseil de l'État, la convention concernée est un contrat administratif, relevant de ce fait de la compétence de la juridiction administrative* ;

Qu'il y a lieu pour celle-ci de se déclarer compétente (...) ;

Par ces motifs, statuant publiquement, contradictoirement à l'égard des parties, en matière administrative, à l'unanimité des membres en premier ressort et avant-dire-droit ; **Décide :** Article 1er : Le juge administratif est compétent (...).

2e espèce

Cour Suprême. Chambre administrative, jugement n°80 du 18 juin 2008, UM NTJAM François Désiré et Fils contre État du Cameroun (MINEF)

Attendu que par requête en date du 17 juillet 2002 adressé au Président de la Chambre administrative de la Cour Suprême reçue et enregistrée le même jour à la susdite juridiction sous le numéro 997, le sieur UM NTJAM François Désiré Directeur des Établissements Francis et Fils, Président de l'Association ADE-PROC BP. 11531 Yaoundé, a saisi la Chambre administrative d'un recours contentieux pour paiement de ses créances par l'État du Cameroun en souffrance au MINEF depuis 1999 dont le montant s'élève à 4.027.712 FCFA et les dommages et intérêt à 37.900.000 F ;

Attendu que par jugement avant-dire-droit n°174/ADD du 31 août 2005, la Chambre administrative de la Cour Suprême s'est déclarée compétente à statuer dans ladite cause ;

AU FOND

Attendu que le recourant soutient que par convention signée le 17 mai 1999 entre le Ministère de l'Environnement et des Forêts représenté par le coordonnateur du projet Information Center on Environnement (ICE) sieur SIDA AMADDEE et l'Association pour le Développement et la promotion de la Culture Camerounaise dénommée ADEPROC pseudonyme Ets François Ntjam Production dont il est le représentant

Qu'il devait à cet effet s'occuper de l'animation culturelle de la célébration de la journée mondiale de l'Environnement des 4 et 5 juin 1999, ce qu'il a parfaitement exécuté. Qu'après sa prestation de services, il a présenté sa facture d'un montant de 4.527.712 francs en règlement, mais que seule une avance de 500.000 francs lui a été payée en avril 2000 et malgré ses multiples relances, le reliquat de la créance n'a jamais été payé ;

Attendu que l'État du Cameroun n'a pas contesté l'existence de cette dette, mais a essayé de soutenir que l'animation culturelle et le management ne constituaient pas un service public, mais en vain ; Attendu que la créance de UM NTJAM est établie et que l'État a au demeurant commencé à s'exécuter ; qu'il y a lieu de le condamner au paiement du reliquat de 4.027.712 francs ;

Attendu que le recourant, en plus de la somme principale de 4.027.712 francs, a réclamé des dommages et intérêts d'un montant de 37.900.000 francs ; Attendu cependant que ladite demande n'a pas été soumise au recours gracieux ; qu'il y a lieu de la déclarer irrecevable ;

Par ces motifs, statuant publiquement, contradictoirement, en matière administrative, à l'unanimité des Membres et en premier ressort ; **Décide : Article 1er :** Au fond, le recours est partiellement justifié ; Par conséquent, l'État est condamné à payer la somme de 4.027.712 francs à Monsieur Um Ntjam François pour sa facture engagée ; **Article 2 :** La demande de dommages et intérêts est irrecevable comme n'ayant pas été soumise au recours gracieux ;

NOTE

Comme on le sait, même si la puissance publique dispose du privilège du préalable dans la mise en œuvre de ses missions de service public[1], il est progressivement apparu la nécessité pour elle de se départir de certaines missions afin de mieux concentrer ses ressources sur celles davantage régaliennes. Le contrat est vite apparu comme un des instruments majeurs de ce désengagement progressif de la puissance publique. Contrairement au contrat commun des droits, le contrat administratif, dans sa découverte et dans sa mise en œuvre, s'est naturellement laissé influencer par les spécificités de son environnement.

En droit privé, le contrat tient une place privilégiée. Il est le procédé essentiel dont disposent les acteurs du commerce juridique pour acquérir des droits et échanger des richesses et services. La situation est différente en droit administratif. Le contrat n'est qu'un des moyens d'action dont dispose l'administration. Pour obtenir ce qui lui est nécessaire pour remplir ses missions de service public, celle-ci a à sa disposition une panoplie de moyens d'action unilatéraux[2].

---

[1] Pour cette notion de privilège du préalable appliqué aux contrats publics, voir Richer Laurent, Droit des contrats administratifs, LGDJ, (Col. Manuel), 8ème Edition, Introduction notamment.

[2] Acte administratif unilatéral, expropriation pour cause d'utilité publique, droit de préemption urbain, règlement de police, nomination de fonctionnaires, réquisitions civiles et militaires, les injonctions et obligations d'amener, résidence surveillée, etc…

On pourrait imaginer que les avantages de ce procédé rendent inutile le recours aux procédés nouveaux dont le contrat administratif reste le fier représentant. Telle n'est cependant pas la position du droit positif : les personnes publiques n'ont le pouvoir d'imposer unilatéralement leur volonté que dans les cas strictement et nécessairement encadrés. Pour le reste, elles concluent des contrats, conséquences du *principe du respect de la liberté individuelle et de la liberté économique chères à notre système juridique*.

Ramenée en droit camerounais, la problématique de la pratique contractuelle publique trouve sa genèse sur les influences du droit français, legs colonial[3]. Et pourtant, l'utilisation du contrat par l'administration est pendant longtemps restée en berne dans le Cameroun post-indépendant[4]. C'est seulement la crise économique consécutive au second choc pétrolier qui, en remettant en cause le rôle et la place de

[3] Comme l'affirme la doctrine nationale, le juge administratif, à la suite du législateur, ne s'est pas laissé influencer par les trajectoires tracées par le droit positif français. Il a essayé de donner une identité propre à la pratique contractuelle publique. « *Dans la mise en œuvre du procédé contractuel, l'administration du Cameroun indépendant avait le choix au regard de son histoire entre les systèmes de droit traditionnel, de la Common Law et de droit français. Le Cameroun, par l'ordonnance fixant l'organisation de la cour suprême du 26 aout 1972, a choisi le système français qui reconnait la possibilité pour les collectivités publiques de conclure soit des contrats relevant du droit commun du code civil, soit des contrats de droit public soumis à un régime exorbitant. Cette option ne conduit pas pour autant à une assimilation complète avec le régime des contrats de l'administration en France et doit prendre en compte l'environnement culturel, et surtout juridique qui fait de la juridiction administrative, un démembrement fonctionnel d'une structure juridictionnelle marquée par la prééminence de l'institution judiciaire : le droit administratif étant dit par un juge de formation et de carrière judiciaires. La distinction entre les contrats administratifs et les contrats prives de l'administration, corollaire du dualisme juridictionnel est complexe si on la rapproche du modèle français mais reste caractérisée par la prédominance de la détermination légale de la compétence juridictionnelle en matière contractuelle, reléguant le juge a un rôle secondaire. Le législateur ayant exclu du contentieux administratif les contrats de l'administration conclus implicitement sous l'empire du droit prive, il convient d'observer que la marge du juge est limitée ; la formule de "l'implicite prive" étant douée d'un dynamisme effréné si on constate que le contrat est le principal instrument du commerce juridique de droit privé et que le juge du contentieux administratif au Cameroun est un juge judiciaire* ». Cf. BIDJA KOTTO Thomas, *Les contrats de l'Administration au Cameroun*, Thèse de Doctorat en Droit, Université Paris I Panthéon-Sorbonne, janvier 2000, 2 volumes

[4] Ceci s'explique à la fois par le monolithisme politique ambiant des premières décennies d'indépendance et l'interventionnisme étatique radical, justifié par l'urgence de création des conditions de vie acceptable qui a animé les décideurs politiques d'alors.

l'État dans la société, pose le principe de l'urgente redécouverte des fonctions de ce dernier, notamment sa reconversion et son désengagement progressif des secteurs productifs[5]. L'État africain sous ajustement structurel va ainsi connaître sa mue et redécouvrir certains mécanismes de gestion publique : privatisations tous azimuts d'entreprises publiques et parapubliques, généralisation des politiques de déconcentration et de décentralisation administrative et technique, enfin contractualisation du service public à travers les classiques concessions et délégation de service public[6] et du très récent contrat de partenariat public-privé[7].

En définitive, le mouvement de contractualisation du service public n'est pas un phénomène récent dans notre droit. Lorsque l'on considère dans l'administration l'exercice de la *puissance publique*, l'institution du *contrat administratif* peut apparaître paradoxale. En effet, l'idée de contrat présuppose une certaine égalité des parties à l'acte. Or, dans un rapport juridique dans lequel est en jeu la puissance publique, c'est en principe à une inégalité des personnes qu'on a affaire. D'où une difficulté à concevoir la notion de contrat de droit public dès lors que l'on voit dans le droit public un droit de la puissance publique. C'est ainsi que, analysant l'institution française du contrat de droit public, OTTO Mayer[8] estimait que « *de véritables contrats de l'État ne sont pas pensables sur le terrain du droit public* ». Malgré cette résistance face au contrat de droit public, l'institution du contrat administratif existait à l'époque même où la jurisprudence se développa pour en fixer les critères et le régime à partir du début du XXe siècle. Le contrat administratif est ainsi

[5] Comme précédemment démontré, le procédé contractuel constitue, à côté de l'acte administratif unilatéral, le moyen par excellence pour l'administration d'atteindre de réaliser ses missions d'intérêt général. Il s'agit là d'une conception générique et classique qui permet à la puissance publique d'associer les personnes privées à la mise en œuvre de ses missions régaliennes, ainsi que cela transparaît dans les articles 4 et 5 du décret n°2004/275 du 24 septembre 2004 portant code des marchés publics. Le législateur national a, lui aussi, précisé le cadre juridique des contrats administratifs, et l'article 3 de la loi n°2006/022 précitée a distingué les contrats conclus sous l'empire du droit public de ceux gouvernés par les règles du droit privé.

[6] Pour plus d'informations sur le phénomène de contractualisation du service public, voir KEUTCHA TCHAPNGA C, « *Désétatisation et nouvelles configurations du pouvoir en Afrique* », Revue du CERDIP, Libreville, Volume 3, n°5, Janvier-Juin 2007, pages 35-77.

[7] Institué par la loi n°2006/018 portant régime des contrats de partenariat public-privé.

[8] Fondateur de la science allemande du droit administratif et professeur à Strasbourg au début du XXe siècle,

vite apparu comme une pièce essentielle du droit administratif colonial pour progressivement devenir, il est vrai, une institution marginale et exceptionnelle en droit camerounais postindépendance[9].

Ces mutations modernisatrices du service public, voulues ou imposées, ont permis, dans leur développement, l'émergence voire le raffinement de procédés très tôt découverts, mais longtemps ignorés de notre droit administratif, dont le contrat reste la parfaite illustration. Les deux espèces qui nous intéressent ici nous permettront de revisiter ces chemins parcourus par notre pratique contractuelle publique. Nous évaluerons ainsi, sous leur prisme, la contribution de la jurisprudence nationale à l'édification d'un droit national des contrats administratifs. La banalité des faits des deux espèces rapportées contraste avec la pertinence et la portée des problèmes qu'ils résolvent, notamment la fixation de la pratique par rapport aux critères d'identification des contrats administratifs consacrés et à la sanction de la violation par l'administration de ses obligations contractuelles.

En effet, par une convention du 07 mai 1999, le ministère de l'Environnement et des Forêts du Cameroun, représenté pour la circonstance par le Coordonnateur du Projet Information Center on Environment (ICE), confiait aux Établissements François UM NTJAM et Fils les travaux de l'animation culturelle de la célébration de la journée internationale de l'environnement. Aux termes de cette convention, les Établissements François UM NTJAM et Fils se voyaient confier la mission d'animation culturelle de la Journée Mondiale de l'Environnement sur toute l'étendue du territoire national ; par la même Convention, le MINEF autorisait le cocontractant à négocier et à signer des précontrats avec des artistes musiciens, les groupes de danses traditionnelles, scolaires et universitaires, précontrats tout aussi relatifs à la rémunération de ces derniers. Plus tard, voulant se faire régler une

[9] Même si cette jurisprudence était une œuvre essentiellement du juge administratif colonial. Voir ainsi Arrêt n°327/CCA du 10 décembre 1954, *CFAO c/. Administration du Territoire* et Arrêt n°364/CCA du 03 septembre 1965, *Ebongom Philippe c/. Administration du Territoire* rappelant la compétence du juge administratif en matière de contrat administratif, Arrêt n°83/CCA du 22 décembre 1951, *Renucci c/. Administration du Territoire* consacrant la qualification jurisprudentielle des contrats administratifs au Cameroun, Arrêt n°234/CCA du 15 mai 1953, *Lanvin c/. Administration du Territoire* relatif au droit à une rémunération du cocontractant de l'Administration, et l'Arrêt n°273/CCA du 17 janvier 1954, *Société des Batignolles c/. Administration du Territoire* relatif au pouvoir de révision des clauses contractuelles publiques

partie des factures ayant servi au financement des activités de ladite journée, les Établissements UM NTJAM vont être confrontés à un refus de paiement du MINEF. Face à ce refus répété de la puissance publique, le cocontractant va saisir le juge administratif aux fins de voir condamner l'État du Cameroun au paiement de sa créance. Dans son mémoire en réponse, le représentant de l'État va soulever l'incompétence de la juridiction de céans à connaître dudit recours, excipant que le contrat le liant au cocontractant est un contrat de droit privé.

Le jugement Avant-Dire-Droit n°147/04-05/ADD du 31 août 2005 illustre le souci du juge administratif de préciser les critères matériels d'identification des contrats administratifs (**I**). Dans celui du 18 juin 2008 rendu au fond est relatif au contentieux de l'exécution dudit contrat. En l'occurrence il condamne l'Administration à exécuter ses obligations contractuelles (**II**).

I. Le juge de l'espèce réaffirme son attachement aux critères traditionnels permettant l'identification des contrats administratifs

Un contrat est administratif soit lorsque, à travers lui, dans ses clauses ou son régime, se manifeste la puissance publique, soit lorsque, par son objet, il vise directement à la réalisation d'une mission de service public. Tel est du moins le schéma dans le cas général, à savoir lorsque le contrat est passé entre une personne publique d'un côté et une personne privée de l'autre. Il faut réserver les cas spéciaux dans lesquels le contrat est soit passé entre deux personnes publiques, soit passé entre deux personnes privées. Comme on le voit, tant la doctrine[10] que la jurisprudence[11] nationale ont contribué à l'émergence du double critère de qualification des contrats publics. Qualifiée de vague à l'origine, la distinction considérations organiques (**A**) – considérations matérielles (**B**) est apparue progressivement comme fondamentale dans la recherche des critères du contrat administratif au Cameroun.

A. L'encensement du critère organique

La définition organique du contrat administratif tient essentiellement à la qualité des cocontractants. Ici, le principe est clair : un contrat ne peut

---

[10] Voir BIDJA KOTTO Thomas, *Les contrats administratifs au Cameroun*, Thèse précitée.

[11] On est obligé de retourner revisiter l'activité jurisprudentielle pré-indépendance pour apprécier la conception camerounaise de l'institution de contrat administratif. Voir ainsi du Conseil du Contentieux Administratifs, précités.

être administratif que s'il fait intervenir au moins une personne publique. Un contrat conclu entre deux personnes privées[12] ne peut être administratif. Ce principe a une portée générale et s'applique même si le contrat est conclu entre un concessionnaire de services publics et un entrepreneur, si une des personnes privées contractantes est chargée de l'exécution d'une mission de service public et passe des contrats identiques à ceux que conclurait une personne publique ou des personnes publiques placées dans les mêmes conditions et poursuivant les mêmes objectif[13]s et enfin, même si la convention reproduit littéralement les termes d'un acte type de droit public[14].

Comme on le voit, une triple condition exclusive l'une de l'autre est exigée pour qu'un contrat soit qualifié d'administratif : la présence d'une personne publique (**1**), le mandat donné par la personne publique (**2**) ou enfin la réalisation d'une action pour le compte d'une personne publique (**3**).

1°) La présence directe d'une personne publique

En pratique, la personne publique conclut directement un contrat avec une personne privée ou une autre personne publique. La présence directe de la personne publique à la conclusion du contrat est réalisée toutes les fois lorsque des personnes ayant reçu pouvoir de représentation de la personne publique doivent contracter pour son compte. La principale condition ici est que ce représentant soit muni du pouvoir que lui a cédé soit l'organe délibérant pour les collectivités territoriales décentralisées[15] ou les établissements publics[16]. Mais parfois, au lieu de participer directement à la conclusion du contrat, la personne publique se fait représenter par une personne privée. Cette représentation revêt la forme d'un mandat ou de l'action pour le compte de …

Comme on le voit, en général, il ne suffit pas que l'une au moins des parties contractantes soit une personne publique ou une personne agissant

---

[12] Fussent-elles des personnes administratives.

[13] Tribunal des Conflits - 03 mars 1961, *Interlait* et TC, 24 juin 1968, *Distilleries bretonnes*.

[14] Tribunal des Conflits, 10 janvier 1983, *Centre d'action pharmaceutique et autres c/. Union des Pharmaciens de la Région Parisienne (UGAP*)

[15] Le maire par exemple ou encore le Président du Conseil régional respectivement pour le compte des communes ou des conseils régionaux.

[16] Le Directeur ou son adjoint mandaté par le Conseil d' Administration pour les Etablissements publics.

pour son compte. Il faut ensuite que le partenaire de l'Administration participe à l'exécution même du service public. C'est en 1956 que le Conseil d'État érige la participation à l'exécution même du service public au rang de critère du contrat administratif[17]. Il peut s'agir d'un service public administratif ou d'un service public industriel et commercial. Cette participation doit être réelle, directe et immédiate. Par le contrat, la personne publique doit déléguer tout ou partie de l'exécution du service public. Autrement dit, il ne conclut pas le contrat pour qu'un autre l'exécute à sa place. Il peut néanmoins conclure avec un ou plusieurs autres partenaires privés des contrats ayant pour objet de lui permettre de remplir ses engagements vis-à-vis de l'Administration. Ainsi en est-il dans l'affaire objet du présent commentaire des précontrats conclus avec les artistes musiciens, les groupes de danses traditionnelles, scolaires et universitaires pour assurer l'animation culturelle de l'évènement. Il faut que d'une manière ou d'une autre le cocontractant marque par tous les moyens qu'il est capable de mobiliser, sa participation, sa contribution à la mise en œuvre du projet dans lequel il s'est engagé. Il ressort en effet du jugement Avant-Dire-Droit que « *le consultant s'engageait à s'occuper de l'animation culturelle de la célébration de la journée mondiale de l'Environnement du 04 au 05 juin 1999 de manière active et efficace pour une réussite totale de l'événement[...] ; il s'engageait à aller en mission à travers le Cameroun pour négocier et signer des précontrats des artistes musiciens, groupes de danses traditionnelles, scolaires et universitaires, la rémunération de ceux-ci devant toutefois se faire directement avec la coordination du projet ;* ».

La lecture des deux espèces ici commentées permet d'écarter la présence directe de l'administration dans le contrat en cause. Ici, le ministère de l'environnement et des forêts s'est fait représenter par une structure para-administrative[18], le Projet Information Center on Environment (ICE), agissant ici comme une sorte de mandant.

2°) Le mandat donné par la personne publique

Ici, la personne publique ne conclura pas directement le contrat. Elle mandatera à cet effet une autre personne publique ou une personne

[17] Conseil d'Etat, sect., 20/04/1956, *Epoux. Bertin.*

[18] Pour plus de développement sur la para-administration au Cameroun, voir MAAPOU ZANGUE (Stéphane), *Le développement des structures para-administratives au Cameroun,* Thèse de Master II Droit Public, Université de Dschang, Octobre 2011, 182 pages.

privée. Selon l'article 1184 du Code Civil, « *le mandat ou procuration est un acte par lequel une personne donne à une autre le pouvoir de faire quelque chose pour le mandant et en son nom* ». Ici, la personne publique -le mandant- donne mandat à une personne privée (ou publique) -le mandataire- pour conclure un contrat en son nom et pour son compte. Ex. A et B sont des personnes privées. A et B conclus un contrat. Normalement, ce contrat est un contrat de droit privé. Mais il peut avoir un caractère administratif, si A ou B agissent comme mandataire d'une personne publique, ou encore si le contrat satisfait aux critères jurisprudentiels consacrés.

En apparence, un tel contrat intervient entre deux personnes privées. En réalité, il met en relation une personne publique et une personne privée. Donc, il n'y a pas atteinte ici au principe selon lequel *un contrat ne peut être administratif si une personne publique n'est pas intervenue à sa formation*[19]. Le juge de l'espèce l'a si bien compris qu'il n'a pas hésité à donner une qualification publique au contrat, à partir de la qualité des parties à la Convention. La structure mandataire ici agit es qualité et donc se confond à la puissance publique contractante.

3°) L'action pour le compte d'une personne publique

Construction prétorienne française, cette curieuse formule illustre une situation qui rappelle le mandat, mais qui en diffère. Bien sûr, lorsque l'on est le mandataire d'une personne, on agit pour le compte de cette dernière. Mais la jurisprudence admet que l'on *puisse agir pour le compte d'une personne sans nullement en être le mandataire, ni implicitement, ni explicitement*. Ex. A et B sont des personnes privées ; A et B concluent un contrat. Ni A ni B n'ont reçu mandat d'aucune personne publique. Normalement, ce contrat n'est pas administratif, mais de droit privé. Pourtant, la jurisprudence va considérer que *l'une des parties a agi pour le compte d'une personne publique*, et que le contrat en cause satisfait aux critères jurisprudentiels. En conséquence, il va qualifier le contrat d'administratif.

Dans quelle hypothèse une personne privée même en l'absence de mandat est-elle réputée apte à agir pour le compte de …… ? La réponse à cette interrogation a été apportée par une espèce du tribunal des conflits français du 08 juillet 1963 *Entreprises Peyrot c/. Société des Autoroutes du Sud Esterelle-Côte d'Azur*. Ici, le juge des conflits décidait que même

[19] Conseil d'Etat, 30 janvier 1931, *Société Brossette*

en l'absence de mandat, une personne privée pouvait être légitime à agir pour le compte d'une personne publique. Cette solution a d'abord été limitée aux contrats conclus pour la construction d'autoroutes, puis a été progressivement étendue : à des contrats conclus pour l'aménagement du territoire[20] et à des contrats relatifs aux centrales nucléaires[21] à certains contrats conclus par certains établissements bancaires (*CE, 18 juin 1976, Dame Culard*).

Malgré tout, le domaine d'application de la formule « *action pour le compte de ...* » reste limité. Au total, pour qu'un contrat revête un caractère administratif, il faut qu'une personne publique en soit partie. Elle doit y être présente directement ou indirectement. La représentation prenant la forme d'un mandat ou d'une action pour le compte de …

Récemment, par une décision désormais célèbre, la Haute juridiction française a définitivement abandonné la jurisprudence Peyrot. Désormais la jurisprudence Peyrot, alors qu'elle n'avait jamais trouvé application dans la jurisprudence administrative camerounaise, a été définitivement abandonnée par le juge administratif français.

En définitive, la présence d'une personne publique est une condition sine qua non, une condition invariablement exigée de qualification des contrats administratifs. En conséquence, il qualifie le contrat de contrat administratif. Dans quelle hypothèse, une personne privée, même en l'absence de mandat, est-elle réputée agir pour le compte d'une personne publique ? Quoi qu'il en soit, à cette condition de base, le juge camerounais adjoint une triple condition supplémentaire.

B. L'apparent rejet des critères alternatifs au profit des critères cumulatifs

Il est vrai qu'un contrat ne peut être administratif que si au moins une personne publique y est partie. La participation d'une personne publique est donc une condition nécessaire, une condition sine qua non, une condition invariablement exigée. Mais cette condition n'est pas suffisante. Pour être administratif, un contrat doit satisfaire à l'une des triples conditions exigées par la jurisprudence.

En principe donc, un contrat auquel est effectivement partie une personne publique et qui de surcroît satisfait à au moins une des

[20] Conseil d'Etat, 30 mai 1965, *Société d'Equipement de la Région Montpelliéraine*
[21] Tribunal des Conflits, 10 mai 1983, *Société Vannier.*

conditions supplémentaires posées par la jurisprudence est un contrat administratif. Mais, il ne s'agit là que d'un principe. N'oublions pas que certains contrats sont toujours de droit privé même s'ils remplissent les conditions supplémentaires jurisprudentiellement exigées pour la qualification des contrats administratifs. On doit finalement dire : *sauf exception, un contrat auquel est effectivement partie une personne publique et qui de surcroît satisfait à une des conditions supplémentaires exigées par la jurisprudence est un contrat administratif.*

Selon la jurisprudence, seul un contrat auquel est partie une personne publique est susceptible d'être administratif. Mais il ne l'est effectivement que s'il satisfait en plus à l'une des conditions suivantes : Le contrat renferme une ou plusieurs clauses exorbitantes (1), il a été conclu sous un régime exorbitant (2) et il est en relation avec la réalisation d'un service public (3). L'un quelconque de ces trois critères doit pouvoir s'ajouter au critère de la présence directe ou indirecte de la puissance publique pour que le contrat soit qualifié d'administratif. Bien entendu, si, par extraordinaire, un contrat remplissait simultanément toutes ces conditions, il s'agirait toujours d'un contrat administratif.

1°) La présence de clauses exorbitantes de droit commun

Cette conception a été consacrée par le juge administratif français à l'occasion d'une espèce du Conseil d'État du 31 juillet 1912, *Société des granits porphyroïdes des Vosges.* Cette condition apparaît comme un critère essentiel dans la définition des contrats administratifs. L'existence dans le contrat de clauses exorbitantes du droit commun a été par la suite définie aussi bien par la doctrine que par la jurisprudence respectivement comme « *celles qui sont généralement constitutives, inusuelles, anormales par rapport à celles qui font partie de la vie privée, mais non nécessairement illicites ou impossibles* » (Georges Vedel in Les Mélanges Mestre) ou celles « *ayant pour effet de conférer aux parties des droits ou de mettre à leur charge des obligations étrangères par leur nature à celles qui sont susceptibles d'être librement consenties par quiconque dans le cadre des relations civiles et commerciales* (CE, 20 octobre 1950, Notes Stein). Mais il peut s'agir d'un ensemble de prérogatives conférées à l'administration dans l'exécution des contrats administratifs notamment *le pouvoir de modification unilatérale des contrats* ou encore *les divers pouvoirs de sanction.*

Dans son évolution, la clause exorbitante a été élargie et complexifiée, notamment à l'occasion d'une espèce du Conseil d'État du 19 janvier

1973[22]. En principe, la présence d'une ou de plusieurs clauses exorbitantes de droit commun donne son caractère administratif à tout contrat dont fait partie une personne publique.

Quelques exceptions cependant. Les contrats conclus entre EPIC et des tiers. Ces contrats ne sont jamais administratifs même s'ils renferment des clauses exorbitantes. En conséquence, ce seront toujours des contrats de droit privé, emportant compétence du juge judiciaire, ainsi que l'a rappelé un arrêt de principe français[23], réaffirmé une année plus tard dans la jurisprudence *Dame Bertrand*[24]. Une autre exception a été progressivement abandonnée et concernant la gestion des contrats sur le domaine public.

Mais à quoi reconnaît-on une clause exorbitante de droit commun ?

Étymologiquement, une clause est une disposition commune ou spéciale d'un contrat. Exorbitante vient du latin *exorbita* qui signifie « *hors de la voie tracée* », « *hors du commun* » et qui trace la frontière avec les clauses de droit privé. Il y a deux manières d'entendre cette différence :

La clause exorbitante est une clause introuvable dans des contrats de droit privé, parce qu'elle y serait illégale. C'est « *la clause ayant pour objet de conférer aux parties des droits ou de mettre à leur charge des obligations, étrangers par leur nature à ceux qui sont susceptibles d'être librement consentis par quiconque dans le cadre des lois civiles et commerciales* »[25]. Elle est caractéristique de l'usage, par l'administration, d'une prérogative de puissance publique. Elle s'incline en divers pouvoirs détenus de façon autonome par la puissance publique contractante :

- le pouvoir de suspendre d'office l'exécution du contrat, sans mise en demeure préalable - l'octroi d'exonérations fiscales au cocontractant ; - la mise à la charge du cocontractant de certaines dépenses de police ; - la possibilité de procéder au recouvrement des créances par état exécutoire - la clause conférant au cocontractant de l'administration le droit de percevoir des taxes.

---

[22] *Société d'exploitation électrique de la rivière du Sand.*
[23] C.E., Sect., 13 octobre 1961, *Établissements Compagnon-Rey.*
[24] *T.C. 17 décembre 1962.*
[25] Conseil d'Etat., Sect. 20 octobre 1950, *Stein* - Leb. p. 505

La clause exorbitante, clause exceptionnelle parce que rare en droit privé. À titre d'exemples, la clause permettant à l'administration de contrôler les résultats financiers, les tarifs ou le personnel de son cocontractant, ou encore, plus généralement, toute clause habilitant la personne publique à contrôler l'activité ou la situation de son cocontractant.

Ces deux manières d'entendre la différence avec le droit privé ne permettent pas d'échapper à l'objection du doyen Vedel : « *Comment le juge administratif qui ne connaît jamais des contrats entre particuliers peut-il discerner ce qui est usuel et ce qui est inusuel ?* ». L'objection s'affaiblit si l'on se sait qu'il incombe souvent aux juges de fonds d'identifier les clauses exorbitantes ; or la juridiction sera le plus souvent composée à la fois de membres des Chambres, prises en elles seules, donc de juges administratifs et de juges judiciaires.

2°) La présence d'un régime exorbitant

Le régime exorbitant diffère de la clause exorbitante sur un point : la clause exorbitante est une disposition, un élément, une clause du contrat. À l'inverse, le régime exorbitant est constitué d'éléments extérieurs au contrat. C'est l'ambiance juridique dans laquelle baigne le contrat. Si cette ambiance tranche sur le droit commun, le droit privé, on est en présence d'un contrat administratif[26].

3°) La relation du contrat avec l'exécution d'un service public. Les critères tirés du service public

Comme on l'a vu plus haut, le contrat passé par une personne publique avec une personne privée est administratif lorsqu'il a un objet direct de service public, soit qu'il confie l'exécution du service public au cocontractant de l'administration (arrêt *époux Bertin*) (a), soit qu'il constitue l'une des modalités de l'exécution même du service public (b). À cela s'est ajoutée une jurisprudence plus récente clarifiant le cas des contrats de louage de service (c).

---

[26] C.E. Sect., 19 janvier 1973, *Société d'Exploitation Électrique de la rivière du Sant.* L'espèce concerne des contrats conclus entre EDF et des producteurs autonomes - non nationalisés - d'électricité.

a) Le contrat confie l'exécution même du service public

Le type le plus courant et le plus important de ces contrats est celui par lequel l'administration confie la gestion même d'un service public à une entreprise privée qui l'assume à ses risques et périls. Quelles que soient leurs clauses les contrats de délégation de service public sont nécessairement administratifs.

La difficulté se pose donc dans d'autres formes de relations contractuelles, le cas des contrats de louage de service[27] étant réservé. Il ne suffit pas que la prestation du cocontractant de l'administration bénéficie à l'exécution d'une activité de service public[28]. Il faut que par son objet, le contrat fasse participer le cocontractant privé de l'administration à l'exécution de la mission même de service public. Il convient donc toujours de bien identifier en quoi consiste la mission de service public, après quoi l'on vérifie que par sa prestation, le cocontractant exerce une partie au moins de cette mission.

Cette double identification ne va pas sans difficultés :

- Il existe un service public de l'information communale. Le contrat qui charge une société privée de l'édition, la mise en page ou/et la rédaction en tout ou partie d'un bulletin municipal fait participer directement la société à l'exécution de ce service public[29] ; mais le contrat par lequel une société est seulement chargée de placer les espaces publicitaires du bulletin auprès d'annonceurs est administratif[30].

- Le contrat par lequel une société est chargée par un hôpital de fournir à location des téléviseurs aux personnes hospitalisées a pour objet l'exécution du service public hospitalier et est donc administratif[31], Mais le contrat qui charge une société de fournir des téléviseurs pour les « usagers » du service pénitentiaire est seulement conclu « *pour les besoins du service* » (comme les pavés des *Granits porphyroïdes*) et ne

[27] Recrutement d'agent par contrat

[28] CE sect. 11 mai 1956, *Sté Transports Gondrand*, Rec. 202 ; une prestation de fourniture des biens nécessaires au service public, ex. Granits porphyroïdes, ou une prestation de transport si le service public n'est pas lui-même un service public de transport

[29] Voir par ex. : CE 10 juillet 1996, *Coisne*, tab. 1007

[30] TC 24 juin 1996, *Préfet de l'Essonne*, 546

[31] CE 8 juin 1994, *Sté CODIAM*, Rec. 294.

fait donc pas participer directement le cocontractant à l'exécution du service public pénitentiaire[32].

Il faut remarquer cependant que, en termes quantitatifs, ces interrogations sont désormais résolues par le code des marchés publics. Lorsque le contrat en cause est un « marché public » (de fournitures, de travaux ou de services) il est désormais administratif par détermination de la loi[33] et la difficulté ne se pose plus. Elle demeure seulement pour les contrats qui ne sont pas qualifiables de marchés publics[34].

b) Le contrat constitue une modalité d'exécution même du service public

C'est l'hypothèse consacrée par la jurisprudence *Consorts Grimouard.*[35] Ici encore, il faut correctement identifier la mission de service public. Dans l'affaire *Consorts Grimouard,* il s'agit de la conservation, du développement, de la mise en valeur et de l'exploitation de la forêt française. Par contrat l'État (à travers son service des Eaux et Forêts) passe des contrats avec des propriétaires privés afin d'effectuer sur leurs terrains des opérations de boisement ou de reboisement. Ces contrats sont le moyen même, l'instrument par lequel la mission de Service public est réalisée. Ils sont donc administratifs. La même chose vaut des contrats passés par une collectivité territoriale, dans le cadre de la réglementation d'aménagement du territoire, en vue de favoriser la « décentralisation industrielle » et par lesquels la collectivité apporte un certain nombre d'aides et de facilités à une entreprise qui s'implante sur un territoire donné. Ce contrat constitue une modalité d'exécution du service public[36] ; ils sont une modalité d'exécution même du service et donc des contrats administratifs, ainsi que l'a proposé le juge administratif français[37]. Dans la double espèce qui nous intéresse, le Ministère de l'Environnement a conclu une convention de même type avec le Projet Information Center on Environment (ICE). Pris sous cet angle son administrativité est incontestable.

---

[32] TC 23 nov. 1998 *Bergas*, Rec. 550

[33] Cf. Article 5 du Décret n°2004/275 du 29 septembre 2004 portant Code des Marchés publics.

[34] Voir GNIMPIEBA TONNANG Edouard et NDIFFO KEMETIO Ludovic, *Les services publics dans l'étau du droit communautaire de la concurrence, Revue Editions Juridiques Africaines* (EDJA) n°2, 2011, pp. 25-47.

[35] CE, Sect., 20 Avril 1956, Consorts Grimouard

[36] CE 26 juin 1974, *Sté Maison des Isolants de France*.

[37] Ainsi que l'a proposé le juge administratif français.

S'agissant, cette fois, d'un contrat passé entre deux personnes publiques, la solution est la même : Le contrat passé entre deux Établissements Publics constitue donc une modalité d'exécution du service public[38]. Ici, selon une célèbre formule jurisprudentielle, le contrat fait participer directement ou associe le cocontractant à l'exécution même du service public. En pratique, cette relation peut prendre l'une des trois formes suivantes :

- **Le contrat d'habilitation à gérer un service public ou d'association à l'exécution même du service public :** est administratif un contrat qui a pour objet soit de confier au cocontractant de la personne publique la gestion d'un service public, soit de l'y associer directement - *C.E., Sect., 20 avril 1956,Époux Bertin* ; en l'espèce, contrat verbal relatif à la nourriture de réfugiés sur le point d'être rapatriés, contrat d'habilitation à gérer un service public. **Le service public confié au cocontractant peut être administratif ou industriel et commercial, voire scientifique ou culturel ;** en l'espèce, convention écrite conclue en 1999 entre le Ministère de l'Environnement et des Forêts par laquelle le cocontractant s'engage à s'occuper de l'animation culturelle de la célébration de la journée internationale de l'environnement de manière active et efficace pour une réussite totale de l'événement.

- **Le contrat de recrutement d'une personne dans un service public administratif géré par une personne publique**. La jurisprudence exige une *participation directe* à l'exécution d'un service public administratif ou encore une *participation à l'exécution même* d'un service public administratif[39]. La personne publique conclut un contrat avec un particulier. Objet : l'emploi du particulier dans un service public administratif. Participation directe : le particulier y exerce les fonctions qui relèvent de la spécialité du service[40]. Tout contrat de recrutement en vertu duquel une personne travaille pour le compte d'un service public à caractère administratif géré par une personne publique est un contrat administratif[41].

---

[38] TC, 16 janvier 1995, *Préfet de la Région Île-de-France et Cie Gén. du Rhône c. EDF*, Rec. 489

[39] C.E., Sect., 4 juin 1954, *Affortit et Vingtain.* Ces deux arrêts

[40] *Exemple* : au sein de l'université, les attachés temporaires d'enseignement et de recherches.

[41] T.C., 25 mars 1996, *Préfet de la région Rhône-Alpes, préfet du Rhône et autres c/ Conseil de prud'hommes de Lyon* - ou arrêt *Berkani.*

Pour conclure, on dira que l'affirmation selon laquelle c'est à tort que la doctrina a souvent transposé au Cameroun les dispositions des arrêts français *Époux Bertin* et *ministère de l'Agriculture c/ Consorts Grimouard* sus cités n'est vraie qu'en partie. Si ces arrêts consacrent la position selon laquelle, en matière de contrat administratif il existe un critère essentiel à savoir le critère organique, et des critères qui sont alternatifs, la clause exorbitante ou le service public, il est tout aussi vrai que de manière péremptoire, il ne s'est pas prononcé sur la question de choix entre les critères alternatifs et les critères cumulatifs. Bien sûr qu'à la lecture du présent jugement, on peut bien soutenir que la Chambre administrative de la Cour Suprême semble avoir implicitement désavoué son rattachement à cette position française, mais l'affirmation sera toujours fragile tant que le juge n'aura pas été plus explicite dans ses positions. Même s'il semble que dans l'espèce commentée, le juge camerounais opte plutôt pour le caractère cumulatif dans l'identification des critères du contrat administratif, cette position n'est pas générale[42] et ne peut permettre de soutenir définitivement que la jurisprudence administrative camerounaise a définitivement opté pour les critères cumulatifs dans l'identification des contrats administratifs.

---

[42] On peut le dire en suivant strictement son affirmation en l'espèce, lorsqu'il proclame que pour qu'en contrat soit administratif, « *...il faut la participation du cocontractant à l'exécution même du service public... Que de même, pour qu'un contrat soit administratif, il faut qu'il ait pour objet même l'exécution du service public ; Qu'en d'autres termes que l'exécution du contrat ait pour but la satisfaction de l'intérêt général. Enfin, le contrat administratif doit contenir des clauses exorbitantes de droit commun...* ». Le juge de l'affaire Um Ntjam ralliait ainsi la position adoptée dans l'affaire *Renucci c/. Administration du Territoire*[42] rendue 50 ans plutôt par le Conseil du Contentieux Administratif camerounais. Comme le pense une certaine doctrine, « *si on ne peut nier que la position en vigueur dans le droit camerounais tient effectivement compte de l'identification des mêmes critères matériels, que sont le service public et la clause exorbitante, elle ne semble cependant pas les présenter de manière alternative. Au constat, le juge administratif camerounais ne s'est jamais prononcé explicitement sur l'existence d'un caractère alternatif de ces deux critères. Lorsqu'on observe ces deux affaires, il est clair qu'il présente plutôt de manière synthétique les critères qui caractérisent le contrat administratif* ». Mais cette affirmation doit être encadrée dans son contexte, et ne constitue qu'un point de vue doctrinal, même si la position du juge judiciaire peut sembler confirmer cette analyse. En effet, dans une décision rendue en matière civile par le Tribunal de grande instance du Mfoundi, Sté forestière PETRA S.A c/ Sylvestre Naah Ondoa, Etat du Cameroun du 09 février 2004, le juge de droit privé affirme : « ***Attendu qu'à défaut d'une définition textuelle, la jurisprudence a retenu certains critères permettant de définir le contrat administratif ; qu'il s'agit(...) du critère matériel qui fait concurremment appel au critère de la participation directe du contrat à l'exécution même du service public et du critère de la clause exorbitante*** ».

II. Le juge condamne l'administration à exécuter son obligation contractuelle

Si le contrat administratif se distingue du contrat privé notamment par la présence de clauses exorbitantes ou plus globalement par son régime exorbitant (parties contractantes, objet et but du contrat), on peut se poser la question de savoir si le régime de sanction qui lui est applicable en cas d'inobservation des obligations contractuelles par les parties est le même qu'en droit privé.

Puisant son origine dans le droit privé, le contrat est perçu comme un accord de volontés entre deux parties qui s'engagent l'une envers l'autre à exécuter des prestations précises. D'après l'article 1134 du code civil, « *les conventions légalement formées tiennent lieu de loi à ceux qui les ont faites* ». Ainsi, que l'engagement soit écrit ou verbal, chacune des parties contractantes est tenue d'exécuter son obligation sous peine d'être poursuivie sur la base de la responsabilité contractuelle. Le cas échéant, celle-ci pourra être doublée d'une responsabilité délictuelle dans l'hypothèse où le partenaire souffrirait d'un préjudice du fait de l'inexécution ou de la mauvaise exécution du contrat.

Cependant, si le contrat entre personnes privées est généralement assis sur une base égalitaire, tel n'est pas le cas en droit administratif où le contrat est davantage un contrat d'adhésion. L'Administration disposant de nombreuses marges de manœuvre : pouvoir de modification unilatérale, pouvoir de sanction etc. le juge doit donc tenir compte de ces facteurs lorsqu'il est appelé à statuer.

En outre, la procédure administrative contentieuse ayant ses spécificités notamment avec le recours gracieux et les difficultés de computation des délais, les résultats escomptés par le recourant peuvent s'avérer imparfaitement satisfaits. Dans l'affaire UM NTJAM François, le juge ordonne à l'Administration de régler la facture du recourant (A), mais rejette sa demande de dommages-intérêts pour défaut de recours gracieux (B).

A. La condamnation de l'administration contractante au respect de ses obligations contractuelles

L'exécution des contrats administratifs relève à elle seule toute la distance qui sépare le droit administratif du droit privé, les contrats administratifs des contrats civils et commerciaux. Qu'on se rappelle les convictions du Commissaire du Gouvernement Jacomet « *lorsqu'elle conclut les contrats administratifs, l'administration ne se dépouille pas de ses attributs de service public »*[43]. On comprend mieux le scepticisme du Commissaire du Gouvernement Kahn qui, dans une espèce du 03 mars 1969 - qui estime que « *chacun s'accorde à reconnaître aujourd'hui que la distinction du contractuel et de l'unilatéral pose plus de questions qu'elle ne permet d'en résoudre »*[44].

En droit privé, le régime des contrats est dominé notamment par deux grands principes : Le principe de l'autonomie qui implique l'égalité relative des parties, et la mutabilité consensuelle du contrat tirée de l'article 1134 du code civil qui dispose que « *les conventions légalement formées tiennent lieu de loi à ceux qui les ont faites* ». La conséquence juridique qu'on en tire est que la loi autorise notamment le fait majeur et le fait du prince. En droit privé, la résiliation unilatérale des conventions à durée indéterminée est par exemple, en principe, impossible[45], celle d'un contrat à terme incertain ou à exécution successive est possible, mais limitée.

En droit administratif, le particularisme des contrats administratifs fait largement échec à ce double principe :

- La mutabilité unilatérale des contrats administratifs : l'administration peut modifier unilatéralement le contenu du contrat voire résilier celui-ci, même si un terme a été à l'origine prescrit. Que ce pouvoir de résiliation unilatéral des contrats administratifs soit étendu, cela découle du fait qu'une clause unilatérale de résiliation est toujours considérée comme exorbitante. Comme le rappelait le juge français de l'espèce *UGAP*[46], cette stipulation « *donne à elle seule à la convention un caractère administratif* ».

- L'inégalité des intérêts en cause. Certains auteurs préfèrent parler de l'inégalité des intérêts. Cette préférence semble irrecevable. En effet, le particularisme des contrats administratifs -et donc des prérogatives exorbitantes de l'administration contractante- se justifie, directement ou indirectement, par les exigences du service public. Bien souvent, le contrat administratif est conclu en vue de pourvoir aux besoins du service public, d'en assurer le fonctionnement. Cette fin justifie les dérogations

---

[43] *CE, 05 mars 1954, Soullier*
[44] CE, 03 mars 1969, *Interlait*
[45] Commercial, 12 novembre 1996, Dalloz, Affaires, 19997, p. 248.
[46] TC, 05 juillet 1999, *UGAP*

aux règles de droit commun utilisées ici. *En conséquence, comme l'a si bien relevée la doctrine, « le contrat administratif met en présence non pas des volontés inégales, mais bien des intérêts inégaux »*[47]*,* l'intérêt général et l'intérêt des particuliers, lequel dernier est sacrifié à l'autel de l'intérêt général. On reconnaît à l'administration les moyens de garantir l'intérêt général ; mais l'intérêt particulier ne s'en trouve pas moins sauvegardé, tant il est vrai qu'il dispose de voies de recours conséquents.

Comme on le voit, le régime juridique de l'exécution des contrats administratifs diffère de celui des contrats privés. Tout d'abord, en ce que l'administration dispose à l'égard de son cocontractant de prérogatives sans équivalent et neutres. Elles trouvent leur source dans la nécessité de garantir le service public. Ensuite, en ce que le cocontractant bénéficie en contrepartie de garanties, d'ordre financier, quel qu'en soit l'usage, que l'administration fait de ses prérogatives. Cette originalité ne doit pas faire oublier que comme tout contrat, le contrat administratif s'exécute aussi par référence à la commune intention des parties, et la présente espèce révèle une propension du juge des contrats publics à rééquilibrer la balance dans le sens d'une plus grande protection des intérêts des cocontractants de l'administration, désarmés qu'ils sont souvent face à une puissance publique abusant de ses multiples et variés privilèges, à l'exécution de ses engagements contractuels publics.

En l'espèce, il n'y a pas de doute que le juge s'inspire du droit privé pour sanctionner le comportement de l'Administration. Car même s'il ne précise pas les règles de droit qui servent de base légale à sa décision, il est clair que sa formation civiliste l'amène à puiser dans le droit privé pour donner une solution à cette affaire. Le juge convoque ainsi la responsabilité contractuelle qui permet à une partie contractante de saisir la juridiction compétente dans le but de faire condamner son partenaire qui n'exécute pas à temps ou refuse d'exécuter ses prestations, à remplir son engagement. Dans le contrat en cause, l'Association pour le Développement et la promotion de la Culture Camerounaise dénommée ADEPROC pseudonyme ETS François UM NTJAM Production dont il est le représentant s'engageait à s'occuper de l'animation culturelle de la célébration de la journée mondiale de l'Environnement des 4 et 5 juin 1999. C'est ce qu'il fit. En contrepartie, le ministère de l'environnement et des forêts représenté par le coordonnateur du projet Information Center on Environnement (ICE), sieur Sida AMADDEE était tenu de rémunérer

[47] Richi (Laurent), Droit des Contrats Administratifs, LGDJ, 4ème Ed, Paris, 2008.

ce service en réglant la facture que devait par la suite lui présenter son cocontractant. Facture qui s'élevait à 4.527.712 francs.

Naturellement, le cocontractant de l'administration bénéficie dans l'exécution des contrats publics, et malgré l'avantage naturel et la stature particulièrement protecteurs de la puissance publique au détriment du cocontractant, diverses prérogatives dont les plus importantes sont les multiples obligations qui incombent, à la réalisation des contrats administratifs, au cocontractant de l'administration fragilisée qu'il est dans un contrat génétiquement déséquilibré. Néanmoins, il va disposer de certains droits radicalement protecteurs. Le cocontractant a fondamentalement un droit au respect de l'équilibre financier du contrat. L'administration a la garde des intérêts généraux, mais le particulier a fondamentalement des intérêts patrimoniaux qui doivent être protégés. Ces droits des particuliers sont divers. Le cocontractant de l'administration a droit aux prestations stipulées au contrat ou impliquées par celui-ci. Ce sont entre autres :

- Le droit au matériel promis par l'administration,

- Le droit au règlement du prix qui constitue la rémunération d'un service rendu.

En principe, le prix est définitif[48], mais les parties peuvent inclure dans le contrat *une clause de variation* ou de *révision du prix*. La première est automatique, au contraire de la seconde qui est obligatoirement négociée. Ensuite, il a droit à certaines indemnités même non prévues par le contrat :

- Une indemnité pour responsabilité contractuelle de l'administration,

- Une indemnité pour survenance de faits nouveaux, en application des théories de l'équation financière, du fait du prince, de l'imprévision ou encore pour sujétions imposées et imprévues.

- Une indemnité pour prestations supplémentaires, encadrée par un avenant, indispensable et spontanée.

Sans ordre émanant de l'administration et accord subséquent, le cocontractant a exécuté des travaux imprévus au contrat d'origine. Comme on l'a dit, indemnité lui est due, si les travaux exécutés étaient

[48] Articles 74 et 75 Décret n°2004/275

indispensables pour la bonne exécution des prestations commandées. Le juge administratif français suivi plus tard par le législateur camerounais ont posé ce principe respectivement à l'occasion d'une espèce du *CE du 14 mai 1970, Administration Générale de l'Assistance publique de Paris* et des dispositions des *articles 72 et suivants du Décret n°2004/275 du 24 septembre 2004 portant Code des Marchés Publics au Cameroun.* Il s'agit là d'une simple application du principe de l'enrichissement sans cause qu'il ne serait pas déraisonnable d'étendre aux modifications unilatérales du contrat, décidées par l'administration elle-même.

Au fond, ces travaux supplémentaires spontanés correspondent à une modification unilatérale de fait opérée par le cocontractant dont la finalité légitime reste une meilleure exécution de l'ouvrage public ou une meilleure garantie du service public. Le caractère prévisible des travaux supplémentaires indispensables est propre à minorer l'indemnité versée au cocontractant.

Quelques précisions concernent le règlement du prix : les sommes dues en exécution d'un marché sont payées dans un délai prévu par le cocontractant ou à défaut, dans un délai maximum fixé par voie réglementaire. Comme le précise l'article 74 al. 2 du Décret n°2004/275, les prestations faisant l'objet des marchés publics sont réglées soit par des prix forfaitaires appliqués à tout ou partie quelque soient les quantités, soit par des prix unitaires appliqués aux quantités réelles exécutées.

Bizarrement en l'espèce, l'Administration se comporte comme si le règlement de cette facture constituait une faveur qu'elle accordait à son partenaire le sieur Um Ntjam François, puisqu'elle ne lui versera qu'une ridicule somme de 500.000 francs. Comment comprendre que l'Administration soit à ce point irrespectueuse du droit et des droits de son partenaire ? Surtout que pour s'exonérer elle essaye de se cacher derrière une supposée incompétence du juge administratif tirée de ce que le contrat en cause n'était pas administratif, n'ayant pas eu « *pour objet l'exécution du service public* » et que sa prétendue nature privée entrainait la compétence du juge judiciaire.

À supposer même que ce contrat ait eu une nature privée l'Administration aurait-elle pu échapper à la sanction du juge ? Il est évident que non. Les éléments du dossier montrent bien que la mauvaise foi de l'Administration a été poussée à l'extrême. Il y a violation flagrante par l'administration contractante de ses obligations contractuelles que n'importe quel juge se devait de sanctionner. C'est pourquoi il a été ordonné dans le Jugement n°80/2008/CA/CS du 18 juin 2008 le paiement du reliquat de 4.027.712 francs au sieur Um Ntjam François.

Cependant sa demande de dommages et intérêts n'a pas connu le même sort.

B. Le rejet partiellement justifie de la demande de dommages et intérêts pour défaut de recours gracieux

Aux termes de l'article 17 alinéa 1 de la loi n° 2006/022 du 29 décembre 2006 fixant l'organisation et le fonctionnement des tribunaux administratifs : « *le recours devant le tribunal administratif n'est recevable qu'après rejet d'un recours gracieux adressé à l'auteur de l'acte attaqué ou à celle statutairement habilitée à représenter la collectivité publique ou l'établissement public en cause* ». Cela étant dit, la loi ne précise pas que les chefs de demande dans le recours gracieux doivent être identiques à ceux du recours contentieux. C'est le juge qui a dû rendre cette condition impérative, puisque son défaut entraine le rejet de la demande contentieuse. Dans une espèce ancienne déjà, le juge affirmait, pour rejeter la demande de dommages et intérêts du recourant, que : « *de l'examen des requêtes des 07 octobre et 31 septembre 1968 classées au dossier et constituant les recours gracieux introduits par Ntone, il ne résulte pas qu'il ait soumis à l'autorité habilitée à statuer sur les recours gracieux la question de dommages-intérêts » ;*

Considérant que l'article 17 paragraphe 1er de la loi n°65/LF/29 du 19 novembre 1965, exige le recours gracieux à peine d'irrecevabilité du recours contentieux devant la cour de céans ; qu'il échet en l'espèce de déclarer ce chef de demande du sieur Ntone irrecevable pour défaut de recours gracieux »[49].

Consacré auparavant par un arrêt n° 3/CFJ/AP du 28 octobre 1970[50], et confirmé par les jugements n° 48/96-97 du 30 janvier 1997, Mohamadou Abdoulaye Massah c/ État du Cameroun (MINDEF) et n° 24/2002-2003 du 28 novembre 2002, Mefire Zacharie c/ État du Cameroun, l'exigence de l'identité d'objet entre le recours gracieux et le recours contentieux a été instituée par la Cour fédérale de Justice et la Cour Suprême « *comme une donnée fondamentale de la procédure*

---

[49] Arrêt n°118/CFJ/CAY du 08 décembre 1970, Ntone Epée Isaac c/ Etat du Cameroun

[50] Onana Jean Pierre c/ Etat du Cameroun

administrative au Cameroun »[51]. C'est ainsi que le juge rejette soit totalement, soit partiellement les recours qui méconnaissent cette exigence. Cela se justifie. Pour Henri JACQUOT : « *la règle du recours gracieux serait effectivement tournée si le requérant pouvait présenter au contentieux des demandes nouvelles, différentes de celles sur lesquelles l'administration s'est prononcée* ».[52]

Dans le cas d'espèce, le juge reste fidèle à une tradition jurisprudentielle. Il constate simplement que le sieur Um Ntjam François n'a pas présenté à l'Administration sa demande de dommages-intérêts justifiée par le préjudice qu'il aurait éventuellement subi du fait de l'Administration. Le juge ne pouvant statuer ni infra ni *ultra petita*, s'en est donc tenu à ce qui lie le contentieux, à savoir le rejet implicite ou explicite de ce qui est demandé dans le recours gracieux. Il déclare : « *attendu que le recourant en plus de la somme principale de 4.027.712 francs a réclamé des dommages et intérêts d'un montant de 37.900.000 francs ; Attendu cependant que ladite demande n'a pas été soumise au recours gracieux ; qu'il y a lieu de la déclarer irrecevable ;* ». Les justiciables devraient une fois pour toutes fixer dans leur esprit que ce qu'ils demandent à l'Administration doit être la même que ce qu'ils demandent au juge. Car cela permet à la première de déterminer sa position sur le litige et au second d'être informé sur son étendue.

Diverses autres conditions ont été construites par la jurisprudence pour que le cocontractant de la puissance publique contractante se voit octroyer des dommages et intérêts. Naturellement, le cocontractant de l'administration bénéficie dans l'exécution des contrats publics, et malgré l'avantage naturel et la stature particulièrement protectrice de la puissance publique au détriment du cocontractant, diverses prérogatives dont les plus importantes sont les multiples obligations qui incombent, à la réalisation des contrats administratifs, au cocontractant, fragilisé qu'il est dans un contrat génétiquement déséquilibré. Néanmoins, il va disposer de certains droits radicalement protecteurs. Le cocontractant a fondamentalement droit au respect de l'équilibre financier du contrat. L'administration a la garde des intérêts généraux, mais le particulier a des intérêts patrimoniaux qui doivent être protégés. Avant d'examiner

---

[51] J-L ENGOUTOU, La Cour Fédérale de justice et le droit administratif camerounais, thèse de Doctorat Ph.D. en Droit public, Université de Yaoundé II-Soa, septembre 2010 p. 103.

[52] Le contentieux administratif au Cameroun, RCD, n° 8 juillet décembre 1975, pp. 113-139.

comment ce droit à l'équilibre financier du contrat est mis en œuvre dans certaines hypothèses particulières, il faut insister sur un droit que, contrairement aux principes applicables en droit privé, n'a pas la partie privée à un contrat administratif.

Cette exclusion est fondée sur *l'exceptio non adimpleti contractus*. En effet, l'administration a sans aucun doute l'obligation d'exécuter ses engagements contractuels. Mais, à la différence de l'administration, le cocontractant privé ne dispose d'aucun moyen de réaction unilatérale, il ne peut se faire justice à lui-même, autrement dit, il ne peut refuser d'exécuter sa prestation au motif que l'administration ne remplit pas ses obligations *(par exemple, ne verse pas à la date prévue les avances prévues au contrat)*. Si dans un tel cas, il cessait l'exécution, il commettrait lui-même une faute susceptible d'engager sa responsabilité contractuelle et de justifier la sanction unilatérale de l'administration. On voit ici clairement l'inégalité des parties au contrat administratif[53]. Inégalité claire puisque, outre ses pouvoirs de sanction examinés ci-dessus, la collectivité publique est en outre autorisée à exciper de l'exception d'inexécution pour interrompre l'exécution de ses propres obligations[54]. En cas d'inexécution de ses obligations par l'administration, le cocontractant n'a d'autre possibilité que de saisir le juge du contrat pour mettre en jeu devant lui la responsabilité contractuelle de l'administration.

Quoi qu'il en soit et malgré les apparences, les droits du cocontractant aménagés par le droit positif en la matière sont assez larges et divers. Le cocontractant de l'administration a droit aux prestations stipulées au contrat ou impliquées par celui-ci. Ce sont entre autres le droit au matériel promis par l'administration et le droit au règlement du prix qui constitue la rémunération d'un service rendu. En principe, le prix est définitif (articles 74 et 75 Décret n°2004/275), mais les parties peuvent inclure dans le contrat *une clause de variation* ou de *révision du prix*. La première est automatique, au contraire de la seconde qui est obligatoirement négociée. Ensuite, il a droit à certaines indemnités même non prévues par le contrat :

---

[53] Comme l'a constamment rappelé le juge administratif français - voir pour illustration CE 7 janvier 1976, *Ville d'Amiens*, Rec. 11, jurisprudence suivie par la Chambre Administrative de la Cour Suprême, et les principaux considérants de l'espèce *Amsecom-Amseconcom* sus rapportés sont fort illustratifs.
[54] Cf. CE, 27 mars 1957, *Carsalade*, Rec. 216

- Une indemnité pour responsabilité contractuelle de l'administration,

- Une indemnité pour survenance de faits nouveaux, en application des théories de l'équation financière, du fait du prince, de l'imprévision ou encore pour sujétions imposées et imprévues.

- Une indemnité pour prestations supplémentaires, encadrée par un avenant, indispensable et spontanée.

Sans ordre émanant de l'administration et accord subséquent, le cocontractant a exécuté des travaux imprévus au contrat d'origine. Comme on l'a dit, indemnité lui est due, si les travaux exécutés étaient indispensables pour la bonne exécution des prestations commandées. Le juge administratif français suivi plus tard par le législateur camerounais ont posé ce principe respectivement à l'occasion d'une espèce du *CE du 14 mai 1970, Administration Générale de l'Assistance publique de Paris* et des dispositions des *articles 72 et suivants du Décret n°2004/275 du 24 septembre 2004 portant Code des Marchés Publics au Cameroun.* Il s'agit là d'une simple application du principe de l'enrichissement sans cause qu'il ne serait pas déraisonnable d'étendre aux modifications unilatérales du contrat, décidées par l'administration elle-même.

Au fond, ces travaux supplémentaires spontanés correspondent à une modification unilatérale de fait opérée par le cocontractant dont la finalité légitime reste une meilleure exécution de l'ouvrage public ou une meilleure garantie du service public. Le caractère prévisible desdits est propre à minorer l'indemnité versée au cocontractant.

Il est à noter que les sommes dues en exécution d'un marché sont payées dans un délai prévu par le cocontractant ou, à défaut, dans un délai maximum fixé par voie réglementaire. Comme le précise l'article 74 al. 2 du décret n°2004/275, les prestations faisant l'objet des marchés publics sont réglées soit par des prix forfaitaires appliqués à tout ou partie quelque soient les quantités, soit par des prix unitaires appliqués aux quantités réelles exécutées.

Le dépassement du délai de paiement ouvre de plein droit et sans autre formalité pour le titulaire du contrat ou son sous-traitant au bénéfice d'intérêts moratoires à compter du jour d'expiration du délai. Enfin, un marché peut prévoir une clause d'actualisation de prix, indépendamment de celle de révision dudit prix (article 77 al. 6 du décret n°2004/275).

En fait, même si les délais du recours gracieux avaient été respectés par le recourant, rien ne dit qu'il aurait *a priori* bénéficié des dommages et intérêts réclamés, sauf à considérer que les conditions classiques exigées par la jurisprudence constante et rappelées plus haut aient été remplies. L'indemnité compensatrice doit être proportionnelle à la faute de l'administration contractante, au risque de faire peser sur son cocontractant un indûment perçu, susceptible d'être remboursé plus tard.

En définitive, les espèces jointes ici annotées participent au renouveau observé du droit et de la pratique contractuelle publique au Cameroun depuis une quinzaine d'années. Même si elles n'apportent pas de solutions révolutionnaires aux questions qu'elles soulèvent, elles permettent une meilleure lecture des nouvelles dispositions textuelles et proposent un meilleur éclairage des évolutions jurisprudentielles en la matière. Sans doute ne peut-on pas, de façon péremptoire, affirmer qu'elles ferment définitivement la controverse sur la problématique de la qualification des contrats administratifs et celles des obligations des parties. Aussi, peut-on dire qu'il y a eu un avant UM NTJAM et Fils, et qu'il y aura son après, parce que rien ne sera plus comme avant.

Edouard GNIMPIEBA TONNANG

Marché public – Conclusion litigieuse du marché – Incompétence de l'autorité contractante – Acte détachable du contrat – Régime juridique – Annulation – Oui – Jugement par défaut – Résiliation fautive – Sanction – indemnisation – Oui – Condamnation de l'État – Oui – Opposition au jugement – Recevabilité de l'opposition – Opposition non fondée – Oui.

1ère espèce

Cour Suprême. Chambre administrative, jugement n°63 du 27 juillet 2000, Établissement le Paysan contre Etat du Cameroun (MINEDUC)

Attendu que la République du Cameroun, représentée par le Gouverneur de la province du Sud, avait signé le 03 mars 1997 des lettres-commandes 41 et 42/LC/SG/CAJF accordant la construction de deux salles de classe au CES de Nyeté et de deux autres salles de classe au CES d'Ebolowa, pour un montant de 13 millions de francs chacune ; soit 26 millions de francs pour les deux ;

Attendu qu'après l'enregistrement de ces lettres-commandes, des ordres de service de commencer des travaux n°2 et 03/OS/MINTP/DPS/SP/CS/EDWA prévoyant des pénalités à l'encontre des requérants leur ont été notifiés le 12 mars 1997. Qu'alors qu'ils avaient déjà pris toutes les dispositions nécessaires en vue du démarrage des travaux, il leur a été signalé que le Ministre de l'Éducation Nationale, par fax n°s 417 et 418/MINEDUC/DEFP du 17 mars 1997, leur retirait l'exécution desdits travaux.

Attendu que sur les fax susvisés, il y est expressément mentionné « Seule la lettre-commande signée du Ministre de tutelle est valable (…) toute autre pièce attribuant le marché à un quelconque contractant est nulle (…) ».

Attendu que notifiés des fax dont il s'agit, les requérants avaient, par requête en date du 15 avril 1997, saisi le juge des référés administratifs qui, par ordonnance n°49/OR/PCA/CS/96-97 du 03 juillet 1997, avait ordonné la continuation par eux des travaux objets du litige. Qu'ainsi les requérants avaient alors exécuté les travaux du chantier d'Ebolowa. Mais que ceux du chantier de Nyeté avaient été attribués à l'entreprise African Trust BP. 1238 Yaoundé, suivant lettre-commande n°155/30/DU du 19 février 1997 signé par le Ministre de l'Éducation Nationale.

Mais attendu que les fax n°s417 et 418 du 17 mars 1997 du Ministre de l'Éducation Nationale, qui constituent les décisions administratives, sont entachés d'excès de pouvoir en ce qu'ils violent la loi où les dispositions réglementaires d'une part et parce qu'elles ne sont pas motivées d'autre part.

Que s'agissant d'abord de la violation de la loi ou des dispositions réglementaires, les fax du Ministre de l'Éducation Nationale adressés à son collaborateur, le délégué provincial de l'Eduction Nationale pour le Sud à l'intention des Directeurs des CES de Nyeté et d'Ebolowa, n'avaient pas été ampliés au Gouverneur de la Province du Sud en violation de l'article 4 alinéa 1er du décret n°78/485 du 09 novembre 1978 fixant les attributions des chefs de circonscriptions administratives et organismes et personnels chargés de les assister dans l'exercice de leurs fonctions.

Attendu que les fax du Ministre de l'Éducation Nationale violent également les articles 78 et 79 du décret n°86/903 du 18 juillet 1986 portant réglementation des marchés publics. Qu'il résulte en effet des dispositions combinées du texte que le pouvoir de signer les marchés publics jusqu'à deux cents millions de francs appartient aux gouverneurs de provinces.

Attendu que le Ministre de l'Éducation Nationale est donc incompétent, comme dans le cas d'espèce, à signer un marché dont le montant est inférieur à deux cents millions de francs, cette compétence étant dévolue aux gouverneurs des provinces ;

Attendu que, d'autre part, la décision du Ministre de l'Éducation Nationale de retirer les travaux confiés aux Établissements « Le paysan » par Fax n°s 417 et 418 du 17 mars 1997 est également entachée d'excès de pouvoir en ce qu'elle n'est pas motivée.

Attendu qu'en effet, doivent être obligatoirement motivées, les décisions à portée individuelle qui infligent une sanction, retirent ou abrogent une décision créatrice de droit comme dans le cas d'espèce. Qu'il y a donc lieu de constater les fax n°417 et 418 du 17 mars 1997 du Ministre de l'Éducation Nationale qui constitue les décisions administratives sont entachées d'excès de pouvoir.

Attendu que les requérants sollicitent la condamnation de l'État du Cameroun au paiement des dommages-intérêts en réparation des différents préjudices dont ils ont souffert, et qu'ils évaluent à quarante millions (40.000.000) francs.

Attendu que les actions en indemnisation du fait d'un acte administratif sont du domaine du contentieux administratif. Attendu qu'il est exact que les décisions administratives querellées ont été prises dans les conditions fort dommageables, surtout que les requérants avaient déjà été notifiés des ordres de service de commencer les travaux et avaient déjà pris toutes les dispositions nécessaires en vue du démarrage des travaux pour éviter de tomber sous le coup des pénalités prévues dans les ordres de service.

Attendu que cela étant, ils sont donc fondés à demander la réparation des préjudices subis en raison de l'agissement fautif incriminé. Attendu que si cette demande est fondée en principe, elle est toutefois exagérée en son quantum, que la Chambre administrative se doit, après appréciation, de ramener à de justes proportions, et l'évaluer ainsi qu'il suit :

- Manque à gagner : 1.000.000 F CFA
- Perte de matériaux : 3.000.000 F CFA
- Trouble commercial : 1.000.000 F CFA
- Atteinte au crédit : 3.000.000 F CFA
- Perte de confiance : 2.000.000 F CFA
- **Total : 10.000.000 F CFA**

Décide : Article 1er : La requête des Établissements Le Paysan est recevable. **Article 2e :** Au fond, elle est fondée. Par conséquent, l'État du Cameroun (MINEDUC) est condamné à payer au requérant la somme de dix millions (10.000.00000) francs de dommages-intérêts.

2e espèce

Cour Suprême. Chambre administrative, jugement n°55 du 29 août 2002, Établissement le Paysan contre Etat du Cameroun (MINEDUC)

Attendu que suivant procès-verbal de réception en date du 20 décembre 2000, le Greffier en Chef de la Chambre administrative de la Cour Suprême a reçu l'opposition formulée contre le jugement n°63-99-2000 du 27 juillet 2000 rendu par défaut contre le Ministère de l'Éducation Nationale dans l'affaire qui oppose ce département ministériel aux Établissements « Le Paysan », représenté par Monsieur MVOGO Dieudonné, Docteur d'État en Droit, Chef de la Cellule Juridique du Ministère de l'Éducation Nationale, désigné pour défendre les intérêts de l'État en justice devant toutes les juridictions suivant décision n°394/B2/55053/MINEDUC/SG/CJ du 14 août 2000 ;

(.....) *SUR LA RECEVABILITÉ DE L'OPPOSITION.*

Attendu que le jugement n°63/99-00 rendu le 27 juillet 2000 par la Chambre administrative de la Cour Suprême a été notifié au Ministre de l'Éducation Nationale le 05 décembre 2000 et l'opposition reçue suivant procès-verbal le 20 décembre du Greffier en Chef de la Chambre administrative de la Cour Suprême, soit 15 jours après notification du jugement entrepris ;

Que conformément aux dispositions de l'article 115 de la loi n°75/17 du 18 décembre 1975 fixant la procédure devant la Cour Suprême statuant en matière administrative, il y a lieu de déclarer la susdite opposition recevable ;

AU FOND :

Il résulte du dossier de la procédure que le 03 mars 1997, des lettres-commandes n°41/LG/SG/CAJF pour un montant de 13 millions chacune, soit 26 millions pour les deux, avaient été signées par le Gouverneur de la Province du Sud pour la construction de deux salles de classe au Collège d'Enseignement Secondaire de Nyeté et de deux autres salles de classe au Collège d'Enseignement Secondaire d'Ebolowa Rural ;

Qu'après enregistrement de ces lettres-commandes des ordres de commencer les travaux n°2 et 3/OS/MINTP/DPS/SP/CS/EBWA prévoyant des pénalités à l'encontre de l'entreprise Les Établissements « Le Paysan » ont été signés le 12 mars 1997 ;

Qu'alors que l'entreprise requérante avait déjà pris les dispositions nécessaires en vue du démarrage des travaux, il lui a été notifié que le Ministre de l'Éducation Nationale lui retirait l'exécution desdits travaux par fax n°417 et 418/MINEDUC/SG/DRFP du 17 mars 1997 ;

Attendu que les fax susvisés mentionnent notamment seule la lettre-commande signée par le Ministre de tutelle est valable (…) Toute autre pièce attribuant le marché à un quelconque contractant est (…) nulle » ;

Que le juge des référés administratifs, saisi par requête en date du 15 avril 1997, avait alors ordonné la continuation des travaux par l'entreprise requérante par ordonnance n°49/OR/PCA/CS/96-97 du 03 juillet 1997 du Président de la Chambre administrative de la Cour Suprême ;

Qu'à la suite de cette ordonnance l'entreprise requérante a régulièrement exécuté les travaux de construction de deux salles de classe au CES d'Ebolowa Rural ;

Mais que les travaux de construction de deux salles de classe au CES de Nyeté avaient été attribués à l'entreprise African Trust BP. 1238 Yaoundé par lettre-commande n°155/30 du 09 février 1998 du Ministre de l'Éducation Nationale ;

Attendu que la question juridique qui se pose dans le cas d'espèce est de savoir si le Ministre de l'Éducation Nationale avait le pouvoir d'annuler par ses fax les lettres-commandes n°s41 et 42 signées le 03 mars 1997 par le Gouverneur de la Province du Sud ; que la réponse à cette question est négative puisqu'il résulte des dispositions combinées des articles 78 et 89 du Décret n°86/903 du 18 juillet 1986 portant réglementation des marchés publics que le pouvoir de signer les marchés publics jusqu'à 200.000.000 F CFA appartient aux gouverneurs de Provinces ;

Attendu que le Ministre de l'Éducation Nationale est donc incompétent, comme dans le cas d'espèce à signer des lettres-commandes de 13 millions F CFA chacune soit 26 millions pour les deux lettres-commandes concernant la construction de quatre salles de classe dans les Collèges d'Enseignement Secondaire d'Ebolowa Rural et Nyeté ;

Que de plus, il ne peut annuler les lettres-commandes signées par le Gouverneur de la Province du Sud, puisque ce dernier détient ce pouvoir en vertu du décret n°86/903 du 18 juillet 1986 et non par la délégation de pouvoir dudit ministre aux gouverneurs de Provinces, contrairement aux prétentions du représentant du MINEDUC dans la présente procédure ;

Attendu qu'il résulte également du présent dossier, toujours contrairement aux déclarations dudit représentant de l'État, que l'entreprise « Le Paysan » avait réalisé plusieurs établissements scolaires dans la Province du Sud, et que notamment dans le cas d'espèce, les contrats relatifs à la réalisation des marchés litigieux avaient été régulièrement acquis ;

Qu'enfin, il importe de relever la divergence de vue entre le Ministre de l'Éducation nationale qui acquiesce et demande l'exécution du jugement n°63/99-00 rendu le 27 juillet 2000 par son représentant, le Chef de la Cellule Juridique et ce dernier qui sollicite à tout prix d'infirmer cette décision ;

Qu'eu égard à ce qui précède, j'ai l'honneur de proposer aux Honorables membres de notre juridiction de déclarer ladite opposition recevable, mais non fondée et de dire que le jugement n°63/99-2000 du 27 juillet 2000 produira son entier plein effet ;

Par ces motifs :

Statuant publiquement, en matière administrative, à l'unanimité des membres et en premier ressort,

Décide : **Article 1er :** L'opposition de l'État du Cameroun est recevable en la forme.

Article 2 : Elle n'est pas fondée.

Article 3 : Le jugement n°63/99-2000 rendu le 27 juillet 2000 produira par conséquent son entier et plein effet.

NOTE

La jurisprudence les Établissements « Le Paysan » vient une fois de plus confirmer la réalité selon laquelle le droit des contrats administratifs évolue dans un environnement socioculturel, économique et politique assez complexe au Cameroun[1] et les faits des deux espèces ci-dessus reproduites le prouvent à suffisance :

Le 03 mai 1997, des lettres-commandes pour un montant de 13 millions chacune avaient été signées par le Gouverneur de l'ex-Province du sud pour la construction de deux salles de classe au Collège d'enseignement secondaire de Nyeté et deux autres salles de classe au Collège d'enseignement secondaire d'Ebolowa. Après enregistrement de ces lettres de commandes, des ordres de commencer les travaux ont été servis à l'entreprise Le Paysan le 12 mars 1997. Alors que cette entreprise avait commencé les travaux, il lui a été notifié que le Ministre de l'Éducation nationale lui retirait l'exécution desdits travaux par deux fax du 17 mars 1997.

Saisi par requête en date du 15 avril 1997 par les Établissements « Le Paysan », le juge des référés administratifs, par une ordonnance du 03 juillet 1997 du Président de la Chambre administrative de la Cour Suprême, avait ordonné la continuation des travaux par l'entreprise requérante. À la suite de cette ordonnance, l'entreprise a régulièrement exécuté les travaux de construction des deux salles de classe du Collège d'Enseignement Secondaire (CES) d'Ebolowa, mais les travaux de construction des deux salles de classe au Collège d'Enseignement Secondaire (CES) de Nyeté avaient été attribués à l'entreprise African Trust par lettre-commande du 19 février 1997 du Ministre de l'Éducation nationale.

La Chambre administrative de la Cour Suprême a alors été saisie par l'entreprise « Le Paysan » d'un recours tendant à condamner l'État camerounais à lui octroyer des dommages-intérêts. Par un jugement par défaut n°63/99-2000 du 27 juillet 2000, la juridiction administrative a donné gain de cause à la requérante en condamnant l'État à lui payer la somme de dix Millions (10.000.00000) Francs CFA de dommages-intérêts.

---

[1] Pour plus de développements sur l'emprise des réalités sociopolitiques, économiques et culturelles nationales sur la pratique contractuelle publique au Cameroun, lire avec intérêt MESSENGUE AVOM Bernard, La gouvernance des marchés publics au Cameroun, Les Editions le Kilimandjaro, 1ère Edition, Yaoundé, 2013, 552 pages.

Le 20 décembre 2000, une opposition a été formulée contre ce jugement par le représentant de l'État. Ce dernier, à la suite d'une argumentation exagérément longue et, à la limite, fatigante pour le Tribunal, va demander à la juridiction administrative de bien vouloir infirmer son jugement par défaut, de débouter les Établissements « Le Paysan » de son recours au fond en dommages-intérêts concernant le litige relatif aux travaux de construction du Collège d'Enseignement Secondaire de la Nyeté, et, enfin, de condamner le requérant à dédommager l'État à concurrence du dommage subi pour le montant des travaux non exécutés et les vices cachés nés de l'exécution des travaux de construction du Collège d'Enseignement Secondaire d'Ebolowa rural.

En réponse auxdites conclusions du représentant de l'État, les Établissements « Le Paysan » vont demander au juge administratif de déclarer l'opposition non fondée, de rejeter les conclusions du représentant de l'État, de l'y dire sans objet, de tenir compte de la position du Ministre de l'Éducation Nationale qui est contre la décision de son représentant de s'opposer au jugement en cause.

À la vérité, la question juridique qui se posait en l'espèce était de savoir si le Ministre de l'Éducation Nationale avait le pouvoir d'annuler par ses fax les lettres-commandes signées par le Gouverneur de l'ex Province du sud. Autrement dit, quelle était, du Ministre ou du Gouverneur, l'autorité compétente pour signer un marché public dont le montant est inférieur à 200.000.000 francs ?

La jurisprudence Établissements « le Paysan » ici annotée constitue également une évolution par rapport à la conception de la notion camerounaise de « l'acte détachable », dégagée très tôt par le juge de l'espèce Compagnie forestière Sangha-Oubangui[2], et en rappelle les règles encadrant le destin contentieux (**II**). Bien plus, elle rappelle le régime juridique spécifique des règles de compétence en matière contractuelle publique (**I**).

I. Le rappel des règles de compétence en matière de formation des contrats administratifs

Le contrat administratif étant formé par un accord de volontés dont l'une au moins émane d'une personne publique, la question est ici de

---

[2] CS.CA jugement du 27 octobre 1988, Compagnie forestière Sangha Oubangui c/Etat du Cameroun, Note précitée du Pr. NLEP R.G.

savoir quels sont les organes compétents, au sein de la personne publique considérée, pour exprimer sa volonté, pour vouloir pour elle.

Les dernières évolutions réglementaires ont fait évoluer le régime juridique des règles de compétence en matière de contrats administratifs au Cameroun. Et il faudra désormais distinguer entre le régime général encadrant les contrats de l'Etat (**A**), et celui particulier de certains contrats spéciaux, notamment ceux engageant les collectivités territoriales décentralisées et les établissements publics (**B**).

A. Le régime général

Avant la réforme des marchés publics de 2012, les règles de compétence en matière de signature des marchés publics étaient régies par un ensemble de textes épars de nature législative et réglementaire. Pour ce qui était des contrats administratifs conclus par les autorités administratives, un ensemble de dispositions progressivement adaptées donnait compétence à celles-ci. Aux termes des articles 75 à 80 du décret n°95/101 du 9 juin 1995[3] portant réglementation des marchés publics, modifiant et complétant le décret n°86/903 du 18 juillet 1986 portant sur le même objet, le pouvoir de signer les marchés publics de plus de deux cents millions FCFA appartenait exclusivement aux Ministres dans leurs domaines respectifs de compétence, tandis que les marchés de moins de deux cents millions et de plus de cinquante millions (50.000.000) étaient signés au niveau régional par les gouverneurs. Ceux dont le quantum était inférieur ou égal à cinquante millions F CFA devaient être signés par les préfets au niveau départemental.

Pour le juge administratif de l'espèce, conformément aux articles 78 et 79 du décret n°86/903 du 18 juillet 1986 portant réglementation des marchés publics, ce pouvoir revenait au Gouverneur de Province. Ce dernier le détenait, précisait justement le juge des contrats, en vertu d'un texte de droit et non, comme l'affirmait le représentant de l'État, par délégation de pouvoir du Ministre.

[3] Décret n°2000/155 du 30 juin 2000 portant modification et abrogation de certaines dispositions du Décret n°95/101 du 9 juin 1995 relatif à la réglementation des marchés publics au Cameroun.

Ces règles de compétence ont été complètement modifiées par les réformes de 2011[4] et de 2012[5] respectivement relatives à l'organisation gouvernementale et au nouveau ministère des marchés publics.

Aux termes du décret n°2012/075 du 08 mars 2012 portant organisation du ministère délégué à la Présidence de la République chargé des Marches Publics, le Ministre Délégué procède, pour le compte de l'État, et en liaison avec les Départements ministériels et les administrations concernées, au lancement des appels d'offres des marchés publics[6], à la passation des marchés publics et au contrôle l'exécution sur le terrain[7], en liaison avec les Départements Ministériels et les Administrations concernés. Cette délégation est exceptionnellement conférée au délégué départemental des marchés publics, qui reçoit compétence d'attribution et de passation des marchés publics de son seuil de compétence[8]. Le décret de 2012 énumère limitativement les autorités étatiques habilitées à signer les marchés publics. Il s'agit du Ministre délégué chargé des marchés publics, des chefs des départements ministériels et autres administrations publiques, des délégués régionaux des marchés publics, ainsi que des chefs de projets.

Comme il est loisible de le constater, au niveau de l'État, c'est le Ministre délégué à la Présidence de la République chargé des marchés publics qui procède à la passation des marchés relevant des seuils de compétence des commissions centrales de marchés publics, ainsi que ceux des services centraux des ministères dès lors que l'enveloppe de l'opération est de cinquante millions de F CFA ou plus. Entre cinq millions et cinquante millions F CFA, les ministres et autres chefs d'administrations publiques sont habilités à passer un marché. Au niveau des régions, les délégués régionaux du ministère des marchés publics sont compétents pour passer des marchés sur les crédits délégués aux services déconcentrés régionaux des administrations publiques dont les montants varient entre cinq millions sans excéder cinquante millions F CFA.

---

[4] Décret n°2011/408 du 09 décembre 2011 portant organisation du Gouvernement de la République du Cameroun.

[5] Décret n n°2012/075 du 08 mars 2012 portant organisation du Ministère délégué à la Présidence de la République chargé des Marchés Publics.

[6] Article 1er alinéa 2 (a) du Décret n° N°2012/075 du 08 mars 2012 précité.

[7] Article 1er alinéa 2 (b) du décret n° N°2012/075 du 08 mars 2012 précité.

[8] Article 65 alinéa 1 (h) du décret n° N°2012/075 du 08 mars 2012 précité.

La remarque majeure ici est l'exclusion définitivement consommée des autorités administratives déconcentrées (gouverneurs de régions et préfets au niveau départemental) du processus de passation des marchés publics au Cameroun depuis les réformes de 2011 et de 2012.

B. La passation des contrats intéressant les collectivités territoriales décentralisées et les établissements publics

Aux termes du décret n°2012/075 du 08 mars 2012 portant organisation du Ministère délégué à la Présidence de la République chargé des Marchés Publics, les Chefs des exécutifs des collectivités territoriales décentralisées et les directeurs généraux et directeurs des établissements publics et parapublics reçoivent le pouvoir de passation des marchés publics, au niveau des entités décentralisées[9].

S'agissant des collectivités territoriales, le principe veut que l'assemblée délibérante autorise préalablement la signature du contrat ; cette signature est donnée, au nom de la collectivité, par l'exécutif de celle-ci[10]. Toutefois, l'assemblée délibérante peut donner, pour des contrats de faible importance, une délégation générale qui permettra au chef de l'exécutif communal de signer les contrats courants et sans enjeu politique local, sans avoir à préalablement obtenir une autorisation spéciale pour chaque contrat. Il faut également rappeler que les contrats des collectivités territoriales n'entrent en principe en vigueur qu'après leur transmission à l'autorité de contrôle, notamment au préfet, pour l'exercice d'un contrôle de légalité et d'un contrôle d'opportunité.

S'agissant des établissements publics, les solutions sont assez proches de celles qui s'appliquent aux collectivités locales. Leurs statuts prévoient généralement que l'exécutif des établissements publics peut conclure seul les petits contrats, quand les contrats importants supposent l'approbation du Conseil d'Administration. À signaler toutefois que la tutelle sur les établissements publics et donc le contrôle de l'autorité de rattachement de ces derniers sur les conventions passées par ceux-ci est plus étendu et contraignant que le contrôle sur les collectivités locales.

---

[9] Circulaire du Président de la République du 19 juin 2012 relative à la passation et à l'exécution des marchés publics au Cameroun.

[10] Aux termes de l'article 28 alinéa 1 de la loi n°2004/018 du 22 juillet 2004 fixant règles applicables aux Communes, « *le conseil municipal peut déléguer l'exercice d'une partie de ses attributions au maire* ».

Il faut aussi ajouter quelques remarques sur la compétence *ratione materiae*. Les personnes publiques ne peuvent contracter que dans le domaine de leurs compétences, ce qui vise les collectivités territoriales (elles peuvent contracter pour les besoins de leurs services et sur des objets d'intérêt local) et les établissements publics (dans le respect du principe de spécialité).

Par ailleurs, il est interdit de contracter sur certains objets : la police administrative, c'est-à-dire l'activité de prévention des troubles à l'ordre public (sécurité, tranquillité, salubrité publiques)[11], l'impôt (l'impôt n'est pas un objet d'arrangements contractuels)[12] et le statut des fonctionnaires[13]. L'organisation du service public n'est pas non plus une matière contractuelle. Toutefois, il n'est pas prohibé de définir des règles d'organisation d'un service public dans une convention.

Dans tous les cas, comme elle est d'ordre public, l'obligation de respect des règles de compétence en matière contractuelle publique est mécaniquement soulevée d'office par le juge des contrats. Ceci signifiera par exemple que le juge instruira la légalité des actes administratifs d'office pour mettre en relief l'incompétence de leur auteur. Il proclamera, comme il l'a fait en l'espèce, qu'aucune autorité ne peut se substituer à la compétence d'une autre[14], « *même si cette dernière est une autorité hiérarchiquement subordonnée, tant l'incompétence d'une autorité ne peut pas être couverte par l'acceptation ou l'acquiescement de l'autorité normalement compétente* »[15].

C'est donc en application de ces règles de répartition des compétences entre les autorités administratives que le juge de l'espèce a procédé à

---

[11] CE 17 juin 1932, *Ville de Castelnaudary*, D. 1932.3.27, concl. JOSSE : *« une commune ne peut confier, par contrat, le service de la police à une société privée. De même un maire ne saurait s'engager par un contrat signé au nom de sa commune, de faire à l'avenir tel usage déterminé de son pouvoir de police. Le contrat ou, si elles sont séparables de l'ensemble du contrat, les clauses portant sur l'exercice du pouvoir de police sont nuls ».*

[12] En droit français par exemple, les « contrats fiscaux » ne créent pas d'«avantages fiscaux » mais se bornent à constater qu'un contribuable remplit les conditions définis par la loi lui permettant de bénéficier d'un certain régime fiscal.

[13] En effet, il reste légal et réglementaire. La situation personnelle d'un fonctionnaire ne saurait donc être valablement définie par contrat. Un tel contrat ou de telles clauses seraient nuls.

[14] Cf. CCA n°678 du 27 décembre 1957, NDJOCK Paul C/. Etat du Cameroun.

[15] Cf. BILONG S, Mémentos de la Jurisprudence Administrative du Cameroun, précité, p. 511.

l'annulation rétroactive des fax du Ministre de l'éducation nationale et constaté le caractère non fondé des prétentions du représentant de l'État.

En définitive, c'est très justement que le juge administratif, après avoir reçu l'opposition, a décidé qu'elle n'était pas fondée et que le jugement n°63 rendu le 27 juillet 2000, rapporté par la première espèce, devait, par conséquent, produire son entier et plein effet, dont le plus important reste la sanction contentieuse des actes administratifs pris en application de son privilège du préalable, par l'autorité contractante.

II. Le sort contentieux des actes détachables du contrat devant le juge administratif camerounais

La genèse de la théorie d'acte détachable s'articule principalement autour des raisons qui justifient la consécration de cette institution en matière contractuelle, étant entendu que l'acte détachable intervient dans plusieurs disciplines du droit public. La notion d'acte détachable aurait été introduite dans le contentieux contractuel avec un arrêt du 11 décembre 1903[16] qui admet, contre un acte préparatoire d'un contrat de droit privé, le recours en annulation fondé sur les moyens de légalité. Cependant, en matière administrative, l'arrêt fondateur en ce qui concerne les actes détachables est bel et bien le célèbre arrêt *Martin* du 04 août 1905 qui consacre la possibilité pour les tiers de diriger un recours contre la délibération d'un Conseil Général relative à une concession de tramways. Depuis cet arrêt, aussi bien les cocontractants que les tiers peuvent exciper en justice un élément du contrat qui les cause préjudice.

On dira donc que la jurisprudence camerounaise a tout simplement continué cette belle construction jurisprudentielle hexagonale en renforçant d'une part l'institution (**A**) et d'autre part en sanctionnant les abus de l'administration contractante consécutifs à la mise en œuvre de ses pouvoirs unilatéraux en matière contractuelle publique (**B**).

A. La notion d'acte détachable en droit positif camerounais

Rappelons le principe en la matière : le recours pour excès de pouvoir est génétiquement étranger des contrats administratifs. Pourtant, dans sa genèse, du contrat conclu par l'administration, se détachent souvent des actes qui sont de véritables actes administratifs unilatéraux et qui, à ce titre, sont susceptibles de faire l'objet d'un recours pour excès de

[16] Commune de Gorre, Rec. 1905.

pouvoir. La prise en compte de la théorie d'acte détachable dans l'univers contractuel s'inscrit dans le dessein d'offrir une protection à tous les intéressés lésés par les irrégularités administratives. C'est donc à bon droit que la jurisprudence a imaginé d'isoler lesdits actes incorporés aux opérations contractuelles afin de les soumettre à la censure du juge. De là, on s'allie avec la doctrine, pour qui la théorie de l'acte détachable constitue un « *bastion avancé du principe de légalité au sein du contrat* »[17].

Relativement à la place de la théorie de l'acte détachable dans l'ordre juridique, il faut, *prima facie*, faire une distinction entre cette notion d'acte détachable et celle qui lui semble la plus proche et qui n'est rien d'autre que l'acte rattachable. Les actes détachables et rattachables sont des actes qui se trouvent dissimulés au sein d'une opération juridique quelconque. Et en tant que tels, ils ont besoin d'être individualisés afin de bénéficier d'un régime qui les autonomise vis-à-vis de l'opération dans laquelle ils se trouvent englués. Ceci dit, l'on a comme l'impression que l'acte détachable et l'acte rattachable signifient la même chose ou du moins subissent les mêmes règles d'identification. Loin sans faut.

En réalité, la doctrine française[18] a mis sur pied deux techniques permettant d'identifier la décision administrative partout où elle pouvait se dissimuler :

- *Primo*, la méthode d'analyse par laquelle on repère une décision dissimulée dans une opération administrative ou non administrative et on l'isole de cette opération pour lui restituer son individualité. C'est la technique de la *détachabilité.*

- *Secundo*, la méthode de synthèse par laquelle on détecte une décision réfugiée derrière une mesure à faible juridicité et on la relie à la catégorie de décision administrative à laquelle elle appartient normalement. C'est la technique de la *rattachabilité*.

À partir de là, on comprend que l'acte détachable et l'acte rattachable ne renvoient pas fondamentalement à la même chose et ce malgré le fait qu'ils peuvent faire tous les deux l'objet d'un recours pour excès de

---

[17] RICHER Laurent, Droit des contrats administratifs, LGDJ, 6ème Edition, Col. Manuel, Paris, 2008, P. 147. Cité par CHOUNA Dierrix, Actes détachables et contrats administratifs au Cameroun, Thèse présentée en vue de l'obtention du Master, Université de Dschang, 2014.

[18] RICHER Laurent, Droit des contrats administratifs, Ibid.

pouvoir, contribuant ainsi à former de grands blocs de contentieux correspondant aux diverses activités administratives[19]. De façon synthétique, on peut dire que tandis que la théorie de l'acte détachable disloque l'opération pour détecter les décisions qui se dissimulent dans chacune de ses étapes, la théorie de l'acte rattachable quant à elle relie tous les actes juridiques et faits matériels à l'activité administrative qu'ils tendent à réaliser. Les parties sont rattachées au tout, les éléments à l'ensemble[20].

La mise en œuvre de la théorie de l'acte détachable en droit positif camerounais renvoie non seulement à son application, mais aussi et surtout à la manière par laquelle elle est saisie dans le système juridique. La notion d'actes détachables est intimement liée à celle de *détachabilité*, comprise comme la technique juridique contentieuse par laquelle le juge détache un acte de son régime originaire pour le soumettre à un régime distinct[21]. Elle conduit par exemple à isoler les actes d'une opération relevant du plein contentieux ou d'autres types de contentieux pour les soumettre au contentieux de l'excès de pouvoir ou pour les soumettre au régime des actes préparatoires d'une procédure. L'acte est donc dit détachable ou plus exactement détaché parce que la jurisprudence admet qu'il puisse être disjoint pour entrer dans la compétence administrative dont il était exclu, soit pour faire l'objet d'un recours pour excès de pouvoir alors qu'il obéissait à un recours parallèle[22].

Ceci dit, la *détachabilité* et l'excès de pouvoir sont étroitement liés et s'enrichissent mutuellement[23]. Cela est d'autant plus vrai que les prétentions d'un tiers tendant à ce qu'un acte relatif aux affaires étrangères ou qu'un contrat soit annulé sont irrecevables. Seul un acte détachable ou une clause qui s'y est dissimulée peut être attaquée. À ce titre, la *détachabilité* contribue à n'en point douter à une meilleure garantie du principe de légalité et à la résorption des dénis de justice[24]. C'est donc dire que l'idée de *détachabilité* peut être appliquée en

---

[19] CHARLES Henri, Acte rattachables et actes détachables en droit administratif français, L.G.D.J, coll. Bibliothèque de droit public, Paris I, 1968, 242 pages.
[20] Pour une vue d'ensemble sur la question voir MBALLA OWONA R, Thèse précitée.
[21] MBALLA OWONA R, Thèse précitée, P. 376.
[22] CORNU (Gérard), Association Henry Capitant, Vocabulaire juridique, P. U.F, paris, 2011.
[23] LATOUR (Xavier), « Détachabilité et contrat administratif », Petites affiches n°97, 14 aout 1998, P. 1, cité par MBALLA OWONA dans sa thèse sus citée.
[24] MBALLA OWONA, Thèse précitée, p. 377.

plusieurs domaines. Aussi, existe-t-il les actes détachables des affaires étrangères[25], les actes détachables des opérations administratives complexes[26] et les actes détachables des contrats administratifs, catégorie qui nous intéresse dans l'espèce rapportée.

En effet, la notion d'acte détachable renvoie à cette catégorie d'acte qui, bien que pris dans le cadre des opérations contractuelles, est suffisamment individualisable pour que leur validité puisse être appréciée indépendamment des clauses contractuelles[27]. Cette définition rejoint celle de la doctrine camerounaise. Pour cette dernière, par acte détachable, il faut entendre « *l'individualisation des actes unilatéraux participant à une opération complexe ou conventionnelle de l'administration par rapport au contrat de droit privé ou administratif dont ils constituent la base légale ou la condition de la régularité* »[28].

Cette définition qui paraît beaucoup plus explicite s'avère être celle retenue par la jurisprudence nationale. Car elle renseigne à la fois, quoique de façon indirecte, sur-le-champ d'application de la théorie d'acte détachable et surtout sur la compétence éventuelle du juge. Étant entendu que les actes nés de la gestion du domaine privé[29] constituent un bloc de compétence judiciaire ; et ceux du domaine public appellent, bien évidemment, à la compétence du juge administratif.

Quoi qu'il en soit, la théorie d'acte détachable, d'origine française[30], a connu un destin prodigieux au point de rapidement s'universaliser, du moins dans l'espace francophone. C'est sans doute dans cette logique d'extraversion que la théorie d'acte détachable a été très tôt reçue en droit positif camerounais. Mais la particularité de cette théorie au

[25] Dans cette catégorie on retrouve les actes d'exécution des traités servant d'application des lois et conventions internationales et les actes liés à la conduite des relations diplomatiques.

[26] Par opération administrative complexe, il faut entendre la réalisation d'une tâche à travers une série nécessaire des décisions qui concourent toutes pour aboutir à une décision finale. Dans ce cadre nous avons notamment les avis conformes, les actes d'organisation des élections, les actes de création des organes consultatifs et les actes d'organisation des concours administratifs.

[27] Définition extirpée de l'encyclopédie juridique de l'Afrique, Tome 9 portant sur les droits des contrats et de la responsabilité, les NEA, Abidjan, Dakar, Lomé, 1982, 458 pages.

[28] BIDJA NKOTTO (Thomas), Thèse précitée, P. 511.

[29] Par acte de gestion du domaine privé il faut voir aussi bien les actes unilatéraux que les contrats du domaine privé.

[30] L'arrêt Martin précité en constitue le symbole de cette consécration jurisprudentielle.

Cameroun est que sa découverte dans une opération juridique se fait par simple déduction. Le juge national n'a pas encore eu l'occasion d'utiliser directement le concept d'acte détachable pour trancher un litige.

À titre illustratif, c'est à partir du moment où le juge administratif national, dans l'affaire Amsecom-Amseconcom[31], procède à une distinction des contentieux en matière contractuelle, en se référant à la jurisprudence du conseil d'État, que l'on se rend à l'évidence de la réception de la théorie de l'acte détachable en droit camerounais. Il a également adopté cette reconnaissance implicite de l'acte détachable dans l'affaire ici annotée. Le juge administratif de l'espèce va estimer que les fax-similés du Ministre de l'Éducation Nationale résiliant le contrat de construction de salles de classe au cocontractant privé et octroyant ledit marché à une entreprise concurrente constituaient des actes administratifs unilatéraux détachables du contrat principal et par conséquent légitimant la compétence du juge de l'excès de pouvoir.

Toujours dans le sens de l'admission de la notion d'acte détachable dans le contexte camerounais, la doctrine a pu identifier un tel acte dans la Note qu'elle a consacrée au jugement Compagnie forestière Sangha-Oubangui, en affirmant, en l'espèce, que « *le juge administratif camerounais admet implicitement que l'acte par lequel le Ministre de la Fonction Publique détache un fonctionnaire auprès d'une firme privée en vertu d'un contrat est un acte détachable de ce contrat* »[32].

Comme on le voit, - *et c'est une autre particularité et pas des moindres* -, la plupart des actes considérés par le juge administratif national comme détachable du contrat auquel ils appartiennent émanent d'une autorité autre que celle engagée dans le rapport de droit principal. Ce qui a poussé un auteur à faire le constat selon lequel « *le juge national a une conception organique de la détachabilité et que l'acte susceptible d'un recours en annulation pour excès de pouvoir est en quelque sorte physiquement détachable de l'autorité administrative ayant engagée la personne publique* »[33].

Bien qu'ayant reconnu que ce constat ne devrait pas s'ériger en règle, le seul fait de l'affirmer pourrait troubler l'esprit des « *non-initiés* ». En fait, il est des hypothèses dans lesquelles l'acte détachable émane de la

---

[31] CS.CA jugement n°50/84-85 du 1er février 1985, TAMEGHI Boniface (Amsecom-Amseconcom) c/Etat du Cameroun.

[32] NLEP R-G, Note sous Compagnie forestière Sangha Oubangui précitée.

[33] BIDJA NKOTTO Thomas, Thèse citée, pp. 512-514.

personne publique, partie au contrat. Cela se justifie par le fait que, d'une part, les actes d'autorisation ou d'approbation des contrats de l'administration puissent être recevables en excès de pouvoir, d'autre part, une série de décisions magnifiant les prérogatives dont détient l'administration dans un contrat administratif soit considérée comme des actes pouvant être individualisés.

En tout état de cause, peu importe que l'acte détachable puisse émaner d'une autorité extérieure au contrat ou qu'il provienne de tout acte lié à la formation ou à l'exécution du contrat, l'essentiel est que la théorie de la *détachabilité* puisse être reconnue en droit camerounais et tel semble être le cas au regard de la jurisprudence en la matière. Quoi qu'il en soit, sa détection et sa saisine par le juge du contrat, ainsi que le contrôle de légalité exercé sur lui par ce dernier vont lui donner un destin contentieux dont il convient ici de cerner les contours.

B. Le destin contentieux des actes détachables des contrats administratifs

Comme on l'a affirmé plus haut, le contentieux des actes détachables du contrat est un contentieux complexe en ce sens qu'il a une double finalité : sanctionner les illégalités administratives résultant de la mise en œuvre, de l'exécution des contrats administratifs, des prérogatives exorbitantes de la puissance publique contractante d'une part, et, conséquemment, réparer les éventuels préjudices subis par le cocontractant privé.

Ainsi perçu, le contentieux contractuel public va se présenter comme une opération complexe, comme l'exemple parfait du recours de pleine juridiction à l'occasion duquel le juge est appelé, par une construction intellectuelle complexe, à annuler des actes administratifs incorporés dans un contrat, pour finalement légitimer l'octroi de dommages et intérêts au cocontractant privé victime de ces abus.

Naturellement, ses pouvoirs sont plus étendus ici. Pouvoirs d'annulation soumis aux règles du recours pour excès de pouvoir, pouvoirs de réparation à travers une indemnisation réputée être juste du cocontractant privé. C'est donc tout naturellement que tout recours contre les actes détachables du contrat sera soumis, comme le rappelle le juge de l'espèce, aux obligations procédurales classiques (**1**), au bout desquelles le juge du contrat pourra éventuellement sanctionner la puissance publique contractante à la réparation des éventuels préjudices subis par le cocontractant privé (**2**).

1°) L'encadrement procédural des recours contre les actes détachables

Les recours contre les actes détachables sont naturellement soumis à certaines exigences précontentieuses et contentieuses, notamment au préalable du recours gracieux et au respect de certaines obligations procédurales.

À cet égard, le décret de 2004 précité sur les marchés publics précise que « *tout soumissionnaire qui s'estime lésé dans la procédure de passation des marchés publics peut introduire une requête, soit auprès du Maitre d'Ouvrage ou du maitre d'Ouvrage Délégué, soit directement auprès de l'autorité chargée des marchés publics, en transmettant dans chacun des cas une copie à l'organisme chargé de la régulation des marchés* ».

Ce recours préalable n'est pas l'apanage du Cameroun. La plupart des États d'Afrique noire francophone s'arriment à cette donne[34]. Mais l'on pourrait voir derrière ce dispositif de contrôle administratif préalable obligatoire une volonté implicite des pouvoirs publics de privilégier le règlement à l'amiable par rapport à la résolution par voie juridictionnelle. Ce faisant, le règlement administratif des différends assigne au juge administratif un rôle secondaire dans le contentieux des marchés publics[35]. Allant dans le même sens, un auteur estime « *que malgré que le recours préalable apparaisse comme étant un « impératif processuel » dans le contentieux administratif, il n'en demeure pas moins vrai qu'il constitue une rigueur malfaisante pour le droit administratif* »[36].

---

[34] A titre d'illustration, voir le décret n°2007-547 du 25 avril 2007 portant code des marchés publics de la République du Sénégal (art.135 ; 137 et ss) ; décret n°2009-259 du 6 aout 2009 portant code des marchés publics de la République de côte d'ivoire (art.168) ; décret n°0254/PR/MEEDD portant code des marchés publics de la République gabonaise (art. 169).

[35] Pour plus amples développements sur la question des modes alternatifs appliqués aux contrats administratifs, voir GNIMPIEBA TONNANG Edouard, Droit et Pratique des Contrats Administratifs, Cours Polycopié, Master I en Droit Public, Université de Dschang, 2016 et KWAHOU (Sylvain), « Le juge administratif, parent pauvre du contentieux des marchés des personnes publics au Gabon », Juridis Périodique n°, 2013, pp. 139-164, p. 159 notamment.

[36] BILONG S, « La crise du droit au administratif au Cameroun », article ^précité.

Les recours en matière contractuelle devant la juridiction administrative sont dominés par la distinction des contentieux entre le juge du contrat, juge de pleine juridiction et le juge de l'excès de pouvoir, juge des actes périphériques à l'opération contractuelle. À y voir de près, le juge du contrat n'est pas, organiquement parlant, lorsque le contrat est administratif, distinct du juge de l'excès de pouvoir. Le Commissaire du Gouvernement SCHAWARTZ résumait cette pensée en ces termes « *le juge administratif souffre depuis bientôt un siècle d'une schizophrénie bénigne, car réfléchie et assumée. En un seul être coexistent deux personnes, le juge du contrat et le juge de l'excès de pouvoir distinct l'un de l'autre* »[37]. Mais le débat sur « *ce changement de casquette* » du juge administratif est désormais clos ; lorsqu'on sait qu'en matière contractuelle, le juge de l'excès de pouvoir saisi par les tiers ou par les parties ne peut connaitre que des actes détachables du contrat. Ceux-ci légitiment ainsi l'ouverture du recours pour excès de pouvoir en matière contractuelle.

Défini par la doctrine comme étant « *un acte unilatéral à l'égard duquel un recours pour excès de pouvoir est recevable à l'initiative des parties au contrat ou des tiers* »[38], l'acte détachable apparait comme étant une décision administrative dont la légalité peut être appréciée indépendamment du contrat. C'est donc par rapport aux conditions générales de la légalité des actes administratifs que le contrôle de leur régularité sera effectué par le juge de l'excès de pouvoir. Il ne reste donc plus qu'à présenter les conditions d'ouverture du recours pour excès de pouvoir contre un acte détachable et les moyens d'annulation invoqués devant le juge de l'excès de pouvoir.

Relativement aux conditions d'ouverture du recours pour excès de pouvoir contre un acte détachable, on dira que celles-ci répondent aux mêmes exigences que celles posées par les conditions générales de la légalité administrative. Aussi, la saisine du juge de l'excès de pouvoir passe nécessairement par l'observance des conditions liées à l'acte, à la personne du requérant et la forme et les délais, lesquelles ont été déjà mises en lumière dans la première partie de ce Recueil[39].

---

[37] SCHAWARTZ (Raymond), Concl. Sur CE, sect., 7 octobre1994, Epoux LOPEZ, RFDA, p. 1090.

[38] En ce sens, voir supra GD numéros 1, 2, 3, 5, 6, 7, 8.

[39] En ce sens, voir infra, paragraphe du chapitre de la première partie des GD.

En sus des conditions qui doivent être observées pour justifier l'ouverture du recours pour excès de pouvoir contre l'acte détachable, les moyens invoqués contre ces actes devraient être également pris en compte.

S'agissant des moyens d'annulation invoqués devant le juge de l'excès de pouvoir contre les actes détachables, on dira que, comme tout recours pour excès de pouvoir, doit reposer sur des moyens de légalité[40] ; mais alors même que l'objet du recours est l'annulation du seul acte détachable, l'illégalité invoquée peut être aussi bien propre à l'acte attaqué que dérivée du contrat.

Relativement au vice de l'acte détachable, on dira que ce contentieux de type particulier n'étant pas encore très ancré dans le système juridique camerounais, la pratique française pourrait à coup sûr nous renseigner sur ce phénomène. L'acte détachable peut être entaché d'un vice propre soit de la légalité externe, soit de la légalité interne.

Ainsi, la décision de conclure le contrat est illégale si elle émane, comme on l'a vu, d'une autorité incompétente ou irrégulièrement composée[41]. De même, un moyen d'incompétence est assuré lorsque l'exécutif signe le marché, alors que faute d'avoir été préalablement transmise au représentant de l'État dans le cadre du contrôle de la légalité, la délibération qui l'autorise à signer le contrat n'a pas encore force exécutoire[42]. Dans le même sens, un défaut dans la procédure d'adoption de l'acte détachable peut aussi conduire à l'annulation de ce dernier ; tel est notamment le cas lorsque l'assemblée délibérante n'a pas été suffisamment informée du contenu du contrat dont elle autorise la signature[43]. Enfin, la méconnaissance des règles de publicité et de mise en concurrence contenue dans les codes de marchés publics conduit invariablement à l'annulation de l'acte détachable[44].

---

[40] RICHER (Laurent), op.cit, pp. 149-150

[41] CE, 18 novembre 1991, *Le Chaton*, Rec. 1040 : composition irrégulière de la commission d'appel d'offre.

[42] En effet, en France, aux termes de l'article 2-I de la loi du 02 mars 1982 relative aux et libertés des communes des départements et des régions, *« les actes pris par les autorités communales, sont exécutoires de plein droit dès lors qu'il a été procédé à leur publication ou à leur notification aux intéressés ainsi qu'à leur transmission au représentant de l'Etat dans le département ou à son délégué dans le département ».*

[43] CE, 1er octobre 1997, *Avriller*, AJDA, 1997, p. 815.

[44] BERGEAL (Claude) et LENICA (François), Le contentieux des marchés publics, op.cit, p. 32.

Le vice propre peut aussi entacher la légalité interne de l'acte. Ainsi, le détournement de l'acte peut être invoqué lorsque l'Administration utilise ses pouvoirs dans un but autre que celui dans lequel ils lui ont été confiés. C'est ainsi qu'attribuer un marché par une procédure négociée après avoir déclaré infructueux un premier appel d'offres peut révéler la volonté de l'Administration d'écarter une entreprise, alors même qu'elle remplirait les critères d'attribution du marché[45]. De même, l'erreur de droit peut apparaitre lorsque l'acte attaqué méconnait directement une règle de droit ou en fait une mauvaise interprétation. L'acte détachable peut ainsi méconnaitre le fond de la réglementation d'urbanisme[46], applicable à la passation du marché litigieux.

2°) La sanction contentieuse de l'illégalité des actes détachables des contrats administratifs

Celle-ci prend une forme *Janus*, en ce sens qu'elle consistera, pour le juge du contrat, dans une opération intellectuelle complexe, d'annuler prima facie les actes détachables contestés, et à la suite de cette annulation, réparer le préjudice subi par le cocontractant privé du fait de la mise en œuvre des actes administratifs incriminés, dont l'implémentation aboutit le plus souvent à la résiliation fautive du contrat en cause. En pratique, dès qu'il a constaté l'illégalité de l'acte détachable litigieux, il en tire toujours la conséquence contentieuse de l'annulation. L'annulation ayant ici un effet relatif.

Le juge du contrat, intervenant ainsi dans son rôle de juge de l'excès de pouvoir, opère généralement un contrôle d'intensité variable sur la qualification juridique des faits en fonction des actes portés à sa connaissance. À cet égard, on parlera ici de « *niveau de contrôle du juge de l'excès de pouvoir* »[47] ou encore de « *l'intensité du contrôle juridictionnel* »[48]. En effet, le juge décide ici suivant le type de questions, la technicité de celles-ci et leur caractère plus ou moins sensible, s'il souhaite laisser une certaine liberté à l'administration ou encadrer de manière stricte son activité normative. Toutes choses qui expliquent le caractère évolutif de son contrôle[49].

---

[45] CE, 13 juillet 1965, Monti, Rec. CE, p. 438.

[46] CE, 1er octobre 1993, *Ste Le Yath-Club international de Bormes-les-Mimosas.*

[47] DAEL Samuel, Contentieux administratif, P. U.F., 2013, p. 250.

[48] CHAPUS R, Droit administratif général, Tome I, n°1247

[49] En effet, le contrôle du juge de l'excès de pouvoir sur la qualification juridique des faits est de quatre types :

En tout état de cause, dans le cadre du contentieux de l'acte détachable, le contrôle de la qualification juridique des faits opérés ne s'entend pas absence de contrôle ou contrôle maximum. En fait, il est limité au contrôle normal et au contrôle restreint encore appelé contrôle de l'erreur manifeste d'appréciation. La raison de cette situation est qu'il s'agit avant tout d'un contrat synallagmatique, en vertu de quoi il ne faudrait pas que le juge, par son fait, vienne à remettre en cause le principe de la liberté contractuelle.

Par ailleurs, l'intensité du contrôle est fonction de la liberté laissée à l'administration dans le cadre de son activité. Matériellement, il s'agit d'établir une distinction entre les actes qui ont un lien direct ou non avec le choix du futur cocontractant. Ainsi, toutes les fois où l'acte est en lien direct avec le choix du cocontractant, le juge de l'excès de pouvoir n'exerce qu'un contrôle restreint, limité à l'erreur manifeste d'appréciation, l'administration disposant d'une relative liberté de jugement dans le résultat de la consultation à partir du moment où elle a préalablement respecté l'ensemble des obligations de publicité et de mise en concurrence[50]. Bien souvent, le juge de l'excès de pouvoir se limitera à un contrôle manifeste d'appréciation de la décision de rejet d'une candidature à l'attribution d'un marché public au motif qu'elle ne présentait pas les garanties professionnelles suffisantes[51].

In fine, l'intensité variable du contrôle des actes opérés par le juge de l'excès de pouvoir constitue un frein majeur à ce que le cocontractant ou le concurrent évincé le saisisse dans le cadre du contentieux des actes

- L'absence de contrôle qui va de pair avec le pouvoir discrétionnaire de l'administration.
- Le contrôle restreint qui consiste en la vérification que la qualification retenue par l'administration ou que l'adéquation avec l'acte à ses motifs n'est pas manifestement erronée ou ne souffre pas d'une disproportion manifeste.
- Le contrôle entier ou normal qui consiste pour le juge de l'excès de pouvoir à assurer un contrôle de proportionnalité au terme duquel la décision doit se *révéler « en rapport exacte avec les faits qui doivent être de nature à la justifier juridiquement »*. cf. CHAPUS (René), op.cit.
- Le contrôle maximum qui a trait à l'adéquation de l'objet de la décision à ses motifs.

[50] CS.CA, Jugement n°42/02-03 du 27 mars 2003 Compagnie des Scieries Africaines (SCAF SA) C/. Etat du Cameroun (MINEF) & Sociétés CAMBOIS et autres (Intervenantes volontaires), Inédit.

[51] CE, 23 janvier 2012, Commune de Six-fours-les plages, Req. 346970

préalables à la conclusion du contrat[52]. Aussi, le contrôle restreint à l'erreur manifeste d'appréciation nuit grandement au principe d'égalité des traitements des concurrents et du principe de transparence. Toute chose qui démontre qu'en matière contractuelle, notamment dans le contentieux de l'acte détachable, le juge de l'excès de pouvoir n'a pas moins des pouvoirs limités. Pouvoirs qui se transforment en pouvoir de réparation du préjudice subi par le cocontractant privé, à la suite de l'annulation de quelques actes unilatéraux venant au support du contrat tant dans la phase de sa conclusion qu'à celle de son exécution.

Après annulation des actes détachables illégaux, il en tirera la conséquence contentieuse non de l'annulation du contrat vicié, mais de la réparation subie par le cocontractant privé. Souvent, il proposera une indemnité proportionnelle, notamment lorsque l'acte annulé est pris à l'amont notamment à la phase de conclusion, ou encore lorsque les actes incriminés ont été pris à la phase d'exécution pour aggraver les charges du cocontractant, sans que cette aggravation des charges de ce dernier n'ait bouleversé l'économie du contrat[53], créant au passage un préjudice sur le contrat[54]. Cette indemnisation sera intégrale lorsque les abus liés aux actes détachables seront tels qu'ils auront porté atteinte à des droits fondamentaux du cocontractant. Il prend désormais en compte, au-delà des préjudices matériels et financiers traditionnels, les préjudices moraux les plus étendus.

Cette hardiesse du juge du contrat à proposer des protections plus raffinées au cocontractant privé permet, à travers l'espèce sus rapportée, de légitimer l'espoir d'un rééquilibrage juste des protections proposées par le juge administratif camerounais, désormais de plus en plus perçu plus positivement, dans son œuvre prétorienne, comme le garant des droits fondamentaux.

Edouard GNIMPIEBA TONNANG

---

[52] Jugement n°21/2002-2003 du 28 novembre 2002, Le Consortium d'Etudes et de Réalisations Internationales du Cameroun C/. Communauté Urbaine de Yaoundé.

[53] Jugement n°144/2012/CA/CS du 12 septembre 2012, Société CARMCO c/. Etat du Cameroun (Ministère des Travaux Publics-MINTP) et Jugement n°145/2012/CS/CA du 12 septembre 2012, Société CARMCO c/. Etat du Cameroun (Ministère des Travaux Publics-MINTP).

[54] Jugement n°178/2010/CS-CA du 23 juin 2010, Société ECAME et TP C/. Etat du Cameroun (MINATD-FEICOM).

47.

Marché public – Exécution – Résiliation unilatérale du contrat – Non-respect des obligations contractuelles – Faute de l'administration – Oui – Droit a une indemnisation compensatrice du cocontractant : Oui

Cour Suprême. Chambre administrative, jugement n°96-97 du 05 décembre 1996, DZONGANG Albert contre Etat du Cameroun (MTPT)

Attendu que par requête timbrée en date du 18 juillet 1992 enregistrée au greffe de la Chambre administrative de la Cour Suprême le 20 du même mois sous le n°625, DZONGANG Albert, Expert Commissaire aux avaries BP. 493 Douala ayant élu domicile à l'Étude de Maître MOUTOME&WOLBER, Avocats associés BP. 390 Douala, a saisi ladite juridiction d'un recours ainsi rédigé : « Que par la présente il interjette un recours en indemnisation du préjudice par lui souffert du fait de la rupture unilatérale par l'Etat du Cameroun d'un contrat les ayant lié ; qu'il est recevable en son recours, celui-ci étant formé à la suite de la décision implicite de rejet de son recours gracieux préalable enregistré au ministère des transports en date du 20 mars 1992 ;

(.....) Attendu qu'il est constant que le 31 mai 1983, le Ministre des Transports informait DZONGANG Albert qu'à la suite de sa soumission, sa société a été agréée pour la fabrication des plaques d'immatriculation en République Unie du Cameroun ; qu'à cet effet un cahier de charges était signé entre l'administration (ministère des transports) et DZONGANG Albert le 06 juillet 1983 ;

Que pour l'exécution du contrat DZONGANG Albert avait passé des commandes nécessaires auprès de son fournisseur en France, à savoir la société FAAB Industrie dont la facture s'élevait à la somme de 597.289.000 F CFA qui amena le requérant à obtenir auprès de la BICIC un crédite de 21.000.000 F CFA ;

Que pendant que DZONGANG Albert multipliait des démarches auprès du Ministre des transports pour le début des travaux et alors même qu'il avait obtenu, sur intervention de celui-ci une dispense de licence d'importation du matériel, le même ministre lui demandait, sans aucune explication, de différer la date du début de l'opération ;

Attendu qu'il est exact que l'article 20 du cahier de charges dispose que la résiliation de plein droit par l'administration peut s'opérer après une simple information de l'entrepreneur, DZONGANG Albert n'a nullement été informé de l'intention de l'administration et pour la simple raison que l'administration lui a demandé, suite aux instructions de la Présidence de la République, de différer la date de début de l'opération et sans aucune nouvelle date ne lui soit jamais communiquée ;

Que de même l'invocation de l'article 21 du cahier des charges selon lequel l'entrepreneur se conformera à toutes les instructions écrites, est vaine. Car, le 24 août 1983, le ministre des transports adressait au ministre du développement industriel et commercial une correspondance lui demandant d'accorder une dispense d'importation des plaques d'aluminium et des fils SCOTCHLIPHT En vue de la fabrication des plaques d'immatriculation des véhicules automobiles au profit de l'entreprise DZONGANG ;

Attendu que cette dispense a été matérialisée par la licence d'importation accordée le 21 septembre 1983 ;

Que par ailleurs, un avenant en date du 18 octobre 1983 portant modification des caractères de plaques ainsi que l'emboutissage du signe distinctif desdites plaques a été signé par les parties ;

Attendu que si l'administration dispose des prérogatives exorbitantes en matière de résiliation unilatérale d'un contrat de marché public, il reste cependant que le Décret n°86/903 du 18 juillet 1986 portant réglementation des marchés publics organise en ses articles 141 et 142 les cas de résiliation ; qu'à la lumière tant du cahier des charges que des différentes correspondances des parties, il ressort que le ministre des transports, qui a pris l'initiative de la rupture n'a pas respecté les dispositions du texte susvisé encore que ladite résiliation a été camouflée sous le prétexte d'un différé du délai d'exécution. Attendu dès lors qu'en l'absence de faits établis à l'encontre de l'entrepreneur et de toute circonstance invoquée par l'État comme l'ayant contraint à la mesure dont s'agit, DZONGANG Albert est fondé à réclamer la réparation des dommages subis du fait du comportement fautif de l'administration ;

Attendu que DZONGANG Albert réclame en réparation du préjudice subi une somme globale de 560.000.000 F CFA ainsi que ventilée :

Plaques fabriquées par le fournisseur et non expédiées	200.000.000
Concession et études	30.000.000
Plaques déjà expédiées et payées	160.000.000
Études pour implantation	10.000.000
Presses et caractères	15.000.000
Étude de plaques de rues	15.000.000
Réparation du trouble commercial	100.000.000

Attendu que cette demande dont la ventilation se ramène en réalité à 530.000.000 F CFA est justifiée, car il résulte du télex en date du 04 juin 1984 du fournisseur FAAB Industrie que DZONGANG Albert reste redevable d'une somme de 464.000.000 F CFA, télex faisant état également de la déconsidération non seulement des Établissements DZONGANG auprès des fournisseurs français, mais aussi de la décrédibilité même du Cameroun ;

Qu'il y a lieu d'y faire droit.

Par ces motifs, statuant publiquement, contradictoirement à l'égard des parties en matière administrative, à l'unanimité des membres et en premier ressort, **décide** : **Article 1er :** Le recours est recevable. **Article 2 :** Il est fondé. Par conséquent, l'État est condamné à payer au recourant la somme de 530.000.000 F CFA.

NOTE

Voici un jugement qui va allonger la jurisprudence administrative relative à la responsabilité contractuelle de l'administration pour résiliation unilatérale sans faute. Il met en lumière l'évolution du nouveau juge administratif camerounais dans la protection souvent radicale des droits des cocontractants privés de l'administration. Il met aussi en relief le comportement d'une administration mal outillée à garantir une saine application de la législation sur les marchés publics et très prompte à protéger des intérêts inavoués, à bafouer des libertés par rapport à une saine application du dispositif normatif qu'elle est pourtant présumée protéger. L'espèce ci-dessus reproduite illustre parfaitement cette réalité et rend suffisamment compte des évolutions idéologiques du juge administratif. Désormais en effet, ainsi que le révèle la décision, il procède au déplacement du curseur en matière de garantie des droits fondamentaux dans un contrat administratif, en accordant une attention particulière à la protection des intérêts du cocontractant privé, toutes les fois que la puissance publique a fragilisé ce dernier dans ses droits.

En l'espèce, après un recours gracieux infructueux, sieur Dzongang introduit devant la Chambre administrative de la Cour Suprême un recours tendant à obtenir la condamnation de l'État (MTPT) au paiement de la somme global de 560.000.000 de francs à titre de réparation du préjudice subi du fait de la rupture unilatérale d'un contrat de fabrication de plaques d'immatriculation.

Le requérant expose qu'à la suite d'un échange de correspondances entre le Ministre des transports et lui, il a été informé en date du 31 mai 1983 que sa société avait été adjudicatrice du marché de fabrication de plaques d'immatriculation pour véhicules au Cameroun. Par la suite, un cahier de charges fut signé par les parties contractantes, notamment le Ministre des Transports et le sieur Dzongang. Après la conclusion du contrat, le sieur Dzongang entreprit de commencer à exécuter sa part d'obligations contenues dans le cahier de charges, par une série d'actions. D'abord, il va demander et obtenir auprès du Ministre des Transports une dispense de licence.

Il sollicitera ensuite d'une banque commerciale un important crédit et enfin, pour assurer une bonne exécution de ses engagements contractuels, il n'hésitera pas à faire appel à des particuliers. Ces sommes d'argent devaient servir à l'avance de 597.289.000 de francs représentant les frais de livraison de l'outillage faite par une entreprise de référence étrangère spécialisée dans le secteur, la société française *FAAB Industrie* en l'occurrence, nécessaire à la mise en place de l'usine. Alors que le requérant s'apprêtait à produire les premières plaques d'immatriculation, il recevra une lettre de l'autorité publique contractante lui demandant de différer la date de début de l'opération, sans explication. Aucune suite ne sera plus donnée aux diverses correspondances de sieur Dzongang au Ministre des Transports, lui rappelant ses obligations contractuelles et le préjudice qu'il subissait du fait de la décision de suspension par ce dernier, de l'exécution du contrat en cause.

Le représentant de l'État ne conteste pas les allégations du requérant. Il soutient, à l'appui des articles 11, 16, et 21 du cahier de charges, et sans en apporter la moindre preuve, que puisque le cocontractant n'a pas respecté les délais contractuels, l'administration était autorisée à résilier unilatéralement le contrat à la seule condition d'en informer l'entrepreneur ; il ajoute que l'entreprise contractante ne s'est pliée à aucune des instructions écrites à lui adressées par l'administration.

Dans une argumentation nourrie et minutieuse, la Chambre administrative va d'abord s'atteler à rechercher la nature du contrat en cause. À cette fin, elle va rester dans ses constructions traditionnelles pour rappeler que le contrat est administratif dès lors qu'au critère organique génétiquement exigé est adossé un ou plusieurs critères matériels, l'administrativité du contrat est définitivement consommée. Comme dans sa constance prétorienne, il rappelle le principe selon lequel la présence (directe ou indirecte) de la personne publique et l'insertion au contrat de clauses exorbitantes suffisent à donner au contrat litigieux son caractère administratif.

Après avoir déterminé la nature administrative du contrat et retenu, par conséquent, sa compétence, il rejettera systématiquement toutes les prétentions de l'autorité contractante, et fera siennes toutes les argumentations du requérant.

Le juge de l'espèce a mis en lumière l'absence de faits établis à l'encontre de l'entrepreneur. En revanche, il a identifié tous les comportements fautifs de l'administration, pour finalement retenir sa responsabilité et rendre inopérant le pouvoir de la puissance publique de résilier unilatéralement et sans fondement juridique ses engagements contractuels. C'est donc à bon droit qu'il a condamné cette dernière à verser au sieur Dzongang des dommages et intérêts.

Cette espèce met en lumière de façon claire le souci constant du juge de contrôler les pouvoirs exorbitants détenus par la puissance publique à l'exécution des contrats administratifs. Il encadre très radicalement le pouvoir de résiliation de l'autorité contractante, le rendant fautif lorsqu'il est pris sans fondement juridique, par l'octroi de dommages et intérêts au cocontractant privé. Il importe donc de revisiter le régime juridique de ce pouvoir de résiliation unilatéral (**I**), en rappelant qu'il ouvre droit à une indemnité compensatrice (**II**).

I. Le régime juridique du pouvoir de résiliation unilatéral

On sait que, généralement, le contrat prend fin normalement, en droit public comme en droit privé, par l'expiration du terme convenu ou par l'exécution complète des prestations convenues dans le contrat[1]. On sait aussi que d'autres causes de fin prématurée du contrat existent : une hypothèse banale (bien que l'on n'y songe pas nécessairement spontanément) est le décès du cocontractant ; une autre est celle de la survenance d'un cas de force majeure[2]. En dehors de ces hypothèses, la fin prématurée du contrat est principalement la conséquence d'une résiliation.

Il existe plusieurs formes de résiliation. Elle peut être demandée par le cocontractant, si l'administration a bouleversé l'économie du contrat ou encore si elle a commis une faute de nature à justifier cette résiliation. Celle-ci peut encore être prononcée par le juge. La résiliation qui nous intéresse en l'espèce est la résiliation prononcée par l'administration et l'on peut en distinguer deux sortes. La résiliation dans l'intérêt général (**A**) et la résiliation sanction (**B**).

A. La résiliation sans faute ou pour un motif d'intérêt général

Le pouvoir de résiliation du contrat reconnu à l'administration n'est qu'un aspect du pouvoir général de modification unilatérale du contrat consacré par le juge au profit de cette dernière. Le fondement en est toujours le même, la satisfaction de l'intérêt général. Les textes camerounais ont précisé et encadré les contours juridiques de la

---

[1] Qui peut intervenir avant le terme si le cocontractant a fait diligence.

[2] CE 2 mars 1956, Hoang-Van-Ngoc, Rec. Penant 1956, p. 301, concl. M. Long, à propos de la guerre.

résiliation pour motif d'intérêt général[3], qui demeure une situation exceptionnelle en droit positif national.

La jurisprudence française a consacré ce pouvoir dans tous les types de contrats administratifs. Cela a d'ailleurs été confirmé par le Conseil constitutionnel pour qui « *le pouvoir de résiliation d'un contrat (administratif) conféré (...) au représentant de l'État est conforme aux principes applicables aux contrats administratifs* »[4]. Il faut relever que, ce pouvoir étant discrétionnaire, les décisions prises à ce titre n'ont pas à être motivées[5].

La résiliation pour motif d'intérêt général est coûteuse pour l'administration[6], mais elle peut l'être moins que ne le serait la continuation du contrat. L'utilité de ce pouvoir est telle qu'il est établi qu'il ne peut faire l'objet d'une renonciation[7]. Finalement, même si les contrats administratifs peuvent contenir des clauses ayant pour objet d'aménager le pouvoir de résiliation pour motif d'intérêt général[8], seule une norme de valeur (au moins) législative peut le supprimer purement et simplement. Quant au motif d'intérêt général invoqué, sa légitimité, c'est-à-dire sa réalité, est susceptible d'être contrôlée par le juge. Pour autant, il n'appartiendra pas en l'occurrence au juge de prononcer lui-même la résiliation pour motif d'intérêt général.

B. La résiliation-sanction

Encore appelée résiliation pour faute, la résiliation-sanction, lorsqu'elle est prononcée par l'administration, est la sanction la plus grave qui puisse frapper le cocontractant, il faut donc que celui-ci ait, par son action ou son inaction, commis un manquement grave au contrat. Elle est organisée par les dispositions des articles 98 à 104 du Code des Marchés Publics.

---

[3] Lire les dispositions de l'article 74 alinéa 1 de l'arrêté n°033/CAB/PM du 13 février 2007 mettant en vigueur les Cahiers des Clauses Administratives Générales applicables aux Marchés Publics.

[4] Conseil Constitutionnel français, 18 janvier 1985, décision n° 84-182 DC.

[5] CE 2 février 1987, Société TV6 et autres, Rec. p. 29, RFDA 1987, p. 29, concl. Fornacciari.

[6] Ne serait-ce que parce qu'elle s'accompagne, conformément à la théorie générale de la responsabilité contractuelle sans faute pour fait du prince, de l'obligation d'indemniser intégralement le préjudice causé au cocontractant.

[7] CE, 6 mai 1985, *Association Eurolat.*

[8] En prévoyant, par exemple, les modalités de l'indemnisation ou encore les cas dans lesquelles la résiliation sera exclue.

La résiliation sanction est subordonnée à la réunion d'un certain nombre de conditions. Tout d'abord, il faut que le cocontractant ait commis une faute grave, une faute d'une « particulière gravité ». Celle-ci est constituée, précise le législateur de 2004, des violations des dispositions du Code des Marchés Publics. Aux termes des dispositions pertinentes dudit Code, sont constitutifs de violation de la réglementation sur les marchés publics « *la passation d'un marché sans avoir qualité pour le faire ou sans avoir reçu délégation à cet effet, le fractionnement d'un marché en marchés de moindre envergure, en lettres-comma des ou en bons de commande, dans le but de le soustraire à la compétence d'un autre organe, la passation d'un marché sans le visa financier ou sans l'autorisation de l'organe statutaire compétent, la passation d'un marché sans crédits disponibles ou délégués, la passation d'un marché en dépassement des crédits ouverts, hormis les marchés comportant des tranches conditionnelles ou ceux exécutables sur plusieurs années, l'adjudication d'un marché au profit d'un prestataire sans existence légale, la certification et la liquidation des dépenses sans exécution des travaux, de la prestation des services ou de la fourniture des biens, le paiement d'un marché en dépassement de son montant et de celui de ses avenants, le cas échéant, la passation d'un marché à des prix unitaires non conformes aux mercuriales officielles ou n'entrant pas dans la fourchette des prix généralement admis, la passation de marchés avec des entreprises en déconfiture, avec des tiers ou sociétés en période suspecte de faillite ou de liquidation judiciaire, l'inobservation des dispositions régissant la passation, l'exécution et le contrôle des marchés publics, le détournement de l'objet du marché, la passation d'avenant en violation des dispositions réglementaires, le non-respect de la procédure de passation des marchés de gré à gré, la passation de marchés avec des entreprises ne présentant pas la garantie financière, économique et technique suffisante* »[9].

La résiliation pour faute, elle aussi, est possible même dans le silence du contrat[10]. Remarquons que le pouvoir de résiliation en cas de manquement grave de l'autre partie a également été reconnu en droit civil[11]. En droit administratif, si la résiliation pour faute est souvent prononcée directement par l'administration, celle-ci peut en principe

---

[9] Article 106 du Code des Marchés Publics.
[10] CE, 30 septembre 1983, *SARL Comexp.*
[11] Cass. civ. 1ère, 20 février 2001, D. 2001. 1568.

demander au juge de la prononcer[12]. Il n'en va autrement que lorsqu'est concerné un contrat de concession : la résiliation pour faute ne pourra ici être prononcée que par le juge, à moins que les parties aient prévu dans les clauses contractuelles la possibilité pour l'administration de procéder elle-même à cette résiliation[13], comme dans l'espèce où les dispositions du cahier des charges le prévoyaient. Par ailleurs, étant une sanction, la résiliation pour faute est soumise à des règles de forme (motivation obligatoire et de procédure, respect du principe des droits de la défense, pour l'essentiel au moyen d'une mise en demeure précédant la résiliation). Enfin, la résiliation pour faute ne sera légale que lorsque le cocontractant aura commis une faute d'une gravité suffisante).

La résiliation pour faute étant une sanction de nature administrative, des règles de forme et de procédure s'imposent à l'administration contractante. En ce qui concerne la forme, le Code des Marchés Publics impose à l'autorité publique contractante l'obligation de motivation de toute sanction prise à l'encontre du cocontractant privé. Le juge administratif camerounais rappelle constamment cette exigence d'ordre procédurale. À l'occasion d'une espèce relativement récente, il indiquait encore que les ordres de service, acte administratif unilatéral par nature, « *devaient être obligatoirement motivées, les décisions à portée individuelle qui infligent une sanction, retirent ou abrogent une décision créatrice de droit* »[14]. Relativement à la procédure, le principe du respect des droits de la défense s'impose aussi en matière contractuelle. Il en résulte qu'une procédure contradictoire s'impose avant toute sanction et même avant toute mesure prise en considération de la personne du cocontractant. Il s'agira en effet pour l'administration contractante, de l'exigence de mise en demeure du cocontractant avant toute prise de mesures coercitives[15].

Il faut relever, enfin, que cette sanction peut fort bien se cumuler avec des pénalités contractuelles ou des dommages-intérêts, soumis à un régime particulier, selon que la résiliation soit prise au nom de l'intérêt général et donc non fautive, ou fautive. Finalement, la résiliation unilatérale devient elle aussi fautive et ouvre droit à l'octroi des

---

[12] CE, 17 mars 1934, *Gouverneur général de l'Algérie c/ Carta.*

[13] CE, 20 mai 1892, *Tessier*.

[14] CS/CA, Jugement n°55/2001-2002 ; CS-CA du 19 aout 2002, Affaire Etablissements « Le Paysan » C/. Etat du Cameroun (MINEDUC).

[15] Article 77 de l'Arrêté n°033/CAB/PM du 13 février 2007 mettant en vigueur les Cahiers des Clauses Administratives Générales applicables aux Marchés Publics.

dommages et intérêts toutes les fois que les pouvoirs de l'administration contractante ont dépassé le cadre de l'intérêt général et lorsque la faute du cocontractant privé n'a pas pu être établie. Dans cette double hypothèse, des dommages et intérêts seront accordés au cocontractant en termes de réparation, laquelle obéit à un régime juridique précis.

II. Le régime indemnitaire de la résiliation unilatérale

Depuis le 19e siècle, le juge reconnaît à l'administration le pouvoir de mettre fin, pour l'avenir, à un contrat administratif, en l'absence de faute du cocontractant, mais seulement pour un motif tiré de l'intérêt général, ou encore consécutivement en tirant les conséquences d'un comportement fautif du cocontractant privé. Dans ces deux hypothèses, l'administration a l'obligation d'indemniser son cocontractant des préjudices subis du fait de cette résiliation. Quoi qu'il en soit, qu'elle soit normale ou fautive, la mise en œuvre par l'administration contractante est radicalement encadrée par un ensemble de règles dont la finalité est toujours de garantir l'intérêt général tout en sauvegardant les droits du cocontractant privé. Ici, la réparation du préjudice, conséquence contentieuse de la résiliation, est intégrale (A) ou proportionnelle (B) selon que la résiliation est consécutive à une résiliation dans l'intérêt général ou à un comportement fautif du cocontractant privé.

A. Le régime indemnitaire de la résiliation dans l'intérêt général

Le principe en la matière est connu : l'administration dispose, dans tous les contrats administratifs, d'un pouvoir de résiliation unilatérale pour motif d'intérêt général. C'est l'un des pouvoirs que l'administration détient « *en vertu des règles générales applicables au contrat* », qu'elle peut donc exercer en l'absence même de stipulations contractuelles expresses et, même, malgré l'existence d'une clause contraire qui sera réputée non écrite. Seule la loi pourrait l'exclure. Cependant, cette résiliation dans l'intérêt général doit pouvoir faire l'objet d'une réparation intégrale du préjudice subi par le cocontractant[16].

Tout d'abord, pour que la résiliation d'un contrat dans l'intérêt général puisse être légitimée par le juge et ouvrir droit à une indemnité réparatrice, encore faut-il que la puissance publique puisse rapporter l'urgence de la garantie de l'intérêt général et justifier l'existence de ce dernier. Ce qu'à l'évidence le représentant du Ministère des transports

---

[16] CE, Ass., 2 mai 1958, *Distillerie de Magnac-Laval.*

n'a pu faire en l'espèce, se bornant à un argumentaire qui n'a finalement pas convaincu le juge. Il faut donc que la puissance publique contractante démontre l'existence réelle d'un intérêt général. C'est le cas lorsque le projet pour lequel il a été contracté est abandonné[17], lorsque la réglementation a changé rendant le contrat sans objet ou lui faisant perdre son motif déterminant[18], lorsque le service public en vue duquel le contrat a été passé est réorganisé ou supprimé[19], voire, dans des conditions cependant restrictives, pour des motifs d'ordre financier, en application de la théorie de l'aléa[20]. Le cocontractant, n'étant pas comme on l'a vu fautif, a droit, dans ce cas, à la réparation intégrale de son préjudice, c'est-à-dire à l'indemnisation des pertes subies -*damnum emergens*- (à charge pour le cocontractant de démontrer qu'il aurait réalisé un bénéfice, et c'est ce qu'a pu démontrer sieur Albert Dzongang comme à celle des gains manqués (qu'il faut déterminer et dont il faut démontrer le caractère certain -*lucrum cessans)*. C'est sous le fondement de cette jurisprudence progressivement construite par le juge administratif camerounais que le juge du contrat a régulièrement condamné l'Etat du Cameroun à réparer intégralement le préjudice subi par des entreprises de travaux publics victimes d'une résiliation unilatérale non fondée du fait de l'administration contractante[21].

Ensuite, dans le cadre d'une résiliation unilatérale pour motif d'intérêt général, le contrat peut prévoir que le cocontractant privé sera indemnisé d'un montant inférieur au préjudice réellement subi. Sur ce point, le juge considèrera souvent qu'en vertu des « règles applicables aux contrats administratifs », l'autorité contractante peut toujours, pour un motif d'intérêt général, résilier un contrat, sous réserve des droits à indemnité du cocontractant et que l'étendue et les modalités de cette indemnisation peuvent être déterminées par les stipulations du contrat, et que rien ne s'oppose à ce que ces stipulations prévoient une indemnisation inférieure au montant du préjudice subi par le cocontractant privé de l'administration.

---

[17] CE, Sect. 22 janvier 1965, *Société des Etablissements Michel Aubrun.*

[18] CAA de Bordeaux, 20 décembre 1990, *Département des Pyrénées Atlantiques.*

[19] CE, 29 avril 1994, *Colombani*, RFDA 1994.

[20] CE, 08 juillet 2005, *Jedjiga.*

[21] Pour une application du principe de l'indemnisation intégrale des pertes subies et des gains manqués par le juge administratif camerounais, voir Jugement n°144/2012/CA/CS du 12 Septembre 2012, *Société CARMCO c/. Etat du Cameroun (Ministère des Travaux Publics-MINTP)* et Jugement n°145/2012/CS/CA du 12 septembre 2012, *Société CARMCO C/. Etat du Cameroun (Ministère des Travaux Publics-MINTP).*

Enfin, lorsque la résiliation n'est nullement justifiée par la garantie d'un intérêt général, le juge administratif camerounais se montre radicalement soucieux de la protection des droits du cocontractant privé, lui proposant des dédommagements étendus. Dans une espèce récente, il a décidé qu'en plus des dommages matériels et financiers dont il avait droit du fait d'une résiliation abusive, le cocontractant privé « *avait droit à la réparation du trouble commercial, du trouble moral, de l'atteinte à son crédit ainsi que du préjudice subi de la perte de confiance de ses partenaires* »[22].

B. Le régime indemnitaire de la résiliation sanction

La collectivité publique dispose envers son cocontractant du pouvoir de prononcer des sanctions, qui peuvent être de trois types : sanctions pécuniaires, sanctions coercitives, et sanctions résolutoires, encore appelées résiliation pour faute.

Lorsque la résiliation est prononcée aux torts du cocontractant, celui-ci n'a pas droit à une indemnité. Bien plus, les éventuelles conséquences onéreuses de la résiliation sont à sa charge. Dans cette hypothèse, il doit procéder au remboursement intégral des avances et acomptes ainsi que des frais dus au maître d'ouvrage[23]. Toutefois, dans les cas où le cocontractant a réalisé des investissements qui vont profiter à la collectivité publique, il n'est pas dépouillé ; en dépit de sa faute grave, il est indemnisé à concurrence de la valeur non amortie des installations et réalisations[24]. Si la faute du cocontractant est reconnue, celui-ci doit supporter la charge des conséquences de la déchéance, par exemple la poursuite du fonctionnement du service, en revanche si la déchéance est irrégulière, l'administration sera condamnée au paiement de dommages-intérêts au profit de son cocontractant.

En définitive, la jurisprudence Albert Dzongang objet de ce commentaire apporte une contribution majeure à la mise en œuvre des pouvoirs de résiliation unilatérale des contrats administratifs et leur contrôle par le juge administratif camerounais. Elle indique la posture de ce dernier, désormais soucieux de la protection plus équilibrée des

---

[22] CS/CA, Jugement n°55/2001-2002 ; CS-CA du 19 aout 2002, Affaire Etablissements « Le Paysan » C/. Etat du Cameroun (MINEDUC), Op.cit.

[23] Article 74 alinéa 5 de l'Arrêté n°033/CAB/PM du 13 février 2007 mettant en vigueur les Cahiers des Clauses Administratives Générales applicables aux Marchés Publics.

[24] Article 74 alinéa 4 de l'Arrêté n°033/CAB/PM du 13 février 2007 mettant en vigueur les Cahiers des Clauses Administratives Générales applicables aux Marchés Publics.

intérêts en cause dans les marchés publics, l'intérêt général et les droits du cocontractant privé. Ces postures indicatives inaugurées au début de la décennie quatre-vingt-dix du siècle dernier ont été plus tard confortées par une jurisprudence contractuelle publique d'avant-garde, que nous analysons dans les présentes lignes.

Edouard GNIMPIEBA TONNANG

48.

Contrat administratif – Travaux préalables de l'autorité contractante – Non-exécution de ses obligations par l'autorité du marché – Travaux supplémentaires – Pouvoirs de modification unilatérale de l'autorité contractante – Oui – Actes détachables – Oui – Annulation – Oui – Sanction des abus administratifs – Aléa administratif – Oui – Résiliation abusive – Oui – Indemnisation intégrale – Oui.

Cour Suprême. Chambre administrative, jugement n°50 du 1er février 1985, TAMEGHI Boniface (AMSECOM-AMSECOMCOM contre Etat du Cameroun (ministère des Forces armées)

Attendu que par requête timbrée, sans date, enregistrée le 1er février 1983 au Greffe de céans, l'entreprise Amsecom-Amseconcom, Yaoundé, agissant poursuites et diligences de son Directeur, le sieur TAMEGHI Boniface, ayant pour conseil Maître MBALA MBALA Odile, Avocat à Yaoundé, a introduit devant cette juridiction un recours contentieux tenant à faire :

1°) Dire et juger que la Décision n°040/CAB/PR du 29 novembre 1982 du Secrétaire général de la Présidence de la République portant résiliation du marché n°67/AO/BE/79-80 concernant la construction de deux ateliers d'une station de lavage graissage et la réalisation d'un réseau d'évacuation des eaux usées au camp de la valeur de Bassa à Douala est intervenue en violation des clauses contractuelles régissant l'octroi et la réalisation des marchés publics ;

2°) Dire et juger que c'est par la faute de l'administration que les travaux n'ont démarré qu'après la date contractuelle du début des travaux initialement prévus ;

3°) Dire et juger que le retard l'exécution du marché ne lui est pas imputable, mais plutôt au ministère des forces armées ;

4°) Dire et juger que les arrêts de travaux enregistrés incombent au Génie Militaire qui devait en assurer la coordination ;

5°) Dire et juger que la décision déférée a causé à l'entreprise Amsecom-Amseconcom un préjudice successif (sic) dont la réparation ne saurait être inférieure à 50.000.000 F CFA ;

6°) Annuler la décision de résiliation dont s'agit ;

7°) Condamner l'État du Cameroun à lui payer la somme de 500.000.000 F CFA de dommages-intérêts ;

Que par une requête datée du 08 février 1983 et enregistrée le 10 suivant sous le n°414 au même greffe, ma même entreprise a saisi le Président de la Chambre administrative de la Cour Suprême d'un autre recours par lequel elle demande à cette juridiction de tirer les conséquences de la résiliation unilatérale par l'État du marché n°67/AO/BE/79-80 précité, et condamner celui-ci à lui payer diverses sommes représentant les créances ci-après :

- 34.136.050 F CFA montant des travaux non payés
- 47.363.261 F CFA de coût de travaux supplémentaires
- 23.295.779 F CFA de valeur de matériels
- 27.193.507 F CFA de valeur de matériaux enlevés par l'administration

- 40.298.921 F CFA de majoration pour révision des prix

Soit globalement 172.281.581 F CFA auxquels s'ajoute la somme de 800.000.000 F CFA de dommages-intérêts pour non-paiement des sommes dues ;

(....) *SUR LA RÉCLAMATION PORTANT SUR LA RESTITUTION DES MATÉRIELS ET MATÉRIAUX, ENLÈVE DU CHANTIER :*

Attendu que la requérante fait savoir, sur ce point que l'armée a, après résiliation du contrat de marché, retiré le chantier du camp Bassa Douala, et confisqué à son profit des matériels appartenant à l'entreprise et dont celle-ci demande à être indemnisée à concurrence de la somme de 23.295.779 F CFA (valeur du matériel) et celle de 27.193.570 F CFA (valeur des matériaux) ;

Attendu que le défendeur conclut au rejet de la demande à laquelle il oppose le manque de justification de la part de l'entrepreneur au motif que celui-ci n'a apporté aucune preuve ni précision concernant les matériels et matériaux objets de sa réclamation. Attendu qu'ici également, la requérante a par le canal de son conseil, renoncé à l'éventualité d'une enquête par laquelle AMSECOM-AMSECONCOM pourrait être autorisée à administrer la preuve de ses allégations. Attendu, en tout cas que le représentant de l'État a, à l'audience reconnu que le Génie Militaire retient et utilise jusqu'à ce jour une bétonnière estimée à 3.000.000 F CFA ;

SUR LA DEMANDE DE DOMMAGES-INTÉRÊTS POUR LE RETARD DANS LE PAIEMENT DES SOMMES DUES :

Attendu que le représentant de l'Entreprise AMSECOM-AMSECONCOM a assorti ses réclamations ci-dessus examinées d'une demande d'allocation de 6.000.000 F CFA de dommages-intérêts, pour retard apporté par l'administration dans le paiement des sommes dues. Mais attendu que l'allocation d'intérêts moratoires de l'indemnité principale répare très normalement le préjudice constitué par la perte des revenus de cette somme. Attendu que la règle dans le calcul de l'indemnité de résiliation est qu'à celle-ci s'ajoutent les intérêts mêmes de cette indemnité lesquels sont dus à compter du jour de la résiliation ;

Que par suite, si l'entrepreneur ne saurait en l'espèce, être admis à réclamer les intérêts compensatoires, les condamnations mises à la charge de l'État en réparation des conséquences dommageables de la résiliation du marché en cause doivent être assorties du paiement des intérêts moratoires (calculés au taux légal en matière civile de 5%), à compter de l'assignation en justice, soit le 1er février 1983 ;

Par ces motifs ; décide : **Article 1er** : La juridiction administrative est incompétente pour prononcer l'annulation de la décision n°340/CAB/PR du 29 novembre 1982 passé entre l'État et l'entreprise requérante ; **Article 2** : La résiliation du marché est intervenue par le fait de l'administration et dans les conditions ouvrant droit à indemnités au profit de l'entreprise ;

Article 3 : L'État du Cameroun est condamné à payer à l'entreprise AMSECOM-AMSECONCOM les sommes ci-après :

- 54.500.000 F CFA à titre du manque à gagner sur le marché résilié ;
- 92.000.000 F CFA au titre de préjudice moral ;

Article 4 : Il est donné acte à l'État de ce qu'il offre de payer à la société requérante :

- 24.334.617 F CFA, montant des travaux supplémentaires non payés,
- 12.527.656 F CFA montant des travaux supplémentaires non payés,
- La valeur de la bétonnière retenue au chantier estimée à 3.000.000 F CFA,

L'État du Cameroun est condamné au paiement desdites sommes ;

Article 5 : Les condamnations prononcées aux articles 4 et 5 ci-dessus, sont assorties du paiement des taux d'intérêt légaux au taux de 5% à compter du 1er février 1983.

NOTE

Comme l'indiquaient déjà chroniques et commentateurs de l'époque, la jurisprudence *Tameghi Boniface*, plus connue sous le nom de baptême « *Amsecom-Amseconcom* », s'est vite imposée comme l'arrêt véritablement fondateur du contentieux des marchés publics[1], comme « *l'œuvre inaugurale du juge administratif camerounais dans le traitement contentieux de la pratique contractuelle publique au Cameroun* »[2]. Mieux, subjugué par un certain enthousiasme bien compréhensif eu égard à la nouveauté de la position du juge national, la doctrine nationale se lança très vite dans un élan poussif, présentant l'espèce commentée comme « *une véritable leçon du juge camerounais sur les contrats administratifs* »[3], et prédisant un destin particulier à cette posture jurisprudentielle du juge national. Cette ambiance de confiance et d'enthousiasme débordant cachait pourtant une attitude de démission des commentateurs à refuser d'analyser plus sereinement une décision véritablement fondatrice, posant des bases audacieuses de redéfinition des relations entre l'administration contractante et ses cocontractants privés, dans un environnement politique et économique morose, de tensions et autres suspicions entretenues entre l'administration et les administrés[4].

---

[1] Lire avec intérêt les observations du Professeur François MBOME sous cette espèce, dans **Les grands** Arrêts Commentés de la Jurisprudence camerounaise, Yaoundé, 1ère Edition, Mars 1982, pp. 300-328.

[2] NLEP Roger-Gabriel, Observations sous CS.CA, Jugement n°50/84-85 du 1er Février 1985, *Tameghi Boniface* (*Amsecom-Amseconcom*) C/. *Etat du Cameroun* (*Ministère des Forces Armées*)

[3] MBOME François, Les grands Arrêts Commentés de la Jurisprudence camerounaise, Op.cit, p. 324.

[4] Pour plus amples développements sur l'émergence du phénomène de contractualisation du service public au Cameroun, voir GNIMPIEBA TONNANG Edouard (en collaboration avec M. NDIFFO KEMETIO Ludovic), « *Les services publics dans l'étau du droit communautaire de la concurrence* », *Revue Editions Juridiques Africaines* (EDJA) n°2, 2011, pp. 25-47

Le temps était donc venu, après la déferlante doctrinale parfois inopérante du moment[5], de prendre le recul, de revisiter cette espèce reconnue unanimement comme ayant posée les bases nouvelles du traitement contentieux de la pratique contractuelle publique au Cameroun, afin de mettre en lumière, pour en souligner les enjeux, et mettre en relief l'héritage réel légué par la jurisprudence *Tameghi Boniface* au renouveau de la contractualisation du service public au Cameroun[6]. Mais un rappel *prima facie* des faits, suffisamment longs et édifiants, de l'espèce permet de mieux présenter les enjeux et les intérêts juridiques en cause et d'en déceler les originalités qui permettront par la suite de mieux comprendre les postures du juge des contrats à l'ère où la pratique contractuelle publique semble connaître un second âge.

En effet, le 10 septembre 1979, l'Etat du Cameroun signait, avec l'entreprise AMSECOM-AMSECONCOM un contrat pour la construction de deux ateliers d'une station de lavage, de graissage et la réalisation d'un réseau d'évacuation d'eaux usées au camp dit « Bassa » à Douala, au bénéfice du Ministère des Forces Armées (MINFA). L'ensemble desdits travaux avaient été prévu pour être exécutés dans un délai de six (06) mois, à compter du jour de la notification de l'ordre de service de commencer les travaux[7], et surtout à compter de l'achèvement des travaux préalables de terrassement par le génie militaire. Cet ordre de service va très vite être signé par le ministre des forces armées, ce qui devait permettre à l'entreprise adjudicataire de commencer d'exécuter les travaux. Deux mois plus tard, alors que les travaux préalables de terrassement devaient être réalisés pour permettre à l'entreprise contractante d'engager lesdits travaux de construction, rien n'était encore

---

[5] Trente-deux ans après l'Arrêt de la Chambre Administrative de la Cour Suprême du Cameroun.

[6] En effet, jusqu'à l'espèce Amsecom-Amseconcom, le juge administratif camerounais avait posé quelques règles fondatrices relatives entre autre aux règles de compétence en matière contractuelle publique (Conseil du Contentieux Administratif, Arrêts n°327/CCA du 10 décembre 1954, *CFAO c/ Administration du Territoire* et n°364/CCA du 03 septembre 1965, *Ebongom Philippe c/. Administration du Territoire*), à la qualification jurisprudentielle des contrats administratifs (Conseil du Contentieux Administratif, Arrêt n°83/CCA du 22 décembre 1951, *Renucci c/. Administration du Territoire*), au droit à la rémunération du cocontractant privé (Conseil du Contentieux Administratif, Arrêt n°234/CCA du 15 mai 1953, *Lanvin c/. Administration du Territoire*), ou encore à la révision des clauses contractuelles (Conseil du Contentieux Administratif, Arrêt n°273/CCA du 27 janvier 1954, *Société des Batignolles c/. Administration du Territoire*), notamment.

[7] Ordre de service n°2855/DV/MINFA du 04 octobre 1979.

fait. Après quelques correspondances au ministre des Forces Armées, le cocontractant décida de faire face aux hésitations et autres atermoiements du Génie Militaire, et de commencer les travaux. Cette décision aura des conséquences fâcheuses sur l'exécution des obligations de l'entreprise puisqu'entre temps, et dans un rythme anormalement lent, l'administration contractante allait commencer, de façon insatisfaisante, lesdits travaux de terrassement préalables du terrain. C'est dans ce contexte que c'est tout surpris que l'entrepreneur va recevoir une lettre de résiliation pour comportement fautif[8], celle-là du Secrétaire général de la Présidence de la République pour faute du cocontractant privé.

S'estimant victime d'un abus de l'administration contractante, l'entreprise Amsecom-Amseconcom va, par un recours gracieux préalable, demander à l'administration contractante de revenir sur sa décision et de réparer le préjudice qui lui a été causé, sans succès. À la suite de cette requête gracieuse improductive, elle allait saisir la Cour Suprême en sa Chambre administrative, par deux recours contentieux en dates respectives des 08 et 11 février 1983, pour voir celle-ci constater le caractère illégal de la décision de résiliation du marché litigieux, prononcer l'annulation de celle-ci, et surtout juger et condamner l'État du Cameroun à réparer intégralement le préjudice qui lui a été causé du fait de cette rupture. Occultant les prétentions de l'État du Cameroun à minorer sa responsabilité dans l'inexécution ou l'exécution partielle et tardive du contrat ayant légitimé sa décision de résiliation, le juge de l'espèce va, pour la première fois de la vie contentieuse de la pratique contractuelle publique au Cameroun, poser les bases et le contenue des prérogatives détenues par la puissance publique contractante (**I**), tout en rappelant que celles-ci étaient encadrées. En même temps, il rappelait que même dans un contexte sociopolitique défavorable, le cocontractant privé de l'administration bénéficiait de garanties suffisantes en cas de sanction (**II**).

I. L'étendue des prérogatives de l'administration contractante

Cette espèce a permis au juge administratif de mettre en exergue, pour la première fois, l'étendue et surtout les limites des pouvoirs de la puissance publique contractante dans l'exécution des contrats administratifs, notamment l'encadrement des pouvoirs de modification

[8] Décision n°040/CAB/PRC du 29 décembre 1982.

unilatérale (**A**) et de résiliation[9], modifications souvent justifiées par la survenance de faits nouveaux qui ont eu pour conséquence d'aggraver les charges du cocontractant privé (**B**).

A. L'encadrement des pouvoirs de modification unilatérale

Ce pouvoir a été reconnu depuis longtemps à l'administration contractante, par une construction jurisprudentielle du début du siècle dernier[10]. Il permet d'imposer au cocontractant un changement limité de ses obligations contractuelles sans son consentement. Mettant un terme à de nombreuses discussions doctrinales, le Conseil d'État français a ainsi clairement décidé que ce pouvoir existait bel et bien « *en vertu des règles générales applicables aux contrats administratifs* » (même sans clauses, même si clause contraire)[11]. Ce pouvoir, assez étendu, connaît toutefois des limites et conditions que l'on comprend aisément.

Le pouvoir de modification unilatérale des contrats administratifs s'incline en la mise en œuvre de la théorie de mutabilité des contrats administratifs. Purement prétorienne, cette théorie a été établie par deux décisions fondatrices du juge administratif français[12]. En la première espèce, à la fin du 19e siècle, une commune décide d'instaurer un éclairage public de ses rues et charge une entreprise privée des travaux et de l'exploitation du système. Un contrat de concession emphytéotique est passé. Par la suite, profitant de la démocratisation des progrès techniques et industriels du début du siècle, elle veut passer à l'éclairage électrique et se tourne vers son concessionnaire. La Compagnie nouvelle du gaz refuse et intente une action devant les hauts magistrats qui, par un arrêt de principe, vont consacrer ce pouvoir de modification unilatérale des contrats administratifs, pouvoirs qu'ils vont d'ailleurs encadrer par la suite, et activer souvent, sous une triple condition. Il faut d'une part que les nécessités du service public l'exigent[13], que les modifications

---

[9] Le régime du pouvoir de résiliation unilatéral des contrats administratif ayant été déjà traité dans l'espèce *Albert Dzongang* sus commentée, on ne s'y attardera plus, bien que le juge de l'espèce y soit revenu pour justifier sa décision.

[10] C.E 11 mars 1910, *Cie générale française des Tramways*, GAJA.

[11] C.E 2 février 1983, *Union des transports publics urbains et régionaux.*

[12] CE, 10 janvier 1902, *Compagnie nouvelle de Déville-Lès-Rouen*, et CE, 21 mars 1910, *Compagnie Générale Française des Tramways.*

[13] De Laubadère André, « *Du pouvoir de l'administration d'imposer unilatéralement des changements aux dispositions des contrats administratifs* », Revue de Droit Public 1954.

n'excèdent pas certaines limites, et enfin que l'équilibre financier du contrat original soit respecté[14].

Rappelons que le pouvoir de modification unilatérale des contrats administratifs reste une institution spécifique du droit public, tant il est vrai que les principes civilistes consacrent plutôt le caractère immuable des clauses contractuelles[15]. La doctrine a pendant longtemps été unanime à reconnaître que le pouvoir de modification unilatérale des contrats administratifs était propre aux seuls contrats de travaux publics[16]. Cette position a été plus tard infirmée en droit positif camerounais où autant les marchés de travaux publics que ceux portant sur la commande publique ainsi que ceux relatifs aux prestations intellectuelles peuvent, sous certaines conditions, subir des modifications de l'autorité publique contractante[17]. Aujourd'hui, la controverse sur la possibilité de modifier les contrats administratifs a vécu, et depuis un arrêt fondateur, il est désormais unanimement et sans ambigüité affirmé que « *le pouvoir de modification unilatérale fait partie des règles générales applicables aux contrats administratifs* »[18]. C'est donc tout naturellement que le juge de l'espèce s'interdit d'annuler les actes pris par l'administration contractante portant modification du contrat de base et grevant du fait même les charges du demandeur. Il rappelle au passage que tant qu'ils n'ont pas bouleversé l'économie du contrat en cause, ils ne peuvent faire l'objet d'aucune sanction judiciaire.

Relativement au contenu du contrat, il faut, *prima facie*, préciser que la jurisprudence n'a consacré que l'existence d'un pouvoir de modification unilatérale des clauses non financières du contrat administratif, sous réserve d'une indemnisation du cocontractant privé.

---

[14] Lire pour cette exigence CS/CA, Jugement n° 132/04-05 du 27 juillet 2005, *Entreprise camerounaise de construction et de nettoyage (ECCN) contre État du Cameroun (MINMAP)*, inédit.

[15] Pour plus de développements, lire GNIMPIEBA TONNANG Edouard, « *La science juridique publiciste est-elle maitresse ou servante de la science juridique privatiste ? Contribution à l'étude des relations ambivalentes d'un phénomène à l'aune de l'émergence d'un droit communautaire africain* », In Actes du Colloque sur *Les réformes de droit privé en Afrique*, Revue du Laboratoire d'Etudes et de Recherches en Droit des Affaires (LERDA), Dschang, Octobre 2015, *à paraître*.

[16] Lire avec intérêt RICHER Laurent, Droit des contrats administratifs, 8ème Edition, LGDJ, Col. Manuel, Paris, 2012, pp. 262-265.

[17] Voir les dispositions combinées des cahiers de clauses administratives générales, particulières, financières et techniques.

[18] CE, 02 février 1953, *Union des transports publics*, RDP 1984, 212, Note Auby.

C'est pour ainsi dire que les clauses financières sont intangibles[19]. L'administration ne saurait par l'exercice de son pouvoir de modification changer l'équilibre financier du contrat, auquel cas la situation du cocontractant deviendrait absolument précaire[20]. D'autre part, la modification ne peut affecter l'objet même du contrat de telle sorte que celui-ci serait substantiellement modifié. Par exemple, l'entrepreneur ne peut passer un marché pour la fourniture de papier et se voit dans l'obligation de construire un bâtiment ou de fournir des chaises. Quant au motif, il faut que l'administration démontre l'existence d'un motif d'intérêt général, autrement dit que la modification soit conditionnée par l'intérêt et les besoins du service[21].

Dans une célèbre espèce fondatrice, la jurisprudence administrative française rappelait déjà qu'il était « évident que les besoins auxquels un service public de cette nature doit satisfaire et, par suite, les nécessités de son exploitation, n'ont pas un caractère invariable... L'État ne peut pas se désintéresser du service public du transport une fois concédé... [Il] interviendra donc nécessairement pour imposer, le cas échéant, au concessionnaire, une prestation supérieure à celle qui était prévue strictement..., en usant non plus des pouvoirs que lui confère la convention, mais du pouvoir qui lui appartient en tant que puissance publique »[22].

Le non-respect de l'obligation d'exécution du contrat modifié est constitutif d'une faute de nature à justifier la résiliation du contrat administratif[23]. Le pouvoir de modification unilatérale du contrat a connu ces dernières années un développement prodigieux, et le droit international a fait siennes ses constructions. C'est ainsi que la jurisprudence internationale admet désormais l'existence d'un « *pouvoir souverain de modifier, voire résilier, moyennant compensation, un*

---

[19] Cette règle était déjà posée par le juge administratif camerounais, depuis une espèce rapportée plus haut, CCA, Arrêt n°273 du 27 janvier 1954, *Société des Batignolles c/. Administration du Territoire*.

[20] Lire L'HUILLIER Jean, « *Les contrats administratifs tiennent-ils lieu de loi à l'administration ?* », Dalloz, 1953, Chron. 87.

[21] Exigence rappelée par le juge administratif camerounais à l'occasion d'une espèce récente du 27 juillet 2005, Jugement n° 132/04-05, *Entreprise camerounaise de construction et de nettoyage (ECCN) contre État du Cameroun (MINMAP)*.

[22] Voir conclusions du Commissaire du Gouvernement Léon Blum sous l'espèce Compagnie générale française des tramways, C.E., 21 mars 1910, Rec. p. 216.

[23] CE, *Syndicat intercommunal des transports publics de Cannes, Le Cannet, Mandelieu-la Napoule*, 27 octobre 2010, req. 318617, Droit adm. 2011, 3, note Brenet).

contrat conclu avec des particuliers -ainsi la prééminence des intérêts supérieurs de l'Etat sur les obligations contractuelles et la nécessité de sauvegarder l'équilibre du contrat »[24].

Le pouvoir de modification unilatérale se fonde sur les principes de mutabilité et de continuité du service de l'intérêt général et du service public. Bien souvent, le contrat est conclu en vue de pourvoir, directement ou indirectement, aux besoins du service public. Et ces besoins sont évolutifs comme le service public lui-même et l'intérêt général. Il est donc opportun de ne pas figer les prestations du cocontractant sous peine d'entraver, à court terme, la mutation du service public et, à long terme, sa continuité.

Alors, au vu de ce pouvoir de modification unilatérale, le contrat administratif peut-il encore être tenu pour la loi des parties ? La réponse varie selon le cas. Elle peut être négative, puisque l'administration peut toujours décider une modification unilatérale dans les conditions sus énumérées. On peut aussi répondre la positive parce que les modifications sont limitées et encadrées, et d'autre part parce que l'administration n'use pas toujours de son pouvoir de modification unilatérale. Tant qu'elle ne l'a pas fait, elle est tenue au respect du contrat initial[25].

Le pouvoir de modification unilatérale des contrats administratifs dans sa mise en œuvre prend généralement la forme d'ordres de services[26] de l'autorité contractante compétente dont le cocontractant privé est obligé d'exécuter, sous peine de sanctions administratives. Cependant, depuis le code des marchés publics soumet aussi, lorsque les incidences financières sur contrat de base sont radicales, la modification unilatérale à la prise d'un avenant à ce dernier[27]. Sous cet angle, comme contrepartie de la modification unilatérale et de l'aggravation de ses charges, le cocontractant a droit à une indemnité versée par l'administration

---

[24] Cour Européenne des Droits de l'Homme, 09 décembre 1994, *Affaire Raffineries grecques Stran c/. Grèce*, Rec., Vol. 301, p. 65.

[25] CA.A. de Paris, Société Bouygues et autres, 22 avril 2004,18 mai 2004, *Société Nationale des Chemins de Fer français : « un contrat légalement formé tient lieu de loi à ceux qui l'ont fait et ne peut en principe être révoqué ni modifié que de leur consentement mutuel [...] »*

[26] Encore appelée Ordres de commencer les travaux pour les marchés de travaux publics.

[27] Article 62 alinéas 1 et 3 (a) du Décret n°2004/275 du 24 septembre 2004 portant Code des Marches Publics et 29 juin 1989, *Fouda Etama c/. Etat du Cameroun.*

contractante[28]. Comme on l'a vu, les prérogatives de l'administration contractante peuvent prendre une forme plus radicale de rupture définitive du contrat, rupture souvent justifiée par la survenance d'un événement qu'aucune des parties, ou mieux l'une d'entre elles, n'aurait nullement prévoir, plus connu ici sous le générique « aléa ».

B. L'encadrement de l'aléa contractuel

L'espèce rapportée a été l'occasion offerte au juge administratif camerounais de fixer sa jurisprudence sur une des questions essentielles qui fondent les particularismes du droit des contrats administratifs, notamment celle du sort des contrats dont l'économie est bouleversée par la survenance de faits nouveaux à leur phase d'exécution. L'espèce *Amsecom-Amseconcom* permet de découvrir les hypothèses d'exécution perturbée du contrat du fait d'une des parties au contrat, notamment l'administration contractante, usant ici de ses prérogatives de puissance publique. En l'espèce, alors que l'administration contractante avait soumis une exécution apaisée des obligations de l'entreprise contractante à la réalisation préalable de travaux de terrassement, celle-ci, après avoir relancé le génie militaire et adressé une correspondance répétée au Ministre des Forces Armées, a décidé d'engager l'exécution de ces derniers, subissant ainsi d'énormes manques à gagner. Cette situation, la jurisprudence l'a baptisée de fait du prince (1), qu'elle oppose souvent à l'autre hypothèse, révélant la perturbation du contrat dans son exécution par des événements qu'aucune des parties n'aurait pu entrevoir, baptisée elle par la jurisprudence d'imprévision (2).

1°) Le fait du prince devant le juge administratif camerounais

Cette institution, d'origine prétorienne, cohabite avec celle d'équation financière[29]. Il s'agit de deux théories souvent confondues en doctrine, et,

---

[28] Obligation rappelée par le juge administratif camerounais à l'occasion de l'espèce *Entreprise camerounaise de construction et de nettoyage (ECCN) contre État du Cameroun (MINMAP)*, précitée.

[29] Théorie permettant l'indemnisation du cocontractant lorsque l'administration contractante, agissant en tant que partie au contrat, modifie unilatéralement et directement les modalités d'exécution du contrat ou les prestations du cocontractant. Dans ce cas de figure, l'administration ne fait qu'user de son pouvoir de modification unilatérale. Pouvoir qu'elle détient, de plein droit : il existe même s'il n'est pas stipulé dans le contrat administratif – moyen juridique utilisé : un acte administratif individuel - Cf. supra. Le cocontractant voit ses charges initiales aggravées. Il a droit à une compensation, à une indemnisation intégrale versée par l'administration contractante. Peu importe l'ampleur de l'aggravation des charges.

parfois, en jurisprudence -La conception exposée ici est empruntée au Doyen Vedel[30]. Leur distinction se révèle significative et éclairante puisqu'elles désignent des réalités différentes et reconnues comme telles. Ces deux théories trouvent à s'appliquer lorsque l'événement qui aggrave les charges du cocontractant est imputable à la personne publique contractante. Malgré l'aggravation de ses charges, le cocontractant doit effectuer ses prestations : continuité du service de l'intérêt général oblige. En contrepartie, il peut prétendre à une indemnité. Plus précisément, le fait du prince est une théorie permettant l'indemnisation du cocontractant lorsque l'administration contractante, bien qu'elle n'agisse pas en tant que partie au contrat, modifie unilatéralement et indirectement les modalités d'exécution du contrat ou les prestations du cocontractant. Ici, l'administration intervient, non en sa qualité de partie, mais en tant que puissance publique (d'où l'expression « prince »), sur le fondement de ses compétences générales, au moyen, en principe, d'actes réglementaires. À l'exécution du contrat, la puissance publique peut donc intervenir, par exemple, sur le fondement de ses compétences de police.

En l'espèce et comme on le voit, les retards accumulés dans les travaux de terrassement par le Génie Militaire sont perçus comme un fait du prince. Ces comportements fautifs du cocontractant privé qui auront dans tous les cas pour conséquence de bouleverser l'économie du contrat, par aggravation des charges du cocontractant, ouvriront naturellement un droit à une indemnisation permettant de rétablir l'équilibre financier initial du contrat.

Cette belle construction prétorienne française[31] est depuis la présente espèce consacrée par le juge administratif camerounais. Ici, la jurisprudence subordonne l'indemnisation à deux conditions : la mesure doit avoir porté atteinte à l'objet même du contrat. Elle devrait être imprévisible à la date de la signature du contrat. La théorie du fait du prince se fonde sur la continuité du service de l'intérêt général et du service public : le cocontractant sert, directement ou indirectement, le service public. S'il n'était plus à même d'exécuter ses obligations, le fonctionnement du service public pourrait être entravé, le service de l'intérêt général compromis. Elle se fonde également sur l'idée d'équilibre financier. L'action en indemnité du cocontractant pour fait du prince (ou dans le cadre de l'équation financière) se situe sur le terrain de la

---

[30] Vedel (Georges), **Traité de Contrat administratif**, LGDJ, Paris,

[31] CE, 02.02.1983, *Union des Transports Publics Urbains et Régionaux*

responsabilité contractuelle et non sur celui de la responsabilité quasi-délictuelle[32].

2°) Les contours de la notion d'imprévision en droit positif camerounais

Pure construction prétorienne française, la théorie d'imprévision trouve à s'appliquer en cas de survenance de faits nouveaux étrangers à la volonté des parties entraînant un bouleversement des conditions économiques d'exécution du contrat. Ainsi, très tôt au début du siècle dernier, il décidait qu'une augmentation considérable du prix du charbon nécessaire à la fabrication du gaz par le concessionnaire obligeait l'administration à aider pécuniairement le concessionnaire en situation gravement déficitaire[33]. L'imprévision ne peut donc être invoquée que dans l'hypothèse d'une aggravation des charges du cocontractant, d'un bouleversement de l'économie du contrat suite à des événements que ne pouvaient prévoir les parties. Elle se justifie par l'urgence et la volonté de satisfaire l'intérêt général et les exigences de continuité du service public. Ici, et contrairement au fait du prince, le cocontractant privé a droit à une réparation proportionnelle, au prorata du préjudice subi, fixée par le juge du contrat. À l'occasion d'une espèce récente, le juge administratif camerounais confirmait cette belle construction jurisprudentielle[34].

Relativement aux conditions de cette indemnisation, le juge les soumettra à une certaine condition, notamment :

- un événement imprévisible (et donc anormal) à la date de la signature du contrat. Tout contrat à long terme comporte des aléas. Mais il existe deux sortes d'aléas : les aléas ordinaires que le cocontractant a accepté d'assumer, et les aléas extraordinaires. Ceux-ci sont des événements déjouant tous les calculs que les parties ont pu faire lors de la conclusion du contrat. Un événement imprévisible constitue un aléa extraordinaire.

---

[32] Pour plus de développements, voire ONDOUA Alain, ***Droit des nouveaux contrats administratifs***, Cours polycopié, Master II, Faculté des Sciences Juridiques et Politiques, Université de Dschang, 2013, inédit.

[33] CE, Arrêt du 30.03.1916, *Cie Générale d'éclairage de Bordeaux.*

[34] CS.CA, Jugement n°139/04-05 du 27 Juillet 2005, *Société SOTRACOME c/. Etat du Cameroun(METPS)*

- un événement étranger à la volonté des parties. S'il ne présente pas ce caractère, il s'agit du fait du prince, de l'équation financière ou d'une faute du cocontractant.

- un événement bouleversant l'économie du contrat. L'événement engendre une charge extracontractuelle, une situation extracontractuelle. Il s'agit d'un déficit important et non d'une simple diminution du profit.

Si l'événement présente ces trois caractères, le juge en tire certaines conséquences :

- En dépit de ses nouvelles charges, le cocontractant doit exécuter intégralement ses obligations - continuité du service de l'intérêt général et du service public oblige.

- Il a droit à une compensation financière appelée indemnité d'imprévision. Faute d'accord entre les parties, c'est le juge qui en fixe le montant. L'indemnité ne couvre pas la totalité des charges extracontractuelles. Elle n'a ni pour objet ni pour effet d'enrichir le cocontractant qui doit supporter la part imputable aux aléas ordinaires. En fait, l'indemnité est établie « en fonction des circonstances de l'affaire et, en particulier, des diligences du cocontractant pour surmonter ses difficultés »[35].

II. Les conséquences contentieuses du pouvoir de sanction de l'administration contractante

Cette espèce met en lumière de façon claire le souci constant du législateur et du juge d'encadrer les pouvoirs exorbitants souvent radicaux détenus par la puissance publique à l'exécution des contrats administratifs, dont celui de résiliation unilatérale apparaît comme le fier représentant. En effet, le juge reconnaît à l'administration le pouvoir de mettre fin à un contrat administratif, en l'absence de faute du cocontractant, et aménage, à la suite du législateur, des règles d'indemnisation (**A**) dont il prend la peine d'en fixer les bornes (**B**).

A. Le principe de l'indemnisation du cocontractant privé

Dans cette hypothèse, l'administration a l'obligation d'indemniser son cocontractant des préjudices subis du fait de cette résiliation. C'est

[35] BERGEAL Catherine, conclusions sur C.E, *Commune de Staffelfelden*, 04 juin 2000, C.J.E.G. n° 571, p. 475.

comme on l'a vu[36], l'un des pouvoirs que l'administration détient « *en vertu des règles générales applicables au contrat* », qu'elle peut donc exercer en l'absence même de stipulations contractuelles expresses et, même, malgré l'existence d'une clause contraire qui sera réputée non écrite. Seule la loi pourrait l'exclure.

En effet, certaines des modalités du pouvoir de sanction peuvent s'exercer même en l'absence de clauses contractuelles, c'est-à-dire en vertu des règles générales applicables aux contrats administratifs. Les autres, et notamment les sanctions pécuniaires (pénalités) ne peuvent être infligées que si elles sont expressément stipulées par le contrat : avec ces sanctions, c'est la situation financière du cocontractant qui est en jeu et c'est elle qui est protégée. En outre, si des pénalités non prévues pouvaient être infligées, quelles seraient les règles de leur calcul ? Leur montant serait indéterminé. Ainsi, les sanctions pécuniaires ne sont possibles que si elles ont fait l'objet de stipulations contractuelles expresses.

En revanche, l'administration contractante peut prononcer un certain nombre de sanctions non pécuniaires à l'égard de son cocontractant même sans clauses :

- ***Le pouvoir de résiliation pour faute :*** ce pouvoir existe même dans l'hypothèse de silence du contrat, à une exception, à savoir dans le cas de la concession de service public. L'administration ne saurait prononcer unilatéralement la résiliation pour faute (dans ce cas, l'on parle de « déchéance ») d'une concession de service public en dehors des prévisions du contrat. Si les fautes de son concessionnaire sont telles que l'exploitation du service ne peut plus être poursuivie dans le cadre de la convention de concession, il appartient à l'administration de saisir le juge du contrat qui pourra prononcer la déchéance. Cette protection du concessionnaire est justifiée par le fait qu'il a effectué les premiers investissements nécessaires à l'exploitation du service et que l'amortissement de ces investissements suppose la garantie du respect de la durée de la concession.

Dans les autres types de contrats, la résiliation peut être prononcée en vertu des règles générales applicables aux contrats administratifs, mais s'agissant de la sanction la plus sévère, elle suppose de la part du cocontractant une faute lourde dans l'exécution du contrat. Constitue une

[36] Voir supra, Affaire DZONGANG Albert commentée, supra.

faute lourde, par exemple, l'interruption du service public de la part de l'entrepreneur, comme le consacrait déjà dans la décennie quatre-vingt le juge administratif camerounais à l'occasion de cette espèce de principe, s'agissant de la résiliation pour faute d'un marché de travaux publics. Ces conditions sont placées sous le contrôle du juge. Puisqu'il s'agit d'une sanction, il n'y aura évidemment pas réparation des préjudices subis par l'entrepreneur fautif : il supportera les conséquences onéreuses de la résiliation en principe. Cependant, l'équité impose que la collectivité lui rembourse les investissements faits par lui et dont elle pourra profiter à l'avenir : il y aurait, dans le cas contraire, enrichissement sans cause.

- ***L'administration de sanctions coercitives :*** ce sont celles qui permettent d'obtenir, aux frais du cocontractant défaillant, la prestation prévue au contrat et que, par sa faute, il ne fournit pas. On parle de « *mise sous séquestre* » dans le cas de la concession : le service sera provisoirement assuré par un tiers ou par l'administration aux frais du concessionnaire défaillant. On parle de « *mise en régie* » des travaux publics ou de l'*«exécution par défaut »* d'un marché de fournitures : le principe est toujours le même, assurer l'exécution correcte d'un contrat qui n'est pas ou est mal exécuté, aux frais de l'entrepreneur défaillant. Ces sanctions peuvent être prononcées en l'absence même de clauses, en vertu des règles applicables aux contrats administratifs.

Il faut remarquer, pour conclure sur ce point, que l'administration a l'obligation de respecter un certain nombre de règles procédurales typiques des sanctions administratives et qui protègent le cocontractant privé : sauf urgence caractérisée, une mise en demeure doit être adressée préalablement à toute sanction ; le partenaire passible de sanctions doit être entendu en sa défense par l'administration ; la sanction doit être motivée. Le cocontractant sanctionné pourra saisir le juge du contrat qui contrôlera outre le respect de la procédure, l'existence effective de la faute reprochée et la proportionnalité de la gravité de la sanction à la gravité de la faute.

B. La condamnation de l'administration contractante aux dommages et intérêts : le droit à l'équilibre financier du contrat

Comme le démontre à suffisance cette espèce, le cocontractant a fondamentalement un droit au respect de l'équilibre financier du contrat. L'administration a la garde des intérêts généraux, mais le particulier a fondamentalement des intérêts patrimoniaux qui doivent être protégés.

Avant d'examiner comment ce droit à l'équilibre financier du contrat est mis en œuvre dans certaines hypothèses particulières, il faut insister sur un droit que, contrairement aux principes applicables en droit privé, n'a pas la partie privée à un contrat administratif, notamment l'exclusion de *l'exceptio non adimpleti contractu.*

L'administration a sans aucun doute l'obligation d'exécuter ses engagements contractuels. Mais, à la différence de celle-ci, le cocontractant privé ne dispose d'aucun moyen de réaction unilatérale, il ne peut se faire justice lui-même ; autrement dit, il ne peut refuser d'exécuter sa prestation au motif que l'administration ne remplit pas ses obligations (par exemple, ne verse pas à la date prévue les avances prévues au contrat). Si dans un tel cas il cessait l'exécution, il commettrait lui-même une faute susceptible d'engager sa responsabilité contractuelle et de justifier la sanction unilatérale de l'administration. On voit ici clairement l'inégalité des parties au contrat administratif. En cas d'inexécution de ses obligations par l'administration, le cocontractant n'a d'autre possibilité que de saisir le juge du contrat pour mettre en jeu devant lui la responsabilité contractuelle de l'administration.

Relativement à la diversité des droits du cocontractant, il a droit aux prestations stipulées au contrat ou impliquées par celui-ci. Ce sont, entre autres, le droit au matériel promis par l'administration et le droit au règlement du prix qui constitue la rémunération d'un service rendu. En principe, le prix est définitif *(articles 74 et 75 Décret n°2004/275 portant Code des Marchés Publics)*, mais les parties peuvent inclure dans le contrat *une clause de variation* ou de *révision du prix*. La première est automatique, au contraire de la seconde qui est obligatoirement négociée.

Ensuite, il a droit à certaines indemnités mêmes non prévues par le contrat : une indemnité pour responsabilité contractuelle de l'administration, une indemnité pour survenance de faits nouveaux, en application des théories de l'équation financière, du fait du prince, de l'imprévision ou encore pour sujétions imposées et imprévues et une indemnité dernière pour prestations supplémentaires, encadrée par un avenant, indispensable et spontané.

Sans ordre émanant de l'administration et accord subséquent, le cocontractant a exécuté des travaux imprévus au contrat d'origine. Comme on l'a dit, indemnité lui est due, si les travaux exécutés étaient indispensables pour la bonne exécution des prestations commandées. Le juge administratif français, suivi plus tard par le législateur camerounais, ont posé ce principe respectivement à l'occasion d'une espèce du *CE du 14 mai 1970, Administration Générale de l'Assistance publique de Paris* et des dispositions des *articles 72 et suivants du Décret n°2004/275 du 24 septembre 2004 portant Code des Marchés Publics au Cameroun.* Il s'agit là d'une simple application du principe de l'enrichissement sans cause qu'il ne serait pas déraisonnable d'étendre aux modifications unilatérales du contrat, décidées par l'administration elle-même. Au fond, ces travaux supplémentaires spontanés correspondent à une modification unilatérale de fait opérée par le cocontractant dont la finalité légitime reste une meilleure exécution de l'ouvrage public ou du service public. Le caractère prévisible des travaux supplémentaires indispensables est propre à minorer l'indemnité versée au cocontractant.

Quelques précisions concernent le règlement du prix : les sommes dues en exécution d'un marché sont payées dans un délai prévu par le cocontractant ou à défaut, dans un délai maximum fixé par voie réglementaire. Comme le précise l'article 74 al. 2 du Décret n°2004/275, les prestations faisant l'objet des marchés publics sont réglées soit par des prix forfaitaires appliqués à tout ou partie quelque soient les quantités, soit par des prix unitaires appliqués aux quantités réelles exécutées.

Le dépassement du délai de paiement ouvre de plein droit et sans autre formalité, pour le titulaire du contrat ou son sous-traitant, le bénéfice d'intérêts moratoires à compter du jour d'expiration du délai. Enfin, un marché peut prévoir une clause d'actualisation de prix, indépendamment de celle de révision dudit prix (article 77 al. 6 et 64 précisent que le titulaire d'un marché public peut céder une partie de ce dernier à la sous-traitance. Les marchés sous-traités sont tous, précise l'article 63 al. 2 et 3, des contrats par lesquels le titulaire d'un marché cède à des tiers l'exécution d'une partie de ses marchés. Quant à la sous commande, elle est une commande faite à des tiers par les titulaires d'un marché en vue soit de la fabrication d'un objet ou de matières devant entrer dans la composition de la prestation, soit dans celle de l'exécution de certaines opérations conditionnant la réalisation de ces prestations.

Comme on le remarquera, la jurisprudence *Tameghi Boniface* peut aujourd'hui être célébrée comme avoir été précurseur des tendances actuelles du juge administratif camerounais à transcender les considérations de protection, à tout prix, de l'intérêt général pour aujourd'hui proposer des garanties solides au cocontractant privé, toutes les fois que ce dernier voit ses droits fragilisés par la puissance publique contractante. Elle a permis une réception apaisée dans notre droit positif d'institutions originales de la pratique contractuelle publique française, notamment celles de « l'aléa » et celle des « travaux supplémentaires ».

Edouard GNIMPIEBA TONNANG

INDEX DES PRINCIPALES DÉCISIONS DU JUGE ADMINISTRATIF CAMEROUNAIS CITÉES

(*Les chiffres qui suivent les décisions renvoient aux pages du Recueil*)

– CABLE Walter joseph, jugement n°16 du 31 décembre 1992

– Cameroon Music Corporation (CMC), ordonnance n°034 du 17 décembre 2008

– CAP-LIBERTE, ordonnance du 26 septembre 1991.

– CIVRA (Dame), arrêt n°024 du 27 Mars 1953

– Collectivité MVOG ELA, ordonnance de référé n°13 du 17 juillet 2009

– Compagnie Forestière SANGH –OUBANGUI, jugement du 27 octobre 1988

– Davide NJINI BORNO, jugement n°71 du 3 février 2010

– DEFFO, jugement n°59 du 23 mars 2011

– DEFFO Christophe, jugement n°61 du 27 juillet 2000.

– DIWOUTA Loth Pierre, jugement n°18 du 4/11/1966.

– DJINOU TCHALE André, jugement n°78 du 31 juillet 1997.

– DJOMO David, CS/CA, jugement n°4 du 26 octobre 1983.

– DJOTOUM Henriette, arrêt n° 20/A du 4 janvier 2001

– Dr NDZIETAM Pierre, jugement n°47 du 25 mai 1982

– DZONGANG Albert, CS/CA, jugement n°124 du 05 décembre 1996.

– EBENGUE ESSOMBA née AVA Rose, jugement n°41 du 02 février 2005

– EDIMO Jean Jacques, jugement n°67 du 22 avril 1976,.

– EDZOA Georges Maurice, jugement n°12 du 24 février 1994

– EKOKA KOUM, jugement n°25 du 30 décembre 1999.

– EKWALA EDOUBE EYANGO Stéphane, arrêt n°42 du 30 avril 1968

– ELIMBI LOTTIN née HOUNGLO confort (Dame), Mlle EWONO FOUDA Joséphine, jugement n°76 du 31 janvier 1991

– EMINI TINA Etienne, arrêt n°55 du 25 mars 1969

– ENA MBALLA Hubert, arrêt n°68 du 22 février 2007

– ENA MBALLA Hubert, jugement n°39 du 29 avril 1993

– Entreprise de Travaux d'Hydraulique et de Génie Civil (ETHYGEC), jugement n°66 du 18 juin 2008.

– Entreprise des Travaux publics et Génie Civil, ordonnance de référé n°12 du 17 juillet 2009

– Établissements LIPA-SPORTS BTP, jugement n°59 du 23 mars 2005

– Établissements « Le Paysan », jugement du 19 aout 2002

– Entreprise camerounaise de construction et de nettoyage (ECCN), jugement n°132 du 27 juillet 2005

– ENYEGUE DIPOKO Bernard, jugement n°13 du 23/11/1989

– EPOH ADYANG Pierre, jugement A.D.D. n°25 du 24 février 1983.

– ESSIMI Fabien, arrêt n°3 du 16 décembre 1982.

– ESSOMBA NTONGA Gabriel, jugement n°24 du 13 juillet 1978

– ESSOMBA Marc Antoine, jugement n°7 du 29 novembre 1979.

– ESSOMBA NTONGA Gabriel, jugement n° 24 du 13 juillet 1978,

– ESSOME Jean, jugement n°5 du 26 novembre 1982

– EVINA ADA Christophe, arrêt n°65 du 30 septembre 1969.

– EYANGO Martin, jugement n°06 du 27 août 1992.

– FERRIERE Marie (Dame), arrêt°15 du 16 mars 1967

– GUIFFO Jean Philippe, jugement n°40 du 30 avril 1981

– HAYATOU SOUAÏBOU, arrêt du 27 Décembre 1979

– ITAMBE HAKO Prosper, jugement n°48 du 27 avril 1995.

– ITEM Dieudonné, jugement n°12/CS/CA du 27 avril 1978.

– Journal « Le Messager, ordonnance n°12 du 19 mars 1991.

– KAMTO Maurice, jugement n°254 du 12 novembre 2011

– KEYANFE Jean Robert, arrêt n°54 du 26 avril 1979.

– KENGNE Pierre, jugement n°64 du 18 juin 2008

– KONG Emmanuel, jugement du 19 décembre 1979,

– KOUOH Emmanuel Christian, jugement n°43 du 7 avril 1983,

– KEUATSOP TETAKEUA Pierre, jugement n°3 du 26 octobre 1983

– KIOYO Innocent, arrêt n°1 du 16 décembre 1982.

– KITIMBI Pierre, arrêt n°18 du 27 mai 2010

– KUELA Valeri Norbert et MINLO Auguste, arrêt n°07 du 16 décembre 2004

– KWEDI Augustine (Dame), arrêt n°10 du 16 mars 1967

– KOTTO Jean-Jacques, ordonnance de référé n°05 du 29 novembre 1990.

– LAMI ABSATOU BI MOHAMAN (Dame), jugement n°52 du 15 novembre 1966

– Les Ets le Paysan, jugement n°63 du 27 juillet 2000.

– Le Consortium d'Études et de Réalisations Internationales du Cameroun' jugement n°21 du 28 novembre 2002

– MAH MENGUE (Mme), jugement n°23 du 14 janvier 2009

– Maître BOUOBDA, jugement n°11 du 16 janvier 2008

– Maitre BONNARD Etienne, jugement n°81 du 14 juin 2006

– MAMA BILOA Sandrine, jugement du 07 décembre 2000

– MAMA BILOA Sandrine, jugement n°54 du 29 août 2002

– MAMA ELOUNDOU Engelberg, arrêt n°269 du 27 novembre 1953.

– MANGA Gallus, arrêt n°291 du 27 mars 1954.

– MANTO NGOUESSE, jugement n°30 du 7 août 1986

– MASSO LOBE Jean Charles, jugement n°8 du 29 octobre 1987

– MAYOUGA Yvonne, ordonnance de sursis n°21 du 26 juillet 1992

– MBALLA Dieudonné, jugement n°40 du 31 mai 1990

– MBARGA Raphaël, jugement n°75 du 29 juin 1989.

– MBOUMOUA KANGUE, jugement n°66 du 25/09/1951

– MBASSI Bernard, jugement n°02 du 26 octobre 2000

– MBOCKA NTONGO MPONDO Guillaume, jugement n°30 du 31 mars

– MBOTTO OTTO, arrêt n°205 du 30/1/1953.

– MBOUENDEU et Elites Banka, jugement n°8 du 29 novembre 1979

– MBACK Jean-Pierre, jugement n°47 du 02 février 2005

– MBAMBA NDEME Louis jugement n°18 du 9 octobre 1985

– MEDOU ME MVOMO Gaston, jugement n°18 du 18 décembre 1980,

– MFOUMOU Jean-Baptiste, arrêt n°17 du 16 mars 1967

– MENDO ZE Gervais, ordonnance n°74 du 05 octobre 2009

– MESSOMO Pierre, jugement n°90 du 30 septembre 1969

– MFOUMOU Jean-Baptiste, arrêt n°17 du 16 mars 1967

– MIANDEU Jean, jugement n°46 du 27 mai 1982.

– MINELI ELOMO Bernard, jugement n°33 du 22 février 1979

– ministère public contre FOTSA Patrice Désiré, arrêt n°102 du 13 décembre 2007.

– MOMO Pierre Marie, jugement n°31 du 25 février 1993.

– MONTHE Robert, jugement numéro 42 du 22 février 1979

– MVENG MBARGA Constantin, jugement n°36 du 30 avril 1992.

– MVENG NDY née MENDOUGA Marguerite, jugement n°30 du 26 mars 1992.

– MOUELLE KOULA Eitel, arrêt n°178 du 28 mars 1972.

– MOUKON A EBONG Martin, jugement n°29 du 14 décembre 2005.

– MOUKOKO James Emmanuel, arrêt n°14 du 19 mars 1969.

– MONDOUBOU Théodore, jugement n°43 du 26 juin 1980.

– MONKAM TIENTCHEU David, jugement n°40 du 29 mai 1980

– MONTHE Honoré, jugement n°6 du 26 novembre 1982

– MUMA ZOFUNYUI John, jugement n°55 du 11 mars 2009

– MVE NDONGO Abraham, arrêt n°10 du 17 octobre 1968

– MVE Jean, arrêt n°265 du 27 novembre 1963.

– MVENG NDY née MENDOUGA Marguerite, jugement n°30 du 26 mars 1992.

– NABION Maurice, jugement n°44 du 24 juin 1993

– NANGAH COMPANY LTD), jugement n°15/86-87 du 29 janvier 1987

– NDJOFANG Frédéric, ordonnance de référé n°60 du 31 mars 1977.

– NDJOCK Paul, arrêt du 27 décembre 1957.

– NDJOFANG Frédéric, ordonnance de référé n°60 du 31 mars 1977

– NDZIETAM Pierre, jugement n°47 du 25 mai 1982.

– NGA Joséphine NDZANA Jeannette, jugement n°116 du 13 avril 2011

– NGALA TAWONG Abel, jugement n°7 du 3 décembre 1982

– NGAMBI TENE Ebenézer, jugement n°35 du 25 février 1993

– NGAMY Emmanuel, jugement n°02 du 31 décembre 1992

– NGANKEU Pierre, ordonnance de sursis, 1977/1978.

– NGATCHOU Adolphe, jugement n°66 du 26 mai 1988

– NGHE BABOUGHE Thomas, jugement n°09 du 23 décembre 1986

– NGUE André (Dame), arrêt n°8 du 26 mars 1969.

– NGUEMA Marie (Dame), jugement n°85 du 31 juillet 1997

– NGONGANG NJANKE Martin, arrêt n°20 du 20 mars 1968

– NJIKIAKAM TOWA Maurice, arrêt du 24 mars 1983.

– NJOCK Jean, arrêt n°636 du 10 août 1957.

– NJOH Isaac, arrêt n°136 du 26 janvier 1971

– NJOH Philibert, EKOKA KOUM, jugement n°25 du 30 septembre 1999.

– NJOUKWE Moïse, ordonnance n°181 du 11 septembre 1976

– NJOUKWE Moïse, ordonnance n°185 du 14 juin 1978

– NJOUKWE Moïse, 'arrêt n°15 du 19 juin

– NKOUTCHE Jean Claude, jugement n°87 du 14 juin 2006.

– NKONDOCK Emile Valentin, jugement n°72 du 26 mai 1983

– NOUCTI TCHOKWAGO, ordonnance de sursis n°13 du 10 février 1995

– NOMENY NGUISSI Emile, jugement n°63 du 26 mai 1988.

– NOUMSI Jean Bosco, jugement n°0322/TGI du 22 juillet 1987

– NOUMSI Marie Hortense, ordonnance de référé n°2 du 17 janvier 1983

– NOUCTI TCHOKWAGO, ordonnance de sursis n°13 du 10 février 1995

– NVENG ELA Francis contre Conseil national de l'ordre des Pharmaciens

– NZENGUE NGOUNOU Dagobert, jugement n°4 du 25 mai 1989.

– ONANA Abraham, jugement n°31 du 13 mars 1986,

– OBAME ETEME Joseph, jugement du 27 janvier 1970.

– ONDOUA ATANGANA Paul, jugement du 28 février 1992

– O.C.D.H, ordonnance n°19 du 26 septembre 1991

– OSSONGO Etienne F, ordonnance de référé n°19 du 17 septembre 1987

– OTTO Simon PONDY, jugement n°73 du 31 janvier 1990,.

– OWONO AWANO Gilbert, jugement n°12 du 31 janvier 1983.

– OWOUNDI Jean Louis, jugement du 28.09.1978.

– PANKA Paul et ZEBAZE Simon, jugement n°14 du 15 novembre 1984

– PECK PEKE Joseph, arrêt n°9 du 18 octobre 1967.

– POHOKA Suzanne (Dame), jugement n°69 du 29 juin 2000.

– P.S.L.D. ordonnance n°26 du 18 septembre 1992.

– REGNAULT Veuve OLIVIER, (Dame), arrêt n°192 du 05/12/1952.

– R.D.R., ordonnance n°25 du 18 septembre 1992

– SAM EBOLO MANDESSI BELL, jugement n°105 du 30 mai 1991.

– SAMEDJEU Jean-Jacques, arrêt n° 41 du 5 avril 2001

– SEBA NDONGO Jean, arrêt n°1 du 27 novembre 1986,

– SENDE Joseph, jugement du 1er février 1985.

– SIGHOKO FOSSI Abraham, ordonnance de référé n°12 du 18 juillet 1984.

– Société CARMCO, jugement n°144 du 12 septembre 2012,

– Société CARMCO, jugement n°145 du 12 septembre 2012

– Société ECAME et TP, jugement n°178/2010/CS-CA du 23 juin 2010

– Société africaine Commerciale de Diffusion, jugement n°61 du 27 mars 1997

– Société MONDIANA SARL, ordonnance n°33 du 30 janvier 1996

– Société NKUITE et Compagnie, jugement n°45 du 05 février 2005

– Société ELF SEREPCA, jugements n°19/ADD du 24 novembre 2004

– Société SOTRACOME, jugement n°189 du 27 juillet 2005

– Société SIMPEX-CAMEROUN, jugement n°131 du 26 septembre 1991

– Social Democratic Front, ordonnance de référé n°08 du 27 janvier 1992

– SOSSO Emmanuel, ordonnance de référé n°6 du 8 décembre 1998

– Succession KAMINY Anatole, jugement n°22 du 12 janvier 2011

– Succession MBARGA Raphaël, jugement n°15 du 25 janvier 2001.

– Succession MBEWOU, jugement n°74 du 28 septembre 2000.

– Succession NDEFO MBEWOU, jugement n°74 du 28 septembre 2000.

– Syndicat national des exploitants des auto-écoles, ordonnance de sursis n°09 du 16 mai 1994.

– TAGNY Mathieu, arrêt n°19 du 16 mars 1967

– TAKOTE Madeleine, épouse TIGNOPKA, jugement n°07 du 26 février 1998.

– TAMEGHI Boniface (Amsecom-Amseconcom), jugement n°50 du 1er février 1985

– TAMEZE Joseph, arrêt n°123 du 8 décembre 1970

– TATSINDA Maurice, jugement ADD du 28 janvier 1982

– TCHAMMAGE Joseph, jugement n°30/TGI du 19 octobre 1988

– TATA David CHOO, jugement n°21 du 18 décembre 1980

– The Big Brothers Trading Company, jugement n°62 du 29 juin 1995

– TCHATCHOUA Jean Pierre, jugement n°41 du 25 mai 1989

– TCHEOU Lucas, jugement n°149 du 23 juillet 2009

– TCHOUMBA NGOUANKEU Isaac, arrêt n°104 du 27 janvier 1970,

– TCHOUENKEU Hugo, jugement n°92 du 28 juillet 1983

– TCHOUPE Martin, jugement n°53 du 2 avril 2008.

– TCHOUNGUI ZIBI Elie, T.E, arrêt n°218 du 28 septembre 1962.

– TEUGUIA Gabriel, jugement n°36 du 6 mai 1977,

– TSOUNGUI AYISSI Laurent, ordonnance de référé n°07 du 30 janvier 1991

– TCHUNGUI Charles, jugement n°5 du 29 novembre 1979

– U.P.C-MANIDEM, ordonnance n°2 du 09 décembre 1992.

– UPC-MANIDEM, ordonnance n°2 du 16 décembre 1992.

– Union Nationale Camerounaise, ordonnance n°28 du 9 avril 1992.

–YEYAP NJOYA Joseph Marie, jugement n°23 du 3 février 1977

– Veuve TADJE née MOKO Yvonne, jugement n°28 du 28 janvier 2009

– WABOUDOU Hubert, jugement n°40 du 30 avril 1992

– WAHA Emmanuel, jugement n°65 du 29 juillet 1993.

– ZENGUE NGOUNOU Dagobert, jugement n°40 du 27 mai 1989

– ZIBI ZANGA, jugement n°01 du 26 novembre 1998.

– ZONG OKOMO, jugement n°29 du 02 avril 2008.

INDEX DES PRINCIPALES DÉCISIONS DU JUGE JUDICIAIRE CAMEROUNAIS CITÉES

(*Les chiffres qui suivent les décisions renvoient aux pages du Recueil*)

TABLE DES MATIÈRES

Questions juridiques aux éditions L'Harmattan

Dernières parutions

DÉLINQUANCE SÉRIELLE ET POLICE JUDICIAIRE
Impini Jean-François
Sérialité de la délinquance, information judiciaire, analyse criminelle sérielle désignent des notions familières mais peu étudiées par les sciences criminelles. Postulant l'idée assez commune d'une délinquance largement réitérante, l'ouvrage tente de dérouler le fil logique que pourrait suivre l'investigation policière pour exploiter de façon systématique ce caractère sériel des infractions.
(Coll. Sécurité et société, 37.50 euros, 372 p.)
ISBN : 978-2-343-11147-6, ISBN EBOOK : 978-2-14-002864-9

LES MICRO-ÉTATS EUROPÉENS
Étude historique, juridique et fiscale
(Andorre, Liechtenstein, Monaco, Saint-Martin, Vatican)
Blevin Pierre-Alexis – Préface d'Anne-Marie Le Pourhiet
Morcelée pendant plusieurs siècles en diverses seigneuries et autres entités à caractère étatique, l'Europe est à la fin du XIXe siècle le théâtre d'une véritable refonte des États qui la composent. Les micro-États semblent dès lors rencontrer des difficultés dans l'affirmation de leur souveraineté. Ainsi, les garanties constitutionnelles et institutionnelles sont-elles suffisantes pour assurer leur indépendance et leur intégrité ? Cet ouvrage donne une véritable définition des « micro-États européens » et analyse leur résistance face à une évolution historique européenne majeure.
(Coll. Logiques Juridiques, 53.00 euros, 616 p.)
ISBN : 978-2-343-10015-9, ISBN EBOOK : 978-2-14-002545-7

QUEL STATUT SOCIAL POUR LE CHEF D'ENTREPRISE ET LE DIRIGEANT DE SOCIÉTÉS ?
Turc Annabelle – Préface de Gérard Vachet
Le statut social des dirigeants de sociétés est un sujet en constante évolution, en raison des changements de législation et du rapprochement du régime social des indépendants vers le régime salarié. Mais, pour connaître ou choisir son statut social, le chef d'entreprise (ou le mandataire social) doit se pencher sur de nombreux facteurs. Le statut social des dirigeants est-il susceptible d'évoluer vers une harmonisation du régime salarié et du régime social des indépendants (RSI) ? Et quel conseil donner au dirigeant en quête du statut le plus rentable pour lui ?
(Coll. Défis, 49.00 euros, 688 p.)
ISBN : 978-2-343-11093-6, ISBN EBOOK : 978-978-2-14-002819-9

LA SOCIÉTÉ PAR ACTIONS SIMPLIFIÉE ET LE FINANCEMENT D'ENTREPRISES EN DIFFICULTÉ
Feydel Romain
Le droit des sociétés français sait se montrer concurrentiel. La société par actions simplifiée (SAS), couplée au mécanisme de la procédure de sauvegarde accélérée, présente des avantages. Ce montage

en cascade démontre la complémentarité du fonds professionnel de capital investissement (FPCI) avec la SAS. Ainsi, la SAS permet de constituer une copropriété d'instruments financiers et de mettre en application la stratégie d'investissement. L'auteur démontre l'importance de la société de gestion de portefeuille, mais également de la holding de rachat, ainsi que de la filiation et du pacte d'actionnaires dans cette opération de *leveraged turn around.*
(20.50 euros, 204 p.)
ISBN : 978-2-343-10712-7, ISBN EBOOK : 978-2-14-002584-6

CRIMINALITÉ EN COL BLANC
Délinquance d'affaires, délinquance financière, délinquance fiscale
Sous la direction de Jacques Delga
Cet ouvrage à caractère pluridisciplinaire, où chaque auteur a librement choisi le thème à traiter, fait référence à la construction de modèles criminels astucieux. Il revient sur la difficulté de prévenir ou de réprimer le crime en col blanc, les renseignements, la cybercriminalité, la corruption ou encore la lutte contre les comptes bancaires non déclarés. De nombreux exemples français, mais aussi étrangers sont cités : Amazon, Société Générale, Clearstream, Madoff, Cahuzac, etc., permettant ainsi de revenir sur le traitement de cette criminalité en col blanc.
(Coll. Colloques et rencontres, 39.00 euros, 418 p.)
ISBN : 978-2-343-10388-4, ISBN EBOOK : 978-2-14-002649-2

GÉOGRAPHIES POLICIÈRES
Ignorance concertée et propagande ennemie
Fines Louise
Trois études de cas (les *starlight tours* au Canada ; les manifestations qui se sont déroulées au sommet du G8 à Gênes ; et l'intervention déployée à l'encontre des grévistes à Marikana) servent de prétexte pour explorer un phénomène historique : la neutralisation des personnes indésirables. En effet, à l'aune d'un idéal démocratique, il importe de mieux saisir les critères, circonstances et facteurs qui contribuent à faire en sorte que des individus sont classés dans la catégorie « personnes indésirables ».
(Coll. Questions contemporaines, 19.50 euros, 190 p.)
ISBN : 978-2-343-10689-2, ISBN EBOOK : 978-2-14-002576-1

QUELLE NOUVELLE POLITIQUE DE L'ÉNERGIE POUR L'UNION EUROPÉENNE ?
Azébazé Labarthe Danielle
Il faudra attendre 2009 pour qu'une politique de l'énergie soit introduite dans le droit européen, ce qui pousse à s'interroger sur la nature et la portée exacte des interventions de l'Union dans le domaine de l'énergie. Cette ébauche de politique énergétique trouvera son ancrage juridique dans des bases juridiques indirectes ou subsidiaires, et en particulier dans celles relatives à l'établissement d'un marché intérieur. Pourtant, l'énergie est loin d'être un objet économique ordinaire : la soumission de ce secteur aux seules règles du marché pourrait être préjudiciable. Il est donc nécessaire de prévoir une véritable politique énergétique commune.
(Coll. Logiques Juridiques, 55.00 euros, 634 p.)
ISBN : 978-2-343-10532-1, ISBN EBOOK : 978-2-14-002473-3

VOYAGE AU CŒUR DES PROPRIÉTÉS PUBLIQUES
Iacono Geneviève
Ce voyage au coeur des propriétés publiques tente de relever le défi d'une présentation simple et attractive du droit des propriétés publiques. L'ouvrage aborde de nombreux exemples de gestion domaniale (protection du domaine public maritime, gestion des forêts, consolidation des digues...) et traite les questions relatives aux grandes mutations du patrimoine des entreprises publiques (SNCF, la Poste ou EDF) pour illustrer la tension entre le droit européen de la concurrence et les exigences du service public. La difficile conciliation entre les logiques de protection et/ou de valorisation des propriétés publiques ouvre la réflexion sur ces enjeux.
(Coll. Le Droit aujourd'hui, 19.00 euros, 180 p.)
ISBN : 978-2-343-10495-9, ISBN EBOOK : 978-2-14-002512-9

ÉTHIQUE ET PATRIMOINE CULTUREL
Regards croisés
Sous la direction de Géraldine Goffaux Callebaut
Le droit ne permet plus de répondre seul à toutes les problématiques du patrimoine culturel et il faut souvent faire appel à d'autres types de règles, plus souples et souvent mieux partagées, que sont les règles éthiques. Ce sont essentiellement les professionnels qui en sont les bâtisseurs. Dans ce contexte, quel est le rôle de l'éthique ? Quel est le lien entre éthique et déontologie ? Quelle approche faut-il avoir de ce concept ? Éthique individuelle ou collective ? Éthique de l'institution, de la profession ? Codifiée ou informelle ?
(Coll. Droit du Patrimoine culturel et naturel, 36.00 euros, 350 p.)
ISBN : 978-2-343-10605-2, ISBN EBOOK : 978-2-14-002466-5

LE PROCÈS RANUCCI
Témoignage d'un juré d'assises
Donadini Geneviève - Préface de Gilles Perrault
Début 1976, le procès de Christian Ranucci a lieu au tribunal d'Aix-en-Provence. Il sera condamné à mort. Sa grâce sera refusée. Il sera guillotiné le 28 juillet 1976. Jeune mère de famille de 35 ans, Geneviève Donadini fit partie du jury d'assises. Elle a vécu dans le silence que lui imposait la loi pendant plusieurs décennies. Quarante ans après, elle raconte cette terrible expérience à laquelle elle a participé bien malgré elle et qui a marqué sa vie.
(Coll. La justice au quotidien, 13.00 euros, 106 p.)
ISBN : 978-2-343-10540-6, ISBN EBOOK : 978-2-14-002396-5

L'ORDRE JURIDIQUE COMMUNAUTAIRE DE LA CEMAC
Gnimpieba Tonnang Edouard
Préface de Bernard-Raymond Guimdo Dongmo
L'échec de l'Union douanière et économique de l'Afrique centrale (UDEAC) a poussé à remettre en question toutes les politiques d'intégration économique engagées depuis les accessions à la souveraineté internationale. Cet échec a conduit à relancer la construction communautaire sur de nouvelles bases visant un marché commun, garantissant la libre circulation des facteurs de production. Il s'agit de faire de l'espace de la CEMAC (Communauté économique et monétaire des États d'Afrique centrale) un espace de liberté, de démocratie et d'États de droit devant reposer sur un nouvel ordre juridique.
(Harmattan Cameroun, 25.50 euros, 246 p.)
ISBN : 978-2-343-10512-3, ISBN EBOOK : 978-2-14-002503-7

L'INTERVENTION DES TIERCES PARTIES DANS LE RÈGLEMENT DES DIFFÉRENDS À L'OMC
Nguyen Ngoc Ha - Préface de Marie-Pierre Lanfranchi
L'intervention des tierces parties dans le règlement des différends à l'OMC présente des spécificités par rapport à d'autres juridictions internationales. Dans l'ensemble, ces spécificités permettent aux tierces parties de jouer un rôle important dans ce système, en répondant aux besoins d'information du juge, en aidant la défense des intérêts à différents niveaux et surtout en renforçant les capacités et compétences des pays en développement. L'intervention comporte parfois des risques et des limites, mais son bilan, globalement positif, plaide en faveur du renforcement des droits des tierces parties.
(48.00 euros, 576 p.)
ISBN : 978-2-343-10483-6, ISBN EBOOK : 978-2-14-002260-9

LES INSTRUMENTS DE L'ACTION PUBLIQUE ET LES DISPOSITIFS TERRITORIAUX
Sous la direction de Némery Jean-Claude, Thuriot Fabrice
Les instruments de l'action publique (IAP) recouvrent des réalités multiples déjà balisées par des travaux universitaires reconnus. Destinés au pilotage et au développement de l'action publique, ils sont constitués de politiques, de mesures et de dispositifs recouvrant des dimensions juridiques, financières, d'organisation et de communication. Cet ouvrage a pour but d'en montrer la

diversité de conception, de gestion et d'effet, à travers des travaux théoriques, méthodologiques et empiriques dans plusieurs pays. Il couvre ainsi un large spectre de dispositifs de gouvernance, de développement durable, et de planification, d'Europe en Amérique du Nord, en passant par l'Afrique.
(Coll. Administration et Aménagement du Territoire, 24.50 euros, 234 p.)
ISBN : 978-2-343-10393-8, ISBN EBOOK : 978-2-14-002168-8

VICTOR HUGO ET LES MAGISTRATS
Foulon Marcel
Victor Hugo est le seul à avoir prononcé autant de condamnations *ad hominem* contre les magistrats de son siècle. Le XIXe siècle cherche en effet son présent et s'interroge sur son avenir. « L'homme-siècle » participe à tous ces débats et prononce ses condamnations en poète. Il croit à la puissance politique de la poésie. Le juriste et le citoyen pourront constater quels considérables changements a effectué le monde des juges depuis Hugo, mais aussi que, si aucun juge ne sanctionna ces magistrats iniques, c'est la poésie qui les condamna à la plus sévère des dégradations, celle de l'Histoire.
(Coll. Droit privé et sciences criminelles, 21.50 euros, 200 p.)
ISBN : 978-2-343-10413-3, ISBN EBOOK : 978-2-14-002185-5

DROITS DE L'HOMME ET DROITS DE LA FEMME
Regard historique, philosophique et politique ou évidence d'une secondarité
Hounsounon-Tolin Paulin
Préface du Professeur Henri Bah / Postface du Professeur Abiola Félix Iroko
Cet ouvrage, à l'intersection de l'approche historique, philosophique, politique, voire religieuse, de la question des droits de l'homme, cherche à faire ressortir la sacralité de la citoyenneté. Les droits de la femme, au regard de la théorie stoïcienne de l'égalité des fautes et des vertus chez Sénèque, dégage une égalité naturelle homme/femme en même temps qu'une égalité factice homme/femme fait perdre à la gent féminine sa féminité. Aussi l'ouvrage aborde-t-il à juste titre la question de l'humanisme qu'il convient de prôner de nos jours.
(Coll. Points de vue, 15.00 euros, 136 p.)
ISBN : 978-2-343-10346-4, ISBN EBOOK : 978-2-14-002257-9

LE DROIT INTERNATIONAL ET LES GUERRES DE NOTRE TEMPS
Lagot Daniel
Ce livre présente les aspects essentiels du « droit de la guerre », avec ses grands principes, mais aussi ses ambiguïtés et ses problèmes, et discute la manière dont il est interprété et appliqué dans les guerres de notre temps. Parmi les questions évoquées se trouvent la résolution Unis pour la paix de l'Assemblée générale des Nations Unies, ainsi que la « responsabilité de protéger ». Une partie importante est consacrée au droit international humanitaire de la guerre. Cet ouvrage présente également des bilans des actions de l'ONU et de la justice internationale.
(Coll. Questions contemporaines, 22.50 euros, 211 p.)
ISBN : 978-2-343-10265-8, ISBN EBOOK : 978-2-14-002303-3

LES ENJEUX PATRIMONIAUX DE LA SÉPARATION
Questions récurrentes
Sous la direction de et textes réunis par Antonini-Cochin Laetitia
Confondus pendant la vie commune, les intérêts patrimoniaux des conjoints doivent être démêlés et liquidés lors de la séparation. Ces questions d'ordre liquidatif relèvent souvent de la compétence du juge aux affaires familiales. La séparation révèle souvent d'importantes disparités de situation et des préjudices qu'il convient de compenser et de réparer. Se posent alors plusieurs questions telles que l'évaluation de la prestation compensatoire, de l'allocation de dommages et intérêts ou encore de l'attribution du logement de la famille.
(Coll. Droit privé et sciences criminelles, 14.00 euros, 114 p.)
ISBN : 978-2-343-09830-2, ISBN EBOOK : 978-2-14-001613-4

L'HARMATTAN ITALIA
Via Degli Artisti 15; 10124 Torino
harmattan.italia@gmail.com

L'HARMATTAN HONGRIE
Könyvesbolt ; Kossuth L. u. 14-16
1053 Budapest

L'HARMATTAN KINSHASA
185, avenue Nyangwe
Commune de Lingwala
Kinshasa, R.D. Congo
(00243) 998697603 ou (00243) 999229662

L'HARMATTAN CONGO
67, av. E. P. Lumumba
Bât. – Congo Pharmacie (Bib. Nat.)
BP2874 Brazzaville
harmattan.congo@yahoo.fr

L'HARMATTAN GUINÉE
Almamya Rue KA 028, en face
du restaurant Le Cèdre
OKB agency BP 3470 Conakry
(00224) 657 20 85 08 / 664 28 91 96
harmattanguinee@yahoo.fr

L'HARMATTAN MALI
Rue 73, Porte 536, Niamakoro,
Cité Unicef, Bamako
Tél. 00 (223) 20205724 / +(223) 76378082
poudiougopaul@yahoo.fr
pp.harmattan@gmail.com

L'HARMATTAN CAMEROUN
TSINGA/FECAFOOT
BP 11486 Yaoundé
699198028/675441949
harmattancam@yahoo.com

L'HARMATTAN CÔTE D'IVOIRE
Résidence Karl / cité des arts
Abidjan-Cocody 03 BP 1588 Abidjan 03
(00225) 05 77 87 31
etien_nda@yahoo.fr

L'HARMATTAN BURKINA
Penou Achille Some
Ouagadougou
(+226) 70 26 88 27

L'HARMATTAN SÉNÉGAL
10 VDN en face Mermoz, après le pont de Fann
BP 45034 Dakar Fann
33 825 98 58 / 33 860 9858
senharmattan@gmail.com / senlibraire@gmail.com
www.harmattansenegal.com

www.ingramcontent.com/pod-product-compliance
Lightning Source LLC
LaVergne TN
LVHW011214061026
849535LV00001BA/31
* 9 7 8 2 3 4 3 1 2 2 2 7 4 *